마하승기율 하
摩訶僧祇律 下

漢譯 | 佛陀跋陀羅·法顯

불타발타라(佛陀跋陀羅, 359~429). 북인도 출신의 비구. 출가하여 경전을 두루 섭렵했으며, 특히 선율(禪律)에 정통했다. 406년 중국 장안에 들어간 뒤 역경에 종사했으며, 동진(東晋)의 역경 삼장으로 불린다. 마하승기율을 비롯하여, 총 13부 125권을 번역했다. 429년 세수 71세의 나이로 입적했다. 여산(廬山) 18현(賢)의 하나로 꼽힐 만큼 이름을 떨쳤으며, 수많은 제자에게 영향을 주었다. 불대발타(佛大跋陀), 각현(覺賢), 불현(佛賢). 발타라(跋陀羅)라고도 함.

법현(法顯, ?~?). 최초로 인도를 순례한 중국 동진의 승려. 399년에 중국을 떠나 402년 인도에 도착하여 중국과 인도 교류의 기반을 닦았다. 그의 여행 기록인 〈불국기〉는 수세기 동안의 인도 불교의 역사에 관한 귀중한 정보를 담고 있다.

國譯 | 釋 普雲(宋法燁)

대한불교조계종 제2교구본사 용주사에서 출가하였고, 문학박사이다. 현재 대한불교조계종 교육아사리(계율)이고, 제방의 율원 등에도 출강하고 있다.

논저 | 논문으로 「율장을 통해 본 주불전의 장엄과 기능에 대한 재해석」 등 다수.
번역서로 『십송율』(상·중·하), 『보살계본소』, 『근본설일체유부비나야약사』, 『근본설일체유부비나야파승사』, 『근본설일체유부비나야잡사』(상·하), 『근본설일체유부비나야』, 『근본설일체유부필추니비나야』, 『근본설일체유부백일갈마 외』, 『안락집』(상·하) 등이 있다.

마하승기율 하 摩訶僧祇律 下
佛陀跋陀羅·法顯 漢譯 | 釋 普雲 國譯

2022년 5월 30일 초판 1쇄 발행

펴낸이 · 오일주
펴낸곳 · 도서출판 혜안
등록번호 · 제22-471호
등록일자 · 1993년 7월 30일

주　소 · ㉾ 04052 서울시 마포구 와우산로 35길3(서교동) 102호
전　화 · 3141-3711~2 / 팩시밀리 · 3141-3710
E-Mail · hyeanpub@hanmail.net

ISBN 978-89-8494-683-5 03220

값 40,000 원

마하승기율 하
摩訶僧祇律 下

佛陀跋陀羅·法顯 漢譯 | 釋 普雲 國譯

혜안

추천의 글
대한불교조계종 포교원장 범해

수행자가 걸어가는 길은 험난한 과정이 이어지는 머나먼 길이고 불도를 장애하는 걸림돌이 많이 널려있는 산길을 달빛 아래에서 걷는 고독한 모습과 같습니다. 이러한 수행의 과정 속에서 수행자는 스스로의 지식이나, 세상을 바라보는 관념이 고착화될 수 있으므로, 유연한 믿음으로서 경장과 율장을 수지하지 않는다면 어긋난 사유를 인연하여 불도를 장애하는 인과가 일어날 수 있습니다.

수행자들은 사부대중을 이끌어가면서 부처님의 정법이 이 세상에 영원토록 유지하기 위하여 정법구주(正法久住)의 실천행으로서 몇 가지를 노력하고 있습니다. 세간의 중생들에게 삶이 고통스럽다면 즐거움으로 향하게 이끌어주는 이고득락(離苦得樂)을 행하고 있고, 그릇됨을 막고 악함을 멈추게 하기 위하여 방비지악(防非止惡)를 행하고 있으며, 어리석은 미혹함을 돌이켜서 깨달음의 세계로 나아가도록 전미개오(轉迷開悟)를 행하고 있습니다.

이러한 여러 방편행은 여러 경전에서도 강조되는 것입니다. 『화엄경(華嚴經)』에서는 "믿음은 도의 근원이고 공덕의 어머니이며, 일체의 모든 선근(善根)을 자라나게 한다."라고 설하고 있는데, 그 가운데에서도 근원에 율장이 하나로 자리잡고 있습니다. 일반적으로 지혜는 지식에서 나온다고 말하고 있으나, 수행자는 지식에서 나오는 것이 아니고 자기 마음속에서 나와야 하고, 자기 마음에서 나오려고 한다면 수행자의 위의가 확립되어야 하며, 율장에 대한 확고한 신념이 있어야 합니다.

계율은 수행자들이 앞으로 나아가는 삶의 지침서이고, 어두운 무명(無

明)의 길에서 어둠을 밝혀주는 횃불과 같습니다. 육도의 세간에서 스스로가 존재의 중심이 되기 위하여서는 율장의 하나하나의 계목이 행주좌와의 근원이라는 믿음을 의지한다면, 사대의 움직임을 따라서 뒤에 스스로에게 신념이 생겨나고, 그 다음으로 신념이 공덕의 어머니로 이루어질 것이며, 또한 도의 근원이 성취되고 공덕의 어머니가 성취될 것입니다.

　한국불교에서 계율의 중요성을 강조한 문헌이 많지 않은 것은 수행자들에게 계율에 의지하여 왔던 수행이 일상적이어서 세세하게 강조할 필요성이 대두되지 않았던 것입니다. 이러한 전통이 오랜 시간에 걸쳐서 이어져 오고 있는 것은 한국에서 불교가 중추적인 역할을 할 수 있었던 배경이 아닐까 합니다. 율장을 번역한다는 것은 그 당시의 문화와 역사 및 시대의 사상을 이해야 하는 지식의 축적과 문구를 이해하고 재구성하는 많은 고뇌와 노력이 필요한 어려운 일입니다. 여러 현실적인 문제를 잘 헤쳐오면서 여러 년도에 걸쳐 율장의 번역에 노력하여 주신 보운 스님에게 찬사를 전하며 추천의 글을 맺습니다.

　　　　　　　　　　　　　　불기 2566년(2022) 2월의 끝자락에

역자의 말
보운

    번역한 원고를 여러 번의 교정을 마친 시점에서 앞뜰을 바라보니 매화의 꽃잎이 하얀 눈처럼 흩날리고 있고, 앞의 산자락에는 푸르른 빛깔이 드러나고 있어 한해의 봄이 다시 가슴에 시리게 다가온다. 작년의 초여름에 시작하였던 번역이 끝자락에 서 있고, 오늘도 육신을 괴롭히는 고통은 지금까지 쌓아왔던 업력을 따라다니는 인과를 다시 되새기게 한다.
    다른 때보다도 육신의 고통을 마주하였던 시간이 길었고 어려웠던 순간순간이 지나가면 하루는 길고 지루하였으나, 한해는 매우 빠르게 지나간다. 고통을 잊고자 몸부림쳤던 시간은 번역에 대한 발원을 멈추게 하지 못하였으며, 2014년부터 시작하였던 번역의 시간도 9년의 세월이 지난 가운데에서 한역은 269권의 번역으로서 마무리하고자 한다. 처음으로 시작하던 마음은 즐거운 열정으로 시작하였으나, 어느덧 스스로가 되돌아보아도 인식하지 못할 정도의 많은 분량으로 쌓여가는 것을 따라서 번민도 증가하였으며, 육신의 고통보다도 더욱 두려운 것은 번역의 오류가 일어날 수 있다는 마음의 가운데에 자리잡고 있는 번뇌로서 수행자의 존재의미를 성찰하라고 화두를 던졌던 시간이었다.
    율장의 번역과정에서 절박하였던 마음은 부처님의 앞에서 번역불사의 끝맺음을 마칠 수 있는 시간의 연장을 위한 발원이 남겨진 생명의 불꽃을 태우는 것으로 승화되었고, 한 장 한 장의 원고를 넘기면서 번역을 마치는 때에는 따스한 부처님의 손길이 나의 차가운 마음을 따스하게 어루만져 주신다고 믿음을 지나온 시간을 봄의 꽃향기처럼 회향할 때이다.

수행자로서 번역의 길을 걸어왔던 시간은 한 비구의 작은 몸짓이었더라도 스스로가 정법에 다가가는 다른 과정이었고, 스스로가 비구의 정체성을 확인하는 과정이었으며, 무지와 고뇌를 참회하고 청정하고 큰 발원을 일으킬 수 있는 삶의 지침이었다. 여러 년도에 걸쳐서 이루어진 역출은 불보살님들과 제대성중님들의 많은 가피를 받아서 원만하게 이루어졌으므로, 일체의 각자(覺者)들께 회향한다. 또한 번역불사의 과정에서 시주로 동참하신 대중들에게 현세에서 여러 이익이 충만하게 하시고, 세간의 삼재팔난의 장애의 파도를 넘어가게 하시며, 하나의 생(生)을 마치신 영가들은 극락정토에 왕생하시기를 간절하게 발원드린다.

　번역의 과정에서 스스로의 관점에서는 열정적인 노력이었으나, 부족함이 남아있을 것이다. 5부의 광율 가운데에서『오분율』과『사분율』은 이전부터 여러 승가의 구성원들에 의하여 번역되었고 유통되고 있어서 번역의 필요성이 부족하여 이후의 상념으로 남겨두면서, 더욱 수승(殊勝)한 새로운 번역이 나타나기를 기대한다. 지금부터는 일상적인 비구의 삶의 모습으로 되돌아가는 것을 기대하면서 은사이신 세영 스님과 죽림불교문화연구원의 사부대중들께 감사드리고, 불보살들의 가피가 항상 가득하기를 발원하면서 감사의 글을 마친다.

　　　　　　　　　　　　　불기 2566년(2022) 3월의 끝자락에
서봉산 자락의 죽림불교문화연구원에서 사문 보운이 삼가 적다

출판에 도움을 주신 분들

경 국丘	현 혜丘	설 안尼	정영우	홍완표	이수빈	손영덕
손영상	손민하	윤민기	윤영기	윤여원	김병희	허완봉
이명자	허윤정	허남욱	장은지	허다은	이창우	이윤승
이승욱	김용곤	강석호	박혜경	강동구	박미라	강현구
채두석	황명옥	채수학	정송이	홍순학	최재희	홍지혜
홍기표	박순남	이재준	이소원	황선원	황창현	황유정
김혜진	고재형	고현주	조선행	이순호	권혁률	임춘웅
정종옥	정해관	최선화	정하연	이동현	구재용	구서운
김경희	하명춘	하혜수	강 운	정혜련	김성도	김도연
김소연	함인혜	권태임	허 민	허 승		
김윤여靈	김진태靈	이지순靈	송재일靈	박복녀靈	김항영靈	박순형靈
김경준靈	최종갑靈	이선우靈	강성규靈	정호임靈	김하연靈	고장환靈
유순이靈	정현숙靈					

차 례

추천의 글 | 대한불교조계종 포교원장 범해 5
역자의 말 7
출판에 도움을 주신 분들 9
일러두기 13

마하승기율 제27권 15
    5) 잡송의 발거를 밝히다 ⑤ 15

마하승기율 제28권 69
    6) 잡송의 발거를 밝히다 ⑥ 69

마하승기율 제29권 122
    7) 잡송의 발거를 밝히다 ⑦ 122

마하승기율 제30권 173
    8) 잡송의 발거를 밝히다 ⑧ 173

마하승기율 제31권 224
    9) 잡송의 발거를 밝히다 ⑨ 224

마하승기율 제32권 279
    10) 잡송의 발거를 밝히다 ⑩ 279

마하승기율 제33권　331
　　11) 잡송의 발거를 밝히다 ⑪　331

마하승기율 제34권　372
　　12) 위의법(威儀法)을 밝히다 ①　372

마하승기율 제35권　419
　　13) 위의법을 밝히다 ②　419

비구니계법(比丘尼戒法)　463

마하승기율 제36권　465
　　1. 8바라이(波羅夷)의 법(法)을 밝히다　465
　　2. 19승잔법(僧殘法)을 밝히다　485
　　　　1) 19승잔법을 밝히다 ①　485

마하승기율 제37권　511
　　　　2) 19승잔법을 밝히다 ②　511
　　3. 30사(事)를 밝히다　528
　　4. 141바야제법(波夜提法)을 밝히다　550
　　　　1) 141바야제법(波夜提法)을 밝히다 ①　550

마하승기율 제38권　555
　　　　2) 141바야제법을 밝히다 ②　555

마하승기율 제39권　603
　　　　3) 141바야제법을 밝히다 ③　603

마하승기율 제40권 644

    4) 141바야제법을 밝히다 ④ 644

  5. 8제사니법(提舍尼法)을 밝히다 655

  6. 중학법(衆學法)을 밝히다 659

  7. 7멸쟁법(滅諍法)을 밝히다 659

  8. 잡발거(雜跋渠)를 밝히다 659

    1) 잡발거(雜跋渠)를 밝히다 659

마하승기율 사기(私記) 685

일러두기

1. 이 책의 저본(底本)은 고려대장경(高麗大藏經) 21권 『마하승기율』이다.
2. 번역의 정밀함을 위하여 여러 시대와 왕조에서 각각 결집되었던 북전대장경과 남전대장경을 대조 비교하며 번역하였다.
3. 원문 속의 주석은 [ ]으로 표시하였다. 또 원문에는 없으나 독자의 이해를 위해 번역자의 주석이 필요한 경우 본문에서 ( ) 안에 삽입하여 번역하였다.
4. 원문의 한자 음(音)과 현재 불교용어로 사용되는 음이 다른 경우 현재 용어의 발음으로 번역하였다.
   예) 파일제(波逸提) → 바일제, 파라제제사니(波羅提提舍尼) → 바라제제사니
5. 원문에서 사용한 용어 중에 현재는 뜻이 통하지 않는 용어가 상당수 있다. 원문의 뜻을 최대한 살려 번역하였으나 현저하게 의미가 달라진 용어의 경우 현재 사용하는 단어 및 용어로 바꾸어 번역하였고, 원문은 괄호 안에 표시하여 두었다.

마하승기율 제27권

동진 천축삼장 불타발타라 · 법현 공역
석보운 번역

5) 잡송의 발거를 밝히다 ⑤

(54) 갈마법

세존께서는 사위성에 머무셨으며, 자세한 설명은 앞에서와 같다.

그때 첨파 비구들이 투쟁하고 비난하며 화합하지 못하고 머물렀다. 여러 비구들은 이 인연으로써 가서 세존께 아뢰었고, 세존께서는 여러 비구들에게 말씀하셨다.

"오늘부터 승가에서는 마땅히 갈마해야 하나니, 우바리는 첨파 비구들을 위하여 마땅히 일을 판결하도록 하라."

갈마인은 마땅히 이렇게 말을 지어야 한다.

"'대덕 승가께서는 허락하십시오. 장로 우바리는 5법을 성취하였습니다. 만약 승가께서 때가 이르렀다면 승가께서는 장로 우바리에게 예배하고 첨파 비구들을 위하여 마땅히 일을 판결하도록 하십시오. 이와 같이 아룁니다.'

'대덕 승가께서는 허락하십시오. 장로 우바리는 5법을 성취하였으니, 승가는 지금 우바리에게 예배하고 첨파 비구들을 위하여 마땅히 일을 판결하도록 하겠습니다. 여러 대덕들께서 승가가 지금 우바리에게 예배하고 첨파 비구들을 위하여 마땅히 일을 판결하도록 하는 것을 인정하신다면 묵연하시고 만약 인정하지 않으신다면 곧 말씀하십시오.'"

이것이 첫 번째의 갈마이다. 두 번·세 번째에도 역시 이와 같이 말해야 한다.

"승가시여. 이미 지금 우바리에게 예배하고 첨파 비구들을 위하여 마땅히 일을 판결하도록 하는 것을 마쳤습니다. 승가께서 인정하신 것은 묵연하였던 까닭입니다. 이 일은 이와 같이 지니겠습니다."

갈마하는 법에는 20가지가 있으니, 여덟 가지의 백일갈마는 앞에서 설한 것과 같으며, 여덟 가지의 백사갈마는 단사인(斷事人)에게 예배하는 것·비구니를 교계하는 사람에게 예배하는 것·일월갈마(一月羯磨)에 예배하는 것·전갈마(栴羯磨)·치갈마(癡羯磨)·발로갈마(發路羯磨)·복발갈마(覆鉢羯磨)·학가갈마(學家羯磨)에 예배하는 것이 있다. 이것을 여덟 가지의 백삼갈마라고 이름한다.

이 가운데서 단사인에게 예배하는 것과 비구니를 교계하는 사람에게 예배하는 것은 대중 승가에게 마땅히 구해야 하고, 불리의숙갈마(不離衣宿羯磨)와 1월갈마와 전갈마는 앞사람이 마땅히 승가를 쫓아서 애원해야 하며, 치갈마와 설타죄갈마(說他罪羯磨)의 이러한 갈마는 마땅히 경계 안의 현전승가가 갈마를 짓는데 외부 경계의 사람이 아니어야 하고, 학가갈마와 복발갈마는 마땅히 경계 안의 현전승가가 갈마를 짓는데 외부 경계의 사람이 아니어야 한다.

단사인은 예배를 받았다면 머무를 수 없나니, 만약 새벽에 일어나서 예배를 받았다면 포시(晡時)에는 마땅히 떠나가야 하고, 포시에 예배를 받았다면 새벽에 일어나서 마땅히 떠나가야 한다. 떠나가는 때에는 단월의 집이거나, 우회(迂廻)하는 길로 갈 수 없고 마땅히 곧은 길로 떠나가야 한다. 만약 곧은 길에 어려움이 있다면 우회하는 길로 떠나가도 무죄이다.

그곳에 이르렀다면 머무르지 말고 객비구의 음식을 기다려야 하고, 만약 포시에 이르렀다면 새벽에 일어나서 마땅히 판결해야 하고, 새벽에 이르렀다면 포시에 마땅히 판결할 것이며, 옷을 물들이고 발우를 말리며 좌선하고 송경할 수 없으나, 만약 일을 판결하기 어려운 중간에 한가하였다면 지었어도 무죄이다. 일을 판결하여 마치고 돌아와도 역시 이와 같다. 이것을 갈마법이라고 이름한다.

(55) 원전(園田)의 법
세존께서는 사위성에 머무셨으며, 자세한 설명은 앞에서와 같다.

그때 여러 비구들이 승가의 밭과 땅으로써 혹은 사람에게 빌려주었고, 혹은 팔았으며, 혹은 스스로가 개인적으로 수용하였다. 여러 비구들은 이 인연으로써 가서 세존께 아뢰었고, 세존께서 여러 비구들에게 알리셨다.

"오늘부터는 승가의 밭과 땅을 사람에게 빌려줄 수 없고 팔 수도 없으며 개인이 수용할 수 없느니라. 곧바로 일체의 승가를 모으고서 역시 사람에게 빌려줄 수 없고 팔 수도 없으며 개인이 수용할 수 없느니라. 만약 승가를 모으고서 사람에게 빌려주었거나, 팔았거나, 개인적으로 수용하였다면 월비니죄를 범한다. 만약 동산과 밭과 땅이 좋아서 악한 사람들이 침범하고자 하였다면 단월에게 말하여 이 땅을 알리고 얻게 하라. 만약 단월이 '이 동산과 밭은 좋은데 무슨 까닭으로 알리십니까?'라고 말하였다면, 마땅히 '이 동산과 밭이 비록 좋지만 악한 사람이 침범하려고 하니 단월에게 맡겨서 바꾸고자 합니다.'라고 대답하여 말하라."

다시 다음으로 세존께서는 사위성에 머무셨으며, 자세한 설명은 앞에서와 같다.

그때 승가의 토지와 왕의 토지가 나란히 있었고 왕의 토지가 승가의 토지에 들어갔다. 이때 파사닉왕이 존자 아난에게 말하였다.

"왕의 토지가 승가의 토지에 들어갔으니, 끈(繩)을 가지고 와서 함께 땅을 나누어야 합니다."

아난이 대답하여 말하였다.

"내가 세존께 아뢰겠습니다."

아난이 이 일로써 가서 세존께 가서 아뢰었고, 세존께서는 아난에게 말씀하셨다.

"그대가 왕에게 가서 말하게. '왕은 이 땅의 주인이고 사문 석자는 왕을 의지하여 머무르고 있으니, 마땅히 왕과 함께 땅을 나눌 것이 없습니다.'"

아난은 가르침을 받고 왕의 처소에 나아가서 이렇게 말을 지었다.

"세존께서 대왕에게 말씀하셨습니다. '왕은 이 땅의 주인이고 사문 석자는 왕을 의지하여 머무르고 있으니, 마땅히 왕과 함께 땅을 나눌 것이 없습니다.'"

파사닉왕이 말하였다.

"만약 그렇다면 일체를 아울러 승가에 주겠습니다. 오늘부터는 왕원(王園)이라고 불러서 후인(後人)들이 알게 하십시오."

다시 다음으로 세존께서는 사위성에 머무셨으며, 자세한 설명은 앞에서와 같다.

그때 승가에 빈 땅이 있었다. 이때 어느 장자가 와서 물었다.

"이것은 누구의 땅입니까?"

대답하였다.

"이것은 승가의 땅입니다."

거사가 말하였다.

"만약 승가의 땅을 나에게 준다면 나는 승가를 위하여 방사를 짓고자 합니다."

승가는 곧 주었으나, 오랫동안 지났어도 방사를 짓지 않았다. 다시 어느 거사가 물었다.

"이것은 누구의 빈 땅입니까?"

대답하여 말하였다.

"이것은 승가의 땅입니다."

거사가 말하였다.

"만약 승가의 땅을 나에게 준다면 나는 승가를 위하여 방사를 짓고자 합니다."

비구가 대답하여 말하였다.

"본래는 이미 어느 장자가 구하였는데 아직도 다만 방사를 짓지 않았습니다."

거사가 말하였다.

"존자여. 나에게 주십시오. 어찌하여 짓지 않는 것을 근심하십니까?"

비구는 곧 거사에게 주었고 공덕주(功德主)로 삼았다. 곧 집안의 재보(財寶)로 좋은 방사를 짓고서 여러 가지의 음식을 준비하여 대중 승가께 공양하였고 곧 방사로써 승가에 보시하였으며, 다시 이전의 장자를 청하여 와서 함께 기뻐하게 하였다. 그 장자가 보고서 물어 말하였다.

"존자여. 이것은 누가 지은 방사입니까?"

대답하여 말하였다.

"누구 거사입니다."

장자가 말하였다.

"이 땅을 이미 먼저 나에게 주었는데 무슨 까닭으로 다시 거사에게 주었습니까?"

여러 비구들이 이 인연으로써 가서 세존께 아뢰었고, 세존께서는 말씀하셨다.

"무슨 까닭으로 먼저 지은 약속을 유지하지 않고서 땅을 다른 사람에게 주었는가? 오늘부터는 마땅히 먼저 지은 약속을 유지하지 않고서 땅을 다른 사람에게 주는 것을 허락하지 않겠노라."

승가에 빈 땅이 있었고 만약 사람이 와서 함께 승가의 방사를 짓겠다고 구하였다면 마땅히 먼저 어느 때에 짓는 것을 약속하고서 주어야 한다. 만약 그 사람이 어느 때에 방사를 짓겠다고 약속하였다면 승가는 마땅히 말해야 한다.

"만약 그 허락된 때까지 짓지 못한다면 마땅히 다시 다른 사람에게 주겠습니다."

만약 두 사람이 함께 구하면서 한 사람은 "내가 승가를 위하여 1층인 집을 짓겠습니다."라고 말하였고, 다른 한 사람은 "내가 2층인 집을 짓겠습니다."라고 말하였다면 승가는 마땅히 2층인 집을 짓겠다는 자에게 주어야 한다. 이와 같이 3층과 4층, 나아가 7층도 그와 같다. 만약 함께 7층인 집을 짓겠다고 말하였다면, 그때 마땅히 서로가 그 사람을 관망하여 능히 성취할 수 있는 자에게 주어야 하고, 만약 두 사람이 함께 성취할 수 있다면 마땅히 권속이 많은 자에게 주어야 한다. 만약 먼저 약속하지 않고 땅을 주는 자는 월비니죄를 범한다.

세존께서는 사위성에 머무셨으며, 자세한 설명은 앞에서와 같다.
그때 비구들이 승가의 땅에 초막(草室)을 짓는 때에 상좌가 와서 차례로 방사를 부촉하였으나 이 비구가 주지 않았다. 여러 비구들이 이 인연으로 써 가서 세존께 아뢰었고, 세존께서는 말씀하셨다.
"만약 승가의 땅에 방사를 짓는 때에 상좌가 와서 차례로 방사를 부촉하였어도 주지 않으려는 자는 마땅히 풀과 나무를 가지고 다시 다른 곳으로 떠나가야 한다. 만약 승가의 땅에 방사를 짓는 때에 상좌가 와서 차례로 방사를 부촉하였어도 주지 않는 자는 월비니죄를 범하느니라."

(56) 전택(田宅)의 법
만약 대중 승가에게 좋은 밭과 집이 있었고 값이 비쌌는데, 악한 사람들과 인접(隣接)하여서 침범하여 빼앗고자 하였다면 단월에게 말하여 이 밭과 집을 알려서 얻도록 해야 한다. 단월이 "이 값비싼 밭과 집을 무슨 까닭으로 알렸습니까?"라고 말하였다면, 마땅히 "이 밭과 집이 비록 좋지만 악한 사람들이 인접하여 있어서 항상 침범하여 빼앗고자 합니다."라고 말해야 하며, 만약 "바꾸고자 하십니까?"라고 말하였다면, "단월에게 맡기겠으니 알아서 하십시오."라고 대답해야 한다. 만약 단월이 바꾸었다면 무죄이다. 이것을 전택의 법이라고 이름한다.

(57) 승가람의 법
세존께서는 사위성에 머무셨으며, 자세한 설명은 앞에서와 같다.

그때 비구가 승가람에 가까운 곳에 방사를 지었으므로 이전에 지사인이 말하였다.

"장로여. 승가의 주처와 가깝게 방사를 일으키지 마십시오."

이 비구가 말하였다.

"장로여. 내가 승가를 위하여 방사를 짓고 있으니 중간에 장애를 짓지 마십시오."

두 사람이 함께 다투었고 풀지 못하였으므로 마침내 세존의 처소에 이르렀고 앞의 일을 갖추어 세존께 아뢰었다. 세존께서는 말씀하셨다.

"오늘부터는 승가의 옛날의 주처와 가깝게 승가를 위하여 방사를 지을 수 없느니라. 옛날의 비구도 중간에 장애를 지을 수 없느니라."

만약 두 지사인 비구가 마음을 서로가 얻었다면 하나의 지붕에 별도의 칸막이를 짓거나, 다른 지붕에 칸막이를 함께 짓거나, 하나의 지붕에 하나의 칸막이를 짓거나, 다른 지붕에 다른 칸막이를 지을 수 있다. 만약 두 사람이 서로 좋아하지 않는다면 다른 지붕에 다른 칸막이를 지어야 한다. 만약 옛날의 방사와 가깝게 승가를 위하여 방사를 짓는 자는 월비니죄를 범하고, 승가를 위하여 방을 짓는데 중간에 장애하는 자도 역시 월비니죄를 범한다.

다시 다음으로 세존께서는 사위성에 머무셨으며, 자세한 설명은 앞에 서와 같다.

그때 비구가 많은 사람들이 다니는 곳에 성문탑(聲聞塔)을 일으켰다. 여러 거사들이 세존께 예경하려고 왔고 보고서 싫어하며 말하였다.

"세존의 발에 예경하고자 왔는데, 세존을 보지도 않았으나 먼저 죽은 사람의 무덤을 보는구나."

여러 비구들이 이 인연으로써 가서 세존께 아뢰었고, 세존께서는 말씀하셨다.

"그대들은 어찌하여 많은 사람들이 다니는 곳에 먼저 갈마하지 않고 성문탑을 일으켰는가? 오늘부터는 많은 사람들이 다니는 곳에 먼저 갈마하지 않고 그 땅에 성문탑을 일으키는 것을 허락하지 않겠노라. 마땅히 먼저 구청갈마(求請羯磨)를 지어야 하느니라."

갈마인은 마땅히 이렇게 말을 지어야 한다.

"대덕 승가께서는 허락하십시오. 누구 비구가 무상(無常)하여 반니원(般泥洹)[1]과 같습니다. 만약 승가께서 때에 이르렀다면 승가께서는 누구 비구가 무상하여 반니원과 같으니 이곳의 처소에 성문탑을 일으키고자 합니다. 여러 대덕 승가께서는 허락하십시오. 만약 누구 비구를 이곳의 처소에 성문탑을 일으키겠으니, [이하 자세한 내용은 생략한다.] 승가께서 인정하신 것은 묵연하였던 까닭입니다. 이 일을 이와 같이 지니겠습니다."

만약 화합하지 않는다면 마땅히 말해야 한다.

"장로여. 세존께서는 '네 부류의 사람이라면 마땅히 탑을 일으키고 상륜(相輪)을 세우고 번(幡)과 일산(蓋)을 매달 수 있다.'라고 말씀하셨는데, 여래와 성문과 벽지불과 전륜성왕이 이 네 부류입니다."

무상한 비구가 수다원이라면 마땅히 수다원이라 말해야 하고, 사다함이거나, 아나함이거나 아라한이라면 마땅히 사다함이거나, 아나함이거나, 아라한이라고 말해야 하며, 만약 지율이라고 말하거나, 만약 법사라고 말하거나, 만약 일을 경영한 덕망있는 비구라면 마땅히 장로에게 말해야 한다. "이 사람은 지계이고 현명하며 선하고 승가께 많이 공양하였으며 일을 경영한 노고가 있으니 마땅히 함께 탑을 일으켜야 합니다."

이와 같이 말하고서 마땅히 탑을 일으키면서 성문탑을 지어야 한다. 먼저 탑을 보고서 세존을 볼 수 없고, 마땅히 먼저 세존을 보고서 뒤에 탑을 보도록 해야 한다. 많은 사람이 다니는 곳에 세울 수 없고 마땅히 가려진 곳에 있어야 하고, 비구들이 경행하는 곳도 있을 수 없다. 만약 많은 사람이 다니는 곳에 성문탑을 일으키는 자는 월비니죄를 범한다.

---

1) 반열반(般涅槃)을 다르게 부르는 말이다.

다시 다음으로 세존께서는 사위성에 머무셨으며, 자세한 설명은 앞에서와 같다.

그때 존자 가로(迦露)는 가시기리(迦尸耆梨)의 큰 읍에 머물렀다. 그때 어느 상좌 비구가 왔으며 차례로 방사를 부촉하였는데, 즐거이 주지 않았으므로 성내면서 괭이를 잡고서 스스로 방사를 쪼개어 부수었다. 여러 비구들이 이 인연으로써 가서 세존께 아뢰었고, 세존께서는 말씀하셨다.

"이 비구는 무슨 죄를 범합니까?"

세존께서는 말씀하셨다.

"여섯 종류를 파괴하면 투란차죄를 얻느니라. 무엇이 여섯 가지인가? 발우를 깨트리고, 옷을 찢으며, 탑을 파괴하고, 방사를 파괴하며, 승가를 파괴하고, 경계를 파괴하는 것이니라."

'발우를 깨트리다.'는 발우에는 세 종류가 있으니, 상·중·하이다. 만약 하나·하나를 성내면서 깨트리는 자는 투란차죄를 범한다. 만약 발우가 깨어져서 꿰매고자 하면서 잘못 뚫어서 깨트리는 자는 무죄이다. 만약 구발다라건자(拘鉢多羅鍵鎡)를 성내면서 깨트리는 자는 월비니죄를 범한다.

'옷을 찢다.'는 3의의 가운데에서 만약 하나·하나의 옷을 성내면서 찢는 자는 투란차죄를 범한다. 만약 바꾸고자 하였고 끝을 중간에 붙였고 중간을 끝에 붙이면서 만약 수선하였거나 두 겹으로 지었다면 무죄이다. 만약 니사단과 다른 여러 종류의 옷을 성내면서 찢었다면 월비니죄를 범한다.

'탑을 파괴하다.'는 만약 성내면서 세존의 탑을 파괴하는 자는 투란차죄를 범하여 업으로 행하는 죄의 과보가 많다. 만약 수리하여 다시 좋게 지으려는 자는 무죄이다. 만약 니건자의 탑과 다른 외도의 탑을 성내면서 파괴하는 자는 월비니죄를 범한다.

'방사를 파괴하다.'는 성내면서 승방을 파괴하는 자는 투란차죄를 범한다. 만약 다시 좋게 짓고자 하였다면 무죄이다. 성내면서 외도의 승방을 파괴하는 자는 월비니죄를 범한다.

'승가를 파괴하다.'는 성내면서 화합승가를 파괴하는 자는 투란차죄를 범하고, 업을 행하는 과보는 한 겁(劫)에 니리(泥梨)의 가운데이다.

'경계를 파괴하다.'는 만약 성내면서 경계를 나갔다면 투란차죄를 지었다고 이름할 수 없으나, 경계를 버리고서 다시 경계를 갈마를 지었다면, 이것을 파괴하였다고 이름하며, 여섯 종류의 투란차죄이다.

다시 다음으로 세존께서는 사위성에 머무셨으며, 자세한 설명은 앞에서와 같다.

그때 존자 라후라(羅睺羅)는 발기국(跋耆國)을 유행하다 점차 파라나림(波羅奈林)의 취락에 이르렀다. 이 취락에 어느 한 거사가 라후라를 위하여 방사를 지었는데, 라후라는 그 방사를 받고서 다시 유행하였으며, 이 거사가 이 방사로써 다시 다른 비구에게 보시하였고, 라후라가 다시 돌아왔으며, [『선경(線經)』의 가운데에서 자세하게 설명하였다.]

라후라가 세존께 아뢰어 말하였다.

"세존이시여. 이 방사는 누가 마땅히 얻습니까?"

세존께서 라후라에게 말씀하셨다.

"만약 거사이거나, 거사의 아들이 신심으로 환희하여 방사를 지어서 승가에게 보시하였으나, 다시 전전하여 여러 많은 사람에게 보시하였다면 이것은 비법으로 보시한 것이고, 비법으로 수용한 것이니라. 만약 여러 많은 사람에게 보시하였으나, 다시 전전하여 한 사람에게 보시하였다면 이것도 비법으로 보시한 것이고, 비법으로 수용한 것이니라. 만약 한 사람에게 보시하였던 것을 다시 전전하여 여러 많은 사람에게 보시하였거나, 여러 많은 사람에게 보시했던 것을 다시 전전하여 여러 많은 사람에게 보시하였다면 이것은 비법으로 보시한 것이고, 비법으로 수용한 것이니라.

승가에게 보시하였던 것을 다시 전전하여 여러 많은 사람에게 주어서는 아니되고, 여러 많은 사람에게 보시하였던 것을 다시 전전하여 한 사람에게 줄 수 없다. 이것을 여법한 보시라고 이름하고 여법한 수용이라고 이름하느니라."

세존께서 라후라에게 말씀하셨다.

"이전에 주었던 것은 보시이고, 뒤에 주었던 것은 보시가 아니고, 이곳은 왕의 땅이므로 이 가운데에 의지하여 머물러야 하나니, 이전에 지었고 이전에 보시한 공덕은 낮과 밤으로 증장하느니라. 라후라여. 그대가 마땅히 방사를 얻을 수 있고, 뒤의 사람은 얻을 수 없느니라. 이것을 승가람의 법이라고 이름하느니라."

(58) 일을 경영하는 법

세존께서는 왕사성에 머무셨으며, 자세한 설명은 앞에서와 같다.

존자 달이가(達膩迦)는 와공(瓦師)의 아들이었고 방사를 지었던 것은 두 번째의 바라이의 가운데에서 설한 것과 같으며, 나아가 싫어하며 이렇게 말을 지었다.

"내가 매우 고통스럽게 방사를 지으면서 추위와 더위를 피하지 않고 방사를 겨우 완성하였는데, 상좌가 이미 빼앗으면서 고양이가 쥐를 엿보는 것과 같다."

여러 비구들이 이 인연으로써 가서 세존께 아뢰었고, 세존께서는 말씀하셨다.

"일을 경영하는 비구가 방사를 지으면서 매우 고생하였으니, 마땅히 갈마하여 일을 경영한 비구가 5년을 머무르게 주어야 하느니라."

갈마인은 마땅히 이렇게 말을 지어야 한다.

"대덕 승가께서는 허락하십시오. 누구 비구가 승가를 위하여 방사를 짓고자 합니다. 만약 승가께서 때가 이르렀다면 승가께서는 일을 경영한 누구 비구가 승가를 위하여 방사를 지었고, 승가의 가운데를 쫓아서 5년을 머무르고자 애원하고자 합니다. 대덕 승가께서는 허락하십시오. 일을 경영한 누구 비구가 승가를 쫓아서 5년을 머무르고자 애원하고 있습니다. [이하 자세한 내용은 생략한다.] 승가께서 인정하신 것은 묵연하였던 까닭입니다. 이 일을 이와 같이 지니겠습니다."

이 비구는 마땅히 애원하면서 오른쪽 어깨를 드러내고 호궤 합장하고 이렇게 말을 지어야 한다.

"대덕 승가께서는 허락하십시오. 나 누구 비구는 승가를 위하여 방사를 지었고, 지금 승가를 쫓아서 일을 경영하면서 5년을 머무르고자 애원합니다. 애민하게 생각하시는 까닭으로 오직 원하건대 승가께서는 나에게 일을 경영하면서 5년을 머무르게 주십시오."

이와 같이 세 번을 애원해야 한다. 갈마인은 마땅히 이렇게 말을 지어야 한다.

"대덕 승가께서는 허락하십시오. 누구 비구는 승가를 위하여 방사를 지었고, 승가를 쫓아서 일을 경영하면서 5년을 머무르고자 애원하고 있습니다. 만약 승가께서 때가 이르렀다면 승가께서는 누구 비구에게 일을 경영하면서 5년을 머무르도록 하십시오. 이와 같이 아룁니다.'

'대덕 승가께서는 허락하십시오. 누구 비구는 승가를 위하여 방사를 지었고, 승가를 쫓아서 일을 경영하면서 5년을 머무르고자 애원하고 있습니다. 승가시여. 지금 누구 비구에게 일을 경영하면서 5년을 머무르도록 지어서 주십시오. 여러 대덕들께서 승가가 누구 비구에게 일을 경영하면서 5년을 머무르도록 지어서 주는 것을 인정하신다면 묵연하시고 만약 인정하지 않으신다면 곧 말씀하십시오.'"

이것이 첫 번째의 갈마이다. 두 번·세 번째에도 역시 이와 같이 말해야 한다.

"승가시여. 이미 누구 비구에게 일을 경영하면서 5년을 머무르도록 지어서 주는 것을 마쳤습니다. 승가께서 인정하신 것은 묵연하였던 까닭입니다. 이 일은 이와 같이 지니겠습니다."

승가에서 이미 갈마하여 5년을 머무르게 주었다면 스스로가 지었던 방을 다시 얻는다. 다시 마땅히 차례대로 승방을 얻었으므로 만약 어느 상좌가 왔으며 차례로 얻었다면 마땅히 주더라도 갈마로 얻는 자는 마땅히 주지 않는다. 만약 유행하고자 하였다면 이것이 두 번째의 방이므로 마땅히 승가를 따라서 부촉하고 차례로 머물게 하면서 '내가 오는 때에 마땅히 다시 취하겠습니다.'라고 할 것이고, 뒤에 왔던 때에는 이전의 날짜를 따라서 채워야 한다.

만약 먼저 이 승방이 파괴되었고 다시 문을 바꾸었고 2·3년을 향하였다면 공력이 많고 적음을 따라서 마땅히 갈마하여 머무르게 주어야 한다. 만약 빈방이어서 머무를 수 없다면 지사인이 마땅히 한때를 주어서 머무르게 한다. 만약 평상·경상(机)·베개·요가 때가 묻고 부서졌다면 다시 빨고 물들이며 꿰매어서 지사인이 마땅히 한때를 주어서 머무르게 한다. 만약 중간에 비구가 싫어하는 자는 월비니죄를 범한다. 이것을 일을 경영하는 법이라고 이름한다.

(59) 걸상과 요의 법

세존께서는 사위성에 머무셨으며, 자세한 설명은 앞에서와 같다.

그때 비구들이 안거하는 중간에 상좌들이 왔고 차례에 따라서 방사를 취하였으므로, 비구들이 손수레를 운반하면서 방에서 나왔다. 세존께서 아시면서도 일부러 물으셨다.

"비구들이여. 이 자들은 객비구인가?"

"아닙니다. 세존이시여."

"이 자들은 떠나가는 비구들인가?"

"아닙니다. 세존이시여."

"이 자들은 어느 비구들인데 손수레를 운반하는가?"

그 비구가 대답하였다.

"세존이시여. 차례에 따라서 방사를 취하였고, 이러한 까닭으로 손수레를 운반하여 옮겼습니다."

세존께서는 여러 비구들에게 알리셨다.

"그대들은 어찌하여 일체의 때에 상좌의 차례를 따라서 일어나는가? 오늘부터는 일체의 때에 상좌의 차례를 따라서 일어나는 것을 허락하지 않겠노라."

승가에서는 마땅히 5법을 성취한 사람에게 예배하고 방사·평상·요를 알아서 부촉하도록 하라. 무엇이 5법인가? 애욕을 따르지 않고, 성냄을 따르지 않으며, 두려움을 따르지 않고, 어리석음을 따르지 않으며, 얻는 것과 얻지 못하는 것을 아는 것이다. 이것을 5법이라고 이름한다.

갈마인은 마땅히 이렇게 말을 지어야 한다.

"'대덕 승가께서는 허락하십시오. 누구 비구는 5법을 성취하였습니다. 만약 승가께서 때가 이르렀다면 승가는 누구 비구에게 예배하고 방사·평상·요를 알리고 부촉하여 맡기겠습니다. 이와 같이 아룁니다.'

'대덕 승가께서는 허락하십시오. 누구 비구는 5법을 성취하였으니, 승가는 누구 비구에게 예배하고 방사와 평상과 요를 알리고 부촉하여 맡기겠습니다. 여러 대덕들께서 승가가 누구 비구에게 예배하고 방사·평상·요를 알리고 부촉하여 맡기는 것을 인정하신다면 묵연하시고 만약 인정하지 않으신다면 곧 말씀하십시오. 승가시여. 이미 지금 누구 비구에게 예배하고 방사·평상·요를 알리고 부촉하여 맡기는 것을 마쳤습니다. 승가께서 인정하신 것은 묵연하였던 까닭입니다. 이 일은 이와 같이 지니겠습니다.'"

갈마를 마쳤다면 3월 16일부터 마땅히 단월에게 말하여 평상과 요와 방사를 빨고 수리하며, 선방(禪坊)·강당(講堂)·온실(溫室)·측옥(厠屋)을 수리하고, 문옥(門屋)·우물·승가람의 소유물 및 재일(齋日)의 음식과 안거의(安居衣)를 수선하여 마땅히 하나·하나의 조목으로 나누어야 한다.

성읍과 취락이 승가의 주처에서 멀다면 4월 13일에 이르러 마땅히 방사를 부촉하는데, 만약 서로를 허용하지 못하는 자는 다른 처소로 떠나가서 얻어야 한다. 성읍과 취락이 승가의 주처에서 가깝다면 15일에 마땅히 방사를 부촉하고서, 대중 승가의 가운데에서 이러한 소(疏)를 읽는다.

"어느 승가람에서는 그와 같이 허락된 방사가 있고 그와 같이 허락된 평상과 요가 있으며 그와 같이 허락된 재일의 음식이 있고 그와 같이 허락된 옷이 있습니다."

상좌는 마땅히 말한다.

"방사를 부촉하여 함께 한 안거를 지으십시오."

이렇게 말을 짓고서 마땅히 방사를 부촉하였어도 사미에게 방은 줄 수 없다. 만약 화상과 아사리가 "다만 방사를 준다면 내가 스스로 요리하겠습니다."라고 말하였다면 줄 수 있다.

만약 방사가 많다면 한 사람에게 두 개의 방을 줄 수 있고, 만약 즐거이 두 개의 방사를 취하지 않고서 "나는 바로 하나의 방을 얻는다면 만족합니다."라고 하였다면, 그때에 마땅히 "이 방은 그대가 수용하라는 까닭으로 주는 것이 아니고, 다만 일을 처리하라는 까닭으로 주는 것입니다."라고 말한다. 만약 비구가 많고 방사의 숫자가 적다면 마땅히 두 사람이거나, 세 사람에게 함께 하나의 방사를 주며, 만약 부족하였다면 마땅히 다섯 사람이거나, 열 사람에게 함께 하나의 방사를 주고, 만약 곧 큰 강당이 있다면 일체의 비구가 마땅히 가운데에 들어가서 머물러야 한다.

상좌에게는 마땅히 와상(臥床)을 주고 나머지 사람에게는 좌상(坐床)을 주어야 하며, 만약 부족하다면 상좌에게 좌상을 주고 나머지 사람에게 풀의 요를 주어야 하고, 만약 부족하다면 상좌에게 풀의 요를 주어야 하며, 나머지는 가부좌로 앉아야 하고, 만약 부족하다면 상좌는 가부좌로 앉고 나머지는 서 있으며, 만약 부족하다면 상좌는 서 있고 나머지는 밖으로 나가서 나무 아래나 빈 땅에 머무른다.

만약 겨울의 때에 방사를 부촉하였다면 일을 처리하려는 까닭으로 주는 것이고, 수용하려는 까닭으로 주며, 만약 상좌가 왔다면 차례대로 머물게 한다. 봄의 때에 방사를 부촉하였다면 일을 처리하려는 까닭으로 주는 것이고, 수용하려는 까닭으로 주며, 만약 상좌가 왔다면 차례로 머물게 한다. 만약 안거의 때에 방사를 부촉하였다면 일을 처리하려는 까닭으로 주는 것이고, 수용하려는 까닭으로 주며, 만약 상좌가 왔다면 차례대로 머무르게 할 수 없다.

만약 비구가 법을 알지 못하여 안거하는 중에 차례로 방을 찾았으나 얻지 못한다면 곧 싫어할 것이니, 마땅히 말한다.

"기다리십시오. 내가 방사의 지사인에게 물어보겠습니다."

마땅히 방사의 지사인에게 말해야 한다.

"장로여. 어느 객비구의 상좌가 왔는데 나에게 일어나라고 말하였습니다."

방사의 지사인은 마땅히 꾸짖어 말한다.

"장로여. 그대는 계상(戒相)을 잘 알지 못하십니다. 어찌하여 안거의 가운데에 다른 사람을 일으키십니까? 그대는 알지 못합니까? 일체의 때에 다른 사람을 쫓아내면서 일으킬 수 없습니다."

만약 겨울과 봄에 상좌가 왔고 차례로 마땅히 일으켰는데 일어나지 않는 자는 월비니죄를 범한다. 만약 비구가 계상을 잘 알지 못하여 안거의 때에 쫓아내면서 일으키는 자는 월비니죄를 범한다. 이것을 평상과 요의 법이라고 이름한다.

(60) 공경하는 법

세존께서는 구살라국(拘薩羅國)을 유행하셨다.

세존께서는 초야(初夜)에 성문들을 위하여 설법하셨고 중야(中夜)에 스스로가 방으로 돌아오셨다. 그때 여러 비구들에게 방사를 공급하는 사람이 있어서 먼저 방사를 취하였고 법을 듣고서는 각자 방사에 이르러 잠을 잤다. 그때 존자 사리불과 목건련은 방사를 공급하는 사람이 없었으므로 초야에 법을 듣고서 중야에 방에 이르러 문을 두드렸다. 물어 말하였다.

"누구십니까?"

대답하여 말하였다.

"사리불입니다."

"방이 이미 찼습니다. 대지(大智)여."

다시 다른 문을 두드렸고 물어 말하였다.

"누구십니까?"

"누구요?"

"목건련입니다."
"방이 이미 찼습니다. 대신족(大神足)이여."
두 사람은 방사를 얻지 못하여 한 사람은 처마의 아래 앉아 있었고 한 사람은 나무 아래 앉아 있었는데, 이때 하늘에서 밤비가 왔다. 처마 아래에 앉은 사람이 게송을 설하여 말하였다.

처마 아래에 가부좌로 앉으니
집이 새어서 두 무릎 위가 젖는데
이미 안락하게 머물 곳을 얻었으니
마땅히 후변신(後邊身)을 끊겠네.

나무 아래 앉은 사람이 게송을 설하여 말하였다.

나무 아래에 있어도 만족을 알고
걸식하며 풀 자리에 앉았어도
이 두 가지로 탐착하지 않으니
마땅히 후변신을 끊겠네.

이때 어느 우바새가 새벽에 일어나서 세존께 예경하고자 왔는데, 보고서 싫어하여 말하였다.
"어찌하여 사문 석자들은 공경하는 법이 없는가? 이와 같은 대덕인 사람에게 방사를 주어서 머물게 하지 않는가?"
여러 비구들이 이 인연으로써 가서 세존께 아뢰었고, 세존께서는 말씀하셨다.
"이것은 바로 마땅히 세상 사람들에게 비난받을 것이다."
세존께서는 여러 비구들에게 알리셨다.
"내가 구살라국에서 유행을 마치고 사위성에 돌아오기를 기다려서 나에게 말하라. 마땅히 여러 비구들을 위하여 공경하는 법을 제정하겠노라."

돌아오셨으므로 여러 비구들이 이 인연으로써 가서 세존께 아뢰었고, 세존께서는 말씀하셨다.

"누가 마땅히 가장 윗자리에 앉아서 먼저 물을 취하고 먼저 음식을 취하며 받아야 하는가? 누가 마땅히 예배를 받고 누가 마땅히 일어나서 영접받아야 하는가? 누가 마땅히 합장하고 저두(低頭)하며 공경해야 하는가?"

혹은 어느 비구가 말하였다.

"세존의 아들이 마땅히 받아야 합니다."

다시 말이 있었다.

"세존의 친족이 마땅히 받아야 합니다."

다시 말이 있었다.

"세존의 시자(侍者)가 마땅히 받아야 합니다."

다시 말이 있었다.

"아라한이 마땅히 받아야 합니다."

찰제리로 출가한 자는 말하였다.

"찰제리가 마땅히 받아야 합니다."

바라문으로 출가한 자는 말하였다.

"바라문이 마땅히 받아야 합니다."

비사(毘舍)로 출가한 자는 말하였다.

"비사가 마땅히 받아야 합니다."

수다라(首陀羅)로 출가한 자는 말하였다.

"수다라가 마땅히 받아야 합니다."

세존께서는 여러 비구들에게 알리셨다.

"그대들이 각각 아만을 길렀던 까닭으로 이렇게 말을 짓는 것이다. '세존의 아들에게 주겠다거나, 나아가 수다라에게 주겠다.'라고 말하였으나, 이것은 사람의 법(人法)이 아니니라. 여래·응공·정변지는 마땅히 그대들을 위하여 사람의 법을 설하겠노라."

[『선경(線經)』의 가운데에서 자세하게 설한 것과 같다.]

나아가 세존께서는 여러 비구들에게 알리셨다.

"오늘부터는 계율을 제정하겠나니, 먼저 출가한 자가 마땅히 예배를 받고, 일어나는 영접을 받으며, 합장하고 저두하는 공경을 받느니라. 먼저 출가한 자가 마땅히 윗자리에 앉고 마땅히 먼저 청을 받으며 먼저 앉고 먼저 물을 취하고 먼저 음식을 받느니라."

여러 비구들이 찬탄하여 말하였다.

"세존께서는 '마땅히 장로를 공경하라.'고 찬탄하여 말씀하셨습니다."

세존께서 말씀하셨다.

"다만 오늘에 장로를 공경하라고 찬탄하여 말한 것이 아니고, 과거의 세상의 때에서도 이미 일찍이 이와 같았느니라."

여러 비구들이 세존께 아뢰어 말하였다.

"원하건대 그것을 듣고자 합니다."

세존께서는 여러 비구들에게 알리셨다.

"나아가 과거의 오래되고 먼 세상에 세 짐승이 있었으니, 전다조(顚多鳥)와 원숭이와 코끼리였느니라. 함께 어느 니구류수(尼拘類樹) 아래에서 코끼리가 말하였다.

"우리들 세 부류가 함께 한 곳에 있는데, 이 가운데에서 누가 크고 누가 마땅히 공경을 받아야 하는가?"

코끼리가 말하였다.

"나는 일찍이 이 나무를 타고 지나갔소."

그러자 원숭이가 말하였다.

"나는 본래 일찍이 이 나무 위에 오줌을 누었소."

새가 말하였다.

"나는 본래 설산(雪山) 아래서 나무 열매를 먹었고 여기에 똥을 누었는데 마침내 이 나무가 생겨났소."

그때 새가 최대였으므로 두 짐승이 새를 공경하였던 까닭으로 목숨을 마치자 모두 좋은 곳에 태어났으며, 그때의 코끼리는 나의 몸이니라. 그대들이 마땅히 상좌를 이와 같이 공경한다면 비니가 증장할 것이다. 이것을 공경하는 법이라고 이름하느니라."

'처음으로 청을 받다.'는 어느 사람이 왔다면 청하면서 마땅히 먼저 상좌를 청한다. 만약 단월이 일찍이 복업이 아니어서 나이가 젊은 비구를 청하였다면, 마땅히 상좌의 처소에 말해야 한다. 이것을 처음으로 청을 받는다고 이름한다.

상좌의 자리에 있는 자는 자리를 펼치는 때에 나이가 젊다면 자리가 높고 상좌의 자리가 낮아서는 아니되고, 마땅히 상좌의 자리가 높고 나이가 젊다면 자리가 낮아야 하며, 마땅히 좌구를 가지런하고 곧게 정리하여 좋은 것은 마땅히 상좌에게 주고 좋지 않은 것은 하좌에게 주어야 한다. 만약 단월의 집에서 지식인 비구를 청하기 위하여 좋은 평상과 요를 펼쳤다면, 다투지 말고 시주의 뜻에 따라야 한다. 만약 5년 대회 때에 대중들이 많은 것이 염려되었다면, 상좌부터 아래로 여덟 명에 이르기까지 마땅히 여법하게 자리를 펼쳐놓고, 하좌는 마땅함을 따라서 그것을 주어야 한다. 이것을 상좌 자리의 법이라고 이름한다.

'먼저 음식을 받다.'는 음식을 돌리는 때에 마땅히 먼저 상좌를 주어야 한다. 만약 단월이 일찍이 복업이 아니어서 나이가 젊은 비구에게 먼저 주었다면 마땅히 상좌부터 주어야 한다고 말해야 하고, 음식을 돌리는 때에는 마땅히 좋은 것을 취하여 상좌에게 주어야 한다. 이와 같이 일체의 음식을 돌리는 때에 마땅히 가르쳐서 마땅히 상좌부터 주어야 한다고 말해야 한다.

만약 단월의 집에서 공양을 청하는 때에 차별하여 주었다면 베푸는 집의 뜻에 따르고 함께 다툴 수 없다. 만약 5년 대회 때에 대중들이 많은 것이 염려되었다면, 상좌부터 아래로 여덟 명에 이르기까지 마땅히 좋은 것을 주고, 하좌는 마땅함을 따라서 그것을 주어야 한다. 이것을 먼저 음식을 받는다고 이름한다.

'예배하고 공경하며 일어나서 영접하고 저두하여 합장하다.'는 그때 무릎에 예배하고 정강이에 예배하였고, 여러 비구들이 이 인연으로써 가서 세존께 아뢰었다. 세존께서는 말씀하셨다.

"오늘부터는 마땅히 발에 예배하여야 하느니라."

이때 여러 비구들이 다른 사람의 발을 찾아서 예배하면서 수행자를 요란하게 하였다. 여러 비구들이 이 인연으로써 가서 세존께 아뢰었고, 세존께서는 말씀하셨다.

"오늘부터는 마땅히 입으로 '화남(和南)합니다.'라고 말해야 하느니라."

이때 비구들이 희롱하려는 까닭으로 이렇게 말을 지었다.

"존자께 화남합니다. 존자께 화남합니다."

다시 다른 사람을 요란하게 하였고, 여러 비구들이 이 인연으로써 가서 세존께 아뢰었다. 세존께서는 말씀하셨다.

"오늘부터는 화남하는 것에 세 종류가 있으니, 몸·입·마음으로 화남하는 것이다."

'몸으로 화남하다.'는 앞의 사람이 만약 앉았거나, 만약 서 있었다면 머리 숙여 그의 발에 예배하는 것이다. 이것을 몸이라고 이름한다.

'입으로 화남하다.'는 앞사람에게 멀리서 합장하여 저두하고서 '화남합니다.'라고 말을 짓는 것이다. 이것을 입이라고 이름한다.

'마음으로 화남하다.'는 만약 등지고서 떠나갔더라도 마땅히 합장하고 공경을 하는 것이다. 이것을 마음으로 공경한다고 이름한다.

만약 상좌가 오는 것을 보았는데 일어나서 영접하고 화남하며 공경하지 않는 자는 월비니죄를 범한다. 이것을 상좌를 공경하는 법이라고 이름한다.

다른 사람을 거론하는 것과 죄를 다스리는 것과
쫓아내는 것과 아울러 이주(異住)와
승사를 판결하는 것과 밭과 토지의 일과
승가의 방사와 5년의 대회와
평상과 요의 일과 공경하는 법이 있다.

[세 번째의 발거를 마친다.]

(61) 포살의 법

세존께서는 왕사성에 머무셨으며, 자세한 설명은 앞에서와 같다.

그때 96종류의 출가한 사람들이 모두 포살을 지었다. 이때 비구들이 포살을 짓지 않아서 세상 사람들에게 비난받았다.

"어찌하여 96종류의 출가한 사람들이 모두 포살을 짓는데, 사문 석자들은 포살을 짓지 않는가?"

여러 비구들이 이 인연으로써 가서 세존께 아뢰었고, 세존께서는 말씀하셨다.

"바로 마땅하게 세상 사람들에게 비난받을 것이다. 오늘부터는 마땅히 포살을 짓도록 하라. 이를테면, 게송(偈), 14·15일에 포살하는 것, 포살의 처소를 가리키는 것, 낮에 포살하는 것, 처소(堂), 도둑, 왕, 아나율, 두 종류의 숫자, 능숙하지 못한 것(不利), 일체가 능숙하지 못한 것(一切不利), 순역(順逆), 처음부터 듣고자 하는 것, 구족계를 받지 않은 사람, 일찍 포살하는 것, 하나의 주처, 이중(二衆), 두 사람이 이미 설하였고 두 사람이 아직 설하지 않은 것, 욕을 주는 것, 욕을 취하는 것, 욕이 많은 것, 욕이 같은 것, 구사라(瞿師羅), 대애도, 천타, 병(病), 아란야, 난타, 주지 않을 것, 주는 것, 아지라하(阿脂羅河), 욕을 주었다고 이름할 수 없는 11가지이거나, 전전하여 욕을 주었거나, 묶었거나, 경계의 밖이거나, 비구니이거나, 구족계를 받지 않았거나, 욕을 가지고 나갔거나, 욕을 주고 나갔거나, 욕을 취하고서 환계하였거나, 욕을 잃었거나, 대중의 네 가지의 포살과 네 가지의 설함을 파괴하였거나, 7사(事)를 마땅히 말로 막았거나, 2사를 마땅히 말로 막는 것이 있느니라."

(62) 게송

세존께서 여러 비구들에게 알리셨다.

"비바시불(毘婆尸佛)·여래·응공·정변지께서는 적정(寂靜)한 승가를 위하여 최초로 바라제목차를 설하시기를, '인욕(忍辱)이 첫 번째의 도(道)이고 열반하신 세존께서 최고이시다.'라고 찬탄하셨고, '출가하여 다른 사람을 번뇌시켰다면 사문이라 이름하지 않는다.'라고 설하셨다.

　제2의 시기불(尸棄佛)·여래·응공·정변지께서는 적정한 승가를 위하여 최초로 바라제목차를 설하시기를, '비유한다면 눈 밝은 사람이 능히 험악한 길을 피하듯이 세상에 총명한 사람이 있다면 능히 여러 악을 멀리 벗어난다.'라고 설하셨다.

　제3 비발시불(毘鉢施佛)·여래·응공·정변지께서는 적정한 승가를 위하여 최초로 바라제목차를 설하시기를, '번뇌시키지 않을 것이고 허물을 말하지 않을 것이며 설하신 계율과 같이 행하고 음식을 먹으면서 적정한 양을 안다면 항상 즐거움이 한적한 처소에 있다면 마음이 청정하고 정진하는 것이다. 이것이 모든 세존의 가르침이다.'라고 설하셨다.

　제4 구류손불(拘留孫佛)·여래·응공·정변지께서는 적정한 승가를 위하여 최초로 바라제목차를 설하시기를, '비유한다면 벌이 꿀을 따면서 빛깔과 향기를 파괴하지 않고 다만 그 맛을 취하여 떠나가는 것과 같이, 비구가 취락에 들어갔다면 다른 사람의 일을 파괴하지 않을 것이고 짓거나 짓지 않더라도 보지 않을 것이며, 다만 스스로가 몸의 행을 관찰하면서 선한가? 선하지 않는가를 자세히 살펴야 한다.'라고 설하셨다.

　제5 구나함모니불(拘那舍牟尼佛)·여래·응공·정변지께서는 적정한 승가를 위하여 최초로 바라제목차를 설하시기를, '좋은 마음을 얻고자 한다면 방일하지 않고 성인들의 선법을 마땅히 부지런하게 배워야 한다. 만약 지혜롭고 적정한 일심(一心)을 얻은 사람이라면 그는 나아가 다시 근심과 환란이 없을 것이다.'라고 설하셨다.

　제6 가섭불(迦葉佛)·여래·응공·정변지께서는 적정한 승가를 위하여 최초로 바라제목차를 설하시기를, '일체의 악행을 짓지 말고 마땅히 선법을 구족하여서 스스로가 그 뜻이 청정하면 이것이 곧 모든 세존의 가르침이다.'라고 설하셨다.

　제7의 석가모니불(釋迦牟尼佛)·여래·응공·정변지께서는 적정한 승가를 위하여 최초로 바라제목차를 설하시기를, '몸을 보호하는 것도 옳은 것이고 입을 보호하는 것도 옳은 것이며 뜻을 보호하는 것도 옳은 것이고 일체를 보호하는 것도 역시 옳은 것이다. 비구가 일체를 보호하면 곧 여러 고통을 벗어날 것이다.'라고 설하셨다.

비구가 입과 뜻과 몸을 지켜서 모든 악을 범하지 않는다면 3업(業)의 도가 청정하여서 성스러운 도를 얻을 것이다. 이것을 포살의 게송이라고 이름하느니라."

(63) 14일과 15일에 포살하는 것

세존께서는 사위성에 머무셨으며, 자세한 설명은 앞에서와 같다.

그때 존자 아난과 공행제자가 마나타를 행하고자 하면서 세존께 아뢰었다.

"세존이시여. 저와 공행제자가 취락 안의 작은 주처에서 마나타를 행하겠으며, 때는 14일입니다."

세존께서 아난에게 알리셨다.

"이 14일은 성수(星宿)가 수순(隨順)하고 때가 수순하며 대중이 수순하니, 마땅히 포살을 마치고 그러한 뒤에 떠나가게."

14일은 겨울의 제3포살과 제7포살이고, 봄의 제3포살과 제7포살이며, 여름의 제3포살과 제7포살이다. 15일은 18번의 포살이니, 1년의 24포살 가운데에서 6번이 14일이고, 18번이 15일이다. 이것을 14일과 15일의 포살이라고 이름한다.

(64) 포살의 처소를 가리키는 것

세존께서는 왕사성 기사굴산(耆闍崛山) 가운데에 머무르셨다.

그때 여러 비구들이 포살할 처소를 알지 못하여 혹은 포살하였고, 혹은 포살하지 못하였다. 여러 비구들이 이 인연으로써 가서 세존께 아뢰었고, 세존께서는 말씀하셨다.

"기사굴산에서 마땅히 갈마할 것이니 포살을 짓는 처소라고 가리키도록 하라."

갈마인은 마땅히 이렇게 말을 지어야 한다.

"대덕 승가께서는 허락하십시오. 이 처소에서 만약 승가께서 때에

이르렀다면 승가는 오늘부터 기사굴산의 어느 곳에서 항상 포살을 짓겠습니다. 이와 같이 아룁니다.'

'대덕 승가께서는 허락하십시오. 이 처소에서 승가는 오늘부터 기사굴산의 어느 곳에서 항상 포살을 짓겠습니다. 여러 대덕들께서 어느 곳에서 항상 포살을 짓는 것을 인정하신다면 묵연하시고 만약 인정하지 않으신다면 곧 말씀하십시오. 승가께서는 이미 인정하셨으므로 어느 곳에서 항상 포살을 짓는 것을 마쳤습니다. 승가께서 인정하신 것은 묵연하였던 까닭입니다. 이 일을 이와 같이 지니겠습니다.'"

이것을 포살의 처소를 가리킨다고 이름한다.

(65) 낮에 포살하는 것

세존께서는 왕사성 기사굴산 가운데에 머무르셨다.

그때 여러 비구들이 밤에 포살을 지었는데, 도로가 험하여 땅에 넘어지고 오는 것이 매우 어려웠다. 이 인연으로써 가서 세존께 아뢰었다.

"세존이시여. 낮에 포살할 수 있습니까?"

세존께서 말씀하셨다.

"할 수 있느니라. 만약 낮에 포살하면서 만약 승가가 멀리 머물렀다면 마땅히 창언하라.

'여러 장로들이여. 오늘 승가에서 14일이거나, 15일이니, 만약 식전이거나, 만약 식후에 그렇게 허락된 사람들은 마땅히 어느 곳의 강당이거나, 선방이거나, 온실이거나, 나무 아래로 모이십시오.'"

만약 창언하지 않았다면 월비니죄를 범한다. 이것을 낮에 포살한다고 이름한다.

(66) 처소(堂)

세존께서는 왕사성에 머무르셨다.

그때 아사세왕(阿闍世王)이 기사굴산에 포살당(布薩堂)을 짓고서 여러 종류로 엄숙하게 꾸미고서 승가의 뒤에 금(金)으로 연꽃잎을 지었다.

세존께서 앉으셨으므로 여러 비구들이 모두 들어와서 포살을 짓고자 하였는데, 금으로 지었던 연꽃잎이 땅에 떨어졌다. 어느 악한 비구가 훔치려는 마음으로 취하여 겨드랑이 아래에 끼고 있었으므로 세존과 비구 승가는 오래 앉아 있었어도 포살하지 못하였다.

그때 존자 아난이 자리에서 일어나서 오른쪽 어깨를 드러내고 호궤합장하고서 세존께 아뢰어 말하였다.

"세존이시여. 초야가 이미 지났고, 승가가 오래 앉아 있었기에 피로해합니다. 오직 원하옵건대 세존께서는 여러 비구들을 위하여 바라제목차를 설하시고 포살을 지어서 주십시오."

이때 세존께서는 묵연하셨고 이와 같이 중야가 지났으며 나아가 후야에 이르렀다. 다시 세존께 아뢰어 말하였다.

"세존이시여. 밝은 모습이 드러났습니다. 대중 승가가 오래 앉아 있었습니다. 오직 원하옵건대 세존께서는 여러 비구들을 위하여 바라제목차를 설하시고 포살을 지어서 주십시오."

세존께서는 아난에게 알리셨다.

"대중은 청정하지 않네."

그때 존자 대목련은 이렇게 생각을 지었다.

'누구를 까닭으로 세존께서는 대중이 청정하지 않다고 말씀하시는가?'

목련이 곧 선정에 들어가서 관찰하니 악한 비구가 몸을 굽히고 대중의 가운데에 앉아 있었다. 보고서 곧 자리에서 일어났으며, 그가 있는 곳에 가서 이르렀고 왼손으로 잡아서 끌고 문에 이르러 오른손으로 문밖으로 밀어내면서 이렇게 말을 지었다.

"악한 비구여. 오늘부터 그대는 사문이 아니고 비구가 아니므로, 다시 대중 가운데에 있지 말라."

쫓아냈는데, 세존께서 말씀하셨다.

"지금 이후로는 사람을 끌어내는 것을 허락하지 않겠노라."

세존께서는 아난에게 말씀하셨다.

"오늘부터는 그대들이 마땅히 스스로가 바라제목차를 설하도록 하라.

왜 그러한가? 여래·응공·정변지는 대중이 청정하지 못하면 설하지 않느니라."

세존께서는 아난에게 알리셨다.

"여래의 법과 계율의 가운데는 오히려 큰 바다와 같아서 여덟 가지의 미증유(未曾有)가 있느니라. [『선경(線經)』의 가운데에서 자세히 설한 것과 같다.] 나의 여러 제자들이 보고서 사랑하고 즐거워하는 마음을 생겨났으니, 이것을 처소라고 이름하느니라."

(67) 도둑

세존께서는 왕사성 기사굴산에 머무르셨다.

그때 여러 비구들이 포살을 지으면서 바라제목차를 설하고서 바야제의 뒤의 발거(跋渠)의 절이바야제(截已波夜提)·파이바야제(破已波夜提)·만출이바야제(挽出已波夜提)에 이르러 마땅히 외우고자 하는 때에 도둑이 왔다. 독송하던 사람은 묵연하였고 도둑들은 잠깐 서 있다가 곧 나갔으므로 독송하던 사람은 다시 외웠다. 이와 같이 세 번에 이르렀고 도둑들은 이렇게 생각을 지었다.

'이들은 악한 사문이다. 절이와 파이와 만출이의 바야제를 설하는 것은 바로 우리를 잘라내고 우리를 깨뜨리며 우리를 끌어내려는 것이다.'

곧바로 들어가서 여러 비구들을 때렸고, 여러 비구들은 마음에 의혹이 생겨났다.

'도둑의 앞에서도 계율을 설해야 하는가?'

이 인연으로써 가서 세존께 아뢰었고, 세존께서는 말씀하셨다.

"도둑은 숲속의 왕이니, 능히 요익하지 못한 일을 지을 수 있느니라. 설할 수 있다고 그대들은 어찌하여 거듭하여 본어(本語)를 독송하였는가? 오늘부터는 허락하지 않겠노라."

만약 비구가 포살하면서 바라제목차를 설하는 때에 도둑이 들어오면 곧 마땅히 다시 다른 경을 독송해야 한다. 만약 『파라연팔발기경(波羅延八跋耆經)』이거나, 만약 『모니게(牟尼偈)』이거나, 『법구(法句)』와 같은 것이다. 만약 도둑이 비구의 법을 알았다면 이렇게 말할 것이다.

"사문이여. 나는 이미 알고 있으니, 다만 먼저 말하였던 것을 외우시오."

그때 비구는 마땅히 **빠르게** 독송하여 장구(章句)를 분별하지 못하도록 할 것이고, 그들이 처음과 중간과 뒤를 분별하지 못하도록 하여야 한다. 만약 다시 본어(本語)를 외우는 자는 월비니죄를 범한다. 이것을 도둑이라고 이름한다.

(68) 왕

세존께서는 왕사성 기구암(耆舊菴)의 바라원(婆羅園)에 머무르셨다. [『사문과경(沙門果經)』과 『선경(線經)』의 가운데에서 자세히 설한 것과 같다.] 나아가 비구들은 의혹이 생겨났다.

'왕의 앞에서 계율을 설할 수 있는가?'

이 인연으로써 가서 세존께 아뢰었고, 세존께서는 말씀하셨다.

"왕은 능히 요익하지 못한 일을 지을 수 있느니라."

앞의 도둑 일에서 자세히 설한 것과 같다. 이것을 왕이라고 이름한다.

(69) 아나율(阿那律)

세존께서는 왕사성 기사굴산에 머무르셨다.

여러 비구들이 포살갈마를 짓는 때에 존자 아나율이 오지 않았고, 여러 비구들은 사자를 보냈고 가서 불렀다.

"장로 아나율이여. 비구 승가가 모여서 포살갈마의 일을 짓고자 합니다."

대답하여 말하였다.

"세존께서는 '청정한 것이 포살이다.'라고 말씀하셨고, 세간에서 청정한 자는 내가 곧 이 사람이오. 나는 가지 않겠소."

여러 비구들이 이 인연으로써 가서 세존께 아뢰었고, 세존께서는 말씀하셨다.

"그대들이 가서 부르면서 오게 하였다면 천안(天眼)을 사용하지 않고 오게 하라."

이 장로는 육안(肉眼)을 잃었던 까닭으로 험한 산길로 다니면서 매우 고생하였다. 세존께서 아나율에게 말씀하셨다.

"그대가 포살을 공경하지 않으면 누가 마땅히 공경하겠는가?"

세존께서 말씀하셨다.

"오늘부터는 포살할 때에 마땅히 모두 와야 하느니라."

만약 오지 않았거나, 만약 병자이면서 욕을 주지 않았다면 월비니죄를 범한다. 이것을 아나율이라고 이름한다.

(70) 두 종류의 숫자(數)

세존께서 우바리에게 말씀하셨다.

"그대가 비니를 독송하는가?"

대답하여 말하였다.

"독송합니다. 다만 세부적인 구절은 지니는 것이 어렵습니다."

세존께서 말씀하셨다.

"마땅히 산가지로 숫자를 지으면서 외우도록 하라."

이때 우바리가 곧 산가지로 숫자를 지으면서 독송하였다. 세존께서 다시 물으셨다.

"우바리여. 그대는 산가지로 숫자를 지으면서 독송하는가?"

대답하여 말하였다.

"세부적인 구절은 산가지로 세면서 독송하는데 오히려 이전처럼 지니는 것이 어렵습니다."

세존께서 말씀하셨다.

"지금 이후로는 두 종류의 숫자를 세어야 한다. 하나는 5백의 숫자이고 또 하나는 7백의 숫자이니라."

만약 외우고자 하는 때에는 마땅히 먼저 손을 씻고서 산가지를 잡고 아래의 5백에 이르러 가지런하다면 오히려 마땅히 다시 손을 씻어야 한다. 만약 여유가 있는 자라면 마땅히 향즙(香汁)으로 산가지를 씻어야 하며, 다른 사람이 산가지를 잡고자 하더라도 역시 다시 이와 같다.

이것을 두 종류의 숫자라고 이름한다.

(71) 능숙하지 못한 것(不利)
세존께서는 사위성에 머무르셨다.

그때 취락의 가운데에 비구가 머무르고 있었고, 승가가 모여서 포살갈마를 짓고자 상좌에게 말하였다.

"바라제목차를 설하십시오."

대답하여 말하였다.

"나는 능숙하지 못합니다."

이와 같이 제2의 상좌도, 제3의 상좌도, 나아가 하좌도 역시 다시 이와 같았다. 여러 비구들이 이 인연으로써 가서 세존께 아뢰었고, 세존께서는 말씀하셨다.

"오늘부터는 구족계를 받았으면 마땅히 2부의 비니를 외워야 하느니라. 만약 2부를 능히 독송할 수 없는 자는 마땅히 1부라도 외워야 하고, 만약 다시 1부도 독송할 수 없는 자는 마땅히 다섯의 『선경(線經)』이라도 독송해야 하며, 만약 다시 다섯의 『선경』도 독송할 수 없는 자는 마땅히 넷의 『선경』이거나, 셋의 『선경』이거나, 둘의 『선경』이거나, 하나의 『선경』이라도 독송해야 한다.

포살하는 때는 마땅히 다섯의 『선경』을 자세하게 독송해야 하고, 인연이 있어서 독송할 수 없는 자는 마땅히 넷의 『선경』이거나, 셋의 『선경』이거나, 둘의 『선경』이거나, 하나의 『선경』이라도 독송해야 하고, 나아가 4바라이와 게송을 독송해야 하며, 나머지의 승가는 항상 들어야 한다. 만약 독송하지 않고 포살하는 자는 월비니죄를 범하느니라."

만약 이와 같이 대중이 능숙하지 못한 것을 거론하였다면 마땅히 상좌를 경계의 밖으로 내보낼 것이고, 마음으로 생각하고 입으로 말하면서 포살을 짓고 나머지 세 사람이 경계의 안에서 세 번을 말하여 포살을 지었다면, 이것은 상좌를 벌(罪)하는 것이며, 이것을 능숙하지 못한다고 이름한다.

(72) 일체가 능숙하지 못한 것(不一切利)

세존께서는 사위성에 머무르셨다.

그때 취락의 가운데에 비구가 머무르고 있었고, 승가가 모여서 포살갈마를 짓고자 상좌에게 말하였다.

"바라제목차를 설하십시오."

대답하여 말하였다.

"나는 1편(篇)에 능숙합니다."

다시 제2의 상좌에게 말하였고, 대답하여 말하였다.

"나는 2편에 능숙합니다."

이와 같이 차례대로 각각 1편에 능숙하여 곧바로 지체하여 독송하면서 함께 포살을 지었으나 마음에 의혹이 생겨났다. 여러 비구들이 이 인연으로써 가서 세존께 아뢰었고, 세존께서는 말씀하셨다.

"오늘부터는 합하여 독송하고 포살을 짓는 것을 허락하지 않겠노라." 만약 이와 같은 일이 있다면 마땅히 총명한 한 명에게 시켜서 능숙하게 외우도록 한다. 만약 독송하는 때에 잊어버린 것은 나머지 사람들이 가르쳐주어야 한다. 만약 합하여 독송하고 포살을 짓는 자는 월비니죄를 범한다. 이것을 일체가 능숙하지 못하다고 이름한다.

(73) 순역(順逆)

세존께서는 사위성에 머무르셨다.

그때 취락 안에 비구가 머무르고 있었고, 승가가 모여서 포살갈마를 짓고자 하였다. 한 비구가 있었는데 바라제목차를 순서대로 능숙하게 하였고 거꾸로도 능숙하여 계서(戒序)부터 나아가 수순법에 이르렀고 수순법부터 나아가 계서까지 능숙하였는데, 포살을 마치고 마음에 의혹이 생겨났다. 여러 비구들이 이 인연으로써 가서 세존께 아뢰었고, 세존께서는 말씀하셨다.

"오늘부터는 거꾸로 독송하는 것을 허락하지 않겠노라. 마땅히 순서대로 독송해야 하고 만약 독송하는 때에 잊어버렸던 것이 있다면 다시 보충하여 독송해야 한다. 순서로 거꾸로 독송하면서 포살을 짓는 자는 월비니죄를 범한다. 이것을 순역이라고 이름한다."

(74) 처음부터 듣고자 하는 것

세존께서는 사위성에 머무르셨다.

그때 여러 비구들이 모여서 포살을 짓고자 바라제목차를 독송하였고, 나아가 수순하는 법에 이르렀다. 이때 객비구가 와서 말하였다.

"장로여. 나는 취락의 가운데에 머무르고 있으므로 일찍이 바라제목차를 독송하는 것을 듣지 못하였습니다. 원하건대 장로께서는 나를 위하여 자세히 독송하여 주십시오."

독송하는 자는 곧 그를 위하여 다시 계서부터 나아가 수순법까지 독송하였다. 여러 비구들은 마음에 의혹이 생겨났고, 이 인연으로써 가서 세존께 아뢰었으며, 세존께서는 말씀하셨다.

"그대들은 어찌하여 처음부터 듣고자 하는 자를 위하여 다시 독송하였는가? 오늘부터는 허락하지 않겠노라."

만약 비구들이 모여 포살을 짓고자 바라제목차를 독송하였고, 나아가 수순법을 독송하였는데, 객비구가 와서 앉았다면 포살을 얻었다고 이름한다. 만약 객비구가 "나는 취락의 가운데에 머무르고 있으므로 일찍이 바라제목차를 독송하는 것을 듣지 못하였습니다. 원하건대 장로께서는 나를 위하여 자세히 독송하여 주십시오."라고 말하였더라도 승가의 포살이 끝나는 것을 기다려야 하고 그러한 뒤에 독송해야 한다. 만약 승가의 포살이 끝나지 않았는데 그를 위하여 독송하는 자는 월비니죄를 범한다. 이것을 처음부터 듣고자 하는 것이라고 이름한다.

(75) 구족계를 받지 아니한 자

세존께서는 사위성에 머무르셨다.

그때 비구가 구족계를 받지 않은 사람을 위하여 5중(衆)의 죄인 바라이를 설하였고 나아가 월비니죄에 이르렀다. 뒤에 그 비구가 취락에 들어갔는데 세속의 사람들이 말하였다.

"장로여. 그대는 바라이죄와 나아가 월비니죄를 범하였습니다."

여러 비구들이 듣고서 부끄러웠고, 이 인연으로써 가서 세존께 아뢰었으며, 세존께서는 말씀하셨다.

"그대들은 어찌하여 구족계를 받지 않은 사람을 위하여 바라제목차의 5편죄(篇罪)를 설하였는가? 오늘부터는 구족계를 받지 않은 사람을 위하여 설하면서 가르쳐서 말하는 것을 허락하지 않겠노라."

그대들은 범행이 아닌 것을 지을 수 없고 훔칠 수 없으며 살생할 수 없고 망어할 수 없다고 이와 같이 설할 수 있다. 만약 구족계를 받지 않은 사람을 위하여 바라제목차의 5편의 명칭을 설하는 자는 월비니죄를 범한다. 이것을 구족계를 받지 않은 사람이라고 이름한다.

(76) 일찍 포살하는 것

세존께서는 사위성에 머무르셨다.

그때 한 비구가 취락에 머물고 있었는데, 새벽에 일어나 포살을 지어서 마쳤다. 어느 객비구가 왔으며 구주비구에게 말하였다.

"장로여. 와서 함께 포살을 지읍시다."

대답하여 말하였다.

"내가 이미 포살을 마쳤습니다."

객비구가 말하였다.

"장로여. 포살을 나아가 너무 일찍 지었습니다."

비구가 이 인연으로써 가서 세존께 갖추어 아뢰었고, 세존께서는 말씀하셨다.

"오늘부터는 마땅히 일찍 포살을 지을 수 없느니라."

만약 한 비구가 위락의 가운데에 머물렀다면 포살의 날에 마땅히 탑과 승방을 청소하고, 만약 있는 자는 향즙을 땅에 뿌리며 꽃을 흩어놓고 등불을 켜야 하며, 객비구가 오는 것을 기다려서 함께 포살을 지어야 하고, 만약 객비구가 오지 않았고 유죄인 자는 마땅히 이렇게 생각을 지어야 한다.

'만약 청정한 비구를 얻는다면, 이 죄를 여법하게 제거하겠다.'

이렇게 생각을 짓고서 마땅히 마음으로 생각하고 입으로 말한다.

"오늘이 15일이니 승가에서 포살을 지을 것입니다. 나 누구 비구는 청정하게 포살을 받겠습니다."

이와 같이 세 번을 말하고 만약 포살을 마쳤는데, 어느 객비구가 왔다면 마땅히 따라서 기뻐하면서 말해야 한다.

"장로여 이미 포살을 지었습니다. 나 누구는 따라서 기뻐합니다."

만약 따라서 기뻐하지 않았다면 마땅히 경계의 밖으로 나가서 포살을 지어야 한다. 만약 새벽에 포살을 지었다면 월비니죄를 범한다. 이것을 일찍 포살하였다고 이름한다.

(77) 하나의 주처

세존께서는 사위성에 머무르셨다.

그때 여러 비구들이 도를 다니면서 하늘이 음산하여 어두웠으므로 해가 저물었다고 생각하였고 취락에 들어갔으며 비구의 주처에 이르러 포살을 지었다. 포살을 마쳤는데 하늘이 맑았고 날이 빨랐던 까닭으로 여러 비구들은 이렇게 생각을 지었다.

'우리들은 마땅히 앞으로 나아가야겠다.'

떠나갔고 잠시 뒤에 두 번째의 대중이 와서 다시 이곳에서 포살을 지었으며 이 가운데에서 묵고서 다음 날에 떠나갔고 먼저 포살하였던 비구들과 서로가 만났다. 보고서 서로 물어 말하였다.

"장로여. 그대들은 어젯밤에 어느 곳에서 묵었습니까?"

대답하여 말하였다.

"어느 곳입니다."

"어느 곳에서 포살하였습니까?"

대답하여 말하였다.

"어느 곳입니다."

"우리들도 역시 그곳에서 포살하였습니다."

여러 비구들이 마음에 의혹이 생겨났고, 이 인연으로써 세존께 갖추어 아뢰었으며, 세존께서는 말씀하셨다.

"오늘부터는 한 주처에서 다시 포살을 지을 수 없느니라."

만약 비구가 먼 길을 다녔는데 포살하는 날이라면 취락에 들어가고 비구의 주처에 이르러 포살을 짓고 묵연히 떠나갈 수 없으며, 마땅히 사미에게 부촉하거나, 만약 원민에게 부촉하거나, 만약 방목자에게 부촉하거나, 만약 어느 비구가 왔다면 알려서 말해야 한다.

"이 가운데에서 이미 포살을 지었습니다."

만약 사람이 없다면 마땅히 기둥이나 문이나 부채에 글을 쓰거나, 만약 꽃을 뿌려서 모양을 지어야 하고, 만약 뒤에 오는 자는 마땅히 물어야 하며 마땅히 모양을 구해야 하고, 곧 포살을 지을 수 없다. 만약 앞의 사람이 부촉하지 않았거나, 모양을 짓지 않았거나, 뒤의 사람이 물어보지 않았거나, 모양을 구하지 않았다면 함께 월비니죄를 얻는다. 이것을 하나의 주처라고 이름한다.

(78) 2중(衆)

2중은 객비구가 오는 것이니, 첫째의 대중은 14일에 포살하고 둘째의 대중은 15일에 포살한다면 마땅히 누구를 따라야 하는가? 앞에 들어온 대중을 따라야 하고, 2중이 동시에 들어왔다면 마땅히 상좌를 따라야 하며, 만약 좌차의 크고 작음이 없다면 마땅히 지율자를 따라야 하고, 만약 함께 지율자라면 마땅히 먼저 소리친 자를 따라야 한다. 만약 14일이거나, 만약 15일에 마땅히 포살해야 한다. 이것을 2중이라고 이름한다.

(79) 두 사람이 이미 설한 것

객비구가 왔는데 객비구는 14일에 포살하고 구주비구는 15일에 포살하였고, 구주비구가 객비구에게 말하였다.

"장로여. 함께 포살을 짓겠습니다."

객비구가 "나는 이미 포살하였습니다."라고 말할 수 없어서 함께 화합하여 경계의 밖으로 나갔거나, 만약 구주비구가 14일에 포살하고, 객비구는 15일에 포살하면서 객비구가 구주비구에게 "장로여. 포살을 짓겠습니다."라고 말하였고, 구주비구가 마땅히 "나는 이미 포살을 지었습니다."라고 말하였으며, 객비구가 마땅히 "장로여. 이미 포살을 지었으므로 나도 따라서 기뻐합니다."라고 말하여야 한다. 만약 기뻐하지 않는다면 마땅히 경계의 밖으로 나가서 포살해야 한다. 이것을 둘은 이미 말하였고 둘은 아직 설하지 않았다고 이름한다.

(80) 욕을 주는 것(與欲)

대중 승가가 모여서 포살하는 때에 어느 비구가 옷과 발우를 위하여 가지 않았다. 여러 비구들이 이 인연으로써 세존께 갖추어 아뢰었으며, 세존께서는 말씀하셨다.

"지금 이후로는 여욕을 허락하겠노라."

여욕하는 법은 마땅히 이렇게 말을 지어야 한다.

"장로께서는 허락하십시오. 오늘은 승가의 포살이니 만약 14일이거나, 15일이거나, 나 누구 비구는 청정하게 포살의 욕(欲)을 주겠습니다. 나를 위해 말하여 주십시오."

이와 같이 세 번을 말한다.

욕을 주는 때에는 나아가서 사람들에게 줄 수 없고 마땅히 능히 지니고 승가의 가운데에 들어가려는 자에게 주어야 한다. 만약 옷과 발우의 일을 지으면서 포살하는 때에 욕을 주지 않는 자는 월비니죄를 범한다. 이것을 여욕이라고 이름한다.

(81) 욕을 취하는 것(取欲)

세존께서는 사위성에 머무르셨다.

그때 비구 승가는 모여서 포살갈마를 지었는데 비구가 병들고 옷과 발우의 일을 위하여 비구에게 욕을 주었어도 받지 않았다. 여러 비구들이 이 인연으로써 세존께 갖추어 아뢰었으며, 세존께서는 말씀하셨다.
"지금 이후로는 욕을 마땅히 취해야 하느니라."
만약 욕을 취하는 때에는 마땅히 스스로 사유하여야 한다.
'능히 욕을 전할 수 있겠는가?'
대중의 욕을 취할 수 없다면 세 사람까지 얻을 수 있다. 욕을 주는 때에는 마땅히 이렇게 말을 지어야 한다.
"장로여. 억념하십시오. 오늘 승가에서는 포살을 지으니, 누구는 비구에게 포살의 청정한 욕을 주겠습니다."
만약 이름을 잊었으면 법랍을 기억하여 마땅히 말한다. 몇 살인 비구라고 말하거나, 만약 객이라면 객이라고 말하고, 병자이면 병자라고 말하면서 비구는 포살에 청정한 욕을 주어야 한다. 만약 병들고 옷과 발우의 일을 위하여 욕을 주었는데 취하지 않는 자는 월비니죄를 범한다. 이것을 욕을 취하는 것이라고 이름한다.

(82) 욕이 많은 것(欲多)

세존께서는 사위성에 머무르셨다.
그때 비구 승가가 포살하는 때에 욕을 주는 자가 많았고 모인 대중은 적었다. 여러 비구들이 이 인연으로써 갖추어 세존께 아뢰었으며, 세존께서는 말씀하셨다.
"지금 이후로는 욕을 주는 자가 많고 모이는 자가 적었다면 포살하는 것을 허락하지 않겠노라."
짓는 자는 월비니죄를 범한다. 이것을 욕이 많다고 이름한다.

(83) 욕이 같은 것(欲等)

세존께서는 사위성에 머무르셨다.
그때 비구 승가가 포살하는 때에 욕을 주는 자와 모인 대중이 같아서 포살을 지었다. 여러 비구들이 이 인연으로써 세존께 갖추어 아뢰었으며, 세존께서는 말씀하셨다.

"지금 이후로는 욕을 주는 자와 모이는 자가 같다면 포살하는 것을 허락하지 않겠노라."

마땅히 모인 자가 많아야 한다. 만약 포살을 짓고자 하는 자와 같다면 월비니죄를 범한다. 이것을 욕이 같다고 이름한다.

(84) 구사라(瞿師羅)

세존께서는 구섬미(俱睒彌)의 구사라원(瞿師羅園)에 머무르셨다.

그때 비구 승가가 모여서 포살을 지었는데 일을 판결하는 갈마의 말소리가 높았다. 이때 구사라의 거사가 들어왔으므로 승가는 묵연하였고, 잠시 뒤에 다시 나갔으므로 승가는 다시 일을 판결하면서 이전과 같이 소리가 높았으며, 이와 같이 세 번에 이르렀다. 거사는 이렇게 생각을 지었다.

'내가 들어가면 곧 묵연하고 내가 나오면 곧 높아지므로 나는 지금 마땅히 들어가서 다시 나오지 않겠다.'

구사라의 거사가 존자 아난에게 물은 것과 같고, [『육입선경(六入線經)』의 가운데에서 자세하게 설한 것과 같다.] 여러 비구들이 마음에 의혹이 생겨났고, 이 인연으로써 세존께 갖추어 아뢰었으며, 세존께서는 말씀하셨다.

"이와 같은 대덕으로 수승한 사람이 대중 승가의 일을 판결하는 것을 듣고자 하였다면 들을 수 있느니라."

일을 판결하려면 만약 대중의 가운데에서 변재(辯才)가 있어서 능히 말을 잘하거나, 일의 모습이 분명한 자를 시켜서 말하게 한다. 만약 평범한 백성(庶人)들의 앞에서 일을 판결하는 자는 월비니죄를 범한다. 이것을 구사라 거사라고 이름한다.

(85) 대애도(大愛道)

세존께서는 사위성에 머무르셨다.

그때 대애도 구담미(瞿曇彌)가 욕을 주었어도 비구는 받지 않았다.

그때 대애도 구담미는 세존의 처소에 나아가서 머리 숙여 발에 예경하고 한쪽으로 물러나서 이 인연을 갖추어 세존께 아뢰었다.
"나의 욕(欲)을 비구가 받지 않는다면 누가 나의 욕을 받겠습니까?"
그때 세존께서 대애도 구담미를 위하여 수순하여 설법하시어 환희심을 일으켰고, 머리숙여 발에 예경하고서 물러갔다. 세존께서 말씀하셨다.
"그 비구를 불러오라."
왔으므로, 세존께서는 물으셨다.
"그대가 진실로 그러하였는가?"
대답하여 말하였다.
"진실로 그렇습니다."
세존께서 말씀하셨다.
"지금 이후로는 비구니가 욕을 주었다면 마땅히 받아야 하느니라."
만약 상좌라면 마땅히 "나는 승가의 상좌입니다."라고 말하고, 마땅히 받을 수 없으며, 만약 비구니를 교계하였거나, 만약 바라제목차를 독송하는 사람이라면 마땅히 각자가 스스로 말하여 마땅히 욕을 받을 수 없다. 만약 방사를 지키는 사람이거나, 만약 병자라면 마땅히 "나는 승가의 가운데에 이르지 않으니, 다시 다른 사람을 주십시오."라고 말해야 한다.
만약 "나는 걸식합니다."라고 말하였거나, "나는 아련야에 있습니다."라고 말하였거나, "나는 분소의를 입었습니다."라고 말하였거나, "나는 대덕의 사람입니다."라고 말하면서 욕을 취하지 않는 자는 월비니죄를 범한다. 만약 "나는 상좌입니다."라고 말하였거나, "나는 비구니를 교계하는 사람입니다."라고 말하였거나, "나는 계율을 독송하는 사람입니다."라고 말하면서 욕을 취하지 않는 자는 무죄이다. 이것을 대애도 구담미라고 이름한다.

(86) 천타(闡陀)

세존께서는 구섬미의 구사라원에 머무르셨다.
그때 비구 승가가 모여서 포살을 지었다. 이때 천타 비구가 즐거이 오지 않았고, 여러 비구들이 이 인연으로써 세존께 갖추어 아뢰었다.

"세존이시여. 이 사람은 무슨 죄를 범합니까?"

세존께서 말씀하셨다.

"투란차죄를 얻느니라."

이와 같이 비구가 포살하는데 즐거이 오지 않는 자는 투란차죄를 얻고, 만약 옷과 발우의 일을 위하여 오지 않으면서 욕을 주지 않는 자는 월비니 죄를 범한다.

(87) 병(病)

세존께서는 사위성에 머무르셨다.

그때 비구 승가가 모여서 포살을 지었다. 한 비구가 풍병(風病)이 일어났으므로 옆방의 비구에게 말하였다.

"장로여. 내가 풍병이 일어났으니 청정한 욕을 주겠습니다."

비구가 받지 않았으므로 곧 상좌의 앞에 이르러서 가죽신을 벗고 호궤 합장하고서 이렇게 말을 지었다.

"나 누구를 청정한 승가께서는 억념하여 지니십시오."

이와 같이 세 번 말하고서 곧 떠나갔다. 여러 비구들이 마음에 의혹이 생겨났고, 이 인연으로써 세존께 갖추어 아뢰었으며, 세존께서는 말씀하셨다.

"얻은 것과 같습니까?"

세존께서 말씀하셨다.

"이미 여법하게 잘 지어서 마쳤느니라. 다만 욕을 받지 않은 자는 월비니죄를 범하느니라."

이것을 병이라고 이름한다.

(88) 아련야

세존께서는 사위성에 머무르셨다.

그때 아련야와 취락 내의 비구는 항상 함께 포살을 지었다. 이때 아련야의 비구가 취락에 들어와서 포살을 짓고 떠나갔고, 오래지 않아서 객비구가 왔으며 다시 이곳에서 포살하고 곧 그 가운데에서 묵었다. 다음 날의 아침에 함께 서로를 보았으므로 물었다.

"장로여. 지난 밤에 어디서 묵었습니까?"

대답하였다.

"이곳입니다."

"어느 곳에서 포살하였습니까?"

대답하여 말하였다.

"이곳입니다."

여러 비구들이 마음에 의혹이 생겨났고, 이 인연으로써 세존께 갖추어 아뢰었으며, 세존께서는 말씀하셨다.

"오늘부터는 한 곳에서 두 번을 포살하는 것을 허락하지 않겠노라."

만약 아련야의 비구가 취락의 가운데에 들어와서 포살하는 자는 묵연히 떠나갈 수 없고, 마땅히 사미에게 부촉하거나, 만약 원민에게 부촉하거나, 만약 방목자에게 부촉하거나, 만약 뒤에 비구가 있어서 왔다면 알려서 말하라.

"이 가운데에서 이미 포살을 지었습니다."

만약 사람이 없다면 마땅히 기둥이나 문이나 부채에 글을 쓰거나, 만약 꽃을 뿌려서 모양을 지어야 하고, 만약 뒤에 오는 자는 마땅히 물어야 하며 마땅히 모양을 구해야 하고, 곧 포살을 지을 수 없다. 만약 앞의 사람이 부촉하지 않았거나, 모양을 짓지 않았거나, 뒤의 사람이 물어보지 않았거나, 모양을 구하지 않았다면 함께 월비니죄를 얻는다. 이것을 아련야라고 이름한다.

(89) 마땅히 주지 않을 것을 주다.

세존께서는 사위성에 머무르셨다.

그때 여러 비구들이 때에 모여서 갈마의 욕을 주었고, 때가 아닌 때에 모여서는 청정한 욕을 주었다. 여러 비구들이 이 인연으로써 세존께 갖추어 아뢰었으며, 세존께서는 말씀하셨다.

"오늘부터는 때에 모여서 갈마의 욕을 주거나, 때가 아닌 때에 모여서 청정한 욕을 주는 것을 허락하지 않겠노라."

때 아닌 때에 모여서 마땅히 갈마의 욕을 주거나, 때에 모여서 마땅히 청정한 욕을 주어야 하며, 때에 모였다면 역시 두 가지의 욕을 줄 수 있다.

"장로여. 억념하십시오. 지금 승가는 만약 14일이거나, 15일에 포살을 짓는다면 나 누구 비구는 포살에 청정한 욕을 주겠습니다. 나의 뜻을 말하여 주십시오."

이와 같이 세 번을 말하고 갈마의 욕도 역시 세 번을 말하여야 한다. 만약 때 아닌 때에 모여서 청정한 욕을 주었거나, 때에 모여서 갈마의 욕을 주었다면 월비니죄를 범한다. 이것을 마땅히 주지 않는 때에 주었다고 이름한다.

(90) 아지라하(阿脂羅河)

세존께서는 사위성에 머무르셨다.

그때 여러 비구들이 아지라하의 주변에 이르러 니사단을 펼치고 앉아서 바라제목차를 독송하였다. 이때에 물이 넘쳐서 점점 무릎까지 가지런하였고, 이와 같이 입까지 가지런하였으므로 매우 괴로움을 겪으면서 나아가 마쳤으며, 돌아와서 세존의 처소에 이르러 이 인연으로써 세존께 갖추어 아뢰었다.

"서 있으면서 포살을 지을 수 있습니까?"

세존께서 말씀하셨다.

"지을 수 있느니라. 행(行)·주(住)·좌(坐)·와(臥)에서도 포살을 지을 수 있느니라."

'행'은 만약 비구가 상인과 함께 다녔고 포살의 날에 이르렀는데, 두려움과 환란이 있어서 상인이 가면서 기다리지 않았다면, 다니면서 포살을 지으면서 먼저 마땅히 얼마에 계율을 독송하여 마치겠는가를 헤아려서 만약 산이거나, 돌에 표시하거나, 손을 펼쳐서 서로가 미치는 모습으로 포살의 경계로 짓고서 갈마를 마치고서 그러한 뒤에 포살을 짓는 것이다. 이것을 행포살(行布薩)이라고 이름한다.

'주'는 비구에게 평상과 자리가 많이 없다면 일체의 손을 펼쳐서 서로가 미치는 모습으로 포살을 짓는 것이다. 이것을 주포살(住布薩)이라고 이름한다.

'좌'는 비구에게 평상과 자리가 있어서 포살을 짓는 것이다. 이것을 좌포살(坐布薩)이라고 이름한다.

'와'는 비구가 늙고 병들어서 오래 앉아 있을 수 없다면 평상의 모서리와 서로 접촉하고 누워서 포살을 행하는 것이다. 이것을 와포살(臥布薩)이라고 이름한다. 이것을 아지라하라고 이름한다.

(91) 욕을 주었다고 이름할 수 없는 11가지

'전욕(轉欲)'은 "나는 장로에게 욕을 주겠습니다. 내가 이전에 취하였던 누구의 욕도 아울러 주겠습니다."라고 말하는 것이다. 이것을 전욕이라고 이름한다.

'숙여(宿與)'는 다음 날에 마땅히 포살하는데 오늘에 욕을 주는 것이다. 이것을 숙여욕이라고 이름한다.

'경계의 밖(界外)'은 경계를 나가서 욕을 주는 것이다. 이것을 경계의 밖이라고 이름한다.

'비구니'는 비구니에게 욕을 주는 것이다. 이것을 비구니라고 이름한다.

'구족계를 받지 않은 사람'은 구족계를 받지 않은 사람에게 욕을 주는 것이다. 이것을 구족계를 받지 않은 사람이라고 이름한다.

'욕을 가지고 나가다.'는 욕을 취하고서 경계의 밖으로 나가는 것이다. 이것을 욕을 가지고 나가는 것이라고 이름한다.

'욕을 주고서 나가다.'는 욕을 주고서 경계 밖으로 나가는 것이니 이것을 욕하고 나가는 것이라고 이름한다.

'욕을 취하고서 환계(還戒)하다.'는 욕을 취하고서 구족계를 돌려주는 것이다. 이것을 욕을 취하고서 환계한다고 이름한다.

'욕을 주고서 환계하다.'는 다른 사람에게 욕을 주고서 구족계를 돌려주는 것이다. 이것을 욕을 주고서 환계한다고 이름한다.

'실욕(失欲)'은 비구가 병들고서 욕을 주었는데, 승가의 가운데에서 법사가 설법하고 지율자가 비니를 설한다는 것을 듣고서 자력(自力)으로 듣고자 나아갔으나, 오래 앉는 것이 피로하고 괴로워서 이미 욕을 주었으므로 묵연히 자리를 떠났다면, 욕을 주었다고 이름할 수 없나니, 마땅히 다시 주어야 한다. 이것을 실욕이라고 이름한다.

'괴중(壞衆)'은 포살의 날에 비구 승가가 모였는데 오지 않는 여러 비구들은 청정하게 욕을 주어야 한다. 만약 사나운 비바람이거나, 만약 불이거나, 만약 도둑으로 여러 비구들이 모두 놀라서 흩어졌다면 욕을 지녔다고 이름할 수 없으나, 승가의 가운데에 만약 한 사람이라도 있었다면 이것을 승가에 이르렀다고 이름한다. 이것을 욕을 줄 수 없는 11가지라고 이름한다.

(92) 네 가지의 포살

한 사람이 받거나, 두 사람·세 사람이 설하거나, 네 사람이 널리 독송하는 것이 있다.

'한 사람이 받다.'는 어느 한 비구가 취락의 가운데에 머무르며 포살의 날에 이르렀다면, 마땅히 탑과 승원을 쓸고 만약 여유가 있으면 마땅히 향즙을 땅에 뿌리고 등불을 켜며 꽃을 뿌려놓고 객비구를 기다릴 것이며, 만약 오는 자가 없는데 유죄라면 마땅히 이렇게 생각을 지어야 한다.

'청정한 비구를 얻는다면 이 죄를 마땅히 여법하게 없애겠습니다.'

이렇게 생각을 짓고서 호궤 합장하고 마음으로 생각하고 입으로 말하여야 한다.

"지금 승가는 만약 14일이거나, 15일이라면 포살합니다. 나 누구 비구도 청정하게 포살을 받겠습니다."

이와 같이 세 번을 말하였다면 한 사람이 받는다고 이름한다.

'두 사람이 말하다.'는 어느 두 비구가 취락의 가운데에 머무르며 포살의 날에 이르렀다면, 마땅히 탑과 승원을 쓸고 만약 여유가 있으면 마땅히 향즙을 땅에 뿌리고 꽃을 뿌려놓으며 등불을 켜야 한다. 만약 유죄라면 전전하여 여법하게 참회하고서 마땅히 호궤 합장하고 이렇게 말을 지어야 한다.

"장로여. 억념하십시오. 지금 승가는 만약 14일이거나, 15일이라면 포살을 짓는다면 나 누구 비구는 청정할 것입니다. 장로께서는 억념하여 지니십시오."

이것을 두 사람이 말한다고 이름하며, 세 사람이 말하는 것도 역시 이와 같다.

'널리 독송하다.'는 네 사람이 마땅히 널리 바라제목차를 독송하는 것이다. 이것을 널리 독송한다고 이름한다.

'네 명이 설하다.'는 첫째의 사람이 계서부터 4바라이를 독송하고 나머지의 승가는 항상 독송하는 게송을 듣고, 둘째의 사람이 13사와 2부정법을 독송하고 나머지의 승가는 항상 독송하는 게송을 들으며, 셋째의 사람이 30니살기를 독송하고 나머지의 승가는 항상 독송하는 게송을 듣고, 넷째의 사람이 92바야제를 마땅히 널리 독송하는 것이다. 이것을 네 명이 설한다고 이름한다.

'포살에 마땅히 막아야 하는 일곱 가지의 일이 있다.'는 첫째는 불공주의 사람이고, 둘째는 별주의 사람이며, 셋째는 구족계를 받지 않은 사람이고, 넷째는 욕을 말하지 않은 사람이며, 다섯째는 사라(舍羅)를 행하지 않은 사람이고, 여섯째는 화합의 뜻을 위해서이며, 일곱째는 화합을 끝내지 않은 것이다. 이것을 마땅히 막아야 하는 일곱 가지라고 이름한다.

다시 다음으로 '마땅히 막을 두 가지의 포살이 있으니, 첫째는 만약 포살을 짓는데 승가가 투쟁하는 것이고, 둘째는 승가를 파괴하는 것이다. 이것을 마땅히 막을 두 가지라고 이름한다. 이것을 포살하는 법이고 욕을 주는 법이며 욕을 받는 법이라고 이름한다.

(93) 안거의 법

세존께서는 사위성에 머무셨으며, 자세한 설명은 앞에서와 같다.

그때 여러 비구들이 비가 오는 때에 유행하면서 많이 밟아서 해쳤으므로 세상 사람들이 비난하였다.

"96종류의 출가인도 오히려 안거를 아는 것은 새가 둥지에 숨어서 스스로를 지키면서 머무르는 것과 같다. 사문 석자들은 스스로 선량하다고 말하면서도 안거하지 않는구나."

여러 비구들이 이 인연으로써 세존께 갖추어 아뢰었고, 세존께서는 말씀하셨다.

"곧 세상 사람들에게 비난이 마땅하다. 지금 이후로는 비가 오는 때라면 마땅히 안거하라."

'안거의 법'은 4월 16일에 이르면 마땅히 오른쪽 어깨를 드러내고 호궤 합장하고서 마땅히 이렇게 말을 지어야 한다.

"장로여. 억념하십시오. 나 누구 비구는 이 승가람에서 앞의 3개월 우안거(雨安居)를 짓겠습니다."

이와 같이 세 번을 말해야 한다.

만약 비구가 도로를 다니면서 아직 주처에 이르지 못하였는데 안거의 날에 이르렀다면 곧 도로 옆의 만약 나무이거나, 만약 수레를 의지하여 마땅히 안거하고, 밝은 모습에 이르렀다면 떠나가서 주처로 나아가야 한다.

후안거(後安居)의 날에 이르렀다면 마땅히 오른쪽 어깨를 드러내고 호궤 합장하고서 마땅히 이렇게 말을 지어야 한다.

"장로여. 억념하십시오. 나 누구 비구는 이 승가람에서 뒤의 3개월 우안거를 짓겠습니다."

이와 같이 세 번을 말해야 한다.

비구가 도로를 다니면서 전안거의 날에 안거하지 않는다면 하나의 월비니죄를 범하고, 주처에 이르러 후안거의 날에 안거하지 않는다면 둘째의 월비니죄를 범한다. 이 사람은 안거를 깨뜨렸으므로 옷을 보시받을 수 없다.

다시 다음으로 세존께서는 사위성에 머무르셨다.
그때 어느 비구가 취락을 의지하여 우안거하였다. 어느 단월이 승사를 경영하면서 물의 관개(灌漑)가 필요하여 비구에게 왕에게 아뢰는 것을 구하여 물을 통과시키고자 하였다. 이때 비구가 옷과 발우를 몸에 지니고 자주 왕문(王門)으로 나아갔으나, 이때 왕을 보지 못하였고 도로가 가깝지 않았으므로 안거하는 때를 잃는 것이 두려웠다. 세존께서 보셨고 아시면서도 일부러 물으셨다.
"그대는 객비구인가?"
"아닙니다. 세존이시여."
"그대는 떠나가는 비구인가?"
"아닙니다. 세존이시여."
"무슨 까닭으로 옷과 발우를 가지고 스스로를 따르는가?"
그 비구가 앞의 인연으로써 세존께 갖추어 아뢰었고, 세존께서는 말씀하셨다.
"지금 이후로는 우안거 때에 만약 탑의 일을 위하였거나, 승사를 위하였다면 마땅히 구청갈마를 지어야 하느니라."
구청갈마를 지으면서 마땅히 말하여야 한다.
"대덕 승가께서는 허락하십시오. 누구 비구가 이곳에서 우안거합니다. 만약 승가께서 때에 이르렀다면 누구 비구가 이곳에서 우안거에 탑사와 승사를 위하여 경계의 밖으로 나갔다가 이곳에 돌아와서 머물겠습니다.'
'대덕 승가께서는 허락하십시오. 누구 비구가 이곳의 우안거에서 탑사와 승사를 위하여 경계의 밖으로 나갔다가 이곳에 돌아와서 머물겠습니다. 나아가 승가께서 인정하신 것은 묵연하였던 까닭입니다. 이 일을 이와 같이 지니겠습니다."
만약 이와 같이 탑을 위하고 승가를 위하여 구하면서 찾아야 하고, 얻게 해야 한다. 만약 옷이거나, 만약 발우이거나, 만약 작은 발우이거나,

만약 건자이거나, 시루이거나, 만약 허리띠 등이 필요하다면 얻게 시켜야 한다. 만약 하나의 물건이라도 얻지 못하였다면 월비니죄를 범한다.

이와 같은 일을 마쳤다면 마땅히 돌아와야 한다. 만약 보름이거나, 만약 1개월이거나, 만약 2개월이거나, 나아가 뒤의 자자일에는 마땅히 돌아와야 하나니, 만약 돌아오지 않는다면 월비니죄를 범한다. 만약 도로에 두려움이거나, 도둑의 환란으로 목숨을 잃는 것이 두려워서 그곳에서 자자하였다면 무죄이다. 이것을 안거의 법이라고 이름한다.

(94) 자자(自恣)의 법

세존께서는 사위성에 머무셨으며, 자세한 설명은 앞에서와 같다.

그때 여러 비구들이 구살라국(俱薩羅國)을 유행하면서 거마제하(渠磨帝河)의 주변에 총림(叢林)[2]이 있는 것을 보았는데, 숲의 가운데에 하나의 큰 공터가 있고 가운데에 살라수(薩羅樹)가 있었다. 그 나무는 그늘이 크고 빽빽하였으며 나무 아래가 평평하고 넓었으며 떨어진 취락에서 멀지도 않았고 가깝지도 않았으므로 이렇게 생각을 지었다.

'이 가운데에서 안거하면 좋겠구나.'

이와 같이 앞뒤의 사람들이 보고서는 모두 이렇게 생각을 지었다. 안거하는 날이 이르자 한 비구가 먼저 이르러서 나무의 구멍을 다듬어서 옷과 발우를 안치하고서 풀을 펼치고 앉았고, 잠시 뒤에 어느 비구가 왔으며 물어 말하였다.

"장로여. 이곳에서 안거합니까?"

대답하여 말하였다.

"그렇습니다. 좋은 곳입니다."

이와 같고 서로가 이어서 왔고 나아가 60명에 이르렀다. 처음 이르렀던 자가 뒤에 왔던 여러 비구들에게 말하였다.

"장로들이여. 모두 이곳에서 안거하고자 합니까?"

---

2) 잡목(雜木)이 우거진 숲을 가리킨다.

대답하여 말하였다.
"그렇습니다. 좋은 곳입니다."
이 나무의 가운데는 옷과 발우가 허용되었고 그 아래의 왼쪽과 오른쪽은 안거에 알맞았으므로 안거의 법을 받고서 다시 이렇게 말을 지었다.
"여러 장로들이여. 우리들이 마땅히 무슨 법을 지어야 안락하게 머물겠습니까?"
여러 사람들이 대답하여 말하였다.
"번뇌와 괴로움은 모두 몸과 입을 말미암아 생겼던 것이고, 이미 적정한 처소를 얻었으니 마땅히 함께 묵언(默言)하며, 말하지 않는 규칙을 세워야 합니다."
말하지 않는 규칙을 세웠고 3개월의 안거를 마치고서 사위성으로 돌아왔으며 세존의 처소로 가서 머리 숙여 발에 예경하고 물러나서 한쪽에 머물렀다. 세존께서 아시면서도 일부러 물으셨다.
"비구들이여. 그대들은 어느 곳에서 안거하였는가?"
대답하여 말하였다.
"어느 곳입니다."
세존께서 물으셨다.
"비구들이며. 병이 적고 번뇌도 적으며 걸식은 어렵지 않았고 도로를 다니면서 여법하였으며 안락하게 머물렀는가?"
대답하여 말하였다.
"세존이시여. 저희들은 병이 적었고 번뇌가 적었으며 걸식은 쉽게 얻었고 묵연하여 3개월이 안락하였으며 말하지 않고서 이별하고 떠났습니다."
세존께서 말씀하셨다.
"이것은 악한 일이니라. 원수와 같았구나. 함께 머무는 법은 마땅히 함께 말하여야 하느니라."

다시 다음으로 세존께서는 사위성에 머무셨으며, 자세한 설명은 앞에서와 같다.

아나율(阿那律)과 금비로(金毘盧)와 발제(跋提)는 먼저 탑산(塔山)에 있으면서 안거를 마쳤으며, 사위성으로 돌아와서 세존 처소에 이르러 머리 숙여 발에 예경하고 물러나서 한쪽에 머물렀다. 세존께서 아시면서도 일부러 물으셨다.

"비구들이여. 그대들은 어느 곳에서 안거하였는가?"

대답하여 말하였다.

"어느 곳입니다."

다시 물으셨다.

"비구들이며. 병이 적고 번뇌도 적으며 걸식은 어렵지 않았고 도로를 다니면서 여법하였으며 안락하게 머물렀는가?"

대답하여 말하였다.

"세존이시여. 저희들은 병이 적었고 번뇌가 적었으며 걸식은 쉽게 얻었고 묵연하여 3개월이 안락하였으며 말하지 않고서 이별하고 떠났습니다."

세존께서 말씀하셨다.

"이것은 악한 일이니라. 원수와 같이 함께 머물렀구려. 오늘부터는 함께 말하지 않고 머무는 것을 허락하지 않겠노라."

방편으로 사소한 일을 말하지 않으려고 하였어도 보름의 포살하는 날에 이르면 마땅히 함께 말하고, 함께 서로가 문신하며 일을 묻고 일을 대답하며 축원하고 포살의 날이 지나갔다면 계속하여 다시 이전과 같게 하여야 한다. 만약 교만하였거나, 만약 성내면서 함께 말하지 않는 자는 월비니죄를 범한다.

(95) 자자법

세존께서는 여러 비구들에게 알리셨다.

"오늘부터는 여러 제자들을 위하여 자자법을 제정하겠나니, 3개월에 세 가지를 말하면서 안거를 마칠 것이고, 이곳에서 안거하며, 이곳에서 자자하면서 상좌를 따라서 화합하여야 하느니라.”
 '3개월'은 4월 16일부터 7월 15일까지이다.
 '세 가지를 말하다.'는 보았거나 들었으며 의심하는 것이다.
 '안거를 마치다.'는 전안거(前安居)는 4월 16일부터 7월 15일까지이고, 후안거(後安居)는 5월 16일부터 8월 15일까지이다. 만약 안거하는 대중 가운데에서 한 사람이 전안거를 하였다면 7월 15일에 이르러 대중이 거론하여 마땅히 이 한 사람에게 자자를 받고, 자자를 마쳤다면 앉아서 8월 15일까지 이르러야 한다. 만약 일체 대중이 함께 후안거를 하였다면 일체의 대중이 마땅히 8월 15일에 자자를 해야 한다. 이것을 안거를 마쳤다고 이름한다.
 '이곳에서 안거하고 이곳에서 자자하다.'는 만약 비구가 취락의 가운데에서 안거하였는데 '성안에서 자자하는 날에 여러 가지로 공양하고 밤새워 설법한다.'라고 들었으며, 대중이 그곳에 가고자 하였다면 마땅히 14일에 자자를 마치고서 떠나갈 수 있다. 만약 이곳에서 안거하고 다른 곳에서 자자하는 자는 월비니죄를 범한다.
 '상좌를 따르다.'는 하좌부터 거슬러 차례를 지을 수 없고, 마땅히 상좌의 차례를 따라서 하좌에 이른다. 다니면서 사람을 놓아두고 앞지르지 못하나니, 음식을 더하는 법과 같아서 차례를 초월(超越)할 수 없고 모두가 "일체의 대덕들께서 보았거나, 들었거나, 의심하는 죄를 자자로 말씀하십시오."라고 창언할 수 없다. 이것을 상좌를 따른다고 이름한다.
 마땅히 5법을 성취한 자에게 예배하고 자자하는 사람으로 지어서 하나니, 만약 한 가지나, 만약 두 가지의 허물이 있다면 지을 수 없다.
 갈마인은 마땅히 이렇게 말을 지어야 한다.
 "'대덕 승가께서는 허락하십시오. 누구와 누구 비구는 5법을 성취하였습니다. 만약 승가께서 때에 이르렀다면 승가는 누구와 누구 비구에게 예배하고 자자인으로 지어서 주십시오.'
 '대덕 승가께서는 허락하십시오. 누구와 누구 비구를 자자인으로 짓겠습니다. 나아가 승가께서 인정하신 것은 묵연하셨던 까닭입니다. 이 일을 이와 같이 지니겠습니다."

갈마를 받은 사람은 마땅히 이렇게 말을 지어야 한다.

"대덕 승가께서는 허락하십시오. 자자의 때에 이르렀습니다. 만약 승가께서 때에 이르렀다면 일체의 승가는 누구와 자자를 받겠습니다. 이와 같이 아룁니다."

이와 같이 자자하는 사람들은 마땅히 상좌부터 시작하며, 상좌는 마땅히 오른쪽 어깨를 드러내고 호궤 합장하고서 이렇게 말을 지어야 한다.

"장로들께서는 억념하십시오. 지금 승가는 15일에 자자를 받습니다. 나 비구 누구에게 장로와 승가께서는 자자하면서 연민하게 생각하시는 까닭으로 만약 보았거나, 들었거나, 의심스러운 죄라면 마땅히 나에게 말씀하십시오. 내가 만약 알았거나, 만약 보았다면 마땅히 여법하게 없애겠습니다."

이와 같이 세 번을 말해야 한다.

다음으로 제2의 상좌에 이르고 제2의 상좌부터 만약 하좌까지 마땅히 계속하여 말해야 한다. 대덕들이 다르게 되었고 만약 두 사람을 자자인으로 지었다면 한 사람은 상좌의 자자를 받고, 한 사람은 마땅히 하좌의 앞에 서 있으면서 상좌가 말하였다면 하좌가 다시 말한다. 이와 같이 전전하여 차례로 하좌까지 자기가 앉는 곳에 이르며 마땅히 자자를 받는다. 승가가 자자를 마치고서 그러한 뒤에 자자를 받을 수 없다.

(96) 화합

화합하지 않았다면 자자를 받을 수 없고, 욕을 주었다면 자자를 받을 수 없다. 만약 병자라면 마땅히 데리고 와야 하고, 만약 데리고 오면서 목숨에 위험한 근심이 있는 자라면 승가가 마땅히 병자에게 나아가야 한다. 만약 병자가 많다면 마땅히 평상에 태우고 와야 하며, 만약 평상 모서리가 서로 마주하면서 만약 평상을 들고 오면서 목숨에 위험한 근심이 있는 자라면 병이 없는 비구가 마땅히 자리를 서로 마주해야 하며, 만약 두루 자자할 수 없다면 병이 없는 비구가 마땅히 경계의 밖으로 나가서 자자를 지어야 하고, 병든 비구는 경계 안에서 자자하여야 한다.

　대중이 많아서 1만(萬)이거나, 2만이라면 마땅히 일체를 하나의 처소인 만약 강당이거나, 만약 식당이거나, 만약 욕실 등에 모아서 자자해야 하고, 나머지 사람들은 아울러 치목을 씹거나, 대소변을 행하거나, 아울러 음식을 먹으면서 이와 같이 날을 지내고 밤을 새우면서 자리를 떠나지 않고 멀리 가지 않았다면, 나아가 밝은 모습이 나타나기 이전에 자자해야 한다. 만약 대중이 많아서 6만이거나, 8만 명에 이르렀고 마치지 못하는 것을 두려워하였다면 마땅히 줄여서 경계의 밖으로 나가서 자자를 지어야 한다.

　만약 한 사람이 스스로가 받거나, 만약 두 사람이 설하거나, 만약 세 사람이거나 만약 네 사람이 스스로가 설하거나, 다섯 사람은 널리 자자하는 것이 있다.

　'한 사람이 받다.'는 만약 한 비구가 취락의 가운데에서 안거하였고 자자의 날에 이르렀다면, 마땅히 탑과 승원을 쓸고 만약 여유가 있으면 마땅히 향즙을 땅에 뿌리고 꽃을 뿌려놓으며 등불을 켜고서, 만약 유죄라면 마땅히 이렇게 생각을 지어야 한다.

　'청정한 비구가 와서 얻는다면 이 죄를 마땅히 여법하게 없애겠습니다.'

　이렇게 생각을 짓고서 호궤 합장하고 마음으로 생각하고 입으로 말해야 한다.

　"지금 승가는 15일에 자자합니다. 나 누구 비구도 청정하게 자자를 받겠습니다."

　이와 같이 세 번을 말하는 것이다.

　'두 사람이 설하다.'는 유죄라면 전전하여 여법하게 짓고서 마땅히 오른쪽 어깨를 드러내고 호궤 합장하고서 이렇게 말을 지어야 한다.

　"장로들께서는 억념하십시오. 지금은 승가에서는 15일에 자자합니다. 장로들께서는 자자하면서 연민하게 생각하시는 까닭으로 만약 보았거나, 들었거나, 의심스러운 죄라면 마땅히 나에게 말씀하십시오. 내가 만약 알았거나, 만약 보았다면 마땅히 여법하게 없애겠습니다."

이와 같이 세 번을 말해야 한다. 세 사람이 말하는 것과 네 사람이 말하는 것도 역시 이와 같다. 다섯 사람도 마땅히 자세하게 자자해야 한다. 이것을 자자법이라고 이름한다.

마하승기율 제28권

동진 천축삼장 불타발타라·법현 공역
석보운 번역

6) 잡송의 발거를 밝히다 ⑥

(97) 가치나의(迦絺那衣)의 법

세존께서 구섬미(俱睒彌)의 구사라원(瞿師羅園)에서 여러 천인과 세상 사람들을 위하여 공양을 받으셨다.

그때 구섬미국의 왕과 부인이 500장(張)의 모직물을 세존께 받들어 드렸고, 세존께서는 아난에게 알리셨다.

"그대가 이 모직물을 가지고 여러 비구에게 주도록 하게."

여러 비구들은 받지 않으면서 아난에게 말하였다.

"세존께서는 장의(長衣)를 저축하는 것을 허락하지 않으셨습니다. 이 모직물을 사용하여 무엇하겠습니까? 세탁하고 물들이지 않았으므로 여법하지 않습니다."

아난이 이 인연으로써 세존께 갖추어 아뢰었고, 세존께서는 아난에게 알리셨다.

"지금 이후로는 장의를 10일까지 저축하는 것을 허락하겠네."

여러 비구들은 장의를 10일을 채웠으므로 이것을 가지고 세존께 가서 아뢰었다.

"이 옷이 이미 10일을 채웠습니다."

세존께서 말씀하셨다.

"지금 이후로는 가치나의(迦絺那衣)를 받는 것을 허락하겠노라."

'가치나의'는 때이거나, 대중 승가이고 대중의 많은 사람이며 한 사람이거나, 다섯 가지 일의 이익이거나, 새로운 것이거나, 받지 않은 것이거나, 부정(不停)이거나, 절정(截淨)하였거나, 염정(染淨)하였거나, 점정(點淨)하였거나, 도정(刀淨)한 것이 있다.

'때'는 7월 16일로부터 8월 15일에 이르렀다면 이것을 때라고 이름한다.

'대중 승가'는 승가에서 가치나의를 지었다면 많은 대중에게 줄 수 없고 한 사람에게도 줄 수 없다. 많은 대중들이 가치나의를 지었다면 한 사람에게 줄 수 없다.

'다섯 가지 일의 이익'은 다섯 가지의 죄를 벗어나는 것이니, 무엇이 다섯 가지인가? 별중식(別衆食)과 처처식(處處食)과 식전과 식후에 다니는 것과 아뢰지 않고서 장의를 저축하는 것과 옷을 벗어나서 묵는 것이다. 이를 다섯 가지 일의 이익이라고 이름한다.

'새로운 것'은 새로운 모직물이다.

'받지 않다.'는 아직 받아서 3의(衣)를 짓지 않은 것이다.

'부정'은 청정하게 보시한 옷을 버리고서 지었던 가치나의를 얻는 것이니, 승가리와 울다라승과 안타회와 부창의와 우욕의 등의 이와 같은 여러 옷과 구자(鉤刺)로써 일찍이 짓고서 수용하지 않은 것은 모두 가치나의를 지을 수 있다.

'절정'은 실을 잘라서 작정하는 것이다.

'염정'은 염색하여 작정하는 것이다.

'점정'은 모서리(角)에 점(點)으로 작정하는 것이다.

'도정'은 모서리를 벗어나서 끝자락에서 4지(指)의 한 곳에 세 번을 칼을 그어서 세 개의 실을 끊는 것이다. 이것을 도정이라고 이름한다.

만약 외부의 사람이 승가에 가치나의의 의재(衣財)[1]를 보시하였다면 묵연히 받을 수 없다. 받는 자는 마땅히 이렇게 말을 지어야 한다.

---

1) 승가에서 옷을 짓는 재료인 옷감을 가리킨다.

"나는 지금 승가의 가치나의의 의재를 받습니다."

받았다면 승가의 가운데에 이르러 모직물을 세워서 손으로 잡고 길게 늘어트리면서 높이 들고서 이렇게 말을 지어야 한다.

"대덕 승가께서는 허락하십시오. 승가께서는 이때 의재를 얻었습니다. 만약 승가께서 때에 이르렀다면 승가께서는 이 가치나의의 옷감을 취하십시오. 이와 같이 아룁니다.'

'대덕 승가께서는 허락하십시오. 승가께서는 이때 의재를 얻었습니다. 승가는 지금 이 가치나의의 옷감을 취하겠습니다. 여러 대덕들께서 이 가치나의의 옷감을 취하는 것을 인정하신다면 묵연하시고, 인정하지 않는다면 곧 말씀하십시오. 승가시여. 이미 가치나의의 옷감을 취하는 것을 마쳤습니다. 승가께서 인정하신 것은 묵연하였던 까닭입니다. 이 일을 이와 같이 지니겠습니다.'"

승가의 가운데에서 능히 가치나의를 지으면서 능히 요리할 수 있는 자가 만약 한 사람이거나, 만약 두 사람이거나, 만약 세 사람이었다면 갈마인은 마땅히 이렇게 말을 지어야 한다.

"대덕 승가께서는 허락하십시오. 승가께서는 이때 의재를 얻었습니다. 만약 승가께서 때에 이르렀다면 승가는 누구와 누구 비구 및 다른 사람들에게 예배하고 가치나의를 짓도록 하십시오. 이와 같이 아룁니다.'

'대덕 승가께서는 허락하십시오. 승가께서는 이때 의재를 얻었습니다. 여러 대덕들께서 누구와 누구 비구 및 다른 사람들이 가치나의를 짓도록 인정하신다면 묵연하시고, 인정하지 않으신다면 곧 말씀하십시오. 승가께서는 누구와 누구 비구 및 다른 사람들에게 예배하고 가치나의를 짓도록 하는 일을 마쳤습니다. 승가께서 인정하신 것은 묵연하였던 까닭입니다. 이 일은 이와 같이 지니겠습니다.'"

갈마인의 가운데에서 한 사람이 위주(爲主)로 옷을 받는 때에는 마땅히 이렇게 말을 지어야 한다.

"이 가치나의의 의재를 받습니다. 승가는 마땅히 받습니다."

이와 같이 세 번을 말해야 한다. 세탁하는 때에도 마땅히 이렇게 말을 지어야 한다.

"이 가치나의를 세탁합니다. 승가는 마땅히 받습니다."

이와 같이 할절하는 때, 꿰매는 때, 염색하는 때, 점정을 짓는 때에도 이와 같이 앞의 말을 따라서 지어야 한다.

'도정'은 모서리에서 네 손가락을 벗어나서 한 번을 자르는 때마다 이렇게 말을 지어야 한다.

"이 가치나의를 승가는 마땅히 받습니다."

두·세 번째도 역시 이와 같이 말해야 하고, 작정하는 때에도 하나·하나 마땅히 이와 같이 말을 지어야 한다. 말하지 않고서 작정하면서 가치나의라고 이름하는 자는 월비니죄를 범하고, 만약 하나·하나를 말하였어도 작정하지 않는다면 가치나의라고 이름하지 않으며 월비니죄를 얻는다. 만약 하나·하나의 마음을 일으켜서 작정해야 가치나의라고 이름할 수 있으며 무죄이다.

만약 승가가 지은 옷을 얻는 때에 일체가 화합하였다면 갈마인이 세로로 겹쳐진 옷을 손에 잡아 길게 늘어뜨리고 높이 들고서 마땅히 이렇게 말을 지어야 한다.

"대덕 승가께서는 허락하십시오. 승가는 이때에 옷을 지어서 마쳤습니다. 만약 승가께서 때에 이르렀다면 승가는 이 가치나의를 받겠습니다. 여러 대덕들께서 이 가치나의를 받도록 인정하신다면 묵연하시고, 인정하지 않으신다면 곧 말씀하십시오. 승가시여. 이미 가치나의를 받는 것을 마쳤습니다. 승가께서 인정하신 것은 묵연하였던 까닭입니다. 이 일은 이와 같이 지니겠습니다."

마땅히 이 옷을 접어서 상자 안에 넣고서 여러 꽃을 그 위에 뿌리면서 상좌부터 차례대로 따라서 기뻐하는 말을 지어야 한다.

"장로들께서는 억념하십시오. 승가는 이 주처에서 가치나의를 받았고, 나 누구 비구도 기쁘게 받겠습니다. 겨울의 4개월을 주처를 따라서 채우고서 나는 마땅히 버리겠습니다."

이와 같이 세 번을 말해야 한다.

만약 대중이 1만이거나, 2만 명이어서 화합하기 어렵다면 여러 많은 사람들이 별도로 가치나의를 지어야 하고, 일체가 대중과 같으나, 다만 대중이 많다고 말하는 것이 다르다. 네 명 이상이라면 별도로 지을 수 없고, 만약 한 사람이 혼자서 짓는다면 취하는 때에 마땅히 말하여야 한다.

"이 가치나의의 의재를 내가 지금 받습니다."

이와 같이 세 번을 말해야 한다. 할절하는 때, 꿰매는 때, 염색하는 때와 점정하는 때, 도정하는 때에도 마땅히 이와 같이 말해야 한다.

"이 가치나의를 내가 마땅히 받겠습니다."

꿰매는 때, 세탁하는 때, 염색하는 때와 점정하는 때, 도정하는 때에도 앞의 설명과 같다. 지어서 완성하였다면 마땅히 마음으로 생각하고 입으로 말해야 한다.

"나 누구 비구가 이 가치나의를 받겠습니다."

이와 같이 세 번을 말해야 한다.

'가치나의를 받다.'는 짓는 때이고 받지 않을 때가 있고, 받을 때이고 짓지 않을 때가 있으며, 짓는 때이고 받을 때가 있고, 짓는 때가 아니고 받지 않을 때가 있다.

'지을 때이고 받지 않을 때'는 이 가운데에서 짓는 때에 받을 적당한 때가 있고 받는 때에 적당한 때가 없는데 받는 것이니, 받는다고 이름한다.

'받을 때이고 짓지 않을 때'는 받을 적당한 때에 받고 짓는 때가 아닌데 받는 것이니, 받는다고 이름한다.

'짓는 때이고 받을 때'는 지을 때와 받을 때에 받는 것이니, 짓는 때에 받는다고 이름한다.

'짓는 때도 아니고 받지 않을 때'는 짓는 적당한 때가 아닌데 받고 받을 때가 아닌데 받는 것이다.

마땅히 따라서 기뻐하며 말해야 한다.

"장로들께서는 억념하십시오. 이 주처에서 승가는 가치나의를 받았고,

나 누구 비구도 기쁘게 받겠습니다. 겨울의 4개월을 그 주처를 따라서 채우고서 나는 마땅히 버리겠습니다."

이것을 가치나의 법이라고 이름한다.

(98) 가치나의가 아닌 것

세존께서는 사위성에 머무셨으며, 자세한 설명은 앞에서와 같다.

그때 존자 손타라난타(孫陀羅難陀)가 두구라(頭鳩羅)[2]를 가지고 가치나의를 지었다. 세존께서 말씀하셨다.

"두구라로 가치나의를 짓는 것을 허락하지 않겠노라."

그때 존자 아난도 용겁패로 가치나의를 지었고, 다시 어느 비구가 작은 단물(段物)[3]로 가치나의를 지었으며, 다시 어느 비구가 낡은 물건을 가지고 지었고, 다시 어느 비구가 암양의 털로 흠바라(欽婆羅)를 지었으며, 다시 어느 비구가 머리카락을 가지고 흠바라를 지었고, 다시 어느 비구가 풀을 가지고 옷을 지었으며, 다시 어느 비구가 가죽을 가지고 옷을 지었고, 다시 어느 비구가 나무껍질로 옷을 지었고, 다시 어느 비구가 판자를 가지고 옷을 지었다. 세존께서 말씀하셨다.

"이와 같은 일체는 마땅히 지을 수 없느니라."

일체가 옷이 아니므로 가치나라고 이름할 수 없다. 다시 가치나의라고 이름하지 않는 것이 있으니, 때가 아닌 때에 지었거나, 할절하고 실로 작정하지 않았거나, 염정하지 않았거나, 점정하지 않았거나, 도정하지 않았다면 가치나의라고 이름하지 않는다.

(99) 가치나의를 버리는 법

세존께서는 사위성에 머무셨으며, 자세한 설명은 앞에서와 같다.

그때 어느 비구가 자주 옷을 갈아입으면서 식전에 다른 옷을 입었고 식후에 다른 옷을 입었다. 세존께서는 아시면서도 일부러 물으셨다.

---

2) 산스크리트어 dukūlikā의 음사로서 가는 실로 만든 옷감을 가리킨다.
3) 일반적인 옷감을 가리킨다.

"그대의 옷이 자주자주 다른데 이것은 누구의 옷인가?"
대답하여 말하였다.
"세존이시여. 이것은 저의 옷입니다."
세존께서 말씀하셨다.
"무슨 까닭으로 매우 많은가?"
대답하여 말하였다.
"제가 가치나의로 받은 것입니다."
세존께서 말씀하셨다.
"그대는 어찌하여 일체의 때에 가치나의를 받았는가? 오늘부터는 마땅히 버려야 하느니라."
'버리다.'는 열 가지의 일이 있으니, 무엇이 열 가지의 일인가? 첫째는 옷을 지어서 마치고 버리는 것이고, 둘째는 받는 때에 버리는 것이며, 셋째는 시간을 마치면 버리는 것이고, 넷째는 듣고서 버리는 것이며, 다섯째는 보내어 버리는 것이고, 여섯째는 찢어져서 버리는 것이며, 일곱째는 잃어버려서 버리는 것이고, 여덟째는 떠나면서 버리는 것이며, 아홉째는 시간이 지나서 버리는 것이고, 열째는 결국에 버리는 것이다.
'옷을 지어서 마치고 버리다.'는 가치나의를 받는 때에 '내가 옷을 지어서 마친다면 마땅히 가치나의를 버리겠다.'라고 이렇게 생각을 지었고, 옷을 지어서 완성하였다면 곧 버린다고 이름한다. 이것을 옷을 지어서 마쳤다면 버린다고 이름한다.
'받는 때에 버리다.'는 '이 옷을 받는 때에 마땅히 가치나의를 버리겠다.'라고 이렇게 생각을 지었다면 옷을 받는 때에 곧 버린다고 이름한다. 이것을 받는 때에 버린다고 이름한다.
'시간을 마치면 버리다.'는 '그렇게 허락된 시간이라면, 내가 마땅히 가치나의를 버리겠다.'라고 이렇게 생각을 지었고, 시간을 채웠다면 곧 버린다고 이름한다. 이것을 시간을 채웠다면 버린다고 이름한다.
'듣고서 버리다.'는 '내가 화상과 아사리가 가치나의를 버린다는 것을 듣는 때에 나도 마땅히 버리겠다.'라고 이렇게 생각을 지었고, 뒤에 화상과 아사리가 "오늘 승가에 가치나의를 버리겠다."라고 말하는 것을 들었다면 그때를 곧 버린다고 이름한다. 이것을 듣고서 버린다고 이름한다.

'보내어 버리다.'는 '내가 이 옷을 다른 사람에게 주고서 마땅히 가치나의를 버리겠다.'라고 이렇게 생각을 지었고, 뒤에 옷을 보냈다면 곧 버린다고 이름한다. 이것을 보내어 버린다고 이름한다.

'찢어져서 버리다.'는 가치나의를 받고서 중간에 스스로가 "나는 지금 가치나의를 버리겠다."라고 말하였다면 이렇게 말을 짓는 때에 곧 버린다고 이름한다. 이것을 찢어져서 버린다고 이름한다.

'잃어버려서 버리다.'는 '이 옷이 중간에 찢어지고 잃어버려서 나타나지 않는다면 내가 마땅히 버리겠다.'라고 이렇게 생각을 지었고, 뒤에 옷이 찢어졌거나, 만약 잃어버렸다면 곧 버린다고 이름한다. 이것을 잃어서 버린다고 이름한다.

'떠나가며 버리다.'는 '내가 이 가운데에 머무르고 떠나가는 때에 마땅히 가치나의를 버리겠다.'라고 이렇게 생각을 지었고, 만약 떠나가는 때라면 곧 버린다고 이름한다. 이것을 떠나가면서 버린다고 이름한다.

'때가 지나서 버리다.'는 다음 달의 15일에 버리지 않고서 16일에 이르렀다면 버린다고 이름하고, 월비니죄를 범한다. 이것을 때가 지나서 버린다고 이름한다.

'결국에 버리다.'는 다음 달의 15일이라면 마땅히 버려야 한다. 한 사람은 승가의 가운데에서 이렇게 창언해야 한다.

"대덕 승가께서는 허락하십시오. 오늘 승가는 가치나의를 버리겠습니다."

이와 같이 세 번을 말하였다면 결국에 버린다고 이름한다.

이러한 열 가지의 일을 가치나의를 버리는 법이라고 이름한다.

'옷의 법'은 안거를 마치지 못한 것, 안거를 마친 것, 이 가운데에서 안거하는 것, 목숨 잃을 것이 두려운 것, 범행을 잃을 것이 두려운 것, 때가 아닌 때의 옷, 때의 옷, 구섬미 등이다.

(100) 안거를 마치지 못함

세존께서는 사위성에 머무셨으며, 자세한 설명은 앞에서와 같다.

그때 육군비구들이 취락의 가운데에서 안거를 마치지 않았는데, 단월의 처소에 이르러 말하였다.

"장수여. 나에게 안거의 옷을 보시하여 주시오."

대답하였다.

"존자여. 지금이 때가 아닙니다. 안거를 마치는 것을 기다려 주십시오. 수확을 마치면 백성들이 환희하며 은혜를 생각하는 까닭으로 보시할 마음이 생겨날 것입니다. 그때 또한 보시가 있을 것입니다."

육군비구들이 말하였다.

"장수여. 그대는 이 세간이 무상(無常)한 것을 알지 못하시오? 혹은 왕의 난(難)이 있거나, 혹은 물이나 불이나 도둑의 난이 있을 것이오. 이와 같다면 우리는 곧 이익을 잃게 되고 그대들은 복을 잃을 것이오."

그 단월이 말하였다.

"존자여. 다만 나의 무상을 보시고 스스로를 보지 않습니까? 존자께서는 빠르게 안거의 물건을 얻고 가지고 다른 곳으로 가서 도를 깨뜨리고자 바쁘고 바쁜데 또한 그렇습니다. 기이하고 괴이합니다. 욕심이 많아서 싫어함이 없습니다."

기쁘지 않은 마음을 일으키고서 떠나갔다. 여러 비구들이 이 인연으로써 세존께 갖추어 아뢰었고, 세존께서는 육군비구들에게 물으셨다.

"그대들이 진실로 그러하였는가?"

대답하여 말하였다.

"진실로 그렇습니다. 세존이시여."

세존께서 말씀하셨다.

"비구들이여. 그대들은 어찌하여 안거를 마치지 않고서 안거의 옷을 베풀도록 요구하였는가? 지금 이후로는 안거를 마치지 않고서 안거의 옷을 보시하도록 요구하는 것을 허락하지 않겠노라. 안거의 옷을 보시하도록 요구하는 자는 월비니죄를 범하느니라."

이것을 안거를 마치지 않았다고 이름한다.

(101) 안거를 마친 것

세존께서는 사위성에 머무셨으며, 자세한 설명은 앞에서와 같다.

그때 여러 비구들이 기원정사에서 안거를 마치고 안거의 옷을 나누었다. 그때 육군비구들은 다른 곳에서 안거를 마쳤고 이미 왔으며 자리의 가운데에 있으면서 이렇게 말을 지었다.

장로여. 세존께서는 계율을 제정하시어 '안거를 마쳤다면 마땅히 안거의 옷을 얻느니라.'고 말씀하셨소. 우리들도 역시 안거를 마쳤으니 마땅히 안거의 옷을 얻을 수 있소. 우리에게도 안거의 옷을 나누어주시오."

여러 비구들이 이 인연으로써 세존께 갖추어 아뢰었고 세존께서는 말씀하셨다.

"다른 곳에서 안거하였다면 마땅히 이곳에서 옷을 나누어줄 수 없느니라."

안거한 처소를 따라서 나누어주는 것이다. 이것을 안거를 마쳤다고 이름한다.

(102) 이 가운데에서 안거하는 것

세존께서는 사위성에 머무셨으며, 자세한 설명은 앞에서와 같다.

그때 육군비구들은 안거의 때에 이르자, 방사를 받고서 가죽신을 신고 염색하는 도구와 나머지 작고 작은 물건들은 방안에 두고서 이렇게 말을 지었다.

"여러 장로들이여. 우리들은 이 가운데에서 안거하고자 하니 다시 싫어함을 일으키지 마시오. 우리들은 그대들이 항상 우리를 반가워하지 않는다고 알고 있소."

곧 사람을 시켜서 안거의 옷을 나누었고 곧 다른 곳에서 안거하였다. 여러 비구들이 이 인연으로써 세존께 갖추어 아뢰었고 세존께서는 말씀하셨다.

"이 가운데에서 안거한다고 약속하였다면 이 처소에서 옷을 나누어주어야 하느니라."

(103) 목숨을 잃는 것이 두려운 것

세존께서는 사위성에 머무셨으며, 자세한 설명은 앞에서와 같다.

그때 비사리(毘舍離)는 큰 기근(饑饉)이었고 걸식을 얻기가 어려웠으므로 여러 비구들이 사위성으로 나아갔다. 기원의 비구들이 안거를 마치고 옷을 나누고 있는 것을 만났다. 비사리의 비구들이 자리의 가운데에 있었으므로, 기원의 비구들이 물어 말하였다.

"장로들이여. 세존께서는 계율을 제정하시어 '이 처소에서 안거한다고 약속하였다면 이 처소에서 나누는 옷을 얻느니라.'고 말씀하셨습니다. 그대들은 어느 곳에서 안거하셨습니까?"

대답하여 말하였다.

"장로들이여. 우리들은 목숨을 잃는 것이 두려워서 왔습니다. 만약 오지 않았다면 굶주려서 죽었을 것입니다."

여러 비구들이 이 인연으로써 세존께 갖추어 아뢰었고 세존께서는 말씀하셨다.

"만약 목숨을 잃는 것이 두려워서 왔으면 마땅히 옷을 나누어주어야 하느니라."

이것을 목숨을 잃을 것이 두렵다고 이름한다.

(104) 범행(梵行)을 잃는 것이 두려운 것

그때 왕사성에 어느 외도의 아들이 출가하였다.

이때 그 부모가 아들의 도를 깨트리고자 다른 사람에게 말하였다.

"사문들은 안거가 중요하여 안거 중에는 마땅히 어디가 동쪽이고 어디가 서쪽인지 알지 못할 것이니, 그때 깨트릴 수 있소."

그의 누이는 불법을 깊이 믿었으므로 아우에게 말하였다.

"부모님께서 그대의 도를 깨트리고자 하니, 빠르게 피하여 떠나게."
아우는 곧 사위성으로 나아갔고, 기원의 비구들이 안거를 마치고 옷을 나누고 있는 것을 보았다. 이 비구가 자리의 가운데에 있었으므로, 기원의 비구들이 물어 말하였다.

"장로여. 세존께서는 계율을 제정하시어 '이 처소에서 안거한다고 약속하였다면 이 처소에서 나누어야 하지만, 목숨을 잃는 것이 두려워서 왔다면 나누는 옷을 얻느니라.'고 말씀하셨습니다. 그대는 어떻습니까?"

대답하여 말하였다.

"부모가 나의 도를 깨트리려고 하였고, 만약 오지 않았다면 범행을 잃었을 것입니다."

여러 비구들이 이 인연으로써 세존께 갖추어 아뢰었고 세존께서는 말씀하셨다.

"만약 범행을 잃는 것이 두려워서 왔으면 마땅히 옷을 나누어주어야 하느니라."

이것을 범행을 잃을 것이 두렵다고 이름한다.

(105) 때가 아닌 때의 옷

세존께서는 사위성에 머무셨으며, 자세한 설명은 앞에서와 같다.

그때 어느 비구가 인간세상을 유행하면서 수레에 가득히 옷을 싣고 왔다. 세존께서 아시면서도 일부러 물으셨다.

"이것은 누구의 옷인가?"

대답하여 말하였다.

"세존이시여. 이것은 저의 옷입니다."

다시 물으셨다.

"이것은 때의 옷인가? 때가 아닌 때의 옷인가?"

대답하여 말하였다.

"세존이시여. 이것은 때가 아닌 때의 옷입니다."

"정시(淨施)하였는가?"
대답하여 말하였다.
"아닙니다."
세존께서 말씀하셨다.
"이 일체의 옷을 마땅히 대중 승가에게 주어야 하느니라."
이것을 때가 아닌 때의 옷이라고 이름한다.

(106) 때의 옷

세존께서는 사위성에 머무셨으며, 자세한 설명은 앞에서와 같다.
그때 어느 비구가 인간세상을 유행하면서 수레에 가득히 옷을 싣고 왔다. 세존께서 아시면서도 일부러 물으셨다.
"이것은 누구의 옷인가?"
대답하여 말하였다.
"세존이시여. 이것은 저의 옷입니다."
다시 물으셨다.
"이것은 때의 옷인가? 때가 아닌 때의 옷인가?"
대답하여 말하였다.
"때의 옷입니다."
세존께서 말씀하셨다.
"이 옷은 너무 많으니 절반을 승가에게 나누어주어야 하느니라."
이것을 때의 옷이라고 한다.

(107) 구섬미(俱睒彌)

세존께서는 사위성에 머무셨으며, 자세한 설명은 앞에서와 같다.
구살라국(俱薩羅國)이 구섬미의 취락을 침략(抄略)하면서 사위성에 이르렀다. 어느 여러 비구들이 먼저 이 취락을 의지하여 안거하고자 곧 따라왔다. 이때 기원의 비구들도 이 취락에 이르렀고 안거의 보시하는 옷을 구하였으므로 구섬미의 비구들이 말하였다.

"장로여. 우리들이 먼저 이 취락을 의지하여 안거하였으니, 우리들이 마땅히 먼저 구해야 합니다."

두 대중의 사람들이 다투었고, 함께 세존의 처소에 나아갔으며, 이 인연으로써 세존께 갖추어 아뢰었다. 세존께서 말씀하셨다.

"이 가운데에서 안거한 자가 마땅히 먼저 구하고, 그러한 뒤에 나머지의 사람들이 구해야 한다. 만약 두 대중의 사람들이 함께 구하였으면 마땅히 함께 나누어야 한다. 만약 이곳에서 안거한 비구가 안거의 옷을 구하지 않았는데, 다른 사람들이 구하였다면 월비니죄를 범하느니라."

다시 다음으로 이때 존자 겁빈나(劫賓那)에게는 두 명의 공행제자가 있었고, 혐오감이 있었던 까닭으로 계율을 버렸으나 범행은 무너트리지 않고 다시 구족계를 받았다. 이때 기원의 비구들이 안거를 마치고 옷을 나누면서 그에게 나누어주지 않았으므로 그가 말하였다.

"장로여. 나는 혐오감이 있었던 까닭으로 계율을 버렸으나 범행은 무너트리지 않고 다시 구족계를 받았으니 마땅히 나의 몫을 주십시오."

함께 가서 세존께 아뢰었고, 세존께서는 말씀하셨다.

"혐오감이 있었던 까닭으로 계율을 버렸으나 범행은 무너트리지 않고 다시 구족계를 받았던 자는 마땅히 균등하게 나누어주어야 한다."

세존께서 말씀하셨다.

"다섯 가지의 일이라면 마땅히 나누어줄 수 없나니, 무엇이 다섯 가지인가? 거갈마를 받았거나, 도(道)를 깨뜨렸거나, 무상(無常)하거나, 안거를 깨뜨렸거나, 떠나가면서 부탁하지 않은 것이 있다.

'거갈마'는 세 견해의 가운데에서 만약 하나·하나의 견해로써 『선경(線經)』을 비방하고 악하고 삿된 견해와 변견(邊見)으로 충고하여도 버리지 않았으므로 거갈마를 짓는 자이다. 이것을 거갈마라고 이름한다.

'도를 깨뜨리다.'는 계율을 버렸다면 마땅히 나누어줄 수 없다. 만약 왕의 힘을 의지하였거나, 만약 대신의 힘을 의지하였거나, 만약 도둑들의 힘을 의지하면서 이렇게 말을 지었다.

"사문이여. 만약 나에게 나누어주지 않는다면 내가 마땅히 요익하지 않은 일을 짓겠습니다."

이와 같은 사람이라면 마땅히 얻을 수 없으나, 마땅히 나누어주어야 한다. 이것을 도를 파괴하였다고 이름한다.

'무상하다.'는 죽은 자는 마땅히 나누어줄 수 없다. 안거의 옷을 이미 모아두었고 비록 나누어주지 않았는데 목숨이 마치려는 때에 "누구에게 주십시오."라고 부촉하였다면 죽었더라도 마땅히 주어야 한다. 이것을 무상이라고 이름한다.

'안거를 깨뜨리다.'는 비구가 전안거도 하지 않았고 후안거도 하지 않았다면 마땅히 얻을 수 없다. 만약 왕의 힘을 의지하였거나, 만약 대신의 힘을 의지하였거나, 만약 도둑들의 힘을 의지하면서 이렇게 말을 지었다.

"사문이여. 만약 나에게 나누어주지 않는다면 내가 마땅히 요익하지 않은 일을 짓겠습니다."

이와 같은 사람이라면 마땅히 얻을 수 없으나, 마땅히 나누어주어야 한다.

'떠나가면서 부촉하지 않다.'는 옷을 나누어 취하도록 부촉하지 않고 떠나간 자는 마땅히 나누어줄 수 없나니, 물건을 나누어주는 사람이 마땅히 물어야 한다.

"누가 누구의 몫을 취합니까?"

만약 취하는 자가 있다면 마땅히 물어야 한다.

"떠나가는 때에 취하라고 부촉하였습니까?"

대답하여 말하였다.

"부탁하지 않았습니다."

마땅히 말해야 한다.

"그대는 이 일에 걱정하지 마십시오."

만약 "부촉하였습니다."라고 말하는 자는 마땅히 앞 사람에게 의논하여 만약 이 사람을 믿을 수 있다면 마땅히 주고, 만약 이 사람을 믿을 수 없다면 마땅히 말해야 한다.

"그대는 이 일에 걱정하지 마십시오."

만약 두 사람이 먼저 이것을 동의(同意)하여 항상 서로가 취하게 하였다면 마땅히 주어야 한다. 이것을 다섯 가지의 일이라고 이름한다.

세존께서는 사위성에 머무셨으며, 자세한 설명은 앞에서와 같다.

그때 한 비구가 있었는데 안거를 마치고서 본래 태어난 취락에 이르렀다. 여러 친족들이 이 비구가 왔던 까닭으로 널리 공양을 베풀었고 옷과 물건을 보시하였다. 이 취락에 먼저 머물면서 안거하였던 승가는 안거의 뒤에 베풀었던 까닭으로 이 비구의 몫을 주지 않았다. 여러 친족들이 물어 말하였다.

"나누어주는 옷을 얻었습니까?"

대답하여 말하였다.

"얻지 못하였습니다."

여러 친척들이 말하였다.

"우리들이 그대를 위하였던 까닭으로 이 공양을 베풀었는데 무슨 까닭으로 얻지 못하였습니까?"

여러 비구들이 이 인연으로써 세존께 갖추어 아뢰었고 세존께서는 말씀하셨다.

"단월이 이 비구를 위하여 공양을 베풀었다면 마땅히 나누어주어야 하느니라."

세존께서 말씀하셨다.

"다섯 가지의 소리(聲)인 보시가 있으니, 이 옷이 안거하는 승가에게 보시하는 것이고, 이 옷값이 안거하는 승가에게 보시하는 것이며, 이 물건이 안거하는 승가에게 보시하는 것이고, 이 물건값이 안거하는 승가에게 보시하는 것이며, 이 처소를 안거하는 승가에게 보시하는 것이다. 이것을 다섯 가지의 보시라고 이름한다. 만약 보시하는 집에서 통틀어 다른 비구에게 주려고 하였다면 단월의 뜻을 따라서 마땅히 주어야 하느니라."
 다시 네 가지의 물건이 있다면 말을 따라서 마땅히 현전승가에 귀속되나니, 무엇이 네 가지인가?
 "나는 옷·옷값·물건·물건값을 보시합니다."
 이것을 네 가지의 물건이라고 이름하고, 현전승가에 귀속된다고 이름한다.
 다시 열 가지의 물건이 있다면 현전승가에 귀속되나니, 무엇이 열 가지인가? 시약(時藥)·야분약(夜分藥)·7일약(七日藥)·진수약(盡壽藥)·죽은 비구의 물건·주처(住處)의 보시·대회·때가 아닌 때의 옷·잡물(雜物)·청식(請食)이다.
 '시약'은 전식과 후식과 치파나식(哆波那食)이고, 현전승가가 마땅히 얻은 것이다. 이것을 시약이라고 이름한다.
 '야분약'은 14종류의 장(漿)이고, 마땅히 자세하게 설하였다. 이것을 야분약이라고 이름한다.
 '7일약'은 소(酥)·기름·꿀·석밀·생소(生酥)·기름(膏)이고, 마땅히 자세하게 설하였다. 이것을 7일약이라고 이름한다.
 '진수약'은 가리륵(呵梨勒)·비혜륵(鞞醯勒)·아마륵(阿摩勒)이고, 제2계의 가운데에서 자세하게 설한 것과 같다. 이것을 진수약이라고 한다.
 '죽은 비구의 물건'은 비구가 죽었던 때에 소유하였던 옷과 발우와 잡물이고, 현전승가가 마땅히 얻어야 한다. 이것을 죽은 비구의 물건이라고 이름한다.
 '주처의 보시'는 단월이 승방과 정사를 짓고 대회를 베풀고서 이 주처와 나머지의 잡물로써 보시하는 것이고, 현전승가가 마땅히 얻어야 한다. 이것을 주처의 보시라고 이름한다.
 '대회'는 것은 세존 탄신의 대회·보리(菩提)의 대회·전법륜의 대회·아난의 대회·라후라의 대회·5년의 대회이다. 이 가운데에 보시한 물건들은 현전승가가 마땅히 얻어야 한다.
 '때가 아닌 때의 옷'은 가치나의가 없는 11월과 가치나의가 있는 7월에 보시한 물건 가운데에서 현전승가가 마땅히 얻어야 한다. 이것을 때가 아닌 때의 옷이라고 이름한다.

'잡물'은 발우·발우 받침대·시루(鉹)·허리띠·칼·바늘통·가죽신·기름의 가죽 주머니·물병(軍持)·물병(澡甁)이고, 이와 같은 잡물들을 보시하였다면 현전승가가 마땅히 얻어야 한다. 이것을 잡물이라고 이름한다.

'청식'은 단월이 현전승가에게 음식을 청하였고 차례대로 가는 것이다. 이것을 청식이라고 이름한다.

이것을 10사라고 이름하고 현전승가가 마땅히 얻어야 한다.

다시 다음으로 세존께서는 사위성에 머무르셨다.

그때 여러 비구들이 실을 자르지 않고 옷을 지었으며, 자세한 설명은 앞의 바야제와 세 가지의 괴색(壞色) 가운데에서 설한 것과 같다.

다시 다음으로 세존께서는 사위성에 머무셨으며, 자세한 설명은 앞에서와 같다.

그때 어느 한 비구가 세존의 처소에 이르러 머리 숙여 발에 예경하고 세존께 아뢰어 말하였다.

"세존이시여. 제가 한 벌의 옷을 입는 것을 허락하십시오. 욕심을 줄이고 일을 적게 하고자 합니다."

세존께서 비구에게 알리셨다.

"그대가 3의(衣)와 병과 발우를 가진다면 곧 이것이 욕심이 줄고 일이 적은 것이니라."

다시 어느 한 비구가 말하였다.

"세존이시여. 제가 3의를 입는 것을 허락하십시오."

다시 어느 한 비구가 말하였다.

"세존이시여. 제가 암염소의 털로 흠바라를 지어서 입는 것을 허락하십시오."

다시 어느 한 비구가 말하였다.
"세존이시여. 제가 머리카락의 흠바라를 입는 것을 허락하십시오."
다시 어느 한 비구가 말하였다.
"세존이시여. 제가 말꼬리의 흠바라를 입는 것을 허락하십시오."
다시 어느 한 비구가 말하였다.
"세존이시여. 제가 풀의 옷을 입는 것을 허락하십시오."
다시 어느 한 비구가 말하였다.
"세존이시여. 제가 나무껍질의 옷을 입는 것을 허락하십시오."
다시 어느 한 비구가 말하였다.
"세존이시여. 제가 가죽의 옷을 입는 것을 허락하십시오."
세존께서 말씀하셨다.
"이와 같은 여러 옷들은 모두 마땅히 입을 수 없느니라."
다시 어느 한 비구가 말하였다.
"세존이시여. 제가 나형(裸形)이 되게 허락하십시오. 욕심을 줄이고 일을 적게 하고자 합니다."
세존께서 말씀하셨다.
"비구여. 이것은 외도의 법이니라. 3의와 병과 발우를 가진다면 곧 이것이 욕심을 적고 일이 적은 것이니라."

다시 다음으로 세존께서는 사위성에 머무셨으며, 자세한 설명은 앞에서와 같다.
그때 여러 비구들이 선명한 색깔의 옷을 입었으므로 세상 사람들에게 비난받았다.
"어찌하여 사문 석자들은 선명한 색깔의 옷을 입어서 세속 사람들과 다르지 않은가?"
여러 비구들이 이 인연으로써 세존께 갖추어 아뢰었고 세존께서는 말씀하셨다.
"선명한 색깔의 옷을 입는 것을 허락하지 않겠노라."

'선명한 색깔의 옷'은 구거(丘佉)로 염색하거나, 가미차(迦彌遮)로 염색하거나, 구비라(俱鞞羅)로 염색하거나, 늑차(勒叉)로 염색하거나, 노타라(盧陀羅)로 염색하거나, 진비울금(眞緋鬱金)으로 염색하거나, 홍람(紅藍)으로 염색하거나, 청(靑)색이거나, 검은색이거나, 꽃의 색 등의 일체 선명한 색이다. 일체의 선명한 색깔은 허락하지 않는다. 마땅히 뿌리로 염색하거나, 잎으로 염색하거나, 꽃으로 염색하거나, 나무껍질로 염색하거나, 아래로 이르러 거마즙(巨磨汁)[4]으로 염색해야 한다.

다시 다음으로 세존께서는 왕사성의 천제석(天帝釋)의 석굴(石窟) 앞에 머무르셨고 경행하시면서 마갈제(摩竭提)의 벼 논의 논두렁과 가장자리가 분명(分明)하고 서로 차이가 있는 것을 보셨다. 보시고서 여러 비구들에게 말씀하셨다.

"과거의 제불·여래·응공·정변지께서는 옷의 법도를 아셨느니라. 오늘부터는 옷을 지으면서 마땅히 이 법을 수용하여야 하느니라."

다시 다음으로 그때 존자 대가섭의 승가리를 지으면서 세존께서는 스스로가 손으로 잡으셨고 존자 아난은 잘랐다. 다시 어느 비구는 바늘로 철(綴)하였고, 다시 어느 비구는 단(短)을 바느질하였으며, 다시 어느 비구는 장(長)을 바느질하였으며, 다시 어느 비구는 옷 선을 바느질하였고, 다시 어느 비구는 가는 끈을 묶었으며, 다시 어느 비구는 옷을 지으면서 나뭇잎을 그려 넣었다. 세존께서 말씀하셨다.

"나뭇잎을 그리는 것을 허락하지 않겠노라."

어느 비구가 겹으로 나뭇잎을 지어서 넣었고, 세존께서 말씀하셨다.

"겹으로 나뭇잎을 지어서 넣는 것을 허락하지 않겠노라. 마땅히 잘라내야 한다."

어느 비구가 옷의 끝자락을 꿰맸고, 세존께서 말씀하셨다.

"옷의 끝자락을 꿰매는 것을 허락하지 않겠노라. 마땅히 엽(葉)을 지어

---

4) 쇠똥을 물에서 불린 것이다.

야 하나니, 매우 넓다면 4지(指)와 가지런하고 매우 좁다면 큰 보리와 같으니라."

다시 어느 비구가 한 방향으로 엽을 지었고, 세존께서 말씀하셨다.
"허락하지 않겠노라. 마땅히 양쪽을 향해야 하느니라."

다시 어느 비구가 옷을 지으면서 가로의 엽을 서로 같게 하였고, 세존께서 말씀하셨다.
"허락하지 않겠노라. 5조(條)는 마땅히 하나는 길고 하나는 짧으며, 7조와 나아가 13조까지는 둘은 길고 하나는 짧아야 하며, 15조는 셋은 길고 하나는 짧아야 하느니라."

다시 어느 비구가 옷을 지어서 꿰매면서 엽과 옷과 서로 붙었다. 세존께서 말씀하셨다.
"허락하지 않겠노라. 뒤의 옷은 마땅히 떨어져야 하느니라."

세존께서 말씀하셨다.
"마땅히 말(馬)의 이빨처럼 지어야 하느니라."

어느 비구가 옷이 위아래로 찢어졌다. 세존께서 말씀하셨다.
"마땅히 옷의 끝자락을 지어야 하느니라."

어느 비구가 네 가지의 색깔로 옷을 지었다. 세존께서 말씀하셨다.
"허락하지 않겠노라. 마땅히 한 가지의 색이어야 하느니라."

어느 비구가 선명한 색깔의 옷을 세탁하여서 색깔을 무너트리고자 하였다. 세존께서는 아시면서도 일부러 물으셨다.
"비구여. 무슨 색깔을 짓고자 하는가?"

대답하여 말하였다.
"세존께서 계율을 제정하시어 선명한 색깔의 옷을 입는 것을 허락하지 않으셨으므로 세탁하여 색깔을 무너트리고자 합니다."

세존께서 말씀하셨다.
"세탁하지 않아도 되느니라. 다른 색깔로 염색하여 색깔을 무너트리는 것을 허락하겠노라."

'옷'은 일곱 종류가 있으니, 첫째는 흠바라의(欽婆羅衣)이고, 둘째는 겁패의(劫貝衣)이며, 셋째는 추마의(芻摩衣)이고, 넷째는 구사야의(俱舍耶衣)이며, 다섯째는 사나의(舍那衣)이고, 여섯째는 마의(麻衣)이며, 일곱째는 구모제의(軀牟提衣)이다. 이것을 옷의 법이라고 이름한다.

포살과 갈마와
욕을 주는 것과 청정하게 설하는 것과
안거와 자자와
가치나의를 받는 것과
가치나의가 아닌 것과
가치나의를 버리는 것과
안거를 마치고 옷을 베푸는 것이 있다.

[네 번째의 발거를 마친다.]

(108) 병든 비구의 법

세존께서는 사위성에 머무셨으며, 자세한 설명은 앞에서와 같다.
세존께서 아난에게 말씀하셨다.
"자물쇠를 가져오게. 여래가 승방을 살펴보고자 하네."
대답하여 말하였다.
"옳습니다. 세존이시여."
곧 자물쇠를 가지고 세존의 뒤를 따랐다. 이때 세존께서는 허물어진 하나의 방에 이르셨고, 한 명의 병든 비구가 똥과 더러움의 가운데에 드러누워서 스스로 일어나지 못하는 것을 보셨다. 세존께서는 비구에게 물으셨다.
"기력이 어떠한가? 병은 악화되었는가? 나아졌는가?"
대답하여 말하였다.
"세존이시여. 병은 다만 악화되었고 낫지 않았습니다."

다시 물으셨다.

"비구여. 오늘 음식을 얻었는가?"

"얻지 못하였습니다. 세존이시여."

"어제는 음식을 얻었는가?"

"얻지 못하였습니다. 세존이시여."

"그제에는 음식을 얻었는가?"

"얻지 못하였습니다. 세존이시여. 제가 음식을 얻지 못하고 이미 7일이 지났습니다."

세존께서 비구에게 물으셨다.

"비구여. 그대는 음식을 얻고서도 먹지 않았는가? 음식을 얻지 못하여 먹지 못하였는가?"

"음식을 얻지 못하였습니다. 세존이시여."

세존께서 비구에게 물으셨다.

"비구여. 이곳에 그대의 화상이 있는가?"

"없습니다. 세존이시여."

"화상과 같은 자가 있는가?"

"없습니다. 세존이시여."

"아사리는 있는가?"

"없습니다. 세존이시여."

"아사리와 같은 자는 있는가?"

"없습니다. 세존이시여."

"옆방에 다른 비구는 없는가?"

대답하여 말하였다.

"세존이시여. 제가 냄새나고 더러워서 즐겁지 않았던 까닭으로 다른 곳으로 옮겨 갔습니다. 저는 외롭고 괴롭습니다. 세존이시여. 저는 고독(孤獨)합니다. 수가타시여."

세존께서 비구에게 말씀하셨다.

"그대는 근심하고 번뇌하지 말라. 내가 마땅히 그대의 반려가 되겠노라."
　세존께서 비구에게 말씀하셨다.
　"옷을 취하여 오라. 내가 그를 위하여 세탁하겠노라."
　그때 아난이 세존께 아뢰어 말하였다.
　"놓아두십시오. 세존이시여. 이 병든 비구의 옷은 제가 마땅히 세탁하여 주겠습니다."
　세존께서 아난에게 말씀하셨다.
　"그대가 곧 옷을 세탁하게. 내가 마땅히 물을 공급하겠네."
　아난은 곧 세탁하였고 세존께서 물을 공급하여 세탁하고서 햇볕에 말렸다.
　이때 아난이 병든 비구를 안아서 노지(露地)에 내려놓고 똥과 더러운 것을 없앴으며, 병든 비구의 평상과 요와 여러 깨끗하지 않은 그릇을 밖으로 내놓았고, 방 안에 물을 뿌려서 쓸었으며 쇠똥을 땅에 발랐고, 평상과 요를 씻어서 말렸으며, 다시 노끈으로 승상(繩床)을 엮어서 본래의 자리에 펼쳐놓고서 병든 비구를 목욕시켰고 천천히 평상 위에 눕혔다.
　그때 세존께서는 무량한 공덕으로 장엄된 금색(金色)의 유연(柔軟)한 손으로 병든 비구의 이마 위를 어루만지면서 물으셨다.
　"병은 악화되었는가? 나아졌는가?"
　비구가 말하였다.
　"세존께서 손으로 저의 이마 위에 이르니, 여러 괴로움이 없어졌습니다."
　그때 세존께서 병든 비구를 위하여 수순하여 설법하시어 환희심을 일으키셨고, 거듭 설법하시어 법안정(法眼淨)을 얻게 하셨으므로 비구의 병은 나았다. 세존께서는 대중이 많은 비구들의 처소에 이르시어 니사단을 펼치시고 앉으셨으며 앞의 일을 여러 비구들을 위하여 자세히 말씀하시고서 물으셨다.
　"그 옆방의 비구는 누구인가?"
　대답하여 말하였다.

"저입니다. 세존이시여."

세존께서 비구에게 알리셨다.

"그대들이 같이 범행인이 병으로 고통을 받는데 서로를 보살피지 않는다면 누가 보살피겠는가? 그대들은 각자 다른 종성(姓)이고 다른 집안이며 신심의 집안이거나, 불신의 집안이었으나 세속의 집을 버리고 출가하였으니, 모두가 동일(同一)한 종성인 사문 석자이니, 같은 범행인이 서로를 보살피지 않으면 누가 마땅히 보살피겠는가?

비구들이여. 비유하자면 항하(恒河)이거나, 요부나(遙扶那)이거나, 살라마혜(薩羅摩醯)가 큰 바다에 흘러 들어간다면 모두 본래의 이름을 잃고 합쳐져서 하나의 맛이 되었다면 큰 바다라고 이름하느니라. 그대들도 이와 같아서 각자 본래의 종성을 버렸으니 동일한 종성의 사문 석자이니라. 그대들이 서로를 보살피지 않으면 누가 마땅히 보살피겠는가?

비유하자면 찰제리와 바라문과 비사와 수다라는 각각 종성이 다르더라도 함께 큰 바다에 들어가면 모두 바다의 상인이라고 이름하느니라. 이와 같이 비구들이여. 그대들은 각자 다른 성씨이고 다른 집안이며 신심의 집안이거나, 불신의 집안이었으나 세속의 집을 버리고 출가하였으니, 모두가 동일한 종성인 사문 석자이니라. 서로를 보살피지 않으면 누가 마땅히 보살피겠는가?

만약 비구가 병이라면 화상이 마땅히 간병해야 하고, 만약 화상이 없다면 화상과 같은 자가 마땅히 간병해야 한다. 만약 간병하지 않는 자는 월비니죄를 범한다. 만약 아사리가 있다면 아사리가 마땅히 간병해야 하고, 만약 아사리가 없다면 아사리와 같은 자가 마땅히 간병해야 한다. 만약 간병하지 않는 자는 월비니죄를 범한다.

만약 같은 방의 사람이 있었다면 같은 방의 사람이 마땅히 간병해야 하고, 만약 같은 방의 사람이 없었다면 옆방의 사람이 마땅히 간병해야 한다. 만약 간병하지 않는 자는 월비니죄를 범한다. 만약 옆방의 사람이 없었다면 승가에서 마땅히 사람을 뽑아서 간병해야 하고, 병자를 따라서 몇 사람이라도 마땅히 보내야 한다. 만약 간병하지 않는다면 일체의 승가는 월비니죄를 범하느니라."

세존께서 비구들에게 말씀하셨다.

"그대들은 돌아가서 본래의 방이거나, 옆방의 병든 비구들을 간병하러 떠나가라."

세존께서 떠나가고 오래지 않아서 세존께서는 다시 한 병든 사미로 변화를 지으셨으며 말씀하셨다.

"그대들은 통틀어서 이 병든 사미를 간병하라. 이것은 곧 신(神)이 그대들을 벌하는 것이다."

세존께서는 사위성에 머무셨으며, 자세한 설명은 앞에서와 같다.

그때 남쪽 지방의 어느 두 비구가 함께 와서 세존께 문신하고자 하였는데 도중에 한 비구가 병이 났다. 다른 비구는 병이 완쾌되기를 기다렸고 2·3일이 지났으므로 병든 비구에게 말하였다.

"우리들은 함께 떠나가서 세존께 문신하고자 하였으니, 그대는 나았다면 뒤에 오십시오."

병든 비구가 말하였다.

"장로여. 나의 병이 치료되는 것을 기다려서 함께 갑시다."

대답하여 말하였다.

"장로여. 나는 세존을 보지 못하였고 오래 사모하여 목마른 자가 서로를 기다리지 못하는 것과 같습니다. 그대가 병이 치료되면 뒤에 오십시오."

그 비구는 세존의 처소에 왔고 머리 숙여 발에 예경하고 물러나서 한쪽에 머물렀다. 세존께서는 아시면서도 일부러 물으셨다.

"그대가 어느 곳에서 왔는가?"

비구는 앞의 인연으로써 세존께 갖추어 아뢰었고, 세존께서는 말씀하셨다.

"비구여. 이것은 악한 일이니라. 만약 어느 비구가 마음에 방일(放逸)과 해태(懈怠)를 품고서 정진하지 않고 능히 여러 근(根)을 집지하지 않아서 여섯 가지의 욕망에 치달린다면 비록 나의 처소에 가깝더라도 나를 보지 못하고 나도 그를 보지 않느니라. 만약 어느 비구가 능히 여러 근을 집지하여 마음이 방일하지 않고 오로지 생각이 도에 있다면 비록 나와 거리가 멀더라도 곧 나를 보는 것이고 나도 역시 그를 보느니라.

그것은 무슨 까닭인가? 여래의 법신을 수순하는 까닭이고, 여러 악을 파괴하는 까닭이며, 탐욕을 벗어나는 까닭이고, 적정(寂靜)을 닦는 까닭이 니라. 그대들 비구는 동일하게 출가하여 범행을 닦는데, 그대들이 서로를 보살피고 간병하지 않는다면 누가 마땅히 보살피겠는가? 그대는 돌아가서 병든 비구를 간병하라."

다시 다음으로 세존께서는 사위성에 머무셨으며, 자세한 설명은 앞에서와 같다.

그때 발라진국(鉢羅眞國)에 어느 두 비구가 함께 반려를 지었고, 세존께 문신하고자 오면서 벌(蜂) 취락에 이르러 한 비구가 병이 났다. 다른 비구는 병이 완쾌되기를 기다렸고 2·3일이 지났으므로 병든 비구에게 말하였다.

"우리들은 함께 떠나가서 세존께 문신하고자 하였으니, 그대는 나았다면 뒤에 오십시오."

병든 비구가 말하였다.

"장로여. 나의 병이 치료되는 것을 기다려서 함께 갑시다."

대답하여 말하였다.

"장로여. 나는 세존을 보지 못하였고 오래 사모하여 목마른 자가 서로를 기다리지 못하는 것과 같습니다. 그대가 병이 치료되면 뒤에 오십시오."

병든 비구가 말하였다.

"그대가 반드시 떠나가고자 한다면 나를 위해서 질제리(質帝利) 거사에게 부촉하여 주십시오."

비구는 곧 질제리 거사의 처소에 가서 이렇게 말을 지었다.

"장수여. 우리 두 사람이 먼 곳에서 와서 세존께 나아가고자 하였는데 지금 한 사람이 병을 얻었으므로 임시로 이곳에 머물고자 합니다. 장수여. 나를 위하여 며칠의 기한이 필요합니다. 나는 앞에 가서 세존께 문신하고자 합니다."

거사가 말하였다.

"존자여. 마땅히 이곳에 같이 머물면서 서로를 보살피고 치료를 보았다면 함께 떠나십시오."

대답하여 말하였다.

"거사여. 그렇지 않습니다. 나는 세존을 보지 못하였고 오래 사모하여 목마른 자가 서로를 기다리지 못하는 것과 같습니다."

거사가 말하였다.

"존자여. 떠나십시오. 세존께서 마땅히 돌려보낼 것이니 스스로가 피로할 것입니다."

비구는 일부러 떠나갔고, 세존의 처소에 이르러 머리 숙여 발에 예경하고 물러나서 한쪽에 머물렀다. 세존께서는 아시면서도 일부러 물으셨다.

"그대가 어느 곳에서 왔는가?"

비구는 앞의 인연으로써 세존께 갖추어 아뢰었고, 세존께서는 말씀하셨다.

"비구여. 이것은 악한 일이니라. 그대들은 각자 다른 성씨이고 다른 집안이며 신심의 집안이거나, 불신의 집안이거나 세속의 집을 버리고 출가하였으니, 모두가 동일한 종성인 석종인데, 서로를 보살피고 간병하지 않으면 누가 마땅히 보살피겠는가? 그대는 돌아가서 병든 비구를 간병하라."

세존께서는 사위성에 머무셨으며, 자세한 설명은 앞에서와 같다.

그때 한 비구가 북방에서 와서 세존께 문신하고자 하였고 도로의 주변에 병든 비구가 있다고 들었으므로 곧 이렇게 생각을 지었다.

'세존께서 계율을 제정하시어 〈병자를 마땅히 간호하라.〉고 말씀하셨다. 내가 만약 보았다면 앞으로 나아갈 수 없다.'

곧 길을 돌아서 떠나갔고 세존의 처소에 이르러 머리 숙여 발에 예경하고 물러나서 한쪽에 머물렀다. 세존께서는 아시면서도 일부러 물으셨다.
"그대는 어디에서 왔는가?"
대답하여 말하였다.
"세존이시여. 저는 북방에서 왔습니다."
"어느 길을 따라서 왔는가?"
대답하여 말하였다.
"어느 길로 왔습니다."
세존께서 말씀하셨다.
"무슨 인연이 있어서 정도(正道)를 버리고 돌아오는 길로 왔는가?"
비구는 앞의 인연으로써 세존께 갖추어 아뢰었고, 세존께서는 말씀하셨다.
"비구여. 이것은 악한 일이니라. 이와 같으니, 나아가 그대도 돌아가서 병든 비구를 간병하라."

'병든 비구를 간병하는 법'은 만약 비구가 상인과 함께 다니면서 광야(曠野)에 이르러 병을 얻었고, 도반(同伴)인 비구가 서로 버릴 수가 없다면 마땅히 데리고 떠나가면서 옷과 발우를 대신하여 짊어져야 하고 마땅히 친근하게 부축하면서 마땅히 멀리 떨어질 수 없다. 만약 능히 걸을 수 없다면 마땅히 상인을 쫓아서 수레를 사거나 빌리면서 이렇게 말을 지어야 한다.
"장수여. 이 출가인은 병으로 함께 떠나가는 것을 감당할 수 없습니다. 나를 위하여 수레에 태워서 어려움을 벗어나게 하십시오."
만약 얻을 수 있다면 좋겠으나, 만약 "존자여. 나의 수레도 무겁습니다."라고 말하였다면 마땅히 말해야 한다.
"장수여. 내가 마땅히 곡식과 풀의 값을 주겠습니다."
만약 수레를 얻었더라도 암컷의 소의 수레이거나, 암컷의 말에 태울 수 없고, 마땅히 수컷의 소가 끄는 수레와 수컷의 말에 태워야 한다.

만약 병이 심하여 분별이 없는 자는 신고서 나아가도 무죄이고, 만약 수레를 얻지 못하였다면 마땅히 능히 간병(看病)할 수 있는 사람으로, 만약 한 사람이거나, 만약 두 사람이거나, 만약 세 사람을 머무르게 하면서 말해야 한다.

"그대들이 병자를 간병한다면 내가 취락에 이른다면 마땅히 수레를 구하고 와서 맞이하겠습니다."

마땅히 양식을 남겨두어서 머무는 자가 궁핍(窮乏)하지 않게 해야 한다. 만약 머무르는 자들이 "누가 이 광야에서 몸과 목숨을 버리겠는가?"라고 말하면서 즐거이 머무르지 않더라도 곧 병자를 버리고 떠나갈 수 없고, 마땅히 움막을 짓고 풀의 자리를 펼쳐주고 불을 피워 주며 땔나무와 물을 취하여 주고, 시약과 야분약과 7일약과 진수약들을 남겨두고서 병자에게 말해야 한다.

"장로여. 편안한 마음으로 머무십시오. 우리들이 가까운 취락에 이른다면 마땅히 수레를 구하고 와서 맞이하겠습니다."

취락의 가운데 이르렀다면 탑을 돌거나, 화상과 아사리에게 문신하지 않을 것이고, 마땅히 취락 안의 여러 비구들에게 말해야 한다.

"광야의 가운데에 병든 비구가 있으니, 함께 맞이하여 떠나와야 합니다."

만약 "어느 곳에 있습니까?"라고 말하였고, "어느 곳에 있습니다."라고 대답하였으며, 만약 "그곳은 호랑이와 늑대가 많아서 마땅히 모두 잡아먹어서 아무도 남아있지 않는 것이 두렵습니다."라고 말하였고, 비록 이러한 말을 들었더라도 곧 머무를 수 없고 반드시 마땅히 가서 살펴보아야 하며, 만약 멀리서 까마귀와 새들을 보았어도 곧 돌아올 수 없고 반드시 그곳에 이르러야 한다.

만약 이미 죽었으면 마땅히 시체에 공양하고, 만약 살아있다면 마땅히 그를 데리고 취락에 이르러 구주비구들에게 말해야 한다.

"장로들이여. 이 사람은 어느 곳의 병든 비구입니다. 내가 광야에서 공양하였고 지금 와서 이곳에 이르렀으니, 다음으로 장로들이 간병하십시오."

만약 간병하지 않는 자는 월비니죄를 범한다. 만약 비구가 없다면 마땅히 우바새에게 말해야 한다.

"장수여. 광야의 가운데에 병든 비구가 있으니, 나에게 수레를 빌려주십시오. 가서 맞이하겠습니다."

단월이 "어느 곳에 있습니까?"라고 말하였고, 이와 같이 나아가 맞이하여 왔고 단월의 집에 이르렀다면 별도로 막힌 곳에 내려놓고, 만약 사람이 많았다면 마땅히 두·세 사람을 취하여 능히 간병하게 하고, 만약 병자가 많은 사람이 즐겁게 머물라고 말하였다면 마땅히 모두 머무르면서 함께 권유하여 화주(化主)해야 한다.

전식과 후식을 찾는 때라면 시약·야분약·7일약·진수약들을 공급하여 부족하지 않게 해야 한다. 만약 어느 객비구가 왔더라도 곧 "장로여. 그대가 병든 비구를 간병하십시오."라고 말할 수 없고, 마땅히 "잘 오셨습니다. 장로여."라고 말하면서 마땅히 옷과 발우를 대신하여 짊어지고, 평상과 자리를 펼쳐서 주고 발을 씻을 물을 주며 발에 바르는 기름을 주고, 만약 때에 왔다면 마땅히 전식과 후식을 주며, 만약 때가 아닌 때에 왔다면 마땅히 비시장을 주어서 머물러 쉬게 하고서 마땅히 말해야 한다.

"장로여. 이 병든 비구를 내가 오래 간병하였습니다. 장로께서 차례로 다시 마땅히 간병하십시오."

만약 병든 비구가 죽는다면 마땅히 사리(舍利)에 공양해야 한다.

만약 비구와 비구니가 상인과 함께 다녔고, 만약 비구니에게 병이 있다면 비구가 버리고 갈 수 없고 마땅히 말해야 한다.

"가십시다. 가십시다. 누이여."

데리고 가면서 접촉하는 것은 마땅히 비구의 가운데에서 말한 것과 같으며, 오직 끌어안고 손으로 잡는 것을 제외한다. 만약 안마하거나, 몸에 기름을 바를 때는 마땅히 여인을 청하여 그것을 하게 한다.

만약 죽었고 그녀에게 옷과 발우가 있으면 마땅히 사람을 고용하여 사유(闍維)5)해야 하고, 만약 옷과 발우들이 없다면 마땅히 버리고 가야 한다.

어느 세속 사람이 "무슨 까닭으로 이 죽은 자를 남겨두고서 떠나갔는가?"라고 혐오하여 말하였거나, 만약 능히 땅이라고 생각을 짓는 자는 마땅히 짊어지고서 먼 곳에 옮겨놓아야 한다.

그때 존자 우바리가 세존께 아뢰었다.
"세존이시여. 만약 대덕인 비구가 병이 있다면 마땅히 어떻게 간병해야 합니까?"
세존께서 우바리에게 알리셨다.
"대덕인 비구가 병들었다면 끝자락의 누추한 작은 방에 놓아두어서는 아니되고, 회피하는 곳에 놓아둘 수 없다. 마땅히 드러나는 가운데에 놓아두고, 공행제자와 의지제자들이 항상 좌우에 모셔야 하며, 방의 가운데를 쓸고 물을 뿌리며 쇠똥으로 땅을 바르고 여러 명향(名香)을 태워서 냄새와 더러움을 없애며 평상과 자리를 펼쳐놓고, 만약 비구들이 와서 병을 물었다면 그들에게 마땅히 전식과 후식을 주어야 한다. 때가 아닌 때에 오는 자는 마땅히 비시장을 주어야 하고, 만약 묻는 일이 있다면 병자가 마땅히 대답해야 하는데, 병자의 힘이 열악(劣惡)하면 마땅히 시자가 대답해야 한다. 만약 우바새가 와서 문신하였다면 마땅히 말해야 한다.
"잘 왔습니다. 장수여."
자리에 나아가서 앉게 말해야 하고, 그를 위하여 설법한다.
"그대는 큰 공덕을 얻었습니다. 세존께서 '지계인 병든 비구를 간병한다면 나를 간병한 것과 다르지 않다.'라고 말씀하신 것과 같습니다."
만약 공양이 있었고 축원(呪願)을 받았는데, 만약 병자가 병이 심해졌으면 병을 문안하는 자가 오래 머물러 없고, 마땅히 빠르게 떠나야 한다.

---

5) 불에 태운다는 뜻으로 사문들이 입적하였을 때 행하는 다비(茶毘)를 가리킨다.

만약 병자가 능히 나갈 수 없다면 마땅히 세 가지의 제변기(除糞器)를 저축하여야 하나니, 하나는 병자에게 주고, 하나는 밖에 두며, 하나는 씻고서 기름을 발라서 햇볕에 말린다. 이와 같이 번갈아 사용하면서 한 사람은 방문의 주변에 머무르면서 사람들이 갑자기 들어가지 못하게 해야 하고, 한 사람은 병자의 옆에 있으면서 때때로 그를 위하여 수순하여 설법해야 한다. 이와 같이 우바리여. 대덕인 비구가 병들었다면 이와 같이 보살펴야 하느니라."

이때 존자 우바리가 다시 물었다.

"세존이시여. 만약 소덕(小德)인 비구가 병이 있다면 마땅히 어떻게 간병해야 합니까?"

세존께서 우바리에게 알리셨다.

"소덕인 비구가 병들었다면 마땅히 드러나는 가운데에 놓아두어서 냄새와 더러움이 밖으로 풍기게 하지 않을 것이고, 가려지고 더러운 곳에 놓아두어서 죽었을 때 사람들이 알지 못하여도 아니된다. 마땅히 사람들 가운데에 놓아두어야 한다. 만약 병자에게 화상과 아사리가 있었거나, 만약 공행제자와 의지제자가 있었다면 마땅히 간병해야 하겠으나, 만약 없었다면 대중 승가는 마땅히 간병하는 사람을 뽑을 것이고, 만약 한 사람이거나, 두 사람이거나, 세 사람이 간병해야 한다.

만약 병든 자에게 옷과 발우 이외에 의약(醫藥)의 값이 있는 자는 마땅히 취하여 다시 공급해야 하고, 만약 병자에게 없다면 대중 승가가 마땅히 주어야 하며, 대중 승가에게 없고 그에게 비싼 값의 옷과 발우가 있다면 마땅히 사소한 것으로 바꾸어서 병자에게 공급해야 하며, 병자가 아꼈다면 마땅히 승가에 아뢰어야 한다.

'대덕 승가시여. 어느 병든 비구가 무상(無常)을 알지 못하여 옷과 발우를 아끼면서 즐거이 바꾸려고 하지 않습니다.'

승가께 아뢰고, 부드러운 말로 설법하여 열어서 이해시키고 그러한 뒤에 팔아야 한다. 만약 다시 없는 자라면 마땅히 구걸하여 주어야 하고, 만약 얻지 못하였다면 마땅히 승가의 음식 가운데에서 좋은 것을 취하여 주어야 한다. 만약 다시 없었다면 간병인이 마땅히 발우 두 개를 지니고 취락에 들어가서 걸식하여 좋은 발우를 가지고 주어야 한다. 우바리여. 이것을 소덕인 병든 비구를 간병하는 법이라고 이름하느니라."

병든 사람이 5법을 성취하면 간병하기 어렵나니, 무엇이 다섯 가지인가? 능히 병을 따라서 약과 음식을 복용하지 않았거나, 간병하는 사람의 말을 따르지 않거나, 병이 악화되고 낫는가를 알지 못하거나, 고통을 능히 참지 못하거나, 게을러서 지혜가 없는 것이다. 이것을 간병하기 어려운 5법이라고 이름한다.

병든 사람이 5법을 성취하면 간병하기 쉽나니, 무엇이 다섯 가지인가? 능히 병을 따라서 약과 음식을 복용하였거나, 간병하는 사람의 말을 따르거나, 다른 사람이 물으면 병이 악화되고 낫는가를 알거나, 능히 고통을 참거나, 정진하고 지혜가 있는 것이다. 이것을 간병하기 쉬운 5법이라고 이름한다.

5법을 성취하면 능히 간병할 수 없나니, 무엇이 다섯 가지인가? 오물이 많아서 능히 대소변의 그릇과 침을 뱉는 그릇 등을 내어놓지 못하거나, 능히 병자를 위하여 약과 음식을 구하지 못하거나, 능히 때때로 병자를 위하여 수순하여 설법하지 못하거나, 희망하는 마음이 있거나, 자업(自業)을 아끼는 것이다. 이것을 병자를 간병할 수 없는 5법이라고 이름한다.

5법을 성취하면 능히 간병할 수 있으니, 무엇이 다섯 가지인가? 오물이 적어서 능히 대소변의 그릇과 침을 뱉는 그릇들을 내어놓거나, 능히 병자를 위하여 병에 따르는 약과 음식을 구하거나, 능히 때때로 병자를 위하여 수순하여 설법하거나, 희망하는 마음이 없거나, 업을 아끼지 않는 것이다. 이것을 간병할 수 있는 5법이라고 이름한다.

다시 9법이 성취되면 비록 목숨을 마치지 않았어도 반드시 횡사(橫死)하는 것이니, 무엇이 아홉 가지인가? 첫째는 요익하지 않은 음식이라고 알면서도 탐하여 먹는 것이고, 둘째는 양(量)을 헤아리지 못하는 것이며, 셋째는 음식이 소화되지 않았으나 먹는 것이고, 넷째는 음식이 소화되지 않아서 토하는 것이며, 다섯째는 음식이 소화되었다면 마땅히 배출해야 하는데 억지로 참는 것이고, 여섯째는 병을 따르지 않고 먹는 것이며, 일곱째는 병을 따라서 먹더라도 양을 헤아리지 않는 것이고, 여덟째는 게으른 것이며, 아홉째는 지혜가 없는 것이다. 이것을 9법이 성취되면 반드시 횡사한다고 이름한다.

다시 다음으로 9법이 성취되면 횡사하지 않으니, 무엇이 아홉 가지인가? 첫째는 요익하지 않은 음식이라고 알았다면 적게 먹는 것이고, 둘째는 양을 헤아리는 것이며, 셋째는 음식이 소화되고서 먹는 것이고, 넷째는 강제로 토하지 않는 것이며, 다섯째는 억지로 참지 않는 것이고, 여섯째는 병을 따르지 않고 먹지 않는 것이며, 일곱째는 병을 따라서 먹고 능히 양을 헤아리는 것이고, 여덟째는 게으르지 않은 것이며, 아홉째는 지혜가 있는 것이다. 이것을 9법이 성취되면 횡사하지 않는다고 이름하느니라."

세존께서 우바리에게 알리셨다.

"세 종류의 병자가 있으니, 무엇이 세 종류인가? 병자가 병을 따르는 약과 음식을 얻었고 여법하게 간병하여도 죽는 자가 있고, 병자가 병을 따르는 약과 음식을 얻지 못하고 여법하게 간병하지 않아도 살아나는 자가 있으며, 병자가 병을 따르는 약과 음식을 복용하고 여법하게 간병하는 사람을 얻는다면 병이 반드시 치료되어 죽지 않는 자가 있느니라.

우바리여. 병든 비구의 가운데에는 여법하게 간병하지 못하여 곧 죽는 자가 있고, 여법하게 간병하여 곧 살아나는 자가 있으니, 이러한 까닭으로 마땅히 잘 간병하고 여법하고 안은(安穩)하게 한다면 곧 목숨을 보시하는 것이니라. 이러한 까닭으로 간병하면 큰 공덕을 얻으며 제불이 찬탄하느니라."

이것을 간병하는 사람의 법이라고 한다.

(109) 약의 법

세존께서는 구살라국(俱薩羅國)을 유행하셨다.

그때 존자 사리불은 풍동(風動)이 있었고, 여러 비구들은 이 인연으로써 세존께 갖추어 아뢰었으며, 세존께서는 여러 비구들에게 물으셨다.

"마땅히 무슨 약이 필요한가?"
대답하여 말하였다.
"세존이시여. 가리륵(呵梨勒)입니다."
세존께서 말씀하셨다.
"오늘부터는 병든 비구에게 가리륵을 복용하는 것을 허락하겠노라."
세존께서는 여러 비구들에게 알리셨다.
"내가 사위성에 돌아오는 때를 기다려서 나에게 말하라. 내가 마땅히 여러 제자들을 위하여 약의 법을 제정하겠노라."

세존께서는 사위성으로 돌아오셨고, 여러 비구들은 세존께 아뢰어 말하였다.
"세존이시여. '마땅히 여러 제자들을 위하여 약의 법을 제정하겠노라.'고 말씀하셨는데, 지금이 바로 때입니다."
세존께서는 여러 비구들에게 알리셨다.
"오늘부터는 여러 병든 비구가 약을 복용하는 것을 허락하겠노라."
'약의 법'은 때의 뿌리와 때가 아닌 때의 뿌리, 이와 같은 줄기·껍질·잎·열매·장(漿)이다.
'때의 뿌리'는 무우 뿌리·파 뿌리·긴차(緊扠) 뿌리·아람부(阿藍扶) 뿌리·토란 뿌리·마두라(摩豆羅) 뿌리·연 뿌리 등이니, 이와 같은 것이 음식과 합쳤다면 때의 뿌리라고 이름한다.
'때가 아닌 때의 뿌리'는 파타(婆咃)의 뿌리·필발라(篳藜羅) 뿌리·니구율(尼俱律) 뿌리·거제라(佉提羅) 뿌리·소건사(蘇健闍) 뿌리 등이다. 이와 같은 것이 음식과 합쳐지지 않았다면 때가 아닌 때의 뿌리라고 이름한다. 줄기와 껍질과 잎과 꽃과 열매들도 역시 이와 같다.
'장'은 시장(時漿)과 비시장(非時漿)이다.
'시장'은 일체의 쌀뜨물·음식의 국물(饋汁)·유락(乳酪)의 장이다. 이것을 시장이라고 한다.
'비시장'은 일체의 콩·일체의 곡식·일체 보리의 낱알(頭)이 적셔졌어도 갈라지지 않은 것·소유(蘇油)·꿀·석밀 등이다. 이것을 비시장이라고 이름한다.

만약 비구가 병이 들었고 의사가 "음식을 주었다면 곧 살아날 것이고, 주지 않는다면 죽을 것입니다."라고 말하였다면, 마땅히 그릇을 깨끗이 씻고 일곱 번을 곡식을 일어서 촘촘한 주머니에 담아서 묶고서 그릇 속에서 삶으면서 곡식의 낟알이 쪼개지지 않게 하고 그러한 뒤에 병자에게 주어서 마시게 하며, 일체의 흙(地)도 때이거나, 때가 아닌 때라도 먹게 하고, 여덟 종류의 재(灰)를 제외하고서 나머지의 일체의 재도 때이거나, 때가 아닌 때라도 먹게 해야 한다. 이것을 약의 법이라고 이름한다.

(110) 화상과 아사리 및 공행제자와 의지제자의 법

세존께서는 사위성에 머무셨으며, 자세한 설명은 앞에서와 같다.

그때 법랍 1살의 비구는 법랍이 없는 제자를 데리고서 두 어깨 위에는 각각 옷자루가 있었고, 그의 머리 위에도 옷자루가 있었으며, 왼손에는 발우와 가죽신이 있었고, 오른손에는 물병과 기름의 가죽 주머니가 있었다. 함께 세존의 처소로 나아가서 머리 숙여 발에 예경하였는데, 머리 위의 옷자루가 세존의 무릎 위에 떨어졌다. 세존께서는 곧 스스로 치우셨으며 아시면서도 일부러 물으셨다.

"이것은 누구의 것인가?"

대답하여 말하였다.

"세존이시여. 이것은 저와 공주제자의 것입니다."

"그대는 법랍이 몇 살인가?"

"1살입니다."

"제자는 몇 살인가?"

대답하여 말하였다.

"법랍이 없습니다."

세존께서 비구에게 말씀하셨다.

"비유한다면 물에 빠진 사람이 다시 물에 빠진 사람을 구하는 것이다. 그대는 비로소 1살인데 법랍이 없는 비구를 제자로 양육하는가?"
 세존께서 여러 비구들에게 알리셨다.
 "능히 스스로가 항복받지 못하면서 다른 사람을 항복시키고자 하였다면 이러한 처소는 없는 것이고, 능히 스스로를 조어(調御)하지 못하면서 다른 사람을 조어하고자 하였다면 이러한 처소는 없는 것이며, 스스로 해탈하지 못하면서 다른 사람을 해탈시키고자 하였다면 이러한 처소는 없는 것이니라."
 세존께서 비구에게 말씀하셨다.
 "이미 능히 스스로를 항복시키고서 다른 사람을 항복시키는 이러한 처소는 있고, 능히 스스로를 조어하고서 다른 사람을 조어하는 이러한 처소는 있으며, 이미 능히 스스로를 제도하고서 다른 사람을 겸하여 제도하는 이러한 처소는 있고, 스스로를 해탈시키고서 다른 사람을 해탈시키는 이러한 처소는 있느니라."
 세존께서 말씀하셨다.
 "오늘부터는 법랍이 10년의 이하인데 비구가 다른 사람을 제도하여 출가시키고 구족계를 받게 하는 것을 허락하지 않겠노라."

 다시 다음으로 세존께서는 계율을 제정하시어 법랍이 10년 이하인데 비구가 다른 사람을 제도하여 출가시키고 구족계를 받게 하는 것을 허락하지 않으셨다.
 그때 난타와 우파난타는 법랍을 10년을 채우고서 사람을 제도하여 출가시켰고 구족계를 받게 하였으나 교계하지 않아서 하늘의 소와 같았고, 하늘의 염소와 같은 생각을 드러냈으며, 방탕하고 방일하였어도 제어하는 자가 없어서 청정함을 구족하지 못하였고, 위의를 구족하지 못하였으며, 화상과 아사리를 받들고 섬기는 것을 알지 못하였고, 장로 비구를 받들고 수순하는 것을 알지 못하였으며, 취락에 들어가는 법을 알지 못하였고, 아련야의 법을 알지 못하였고, 대중에 들어가는 법을 알지 못하였고,

옷을 입고 발우를 지니는 법을 알지 못하였다.
　여러 비구들이 이 인연으로써 세존께 갖추어 아뢰었고, 세존께서는 말씀하셨다.
　"오늘부터는 10법을 성취하였다면 다른 사람을 제도하고 출가시키며 구족계를 주는 것을 허락하겠노라. 무엇이 열 가지인가? 첫째는 지계이고, 둘째는 아비담(阿毘曇)을 많이 들은 것이며, 셋째는 비니를 많이 들은 것이고, 넷째는 계율을 배운 것이고, 다섯째는 선정을 배운 것이고 여섯째는 지혜를 배운 것이고, 일곱째는 능히 스스로가 죄를 드러내고 능히 사람의 죄를 드러내는 것이며, 여덟째는 능히 병자를 간병하고 능히 다른 사람을 간병하게 하는 것이며, 아홉째는 제자에게 난(難)이 있으면 능히 가서 난을 벗어나게 하고 능히 다른 사람을 보내서 난을 벗어나게 시키며, 열째는 법랍이 10년인 것이다.
　이것을 열 가지의 일로 다른 사람을 제도하여 출가시켜 구족계를 받게 한다고 이름하느니라. 아래로 10살을 채우고 2부(部)의 율(律)을 알아야 하느니라."

　세존께서는 사위성에 머무셨으며, 자세한 설명은 앞에서와 같다.
　그때 어느 비구가 목숨을 마쳤다. 두 명의 공주제자가 있어서 스승을 생각하고 우뇌(憂惱)하면서 함께 나무 아래에 앉아 있었는데 재산을 잃은 상인과 같았다. 세존께서는 아시면서도 일부러 물으셨다.
　"이들은 어느 비구인가?"
　여러 비구들이 이 인연으로써 세존께 갖추어 아뢰었고, 세존께서는 말씀하셨다.
　"오늘부터는 의지를 청하여 화상과 같이 공경하는 것을 허락하겠노라."
　의지를 청하는 법은 마땅히 오른쪽 어깨를 드러내고 호궤하고 접족(接足)하면서 이렇게 말을 지어야 한다.
　"존자께서는 억념하십시오. 나 누구는 존자께 의지를 애원하며 구합니다. 존자께서는 저를 위하여 의지가 되어 주십시오. 저는 존자를 의지하며 머물겠습니다."
　두 번·세 번째도 역시 이와 같이 말해야 한다.

　다시 다음으로 법랍이 1년인 비구가 법랍이 없는 비구의 의지가 되었고, 나아가 법랍이 9년인 비구가 8년인 비구의 의지가 되었다. 여러 비구들이 이 인연으로써 세존께 갖추어 아뢰었고, 세존께서는 말씀하셨다.
　"오늘부터는 법랍이 10년 이하라면 다른 사람의 의지를 받는 것을 허락하지 않겠노라."
　그때 육군비구들이 법랍을 10년 채웠고 다른 사람의 의지를 받았으나, 교계하지 않아서 하늘 소와 같았고 하늘 염소와 같았으며, 나아가 옷을 입고 발우를 지니는 법을 알지 못하였다. 여러 비구들이 이 인연으로써 세존께 갖추어 아뢰었고, 세존께서는 말씀하셨다.
　"오늘부터는 10법을 성취하였다면 다른 사람의 의지를 받는 것을 허락하겠노라. 무엇이 열 가지인가? 지계이고 나아가 법랍을 10년을 채운 것이다. 이것을 열 가지의 일로 다른 사람의 의지를 받는다고 이름한다. 아래로 10살에 이르고 2부의 계율을 알아야 하느니라."
　의지를 청하고자 하는 때에는 나아가서 청할 수 없고 5법을 성취하였다면 그러한 뒤에 청할 수 있다. 무엇이 다섯 가지인가? 첫째는 애념(愛念)해야 하고, 둘째는 공경해야 하며, 셋째는 스스로가 부끄러워해야 하고, 넷째는 다른 사람에게 부끄러워해야 하며, 다섯째는 안락하게 머무는 것이다. 이것을 5법으로 마땅히 의지를 청한다고 이름한다.
　네 종류의 아사리가 있으니, 무엇이 네 가지인가? 첫째는 의지하는 스승이고, 둘째는 법을 받는 스승이며, 셋째는 계율의 스승이고, 넷째는 텅비고 적정한 처소에서 가르치는 스승이다.
　다시 네 종류의 아사리가 있으니, 무엇이 네 가지인가? 묻지 않고서 떠나가는 아사리가 있고, 묻고서 떠나가는 아사리가 있으며, 괴롭게 머무르면서도 목숨이 마치도록 따라야 하는 아사리가 있고, 즐겁게 머무르면서 비록 목숨을 마쳤어도 떠나지 않는 아사리가 있다.

'묻지 않고 떠나가다.'는 어느 스승에게 의지하며 머물렀는데, 옷과 음식과 병들어 수척하였어도 탕약(湯藥)이 없으며, 다시 능히 출가하여 범행을 닦는 무상의 사문과(沙門果)의 법을 말할 수 없다면, 이러한 스승에게는 묻지 않고서 떠나가야 한다.

'묻고서 떠나가다.'는 어느 아사리에게 의지하며 머물렀는데, 옷과 음식과 병들어 수척하여도 탕약이 있으나, 다시 능히 출가하여 범행을 닦는 무상의 사문과의 법을 말할 수 없다면, 이와 같은 아사리에게는 반드시 묻고서 떠나가야 한다.

'괴롭게 머무르다.'는 어느 아사리에게 의지하며 머물렀는데, 옷과 음식과 병들어 수척하여도 탕약이 없으나, 출가하여 범행을 닦는 무상의 사문과의 법을 잘 말할 수 있다면, 이와 같은 아사리에게는 함께 머무는 것이 비록 괴롭더라도 목숨을 마치도록 마땅히 떠나가지 않아야 한다.

'즐겁게 머무르다.'는 어느 아사리에게 의지하며 머물렀는데, 옷과 음식과 병들어 수척하여도 탕약이 있고, 출가하여 범행을 닦는 무상의 사문과의 법을 잘 말할 수 있다면, 이와 같은 아사리에게는 비록 쫓아내었어도 목숨을 마치도록 마땅히 떠나가지 않아야 한다. 이것을 네 종류의 법이라고 이름한다.

다시 네 종류가 있으니, 무엇이 네 가지인가? 법을 받고 의지하면서 탐욕과 성냄과 어리석음을 조복하려는 것이다. 이 가운데에서 능히 제자를 위하여 잘 설법하고 탐욕과 성냄과 어리석음을 없애주는 이와 같은 아사리가 최상(最上)이고 최승(最勝)이다. 비유한다면 우유를 쫓아서 낙(酪)을 얻고, 낙을 쫓아서 소(酥)를 얻으며, 소를 쫓아서 제호(醍醐)를 얻으니, 제호가 최상이고 최승인 것과 같이 화상과 아사리는 마땅히 공행제자와 의지제자를 가르쳐야 한다.

'법을 가르치다.'는 부정하다면 마땅히 막는 것, 다니지 않을 곳, 갈마를 받는 것, 악하고 삿된 견해를 스스로가 풀어주거나 다른 사람을 시켜서 풀어주는 것, 스스로가 출죄시키거나 다른 사람을 시켜서 출죄시키는 것, 병자를 스스로가 간병하거나 다른 사람을 시켜서 간병시키는 것,

어려움이 일어나면 스스로가 보내거나 다른 사람을 시켜서 보내는 것, 임금과 도둑이 있다.

'부정을 마땅히 막다.'는 만약 제자가 작고 작은 계율을 범하여서 별중식을 하였거나, 처처식을 하였거나, 여인과 같은 집에 있었거나, 구족계를 받지 않은 자와 3일밤이 지나도록 묵었거나, 살아있는 풀을 잘랐거나, 부정한 과일을 먹었다면 마땅히 가르쳐서 "이러한 일을 짓지 말게."라고 말할 것이고, 만약 "화상과 아사리시여. 나는 다시 짓지 않겠습니다."라고 말한다면 좋으나, 만약 "화상과 아사리께서는 다만 스스로를 가르치시고 다른 사람을 가르치지 마십시오."라고 말하였으며, 만약 이와 같은 자는 마땅히 평상과 요의 지사인에게 말하여 마땅히 평상과 요를 빼앗게 하고, 음식의 지사인에게 말하여 음식을 중지시켜야 한다.

만약 현전의 사람이 흉악하였거나, 왕의 힘이나 대신의 힘을 의지하여서 요익하지 않은 일을 짓는 자라면, 만약 이러한 화상은 마땅히 피해서 떠나가야 한다. 만약 아사리를 의지하는 자라면 마땅히 옷과 발우를 짊어질 것이고, 경계의 밖을 나가서 하룻밤을 묵고 돌아왔다면 곧 의지를 떠났다고 이름한다. 공행제자와 의지제자가 부정한 행을 지었어도 화상과 아사리가 가르치지 않는 자는 월비니죄를 범한다. 이것을 부정한 것을 마땅히 막는다고 이름한다.

'다니지 않을 곳'은 큰 동녀(童女)의 집이거나, 과부의 집이거나, 도박하는 집이거나, 술 파는 집이거나, 악한 이름의 비구니이거나, 악한 이름의 사미니들이니, 이러한 여러 곳이 있는데 가고 돌아오는 자에게는 화상과 아사리가 마땅히 가르치면서 "이러한 곳을 왕래(往反)하지 말게. 이곳은 익숙하고 가까운 곳이 아니네."라고 말할 것이고, 만약 받아들인다면 좋으나, 나아가 경계의 밖을 나가서 하룻밤을 묵고 돌아왔다면 곧 의지를 떠났다고 이름한다. 공행제자와 의지제자가 다니지 않을 곳을 왕래하여도 화상과 아사리가 가르치지 않는 자는 월비니죄를 범한다. 이것을 다니지 않을 곳이라고 이름한다.

'갈마를 받다.'는 마땅히 이치로 판결하는 승가가 만약 절복갈마·불어갈마·발희갈마·빈출갈마를 지었거나, 세 가지 견해 가운데에서 만약 하나·하나의 견해로『선경(線經)』을 비방하였거나, 악하고 삿된 견해이거나, 변견(邊見)이었고, 충고하여도 버리지 않아서 거갈마를 지었다면, 화상과 아사리는 마땅히 제자를 위하여 여러 사람에게 참회하고 사죄해야 한다.

"여러 장로들이여. 이 자는 본래 악한 견해이었으나 지금은 이미 버렸고 수순하는 법을 행합니다. 범부들은 어리석은데 어찌하여 능히 허물이 없겠습니까? 이 아이는 늦게 배웠고 진실로 이러한 허물이 있습니다. 오늘부터는 마땅히 가르치고 칙명하여 다시 거듭하여 짓지 못하도록 하겠습니다."

대중의 뜻을 기쁘게 하고서 승가에게 풀어주는 갈마를 구해야 한다. 공행제자와 의지제자에게 승가가 갈마를 지어서 풀어주게 하지 않는 자는 월비니죄를 범한다. 이것을 갈마를 받는다고 이름한다.

'악하고 삿된 견해가 일어났다면 스스로가 풀어주거나 다른 사람을 시켜서 풀어주게 하다.'는 만약 제자가 악하고 삿된 소견을 일으켜서『선경』을 비방하였거나, 만약 악하고 삿된 견해이거나, 만약 변견이라면 화상과 아사리가 마땅히 가르쳐서 이러한 견해를 일으키지 않게 해야 한다.

"이것은 악한 일이어서 악도에 떨어지고 니리에 들어가서 장야에 괴로움을 받을 것이네."

이와 같이 여러 종류로 그를 위하여 말하였고 버린다면 좋으나, 만약 버리지 않는다면 마땅히 그의 지식에게 말하여 이와 같이 말하게 한다.

"장로여. 그를 위해 말하여서 악한 견해를 버리게 하십시오."

만약 스스로가 풀어주지 않고 다른 사람을 시켜서 풀어주지도 않는다면 월비니죄를 범한다. 이것을 악한 견해를 스스로가 풀어주거나, 다른 사람을 시켜서 풀어준다고 이름한다.

'스스로가 출죄시키거나, 다른 사람을 시켜서 출죄시키다.'는 만약 제자가 다스릴 죄를 범하였는데, 만약 승가바시사를 범하고서 덮어서 감추었다면 마땅히 스스로가 바리바사를 주어야 하고, 만약 덮어서 감추지 않았다면 마땅히 마나타를 주며, 나아가 월비니죄를 마땅히 스스로 다스릴 것이고, 만약 다스릴 수 없다면 다른 사람을 시켜서 다스리게 한다. 만약 공행제자와 의지제자가 죄를 범하였는데, 스승이 스스로가 출죄시키지 못하고 다른 사람을 시켜서 출죄시키지도 못하였다면 월비니죄를 범한다. 이것을 스스로가 출죄시키거나, 다른 사람을 시켜서 출죄시킨다고 이름한다.

'스스로가 간병하거나, 다른 사람을 시켜서 간병하다.'는 만약 제자가 병이었다면 마땅히 스스로가 간병하거나, 다른 사람을 시켜서 간병해야 한다. 다른 사람을 시켜서 간병해야 하고 스스로가 경영하지 않을 수 없나니, 하루에 마땅히 세 번은 가서 살펴보아야 하고 간병인에게 말해야 한다.

"그대가 피곤하게 생각하거나 싫어하지 마십시오. 전전하여 서로를 간병하는 것을 세존께서 찬탄하셨습니다."

만약 공행제자와 의지제자가 병이었는데 스승이 간병하지 않는 자는 월비니죄를 범한다. 이것을 스스로 간병하고 다른 사람을 시켜서 간병한다고 이름한다.

'어려움이 일어나면 스스로가 보내거나 다른 사람을 시켜서 보내다.'는 만약 제자의 친족이 그의 도를 깨뜨리고자 하였다면 스승이 마땅히 멀리 피해서 출가의 공덕을 성취하라고 가르치면서 마땅히 스스로 보내야 하고, 만약 늙고 병드는 괴로움과 같다면 승가의 지사인은 마땅히 사람에게 부촉하여 보내야 한다. 만약 스스로가 보내지도 않고 다른 사람을 시켜서 보내지도 않는다면 월비니죄를 범한다. 이것을 어려움이 일어나면 스스로가 보내거나, 다른 사람을 시켜서 보낸다고 이름한다.

'왕이나 도둑'은 만약 제자가 왕에게 붙잡혀 갇혔다면 스승은 마땅히 곧 쫓아갈 수 없고 마땅히 밖에 있으면서 소식을 기다려야 한다. 만약 왕가에서 "누가 화상이고 아사리인가?"라고 물었다면 그때 들어가야 한다. 만약 뒤틀렸다면 마땅히 지식을 구하여 증명해야 하고, 만약 재물이 필요하여 쫓아왔다면 마땅히 옷과 발우를 주어야 한다. 만약 옷과 발우가 없으면 마땅히 구걸하여 주어야 한다. 만약 제자가 도둑에게 붙잡혀서 멀리 팔려 갔고 다른 지방에 있었다면 스승이 마땅히 쫓아서 비용을 지불하고 구해야 한다. 만약 제자가 왕이나 도둑에게 붙잡혔는데 화상이나 아사리가 구하여 풀려나게 하지 않는 자는 월비니죄를 범한다.

만약 화상이나 아사리와 공주제자와 의지 제자들은 마땅히 이와 같이 충고하면서 거친 말을 사용할 수 없고, 교계하는 법과 같이 마땅히 유연한 말로 화상과 아사리에게 충고하여 마땅히 이러한 일을 짓지 못하도록 해야 한다. 만약 "제자여. 내가 다시 그와 같은 일을 않겠네."라고 말하였다면 좋으나, 만약 "멈추게. 멈추게. 그대는 나의 화상이나 아사리가 아니네. 내가 마땅히 그대를 가르쳐야 하는데 그대가 다시 나를 가르치므로 대나무 마디를 거슬러서 따내는 것과 같네. 그대는 다시 말하지 말게."라고 말하였고, 만약 이러한 화상이라면 마땅히 버리고 멀리 떠나가야 한다.

만약 아사리를 의지하였다면 마땅히 옷과 발우를 가지고 경계 밖에 나가서 하룻밤을 묵고 돌아와서 다른 사람을 의지하여야 한다. 만약 스승에게 세력이 있다면 마땅히 멀리 떠나가야 하고, 만약 떠나가지 않았다면 마땅히 덕망이 많은 사람을 의지하여야 한다.

만약 행할 처소가 아닌데 행하였다면 마땅히 충고해야 하고, 만약 갈마를 받은 자라면 마땅하게 요리해야 하며, 만약 악한 견해를 일으켰으면 마땅히 스스로가 풀어주거나 다른 사람을 시켜서 풀어주어야 하고, 스스로가 출죄시키거나 다른 사람을 시켜야 하며, 병자이거나 병자가 아니라도 마땅히 보살펴야 하고, 만약 스승에게 어려움이 있다면 마땅히 보내서 떠나가게 해야 하며, 만약 왕이나 도둑에게 붙잡혔으면 마땅히 구해야 한다. 만약 공주제자와 의지제자가 스승이 작고 작은 계율을 범하였어도 충고하지 않고, 또한 왕이나 도둑에게 붙잡혔어도 쫓아가서 구하지 않는 자는 월비니죄를 범한다.

공행제자와 의지제자는 화상과 아사리의 주변에서 마땅히 이러한 일을 행해야 한다. 일어나서 맞이하거나, 대답하거나, 이러한 일을 짓거나, 스스로가 짓거나 다른 사람과 함께 짓거나, 옷과 발우의 일이거나, 스스로가 머리카락을 깎거나, 다른 사람이 머리카락을 깎아 주었거나, 칼로 다스리거나, 다른 사람에게 경전을 주거나 경전을 취하여 받거나, 욕(欲)을 주거나 욕을 취하거나, 약을 복용하거나, 다른 사람의 음식을 받아서 주었거나 스스로가 음식을 받았거나, 경계를 벗어났거나, 큰 보시이거나, 묻지 않고 떠나가는 것이 있다.

'일어나서 맞이하다.'는 제자가 멀리서 화상과 아사리를 보았다면 마땅히 일어나서 맞이해야 한다. 만약 다섯 가지의 정식(正食)이었거나, 만약 일식법(一食法)을 받아서 일어날 수 없는 자는 마땅히 저두(低頭)해야 한다. 만약 일식법을 받은 때에는 마땅히 스승에게 알려야 하고, 스승은 마땅히 "그대가 일식법을 견딜 수 있는가?"라고 물어야 하며, 견딜 수 있는 자는 마땅히 받아야 하고, 만약 "견딜 수 없습니다."라고 말하였다면 마땅히 "받지 말게."라고 말해야 한다. 만약 제자가 스승을 보았어도 일어나지 않는 자는 월비니죄를 범한다. 이것을 일어나서 맞이하지 않는다고 이름한다.

'대답하여 말하다.'는 화상과 아사리와 함께 말한다면 제자는 마땅히 대답해야 한다. 만약 입에 음식이 있어도 음성이 다르지 않다면 마땅히 대답해야 하고, 만약 능히 할 수 없다면 삼키고서 그러한 뒤에 대답해야 한다. 스승이 "무슨 까닭으로 나의 말을 듣고서 대답하지 않는가?"라고 말하였다면, 마땅히 "제자의 입안에 음식이 있었습니다."라고 말해야 한다. 만약 스승의 말에 대답하지 않는 자는 월비니죄를 범한다. 이것을 대답하여 말한다고 이름한다.

'일을 짓다.'는 화상과 아사리가 제자에게 이렇게 일을 지으라고 말하였고 여법하면 마땅히 지어야 한다. 만약 "그 여인을 불러오라. 술을 취하여 오라."고 말하였다면 마땅히 부드러운 말로 "제가 듣건대 이와 같은 것은 비법의 일입니다."라고 말하고 마땅히 지을 수 없다. 스승이 만약 여법하게 일을 지으라고 말하였는데 짓지 않는 자는 월비니죄를 범한다. 이것을 일을 짓는다고 이름한다.

'스스로가 짓거나 다른 사람과 함께 짓다.'는 만약 짓고자 하는 일이 있었다면 마땅히 "제가 누구와 함께 이 일을 짓고자 합니다."라고 물어야 하고, 스승이 마땅히 모습을 살펴보아서 앞의 사람이 만약 계율을 잘 지키지 않는 자라면 마땅히 '함께 일을 짓지 말게.'라고 말할 것이고, 만약 계율을 잘 지키는 자라면 마땅히 '함께 짓게.'라고 말해야 한다. 만약 차례에 이르러 유나(維那)나 월직(月直)을 짓는다면 마땅히 스승에게 알려야 하나니, 위의(威儀)의 가운데에서 자세히 설한 것과 같다. 이것을 스스로가 짓거나 다른 사람과 함께 짓는다고 이름한다.

'옷과 발우의 일'은 만약 발우를 훈증하고자 하였거나, 쇠똥으로 화로에 바르고 훈증하는 때에는 하나·하나를 마땅히 알려야 하고, 만약 능히 하나·하나를 알리지 못한다면 다만 "제가 발우를 훈증하는 일을 짓고자 합니다."라고 한 번을 알리는 것으로 지나갈 수 있다. 발우를 훈증하는 때에는 마땅히 화상과 아사리에게 묻기를 "발우를 훈증하고자 하십니까?"라고 물어야 하고, 만약 "훈증하겠네."라고 말하였다면, 마땅히 "먼저 훈증하시겠습니까? 뒤에 훈증하시겠습니까? 한곳에서 훈증하시겠습니까?"라고 물어야 하며, 만약 "한곳에서 하겠네."라고 말하였다면 마땅히 "위부터 훈증하시겠습니까? 아래부터 훈증하시겠습니까?"라고 묻고서 마땅히 스승의 가르침을 따라서 지어야 한다.

만약 옷을 염색하고자 하는 때에도 마땅히 알려야 하고, 만약 세탁하는 때이거나, 꿰매는 때이거나, 삶아서 염색하는 때에도 하나·하나를 마땅히 알려야 하며, 만약 능히 하나·하나를 알리지 못한다면 다만 "제가 옷을 물들이는 일을 짓고자 합니다."라고 한 번을 알리는 것으로 지나갈 수 있다. 옷을 염색하는 때에는 마땅히 화상과 아사리에게 묻기를 "옷을 염색하고자 하십니까?"라고 물어야 하고, 만약 "염색하겠네."라고 말하였다면, 마땅히 "먼저 염색하시겠습니까? 뒤에 염색하겠습니까? 일시(一時)에 염색하시겠습니까?"라고 물어야 하며, 만약 "일시에 하겠네."라고 말하였다면 마땅히 먼저 화상과 아사리의 옷을 염색해야 한다.

이와 같이 꿰매는 때이거나, 염색하는 때이거나, 들어올리는 때에도 스승의 옷을 가지고 자기의 옷을 감쌀 수 없고 마땅히 자기의 옷을 가지고 스승의 옷을 감싸야 한다. 옷과 발우를 짓는 때에 스승께 알리지 않는다면 월비니죄를 범한다. 이것을 옷과 발우의 일이라고 이름한다.

'스스로가 머리카락을 깎고 다른 사람의 머리카락을 깎다.'는 스스로가 머리카락을 깎고자 하는 때에는 마땅히 스승에게 알려야 한다. 스승이 마땅히 "누가 그대의 머리를 깎아 주는가?"라고 물어야 하고, "누구입니다."라고 대답하여 말해야 하며, "누가 머리카락을 깎는 것을 아는가?"라고 물었다면, "이것은 눈으로 보는 일입니다."라고 대답하여 말해야 하고, 스승은 "할 수 없네."라고 말해야 한다. 만약 "압니다."라고 말하였다면 스승이 마땅히 앞사람의 모습을 살펴보아서 만약 계율을 잘 지키지 않는 사람이라면 역시 "할 수 없네."라고 말해야 하고, 만약 계율을 잘 지키는 사람이면 마땅히 "깎아 주게."라고 말해야 한다.

만약 다른 사람의 머리카락을 깎아 주고자 한다면 마땅히 스승에게 "제가 누구 비구의 머리털을 깎아 주겠습니다."라고 말한다면, 스승은 마땅히 "그대가 할 수 있겠는가?"라고 물어야 한다. "이것은 눈으로 보는 일입니다. 무슨 까닭으로 능히 못하겠습니까?"라고 대답하여 말하였다면, 마땅히 "할 수 없네."라고 말해야 한다. 만약 "저는 할 수 있습니다."라고 말하였다면 마땅히 앞사람의 모습을 살펴보아서 만약 계율을 잘 지키지 않는 사람이라면 역시 "할 수 없네."라고 말해야 하고, 만약 계율을 잘 지키는 사람이면 마땅히 "뜻을 잘 수용하게."라고 말해야 한다.

만약 화상과 아사리가 취락에 들어간 뒤에 이발사가 와서 머리를 깎고자 하였다면 마땅히 다른 장로의 비구에게 "제가 머리카락을 깎고자 합니다."라고 알려야 하고, 스승이 돌아오면 마땅히 "스승이 가신 뒤에 이발사가 와서 머리를 깎았습니다."라고 알려야 한다. 이것을 스스로가 머리카락을 깎았거나 다른 사람이 머리카락을 깎아 주었다고 이름한다.

'칼로 다스리다.'는 다른 사람의 종기를 터트리고자 하는 때에는 마땅히 스승에게 "누구 비구의 종기를 터트리고자 합니다."라고 알려야 한다.

스승은 마땅히 "그대가 능히 할 수 있겠는가?"라고 물어야 하고, "이것은 눈으로 보는 일입니다. 무슨 까닭으로 능히 못하겠습니까?"라고 대답하여 말하였다면, 마땅히 "할 수 없네."라고 말해야 한다. 만약 "저는 할 수 있습니다."라고 말하였다면 마땅히 앞사람의 모습을 살펴보아서 만약 계율을 잘 지키지 않는 사람이라면 역시 "할 수 없네."라고 말해야 하고, 만약 계율을 잘 지키는 사람이면 마땅히 "어느 곳에 병이 있는가?"라고 물어야 하며, 만약 더러운 곳이라고 말하였다면, 마땅히 "곡도(穀道)6)에서 네 손가락의 주변은 만질 수 없네."라고 말해야 한다.

만약 머리를 찔러서 피를 흐르게 하거나, 만약 다른 곳의 옹좌(癰座)7)는 마땅히 터트려야 한다. 만약 스스로가 종기를 터트리고자 하는 때에는 마땅히 스승에게 알려야 한다. 스승은 마땅히 "어디에 있는가?"라고 물어야 하고, 만약 더러운 곳에 있다고 말하였다면 마땅히 "할 수 없네."라고 말해야 하며, 만약 다른 곳에 있었다면 앞과 같이 말해야 한다. 이것을 칼로 다스린다고 이름한다.

'주었거나 취하다.'는 만약 다른 사람에게 물건을 주고자 하는 때에는 마땅히 스승에게 알려야 한다. 스승은 마땅히 "누구에게 주는가?"라고 물어야 하고, 만약 과부이거나, 동녀이거나, 음녀이거나, 도박하는 자이거나, 흉악한 사람이거나, 악한 이름의 비구니이거나, 악한 이름의 사미니이거나, 계율을 지키지 않는 비구들에게 주겠다고 말한다면 마땅히 "이 사람들과 서로가 가깝게 지낼 수 없네."라고 말해야 한다. 만약 부모가 삼보(三寶)를 불신하는 자라면 마땅히 경리(經理)를 작게 하고, 만약 신심이 있는 자라면 스스로가 마음대로 주어서 부족함이 없게 한다.

만약 다른 사람의 물건을 취하고자 하는 때에는 마땅히 스승에게 알려야 한다. 스승은 마땅히 "누가 그대에게 주었는가?"라고 물어야 하고, 만약 큰 동녀라고 말하였고, 나아가 계율을 지키지 않는 비구가

---

6) 대장과 항문을 아울러 이르는 말이다.
7) 피부가 곪으면서 생기는 큰 부스럼인 종기나, 등에 생겨나는 큰 부스럼을 가리킨다.

나에게 주었다고 말한다면 마땅히 "이 사람들과 서로가 가깝게 지낼 수 없네."라고 말해야 한다. 만약 계율을 잘 지키는 자라고 말하였다면 마땅히 "취하게."라고 말할 것이며, "얼마를 취하였는가?"라고 물어야 한다. 알리지 않고 절반의 실오라기나 절반의 음식을 주었고 취하였다면, 이것을 알리지 않고 주었고 취하였다고 이름한다.

'다른 사람의 음식을 받아서 주었거나, 스스로가 음식을 받다.'는 만약 다른 사람이 음식을 맞이하라고 청하는 때에는 마땅히 스승에게 "누구 비구의 음식을 받아서 주겠습니다."라고 알려야 한다. 스승은 마땅히 "그 비구는 무슨 까닭으로 가지 않는가?"라고 물어야 하고, "그곳에서는 먹는 것은 괴롭고, 이곳에서 먹는 것은 즐겁습니다."라고 대답하여 말하였다면, 마땅히 "만약 즐거움을 구하는 자라면 청할 수 없네."라고 말해야 한다. 만약 유나이거나, 만약 병자를 위하여 청하였다면 마땅히 그 사람의 모습을 살펴보고 계율을 잘 지키지 않는 자라면 마땅히 "할 수 없네."라고 말해야 하며, 만약 마땅히 "차례로 받았습니다."라고 말하였다면, 마땅히 "그의 발우를 깨끗이 씻고서 스스로의 발우와 합쳐서 지니고 떠나가게."라고 말해야 하고, 만약 그가 계율을 잘 지키는 자라고 말하였다면, 마땅히 "받아서 주게."라고 말해야 한다.

만약 다른 사람에게 청하여 음식을 받으려는 자는 마땅히 스승에게 말해야 한다. 스승은 마땅히 "그대는 무슨 까닭으로 가지 않는가?"라고 물어야 하고, "그곳에서는 먹는 것은 괴롭고, 이곳에서 먹는 것은 즐겁습니다."라고 대답하여 말하였다면, 마땅히 "그대가 즐거움을 구하는 까닭이라면 할 수 없네."라고 말해야 한다. 만약 유나를 지었거나, 만약 병자라면 마땅히 "누구를 시켜서 받는가?"라고 물어야 하고, "누구입니다."라고 대답하여 말하였으며, 만약 그가 계율을 잘 지키지 않는 자라면 마땅히 "할 수 없네."라고 말해야 하며, 만약 마땅히 "그가 차례로 저의 음식을 받아서 주었습니다."라고 말하였다면, 마땅히 "다시 다른 사람에게 청하게."라고 말해야 하고, 만약 화상과 아사리와 같았거나, 만약 그가 계율을 잘 지키는 자라고 말하였다면, 마땅히 "받게."라고 말해야 한다.

이것을 스스로가 음식을 받거나 다른 사람의 음식을 받아서 준다고 이름한다.

'경전을 받거나 경전을 주다.'는 만약 다른 사람에게 경전을 주는 때에는 마땅히 스승에게 알려야 한다. 스승은 마땅히 "누구에게 경전을 주는가?"라고 물어야 하고, "누구 비구에게 경전을 주겠습니다."라고 대답하여 말하였다면, 마땅히 "무슨 경전을 주는가?"라고 물어야 하며, 만약 "『사로가야타(沙路伽耶陀)』를 주겠습니다."라고 말하였다면, 마땅히 "줄 수 없네. 세존께서 허락하지 않으셨네."라고 말해야 한다. 만약 "『주경(呪經)』입니다."라고 말하였다면, 마땅히 "주게."라고 말하면서, 마땅히 "이것으로써 생활할 수 없네."라고 가르쳐야 한다.

만약 "『아함(阿含)』입니다."라고 말하였다면, 마땅히 그 사람의 모습을 살펴보고 계율을 잘 지키지 않는 자라면 마땅히 "줄 수 없네."라고 말해야 하고, 만약 계율을 잘 지키는 자라면 마땅히 "그대는 경전을 잘 아는가?"라고 말해야 하며, "잘 알지 못합니다. 주변의 다른 사람에게 물었는데 마땅히 주라고 하였습니다."라고 말하였다면, 마땅히 "줄 수 없네."라고 말해야 하고, 만약 "잘 알고 있습니다."라고 말하였다면, 마땅히 "주게."라고 말해야 한다. 만약 스스로가 경전을 받고자 하는 때에도 역시 마땅히 스승에게 알려야 하며 앞에서 설한 것과 같다. 이것을 스스로 받거나 다른 사람에게 준다고 이름한다.

'욕(欲)을 주거나 욕을 취하다.'는 만약 욕을 주거나 취하는 때에는 마땅히 스승에게 알려야 하고, 앞에 음식을 받는 가운데에서 자세히 설한 것과 같다.

'약을 복용하다.'는 약을 복용하고자 하는 때에는 마땅히 먼저 스승에게 알려야 한다. 만약 이미 앉아서 먼저 소(酥)를 마시고 뒤에 음식을 먹고자 하는 자는 비록 알리지 않고 먹더라도 무죄이다.

'경계를 떠나다.'는 승가람의 문을 나가서 25주(肘)를 지나가려면 마땅히 스승에게 알리고 떠나가야 한다. 만약 경행하거나, 만약 좌선하더라도 마땅히 알려서 처소를 알게 해야 한다. 대소변을 행하는 때이거나, 만약 스승이 앞에 있다면 마땅히 저두하여 공경하고 떠나가야 하고 스승이 앞에 있지 않다면 공경하지 않아도 무죄이다.

'큰 보시를 짓다.'는 만약 크게 보시하고자 한다면 마땅히 스승에게 "제가 소유한 일체를 모두 보시하고자 합니다."라고 알려서 말하였다면, 스승은 마땅히 "출가인은 반드시 3의(衣)·발우·니사단·녹수낭·가죽신이 필요하네."라고 말해야 하고, "저는 이것들을 제외하고 일체를 모두 보시하고자 합니다."라고 대답하여 말하였다면, 스승은 마땅히 서로를 살펴보아서 만약 계율을 잘 지키지 않고, 송경을 익히거나 행도(行道)를 받아들이지 않았다면 마땅히 "허락하네."라고 말해야 하고, 만약 계율을 잘 지키고 송경을 익히거나 행도를 받아들였다면 마땅히 "보시는 견고(堅固)한 법이 아니네. 그대는 이 여러 물건을 의지하고 이것으로써 탕약을 준비하며 이것으로써 좌선과 송경과 행도를 얻도록 하게."라고 말해야 한다. 만약 "저에게 친족이 있어 그 스스로 저에게 옷과 음식을 주고, 병들어 수척하다면 탕약을 공급합니다."라고 말하였다면 스승은 마땅히 "만약 그와 같다면 허락하겠네."라고 말해야 한다. 이것을 큰 보시라고 이름한다.

'알리고 떠나가다.'는 만약 떠나고자 하는 때에는 마땅히 화상과 아사리에게 알려야 한다. 떠나가는 때에 다가와서 알리지 않을 것이고 마땅히 먼저 1개월이나 보름 전에 먼저 "제자는 어느 지방과 국토(國土)에 이르고자 합니다."라고 알려야 하고, 스승은 마땅히 "무슨 일을 까닭으로 떠나고자 하는가?"라고 물어야 한다. 만약 "이곳에서 승사를 짓는 것이 괴롭고 경을 받고 경을 독송하는 것이 괴롭습니다."라고 말하였다면, 화상과 아사리는 다시 "적게 먹고 적게 마시며 많이 깨닫고 적게 잠자야 하네. 그곳은 안락하게 머물 수 있는가?"라고 물어야 하며, 만약 스승이라면 마땅히 "그대는 이것을 위한 까닭으로 출가하였네. 어찌하여 괴로움을 얻는다고 말하는가?"라고 말해야 한다.

만약 "화상과 아사리께서는 사무(事務)를 경영하시면서 저에게는 경을 주지 않습니다. 이러한 까닭으로 떠나가고자 합니다."라고 말하였고, 만약 능히 줄 수 있다면 마땅히 "떠나가지 말게."라고 말해야 한다. 만약 능히 줄 수 없으나 대중의 가운데에서 계율을 잘 지키고 경을 잘 외우는 자가 있다면 마땅히 그에게 말하여 주게 하고, 만약 다시 없으나 그곳에 지식이 있고 보고 들은 것이 많은 비구가 있다면 마땅히 멀리 부촉해야 한다.

 만약 떠나가는 때에 화상이나 의지 아사리에게 알리지 않고 떠나가는 자는 월비니죄를 범한다. 이 가운데에서 공주제자와 의지제자가 화상과 아사리의 처소에서 마땅히 이러한 일을 행하여야 하나니, 이것을 화상과 아사리에게 알리고 떠나간다고 이름한다.

마하승기율 제29권

동진 천축삼장 불타발타라·법현 공역
석보운 번역

7) 잡송의 발거를 밝히다 ⑦

다시 다음으로 세존께서는 구살라국에서 유행하셨다.
그때 여러 비구들이 화상과 아사리의 발우를 가지고 앞에 있으면서 떠나갔고, 경계 안의 취락에 모여앉아서 스승을 기다렸으며, 의지(依止)를 잃는 것이 두려워서 경계 밖으로 나가지 않았다. 세존께서는 아시면서도 일부러 물으셨다.
"이자들은 어느 비구인데 모여 앉아 있는가?"
여러 비구들이 이 인연으로써 세존께 갖추어 아뢰었고, 세존께서는 여러 비구들에게 알리셨다.
"이것은 의지를 떠난 것이 아니니라. 여래가 구살라국의 유행을 마치고 사위성에 돌아올 때를 기다려서 나에게 말하라. 마땅히 여러 제자들을 위하여 의지를 버리는 법을 제정하겠노라."
세존께서는 사위성으로 돌아오셨고, 여러 비구들은 앞의 인연을 세존께 갖추어 아뢰었다.
"지금이 바로 때입니다. 오직 원하옵건대 세존께서는 여러 비구들을 위하여 의지를 버리는 법을 제정하여 주십시오."
세존님께서 여러 비구들에게 알리셨다.
"만약 화상이 목숨을 마친 때에는 의지를 떠나는 것이니라. 만약 도를 깨뜨렸거나, 거갈마를 받았거나, 화상이 경계의 밖으로 나가서 묵었거나, 공주제자가 경계의 밖으로 나가서 묵었다면 이것을 의지를 떠난다고 이름하느니라. 만약 의지하는 아사리가 목숨이 마쳤거나, 도를 깨뜨렸거나, 거갈마를 받았거나, 경계의 밖으로 나가서 묵었거나, 의지제자가 경계의 밖으로 나가서 묵었거나, 만약 5년을 채웠고 법을 잘 알며 비니를 잘 알았다면 의지를 떠날 수 있다. 이것을 의지를 버린다고 이름한다.

만약 비구가 법을 잘 알지 못하고 비니를 잘 알지 못한다면 능히 스스로가 서 있지 못하고 다른 사람도 서 있게 하지 못하나니, 이와 같은 비구는 목숨이 마치도록 마땅히 의지하여 머물러야 한다. 만약 비구가 5년을 채웠고 법을 잘 알며 비니를 잘 알며 능히 스스로가 서 있고 다른 사람도 서 있게 하였다면 이와 같은 비구는 다른 사람의 의지를 받을 수 있다. 이것을 화상과 아사리와 공주제자와 의지제자의 법이라고 이름한다."

'사미의 법'은 세존께서는 그를 위하여 부모로 매우 애중(愛重)하게 되는 것을 즐거워하지 않으셨으므로 전륜성왕(轉輪聖王)이 되는 것에 이르렀으나 세속의 집을 버리고 출가하려는 것을 마주하고 눈물을 흘리셨으며, 나아가 라후라가 출가한 인연도 마땅히 자세히 말씀하셨다. 세존께서 사리불에게 알리셨다.

"그대가 가서 라후라를 제도하여 출가시키게."

사리불이 말하였다.

"제가 어떻게 라후라를 제도하여 출가시켜야 합니까?"

세존께서 말씀하셨다.

"그대가 가서 가르쳐서 말하게. '나 라후라는 세존께 귀의하고, 법에 귀의하며, 승가께 귀의합니다.' 이와 같이 세 번 말하였다면, '나 라후라는 세존께 귀의하여 마쳤고, 법에 귀의하여 마쳤으며, 승가께 귀의하여 마쳤습니다. 목숨을 마치도록 살생하지 않고, 훔치지 않으며, 사음(邪婬)하지 않고, 거짓말하지 않으며, 술을 마시지 않겠습니다. 불(佛)·바가바(婆伽婆)께서 출가하셨으므로 나 라후라도 세존을 따라서 출가합니다.'라고 이와 같이 세 번 말하게 하게.
 '불·바가바께서 출가하셨으므로 나 라후라도 세존을 따라서 출가하여 세속의 옷을 버리고 가사를 입고서 목숨을 마치도록 살생하지 않는 사미계(沙彌戒)를 지니겠고, 목숨을 마치도록 훔치지 않는 사미계를 지니겠으며, 목숨을 마치도록 음행하지 않는 사미계를 지니겠고, 목숨을 마치도록 거짓말하지 않는 사미계를 지니겠으며, 목숨을 마치도록 술을 마시지 않는 사미계를 지니겠고, 목숨을 마치도록 꽃과 향을 몸에 붙이지 않는 사미계를 지니겠으며, 목숨을 마치도록 노래와 춤과 음악을 짓는 것을 보거나 듣지 않는 사미계를 지니겠고, 목숨을 마치도록 높고 넓은 평상 위에 앉거나 눕지 않는 사미계를 지니겠으며, 목숨을 마치도록 때가 아닌 때의 음식을 먹지 않는 사미계를 지니겠고, 목숨을 마치도록 금과 은과 금전을 붙잡지 않는 사미계를 지니겠습니다.'라고 이와 같이 억념하면서 지녀야 하느니라."

 다시 다음으로 세존께서는 사위성에 머무셨으며, 자세한 설명은 앞에서와 같다.
 그때 존자 아난에게 한 명의 지식인 단월의 집이 있었는데 전염병으로 온 집안이 모두 죽었고, 오직 한 명의 어린아이가 있어서 항상 시장의 가게 문 앞에 있으면서 쌀알을 주워 먹으면서 스스로가 살아가고 있었다. 이때 존자 아난이 지나가는 때에 어린아이가 보고서 그 뒤를 따르면서 불렀다.
 "어르신! 어르신!"
 아난은 듣지 못하였고 마침내 떠나갔으므로 세상 사람들이 비난하여 말하였다.
 "어찌하여 사문 석자들은 다른 사람의 아버지가 있던 때에는 억지로 친하면서 아버지와 자식과 같았는데, 지금 노쇠하여 죽으니 돌아보지도 않는가?"
 어린아이가 계속하여 따라오면서 불렀고, 아난이 돌아보고 그를 알아보았으며 부르며 말하였다.
"얘야! 이리로 오렴."
이때 어린아이는 아난의 뒤를 따라와 기원정사로 들어왔다. 세존께서는 보시고 아시면서도 일부러 물으셨다.
"얘는 누구의 아이인가?"
아난은 앞의 인연으로써 세존께 갖추어 아뢰었다.
"이 어린아이가 출가할 수 있습니까?"
세존께서 아난에게 알리셨다.
"그대는 무슨 마음을 지었는가?"
아난이 대답하였다.
"자비롭고 애민하는 마음입니다."
세존께서 말씀하셨다.
"출가할 수 있느니라."
"세존이시여. 마땅히 어떻게 출가시켜야 합니까?"
앞의 라후라 출가의 가운데에서 자세히 설한 것과 같다.

다시 다음으로 세존께서는 사위성에 머무셨으며, 자세한 설명은 앞에서와 같다.
그때 어느 마하라가 출가하였고 취락에서 안거를 마쳤으며 세존께 나아가서 문신하고자 10명의 사미를 데리고 왔다. 그때 세존께서 노지(露處)에 앉아 계셨고, 마하라는 멀리서 세존을 보고, 곧 가리키면서 여러 사미들에게 말하였다.
"이 분이 그대들의 할아버지이시다."
이때 여러 작은 사미들이 다투어 세존께 나아가거나, 혹은 세존의 평상 자리를 붙잡거나, 혹은 세존의 옷을 끌어당기거나, 혹은 세존의 발을 만지거나, 혹은 세존의 항아리를 붙잡았다. 세존께서는 아시면서도 일부러 물으셨다.
"이들은 누구의 사미인가?"

대답하여 말하였다.

"이들은 제가 허락하였습니다."

세존께서 말씀하셨다.

"그대는 어찌하여 많은 사미들을 제도하였는가? 오늘부터는 대중을 양육하는 것을 허락하지 않겠노라. 만약 한 명을 양육하거나, 최대로 세 명까지 양육하는 것을 허락하겠노라."

만약 대덕인 비구이고 많은 사람이 존중하더라도 마땅히 다른 사람에게 말하면서 다시 알려 말해야 한다.

"나에게 다른 사람이 있다고 알더라도 다만 아사리의 아래에서 경전의 법을 받아서 독송하고, 수학을 증장시키고자 합니다. 이러한 까닭으로 아사리께 주겠습니다."

이와 같이 마땅히 말하고서 다른 사람에게 주어서 스스로가 가르침을 얻게 해야 한다. 만약 대중인 사미를 양육하면 월비니죄를 범한다.

다시 다음으로 세존께서는 사위성에 머무셨으며, 자세한 설명은 앞에서와 같다.

그때 어느 비구가 한 사미를 데리고 친족을 보고자 돌아가는 도로의 광야를 지나갔다. 도중(中道)에 어느 비인(非人)이 용(龍)으로 변화를 지었고 오른쪽으로 사미를 돌면서 꽃으로써 위에 뿌리면서 찬탄하여 말하였다.

"옳습니다. 크게 선한 이익을 얻었습니다. 집을 버리고 출가하였으니 금과 은과 금전을 붙잡지 마십시오."

비구가 친족의 집에 이르러 문신하고서 돌아오려고 하였던 때에 친족의 부인들이 말하였다.

"그대가 지금 되돌아가려면 도로가 멀고 궁핍한 것이 많을 것입니다. 이 금전을 가지고 떠나가서 시장에서 필요한 것으로 바꾸세요."

사미는 받아서 취하였고 옷 위에 매달고서 떠나갔다. 도중에 비인은 사미가 금전을 가지고 비구의 뒤에서 오는 것을 보았고 다시 용으로 변화를 지어서 왼쪽으로 사미를 돌면서 흙으로써 위에 던지면서 이렇게 말하였다.

"그대는 선한 이익을 잃었구려. 출가하여 수도(修道)하면서 금전을 붙잡고 다니는구려."

사미는 곧 울었고, 비구가 돌아보면서 사미에게 물어 말하였다.

"그대가 무슨 까닭으로 우는가?"

사미가 말하였다.

"저는 죄가 있다고 기억하지 않는데 이유가 없이 괴롭습니다."

스승이 말하였다.

"그대가 붙잡은 것이 있는가?"

대답하여 말하였다.

"이 금전을 가지고 왔습니다."

스승이 말하였다.

"버리도록 하라."

이미 버렸으므로 비인이 다시 이전과 같이 공양하였다. 비구가 이 인연으로써 세존께 가서 아뢰었고, 세존께서는 말씀하셨다.

"오늘부터는 사미가 금과 은과 금전을 지니는 것을 허락하지 않겠노라."

만약 비구가 사미를 시켜서 처음으로 금과 은과 금전을 붙잡게 하는 자는 월비니죄를 얻는다. 만약 사미가 먼저 이미 잡는 것을 보았고 뒤에 잡게 하였다면 무죄이다.

다시 다음으로 세존께서는 사위성에 머무셨고, 여러 천인들과 세상 사람들의 공양을 받은 것은 앞에서 자세히 설한 것과 같다.

그때 존자 대목련은 사미 전두(專頭)와 함께 식후에 염부제(閻浮提)의 아뇩대지(阿耨大池) 위에서 좌선하였다. 그때 사미 전두는 아뇩대지의 금모래를 보고 곧 이렇게 생각을 지었다.

"나는 지금 마땅히 이 모래를 담아서 세존의 물항아리 아래에 놓아야겠다."

존자 대목련은 선정에서 깨어났고 곧 신족(神足)으로써 허공을 타고 돌아왔으나, 그때 전두 사미는 비인에게 붙잡혔다. 그때 목련이 돌아보면서 사미에게 오라고 불렀으므로 대답하여 말하였다.
"저는 능히 갈 수가 없습니다."
물었다.
"그대가 지닌 것이 있는가?"
대답하여 말하였다.
"이 금모래를 가졌습니다."
"그대는 마땅히 버리도록 하라."
이미 버렸으므로 곧 허공을 타고 떠나갔다. 여러 비구들이 이 인연으로써 세존께 갖추어 아뢰었고, 세존께서는 말씀하셨다.
"오늘부터는 사미가 금과 은과 돈을 잡는 것을 허락하지 않겠노라."

다시 다음으로 세존께서는 가유라위국(迦維羅衛國) 니구율수(尼拘律樹)의 석씨정사(釋氏精舍)에 머무르셨다.
여러 단월들이 음식을 베풀어 승가께 공양하였다. 이때 어느 사미가 가운데에 있으면서 새를 쫓고 파리를 쫓으면서 아울러 남긴 밥·뼈다귀·채소·과일·열매를 주워서 먹었다. 이때 여러 어머니들은 인정이 많이 있어서 가엽게 생각하였으며, 보고서 이렇게 말을 지었다.
"사문 석자들은 자비심이 없어서 음식도 평등하지 않구나. 송아지를 길러도 먼저 젖을 주고 뒤에 젖을 짜는데, 지금 비구들은 이 작은 아이를 기르면서도 혼자 먹고서 주지 않는다. 이렇게 무너지고 패배한 사람에게 무슨 도가 있겠는가?"
여러 비구들이 이 인연으로써 세존께 갖추어 아뢰었고, 세존께서는 말씀하셨다.
"오늘부터는 출가인에게 음식을 마땅히 평등하게 주도록 하라."
'사미의 법'은 사미에는 세 가지의 구분이 있으니, 첫째는 7살부터 13살까지이니 구오사미(驅烏沙彌)라고 이름하고, 둘째는 14살부터 19세까지이니 응법사미(應法沙彌)라고 이름하며, 셋째는 20살부터 70세까지이니 명자사미(名字沙彌)라고 이름한다. 이 세 가지의 구분을 모두 사미라고 이름한다.

그때 존자 우바리는 때를 알고서 세존께 물었다.
"사미에게 어떻게 안거의 옷을 나눠주어야 합니까?"
세존께서 말씀하셨다.
"만약 비구의 뜻을 얻었다면 만약 절반이거나, 만약 3분의 1을 마땅히 주어야 하느니라."
'비구의 뜻을 얻다.'는 지계이고 능히 청정한 일을 짓는 것이다.
우바리가 다시 세존께 아뢰어 말하였다.
"어떻게 사미에게 때가 아닌 때의 옷을 나눠주어야 합니까?"
세존께서 말씀하셨다.
"평등하게 주도록 하라."

만약 사미가 많은 옷을 얻어 비법(非法)을 짓거나, 떠나가는 것이 두려운 자에게는 만약 절반이거나, 만약 3분의 1을 마땅히 주어야 한다. 만약 그의 화상이나 아사리가 "평등하게 주십시오."라고 말한다면 다른 도리가 없고 마땅히 스승의 말을 따라야 한다. 죽은 사람의 옷을 나눠주는 것도 역시 이와 같다. 이것을 사미의 법이라고 이름한다.

(111) 발우의 법

세존께서는 시리만다라림(尸利曼茶羅林)의 가운데에 머무르셨다.
성불하시고 오래지 않은 때에 상인이 있어서 첫째는 제예부사(帝隷浮裟)라고 이름하였고, 둘째는 발리가(跋梨伽)라고 이름하였으며, 마땅히 널리 말하였고, 나아가 그들은 보릿가루와 꿀을 가지고 세존께 나아갔다.
세존께서 이렇게 생각을 지으셨다.
'과거의 모든 여래·응공·정변지께서는 손으로 음식을 받았는가? 그릇으로 음식을 받았는가?'
이렇게 생각을 지으셨고, 이때 사대천왕이 각자 금발우를 가지고 와서 세존께 받들었다. 세존께서는 말씀하셨다.

"마땅히 이와 같은 금발우는 받을 수 없고, 일체의 보배 발우도 모두 받을 수 없네."

다시 각자 돌 발우를 가지고 왔고, 세존께서는 다시 생각하셨다.

'만약 하나의 발우를 받는다면 여러 천왕이 마음으로 기뻐하지 않는 것이 두렵구나.'

곧 때에 네 개의 발우를 받았고 왼손의 가운데에 쌓아놓고 오른손으로 그것을 어루만져서 합쳐서 하나의 발우를 완성하셨으며, 4개의 테두리가 나타나게 하셨다. 세존께서는 발우를 받으시고서 상인의 보릿가루와 꿀을 받으셨으며 널리 축원을 말씀하셨다. 그때 상인들은 환희하면서 세존의 앞에서 아뢰어 말하였다.

"원하옵건대 손톱과 머리카락을 주십시오. 돌아가서 지제(支堤)[1]를 일으키겠습니다."

세존께서는 곧 손톱과 머리털을 잘라서 그에게 주어 탑을 일으키게 하셨다.

다시 다음으로 세존께서는 손파백토(孫婆白土)의 취락에 머무르셨다.

그때 손파(孫婆)라는 천신(天神)이 와서 세존의 처소에 이르렀고 세존께 아뢰어 말하였다.

"세존이시여. 이 가운데에서 과거의 모든 여래·응공·정변지께서는 이곳의 질그릇 발우를 수용하셨습니다. 오직 원하옵건대 세존께서는 여러 비구들이 질그릇 발우를 수용하는 것을 허락하십시오."

세존께서 말씀하셨다.

"오늘부터는 질그릇 발우를 수용하는 것을 허락하겠노라."

---

1) 산스크리트어 caitya의 음사로서 신성한 장소로 생각하여 공양하고 숭배하는 나무·탑·당(堂) 등을 가리킨다. 조성하는 형식에 따라서 벽돌·나무·돌 등을 높게 쌓은 구조물을 탑이라고 말하였고, 쌓아올린 형식이 아닌 것을 지제라고 말하였으나 이후에 구별하지 않고 모두 탑이라 불렀다.

다시 다음으로 세존께서는 사위성에 머무르셨다.

그때 어느 비구가 법예(法豫)라는 도공의 처소에 이르러서 이렇게 말을 지었다.

"장수여. 나를 위하여 발우를 지어서 주십시오."

그때 좋은 질그릇 발우를 색깔이 금과 같이 지어서 비구에게 주었다. 세존께서 말씀하셨다.

"금색으로 짓는 것을 허락하지 않겠노라."

다시 은색으로 지었고, 세존께서는 말씀하셨다.

"은색으로 짓는 것도 허락하지 않겠노라."

세존께서는 여러 비구들에게 말씀하셨다.

"오늘은 재일(齋日)이니, 법예 우바새를 불러서 목욕시키고 깨끗한 옷을 입혀서 포살을 받게 하라."

그때 우바새가 목욕하고 깨끗한 옷을 입고서 와서 세존의 처소에 이르렀으며 포살을 받았다. 세존께서는 흙이 있는 곳을 보이시면서 말씀하셨다.

"그대가 이 흙을 아는가? 이와 같이 화합하고, 이와 같이 두드리며, 이와 같이 반죽하고, 이와 같이 짓고, 이와 같이 구워서 발우를 지어야 한다. 구워서 발우를 완성하면 세 종류의 색깔을 지어야 하나니, 첫째는 공작새의 목구멍과 같은 색깔이고, 둘째는 비릉가(毘陵伽) 새와 같은 색깔이며, 셋째는 집비둘기와 같은 색깔이니라."

세존께서는 말씀하셨다.

"발우를 굽는 때에는 마땅히 잘 살펴서 이와 같은 색깔을 지어야 하느니라."

다시 다음으로 세존께서는 사위성에 머무르셨다.

그때 어느 비구가 우파시파국(優婆尸婆國)의 흙으로 지은 발우를 가지고 왔으며 세존께 아뢰어 말하였다.

"세존이시여. 이 발우를 수용하는 것을 허락하십시오."

세존께서 말씀하셨다.
"수용하는 것을 허락하겠노라."
이와 같이 가치야국(迦稀耶國)의 발우를 가지고 왔으며, 세존께서 말씀하셨다.
"수용하는 것을 허락하겠노라."
북방의 비구가 붉은 발우를 가지고 왔으며, 세존께 아뢰어 말하였다.
"이 발우를 수용하는 것을 허락하십시오."
세존께서 말씀하셨다.
"수용하는 것을 허락하지 않겠노라."

다시 다음으로 세존께서는 사위성에 머무르셨다.
다섯 가지 일의 이익을 까닭으로 여래·응공·정변지께서 5일에 한 번을 여러 비구들의 방을 돌아보시면서 한 비구가 손을 떠는 것을 보셨다. 세존께서는 아시면서도 일부러 물으셨다.
"비구여. 그대는 편안하고 안락한가?"
대답하여 말하였다.
"세존이시여. 저는 손이 떨려서 땅에 떨어뜨렸고 발우가 깨져서 잃어버렸습니다. 이러한 까닭으로 즐겁지 않습니다."
세존께서 말씀하셨다.
"오늘부터는 여러 비구들이 철발우를 수용하는 것을 허락하겠노라. 철발우를 수용하는 때에는 마땅히 발우를 지어서 화로에 구워야 하고, 굽는 때에는 마땅히 아마륵(阿摩勒)의 씨와 거타라(佉陀羅)의 씨와 거마(巨摩)와 대나무 뿌리로 구워야 하느니라."

다시 다음으로 세존께서는 왕사성에 머무르셨다.
그때 아사세왕은 크게 새로운 강당을 짓고서 이와 같이 생각을 지었다.
'누가 능히 이 강당의 과실을 알 것인가? 오직 여러 사문 석자들은 총명하고 지혜가 있으니 능히 이것의 과실을 알 것이다.'

또한 이렇게 생각을 지었다.
'내가 직접 여러 비구들을 불러와서 이 강당을 살펴보게 할 수 없다. 바로 마땅히 대회를 베풀고 여러 곳에 사람을 모아두고서 살며시 말하는 것을 들어야겠다.'
그때 여러 비구들이 들어왔는데 한 비구가 이렇게 말을 지었다.
"이 강당은 모두 좋은데 오직 한 모서리가 한 개의 겉보리와 같이 내려앉았구나."
다시 어느 한 비구가 말하였다.
"이 강당은 모두 좋은데 오직 각도(閣道)2) 위의 처마(戶楣)와 현판(額)이 너무 내려왔구나. 왕은 찰리 종족의 깃털 모습의 부채와 일산들은 평행(平行)하게 드나들 수 없겠다."
이때 어느 한 마하라 비구가 땅에 잘렸던 목재의 토막을 보고 이렇게 생각을 지었다.
'이것으로 발우를 짓는다면 좋겠구나.'
비구들은 음식을 먹고서 돌아갔고, 그때 여러 사람들이 왕에게 각자 왕에게 들었던 것을 아뢰었다. 아사세왕이 곧 목수를 불러서 잣대로 재었는데, 말한 것과 다르지 않았으므로 곧 목수에게 칙명하여 고치게 하였다. 왕은 마하라의 말을 기억하였고 여러 비구들이 발우가 필요하다고 생각하였다. 곧 나무 장인을 불러서 나무 발우를 둥글게 지었고 여러 종류의 음식을 지어서 발우 가득히 담았고, 다시 질그릇 발우와 철발우를 가지고 음식을 가득 담았으며, 사람을 보내서 세존께 가서 받들어 올렸다. 세존께서 말씀하셨다.
"나무 발우를 수용하는 것을 허락하지 않겠노라."
수용하면서 기름때로 더럽혀졌고, 역시 외도의 표식(幖幟)이었던 까닭으로 수용하지 않았다. 이 가운데에서 청정한 것은 세존께서 받으셨고, 청정하지 않은 것은 받지 않으셨다.

---

2) 건축물과 연결된 복도나 회랑을 가리킨다.

다시 다음으로 세존께서는 왕사성에 머무르셨다.

그때 아사세왕은 비사리(毘舍離)의 리차(離車)들과 원한이 없었다. 이때 남쪽 나라의 상인이 일단(一段)의 마니(摩尼)를 가지고 와서 왕에게 바쳤다. 얻고서 이렇게 생각을 지었다.

'이 보배는 여러 외삼촌이 필요한 것이다.'

곧 사람을 보내어 리차들에게 주었고 리차들이 얻고서 이렇게 생각을 지었다.

'이 보배는 나눌 수 없구나.'

곧 마니를 창고에 넣어 두었다. 리차들은 뒤에 여러 창고에 다니면서 마니를 보고서 생각하였다.

'이 보석의 가운데를 그릇을 지어서 석가라장(釋伽羅漿)을 마셔야겠다.'

곧 보석 장인을 불러와서 그릇을 지었고, 그릇이 완성되었는데 우연히 발우의 모양과 비슷하였으므로 리차들은 이렇게 생각을 지었다.

'이것은 출가인의 그릇이고 세속 사람에게는 마땅하지 않다. 마땅히 살차니건자(薩遮尼揵子)에게 주어야겠다.'

다시 말이 있었다.

"자자니건(姊子尼健)에게 주어야 합니다."

다시 말이 있었다.

"무슨 까닭으로 이것을 어찌하여 술의 지게미³⁾를 먹는 나귀에게 주겠는가? 마땅히 세존께 드려야 합니다."

이와 같이 대중들이 많이 의견이 각각 같지 않아서 곧 산가지를 행하고 취한다 정하였는데, 세존께 주겠다는 자들이 많아서 대중들이 많이 의논하여 말하였다.

"우리들이 빈 발우를 세존께 드릴 수가 없으니, 마땅히 그 그릇을 장엄하게 꾸며야 합니다."

곧 작은 보물들로 그 그릇을 가득히 담아서 보배 그릇(寶籠)의 안에

---

3) 술을 거르고 남은 찌꺼기를 가리킨다.

넣어 두었고, 다시 질그릇 발우와 철 발우를 가지고 여러 종류의 음식을 담아서 세존께 봉헌(奉獻)하였다. 세존께서는 여러 리차들에게 말씀하셨다.

"이 마니 발우는 마땅히 받을 수 없고, 이 가운데에 있는 작은 보물들과 보배 그릇도 역시 받을 수 없다. 철 발우와 토기 발우는 허락하겠으나, 보배 발우는 허락하지 않겠다. 청정한 것은 마땅히 받겠으나, 청정하지 않은 것은 받을 수 없다."

리차들이 곧 보배 발우를 가지고 돌아갔고 대중들이 의논하여 말하였다.

"이 보배 발우는 마땅히 자자니건에게 주어야 합니다."

다시 말이 있었다.

"그는 술의 지게미나 먹는 나귀이니, 마땅히 이 보배 그릇과 작은 보물들을 줄 수 없습니다. 마땅히 끈으로 주머니를 얽은 빈 발우를 담아서 주어야 합니다."

곧 끈으로 얽은 주머니에 빈 발우를 담아서 사람을 보내어 주었다. 이때 한 명의 리차는 자자니건을 믿고 존경하여서 먼저 니건에게 가서 이 일을 갖추어 말하였다.

"그들이 빈 발우를 보내오면 삼가하여 받지 마십시오."

발우가 이르자 니건이 말하였다.

"이것은 빈 발우이니 마땅히 받을 수 없고 삼베의 끈으로 얽은 주머니도 받을 수 없으며, 먼저 구담 사문에게 주었고 뒤에 나에게 주었던 까닭으로 마땅히 받을 수 없습니다. 내가 지금 오직 받을 수 있는 한 가지의 일은 만약 여러 나이가 젊은 리차들의 혀(舌)를 자르고 소금을 발라서 기름에 튀기고서 발우에 가득히 담아서 가지고 온다면 내가 마땅히 받겠습니다."

사자가 돌아와서 여러 리차들에게 갖추어 알렸고, 여러 리차들은 말하였다.

"이것은 우리들이 자자니건에게 원한과 상처가 있는 까닭으로 이렇게 말을 지은 것이니, 다만 마땅히 보내줍시다."

이와 같이 세 번을 반복하였어도 말하는 것이 다르지 않았다. 여러 리차들이 말하였다.

"이것은 기이한 일입니다. 우리가 후의(厚意)로서 주었는데 반대로 원한이 생겨났구나."

곧 사람을 보냈고 몽둥이를 가지고 때려서 죽였다. 여러 비구들이 이 인연으로써 세존께 갖추어 아뢰었다.

"어찌하여 살차니건자가 혀를 놀려서 몸을 해쳤습니까?"

세존께서 말씀하셨다.

"다만 오늘에만 혀를 놀려서 몸을 해친 것이 아니니라."

[『거길라본생경(擧吉羅本生經)』의 가운데에서 자세하게 설하였고, 『전다리조생경(顚多利鳥生經)』의 가운데에서 자세하게 설하였으며, 『별생경(鼈生經)』의 가운데에서 자세하게 설하였고, 『앵무생경(鸚鵡生經)』의 가운데에서 자세하게 설하였던 것과 같다.]

다시 다음으로 세존께서는 사위성에 머무르셨다.

그때 어느 비구가 발우 가운데를 막고서 여러 음식을 담았다. 세존께서는 아시면서도 일부러 물으셨다.

"비구여. 그대가 발우의 가운데에 무엇을 짓고자 하는가?"

대답하여 말하였다.

"세존이시여. 이 가운데의 한쪽에는 밥을 담고, 한쪽에는 국을 담으며, 한쪽에는 고기와 나물을 담겠습니다."

세존께서 말씀하셨다.

"그대는 여러 종류의 맛을 탐착하는구나. 오늘부터는 발우 가운데를 막는 것을 허락하지 않겠노라. 만약 발우 가운데를 막은 자는 월비니죄를 범한다. 만약 떡으로 막았거나, 밥으로 막은 자는 무죄이니라."

다시 어느 비구가 익지 않은 발우의 음식을 까닭으로 토하였다.

세존께서 말씀하셨다.

"마땅히 볶아서 먹어야 하느니라. 마땅히 아마륵(阿摩勒)의 씨를 사용하여 익히거나, 거타라(巨陀羅)의 씨와 거마(巨摩)와 대나무 뿌리로 익혀야 하느니라."

그때 여러 비구들의 발우의 아래가 없어졌으므로, 세존께서는 말씀하셨다.

"발우 아래에는 마땅히 만다라(曼茶羅)의 받침대를 두어야 하느니라."

그때 여러 비구들이 금과 은과 보물로 받침대를 지었다.
세존께서는 말씀하셨다.

"마땅히 금과 은으로 사용하여 지을 수 없고, 마땅히 붉은 구리와 백납과 아연과 주석으로 받침대를 사용해야 하느니라."

그때 여러 비구들이 통(通)으로 발우를 두루 덮었다.
세존께서는 말씀하셨다.

"일체를 모두 덮는 것을 허락하지 않겠노라. 매우 크다면 발우 테두리에서 네 손가락 정도이고, 매우 작다면 시사수(尸舍樹)의 잎과 같아야 하느니라."

여러 비구들이 만다라 위에 새와 짐승의 형상을 지었다.
세존께서는 말씀하셨다.

"만다라 위에 새와 짐승의 형상을 짓는 것을 허락하지 않겠노라. 만약 발우의 받침을 짓는 자는 만약 네모이거나, 만약 둥글거나 만다라의 법이어야 한다. 만약 발우에 만다라가 없다면 발우를 땅에 내려놓을 수 없다. 만약 땅에 내려놓는 자는 월비니죄를 범한다. 마땅히 발우를 나뭇가지의 위이거나, 만약 나뭇잎이거나, 만약 풀 위에 내려놓아야 한다. 만약 발우에 만다라를 안치하였다면 땅에 내려놓아도 무죄이다. 만약 땅에 만다라를 그렸다면 땅에 내려놓아도 무죄이다. 적어도 물을 뿌린 땅에 발우를 내려놓는 것은 무죄이다. 만약 발우를 정지하고서 땅에 내려놓았다면 월비니죄를 범한다. 이것을 발우의 법이라 이름하느니라."

(112) 죽의 법
세존께서는 사위성에 머무르셨다.

이때 난타(難陀)의 어머니와 우파사다라(優婆斯茶羅)의 어머니가 보름마다 세 번씩 포살을 받았으니, 8일과 14일과 15일이었다. 포살하는 날에 먼저 음식을 지어서 비구들이 먹은 뒤에 스스로가 먹었고, 다음날에 이르러 다시 포살을 지었다. 밥을 지으면서 가마솥이 끓어서 넘쳤으므로 밥물을 스스로가 마셨는데, 몸 안에 바람기가 없어지고 묵었던 음식이 소화되는 것을 깨달았으며, 배고픔을 느껴서 음식을 먹고서 이렇게 생각을 지었다.

'아사리는 한 번을 먹는 사람이니 마땅히 죽이 필요할 것이다.'

많은 물을 취하여 적은 쌀과 합해서 끓였고, 두 부분으로 나누었으며 뒤에 후추와 필발(蓽茇)4)을 넣었고, 죽이 끓은 뒤에 항아리에 채워서 가지고 기원정사에 나아갔으며, 세존의 발에 머리 숙여 예경하고 물러나서 한쪽에 머무르면서 세존께 아뢰어 말하였다.

"오직 원하건대 세존께서는 여러 비구들이 죽을 먹는 것을 허락하십시오."

세존께서 말씀하셨다.

"오늘부터는 죽을 먹는 것을 허락하겠노라."

그날 어느 단월이 기원정사의 승가에게 죽을 주었는데, 여러 비구들의 마음에 의혹이 생겨났다.

'세존께서 계율을 제정하시어 처처식(處處食)을 먹지 못하도록 하셨다. 우리들이 어찌하여 작정하고서 먹겠는가?'

세존께서 말씀하셨다.

---

4) 후추과에 속하는 넝쿨 형태의 다년생 식물로 이질 또는 설사에 효험이 있다고 알려져 있다.

"만약 죽이 처음으로 가마솥에서 나왔고 그어서 글자가 이루어지지 않는다면 이것은 처처식이 아니고, 별중식(別衆食)이 아니며, 만족식(滿足食)도 아니니라. 만약 죽이 처음으로 가마솥에서 나왔고 그어서 글자가 이루어졌다면 이것은 처처식이라고 이름하고, 별중식이라고 이름하며, 만족식이라고 이름하느니라."

그때 세존께서 게송을 설하여 축원하셨다.

지계인 청정한 사람의 처소를 받들고
공경하고 때를 따라서 죽으로써 보시하면
수행자에게 열 가지의 이익으로 요익하게 하므로
얼굴빛과 힘과 목숨이 즐겁고 말이 맑으며

묵었던 음식과 바람기와 기갈(飢渴)을 없애나니
이것을 약이라고 이름한다고 세존께서 말씀하셨네.
인간과 천상에 태어나서 항상 즐거움을 받고자 한다면
마땅히 죽으로써 대중 승가께 베풀어야 한다네.

다시 다음으로 세존께서는 구살라국을 유행하시면서 점차 가제흠(阿帝欽) 바라문의 취락에 이르셨고, [마땅히 자세하게 설하였다.] 나아가 바라문은 수레에 멥쌀·콩·호마(胡麻)[5]·소(酥)·기름·석밀을 싣고 세존을 따르면서 6월 중에 공양을 짓는 사람이 없을 때를 살펴서 마땅히 공양을 짓고자 하였다.

세존께서 세상에 머무시던 때에는 백성들이 신심으로 환희하면서 많은 공양을 베풀었고, 전식과 후식이 모두 없는 날이 없었으므로 세존께서 사위성으로 돌아오시는 때까지 바라문은 집안사람을 보내어 뒤쫓아오면서 여러 공양을 짓는 때에 이르면 마땅히 빠르게 돌아오도록 하였다.

---

5) 참깨를 가리킨다.

그때 바라문이 존자 아난에게 물었다.

"세존께서 내일 어느 문으로 사위성으로 나아가십니까?"

아난이 말하였다.

"바라문이여. 그대가 무슨 까닭으로 묻습니까?"

바라문이 말하였다.

"내가 쌀과 콩을 도로의 가운데에 뿌려서 원하건대 세존과 비구 승가가 진흙을 밟지 않고 떠나간다면 곧 수용되는 것입니다."

아난이 말하였다.

"바라문께서는 기다리십시오. 내가 세존께 묻겠습니다."

그때 존자 아난은 이 인연으로써 세존께 갖추어 아뢰었고, 세존께서는 말씀하셨다.

"아난이여. 누가 일찍이 교화하여 그의 공양을 받았는가?"

대답하여 말하였다.

"존자 사리불입니다."

세존께서는 사리불에게 물으셨다.

"그대는 일찍이 그의 공양을 받았는가?"

"세존이시여. 저는 일찍이 그의 한 번의 공양을 받았습니다."

세존께서 말씀하셨다.

"그대가 곧 그를 교화한 자라면 가서 그 바라문에게 말하게. '내일 승가를 위하여 죽을 지을 수 있습니까?'"

사리불은 가서 설법하였고, 나아가 "능히 대중 승가를 위하여 죽을 지을 수 있습니까?"라고 물었으며, 바라문은 말하였다.

"내가 쌀과 콩을 땅에 펼쳐서 세존과 승가께서 밟고서 지나가도록 하였는데, 무슨 까닭으로 죽을 지을 수 없겠습니까?"

곧 밤새워 여러 가지 죽인 소(酥) 죽·우유 죽·기름 죽·낙(酪) 죽·고기 죽·물고기 죽을 준비하였다. 새벽에 세존과 비구 승가는 가서 앉았으며, 자기 손으로 죽을 돌렸다. 세존께서는 아시면서도 일부러 물으셨다.

"쌀을 어느 곳에 놓아두었습니까?"

대답하여 말하였다.
"이곳입니다."
"어느 곳에서 끓였습니까?"
대답하여 말하였다.
"이곳에서 끓였습니다."
세존께서 말씀하셨다.
"안에서 묵힌 것도 허락하지 않겠고, 안에서 끓인 죽도 역시 허락하지 않겠으며, 나머지의 청정한 죽을 허락하겠노라. 이 죽은 허락하지 않겠노라."

다시 다음으로 세존께서는 구살라국을 유행하셨고, 고석(故石) 바라문의 취락에 이르셨다.
그때 이발사인 어느 마하라 부자(父子)가 출가하여 이 취락에 머물렀다. 이때 마하라는 세존께서 오신다는 말을 듣고서 아들에게 말하였다.
"네가 이발 기구를 가지고 취락에 들어가서 머리를 깎아주고서 쌀·콩·소(酥)·기름·석밀을 구하여 오게. 세존께서 이르시면 마땅히 여러 가지 죽을 준비하겠네."
아들은 곧 취락에 들어갔고, 여러 사람이 물어 말하였다.
"그대가 머리를 깎아주고서 무슨 물건을 얻으려 합니까?"
대답하여 말하였다.
"나는 쌀·콩·소·기름·석밀이 필요합니다."
"그대는 무엇을 하고자 합니까?"
대답하여 말하였다.
"내일 세존께서 이르시면 마땅히 여러 가지 죽을 짓고자 합니다."
그때 여러 거사들은 듣고서 신심으로 환희하여 그것들을 두 배를 주었으며, 곧 가지고 주처로 돌아왔다. 세존께서는 이르셨고 마하라는 스스로가 여러 종류의 죽을 끓였다. 다음날에 이르자 세존과 비구 승가는 앉으셨고 마하라는 손을 씻고서 자기가 직접 죽을 돌렸다. 세존께서는 아시면서도 일부러 물으셨다.

"비구여. 이것은 무슨 죽인가?"

대답하여 말하였다.

"세존이시여. 제가 본래 세속의 집에 있을 때부터 여러 비구들을 공양하면서 항상 이렇게 생각을 지었습니다. '어느 때에 마땅히 스스로의 손으로 세존께 공양할 수 있을까?' 지금에 이러한 죽을 끓였습니다."

세존께서 말씀하셨다.

"어느 곳에서 쌀을 구했는가?"

"어린 아들이 객으로 머리를 깎아주고서 얻었습니다."

세존께서 말씀하셨다.

"안에서 묵힌 것도 허락하지 않겠고, 안에서 끓인 죽도 역시 허락하지 않겠으며, 스스로 끓인 것도 허락하지 않겠고, 객으로 머리를 깎아주고서 얻은 것도 허락하지 않겠으며, 나머지의 청정한 죽을 청정하게 지었다면 먹는 것을 허락하겠노라."

다시 다음으로 세존께서는 앙구다라국(鴦求多羅國)을 유행하셨다.

이때 계니야(鷄尼耶) 나계범지(螺髻梵志)는 세존께서 오신다는 것을 듣고서 여러 종류의 죽인 소(酥) 죽·우유 죽·기름 죽·낙 죽·고기 죽 물고기 죽을 준비하였다. 세존과 비구 승가는 앉았으므로, 여러 종류의 죽을 돌렸는데, 여러 비구들의 마음에 의혹이 생겨났다.

'세존께서 계율을 제정하시어서 처처식을 먹지 못하도록 하셨다. 우리들이 어찌하여 작정하고서 먹겠는가?'

세존께서 말씀하셨다.

"만약 죽이 처음으로 가마솥에서 나왔고 그어서 글자가 이루어지지 않는다면 고기 죽과 물고기 죽을 제외하고는 일체의 죽은 허락하겠노라. 이것은 처처식이 아니고, 별중식이 아니며, 만족식이 아니니라."

만약 비구가 걸식하였고 밥이 아직 익지 않았다면 쌀뜨물을 주었으므로 먹었어도 무죄이다. 만약 다만 밥을 취하여 주었고 먹었다면 별중식이라고 이름하고, 처처식이라고 이름하며, 만족식이라고 이름한다. 이것을 죽의 법이라고 이름한다.

(113) 떡의 법

세존께서는 사위성에 머무셨으며, 자세한 설명은 앞에서와 같다.

세존께서 4개월에 한 번 머리카락을 깎으셨는데, 머리카락을 깎는 때에 세상 사람들이 여러 종류의 떡을 가지고 와서 세존을 뵈었다. 이때 어느 한 바라문이 아내에게 물어 말하였다.

"집에 떡 만드는 도구가 있소?"

대답하여 말하였다.

"있습니다. 멥쌀 두 말과 기름 네 되가 있습니다. 무엇을 짓고자 필요합니까?"

대답하여 말하였다.

"사문 구담이 오늘 머리카락을 깎는데 여러 사람들이 모두 떡을 가지고 가오. 그대는 빨리 떡을 지으시오. 나는 반려를 따라가서 사문 구담에게 공양하고자 하오."

곧 떡을 지었고 그릇 안에 담고서 깨끗한 수건으로 위를 덮어서 가지고 갔다. 그때 세존께서는 위요(圍遶)되셨는데, 국왕·대신·찰제리·바라문·열여덟의 큰 취락의 촌장(村主)들이 모두 모여있는 가운데에 머무르셨다. 이 바라문이 의심하고 두려워서 감히 앞으로 나가지 못하고 혼자 한 곳에 있으면서 이렇게 생각을 지었다.

'만약 사문 구담이 일체지(一切智)이고 일체견(一切見)이라면, 항상 세간을 관찰하므로 보지 못함이 없고, 알지 못함이 없을 것이다. 만약 세간을 관조한다면 나도 지금 역시 세간이니, 역시 마땅히 내 마음을 보고 알 것이다.'

세존께서는 바라문의 마음의 생각을 아시고서 곧 멀리서 그 바라문을 불러서 오게 하였고, 왔으므로 세존께서는 아시면서도 일부러 물으셨다.

"바라문이여. 그대의 그릇 속에 무엇이 들어있는가?"

대답하여 말하였다.

"이것은 떡입니다. 세존이시여."

세존께서 바라문에게 말씀하셨다.

"대중 승가의 사람들에게 하나씩 돌리시오."

대답하여 말하였다.

"이 대중은 500명인데 지금 떡이 매우 적어서 모두 돌리지 못합니다."

세존께서 말씀하셨다.

"그대는 다만 돌리시오."

바라문이 곧 떡을 돌려서 사람에 하나씩 주었어도 떡이 이전처럼 줄어들지 않았고, 나아가 세 번을 돌렸어도 이전처럼 줄어들지 않았다. 이때 바라문은 이렇게 생각을 지었다.

'사문 구담은 대신력(大神力)이 있구나. 이렇게 적은 양의 떡으로 대중에게 세 번을 돌렸어도 오히려 줄어들지 않는구나.'

세존께서는 바라문이 마음으로 환희하는 것을 아셨고, 수순하여 설법하시어 보여주셨고 가르치셨으며 이익되고 기쁘게 하셨다. 바라문은 곧 수다원(須陀洹)의 도를 얻었다. 여러 비구들은 세존께 아뢰어 말하였다.

"세존이시여. 어찌하여 바라문은 적은 인연으로써 큰 과보를 얻었습니까?"

세존께서 말씀하셨다.

"단지 오늘에 적은 인연으로써 큰 과보를 얻은 것이 아니고, 과거의 세상의 때에서도 이미 일찍이 이와 같았느니라."

[『본생경(本生經)』의 가운데에서 설한 것과 같다.]

'떡'은 대맥(大麥) 떡·광맥 떡·소맥(小麥) 떡·쌀 떡·콩 떡·기름 떡·소(酥) 떡·마후라(摩睺羅) 떡·발파륵(鉢波勒) 떡·우이(牛耳) 떡·파리사(波利斯) 떡·추도(芻徒) 떡·만저라(曼坻羅) 떡·환희환(歡喜丸)·고기(肉) 떡이니, 이와 같은 일체를 모두 떡이라고 이름한다. 고기 떡과 빈다(賓茶) 떡을 제외하고, 나머지의 일체 떡은 별중식이 아니고 처처식이 아니며 만족식이 아니다. 이것을 떡의 법이라고 이름한다.

(114) 채소의 법

세존께서는 남산빈두(南山頻頭)의 대읍(大邑)에 머무르셨다.

그때 두 우바이가 있었는데, 첫째는 사파거(娑婆居)라고 이름하였고, 둘째는 차파능(又波能)이라고 이름하였다. 채소를 익히면서 고기와 같은 맛을 내었는데, 좋은 야채를 익혀서 여러 비구들에게 받들었다. 비구들이 받지 않았고 마음에 의혹이 생겨났다.

'세존께서 계율을 제정하시어 처처식을 얻지 못하도록 하셨다. 우리들이 어찌하여 작정하고서 먹겠는가?'

"일체의 채소는 처처식이 아니고, 별중식이 아니며, 만족식이 아니니라."

'채소'는 말린 채소·무우의 채소·파의 채소·호박의 채소이다. 이와 같다면 이것을 채소의 법이라고 이름한다.

(115) 미숫가루의 법

대맥 가루·소맥 가루·광맥 가루·몽구(蒙求) 가루·마사(磨沙) 가루·가라나(加羅那) 가루·이리(伊離) 가루·호마(胡麻) 가루이니, 이와 같은 일체의 미숫가루는 별중식이 아니고, 처처식이 아니며, 만족식이 아니다. 이것을 미숫가루의 법이라고 이름한다.

(116) 장(漿)의 법

세존께서는 왕사성에 머무르셨다.

그때 우가리(優伽梨) 거사가 큰 보시를 지으면서 코끼리와 말과 노비(奴婢)를 각각 500을 보시하였다. 여러 종류의 보시 가운데에 오래된 장(漿)이 있었다. 여러 비구들이 마시고서 취해 혼절하였다. 이 인연으로써 세존께 갖추어 아뢰었고, 세존께서 말씀하셨다.

"오늘부터는 변한 장(壞漿)을 마시는 것을 허락하지 않겠노라."

다시 다음으로 세존께서는 남산(南山)의 빈두(頻頭) 바라문의 취락에 머무르셨다.

그때 바라문의 취락에서 바라문과 거사가 절회일(節會日)에 음식을 서로가 대접하였다. 그때 세존께서는 때에 이르자 취락에 들어가는 옷을 입으셨고 발우를 지니시고 취락에 들어가서 걸식하셨다. 그때 마왕(魔王) 파순(波旬)은 이렇게 생각을 지었다.

'사문 구담이 취락에 들어와서 걸식하는구나. 내가 마땅히 먼저 취락에 들어가서 그 사람들의 마음을 미혹(迷惑)시켜 음식을 주지 않게 해야겠다.'

이때 세존께서는 취락에 들어가서 두루 걸식하셨는데 얻는 것이 없었고 빈 발우로 나와서 한 나무 아래에 이르러 앉으셨다. 이때 마왕 파순은 이렇게 생각을 지었다.

'사문 구담이 두루 걸식하였어도 얻는 것이 없으니, 내가 지금 마땅히 가서 그의 뜻을 요란시켜야겠다.'

곧 세존의 처소에 이르러서 한쪽에 서 있으면서 이렇게 말을 지었다.

"사문 구담이여. 취락에 들어가서 걸식을 하십시오. 마땅히 취락에 들어간다면 곧 여러 가지 좋은 음식을 얻을 것입니다."

그때 세존께서 파순을 위하여 게송을 설하여 말씀하셨다.

그대는 지금 선한 이익을 잃었나니
여래를 요란시킨 까닭으로
스스로 무량한 죄를 얻겠으나
여래는 괴로운 일이 없다네.

일체 번뇌를 벗어났고
항상 안락하게 머무르면서
법을 생각하고 선열(禪悅)을 먹나니
비유하면 광음천(光音天)과 같다네.

이때 마왕 파순은 갑자기 나타나지 않았고, 그날 세존께서는 음식을 잃었다. 여러 비구들이 이것을 듣고 먹었던 자는 음식을 참회하였고, 절반을 먹은 자는 멈추었으며, 아직 먹지 않은 자는 먹지 않았다. 이때 사문과 바라문들은 세존과 비구 승가가 음식을 잃었다는 것을 듣고서 곧 500병(瓶)의 석밀을 가져다가 세존께 봉헌하였다. 세존께서 비구들에게 말씀하셨다.

"물로써 작정하고서 받아서 취하도록 하라."

병든 비구이거나, 병들지 않은 비구가 모두 음식을 얻었다.

다시 다음으로 세존께서는 이기사하(梨耆闍河)의 주변에 머무르셨다.

이때 세존의 발우와 비구의 발우가 함께 노처(露處)에 있었다. 이때 원숭이들이 돌아다니면서 나무의 중간에 벌이 없는 익은 꿀이 있는 것을 보고 왔으며 세존의 발우를 취하였다. 여러 비구들이 막았으므로, 세존께서 말씀하셨다.

"막지 말라. 이들은 악한 뜻이 없느니라."

원숭이들은 곧 발우를 가지고 꿀을 취하여 봉헌하였다. 세존께서 받지 않으시고 잠시 물로 작정하는 것을 기다리셨으며, 원숭이들은 세존의 뜻을 이해하지 못하여 벌레를 부른다고 생각하면서 돌아가면서 보았는데, 발우 끝에 흐르는 꿀이 있었다. 가지고 물가에 이르러 발우를 씻었고 물을 발우에 뿌리고 가지고 돌아와서 세존께 봉헌하였고, 세존께서는 곧 받으셨다. 세존께서 받으셨으므로 원숭이들은 크게 환희하여 곧 춤추면서 다녔고 구덩이에 떨어져서 목숨을 마쳤다. 이때 여러 비구들이 곧 게송을 설하여 말하였다.

　　십력의 세상의 영웅이 진림(榛林)에 머무시니
　　세존의 발우와 승가에 발우가 노처에 있으며
　　야수(野獸)가 덕을 심고 뜻과 지혜가 있어서
　　잘 익은 벌이 없는 꿀을 보았으므로

곧 앞으로 가서 세존의 발우를 취하였고
비구들이 막았으나 세존께서 허락하지 않으셨으며
발우에 꿀을 담아 와서 세존께 봉헌하였고
여래는 자민(慈愍)하시어 그것을 받으셨으며

마음으로 기뻐하고 환희하면서 춤추면서 다녔고
발이 구덩이에 떨어져서 목숨을 마쳤으며
곧 33천(天)의 천상에 태어났으며
인간으로 태어나고 출가하여 아라한을 이루리라.

다시 다음으로 세존께서는 앙구다라국을 유행하셨다.
이때 계니야 나계범지는 세존께서 오신다는 것을 듣고서 여러 종류의 장(漿)을 준비하였다. 세존께서 이르렀으므로 여러 종류의 장으로써 세존과 여러 비구들에게 받들었으나, 여러 비구들의 마음에 의혹이 생겨났.
'세존께서 계율을 제정하시어서 변한 장을 먹지 못하도록 하셨다. 우리들이 어찌하여 작정하고서 먹겠는가?'
여러 비구들이 이 인연으로써 세존께 갖추어 아뢰었고, 세존께서는 말씀하셨다.
"장을 마시는 것을 허락하겠노라. 장은 열네 종류가 있으니, 무엇이 열네 종류인가? 첫째는 암라(奄羅) 장이고, 둘째는 구리(拘梨) 장이며, 셋째는 안석류(安石榴) 장이고, 넷째는 전다(巓多)의 장이며, 다섯째는 포도(葡萄) 장이고, 여섯째는 파루사(波樓沙) 장이며, 일곱째는 누루주(樓樓籌) 장이고, 여덟째는 파초과(芭蕉果)의 장이며, 아홉째는 계가제(罽伽提) 장이고, 열째는 겁파라(劫頗羅) 장이며, 열한째는 파롱거(波籠渠)의 장이고, 열두째는 석밀(石蜜) 장이며, 열셋째는 가리타(呵梨陀)의 장이고, 열넷째는 거피리(佉披梨) 장이니, 이것을 열네 종류의 장이라고 이름한다.
맑고 깨끗한 일체는 마시는 것을 허락하겠노라. 만약 술빛으로 변하고, 술맛으로 변하며, 술 냄새로 변한 일체는 마시는 것을 허락하지 않겠노라.

만약 장을 가지고 왔다면 마땅히 작정해야 한다. 만약 그릇 아래에 남은 물이 있다면 작정하였다고 이름하고, 비가 그릇의 가운데에 떨어져도 작정하였다고 이름하며, 만약 그릇을 씻다가 남은 물이 있어도 역시 작정하였다고 이름하고, 만약 수레에 실은 석밀이 비를 맞았어도 작정하였다고 이름하며, 만약 배에 실은 물이 쏟아졌어도 작정하였다고 이름하고, 정인이 손을 씻은 물이 쏟아졌어도 작정하였다고 이름한다. 이것을 장의 법이라고 이름한다.

(117) 소비라(蘇毘羅)

세존께서는 교살라국(憍薩羅國)을 유행하셨다.

그때 존자 사리불은 풍병이 일어났다. 여러 비구들이 이 인연으로써 세존께 갖추어 아뢰었고, 세존께서는 말씀하셨다.

"마땅히 무슨 약으로 치료해야 하는가?"

대답하여 말하였다.

"소비라장(蘇毘羅漿)이 필요합니다."

세존께서 말씀하셨다.

"복용하는 것을 허락하겠노라."

세존께서 여러 비구들에게 알리셨다.

"여래가 교살라국을 유행하고서 사위성에 돌아오는 것을 기다려서 나에게 말하라. 내가 마땅히 여러 제자들을 위하여 소비라장의 법을 제정하겠노라."

유행을 마치고 돌아오셨고, 여러 비구들은 세존께 아뢰어 말하였다.

"세존께서 이전에 칙명하셨습니다. '사위성에 돌아오는 때에는 마땅히 여러 비구들을 위하여 소비라장의 법을 제정하겠노라.' 지금이 바로 그때입니다."

세존께서 여러 비구들에게 알리셨다.

"소비라의 장을 짓는 법은 큰 보리를 취하여 가볍게 찧어서 까끄라기[6]와 흙을 떨어내고 알갱이를 깨트리지 않을 것이고 물로써 일곱 번을 깨끗하게 일어서 깨끗한 그릇 안에 담아두라. 소비라장을 뉘어놓는 때에는 동쪽에도 놓아두지 않을 것이고 북쪽에도 놓아두지 않을 것이며, 마땅히 남쪽이나 서쪽의 바람길이 열려서 통하는 곳에 놓아두어서 냄새가 들어오지 않게 할 것이고, 탑원의 가운데에 놓아두지 않을 것이고 드러나는 곳에도 놓아두지 않을 것이며, 마땅히 가려진 곳에 놓아두어야 한다. 가리륵(阿梨勒)·비혜륵(鞞醯勒)·아마륵(阿摩勒)·후추(胡椒)·필발(蓽茇)로써 이와 같이 진수약 등을 가운데에 비례하게 넣어두고서 깨끗한 모직물로 위를 덮고 노끈으로 닭의 발처럼 나무 뚜껑 위를 묶어서 두어야 한다.

소비라장을 받는 때에는 장의 많음과 적음에 따라서 물의 가운데에서 녹이고 그러한 뒤에 마셔야 한다. 물로 녹이지 않고 마시면 월비니죄를 범한다. 만약 보리의 알갱이가 깨지지 않았다면 때와 때가 아닌 때에 마실 수 있고, 만약 보리의 알갱이가 깨졌다면 때에는 마실 수 있으나, 때가 아닌 때에는 마실 수 없다. 이것을 소비라장의 법이라고 이름한다.

  병의 약과 화상의 법과
  아사리와 공주(共住)제자와
  의지제자의 법과
  사미의 법과 발우의 법과
  죽의 법과 떡과 나물의 법과
  미숫가루의 법과 여러 장의 법과
  소비라 장의 법 등이 있다.

[다섯 번째의 발거를 마친다.]

(118) 갈마가 아닌 것
세존께서는 사위성에 머무르셨다.

---

6) 벼나 보리의 이삭에 생겨나는 단단한 수염과 같은 부속 기관이다.

그때 첨파의 비구들은 함께 머무르면서 화합하지 못하여 다시 서로가 쟁송하면서 한 비구가 다른 한 비구를 거론하여 말하였다.

"내가 장로의 잘못을 거론하겠소."

두 비구가 두 비구를 거론하였고, 여러 비구들이 여러 비구들을 거론하였다. 여러 비구들이 이 인연으로써 세존께 갖추어 아뢰었다.

"첨파의 비구들에게 비법이 생겨났습니다. 어찌하여 한 사람이 한 사람을 거론하고, 두 사람이 두 사람을 거론하며, 대중의 많은 사람이 대중의 많은 사람들을 거론합니다."

세존께서 여러 비구들에게 알리셨다.

"네 종류의 갈마가 있으니, 무엇을 네 가지인가? 여법하고 화합하지 않는 갈마가 있고, 여법하고 화합하는 갈마가 있으며, 비법이고 화합하는 갈마가 있고, 비법이고 화합하지 않는 갈마가 있으니, 손타라난타(孫陀羅難陀)·새롭게 염색한 것·이 처소에서 거갈마를 받고 다른 처소에서 버리는 것·개안림(開眼林)·외도의 출가인·함께 약속하는 것·비우고 적정한 생각(空靜想)·소하(蘇河)·선법강당(善法講堂)·사자 장군(師子將軍)·사내 아이·리차 동자·네 명의 싸우는 사람·누각 위·돌을 굴린 것·온천(溫泉)·음녀·삼바차(三婆蹉)·기름을 찾는 것·음식을 받는 것·간병·새의 고깃덩이·도둑의 고깃덩이·돼지의 고깃덩이·여인을 발로 차는 것·보릿가루를 가는 것·송아지를 방목하는 것·아내를 버린 마하라·막힌 벽체·포살·두 가지의 소비라장·벽돌·대변·걸식·울수(鬱誰)이니라."

(119) 손타라난타

세존께서는 바라나성(婆羅奈城)에 머무르셨다. 그때 손타라난타는 지타라계발정사(枳陀羅罽鉢精舍)에 있으면서 초야(初夜)부터 후야(後夜)까지 경행하면서 좌선하였고, 새벽에 일어나서 가부좌를 맺고 앉았으나, 오래도록 몸이 기울어져서 드러누웠는데, (생지가) 노형(露形)으로 일어났으나 잠들어서 깨닫지 못하였다. 그때 바라나성에는 음녀인 두 자매가 있었는데, 첫째는 가시(加尸)라고 이름하였고, 둘째는 반가시(半加尸)라고 이름하였다. 밤에 성 밖으로 나가서 원림(園林)의 가운데에서 여러 소년들과 함께 애욕의 법을 행하고서 새벽에 다시 성안으로 들어가려는 인연으로 지나가면서 반가시가 손타라난타 몸이 일어난 것을 보고서 언니에게 말하였다.

"나는 비구와 함께 음욕의 일을 행하고자 하니, 언니는 잠시 나를 기다리세요."

대답하여 말하였다.

"이분은 아라한이어서 이미 탐욕과 성냄과 어리석음을 없앴으니, 이러한 일을 즐기지 않을 것이다. 그대는 석종인 손타라난타가 좋고 단정한 아내가 있었는데 버리고 출가한 것을 듣지 못하였는가?"

대답하여 말하였다.

"그렇지 않아요. 다만 나를 기다리세요."

곧 갔고 위로 올라가 세속법을 지었는데 비구가 곧 깨어났고 발로 차서 쓰러뜨렸다. 다섯 군데가 깨지고 상하였는데, 두 팔꿈치와 두 무릎과 이마 위였다. 반가시가 곧 일어나서 옷의 흙을 털고서 갔고 언니가 있는 곳에 이르러 언니에게 말하였다.

"비구가 나를 이와 같이 욕보였어요."

언니가 말하였다.

"내가 먼저 그대에게 말하지 않았던가? 지금 다시 누구를 원망하겠는가?"

비구는 마음에 의심이 생겨났고, 이 인연으로써 여러 비구들에게 말하였으며, 여러 비구들은 말하였다.

"그대는 바라이죄를 범하였습니다."

대답하여 말하였다.

"나는 아라한이고 즐거움을 받지 못하였습니다."

여러 비구들이 이 인연으로써 세존께 갖추어 아뢰었고, 세존께서는 말씀하셨다.

"이 비구는 이미 탐욕과 성냄과 어리석음을 없앴고, 아라한이므로 무죄이니라."

이와 같이 비니를 마친다. 이것을 손타라난타라고 이름한다.

(120) 새로 염색한 것

세존께서는 사위성에 머무셨으며, 자세한 설명은 앞에서와 같다.

그때 어느 비구가 때에 이르자 취락에 들어가는 옷을 입고 발우를 지니고 사위성에 들어가서 차례로 걸식하면서 한 집에 이르렀다. 그 집의 여인이 새롭게 염색한 옷을 입었는데 앉은 것이 올바르지 않은 까닭으로 형체가 드러났다. 비구가 보고서 음욕의 마음이 일어나서 곧 말하였다.

"누이여. 매우 빨갛습니다."

대답하여 말하였다.

"이것은 새롭게 염색하였습니다."

이 비구는 마음에 의심이 생겨났고, 이 인연으로써 세존께 갖추어 아뢰었다. 세존께서는 말씀하셨다.

"그대는 무슨 마음으로써 말하였는가?"

대답하여 말하였다.

"음욕의 마음이었습니다."

세존께서 말씀하셨다.

"한 비구를 보내어 그 여인이 그 뜻을 이해하였는가를 물어보라."

비구가 곧 여인에게 가서 물었다.

"누이여. 어느 비구가 이곳에 이르렀습니까?"

대답하여 말하였다.

"있었습니다."

물어 말하였다.

"그 비구가 무슨 말을 하였습니까?"

대답하여 말하였다.

"내가 새로 염색한 옷을 입고서 앉아 있었고, 그 비구가 나에게 '매우 빨갛습니다.'라고 말하였고, 나는 '아사리가 말한 것과 같이 새롭게 염색한 옷을 입었던 까닭으로 이와 같습니다.'라고 말하였습니다."

이때 비구는 이 인연으로써 세존께 갖추어 아뢰었고, 세존께서는 말씀하셨다.

"뜻(義)을 이해하였고 의미(味)를 이해하지 못하였다면 투란차죄를 범하고, 의미를 이해하였고 뜻을 이해하지 못하였어도 투란차죄를 범하며, 의미를 이해하였고 뜻을 이해하였다면 승가바시사를 범하고, 뜻을 이해하지 못하였고 의미도 이해하지 못하였다면 월비니죄를 범한다."

이와 같이 비니를 마친다. 이것을 새롭게 염색한 옷이라고 이름한다.

(121) 다른 처소의 거갈마

그때 어느 비구가 한 처소에서 머물렀는데 승가는 거갈마를 지어서 주었다. 이미 다른 처소의 승가의 가운데에 이르러 이와 같이 말을 지었다.

"장로여. 내가 거갈마를 받았으나, 나는 지금 수순하는 법을 행하였고 마음이 유연해졌습니다. 승가께서는 나에게 거갈마를 버려 주십시오."

여러 비구들은 거갈마를 버리게 지어서 주었다. 거갈마를 버리는 것을 짓고서 물었다.

"장로여. 그대는 무슨 일을 까닭으로 거갈마를 받았습니까?"

대답하여 말하였다.

"장로여. 승가께서 이미 나에게 거갈마를 버리는 것을 주어서 마쳤는데, 다시 나에게 물어서 무엇을 하겠습니까?"

이 인연으로써 세존께 갖추어 아뢰었고, 세존께서는 말씀하셨다.

"비구가 말한 것과 같으니라. 승가에서 거갈마를 버리는 것을 주는 때에는 마땅히 먼저 물어야 한다. 만약 묻지 않고서 거갈마를 버리는 것을 지었다면 마땅히 다시 물을 수 없다. 그대들은 어찌하여 다른 처소의 승가에서 거갈마를 지었는데 이 처소의 승가에서 거갈마를 버렸는가? 만약 다른 처소의 승가에서 거갈마를 지었는데, 이곳의 승가에서 거갈마를 버리게 하는 자는 월비니죄를 범하느니라."

만약 비구가 거갈마를 받고 다른 처소에 이르렀으면 마땅히 이렇게 말을 지어야 한다.

"장로여. 나는 거갈마를 받았으나, 수순하는 법을 행하여 마음이 유연해졌습니다. 나를 위하여 거갈마를 버려 주십시오."

승가는 마땅히 물어야 한다.

"장로여. 그대가 무슨 일로써 거갈마를 받았습니까?"

만약 "나는 일이 없으나 거갈마를 받았습니다."라고 말한다면 승가는 마땅히 말해야 한다.

"장로여. 그대가 일이 없으나 거갈마를 받았다면 내가 그대와 함께 법식과 미식을 짓겠습니다."

만약 "일이 있어서 거갈마를 받았습니다."라고 말한다면 승가는 마땅히 말해야 한다.

"장로여. 그대는 그 처소의 승가 가운데에 돌아가서 거갈마를 버리도록 하십시오."

만약 그 처소의 승가람이 비었거나, 만약 죽었거나, 만약 도를 깨트렸거나, 만약 다른 처소로 떠나갔어도 모두 승가가 없었다면 마땅히 물어야 한다.

"그대는 무슨 일로써 거갈마를 받았습니까?"

만약 "나는 이러한 일로써 거갈마를 받았으나 마음이 유연해져서 허물을 보았고 수순하는 법을 행하였으니, 마땅히 거갈마를 버려 주십시오."라고 말하였다면 마땅히 거갈마를 버리는 것을 주어야 한다.

이와 같이 비니를 마친다. 이것을 다른 곳에서 거갈마를 받았다고 이름한다.

(122) 개안림

세존께서는 사위성에 머무셨으며, 자세한 설명은 앞에서와 같다.

그때 세존께서 비구니의 아련야 처소를 막지 않았으므로 이때 대애도 구담미(瞿曇彌)가 500명의 비구니와 함께 개안림의 가운데에서 좌선하였다. 모두 석종의 여인과 마라(摩羅)의 여인과 리차(離車)의 여인으로 출가하였는데, 여인은 모두 나이가 젊고 단정하였다. 초야에 좌선하는 때에 음탕(淫蕩)한 젊은이들이 와서 여러 비구니들을 핍박하고자 하였으므로, 비구니들은 각자 신족(神足)으로써 벗어났다.

이와 같이 중야와 후야에 다시 돌아와서 좌선하였는데, 젊은이들이 다시 왔다. 만약 잠자지 않았던 예리한 근기의 비구니들은 다시 신족으로써 떠나갔으나, 만약 잠잤던 둔한 근기의 비구니들은 곧 그들에게 핍박을 받았다. 마음에 의심이 생겨나서 다른 비구니들에게 말하였고 이 비구니들은 말하였다.

"그대들은 바라이를 범하였습니다."

대답하여 말하였다.

"나는 즐거움을 받지 않았고 이와 같은 일을 나는 알지 못합니다."

여러 비구니들이 이 일로써 대애도에게 말하였고, 대애도는 곧 이 인연으로써 세존께 갖추어 아뢰었다. 세존께서 말씀하셨다.

"아라한의 비구니이고 이미 음욕과 성냄과 어리석음을 없애서 음욕의 즐거움을 받지 않았으므로 무죄이니라."

이와 같이 비니를 마친다. 이것을 개안림이라고 이름한다.

(123) 외도의 출가인

세존께서는 가유라위국의 석씨정사에 머무르셨다.

그때 어느 비구가 때에 이르자 취락에 들어가는 옷을 입고 가유라위성에 들어갔다. 이때 외도의 출가녀는 손타리(孫陀利)라고 이름하였는데, 그는 나이가 젊고 얼굴이 단정하였으며 새롭게 염색한 옷을 입고 세 갈래의 지팡이를 잡고 손에 군지(軍持)를 잡고 가게의 앞을 지나가고 있었다.

비구가 보고 음욕의 마음이 생겨나서 뒤를 따라갔는데, 도중에 새로이 새끼를 낳았던 암소의 뿔에 부딪혀서 비구는 여인의 위에 넘어졌다. 그때 비구는 마음에 의심이 생겨났다. 여러 비구들이 이 인연으로써 세존께 갖추어 아뢰었고, 세존께서는 그 비구에게 물으셨다.

"그대는 무슨 마음이 있었는가?"

대답하여 말하였다.

"음욕의 마음이었습니다."

다시 비구에게 물으셨다.

"소의 뿔에 부딪힌 때에는 무슨 마음이 있었는가?"

"두려움이었습니다."

세존께서 말씀하셨다.

"만약 음욕의 마음이었던 때에는 두려운 마음이 없고, 두려운 마음이었던 때에는 음욕의 마음이 없느니라."

세존께서 말씀하셨다.

"음욕의 마음으로 여인의 뒤를 따라간다면 걸음걸음에 월비니죄를 범하느니라."

이와 같이 비니를 마친다. 이것을 외도의 출가인이라고 이름한다.

(124) 함께 약속한 것

세존께서는 사위성에 머무르셨다.

그때 어느 비구가 때에 이르자 취락에 들어가는 옷을 입고 사위성에 들어가서 차례로 걸식하면서 한 집에 이르렀다. 어느 한 여인이 비구에게 말하였다.

"이러한 일을 짓고자 오셨네요."

대답하여 말하였다.

"우리 비구의 법에는 이러한 일을 지을 수 없습니다."

"만약 이러한 일을 짓지 않겠다면 내가 마땅히 스스로 몸에 상처를 내면서 크게 외치겠습니다. '비구가 강제로 나를 이끌어서 음욕을 행합니다.'"

비구가 대답하여 말하였다.

"반드시 내가 정사에 이르렀다가 마땅히 돌아오겠소."

여인이 말하였다.

"그대는 사문 석자이니 거짓말을 하지 않을 것입니다. 약속하였으니 마땅히 오십시오."

대답하여 말하였다.

"그렇게 하겠소."

비구가 이 인연으로써 세존께 갖추어 아뢰었고, 세존께서 말씀하셨다.

"이것은 비법의 말이니라. 마땅히 듣지 않을 것을 이미 들었고, 마땅히 허락하지 않을 것을 이미 허락하였으니, 마땅히 대중의 많은 비구들과 함께 가라."

곧 대중의 많은 비구들을 데리고 이르러서 이와 같이 말을 지었다.

"누이여. 내가 왔습니다."

그 여인이 말하였다.

"아사리께 화남합니다."

이와 같이 비니를 마친다. 이것을 함께 약속한다고 이름한다.

(125) 비우고 적정한 생각

세존께서는 사위성에 머무르셨다.

그때 어느 비구가 혼자 나무 아래에 앉아서 비우고 적정하게 생각하면서 말하였다.

"나는 아라한의 도를 얻었다."

비구가 말하는 때에 다른 비구들이 듣고서 이렇게 말을 지었다.

"장로여. 그대가 진실하지 못하게 스스로가 과인법(過人法)을 얻었다고 말한다면 바라이를 범합니다."

대답하여 말하였다.

"나는 스스로 과인법을 얻었다고 말하지 않았소. 나는 나무 아래에 혼자 앉아서 비우고 적정하게 생각하면서 아라한을 얻었다고 말했습니다."

여러 비구들이 이 인연으로써 세존께 가서 아뢰었고, 세존께서는 비구에게 물으셨다.

"그대가 진실로 과인법을 얻지 못하였는데 과인법을 얻었다고 말하였는가?"

비구가 말하였다.

"세존이시여. 저는 스스로 다른 사람보다 뛰어난 법을 얻었다고 말하지 않았습니다. 나무 아래에 혼자 앉아서 비우고 적정하게 생각하면서 아라한을 얻었다고 말하였습니다."

세존께서 말씀하셨다.

"이렇게 비우고 적정하게 생각하면서 아라한을 얻었다고 말하면 투란차죄를 범하느니라."

이와 같이 비니를 마친다. 이것을 비우고 적정하게 생각한다고 이름한다.

(126) 소하(蘇河)

세존께서는 비사리성에 머무르셨다.

그때 비구 승가는 한곳에 모여 있었고, 그때 존자 대목련은 이렇게 말을 지었다.

"장로들이여. 내가 무색정(無色定)에 들어가서 소하의 주변에서 용과 코끼리가 물을 마시고 귀를 털었던 소리를 들었습니다."

여러 비구들이 말하였다.

"이러한 처소는 없습니다. 무색정에 들어갔다면 일체의 색상(色想)을 넘어갔는데 어찌하여 소리를 듣겠습니까? 그대는 진실하지 않게 거짓말을 하였으니, 마땅히 거갈마를 지어야 합니다."

곧 비구 승가를 모았다. 세존께서는 신족(神足)을 타고 공중을 쫓아서 오셨으며, 아시면서도 일부러 물으셨다.

"그대들은 무엇을 짓는가?"

여러 비구들이 앞의 인연으로써 세존께 갖추어 아뢰었고, 나아가 진실하지 않게 거짓말을 하였으므로 거갈마를 짓겠다고 말하였다. 세존께서는 여러 비구들에게 알리셨다.

"목련은 진실로 무색정을 얻었으나, 출입(出入)하는 모습을 잘 알지 못하느니라. 정에서 나오면서 들은 것이고, 정에 들어가면서 들은 것은 아니니라."

세존께서는 목련에게 말씀하셨다.

"그대는 마땅히 잘 분별하여 알아야 하느니라."

이와 같이 비니를 마친다. 이것을 소하라고 이름한다.

(127) 강당

세존께서는 사위성에 머무르셨다.

그때 여러 비구들이 한곳에 모였고 함께 이렇게 의논을 지었다.

"선법강당(善法講堂)의 기둥이 대들보를 떠받쳤는가?"

존자 목련은 말하였다.

"대들보를 떠받쳤습니다."

한 법랍이 없는 비구가 말하였다.

"버티지 않았습니다. 몇 개가 가지런하게 버티지 않는데 터럭과 같습니다."

곧 신족의 비구가 가서 떠받쳤는가? 떠받치지 않았는가를 보게 하였는데, 돌아와서 말하였다.

"떠받치지 않았습니다. 가지런하게 몇 개는 떠받치지 않는데 터럭과 같으니 떠받치지 않았습니다."

여러 비구들이 목련에게 말하였다.

"선법강당의 기둥이 떠받쳤는가? 떠받치지 않았는가를 알지 못하면서 무슨 까닭으로 떠받쳤다고 말합니까? 그대는 진실하지 않게 거짓말을 하였으니, 마땅히 거갈마를 지어야 합니다."

곧 비구 승가를 모았다. 세존께서는 신족을 타고 공중을 쫓아서 오셨으며, 아시면서도 일부러 물으셨다.

"여러 비구들이여. 그대들은 무엇을 짓는가?"

대답하여 말하였다.

"존자 대목련은 나아가 떠받치지 않았는데 떠받쳤다고 진실하지 않게 거짓말을 하였으므로 거갈마를 짓고자 합니다."

세존께서 법랍이 없는 비구에게 물으셨다.

"그대는 어찌하여 떠받치지 않았다고 알았는가?"

대답하여 말하였다.

"세존이시여. 저는 일찍이 한때에 선법강당에 있으면서 좌선하였습니다."

세존께서 대목련에게 말씀하셨다.

"그대가 무슨 까닭으로 스스로 살펴보지 않았는가? 그대는 마땅히 사실을 살펴야 하였네."

이와 같이 비니를 마친다. 이것을 선법강당이라고 이름한다.

(128) 사자 장군(師子將軍)

세존께서는 비사리성에 머무르셨다.

이때 아사세왕이 비사리의 리차들과 함께 원한이 있었고, 이때 아사세왕은 네 종류의 군사를 이끌고 리차를 정벌하고자 하였다. 이때 비사리의 사자장군은 왕의 군사가 이르고자 한다는 것을 듣고서 곧 존자 대목련의 처소에 가서 물어 말하였다.

"존자여. 누가 승리합니까? 왕이 승리합니까? 내가 승리합니까?"

대답하여 말하였다.

"왕이 승리할 것입니다."

물어 말하였다.

"무슨 징조가 상응합니까?"

대답하여 말하였다.

"내가 보건대 두 나라의 비인(非人)들이 함께 싸우는데 왕의 비인이 승리하였으니, 왕도 역시 승리할 것입니다."

사자 장군은 듣고서 곧바로 나라 안에서 500명의 건장한 청년들을 모집하였고, 사자 장군은 여러 사람들에게 말하였다.

"우리들이 어찌하여 장부(丈夫)가 아니게 죽음을 짓겠는가? 장부로서 불구덩이에 들어간다면 오히려 살 것이네."

여러 사람들이 대답하여 말하였다.

"오히려 장부로 짓고 살아서 권속들을 구제하겠습니다."

이때 아사세왕은 대목련의 말을 듣고서 매우 여유롭고 두려워하지 않으면서 서서히 항하(恒河)를 따라 올라가서 강을 건너갔다. 이때 사자 장군은 아사세왕이 군진을 갖추기 이전에 역습하여 크게 쳐부수었고, 이때 아사세왕은 건너지 않는 곳을 건너서 위태로움을 벗어났고 단마(單馬)로 나라에 돌아왔으며 곧바로 비난하여 말하였다.

"이 존자 대목련의 말을 들어서 내 나라의 일이 기울어졌다."

이때 비사리의 리차들은 사자 장군이 아사세왕의 군사를 쳐부수었으므로 크게 환희하며 이렇게 말을 지었다.

"대목련이 우리 병사에게 두려움을 주었고 이것을 인연하여 큰 승리를 얻었으니, 비록 진실하지 않은 말이지만 이 헛된 말에 은혜를 입었구나."

이때 여러 비구들은 아사세왕이 성내고, 리차들도 다시 비난한다고 듣고서 말하였다.

"존자 대목련은 누가 승리하고 누가 승리하지 못하는가를 알지 못하였으나, 진실하지 않게 거짓말을 하였구나."

곧 비구 승가를 모으고서 거갈마를 짓고자 하였다. 세존께서는 신족을 타고 공중으로 오셨으며, 아시면서도 일부러 물으셨다.

"비구들이여. 그대들은 무엇을 짓는가?"

대답하여 말하였다.

"존자 대목련은 나아가 진실하지 않게 거짓말을 하였으므로 거갈마를 짓고자 합니다."

세존께서 여러 비구들에게 말씀하셨다.

"목련은 앞은 보았고 뒤는 보지 못하였구나."

세존께서 목련에게 말씀하셨다.

"그대는 마땅히 자세히 살펴야 할 것이네."

이와 같이 비니를 마친다. 이것을 사자장군이라고 이름한다.

(129) 어린아이

세존께서는 사위성에 머무르셨다.

그때 대목련에게 지식인 단월의 집에서 부인이 임신하였으므로 물었다.

"아사리여. 내가 아들을 낳겠습니까? 딸을 낳겠습니까?"

대답하여 말하였다.

"아들을 낳겠습니다."

이와 같이 세 번을 거듭하여 물었던 까닭으로 "아들을 낳습니다."라고 말하였으나, 뒤의 때에 딸을 낳았다. 이때 어머니인 여인이 비난하여 말하였다.

"목련은 장야에 망어를 지었구나. 아들을 낳는다고 말하였는데, 딸을 낳았으니, 인정(人情)의 즐거움을 취하고자 이렇게 말을 지었구나."

여러 비구들이 듣고서 말하였다.

"어찌하여 존자 대목련은 잘 분별하지 않고 망어를 짓는가? 마땅히 거갈마를 지어야 합니다."

곧 비구 승가를 모았다. 세존께서는 신족을 타고 오셨으며, 아시면서도 일부러 물으셨다.

"비구들이여. 그대들은 무엇을 짓는가?"

대답하여 말하였다.

"세존이시여. 대목련은 나아가 진실하지 않게 거짓말을 하였으므로 거갈마를 짓고자 합니다."

세존께서 여러 비구들에게 말씀하셨다.

"목련은 앞의 사내아이는 보았고 중간은 보지 못하였구나. 니미소(尼彌素) 야차(夜叉)는 딸이 필요한 집에 아들을 가져다가 주고 아들이 필요한 집에 딸을 가져다가 주느니라."

세존께서 말씀하셨다.

"그대는 그녀의 집으로 가서 말하게. 세존께서는 '딸은 그대에게 허락되었고, 아들은 나에게 허락되었다.'라고 말씀하셨습니다. 곧 가서 함께 서로가 무역하십시오."

이와 같이 비니를 마친다. 이것을 사내아이라고 이름한다.

(130) 리차(離車) 동자

세존께서는 비사리에 머무르셨다.

때에 이르자 취락에 들어가는 옷을 입으시고 발우를 지니고 대중의 많은 비구들과 함께 비사리성으로 들어가셨다. 그때 리차 동자가 중각(重閣) 위에서 500명의 기녀(妓女)들과 함께 서로가 오락(娛樂)하였다. 세존께서는 멀리서 보시고 웃으셨으며, 여러 비구들은 세존께 아뢰어 말하였다.

"세존이시여. 무슨 인연으로 웃으십니까?"

세존께서 말씀하셨다.

"이 사람들은 곧 7일 뒤에 목숨을 마치고 지옥에 들어갈 것이네."

아난이 세존께 아뢰었다.

"대체적으로 인연이 있다면 지옥에 들어가지 않습니까?"

세존께서 말씀하셨다.

"이 사람들이 만약 여래의 법 가운데에 출가한다면 들어가지 않을 것이네."

세존께서 아난에게 알리셨다.

"그대가 가서 이 사람들을 교화하여 출가하도록 권유하게."

아난은 곧 세존의 가르침을 받고서 그들에게 가서 권유하였고, 나아가 출가시켰다. 세존께서 아난에게 알리셨다.

"그대는 여러 비구에게 말하게. '마땅히 이 사람들을 지켜서 계율을 범하여 무거운 죄를 얻지 않게 하십시오.'"

그때 여러 비구들은 가르침을 받고서 이 비구들을 한 방에 넣어두고 밖에서 방문에 자물쇠를 채워서 막았다. 이 비구들이 목숨을 마쳤는데 칼바람이 그들의 형체를 무너트렸다. 이때 여러 비구와 친척들이 와서 그들이 목숨을 마친 것을 보고서 크게 슬퍼하였고, 세존께서는 그들을 위하여 게송을 설하셨다.

만약 백 년, 천 년을 백 명의
아라한에게 공양하더라도
하룻밤을 출가하여
범행을 닦는 것보다 못하나니
이것은 출가한 복을 인연으로
6천 6백 60년을 3도(塗)의
고뇌에서 벗어난다네.

이때 문을 막았던 비구는 마음에 의심과 후회가 생겨났고 이 인연으로써 세존께 갖추어 아뢰었다. 세존께서는 비구에게 물으셨다.
"그대는 무슨 마음이었는가?"
"세존이시여. 요익하게 하려는 마음이고, 그들이 계율을 범하여 무거운 죄를 얻을 것이 두려웠던 까닭이었습니다."
세존께서 말씀하셨다.
"문을 막아서 닫았던 까닭으로 월비니죄를 범하였느니라."
이와 같이 비니를 마친다. 이것을 리차 동자라고 이름한다.

(131) 네 사람이 싸움을 버린 것
세존께서는 비사리에 머무르셨다.

그때 네 사람이 싸움을 버리고서 출가하고자 하면서 함께 비사리의 성문을 들어오면서 본래의 원수의 집을 보았다. 이때 수문인(守門人)에게 활과 몽둥이가 있었으므로 한 사람은 활을 잡았고, 한 사람은 활을 당겼으나, 한 사람은 활로 사람을 쏘았어도 죽이지 않았고, 한 사람은 활로 사람을 쏘았는데 죽였다. 이 가운데에서 한 사람은 쏘아서 죽였고, 한 사람은 쏘았어도 죽이지 않았다면, 이 두 사람은 마땅히 제도하여 출가시킬 수 없고, 이미 출가하였어도 마땅히 쫓아내야 한다.

이 가운데에서 한 사람은 활을 잡았고, 한 사람은 활을 당겼다면 이 두 사람은 마땅히 제도하여 출가시킬 수 없으나, 이미 제도하여 출가한 자는 내버려두고 만약 뒤에 악을 짓는 때에 마땅히 쫓아내야 한다. 이와 같이 악한 사람은 마땅히 제도하여 출가시킬 수 없다. 만약 제도하여 출가시켰고 구족계를 받았다면 월비니죄를 범한다. 이것을 네 사람이 싸움을 버렸다고 이름한다.

(132) 누각 위

세존께서는 왕사성에 머무르셨다.

그때 어느 한 비구가 부정관(不淨觀)을 닦았는데 몸을 싫어하였던 까닭으로 누각에서 스스로 몸을 아래로 던졌다. 이때 누각 아래에 아버지와 아들이 대나무의 일을 짓고 있었는데, 비구가 그 아버지 위에 떨어졌으므로 아버지는 즉사하였다. 아들은 곧 비구를 끌고서 왕의 처소에 이르러 이렇게 말을 지었다.

"이 비구가 나의 아버지를 죽였습니다."

왕이 비구에게 물었다.

"존자는 출가인인데 어찌하여 사람을 죽였습니까?"

대답하여 말하였다.

"대왕이시여. 내가 몸을 싫어하여 누각 위에서 아래로 몸을 던졌는데, 그의 아버지 위로 떨어졌습니다. 그것은 진실로 이와 같습니다."

왕이 말하였다.

"비구를 풀어주고 보내시오."

그리하여 비구를 풀어주고서 보냈다.

그 아들은 대왕을 원망하여 말하였다.

"어찌하여 사람을 죽였는데도 죄를 묻지 않습니까?"

왕이 좋은 방편으로 그 아들의 뜻을 풀어주고자 비유하여 말하였다.

"그대는 가서 누각 위에서 비구를 아래에 있게 하고 그대가 곧 스스로 몸을 던져서 그 비구를 죽이고 아버지의 원수를 갚게."

그 아들은 스스로가 목숨을 사랑하였던 까닭으로 능히 몸을 던질 수 없었다. 이때 비구는 마음에 의심과 후회가 생겨나서 이 인연으로써 세존께 갖추어 아뢰었고, 세존께서는 말씀하셨다.

"그대는 무슨 마음이었는가?"

대답하여 말하였다.

"세존이시여. 몸을 싫어하였던 까닭입니다."

세존께서 말씀하셨다.

"비구여. 그대는 누각의 아래를 보지 않고 스스로가 몸을 던졌으니, 월비니죄를 범하였느니라."

이와 같이 비니를 마친다. 이것을 누각의 위라고 이름한다.

(133) 돌을 굴린 것

세존께서는 왕사성에 머무르셨다.

그때 마하라의 아버지와 아들이 출가하여 함께 기사굴산(耆闍崛山)에 올라갔다. 아들은 앞에 있으면서 다녔는데, 도로의 가운데에 돌이 있어서 이렇게 생각을 지었다.

'내가 마땅히 도로의 돌을 없애고 깨끗하게 하여 바로혜(婆路醯)가 다니면서 장애가 없이 안락하게 올라오게 해야겠다.'

곧바로 돌을 굴렸는데 돌이 내려가면서 부딪혔고 마하라는 죽였다. 그 아들이 오뇌(懊惱)하였고 마음에 의심과 후회가 생겨났다.

"내가 두 가지의 요익하지 않은 일을 지었나니, 사람을 죽인 것이고, 아버지를 죽인 것이다."

이 인연으로써 세존께 갖추어 아뢰었고, 세존께서는 말씀하셨다.

"그대는 무슨 마음이었는가?"

대답하여 말하였다.

"세존이시여. 저는 아버지를 위하여 도로를 통과시켜서 안락하게 하려는 마음이었습니다."

세존께서 말씀하셨다.

"도로의 가운데에서 돌을 굴린다면 월비니죄를 범하느니라."
이와 같이 비니를 마친다. 이것을 돌을 굴린다고 이름한다.

(134) 온천

세존께서는 왕사성의 가란타죽원(迦蘭陀竹園)에 머무르셨다.

그때 어느 비구가 온천의 가운데에서 목욕하였는데, 음욕이 일어나서 몸이 움직였고 물에 닿으면서 부정을 잃어버렸다. 마음에 의심과 후회가 생겨났고 이 인연으로써 세존께 갖추어 아뢰었고, 세존께서는 말씀하셨다.

"그대는 무슨 마음이었는가?"

대답하여 말하였다.

"세존이시여. 음욕의 마음이었습니다."

세존께서 말씀하셨다.

"승가바시사를 범하였느니라."

이와 같이 비니를 마친다. 이것을 온천이라고 이름한다.

(135) 음녀

세존께서는 왕사성에 머무르셨다.

그때 어느 비구가 때에 이르자 취락에 들어가는 옷을 입고 발우를 지니고 왕사성에 들어가서 차례로 걸식하면서 한 음녀의 집에 이르렀는데, 음녀가 말하였다.

"비구여. 함께 이러한 일을 짓고자 오셨네요."

대답하여 말하였다.

"세존께서 계율을 제정하시어 음행할 수 없습니다."

음녀가 말하였다.

"나도 세존께서 계율을 제정하시어 음행하지 못하는 것을 알고 있습니다. 그대는 다만 와서 안에서 짓고 밖에 버리세요."

그 비구가 곧 함께 음욕을 행하였고, 마음에 의심과 후회가 생겨났다.

이 인연으로써 세존께 갖추어 아뢰었고, 세존께서는 말씀하셨다.

"안에서 짓고 밖에 버렸거나, 밖에서 짓고 안에 버렸거나, 안에서 짓고 안에 버렸거나, 만약 한마디라도 들어갔거나, 나아가 참깨와 같더라도 바라이를 범하느니라."

이와 같이 비니를 마친다. 이것을 음녀라고 이름한다.

(136) 삼바차(三婆蹉)

세존께서는 왕사성에 머무르셨다.

그때 존자 필릉가바차(畢陵伽婆蹉)는 취락의 가운데에 머물러 있으면서 때에 이르자, 옷을 입고 발우를 지니고 차례로 걸식하여 음식을 얻고서 한 방목(放牧)하는 집에 이르러 음식을 먹었는데, 그 집의 여인이 존자의 옆에 이르러 울면서 서 있었다. 곧 여인에게 물었다.

"무슨 까닭으로 우시오?"

대답하여 말하였다.

"아사리여. 오늘은 절회일(節會日)이고, 여러 사람들이 모여서 놀고 있는데, 저는 옷이 없어서 혼자 가지 못하니, 어찌하여 울지 않겠습니까?"

이때 필릉가바차는 곧 신통으로 여러 종류 옷·구슬·보배·영락·금·은으로 장엄하여 주었고 곧 떠나갔는데, 나아가 왕이 들었다. 듣고서 곧 그 여인을 불러 물었다.

"그대는 어느 곳에서 이 좋은 영락을 얻었는가?"

대답하여 말하였다.

"존자 필릉가바차가 주었습니다."

왕이 곧 비구를 불러서 물었다.

"존자여. 어느 곳에서 이렇게 좋은 금을 얻었습니까? 이 세상의 소유가 아닙니다."

비구가 곧 막대기를 잡고 벽을 때리고, 평상을 때렸는데, 일체가 변화시켜 금을 이루게 하고서 이렇게 말을 지었다.

"수다라(首陀羅)가 어느 곳에서 금을 얻었겠습니까? 곧 이것입니다."

왕이 말하였다.

"아사리께서는 대신족이 있으십니다."

돌려보냈으며 소를 방목하는 여인도 집으로 돌려보냈다. 여러 비구들은 필릉가바차가 신이(神異)를 나타냈고, 나아가 소를 방목하는 여인이 붙잡혔다는 것을 듣고서 마땅히 거갈마를 짓고자 하였다. 곧 비구 승가는 모였고, 세존께서는 신족을 타고 오셨으며, 아시면서도 일부러 물으셨다.

"비구들이여. 그대들은 무엇을 짓는가?"

대답하여 말하였다.

"세존이시여. 필릉가바차는 신이를 나타내었고, 나아가 소를 방목하는 여인이 붙잡혔습니다."

세존께서 필릉가바차에게 물으셨다.

"그대는 진실로 신이를 나타내어 소를 방목하는 여인이 붙잡히게 하였는가?"

대답하여 말하였다.

"세존이시여. 저는 고의로 신이를 나타내고, 소를 방목하는 여인이 붙잡히게 하려고 하지 않았습니다. 저는 자비로운 마음이었습니다."

세존께서 말씀하셨다.

"필릉가바차는 대신족인 까닭으로 무죄이니라."

이와 같이 비니를 마친다.

다시 다음으로 존자 필릉가바차는 취락의 가운데에 머물면서 스스로 방사를 바르고 있었다. 이때 병사왕(瓶沙王)이 왔고 존자가 스스로 방사를 바르고 수리하는 것을 보고서 물었다.

"아사리여. 무엇을 지으십니까?"

대답하여 말하였다.

"수다라여. 방사를 바르고 수리하고 있습니다."

왕이 말하였다.

"아사리여. 시킬 사람이 없습니까? 내가 마땅히 원민(園民)을 보내주겠습니다."

대답하여 말하였다.

"필요하지 않습니다. 수다라여."

이와 같이 세 번에 이르렀어도 오히려 이전처럼 받지 않았다. 취락의 가운데의 사람이 듣고서 와서 이르러서 구하면서 말하였다.

"아사리여. 원하건대 우리들을 취하여 원민이 짓게 하십시오. 우리들이 마땅히 공급하겠습니다."

비구가 말하였다.

"그대들이 일체가 능히 5계(戒)를 지닌다면 내가 마땅히 그대들을 취하겠습니다."

대답하여 말하였다.

"능히 5계를 지니겠습니다."

취하였고, 모두가 5계를 받고서 재를 받들었고 덕을 닦아 취락이 번성해졌다. 마침내 밖의 도둑들이 와서 겁탈하고 여인과 재물들을 빼앗아 갔다. 취락 내의 사람들이 스승에게 가서 알려 말하였다.

"아사리여. 도둑들이 와서 저희의 아이들과 여인들과 금전과 재물을 겁탈하고서 곧 그날에 탕진(蕩盡)합니다."

존자 필릉가바차는 자심정(慈心定)으로 들어가서 도둑을 보고 쫓아갔으며, 비구가 도둑들에게 말하였다.

"수다라들이여. 그대는 무슨 까닭으로 나의 원민들을 겁탈하는가?"

곧 큰 구덩이를 변화시켜 지었고, 원민들은 이쪽의 언덕에 있게 하였으며, 도둑들은 저쪽 언덕에 있게 하면서 말하였다.

"수다라들이여. 그대들은 떠나가라."

여러 비구들이 듣고서 이렇게 말을 지었다.

"필릉가바차가 도둑으로 다시 도둑을 겁탈하였으니, 마땅히 거갈마를 지어야 합니다."

곧 비구 승가를 모으고서 이 일을 검교하였다. 이때 세존께서는 신족을 타고 오셨으며, 아시면서도 일부러 물으셨다.

"비구들이여. 그대들은 무엇을 짓는가?"

대답하여 말하였다.

"세존이시여. 필릉가바차는 도둑으로 다시 도둑을 겁탈하였으니, 마땅히 거갈마를 짓고자 합니다."

세존께서 필릉가바차에게 물으셨다.

"그대가 진실로 그러하였는가?"

"세존이시여. 저는 도둑으로 다시 도둑을 겁탈하지 않았습니다. 다만 취락 사람들이 울면서 저에게 와서 알렸고, 저는 자비한 마음이었습니다."

세존께서 말씀하셨다.

"이것은 신족이므로 무죄이니라."

이와 같이 비니를 마친다.

마하승기율 제30권

동진 천축삼장 불타발타라·법현 공역
석보운 번역

8) 잡송의 발거를 밝히다 ⑧

다시 다음으로 세존께서는 사위성에 머무르셨다.
그때 존자 필릉가바차는 취락의 가운데에 머물면서 날마다 항하수를 건너가서 걸식하였는데, 항하수 위에 이르면 이렇게 말을 지었다.
"수다라여. 멈추어라. 내가 건너가고자 한다."
물은 곧 멈추었고, 지나갔다면 이렇게 말을 지었다.
"수다라여. 그대는 떠나가라."
이와 같다면 물은 이전과 같이 흘러갔으나, 수신(水神)은 즐겁지 않았으므로 세존의 처소에 이르러 머리 숙여 발에 예경하고 물러나서 한쪽에 있으면서 세존께 아뢰어 말하였다.
"세존이시여. 존자 필릉가바차는 '수다라여. 멈추어라. 수다라여. 떠나가라.'라고 말하므로 매우 괴롭습니다."
세존께서 말씀하셨다.
"필릉가바차를 불러오라."
왔으므로, 세존께서 말씀하셨다.
"그대가 진실로 그러하였는가?"
대답하여 말하였다.
"진실로 그렇습니다."

세존께서 말씀하셨다.

"항하의 신이 이와 같이 그대를 싫어하니, 그대가 항하수의 신을 향하여 참회하게."

필릉가바차가 말하였다.

"나는 허물을 참회하오. 수다라여."

항하의 신이 말하였다.

"저번의 수다라와 지금의 수다라가 무엇이 다른 것이 있어서 허물을 참회한다고 말합니까?"

필릉가바차는 오직 세존과 여덟 명의 대성문을 제외하고는 나머지의 일체를 모두 수다라라고 말하였고, 화상과 아사리의 여러 상좌들에게도 모두 수다라라고 말하였다. 여러 비구들이 말하였다.

"존자 필릉가바차는 나아가 화상과 아사리까지도 모두 '수다라'라고 말하는데, 바로 한 사람만이 바라문의 신분으로 출가하였는가? 존자 대가섭과 사리불과 목련 등도 이와 같이 모두 바라문으로 출가하였어도 모두 이렇게 말하지 않습니다. 마땅히 거갈마를 지어야 합니다."

곧 비구 승가를 모았으나, 이때 필릉가바차는 좌선하면서 오지 않았으므로 사자를 보내어 가서 불렀다. 사자는 곧 문을 두드리면서 말하였다.

"대중 승가가 모여서 장로를 부릅니다."

이때 필릉가바차는 관(觀)하여 비구 승가가 모여서 자기에게 거갈마를 지어서 주려는 것을 보았고, 곧 신력으로써 비구를 제어하여 문에 붙여서 떠나가지 못하도록 하였다. 대중 승가는 사자가 오래도록 돌아오지 않는 것이 괴이하여 다시 비구를 보내어 불렀고, 뒤의 비구가 이르러 앞의 사자 비구의 손을 잡고서 떠나가려고 하였으나 그 장로도 곧 서로가 붙어서 갈 수가 없었으며, 이와 같이 하여 사자와 사자가 서로 붙어서 모두 떠나가지 못하였다. 여러 비구들이 비난하여 말하였다.

"대중 가운데에서 바로 이 한 사람이 대신족인가? 존자 대목련이 어찌하여 이러한 힘이 없겠는가? 물가에서 복벌갈마(福罰羯磨)를 지어야 합니다."

세존께서는 신족으로써 공중을 타고 오셨으며, 아시면서도 일부러 물으셨다.
"그대들은 무엇을 짓고자 하는가?"
대답하여 말하였다.
"필릉가바차는 오직 여래와 여덟 명의 대성문을 제외하고, 나아가 화상과 아사리까지도 모두 수다라라고 말하였으므로 거갈마를 짓고자 승가가 모였고 그가 오지 않았으며, 사자를 보내어 가서 불렀는데, 신족으로 다시 제어하여 곧 사자와 사자가 서로 붙어서 오지 못하는 까닭으로 필릉가바차에게 물가에서 복벌갈마를 짓고자 합니다."
세존께서 말씀하셨다.
"그대는 오라."
필릉가바차를 발심시켜서 잠시 세존의 앞에 서 있게 하셨고, 세존께서는 필릉가바차에게 말씀하셨다.
"그대의 '수다라'라는 말이 지나치네. 여러 범행의 사람들이 그대를 싫어하네."
대답하여 말하였다.
"세존이시여. 저는 마땅히 어떻게 해야 합니까? 저는 교만하지 않았고, 역시 스스로 크다고 생각하지 않았으며, 사람을 경멸하지도 않습니다. 그러나 제가 화상과 아사리 등의 여러 장로 비구를 부르는 때에 소리를 일으키면 곧 수다라라고 이루어집니다."
세존께서 비구들에게 말씀하셨다.
"이것은 필릉가바차가 교만한 것이 아니고, 역시 스스로 크다고 생각하지 않으며, 사람을 경멸하지도 않느니라. 500생(生)을 따라서 오면서 항상 바라문의 집에 태어났고 수다라라는 말의 습기(習氣)가 끝나지 않은 것이니라."
세존께서 필릉가바차에게 말씀하셨다.
"그대는 본래 무시(無始)부터 생사(生死)를 따라오면서 탐욕과 성냄과 어리석음은 오히려 능히 영원히 없앴으나, 500생의 습기는 능히 없애지 못하였구려. 오늘부터는 다시 수다라라는 말을 짓지 말라."
 세존의 가르침을 듣고서 공경하였던 까닭으로 영원히 다시 수다라라고 짓지 않았다. 이와 같이 비니를 마친다. 이것을 삼바차라고 이름한다.

(137) 한 되의 기름

 세존께서 열반하신 뒤에 장로 비구들은 비사리(毘舍離)에 머물렀다.
 그때 어느 한 상인이 스스로가 제멋대로 법예 비구니를 청하였다. 비구니에게는 한 의지제자가 있어서 항상 보내어 필요한 것을 취하였다. 이때 의지제자가 스승의 이름을 말하지 않았고, 또한 스스로가 이름도 말하지 않고서 곧 기름이 필요하다고 말하였으므로 단월이 곧 주었으며, 의지 제자가 기름을 얻고서 스스로를 위하여 수용하였다. 단월이 뒤에 다시 검교하였는데, 기름은 스승에게 들어가지 않았다. 의지제자는 마음에 의심과 후회가 생겨나서 여러 비구니에게 말하였고, 여러 비구니들은 말하였다.
 "그대가 바라이를 범하였습니다."
 여러 비구니들이 명료하지 못하여 장로 비구에게 가서 물었고, 장로 비구는 말하였다.
 "비록 감추고 덮어서 취하였으나 단월이 주었던 까닭으로 투란차죄를 범하였소."
 이와 같이 비니를 마친다. 이것을 한 되의 기름이라고 이름한다.

(138) 음식을 받는 것

 일은 사위성에서 있었다. 그때 기원정사 안에서 어느 단월이 승가에게 음식을 주었다. 어느 한 비구가 스스로가 자기의 양을 먹고서, 다시 한 몫을 더 받았으므로, 음식을 돌리는 사람이 물었다.
 "장로여. 누구를 위하여 몫을 취합니까?"
 대답하여 말하였다.
 "내 몫을 취하오."

"먹은 것은 누구의 몫입니까?"
다시 말하였다.
"내 몫이오."
이때 비구들이 말하였다.
"그대는 바라이를 범하였습니다."
여러 비구들이 명료하지 못하여 장로 비구에게 가서 물었고, 장로 비구는 말하였다.
"마땅히 취할 수 없습니다. 다만 주인이 있고 주었던 까닭으로 투란차죄를 얻습니다."
이와 같이 비니를 마친다. 이것을 음식을 받는다고 이름한다.

(139) 간병

세존께서는 사위성에 머무르셨다.
그때 기원정사에 병든 비구가 있었는데 간병하는 비구와 함께 다투었다. 이때 정사의 가운데에 어느 단월이 승가에게 음식을 주었고 병든 비구가 이렇게 생각을 지었다.
'그 사람이 오늘 어찌하여 나를 위하여 식사를 취하겠는가?'
곧바로 다른 비구를 청하여 음식을 취하였으나, 이때 간병하는 비구도 이렇게 생각을 지었다.
'오늘은 누가 마땅히 그의 음식을 취하여 주겠는가?'
이때 두 사람이 함께 음식을 취하였다. 음식을 돌리는 사람이 간병하는 비구에게 물었다.
"누구를 위하여 음식을 취합니까?"
"누구 병자의 음식입니다."
다시 청하여 음식을 받는 사람에게 물었다.
"누구의 음식을 취합니까?"
대답하여 말하였다.
"누구 병자의 음식입니다."

여러 비구들이 말하였다.

"그대는 바라이를 범하였습니다."

이때 여러 비구들이 명료하지 못하여 장로 비구에게 가서 물었고, 장로 비구는 말하였다.

"이렇게 청하여 음식을 취하는 자는 무죄입니다. 병든 비구는 간병하는 비구와 서로 다투었고 간병하는 사람에게 말하지 않고 다시 다른 사람을 청하였으니 월비니죄를 범하였으며, 간병인은 병든 비구와 함께 다투고서 병든 비구의 뜻을 묻지 않고 음식을 받았으니 월비니죄를 범하였습니다."

이와 같이 비니를 마친다. 이것을 간병이라고 이름한다.

(140) 새의 고깃덩이

세존께서는 사위성의 기원정사에 머무르셨다.

그때 어느 한 비구가 때에 이르자 취락에 들어가는 옷을 입고 발우를 지니고 사위성에 들어가서 걸식하였다. 이때 어느 새가 고깃덩이를 물고서 비구의 발우 안에 떨어뜨렸다. 이때 비구는 그것을 가지고 정사에 돌아왔으며 익혀서 스스로가 먹었고, 여러 비구들에게 나누어주었다. 여러 비구들이 말하였다.

"장로여. 그대는 어느 곳에서 이 고기를 얻었습니까?"

곧 앞의 일을 갖추어 말하였고, 여러 비구들은 말하였다.

"그대는 바라이를 범하였습니다."

여러 비구들이 명료하지 못하여 장로 비구에게 가서 물었고, 장로 비구는 말하였다.

"축생은 귀속되지 않았습니다."

이와 같이 비니를 마친다. 이것을 새의 고깃덩이라고 이름한다.

(141) 도둑의 고깃덩이

세존께서 열반하신 뒤에 장로 비구들은 왕사성을 의지하여 머물렀다. 그때 어느 소를 훔친 도둑이 밤에 시다림(尸陀林)의 가운데에 있으면서 먹고서 남은 것이 있었으므로 숲속에서 좌선하는 비구에게 말하였다.
"존자여. 고기가 필요합니까?"
대답하여 말하였다.
"필요합니다."
곧 발우에 가득히 채워 주었다. 비구는 취하여 가지고 정사에 돌아와서 스스로가 먹고서 다른 비구에게도 나누어주었다. 다른 비구들이 물었다.
"장로여. 어느 곳에서 이 고기를 얻었습니까?"
앞의 일을 갖추어 말하였고, 여러 비구들은 말하였다.
"장로여. 그대는 도둑의 주변에서 물건을 취하였고 5전(錢)을 채웠으니, 바라이를 범하였습니다."
여러 비구들이 자세히 알지 못하여 장로 비구에게 가서 물으니, 장로 비구가 말하였다.
"출가인에게는 앞의 사람이 여법하였거나, 여법하지 않았거나, 주인이 있어 베풀었다면 무죄입니다."
이와 같이 비니를 마친다. 이것을 도둑의 고깃덩이라고 이름한다.

(142) 돼지고기

그때 구섬미의 제파(提婆) 취락의 주변에 어느 도둑이 돼지를 훔쳐서 잡아먹고서 머리와 발을 남겨서 버려두고 떠나갔다. 이때 어느 비구가 보았고 가지고 정사로 돌아왔으며, 익혀서 스스로가 먹고서 다른 비구에게도 나누어주었다. 다른 비구들이 물었다.
"그대는 어느 곳에서 이 고기를 얻었습니까?"
곧 앞의 일을 갖추어 말하였고, 여러 비구들은 말하였다.
"값이 5전이면 바라이를 얻습니다."
그때 여러 비구들이 명료하지 못하여 장로 비구에게 가서 물었고, 장로 비구는 말하였다.
"그대가 무슨 마음으로 취하였는가?"
대답하여 말하였다.

"주인이 없다고 생각하였습니다."

"주인이 없다고 생각하고서 취하였다면 무죄입니다."

이와 같이 비니를 마친다. 이것을 돼지고기라고 이름한다.

(143) 여인을 차는 것

일은 사위성의 기원정사에서 있었다.

그때 어느 비구가 때에 이르자 취락에 들어가는 옷을 입고 발우를 지니고 사위성에 들어가서 차례로 걸식하면서 한집에 이르렀는데, 그 부인이 말하였다.

"비구께서 오셨으니 들어오세요. 함께 이와 같은 일을 짓고자 오셨네요."

비구가 말하였다.

"세존께서 계율을 제정하시어 음행하지 못하도록 하셨습니다."

부인이 말하였다.

"만약 나를 따르지 않는다면, 마땅히 나를 강제로 끌어당겼다고 이와 같고 이와 같게 비방하겠습니다."

이 비구는 두려웠던 까닭으로 곧 들어갔고, 들어왔으므로 부인이 여노비에게 문을 지키라고 말하였다.

"나는 이 비구와 음행하겠다."

여인은 들어와서 음욕의 마음이 치성하였으므로 곧 드러누웠고 비구가 발로 차고서 떠나갔다. 문을 지키던 여노비가 물었다.

"존자여. 일을 지어서 마쳤습니까?"

대답하여 말하였다.

"이미 마쳤네."

이때 비구는 마음에 의심과 후회가 생겨나서 장로 비구에게 가서 물었고, 장로 비구는 말하였다

"그대가 발로써 여인을 찼으니 투란차죄를 얻었고, 짓지 않았으나 지었다고 말하였으니 바야제를 범하였습니다."

이와 같이 비니를 마친다. 이것을 여인을 차는 것이라고 이름한다.

(144) 보릿가루를 가는 것

일은 사위성의 기원정사에서 있었다.

이때 비구가 취락에 들어가는 옷을 입고 발우를 지니고 사위성에 들어가서 차례로 걸식하면서 한집에 이르렀는데, 여인이 땅에 쪼그리고 앉아서 보릿가루를 갈았는데 옷이 몸을 덮지 않았다. 비구가 보고서 곧 음욕의 마음이 생겨나서 말하였다.

"자매여. 나는 보릿가루를 먹고자 합니다."

여인이 곧 보릿가루를 주었고, 비구는 마음에 의심과 후회가 생겨났다. 장로 비구에게 가서 물었고, 장로 비구는 말하였다.

"그대가 무슨 마음이었는가?"

대답하여 말하였다.

"음욕의 마음이었습니다."

곧 사자를 보내어 여인에게 물었고, 여인이 대답하여 말하였다.

"내가 땅에 쪼그리고 앉아서 보릿가루를 갈았는데, 비구가 보릿가루를 구걸하였고 내가 곧 그에게 주었습니다."

사자가 돌아와서 대답하였는데 앞에서와 같았다. 장로 비구가 말하였다.

"뜻을 이해하였어도 의미를 이해하지 못하였다면 투란차죄를 범하고, 나아가 뜻을 이해하지 못하였고 의미도 이해하지 못하였다면 월비니죄를 범한 것이오."

이와 같이 비니를 마친다. 이것을 보릿가루를 갈았다고 이름한다.

(145) 송아지

발지국(跋祇國)에 어느 사람이 정사에서 멀지 않은 곳에 송아지를 방목하였다.

송아지가 정사에 들어와서 풀을 밟고 꽃과 과일을 먹으며 형상과 충돌하였다. 지사인이 송아지를 방목하는 사람에게 말하였다.

"그대의 송아지를 잘 보살펴서 사납지 않게 하십시오."

이와 같이 두 번·세 번을 말하였어도 오히려 고의로 멈추지 않았다. 지사인은 성내면서 송아지를 끌고서 방안에 넣고서 반대로 문을 잠그고 취락에 들어가서 걸식하였는데, 가는 가운데 이렇게 생각을 지었다.

'방안에 야차(夜叉)들이 많이 있었으니 능히 이 송아지를 죽이지는 않았을까?'

곧 정사에 돌아와서 문을 열어서 보았는데 송아지는 이미 죽어 있었다. 비구는 두려워서 곧 가지고 승가의 측간 안에 버리고서 떠나갔다. 송아지를 방목하는 사람이 와서 물었다.

"아사리여. 저의 송아지를 보았습니까?"

대답하여 말하였다.

"보지 못하였습니다."

비구는 마음에 의심과 후회가 생겨나서 여러 비구에게 물었으나, 여러 비구들이 능히 결정하지 못하였으며, 장로에게 가서 물었다. 장로가 말하였다.

"송아지를 끌어다가 방안에 넣고 문을 닫은 것은 월비니죄를 얻었고, 송아지를 가지고 승가의 측간에 버려두었던 것은 투란차죄를 얻었으며, 보고서 보지 않았다고 말하였으므로 바야제를 범하였습니다."

이와 같이 비니를 마친다. 이것을 송아지를 방목한다고 이름한다.

(146) 아내를 버린 것

가시기리(迦尸耆利)의 큰 읍이었다.

이때 어느 마하라가 용모가 준수한 아내를 버리고 출가하였고, 그의 아내가 쫓아와서 마하라가 사는 방 밖에 있으면서 길쌈을 하였다. 마하라가 말하였다.

"그대는 가시오. 나는 출가한 사람이니, 그대가 필요 없소."

대답하여 말하였다.

"존자여. 내가 이곳에 있어서 무슨 방해되는 일을 지었습니까? 때때로 존자를 보고 싶어서 능히 떠날 수 없습니다."

마하라는 이것으로써 자주자주 말하여도 오히려 고의로 떠나가지 않았으므로 옷과 발우를 가지고서 여인을 버리고 떠나갔다. 어느 여인이 보고서 말하였다.

"그대의 전남편은 이미 떠났습니다."

듣고서 쫓아갔으며 곧 옷을 붙잡고 앞에 서 있으면서 이렇게 말을 지었다.

"아사리여. 나를 위한 까닭으로 떠나가지 마세요. 내가 마땅히 옷과 발우와 병들어 수척하면 의약을 공급하겠습니다."

마하라는 말하였다.

"나는 출가인이오. 법으로 마땅히 그러할 수 없소."

이와 같이 오히려 고의로 놓아주지 않았고 마하라는 진에(瞋恚)가 생겨나서 옷과 발우를 한 곳에 내려놓고 실컷 때리고서 떠나갔다. 마하라는 마음에 의심과 후회가 생겨나서 지율비구인 야사(耶舍)에게 가서 앞의 일을 갖추어 물었고, 야사는 말하였다.

"성내면서 부인을 때렸다면 바라이를 얻습니다."

여러 비구들이 말하였다.

"이것은 좋은 판결이 아닙니다. 그대가 의심을 결정하고자 한다면 지제산(枝提山)의 가운데로 가서 지율인 존자 수제타사(樹提陀娑)에게 묻는다면 반드시 명료하게 결정할 것입니다."

듣고서 곧 떠나갔고 구섬미(俱睒彌)의 도로를 지나갔다. 도로에서 유락(乳酪)을 파는 한 여인을 만났는데, 여인은 마하라의 단정한 모습을 보고 곧 음욕의 마음이 생겨나서 말하였다.

"사문이여. 함께 음욕을 행하고자 오셨나요?"

마하라는 이렇게 생각을 지었다.

'내가 이미 바라이를 범했으니 다시 어디에 있겠는가?'

곧 함께 음행하였고 앞으로 가서 지율비구의 처소에 이르러 앞의 일을 갖추어 알렸다. 지율비구가 말하였다.

"어찌하여 야사는 다섯 번째의 바라이의 법을 제정하였는가? 성내면서 부인을 때렸으므로 투란차죄를 얻었고, 유락을 파는 여인과 함께 음행하였으므로 바라이를 얻었습니다."

이와 같이 비니를 마친다. 이것을 아내를 버린다고 이름한다.

(147) 막힌 벽체

불가라국(弗迦羅國)에서 비구와 비구니가 있었는데, 정사의 막힌 벽체에서 머물렀다. 이때 비구가 음욕의 마음이 일어나면 밤새워 비구니와 함께 막힌 벽에서 말하였다. 비구는 마음에 의심과 후회가 생겨나서 장로 비구에게 가서 물었고, 장로 비구가 말하였다.

"그대는 무슨 마음이 있어서 말하였는가?"

대답하여 말하였다.

"음욕의 마음이었습니다."

"이와 같은 음욕의 마음에서 말하였다면 말하는 때마다 월비니죄를 얻습니다."

이와 같이 비니를 마친다. 이것을 막힌 벽체라고 이름한다.

(148) 포살

불가라(弗迦羅) 취락의 비구들은 아련야 비구와 함께 한 번을 포살하였다.

이때 아련야 주처의 비구는 불치노(弗締盧)라고 이름하였고 대덕으로 명성이 있었으나, 취락 안의 비구가 이양(利養)을 얻는 것을 본다면 질투심을 일으켰다. 이때 장로 불치노가 14일의 포살에 이르자 와서 취락에 들어갔으며 취락의 네 명인 비구들에게 말하였다.

"장로여. 함께 포살을 짓고자 왔소."

대답하여 말하였다.

"우리는 15일에 마땅히 포살합니다."

불치노가 말하였다.

"나는 날짜(日數)를 알고 있소. 지금은 14일이니 마땅히 포살하는 날입니다."

대답하여 말하였다.

"우리는 짓지 않겠습니다. 15일에 마땅히 포살하겠습니다."

이와 같이 세 번을 말하면서 따르지 않았고 불치노는 곧 떠나갔다. 떠나가고서 취락 내의 비구들은 곧 포살하였다. 다음날에 불치노는 다시 왔다.

"장로들이여 함께 포살을 짓고자 왔습니다."

대답하여 말하였다.

"이미 포살을 마쳤습니다."

취락의 비구들이 불치노에게 말하였다.

"그대가 포살을 반대하므로 우리들은 다시 그대와 함께 법식과 미식을 할 수 없습니다."

이때 불치노는 14일이라면 14일에 왔고, 15일이라면 15일에 왔으며, 이와 같이 20년의 가운데에서 처음으로 포살하지 못하였다. 이때 선한 귀신이 불치노를 공경하고 존중하였으므로 지제산 가운데의 존자 수제타사의 처소에 이르러 이렇게 말을 지었다.

"존자여. 선하지도 않고 수순하지 않습니다. 존자께서 세상에 머물렀어도 취락 내의 비구들은 이와 같은 비법(非法)을 지었고, 항상 불치노를 뇌란시키고 있습니다. 오직 원하건대 존자께서 스스로 가서서 요리하여 주십시오."

존자 수제타사는 듣고서 곧 왔으며 이렇게 생각을 지었다.

'내가 만약 먼저 아련야에 이른다면 취락 안의 비구들은 흉악하므로 듣고서 나와 법식과 미식을 함께 하지 않을 것이다.'

이렇게 생각을 짓고서 곧 취락 안의 비구들 처소에 이르렀다. 이때 선한 귀신이 존자 불치노에게 말하였다.

"존자 수제타사께서 지금 취락에 있으니 가서 문신하십시오."

듣고서 곧 갔으며 서로가 문신하였다, 문신하고서 한쪽에 앉아 있었으므로 수제타사가 곧 물어 말하였다.

"그대가 불치노인가?"

대답하여 말하였다.

"그렇습니다."

"혜명(慧命)이여. 그대가 포살을 반대하였는가?"

대답하여 말하였다.

"포살을 반대하였는가? 포살을 반대하지 않았는가를 지금 마땅히 아실 것입니다. 저는 20년을 14일에 포살이라면 14일에 왔고 15일에 포살이라면 15일에 왔습니다. 이와 같다면 포살을 반대하는 것인가? 포살을 반대하지 않는 것인가를 존자께서 스스로가 아실 것입니다."

대답하여 말하였다.

"혜명이여. 이것은 불법에 수순하는 것입니다. 다만 취락 안의 비구들은 수순하지 않은 것이니, 20년을 구족계를 받았어도 구족계를 받았다고 이름하지 않고 갈마한 것도 갈마하였다고 이름하지 않습니다."

이와 같이 비니를 마친다. 이것을 포살이라고 이름한다.

(149) 두 가지의 장(漿)

그때 우사니국(優闍尼國)에서 왕법을 어긴 사람이 있어서 손발을 자르고 데려다가 시다림(尸陀林)의 가운데에 놓아두었다. 아련야 비구의 주처와 가까웠으므로 굽히면서 굴러서 왔고 비구의 처소에 이르러 말하였다.

"아사리여. 나는 매우 굶주려서 괴롭습니다. 나는 적은 음식이라도 구걸합니다."

대답하여 말하였다.

"음식은 없습니다."

다시 말하였다.

"아사리여. 나를 연민(憐愍)하십시오. 나에게 두 종류의 고통이 있으니, 첫째는 손발이 잘린 고통이고, 둘째는 굶주린 고통입니다."

대답하여 말하였다.
"음식은 없고 바로 소비라(蘇毘羅)의 장이 있는데 필요합니까?"
대답하여 말하였다.
"필요합니다."
곧 장을 주었는데, 오랫동안 음식을 얻지 못하였으므로 마시고서 곧 죽었다. 비구는 마음에 의심과 후회가 생겨나서 여러 비구에게 물었으나, 능히 명료하게 판결하지 못하였으며, 장로 비구에게 가서 물었다. 장로 비구가 말하였다.
"그대가 무슨 마음으로 주었습니까?"
대답하여 말하였다.
"요익한 마음이었습니다."
"요익한 마음이라면 무죄입니다."
이와 같이 비니를 마친다.

다시 다음으로 우사니국에서 왕법을 어긴 사람이 있어서 손발을 자르고 데려다가 시다림(尸陀林)의 가운데에 놓아두었는데, 아련야 비구의 주처와 가까웠다. 그때 마하라가 출가하여 차례로 방사를 지키고 있었는데, 손발이 없는 자가 몸을 굽혀 굴러서 그 처소로 와서 이렇게 말을 지었다.
"아사리여. 나는 매우 고통스러워서 견딜 수가 없습니다. 대체로 작은 약이라도 있다면 나에게 베풀어 주십시오. 나는 빨리 죽고자 합니다."
"나는 전다라(旃陀羅)도 아니고, 사람을 죽이는 도둑도 아니오. 어찌하여 나를 쫓아서 약을 구하시오?"
"그렇지 않습니다. 아사리여. 나는 고통을 참기 어렵습니다."
이때 마하라가 자비한 마음을 일으켜서 이렇게 생각을 지었다.
'일찍이 이와 같은 일이 있었는데, 비구가 소비라의 장을 마시고서 곧 죽었다.'
곧 말하였다.
"그대는 소비라의 장을 마시고자 하는가?"

대답하여 말하였다.

"마시고자 합니다."

곧 장을 마시게 주었으므로 마시고서 곧 죽었다. 마하라는 마음에 의심과 후회가 생겨나서 장로 비구에게 가서 물었다. 장로 비구가 말하였다.

"그대는 무슨 마음으로 주었습니까?"

대답하여 말하였다.

"자비한 마음으로 그의 뜻을 따랐습니다."

장로 비구가 말하였다.

"그대가 비록 자비한 마음은 있었어도 지혜는 없었습니다. 다른 사람의 명근(命根)을 끊는다면 바라이를 얻습니다."

이와 같이 비니를 마친다. 이것을 두 가지의 장이라고 이름한다.

(150) 벽돌

일은 사위성의 기원정사에서 있었다.

이때 비구가 방사를 지으면서 원민은 벽돌을 집어주었고 비구가 취하였는데, 견고하게 잡지 않았던 까닭으로 원민의 머리 위에 떨어졌으며, 머리가 깨졌으므로 곧 죽었다. 비구는 마음에 의심과 후회가 생겨나서 장로 비구에게 가서 물었다. 장로 비구가 말하였다.

"그대가 무슨 마음으로 벽돌을 떨어트렸습니까?"

대답하여 말하였다.

"견고하게 붙잡지 못한 까닭입니다."

장로 비구가 말하였다.

"마땅히 견고하게 붙잡으십시오."

이와 같이 비니를 마친다. 이것을 벽돌이라고 이름한다.

(151) 대변(糞)

사위성의 기원정사에서는 5일에 한 번씩 대변과 오물을 청소하였다.

이때 어느 나이 젊은 비구가 대변을 가지고 담장 밖으로 던졌다. 어느 병든 마하라가 출가하였다가 담장의 아래에서 대소변을 행하였는데, 대변이 떨어져 위에 쌓여서 능히 일어나지 못하였고, 뒤에 대변이 계속 떨어져서 죽었다. 마땅히 담장의 비구는 대변이 모여져서 높아진 까닭으로 도둑들이 넘어오는 것이 두려웠고 곧바로 대변을 치웠는데 죽은 비구를 보았다. 비구는 마음에 의심과 후회가 생겨나서 장로 비구에게 가서 물었다. 장로 비구가 말하였다.

"그대가 무슨 마음으로 대변을 치웠습니까?"

대답하여 말하였다.

"보지 못하였습니다."

장로 비구가 말하였다.

"만약 보지 않고 대변을 던졌다면 월비니죄를 얻습니다."

이와 같이 비니를 마친다. 이것을 대변이라고 이름한다.

(152) 걸식비구

세존께서 반니원(般泥洹)하신 뒤에 여러 비구들은 가유라위국의 석씨 정사에 머물렀다.

이때 어느 비구가 취락에 들어가는 옷을 입고 발우를 지니고 가유라위성에 들어가서 차례로 걸식하였다. 이때 어느 석종의 단정한 여인이 목욕을 마치고 깨끗한 새옷을 입고서 음식을 가지고 비구에게 베풀었다. 베풀고서 머리 숙여 비구의 발에 예배하였고 비구는 보고서 음욕의 마음이 일어나서 능히 자제(自制)하지 못하여 부정을 잃어버려서 여인의 머리 위에 떨어졌다. 여인이 조금도 싫어하는 마음이 없이 곧 옷을 가지고 닦고서 이렇게 말을 지었다.

"아사리여. 크고 선한 이익을 얻었습니다. 이와 같은 음욕의 마음이 있는데도 능히 세존의 법 가운데에서 범행을 닦으시네요."

이때 비구는 마음에 의심과 후회가 생겨나서 장로 비구에게 가서 물었다. 장로 비구가 말하였다.

"그대가 무슨 마음이었습니까?"

대답하여 말하였다.

"제가 앞의 모습을 보고 마음을 능히 제어하지 못하였습니다."

장로 비구가 말하였다.

"마땅히 모습을 잘 살펴서 그 마음을 제어(制伏)하십시오."

이와 같이 비니를 마친다. 이것을 걸식이라고 이름한다.

(153) 울수(鬱讎)

세존께서 반니원하신 뒤에 장로 비구들은 가유라위국 니구율수(尼俱律樹)의 석씨정사에 머물렀다.

그때 존자 울수는 한 석종(釋種)과 옛부터 지식이었다. 이때 석종은 병이 있었고, 어머니가 다른 두 아이가 있었는데, 한 아이는 석종의 딸이었고, 한 아이는 다른 족성의 딸이었다. 석종은 목숨을 마치려는 때에 존자 울수에게 부탁하였다.

"아사리여. 내가 죽은 뒤에 이 두 아이의 가운데에서 불법을 사랑하고 즐거워하는 아이가 있고 아사리의 마음을 얻었다면 이 땅에 감춘 것을 보여주십시오."

목숨을 마친 뒤에 석종의 딸은 악한 벗과 서로를 따랐고, 불법을 즐거워하지 않아서 와서 경을 받지 않았으며 독송하는 것을 즐거워하지 않았다. 이때 족성이 다른 딸은 선한 벗과 서로를 따랐고, 불법을 즐거워하였으며, 울수의 처소에 와서 독송과 계율을 받아서 장로의 마음을 얻었으므로 곧 말하였다.

"그대의 아버지가 죽는 때에 나에게 부탁하였네. '아이 가운데 불법을 좋아하는 자는 이곳에 감춘 것을 보여주십시오.'"

곧 그곳을 보여주었고 금과 은과 진귀한 보물들을 많이 얻어서 집안이 부유하고 즐거웠다. 석종의 딸이 듣고서 곧 존자 아난에게 알렸다.

"아사리여. 이것은 선하지 않고 수순하지도 않습니다. 존자 울수께서는 내 아버지의 재산을 가지고 다른 족성의 딸에게 주었습니다. 우리 석종의 가법(家法)은 석종 가문의 딸이 마땅히 아버지의 가업을 잇습니다. 소유하였던 재물은 모두 마땅히 나에게 귀속됩니다. 이것은 비법으로 나누어 처분한 것이니, 나는 함께 법식을 하지 않고 미식도 하지 않겠습니다."

이때 라후라가 와서 울수의 처소에 이르렀다. 이 두 사람은 같은 화상이었으므로 곧 라후라에게 말하였다.

"존자 아난과 법식과 미식을 함께 하지 마십시오."

물어 말하였다.

"무슨 까닭입니까?"

앞의 인연을 갖추어 말하였다.

"나는 아난과 함께 법식과 미식의 일이 없을 것입니다. 라후라여. 나와 함께 법식과 미식을 해야 합니다."

아난은 라후라가 울수와 함께 법식과 미식을 한다고 들었고, 이때 아난도 역시 라후라와 법식과 미식을 하지 않았다. 이때 어느 사람이 음식을 보내어 존자 아난에게 주었다면 아난은 말하였다.

"세존의 아들인 라후라에게 주고 떠나시오."

이와 같아서 음식을 존자 라후라에게 보내주었다면 라후라는 말하였다.

"이 음식을 가지고 세존의 시자에게 떠나시오."

이와 같아서 가유라위국에서 7년을 포살과 자자를 짓지 못하였다. 존자 우바리는 지제산의 가운데에 머물고 있었다. 이때 석종의 아들이 존자 우바리의 처소에 이르러 이렇게 말을 지었다.

"아사리여. 우리들은 아사리가 세상에 머무시는데, 선하지 않고 수순하지도 않습니다. 가유라위국은 세존께서 탄생하신 곳인데 어찌하여 7년을 포살과 자자를 짓지 않습니까? 오직 원하건대 존자께서 가셔서 화합시켜 주십시오."

우바리는 곧 왔고 여러 석종에게 가르쳐서 큰 강당을 엄숙하게 꾸미고 좋은 좌구(坐具)를 펼쳤으며 꽃을 흩뿌리고 향을 피웠으며 객비구들에 음식을 주었고, 아울러 존자 아난을 청하면서 먼저 라후라를 불러서 한 가려진 처소에 놓아두고서 한 어린아이를 안고서 좌중(坐中)의 땅에 내려놓았다. 존자 아난이 앉아서 땅의 어린아이를 보고 만약 "어린아이를 취하시오."라고 말하였다면 마땅히 취하지 않으면서 "원하건대 존자께서 라후라와 함께 화합하신다면 내가 마땅히 취하겠습니다."라고 말하게 가르쳤다.

이와 같이 가르치고서 존자 우바리가 앉았고, 다음으로 존자 아난이 앉았으며, 여러 비구들이 차례대로 앉았다. 이때 석종의 여인이 어린아이를 안았는데, 어린아이가 손에 생소(生酥)를 잡고서 빨고 있었으며, 좌중의 땅에 내려놓으니 어린아이가 울면서 불렀다. 아난이 보고 애념(愛念)하는 마음이 생겨나서 말하였다.

"이 어린아이를 취하시오."

대답하여 말하였다.

"취하지 않겠습니다. 만약 존자께서 라후라와 함께 화합하신다면 마땅히 취하겠으나, 화합하지 않으신다면 취하지 않겠습니다."

아난이 말하였다.

"이것은 사문들의 법이고 그대들 세속 사람들의 일이 아닙니다. 다만 어린애를 안으시오."

대답하여 말하였다.

"그렇지 않습니다."

이와 같이 세 번에 이르렀고 아난은 말하였다.

"라후라를 불러오십시오."

왔으므로, 존자 우바리가 아난에게 말하였다.

"아난에게 단월이 있었고 이와 같고 이와 같이 장로에게 '내가 죽은 뒤에 장로께서 이와 같이 주십시오.'라고 부촉하였다면, 무슨 과실(過失)이 있겠습니까? 존자 울수도 역시 이와 같습니다. 어찌하여 아난께서는 이러한 일로써 세존의 아들인 라후라와 화합하지 않습니까?"

이와 같이 비니를 마친다. 이것을 울수라고 이름하고, 이것을 비니의 법이라고 이름한다.

(154) 장애하고 장애하지 않는 법

세존께서는 사위성에 머무셨으며, 자세한 설명은 앞에서와 같다.

그때 존자 난타와 우파난타는 여러 나라를 유행하고 기원정사에 돌아왔으며 취락에 들어가는 옷을 입고 사위성에 들어갔고 희열(喜悅) 우바이의 집에 이르렀다. 희열 우바이가 보고서 말하였다.

"잘 오셨습니다. 아사리여. 어찌 오랜만에 나타나셨네요."

곧 청하여 앉게 하였고 머리와 얼굴로 발에 예배하고 물러나서 한쪽에 머물렀으며 함께 서로가 문신하였다. 비구가 말하였다.

"우바이여. 우리들이 오랜만에 왔는데, 우리에게 무슨 좋은 음식을 주겠습니까?"

우바이가 대답하여 말하였다.

"아사리의 가르침을 따라서 전식과 후식, 만약 떡이거나, 만약 고기라도 필요한 것을 따라서 준비하겠습니다."

곧 청하여 말하였다.

"존자여. 내일 나의 음식을 받도록 원하건대 일찍 오십시오."

곧 그의 청을 받아들였고, 그 집에서는 다음날에 여러 종류의 음식을 준비하였으며, 자리를 펼쳐놓고 기다렸다. 이때 비구들에게 여러 일의 인연이 많아서 청한 것을 잊어버리고 가지 않았고, 날짜와 시간이 지나가서 음식을 남겨둘 수 있다면 남겨두었고 남겨둘 수 없다면 먹었다. 이와 같이 2·3일을 기다렸어도 오지 않아서 곧 취하여 모두 먹었다. 4일에 이르러 비로소 왔고 우바이가 보고 마음이 즐겁지 않아서 이렇게 말을 지었다.

"아사리여. 어찌하여 나의 청을 받고 오지 않았습니까?"

여러 비구들이 듣고 이 인연으로써 세존께 갖추어 아뢰었고, 세존께서는 말씀하셨다.

"난타와 우파난타를 불러오라."

왔으므로, 세존께서 말씀하셨다.

"희열 우바이는 세존과 비구들에게 모두 아끼는 것이 없느니라. 무슨 까닭으로 요란하게 하였고, 그대들은 어찌하여 한 번의 청을 받고 장애하는 인연을 알리지 않았는가?"

'장애하는 인연법'은 만약 어느 사람이 "존자여. 내일 나의 전식의 청을 받아주십시오."라고 말하였고, 만약 필요하다면 마땅히 "그렇게 하겠습니다."라고 말해야 하며, 그가 다시 "존자여. 반드시 오십시오."라고 말하였다면, 마땅히 "중간에 장애가 없다면 오겠습니다."라고 말해야 한다. 이와 같이 후식과 일체의 청에도 역시 이와 같다.

만약 비구가 안거를 마치고 떠나가는 때에 단월이 "존자여. 뒤에 다시 오십시오."라고 말하였고, 만약 오고자 하였다면 "그렇게 하겠습니다."라고 말해야 하며, 단월이 다시 "존자여. 반드시 오십시오."라고 말하였다면, 마땅히 "중간에 장애가 없다면 오겠습니다."라고 말해야 한다.

만약 "아사리여. 탑에 예배하십시오."라고 말하였다면, "중간에 장애가 없다면"이라고 말할 수 없고, "마땅히 예배하겠습니다."라고 말해야 한다. 만약 "존자여. 나를 위하여 탑에 예배하여 주십시오."라고 말하였다면, 마땅히 "만약 기억한다면 마땅히 예배하겠습니다."라고 말해야 한다. 만약 "존자여. 장로 비구에게 예배하십시오."라고 말하였다면, "중간에 장애가 없다면"이라고 말할 수 없고, "마땅히 예배하겠습니다."라고 말해야 한다. 만약 "존자여. 나를 위하여서 장로 비구에게 예배하여 주십시오."라고 말하였다면, 마땅히 "만약 기억한다면 마땅히 예배하겠습니다."라고 말해야 한다.

만약 "존자여. 경을 받고 송경하며 계율을 지니고 좌선하십시오."라고 말하였다면, "중간에 장애가 없다면 마땅히 송경하겠습니다."라고 말할 수 없고, 마땅히 "내가 이것을 위한 까닭으로 출가하였습니다."라고 말해야 한다. 만약 "수다원·사다함·아나함·아라한의 과위(果位)를 배우십시오."라고 말하였다면, "중간에 장애가 없다면 마땅히 배우겠습니다."라고 말할 수 없고, 마땅히 "내가 이것을 위한 까닭으로 출가하였습니다."라고 말해야 한다.

이 가운데에서 마땅히 장애를 지어야 하는데 짓지 않거나, 장애를 짓지 않아야 하는데, 지었다면 함께 월비니죄를 범한다. 이것을 장애하고 장애하지 않는 법이라고 이름한다.

(155) 비구니의 법

세존께서는 가유라위국의 석씨정사에 머무르셨다.

이때 대애도(大愛道) 구담미(瞿曇彌)가 500명의 석종 여인들과 함께 불법에 출가를 구하였으며, [『선경(線經)』의 가운데에서 자세하게 설한 것과 같다.] 나아가 세존께서 여러 비구니에게 알리셨다.

"오늘부터 대애도 구담미를 비구니 승가의 상좌로 삼겠으니, 이와 같이 지닐지니라."

그때 대애도 구담미가 세존께 아뢰어 말하였다.

"세존이시여. 비구니를 위하여 8경법(八敬法)을 제정하셨는데, 우리들이 자세히 들을 수 있겠습니까?"

세존께서 말씀하셨다.

"8경법을 얻었다면 비구니가 비록 100년의 법랍을 채웠어도 마땅히 새롭게 구족계를 받은 비구를 향하여 일어나서 맞이하고 공경하며 예를 지어야 하고, '내가 100년을 기다리고 그러한 뒤에 새롭게 구족계를 받는 비구를 향하여 예를 짓겠습니다.'라고 말할 수 없습니다.

일체의 비구니가 마땅히 장로와 중간과 나이가 젊은 비구를 일어나서 맞이하고 공경하며 예를 지어야 합니다. 만약 비구니가 비구의 정사에 이른 때에는 마땅히 머리 숙여 얼굴로 한 명·한 명에게 예배해야 하고, 일체의 비구니가 만약 늙고 병들어서 능히 예배할 수 없다면 힘을 따라서 다소(多少)라도 예배해야 하며, 나머지에게 두루 예배하지 못한다면 한꺼번에 예배하면서 마땅히 말해야 합니다.

'나 비구니 누구는 머리 숙여 일체 승가의 발에 예배합니다.'

만약 비구가 비구니의 정사에 이른 때에는 일체의 비구니들이 마땅히 일어나서 맞이하고 발에 예배해야 하나니, 역시 앞에서 설한 것과 같습니다.

만약 비구니가 '이 비구는 계율을 범하였고, 이 비구는 의사(醫師)이며, 이 비구는 마하라이고 아는 것이 없다.'라고 이렇게 분별하면서 교만하여 공경하지 않고 일어나서 맞이하지 않으며 예배하지 않는 자는 공경법을 벗어난 것입니다."

[첫째의 공경법을 마친다.]

(156) 2세학계(二歲學戒)

18살을 채운 여인이 여래의 법과 율의 가운데에서 구족계를 받고자 하였다면 화상인 비구니가 마땅히 필요한 것을 공급하여 주어야 하고, 승가에 알려서 요리해야 한다. 비구니 대중의 가운데에서 능히 갈마인을 짓는다면 마땅히 이렇게 말해야 한다.

"아리야(阿梨耶)[1] 승가께서는 허락하십시오. 18세인 여인 누구가 여래의 법 가운데에서 구족계를 받고자 합니다. 만약 승가께서 때에 이르렀다면 승가께 누구는 승가를 쫓아서 2세학계(二歲學戒)를 애원하고자 합니다. 여러 아리야 승가께서는 허락하십시오. 누구는 승가를 쫓아서 2세학계를 애원하고 있습니다. 승가께서 인정하신 것은 묵연하였던 까닭입니다. 이 일은 이와 같이 지니겠습니다."

이 여인은 승가의 가운데에 들어와서 마땅히 한 명·한 명에게 머리 숙여 발에 예배하고 호궤 합장하고서 이와 같이 말을 짓게 가르쳐야 한다.

"아리야 승가께서는 억념하십시오. 저는 18살을 채운 여인으로 누구이며 여래의 법과 율의 가운데에서 구족계를 받고자 합니다. 저는 지금 승가를 쫓아서 2세학계를 애원합니다. 오직 원하건대 아리야 승가께서는 저를 애민한 까닭으로 저에게 2세학계를 주십시오."

이와 같이 세 번을 말하였다면 니갈마사가 마땅히 이렇게 말을 지어야 한다.

---

1) 산스크리트어 ārya의 음사로서 성스럽다는 뜻으로, 성자(聖者) 또는 존자(尊者)라고 번역된다.

"아리야 승가께서는 허락하십시오. 누구 여인은 나이가 18살을 채웠고 승가를 쫓아서 2세학계를 애원하고 있습니다. 만약 승가께서 때에 이르렀다면 승가께서는 누구에게 2세학계를 주십시오. 이와 같이 아룁니다.'

'아리야 승가께서는 허락하십시오. 누구 여인은 나이가 18살을 채웠고 승가를 쫓아서 2세학계를 애원하고 있습니다. 승가시여. 지금 누구에게 2세학계를 주십시오. 아리야 승가께서 화상니는 누구이며 누구에게 2세학계를 주는 것을 인정하신다면 묵연하시고, 만약 인정하시지 않는다면 곧 말씀하십시오.'"

첫 번째의 갈마를 마친다. 두 번·세 번째의 갈마에서도 역시 이와 같이 말해야 한다.

"승가시여. 이미 누구에게 2세학계를 주어서 마쳤습니다. 승가께서 인정하신 것은 묵연하였던 까닭입니다. 이 일을 이와 같이 지니겠습니다."

이 식차마니(式叉摩尼)가 2세학계를 얻었다면 마땅히 수순하여 18사(事)를 행하여야 한다. 무엇이 18가지인가? 일체 대비구니의 하좌이고, 일체 사미니의 상좌이며, 식차마니에게 부정하여도 대비구니는 청정하고, 대비구니에게 부정하다면 식차마니도 부정하며, 대비구니는 식차마니와 함께 3일을 묵을 수 있고, 식차마니는 사미니와 함께 3일을 묵을 수 있으며, 식차마니는 대비구니와 함께 음식을 받을 수 있으나, 다만 화정(火淨)한 것과 다섯 가지의 생종(生種)과 금과 은과 금전이고, 스스로가 사미니를 쫓아서 음식을 받을 수 있으며, 식차마니는 비구를 향하여 바라이와 나아가 월비니죄를 말할 수 없고, 음행을 말할 수 없으며, 도둑질을 말할 수 없고 살생을 말할 수 없으며, 거짓말을 말할 수 없는 등의 이와 같은 것을 말할 수 없다.

식차마니는 포살과 자자하는 날에 이르면 승가의 가운데에 들어가서 호궤 합장하고서 이와 같이 말해야 한다.

"아리야 승가시여. 나 누구는 청정합니다. 승가께서는 억념하여 지니십시오."

이와 같이 세 번을 말하고서 떠나가야 한다. 뒤에 4바라이를 범한 자는 다시 처음부터 배워야 하고, 19승가바시사를 만약 하나·하나를 범한 자는 범하는 것을 따라서 돌길라로 참회해야 한다. 만약 5계(戒)를 범하였다면 범한 날짜의 숫자를 따라서 다시 배워야 한다. 무엇이 5계인가? 비시식(非時食), 정사식(停食食), 금전과 금·은을 잡는 것, 술을 마시는 것, 꽃과 향을 붙이는 것이다. 이것을 18사라고 이름한다.

이 식차마니가 2세학계를 채웠고 여래의 법과 율의 가운데에서 구족계를 받고자 하였다면 화상인 비구니는 마땅히 승가에게 제자를 양육하는 갈마를 아뢰어야 한다.

니갈마사는 마땅히 이렇게 말을 지어야 한다.

"'아리야 승가께서는 허락하십시오. 누구 식차마니가 2세학계를 채웠고 20살이며 여래의 법과 율의 가운데에서 구족계를 받고자 합니다. 만약 승가께서 때에 이르렀다면 승가께서는 화상인 비구니 누구가 승가를 쫓아서 제자를 양육하는 갈마를 애원하고 있습니다.'

'아리야 승가께서는 허락하십시오. 누구가 승가를 쫓아서 제자를 양육하는 갈마를 애원하였습니다. 승가께서 인정하신 것은 묵연하였던 까닭입니다. 이 일을 이와 같이 지니겠습니다.'"

화상인 비구니는 마땅히 호궤 합장하고서 이와 같이 말을 지어야 한다.

"아리야 승가께서는 억념하십시오. 이 식차마니가 2세학계를 채웠고 20살이며 여래의 법과 율의 가운데에서 구족계를 받고자 합니다. 나 누구는 지금 제자를 양육하는 갈마를 애원합니다. 오직 원하건대 승가께서는 나에게 제자를 양육하는 갈마를 주십시오."

이와 같이 세 번을 말하였다면 갈마인은 마땅히 이렇게 말을 지어야 한다.

"'아리야 승가께서는 허락하십시오. 누구 식차마니가 2세학계를 채웠고 20살이며 여래의 법과 율의 가운데에서 구족계를 받고자 합니다. 비구니 누구는 승가를 쫓아서 제자를 양육하는 갈마를 애원하였습니다. 만약 승가께서 때에 이르렀다면 승가께서는 비구니 누구에게 제자를

양육하는 갈마를 주십시오. 이와 같이 아룁니다.'

'아리야 승가께서는 허락하십시오. 누구 식차마니가 2세학계를 채웠고 20살이며 여래의 법과 율의 가운데에서 구족계를 받고자 합니다. 비구니 누구는 승가를 쫓아서 제자를 양육하는 갈마를 애원하였습니다. 승가시여. 지금 누구에게 제자를 양육하는 갈마를 주겠습니다. 여러 아리야들께서 어느 비구니에게 제자를 양육하는 갈마를 주는 것을 인정하신다면 묵연하시고, 만약 인정하시지 않는다면 곧 말씀하십시오.'"

이것이 첫 번째의 갈마이다. 두 번·세 번째의 갈마에서도 역시 이와 같이 말해야 한다.

"승가시여. 이미 인정하였으므로 비구니 누구에게 제자를 양육하는 갈마를 주어서 마쳤습니다. 승가께서 인정하신 것은 묵연하였던 까닭입니다. 이 일을 이와 같이 지니겠습니다."

이 식차마니가 2세학계를 이미 채웠고 20세이며 여래의 법과 율의 가운데에서 구족계를 받고자 하는 승가의 가운데에 들어와서 먼저 머리 숙여 승가의 발에 예배하고, 승가의 발에 예배를 마쳤다면 먼저 화상인 비구니를 청하여 호궤 합장하고서 이와 같이 말을 지어야 한다.

"존자께서는 억념하십시오. 저 누구는 존자를 쫓아서 화상으로 애원합니다. 존자께서는 마땅히 저를 위하여 화상을 짓고서 저에게 구족계를 주십시오."

이와 같이 세 번에 이르렀다면 화상인 비구니는 마땅히 "환희심이 일어난다."라고 말해야 하고, 제자는 "저는 화상인 비구니를 정대(頂戴)하여 지니겠습니다."라고 말하였다면, 먼저 옷과 발우를 구하여 주고, 대중을 구하여 주며, 두 계사(戒師)를 구하여 주고, 텅비고 고요한 처소의 스승을 구하여서 대중 승가께 추천하여 주어야 한다.

갈마사는 마땅히 이렇게 말을 지어야 한다.

"이 가운데에서 누가 능히 누구에게 텅비고 고요한 처소의 스승이 되겠습니까?"

대답하여 말한다.

"내가 능히 되겠습니다."

갈마사는 마땅히 이렇게 말을 지어야 한다.

"'아리야 승가께서는 허락하십시오. 누구가 누구를 쫓아서 구족계를 받고자 합니다. 만약 승가께서 때에 이르렀다면 승가께서는 누구에게 화상 비구니는 누구이고 능히 누구를 텅비고 고요한 처소에서 가르치는 스승으로 짓겠습니다.'

'아리야 승가께서는 허락하십시오. 누구에게 화상 비구니는 누구이고 능히 누구를 텅비고 고요한 처소에서 가르치는 스승으로 지었습니다. 승가께서 인정하신 것은 묵연하였던 까닭입니다. 이 일을 이와 같이 지니겠습니다.'"

스승은 마땅히 구족계를 받고자 하는 사람을 데리고 대중을 벗어나서 가깝지도 않고 멀지도 않은 곳에서 가르쳐야 한다. 가르침에는 두 종류가 있으니, 만약 간략하거나, 만약 자세한 것이다.

무엇을 간략하다고 말하는가? 대중 승가의 가운데에서 마땅히 "그대가 있다면 마땅히 '있다.'고 말하고, 없다면 마땅히 '없다.'고 말하라."라고 말하는 것이다. 무엇을 자세하다고 말하는가? "선여인은 들어라. 지금은 지극히 성스러운 때이고 진실하게 말하는 때이니, 여러 천상과 세간에서 천마(天魔)·여러 범행의 사문·바라문·여러 천인·세상 사람·아수라에게 만약 진실하지 않다면, 곧 그들의 가운데에서 속이는 것이고, 역시 여래·응공·정변지·성문·비구니 대중을 속이는 것이다. 이것은 큰 죄이니라. 지금 그대에게 묻겠느니 있으면 "있다."고 말하고 없으면 "없다."라고 말해야 한다.

부모와 남편이 있는가? 만약 "있습니다."라고 말하였다면 마땅히 물어야 한다.

"부모와 남편이 허락하였는가? 화상인 비구니는 구하였는가? 다섯 가지의 옷과 발우를 갖추었는가? 2세학계를 채웠는가? 제자를 양육하는 갈마를 지었는가? 그대의 이름은 무엇인가?"

대답하여 말한다.

"이름은 누구입니다."
화상인 비구니의 이름은 누구인가?
대답하여 말한다.
"이름은 누구입니다."
"그대는 부모를 죽이지 않았는가? 아라한을 죽이지 않았는가? 승가를 파괴하지 않았는가? 악한 마음으로 세존의 몸에 피를 흐르게 하지 않았는가? [세존께서는 오래 전에 이미 열반하셨으나 옛날의 문장을 의지한 까닭이다.] 비구의 청정한 계율을 파괴하지 않았는가? 적주로 머무르지 않았는가? 월제인(越濟人)은 아닌가? 스스로 출가하지 않았는가? 본래 일찍이 구족계를 받지 않았는가?"
만약 "일찍이 받았습니다."라고 말하였다면, 마땅히 말해야 한다.
"떠나십시오. 구족계를 받을 수 없습니다."
만약 "아닙니다."라고 말하였다면 마땅히 물어야 한다.
"그대는 여노비는 아닌가? 양녀(養女)는 아닌가? 빚진 사람은 아닌가? 군인의 아내는 아닌가? 왕가에 모반하지 않았는가? 그대는 여자인가? 석녀가 아닌가? 여근(女根)이 문드러지지 않았는가? 두 길이 통하지 않는가? 여근이 파괴되지 않았는가? 젖꼭지가 없는 것은 아닌가? 젖꼭지가 하나인가? 항상 피가 흐르는 병은 아닌가? 피가 없지 않은가? 한 달동안 항상 피가 흐르는 것은 아닌가? 불능녀는 아닌가? 그대가 이와 같은 여러 종류의 병인 선개·황란·나병·옹좌·치병·금황병·학병·해소·소진(消盡)·전광·열병(熱病)·풍종(風腫)·수종(水腫)·복종(腹腫) 등이 있거나, 이와 같은 여러 종류와 다시 남은 병이 몸에 있는 것이 아닌가?"
대답하여 말한다.
"없습니다."
가르치는 스승은 와서 승가에 들어가서 이렇게 말을 지어야 한다.
"누구에게 물었더니 스스로가 '청정하여 차법(遮法)이 없다.'고 말하였습니다."
갈마사는 마땅히 이렇게 말을 지어야 한다.

'"아리야 승가께서는 허락하십시오. 누구는 누구를 쫓아서 구족계를 받고자 합니다. 누구를 이미 텅비고 고요한 처소에서 물어서 마쳤습니다. 만약 승가께서 때에 이르렀다면 승가께서는 누구와 화상 비구니인 누구가 승가의 가운데에 들어오는 것을 허락하십시오.'

'아리야 승가께서는 허락하십시오. 누구와 화상 비구니는 누구가 승가의 가운데에 들어오는 것을 허락하겠습니다. 승가께서 인정하신 것은 묵연하였던 까닭입니다. 이 일을 이와 같이 지니겠습니다.'"

이 사람은 승가의 가운데에 들어왔다면 한 명·한 명에게 머리 숙여 발에 예배하고 계사(戒師)의 앞에 호궤 합장하면 옷과 발우를 주어야 한다.

"이 발다라(鉢多羅)를 양에 마땅하게 수용하고 제가 수지하겠습니다."

이와 같이 세 번을 말해야 한다.

"이것은 승가리이고, 이것은 울다라승이며, 이것은 안타회이고, 이것은 부견의(覆肩衣)이며, 이것은 우의(雨衣)이니, 이 5의(衣)를 목숨을 마치도록 벗어나서 묵지 않고 수지하겠습니다."

이와 같이 세 번에 이르렀다면, 갈마사는 마땅히 이렇게 말을 지어야 한다.

'"아리야 승가께서는 허락하십시오. 누구는 누구를 쫓아서 구족계를 받고자 합니다. 누구를 이미 텅비고 고요한 처소에서 물어서 마쳤습니다. 만약 승가께서 때에 이르렀다면 승가께서는 누구와 화상 비구니인 누구가 승가를 쫓아서 구족계를 받는 것을 애원하고 있습니다.'

'여러 아리야들께서는 허락하십시오. 누구는 화상 비구니인 누구에게 승가를 쫓아서 구족계를 애원하였습니다. 승가께서 인정하신 것은 묵연하였던 까닭입니다. 이 일을 이와 같이 지니겠습니다.'"

갈마사는 마땅히 애원하도록 가르쳐야 한다.

"아리야 승가께서는 허락하십시오. 저 누구는 화상 비구니인 누구를 쫓아서 구족계를 받고자 합니다. 아사리 누구는 이미 텅비고 고요한 처소에서 가르치고 물어서 마쳤습니다. 저 누구는 지금 화상 비구니인 누구에게 승가를 쫓아서 구족계를 받고자 애원합니다. 오직 원하건대 승가께서는 애민하게 생각하시는 까닭으로 저에게 구족계를 주십시오."

이와 같이 세 번에 이르렀다면, 갈마사는 마땅히 이렇게 말을 지어야 한다.

"아리야 승가께서는 허락하십시오. 누구는 화상 비구니인 누구를 쫓아서 구족계를 받고자 합니다. 누구를 이미 텅비고 고요한 처소에서 가르치고 물어서 마쳤으며, 승가를 쫓아서 구족계를 받고자 애원하고 있습니다. 만약 승가께서 때에 이르렀다면 승가께서는 누구와 화상 비구니 누구에게 제가 승가의 가운데에서 차법을 묻도록 하십시오.'

'아리야 승가께서는 허락하십시오. 누구와 화상 비구니 누구에게 제가 승가의 가운데에서 차법을 묻겠습니다. 승가께서 인정하신 것은 묵연하였던 까닭입니다. 이 일을 이와 같이 지니겠습니다.'"

"선여인은 들어라. 지금은 지극히 성스러운 때이고 진실하게 말하는 때이며, 나아가 이와 같은 여러 종류와 다시 남은 병이 몸에 있는 것이 아닌가?"

대답하여 말한다.

"없습니다."

갈마사는 마땅히 이렇게 말을 지어야 한다.

"아리야 승가께서는 허락하십시오. 누구는 화상 비구니인 누구를 쫓아서 구족계를 받고자 합니다. 누구를 이미 텅비고 고요한 처소에서 가르치고 물어서 마쳤으며, 승가를 쫓아서 구족계를 받고자 애원하였습니다. 부모와 남편은 이미 허락하였고, 이미 화상을 구하였으며, 5의와 발우를 갖추었고, 이 여인은 2세학계를 채웠으며, 대중을 양육하는 갈마를 지었고, 스스로 말하기를 '청정하여 차법이 없다.'고 말하였습니다. 만약 승가께서 때에 이르렀다면 승가께서는 누구와 화상 비구니 누구에게 제가 승가의 가운데에서 3의법을 설하도록 하십시오.'

'아리야 승가께서는 허락하십시오. 누구와 화상 비구니 누구에게 제가 승가의 가운데에서 3의법을 설하겠습니다. 승가께서 인정하신 것은 묵연하였던 까닭입니다. 이 일을 이와 같이 지니겠습니다.'"

"선여인은 들어라. 이것은 여래·응공·정변지께서 요익하게 하시려는 까닭으로 성문과 비구니 대중의 가운데에서 바로 말씀하시어 3의법을 제정하셨느니라. 만약 인욕으로 견디고 정직한 마음인 선여인에게 구족계를 주겠으나, 욕으로 견디지 못하는 자에게는 구족계를 줄 수 없느니라.

무엇이 세 가지인가? 분소의(糞掃衣)는 일이 적고 얻기가 쉬우며 마땅히 청정하여 여러 허물이 없어서 비구니가 수순해야 할 법이니라. 이것을 의지하고 출가하여 구족계를 받는다면 비구니가 되는 것이다.

"이 가운데에 목숨을 마치도록 능히 인욕으로 견디면서 분소의를 수지하겠는가?"

대답하여 말한다.

"능히 수지하겠습니다."

만약 여분으로 흠바라의·첩의·추마의·구사야의·사나의·마의 구모제의 등을 얻을 수 있느니라.

걸식에 의지하면 일이 적고 얻기가 쉬우며 마땅히 청정하여 마땅히 여러 허물이 없어서 비구니가 수순해야 할 법이니라. 이것을 의지하고 출가하여 구족계를 받는다면 비구니가 되는 것이다.

"이 가운데에 목숨을 마치도록 능히 인욕으로 견디면서 걸식하겠는가?"

대답하여 말한다.

"능히 걸식하겠습니다."

만약 여분으로 반월식(半月食)과 8일·14일·15일은 설계(說戒食)·주식(籌食)·청식(請食) 등을 얻을 수 있느니라.

진기약(陳棄藥)에 의지하면 일이 적고 얻기가 쉬우며 마땅히 청정하여 마땅히 여러 허물이 없어서 비구니가 수순해야 할 법이니라. 이것을 의지하고 출가하여 구족계를 받는다면 비구니가 되는 것이다.

"이 가운데에 목숨을 마치도록 능히 인욕으로 견디면서 진기약을 복용하겠는가?"

대답하여 말한다.

"능히 진기약을 복용하겠습니다."

만약 여분으로 소(酥)·기름·꿀·석밀·생소·지방(脂) 등을 얻을 수 있느니라.

이 세 가지의 성스러운 씨앗을 마땅히 수순하면서 배워야 하느니라.
"아리야 승가께서는 허락하십시오. 누구는 화상 비구니인 누구를 쫓아서 구족계를 받고자 합니다. 누구를 이미 텅비고 고요한 처소에서 가르치고 물어서 마쳤으며, 승가를 쫓아서 구족계를 받고자 애원하였습니다. 부모와 남편은 이미 허락하였고, 이미 화상을 구하였으며, 5의와 발우를 갖추었고, 이 여인은 2세학계를 채웠으며, 대중을 양육하는 갈마를 지었고, 스스로 말하기를 '청정하여 차법이 없다.'라고 말하였습니다. 이미 세 가지를 의지하고 인욕하여 견디겠다고 말하였습니다. 만약 승가께서 때에 이르렀다면 승가께서는 누구에게 구족계를 주십시오. 화상 비구니는 누구입니다. 이와 같이 아룁니다.'

'아리야 승가께서는 허락하십시오. 누구는 화상 비구니인 누구를 쫓아서 구족계를 받고자 합니다. 누구를 이미 텅비고 고요한 처소에서 가르치고 물어서 마쳤으며, 승가를 쫓아서 구족계를 받고자 애원하였습니다. 부모와 남편은 이미 허락하였고, 이미 화상을 구하였으며, 5의와 발우를 갖추었고, 이 여인은 2세학계를 채웠으며, 대중을 양육하는 갈마를 지었고, 스스로 말하기를 '청정하여 차법이 없다.'라고 말하였습니다. 이미 세 가지를 의지하고 인욕하겠다고 말하였습니다. 여러 아리야들께서 어느 비구니에게 구족계를 주겠고 화상 비구니는 누구인 것을 인정하신다면 묵연하시고, 만약 인정하시지 않는다면 곧 말씀하십시오.'"

이것이 첫 번째의 갈마이다. 두 번·세 번째의 갈마에서도 역시 이와 같이 말해야 한다.

"승가시여. 이미 누구에게 구족계를 주어서 마쳤습니다. 승가께서 인정하신 것은 묵연하였던 까닭입니다. 이 일을 이와 같이 지니겠습니다."

"선여인은 들으라. 그대는 이미 백일갈마와 백사갈마로써 구족계를 받았으므로, 무차법(無遮法)이고, 화합하는 승가이며, 십중(十衆)이니라.

그대는 지금 마땅히 세존을 공경하고 존중하며, 법을 공경하고 존중하며, 승가를 공경하고 존중하며, 화상을 공경하고 존중하며, 아사리를 공경하고 존중하라. 그대는 이미 만나기 어려운 사람의 몸과 만났고, 얻기 어려운 세존의 세상을 만났으며, 듣기 어려운 법을 들었고, 만나기 어려운 승가와 화합하여 뜻으로 서원을 성취할 것이며, 어려웠어도 이미 구족함을 얻었으니, 마땅히 수순하여 배워야 하느니라. 무우수(無憂樹)[2]의 꽃이 흙탕물을 벗어나는 것과 같이 그대는 마땅히 3의지를 의지하고서 니원(泥洹)의 선법을 수습하라.

이 계의 서법(序法)·8바라이·19승가바시사·30니살기바야제·141바야제·8바라제제사니·중학법·7멸쟁법과 수순하는 법을 내가 지금 간략하게 말해서 그대를 교계(教誡)하였으니, 뒤에 화상과 아사리가 마땅히 그대에게 자세하게 가르칠 것이니라.”

구족계를 받았다면 곧 그날에 화상인 비구니는 마땅히 그대를 데리고 비구의 처소에 이르러서 화상인 비구니는 마땅히 호궤 합장하고서 이와 같이 말을 지어야 한다.

“대덕 승가께서는 억념하십시오. 제가 이미 누구에게 구족계를 주었고, 지금 승을 쫓아서 누구에게 구족계를 주는 것을 애원합니다. 애민하게 생각하시는 까닭으로 누구에게 구족계를 주십시오.”

이와 같이 세 번을 말한다면, 갈마사는 마땅히 물어야 한다.

“비구니 대중의 가운데에서 청정하여 차법은 없었습니까?”

만약 묻지 않는다면 월비니죄를 범한다. 갈마사는 마땅히 이렇게 말을 지어야 한다.

“대덕 승가께서는 허락하십시오. 누구가 누구를 쫓아서 구족계를 받았습니다. 이미 비구니 대중의 가운데에서 청정하여 차법은 없었습니다. 비구니 누구는 이미 승가를 쫓아서 구족계를 받는 것을 애원하였습니다. 만약 승가께서 때에 이르렀다면 승가께서는 누구와 화상인 비구니 누구에

---

[2] 보리수(菩提樹)를 일컫는 말이다.

게 승가를 쫓아서 구족계를 받는 것을 애원하고 있습니다.'
 '대덕 승가께서는 허락하십시오. 누구와 화상인 비구니 누구가 승가를 쫓아서 구족계를 받는 것을 애원하게 하겠습니다. 승가께서 인정하신 것은 묵연하였던 까닭입니다. 이 일을 이와 같이 지니겠습니다.'"
 갈마사는 마땅히 가르쳐서 호궤 합장하고 이와 같이 말을 지어야 한다.
 "대덕 승가께서는 억념하십시오. 저 누구는 화상인 비구니 누구를 쫓아서 구족계를 받았습니다. 이미 비구니 대중의 가운데에서 청정하여 차법은 없었습니다. 저 누구의 화상은 비구니 누구입니다. 저는 지금 승가를 쫓아서 구족계를 애원합니다. 오직 원하건대 승가께서는 애민한 까닭으로 저에게 구족계를 주십시오.'
 이와 같이 세 번을 말하였다면 갈마사는 마땅히 이렇게 말을 지어야 한다.
 "대덕 승가께서는 허락하십시오. 누구가 누구를 쫓아서 구족계를 받았습니다. 이미 비구니 대중의 가운데에서 청정하여 차법은 없었습니다. 비구니 누구는 이미 승가를 쫓아서 구족계를 받는 것을 애원하였습니다. 만약 승가께서 때에 이르렀다면 승가께서는 누구와 화상인 비구니 누구에게 제가 승가의 가운데에서 차법을 묻도록 하십시오.'
 '대덕 승가께서는 허락하십시오. 누구와 화상인 비구니 누구에게 제가 승가의 가운데에서 차법을 묻겠습니다. 승가께서 인정하신 것은 묵연하였던 까닭입니다. 이 일을 이와 같이 지니겠습니다.'"
 갈마사는 마땅히 묻는다.
 지금은 지극히 성스러운 때이고 진실하게 말하는 때이니, 여러 천상과 세간에서 천마·여러 범행의 사문·바라문·여러 천인·세상 사람·아수라에게 만약 진실하지 않다면, 곧 그들의 가운데에서 속이는 것이고, 역시 여래·응공·정변지와 2부승가를 속이는 것이다. 이것은 큰 죄이니라. 나는 지금 승가의 가운데에서 그대에게 묻겠나니, 있으면 "있다."고 말하고 없으면 "없다."라고 말하라.

부모와 남편이 있는가? 나아가 여인의 은밀한 곳을 제외하고는 나머지는 앞에서와 같이 모두 물어야 한다. 갈마사는 마땅히 이렇게 말을 짓는다.

"대덕 승가께서는 허락하십시오. 누구가 누구를 쫓아서 구족계를 받았습니다. 이미 비구니 대중의 가운데에서 청정하여 차법은 없는가를 물었고, 이미 승가를 쫓아서 구족계를 받는 것을 애원하였으며, 부모와 남편이 이미 허락하였고, 이미 화상을 구하였으며, 5의와 발우를 갖추었고, 2세학계를 채웠으며, 대중을 양육하는 갈마를 애원하였고, 스스로가 청정하여 차법이 없다고 말하였습니다. 만약 승가께서 때에 이르렀다면 승가께서는 누구와 화상인 비구니 누구에게 제가 승가의 가운데에서 3의지를 설하고자 합니다.'

'여러 대덕 승가께서는 허락하십시오. 누구와 화상인 비구니 누구에게 제가 승가의 가운데에서 3의지를 설하겠습니다. 승가께서 인정하신 것은 묵연하였던 까닭입니다. 이 일을 이와 같이 지니겠습니다.'"

"선여인은 들어라. 이것은 여래·응공·정변지께서 요익하게 하시려는 까닭으로 성문과 비구니 대중의 가운데에서 바로 말씀하시어 3의법을 제정하셨느니라. 만약 인욕하고 정직한 마음인 선여인에게 구족계를 주겠으나, 욕으로 견디지 못하는 자에게는 구족계를 줄 수 없느니라. 분소의는 일이 적고 얻기가 쉬우며 마땅히 청정하여 여러 허물이 없어서 비구니가 수순해야 할 법이니라. 이것을 의지하고 출가하여 구족계를 받는다면 비구니가 되는 것이다.

"이 가운데에 목숨을 마치도록 능히 인욕으로 견디면서 분소의를 수지하겠는가?"

대답하여 말한다.

"능히 수지하겠습니다."

만약 여분으로 흠바라의·첩의·추마의·구사야의·사나의·마의 구모제의 등을 얻을 수 있느니라.

이와 같아서 걸식에 의지하고 진기약에 의지하는 것도 앞에서 자세히 설한 것과 같다.

"대덕 승가께서는 허락하십시오. 누구는 누구를 쫓아서 구족계를 받았습니다. 이미 비구니 대중의 가운데에서 청정하여 차법은 없고, 이미 승가를 쫓아서 구족계를 받는 것을 애원하였으며, 부모와 남편이 이미 허락하였고, 이미 화상을 구하였으며, 5의와 발우를 갖추었고, 2세학계를 채웠으며, 대중을 양육하는 갈마를 애원하였고, 스스로가 청정하여 차법이 없다고 말하였으며, 3의지를 인욕하겠다고 말하였습니다. 만약 승가께서 때에 이르렀다면 승가께서는 누구에게 구족계를 주십시오. 화상은 비구니 누구입니다. 이와 같이 아룁니다.'

'대덕 승가께서는 허락하십시오. 누구는 누구를 쫓아서 구족계를 받았습니다. 이미 비구니 대중의 가운데에서 청정하여 차법은 없고, 이미 승가를 쫓아서 구족계를 받는 것을 애원하였으며, 부모와 남편이 이미 허락하였고, 이미 화상을 구하였으며, 5의와 발우를 갖추었고, 2세학계를 채웠으며, 대중을 양육하는 갈마를 애원하였고, 스스로가 청정하여 차법이 없다고 말하였으며, 3의지를 인욕하겠다고 말하였습니다. 승가시여. 지금 누구에게 구족계를 주십시오. 화상은 비구니 누구입니다. 여러 대덕들께서 누구에게 구족계를 주겠고 화상 비구니는 누구인 것을 인정하신다면 묵연하시고, 만약 인정하시지 않는다면 곧 말씀하십시오.'"

이것이 첫 번째의 갈마이다. 두 번·세 번째의 갈마에서도 역시 이와 같이 말해야 한다.

"승가시여. 이미 누구에게 구족계를 주어서 마쳤습니다. 화상인 비구니 누구입니다. 승가께서 인정하신 것은 묵연하였던 까닭입니다. 이 일을 이와 같이 지니겠습니다.'"

"선여인은 들으라. 그대는 이미 구족계를 받았고 백일갈마와 백사갈마로써 구족계를 잘 받았으므로, 차법이 없고, 화합하는 승가이며, 십중이니라. 그대는 지금 마땅히 세존을 공경하며 존중하고, 법을 공경하며 존중하고, 승가를 공경하며 존중하고, 화상을 공경하며 존중하고, 아사리를 공경하며 존중하라. 그대는 이미 만나기 어려운 사람의 몸과 만났고, 얻기 어려운 세존의 세상을 만났으며, 듣기 어려운 법을 들었고, 만나기 어려운 승가와 화합하여 뜻으로 서원을 성취할 것이며, 석사자(釋師子)와 여러 성문들에게 정례(頂禮)하라. 이미 구족함을 얻었으니, 무우수의 꽃이 흙탕물을 벗어나는 것과 같이 그대는 마땅히 3의지를 의지하고서 니원의 선법을 수습하여 구족하라.”

세존께서 비사리의 대림중각정사(大林重閣精舍)에 머무르셨다.
그때 법예(法豫) 비구니의 제자가 구족계를 받고자 하였다. 이때 암바라(菴婆羅)의 리차 동자는 법예의 제자가 구족계를 받으려고 한다는 것을 듣고 곧 이렇게 생각을 지었다.
'이 여인이 나에게 이와 같다면 요익하지 않은 일이다. 지금 만약 정사의 문에서 나온다면 내가 마땅히 다시 붙잡아서 그녀의 범행을 깨트려서 구족계를 받지 못하도록 하겠다.'
법예 비구니는 듣고서 세존의 처소로 갔고 이르러 머리 숙여 발에 예경하고 물러나서 한쪽에 있으면서 세존께 아뢰어 말하였다.
“세존이시여. 저에게 구족계를 받으려고 하는 제자가 있으나, 만약 정사에서 나가면 범행이 파괴되는 것이 두려워서 그곳에 머물고 있습니다. 이곳의 승가에서 멀리 구족계를 줄 수 있습니까?”
세존께서 말씀하셨다.
“줄 수 있느니라. 먼저 비구니 대중이 구족계를 주고서, 비구 승가의 가운데에 가서 구족계를 주도록 애원하라.”
비구니 승가는 구족계를 주었고 법예는 곧 가서 비구 승가에게 아뢰었고 구족계를 주도록 애원하였다.
갈마인은 마땅히 이렇게 말을 지어야 한다.
“대덕 승가께서는 허락하십시오. 법예 비구니의 제자 누구는 구족계를 받고자 합니다. 만약 이곳에 온다면 범행을 깨트린다고 두려워합니다. 만약 승가께서 때에 이르렀다면 승가께서는 법예 비구니의 제자인 누구가 승가를 쫓아서 구족계를 받도록 애원하게 하십시오.'
'대덕 승가께서는 허락하십시오. 법예 비구니의 제자 누구는 구족계를 받도록 애원하게 하겠습니다. 승가께서 인정하신 것은 묵연하였던 까닭입니다. 이 일을 이와 같이 지니겠습니다.'"

화상인 비구니는 마땅히 승가의 가운데에서 호궤 합장하고서 이렇게 말을 지어야 한다.

"대덕 승가께서는 억념하십시오. 저 법예 비구니의 제자인 누구는 구족계를 받으려고 합니다. 만약 이곳에 온다면 범행이 무너지는 것이 두려워서 이미 비구니 대중의 가운데에서 차법이 없는 구족계를 받았습니다. 저 누구는 제자 누구를 위하여 구족계를 주도록 애원합니다. 오직 원하건대 대덕 승가께서는 애민한 까닭으로 저의 제자 누구에게 구족계를 주십시오."

이와 같이 세 번에 이르렀다면 승가의 가운데에서 마땅히 갈마를 감당할 수 있는 자를 만약 두 명이거나, 만약 세 명을 뽑아야 하고, 만약 갈마하는 대중을 얻지 못하였다면 갈마인은 마땅히 이렇게 말을 지어야 한다.

"대덕 승가께서는 허락하십시오. 법예 비구니의 제자 누구는 구족계를 받고자 합니다. 이미 비구니 대중의 가운데에서 차법이 없는 구족계를 받았으나, 만약 이곳에 온다면 범행이 무너지는 것이 두려워서 법예 비구니가 제자 누구를 위하여 이미 승가를 쫓아서 구족계를 주도록 애원하였습니다. 만약 승가께서 때에 이르렀다면 승가께서는 지금 누구와 누구의 비구가 법예의 제자인 누구에게 구족계를 받도록 갈마하겠습니다. 이와 같이 아룁니다.'

'대덕 승가께서는 허락하십시오. 법예 비구니의 제자 누구는 구족계를 받고자 합니다. 이미 비구니 대중의 가운데에서 차법이 없는 구족계를 받았으나, 만약 이곳에 온다면 범행이 무너지는 것이 두려워서 법예 비구니가 제자 누구를 위하여 이미 승가를 쫓아서 구족계를 주도록 애원하였습니다. 승가시여. 지금 누구와 누구의 비구가 법예의 제자인 누구에게 구족계를 받도록 갈마하겠습니다. 여러 대덕들께서 누구와 누구의 비구가 법예의 제자인 누구를 위하여 구족계를 받도록 갈마하는 것을 인정하신다면 묵연하시고, 만약 인정하시지 않는다면 곧 말씀하십시오.'"

이것이 첫 번째의 갈마이다. 두 번·세 번째의 갈마에서도 역시 이와 같이 말해야 한다.

"승가시여. 이미 누구와 누구의 비구가 법예의 제자인 누구인 누구를 위하여 구족계를 받도록 갈마하는 것을 마쳤습니다. 화상인 비구니 누구입니다. 승가께서 인정하신 것은 묵연하였던 까닭입니다. 이 일을 이와 같이 지니겠습니다.'"

이 비구가 갈마를 받아서 마쳤다면 곧 마땅히 비구니의 정사로 가서 구족계를 받을 사람에게 마땅히 향하여 애원하게 시키면서 호궤 합장하고 이렇게 말을 짓도록 한다.

"대덕 승가께서는 억념하십시오. 저 누구는 화상인 비구니 누구를 쫓아서 구족계를 받았으며, 이미 비구니 대중의 가운데서 청정하여 차법이 없는 구족계를 받았습니다. 제가 만약 이곳에서 나간다면 범행이 무너지는 것이 두려워서 이곳에 머물렀습니다. 저 누구와 화상인 비구니 누구는 지금 승가를 쫓아서 구족계를 애원합니다. 오직 원하건대 승가께서는 애민한 까닭으로 저에게 구족계를 주십시오."

이와 같이 세 번을 말하고서 화상인 비구니와 마땅히 함께 승가의 가운데에 이르도록 하고, 화상인 비구니는 마땅히 애원하면서 호궤 합장하고 이렇게 말을 지어야 한다.

"대덕 승가께서는 억념하십시오. 저 법예 비구니의 제자인 누구는 구족계를 받고자 하였고 이미 비구니 대중의 가운데에서 청정하여 차법이 없는 구족계를 받았습니다. 만약 이곳에서 나간다면 범행이 무너지는 것이 두려웠으므로 이곳에 머물렀습니다. 저 법예의 제자 누구가 지금 승가를 쫓아서 구족계를 애원하고 있습니다. 오직 원하건대 승가께서는 애민한 까닭으로 구족계를 주십시오."

이와 같이 세 번을 말하였다면 갈마인은 마땅히 이렇게 말을 짓는다.

'대덕 승가께서는 허락하십시오. 누구는 누구를 쫓아서 구족계를 받았으며, 이미 비구니 대중의 가운데서 청정하여 차법이 없는 구족계를 받았습니다. 제가 만약 이곳에 온다면 범행이 무너지는 것이 두려웠으므로 그곳에 머물렀습니다. 화상인 비구니 누구는 지금 승가를 쫓아서 구족계를 애원하고 있습니다. 만약 승가께서 때에 이르렀다면 승가께서는 누구에게 구족계를 주십시오. 화상은 비구니 누구입니다. 이와 같이 아룁니다.'

백일갈마와 백사갈마를 마쳤다면 화상인 비구니와 함께 돌아가고, 비구니의 정사에 이르러 이렇게 말을 지어야 한다.

"선여인은 들어라. 그대가 이미 구족계를 받았느니라. 백일갈마·백사갈마·차법이 없음·십중의 이상으로 화합한 2부(部)의 대중에게 구족계를 받는 것을 마쳤느니라. 그대는 마땅히 3보(寶)를 공경하라. 그대는 이미 얻기 어려운 사람의 몸을 만났고, 얻기 어려운 세존의 세상을 만났으며, 듣기 어려운 법을 들었느니라."

이것을 2세학계와 2부대중의 가운데에서 구족계를 받는다고 이름한다.

[둘째의 공경법을 마친다].

(157) 죄를 말하는 것

비구니는 비구가 진실한 죄가 있거나, 죄가 아니었어도 말할 수 없다. 비구는 비구니의 진실한 죄는 말할 수 있으나 진실로 죄가 아니라면 말할 수 없다. 비구니는 의사 비구와 범계(犯戒) 비구와 마하라(摩訶羅) 비구의 죄를 말할 수 없다. 만약 친족이라면 유연한 말로 충고할 수 있으나, 꾸짖을 수 없으며, 만약 나이가 젊다면 마땅히 말해야 한다.

"그대가 지금 배우지 않고 기다린다면 늙어서 마땅히 배우겠습니까? 그대는 나중에는 제자들을 불러서 가르칠 것인데, 그대가 배우지 않는다면 나중의 제자들도 역시 마땅히 그대가 악하게 지은 것을 배울 것입니다. 이러한 까닭으로 그대는 마땅히 수순하고 배우며 경을 받아서 독경해야 합니다."

만약 비구니가 비구의 허물을 말하면서 "의사 비구이고, 범계 비구이며, 마하라 비구"라고 말하였다면 공경법을 위반한 것이다.

비구는 비구니의 진실한 허물을 말할 수는 있으나, "머리를 깎은 늙은 할멈이고, 음탕한 늙은 할멈이며, 마하리(摩訶梨)의 늙은 할멈"이라고 꾸짖으면서 말할 수 없다. 만약 친족이 비법을 지었다면 "이러한 일을 하지 마시오."라고 말할 수는 있으나, 꾸짖으면서 말할 수 없고, 마땅히 부드러운 말로 충고해야 한다.

만약 나이 어린 자라면 마땅히 말해야 한다.

"그대가 지금 배우지 않고 기다린다면 늙어서 마땅히 배우겠습니까? 그대는 나중에는 제자들을 불러서 가르칠 것인데, 그대가 배우지 않는다면 나중의 제자들도 역시 마땅히 그대가 악하게 지은 것을 배울 것입니다. 이러한 까닭으로 그대는 마땅히 수순하게 배우고 경을 받아서 독경해야 합니다."

만약 비구가 비구니를 꾸짖어 말하면서 "머리를 깎은 늙은 할멈이고, 음탕한 늙은 할멈이며, 마하리의 늙은 할멈"이라고 말하는 자는 월비니죄를 범한다. 이것을 비구니는 비구의 진실한 죄와 진실로 죄가 아니어도 말할 수 없고, 비구는 비구니의 진실한 죄를 말할 수 있다고 이름한다.

[셋째의 공경법을 마친다.]

(158) 먼저 받지 못하는 것

비구니는 비구보다 먼저 음식을 받을 수 없고, 방사를 받을 수 없으며, 평상과 요를 받을 수 없다. 만약 어느 사람이 비구니에게 음식을 청하였다면 마땅히 "먼저 높이 존중받는 대중을 청하십시오."라고 말해야 하고, 만약 "나는 그에게 공경하는 마음이 없습니다."라고 말하면서 바로 여러 비구니들을 청하고자 말하였다면, 마땅히 "나도 받을 수 없습니다."라고 말해야 한다.

만약 "내가 먼저 일찍이 이미 승가에게 전식과 후식을 청하였는데, 이미 일찍이 사람들과 함께 청하였습니다. 일찍이 여러 비구니들을 청한 것은 아닙니다."라고 말하였고, 만약 그렇다면 마땅히 청을 받는다. 하좌까지 먼저 비구 승가에게 하나의 박식(搏食)[3]이라도 함께 주었고 비구니가 뒤에 여러 가지 좋은 음식을 얻었다면 무죄이다.

만약 어느 사람이 와서 "나는 비구니의 방사를 짓고자 합니다."라고 말하였다면, 마땅히 "먼저 높이 존중받는 대중에게 지으십시오."라고 말해야 하고, 만약 "나는 그에게 공경하는 마음이 없습니다."라고 말하면서 바로 비구니에게 지어서 주고자 하였다면, 마땅히 "나도 받을 수 없습니다."라고 말해야 한다.

만약 "내가 먼저 일찍이 승가에게 방사·강당·온실·식당·문간(門屋)·우물·측간·발을 씻는 곳을 지어서 주었는데, 일찍이 대중의 사람들과 함께 지은 것이고, 일찍이 비구니들을 위하여 지었던 것은 아닙니다."라고 말하였고, 만약 그렇다면 마땅히 청을 받는다. 하좌까지 먼저 비구 승가에게 하나의 모기와 같은 작은 집이라도 주었고, 뒤에 비구니가 큰 방을 받았다면 무죄이다.

만약 어느 사람이 와서 비구니에게 평상과 요를 주었다면, 마땅히 "먼저 높이 존중받는 대중에게 지으십시오."라고 말해야 하고, 만약 "나는 그에게 공경하는 마음이 없습니다."라고 말하면서 바로 비구니에게 지어서 주고자 하였다면, 마땅히 "나도 받을 수 없습니다."라고 말해야 한다. 만약 "내가 먼저 일찍이 비구 승가들에게 평상·요·침구·와구(臥具)들을 주었고, 일찍이 비구니에게 주었던 것은 아닙니다."라고 말하였고, 만약 그렇다면 마땅히 청을 받는다. 하좌까지 먼저 비구 승가에게 하나의 작은 평상이라도 주었고, 비구니가 뒤에 좋은 평상과 요를 받았다면 무죄이다.

만약 단월이 일찍이 비구들에게 음식을 주었거나, 평상과 요를 베풀지 않았는데, 비구니가 먼저 받았다면 공경법을 위반하는 것이다. 이것을 비구니가 먼저 음식과 평상과 요를 받지 않는다고 이름한다.

[넷째의 공경법을 마친다.]

---

3) 단식(段食)을 다르게 부르는 말로서 일반적으로 형체가 있는 음식을 가리킨다.

(159) 보름(半月)의 마나타

만약 비구니가 공경법을 위반하였다면 마땅히 2부중(部衆) 가운데에서 보름동안 마나타를 행하여야 한다. 만약 19승가바시사를 범하였다면 2부중 가운데에서 보름동안 마나타를 행하여야 하고, 비구니 대중의 가운데에서 수순법을 행하면서 마땅히 날마다 2부중에게 아뢰어야 한다. 이것을 2부중이라고 이름하고, 이것을 비구니가 2부중의 가운데에서 보름동안 마나타를 행한다고 이름한다.

[다섯째의 공경법을 마친다.]

(160) 보름마다 포살을 묻고 교계를 구하는 것

비구니가 포살의 날에 이르렀다면, 만약 일체의 비구니 승가이어도, 만약 사자를 보내어 비구의 정사에 이르렀다면 탑에 예배하고 지식인 비구의 처소에 이르러서 청정하게 욕(欲)을 주었다고 이와 같이 말을 지어야 한다.

"일체의 비구니 승가는 화합하여 비구 승가의 발에 예배하면서 포살을 묻고 교계를 청합니다."

이와 같이 세 번을 말하였다면, 승가에서 포살하는 때에 송계(誦戒)하는 비구는 마땅히 이렇게 말을 지어야 한다.

"대덕 승가께서는 허락하십시오. 지금 포살하는 날은 그렇게 이미 지나갔고, 남은 날이 그렇게 있으며, 세존과 성문들이 항상 행하였던 일입니다. 여러 대덕들께서 오셨어도 여러 비구들께서 욕을 청정하게 설하지 않으신다면 누가 비구니에게 욕을 취하여 주겠습니까?"

비구니가 욕을 취하려는 사람이라면 마땅히 상좌의 앞에 이르러 오른쪽 어깨를 드러내고 합장하고서 이와 같이 말을 지어야 한다.

"비구니 승가는 화합하여 비구 승가의 발에 예배합니다. 청정한 욕을 주십시오."

포살을 묻고 교계를 청하면서 이와 같이 세 번을 말하였다면 송계를 외우는 사람은 마땅히 물어 말한다.

"누가 비구니를 교계하겠습니까?"
만약 먼저 교계하는 사람이 있었다면 뒤의 사람은 마땅히 물어 말한다.
"비구니가 어느 날에 오고, 어느 곳에서 교계합니까?"
먼저 사람이 마땅히 말한다.
"어느 날에 오고, 어느 곳에서 교계합니다."
만약 교계하려는 사람이 없다면 먼저 비구니의 청정한 욕을 취하였던 비구는 마땅히 비구니에게 말하여야 한다.
"자매여. 교계할 사람이 없습니다. 마땅히 근신(勤愼)하고 방일하지 마십시오."
만약 비구가 12법을 성취하였다면 승가는 갈마하여 교계하는 사람으로 지어야 한다. 무엇이 12가지인가? 첫째는 지계이고, 둘째는 다문(多聞)으로 잊지 않았으며, 셋째는 지율로 자세함과 간략함을 알고, 넷째는 변재가 있어서 능히 설하며, 다섯째는 계율을 배웠고, 여섯째는 정(定)을 배웠으며, 일곱째는 혜를 배웠고, 여덟째는 능히 악하고 삿됨을 없앴으며, 아홉째는 범행이 청정하고, 열째는 비구니의 청정한 행을 더럽히지 않았으며, 열한째는 인욕하고, 열두째는 20세를 채운 것이다. 이것을 12법을 성취하였다고 이름한다.
승가는 마땅히 예배하고 비구니를 교계하는 사람으로 지어야 한다. 갈마하는 자가 마땅히 이렇게 말을 지어야 한다.
"대덕 승가께서는 허락하십시오. 누구 비구는 12법을 성취하였습니다. 만약 승가께서 때에 이르렀다면 승가께서는 누구 비구에게 예배하고 비구니를 교계하게 하십시오. 이와 같이 아룁니다.'
'대덕 승가께서는 허락하십시오. 누구 비구는 12법을 성취하였습니다. 승가시여. 지금 누구 비구에게 예배하고 비구니를 교계하도록 하겠습니다. 여러 대덕들께서 누구 비구에게 예배하고 비구니를 교계하도록 인정하신다면 묵연하시고, 만약 인정하시지 않는다면 곧 말씀하십시오.'"
이것이 첫 번째의 갈마이다. 두 번·세 번째의 갈마에서도 역시 이와 같이 말해야 한다.

"승가시여. 이미 누구 비구에게 예배하고 비구니를 교계하도록 지어서 마쳤습니다. 승가께서 인정하신 것은 묵연하였던 까닭입니다. 이 일을 이와 같이 지니겠습니다."

이 비구가 갈마를 받았다면 마땅히 비구니를 교계하여야 한다.

'교계하는 법'은 8사(事)가 있으니, 무엇이 여덟 가지인가? 첫째는 때가 아닌 때이고, 둘째는 처소가 아니며, 셋째는 때가 지난 것이고, 넷째는 때에 이르지 않은 것이며, 다섯째는 화합하지 않은 것이고, 여섯째는 권속이며, 일곱째는 장구(長句)로 설법하는 것이고, 여덟째는 교계하는 스승을 맞이하는 것이다.

'때가 아닌 때'는 일몰을 쫓아서 밝은 모습이 나타나지 않을 때까지 교계하는 것이다. 이것을 때가 아닌 때라고 이름한다. 만약 비구로서 때가 아닌 때에 비구니를 교계하는 자는 바야제죄를 범한다.

'처소가 아니다.'는 깊고 두려운 곳에서 설할 수 없고, 드러나서 나타나는 곳에서도 설할 수 없다. 마땅히 깊지 않고 드러나지 않은 곳이어야 하나니, 만약 강당이거나, 만약 나무 아래이다. 만약 비구가 처소가 아닌 곳에서 비구니를 교계하였다면 월비니죄를 범한다. 이것을 처소가 아니라고 이름한다.

'때가 지났다.'는 14일과 15일이다. 이것을 때가 지났다고 이름한다.

'때에 이르지 않았다.'는 매달 1일이거나, 만약 2일과 3일이다. 이것을 때가 이르지 않았다고 이름한다. 마땅히 4일부터 13일을 쫓아서 가고 교계하여야 한다. 때가 아직 이르지 않았는데 비구니를 교계하는 자는 월비니죄를 범한다. 이것을 때가 이르지 않았다고 이름한다.

'화합하지 못하다.'는 비구니의 승가가 화합하지 않았다면 마땅히 교계할 수 없고, 화합하였다면 그러한 뒤에 교계하여야 한다. 교계인이 이르렀다면 마땅히 물어야 한다.

"비구니 승가는 화합하였습니까?"

만약 "화합하였습니다."라고 말하였다면 마땅히 사자를 보내고 비구니들을 불러서 교계를 듣도록 한다. 만약 늙고 병들어 약을 먹거나, 옷과 발우의 일로 오지 못하는 자는 마땅히 욕(欲)을 주면서 이렇게 말을 지어야 한다.

"나 누구는 그대에게 교계의 욕을 주겠습니다."

이와 같이 세 번을 말해야 한다. 만약 비구니 승가가 화합하지 않았는데 교계하는 자는 월비니죄를 범한다. 이것을 화합하지 않았다고 이름한다.

'권속'은 치우쳐서 교계할 수 없고, 마땅히 일체의 비구니들이 화합하였다면 그러한 뒤에 교계하여야 한다. 이것을 권속이라고 이름한다.

'긴 말로 설법하다.'는 존자 난타가 길게 말하면서 비구니를 교계하였던 것과 같나니, 마땅히 이렇게 말해야 한다.

"여러 악을 짓지 않을 것이고 여러 선을 받들어 행하며, 스스로가 그렇게 뜻을 청정하게 하는 것이다. 이것이 제불의 가르침입니다. 자매들이여. 이것이 교계이니, 들으려고 하는 자는 듣고, 떠나려고 하는 자는 마음대로 떠나십시오."

만약 비구가 긴 말로 비구니를 교계하는 자는 월비니죄를 범한다. 이것을 긴 말로 설법한다고 이름한다.

'교계인을 맞이하는 법'은 만약 비구니가 성읍이나 취락에 머무르면서 교계하는 비구가 어느 날에 온다고 들었는데 만약 공급하는 사람이 없다면 마땅히 나이 젊은 비구를 청하여 꽃과 향과 번개(幡蓋)를 가지고 가서 맞이해야 한다. 만약 사람이 없다면 그의 많고 적음을 따라서 하좌까지 합장하고 공경하며 옷과 발우를 대신하여 짊어져야 하나니, 만약 1유연(由延)이거나, 반 유연이거나, 1구로사(拘盧舍)거나, 반 구로사거나, 하좌까지 성읍과 취락의 밖까지 나와서 맞이하여야 한다. 만약 맞이하지 않는 자는 월비니죄를 범한다.

왔다면 마땅히 권화(勸化)하여 전식과 후식과 비시장을 마음을 다하여 공양해야 하고, 더불어 권속으로 7일을 부족하지 않게 해야 한다. 만약 권속이 없다면 자기의 옷과 발우 가운데의 여분(餘分)을 가지고 사용하여 공양해야 하며, 만약 다시 없다면 하좌까지 합장하고 공경해야 한다.

'교계하는 법'은 만약 아비담이거나, 만약 비니이다.

'아비담'은 9부(部)의 수다라이다.

'비니'는 바라제목차의 광본(廣本)과 약본(略本)이다.

교계인은 만약 비구니가 오는 때라면 머리를 숙이고 머무르지 않을 것이며, 마땅히 위의를 살펴보아야 하는데, 만약 기름을 머리에 발라서 반짝거리거나, 눈을 장식하였거나, 밝은 색의 옷을 입었거나, 두드려서 광택(光澤)을 냈거나, 흰 띠를 허리에 매었거나, 이와 같다면 마땅히 꾸짖어야 하고, 만약 나이가 젊다면 마땅히 말해야 한다.

"누이여. 그대는 지금 배우지 않고 기다린다면 늙어서 마땅히 배우겠습니까? 그대는 나중에는 제자들을 불러서 가르칠 것인데, 그대가 배우지 않는다면 나중의 제자들도 역시 마땅히 그대가 악하게 지은 것을 배울 것입니다. 이러한 까닭으로 그대는 마땅히 수순하고 배우며 경을 받아서 독경해야 합니다."

만약 어느 세속 사람이 가르칠 수 없다면 앞사람에게 건전하지 못한 마음을 일으키게 할 수 없고, 사문에게 말하여 "부인을 가르치십시오."라고 말해야 한다. 만약 그녀를 가르칠 수 없다면 마땅히 다른 비구니에게 물어야 한다.

"이 사람은 누구의 공행제자이고, 누구의 의지제자입니까?"

묻고서 마땅히 그들의 화상과 아사리에게 말하여 꾸짖고 가르쳐서 수순법을 따르게 하고 위의가 아닌 일을 짓지 못하도록 해야 한다. 비구가 비구니를 교계하는 때에는 마땅히 딸과 같이 생각하고, 비구니는 교계인을 세존과 같이 생각해야 한다. 이것을 보름에 포살을 묻고 교계를 구한다고 이름한다.

[여섯째의 공경법을 마친다.]

(161) 비구에게 의지하지 않는다면 안거하며 머무르지 못하는 것

만약 친족이 비구니가 안거하도록 청하고자 하였다면 비구니는 마땅히 단월에게 말해야 한다.

"먼저 높이 존중받는 대중을 청하십시오."

만약 "나는 그에게 공경하는 마음이 없습니다."라고 말하면서 바로 비구니를 청하고자 하였다면, 비구니는 마땅히 "나도 떠나갈 수 없습니다."라고 말해야 한다. 만약 친족을 위하여 떠나가고자 하는 자는 마땅히 스스로가 비구를 청하여야 하고, 비구가 그곳에 이르렀다면 마땅히 전식과 후식과 비시장(非時漿)과 안거의(安居衣)를 요리하여 부족함이 없게 하며, 만약 친족이 주지 않았다면 마땅히 자기의 옷과 발우의 가운데에서 남는 것을 공급해야 한다.

만약 안거하는 가운데 비구가 죽었거나, 도를 깨뜨렸거나, 다른 곳으로 떠나갔어도 비구니는 떠나갈 수 없고, 3유연의 안에 승가람이 있다면 마땅히 통하여 결계(結界)하고 보름마다 마땅히 가서 포살을 물어야 한다. 만약 도로에서 도둑의 난(難)으로 목숨을 잃을 것이 두려웠거나, 범행을 깨뜨리는 것이 두려웠거나, 이러한 것 등의 여러 어려움이 있다면 후안거(後安居)의 끝에 마땅히 가서 자자해야 한다. 만약 옛날처럼 여러 어려움이 있다면 마땅히 친족에게 "나를 위하여 비구를 청하여 오십시오."라고 말해야 하고, 왔으면 필요한 전식과 후식, 더불어 비시장을 공급하여 부족함이 없게 하며, 자자를 마치면 마땅히 본래의 처소로 돌아가야 한다.

만약 비구니가 안거하려는 처소에 머물려고 하였어도 비구가 없다면 안거하며 머무를 수 없다. 만약 안거하며 머무는 자는 공경법을 위반하는 것이다. 이것을 비구가 머물지 않는 처소라면 비구니가 안거할 수 없다고 이름한다.

[일곱째의 공경법을 마친다.]

(162) 비구니가 안거를 마치고 2부(部) 승가의 가운데에서 자자를 받는 것

비구니가 자자하는 날에 이르면 자자를 받아야 하고, 다음날 새벽에 마땅히 모든 비구니는 비구 승가의 처소로 가서 자자를 받아야 한다. 비구니 승가의 가운데에서 능히 자자를 받을 수 있는 한 비구니에게 마땅히 갈마해야 한다. 갈마인은 마땅히 이렇게 말을 지어야 한다.

"비구니 승가께서는 허락하십시오. 누구 비구니를 능히 비구니 승가를 위한 자자인으로 짓겠습니다. 만약 승가께서 때에 이르렀다면 승가께서는 누구 비구니를 능히 비구니 승가를 위한 자자인으로 지어서 주십시오.'
'여러 비구니 승가께서는 허락하십시오. 누구 비구니를 능히 비구니 승가를 위한 자자인으로 짓겠습니다. 승가께서 인정하신 것은 묵연하였던 까닭입니다. 이 일은 이와 같이 지니겠습니다.'"

비구와 비구니 승가의 2중(衆)이 각각 화합하였다면 마땅히 이렇게 말을 지어야 한다.

"비구니 승가가 화합하였고 비구 승가도 화합하였으니, 자자하여 말씀하십시오. 만약 죄를 보았고 들었으며 의심하였다면 제가 애민한 까닭으로 승가께서는 마땅히 말씀하십시오. 만약 죄를 보았고 들었으며 의심하였다면 마땅히 여법하게 없애겠습니다."

두 번·세 번째에도 역시 이렇게 말을 지어야 한다.

만약 비구 승가와 대중의 많은 비구니들이 화합하였다면 마땅히 이렇게 말을 지어야 한다.

"대중의 많은 비구니들과 비구 승가가 화합하였으니, 자자하여 말씀하십시오. 만약 죄를 보았고 들었으며 의심하였다면 제가 애민한 까닭으로 승가께서는 마땅히 말씀하십시오. 만약 죄를 보았고 들었으며 의심하였다면 마땅히 여법하게 없애겠습니다."

두 번·세 번째에도 역시 이렇게 말을 지어야 한다.

만약 비구 승가와 한 비구니가 화합하였다면 마땅히 이렇게 말을 지어야 한다.

"저 비구니와 비구 승가가 화합하였으니, 자자하여 말씀하십시오. 만약 죄를 보았고 들었으며 의심하였다면 제가 애민한 까닭으로 승가께서는 마땅히 말씀하십시오. 만약 죄를 보았고 들었으며 의심하였다면 마땅히 여법하게 없애겠습니다."

두 번·세 번째에도 역시 이렇게 말을 지어야 한다.

만약 많은 대중 비구와 비구니 승가가 화합하였다면 마땅히 이렇게 말을 지어야 한다.

"비구니 승가와 여러 대덕들께서 화합하였으니, 자자하여 말씀하십시오. 만약 죄를 보았고 들었으며 의심하였다면 제가 애민한 까닭으로 승가께서는 마땅히 말씀하십시오. 만약 죄를 보았고 들었으며 의심하였다면 마땅히 여법하게 없애겠습니다."

두 번·세 번째에도 역시 이렇게 말을 지어야 한다.

만약 많은 대중 비구와 많은 대중 비구니가 화합하였다면 마땅히 이렇게 말을 지어야 한다.

"많은 대중 비구니가 모였으니, 대덕들께서는 자자하여 말씀하십시오."

나아가 두 번·세 번째에도 역시 이렇게 말을 지어야 한다.

한 비구와 나아가 한 비구니라면 이렇게 말을 지어야 한다.

"저 비구니를 대덕은 자자하여 말씀하십시오. 만약 죄를 보았고 들었으며 의심하였다면 제가 애민한 까닭으로 승가께서는 마땅히 말씀하십시오. 만약 죄를 보았고 들었으며 의심하였다면 마땅히 여법하게 없애겠습니다."

두 번·세 번째에도 역시 이렇게 말을 지어야 한다.

비구니의 안거를 마친다. 마땅히 이와 같이 하여 2중의 가운데에서 자자를 받는다. 만약 비구니가 16일에 비구 승가에게 나아가서 자자를 받지 않고, 17일에 이르러서 자자를 받는 자는 공경법을 위반하는 것이다.

이것을 비구니의 여덟 가지의 공경법이라고 이름한다.

마하승기율 제31권

동진 천축삼장 불타발타라·법현 공역
석보운 번역

9) 잡송의 발거를 밝히다 ⑨

(163) 안에서 묵고 안에서 끓이고 스스로 끓이는 것

세존께서는 광야정사(曠野精舍)에 머무르셨다.

세존께서는 천인과 세간 사람들에게 공양을 받으셨다. 그때 승원(僧院) 안에 부엌을 지었고, 쌀뜨물과 그릇을 씻은 더러운 물이 골목으로 흘러나갔으므로 세상 사람들에게 비난받았다.

"어찌하여 사문 석자들은 머무르는 곳과 부엌을 구별하지 않는가?"

여러 비구들이 이 인연으로써 세존께 가서 아뢰었고, 세존께서는 여러 비구들에게 알리셨다.

"그대들은 마땅히 세상 사람들의 비난을 받아 마땅하다. 오늘부터는 승원의 안에 청정한 부엌을 짓고 쌀뜨물이 밖으로 흐르게 하는 것을 허락하지 않겠노라."

부엌을 짓는 법은 마땅히 동쪽과 북쪽으로 지을 수 없고 마땅히 남쪽과 서쪽으로 지어야 한다. 만약 비구가 승원 안에 청정한 부엌을 지었으나, 쌀뜨물이 밖으로 흐르게 하는 자는 월비니죄를 범한다.

다시 다음으로 세존께서는 구파라국(俱婆羅國)을 유행하시면서 가제흠(呵帝欽) 바라문의 취락에 이르셨으며, [앞의 죽의 인연 가운데에서 자세히 설하였다.] 나아가 안에서 묵고 안에서 끓이는 것을 허락하지 않으셨다.

다시 다음으로 세존께서는 구파라국을 유행하시면서 고석(固石) 바라문의 취락에 이르셨다.
이때 이발사였던 마하라 부자가 출가하였는데. 세존께서 오신다는 것을 듣고 죽을 짓고자 하였으며, [앞의 죽의 인연 가운데에서 자세히 설하였다.] 나아가 안에서 묵고 안에서 끓이는 것을 허락하지 않으셨다.

다시 다음으로 세존께서는 앙구다라국(鴦求多羅國)을 유행하셨다.
그때 지니야나발(支尼耶螺髮) 범지가 세존께서 오신다는 것을 듣고 와서 승방과 부엌을 짓고 사람을 보내 세존을 청하였다. 세존께서는 우바리에게 알리셨다.
"그대가 먼저 떠나가고 승가를 위하여 음식을 받는 부엌을 잘 처분하여 초야가 지나가지 않게 하게. 만약 초야가 지나갔다면 승가의 주처라고 이름하나니, 부엌을 지을 수 없느니라."
이때 우바리가 세존께 아뢰어 말하였다.
"세존이시여. 한 지붕 안에서 별도로 분리할 수 있습니까?"
세존께서 말씀하셨다.
"할 수 있네."
다시 물었다.
"통하여 분리하고 별도로 덮을 수 있습니까?"
세존께서 말씀하셨다.
"할 수 있네."
다시 물었다.
"통하여 덮고서 통하게 분리할 수 있습니까?"
세존께서 말씀하셨다.
"할 수 있네."
다시 물었다.

"별도로 분리하고 별도로 덮을 수 있습니까?"

세존께서 말씀하셨다.

"할 수 있네."

다시 물었다.

"1변(邊)과 2변과 변의 일체를 모두 분리할 수 있습니까?"

세존께서 말씀하셨다.

"할 수 있네."

다시 물었다.

"길로 분리할 수 있습니까?"

세존께서 말씀하셨다.

"할 수 있네."

"누각 위와 누각 아래에도 지을 수 있습니까?"

세존께서 말씀하셨다.

"할 수 있네."

혹은 나무뿌리가 청정한 땅에 있고 가지와 잎이 부정(不淨)한 땅에 있거나, 혹은 나무뿌리가 부정한 땅에 있고 가지와 잎이 청정한 땅에 있거나, 혹은 나무의 뿌리와 가지와 잎이 모두 부정한 땅에 있거나, 혹은 나무의 뿌리와 가지와 잎이 모두 청정한 땅에 있으며 하나의 지붕에 별도로 분리되었다면 승가는 청정한 집을 지을 수 있다. 이와 같아서 나아가 별도로 분리되고 별도로 덮인 곳에 승가는 청정한 집을 지을 수 있고, 1변과 2변과 3변과 일체에 승가는 청정한 집을 지을 수 있다.

'길로 분리하다.'는 길의 양쪽은 청정하고 중간은 부정한데, 만약 소(酥)의 항아리를 중간에 놓아두고서 마땅히 양쪽을 뚫어서 흘렸고 청정한 땅에 들어왔다면 취하는 것을 허락한다. 만약 곡식과 보리와 콩의 자루를 나란히 길 중간에 놓아두었다면 두 주둥이를 풀어서 취할 수 있다. 무우·파·사탕수수가 길의 중간에 있었다면 잘라서 작정하고서 취하여야 한다.

'누각 위와 누각 아래'는 만약 누각의 위이거나, 누각의 아래이더라도 청정한 집을 지을 수 있다.

'나무뿌리가 청정한 땅에 있고 가지와 잎이 부정한 땅에 있다.'는 나무뿌리가 청정한 땅에서 자라나고 가지와 잎이 부정한 땅을 덮은 것이다. 만약 과일이 땅에 떨어진다면 마땅히 때에 취하여 청정한 집의 가운데에 놓아두어야 한다. 만약 과일을 취하지 않고 초야가 지난 것은 부정(不淨)하다고 이름한다.

'나무뿌리가 부정한 땅에 있고 가지와 잎이 청정한 땅에 있다.'는 나무뿌리가 부정한 땅에서 자라나고 가지와 잎이 청정한 땅을 덮은 것이다. 과일이 땅에 떨어졌다면 곧 청정하다고 이름하고, 때를 따라서 취하고자 한다면 취할 수 있다.

'둘이 함께 부정하다.'는 나무가 부정한 땅에서 자라나고 가지와 잎이 또한 부정한 땅을 덮은 것이다. 과일이 땅에 떨어지는 때에 마땅히 취해서 청정한 집 안에 놓아두어야 한다. 만약 과일을 취하지 않고 초야가 지난 것은 부정하다고 이름한다.

'둘이 모두 청정하다.'는 나무뿌리가 청정한 땅에서 자라나고 가지와 잎이 청정한 땅을 덮은 것이다. 과일이 떨어졌다면 곧 청정하다고 이름하나니, 때를 따라서 취하고자 한다면 취할 수 있다. 이것을 둘이 함께 청정하다고 이름한다.

만약 부정한 땅에 무우·파·채소가 자라났고 만약 마땅히 취하였다면 때를 취하여 청정한 집 안에 놓아두어야 한다. 만약 때가 아닌 때에 취하였고 나아가 초야가 만약 지나갔다면 곧 부정하다고 이름한다.

만약 도둑이 와서 과일과 채소를 훔치면서 발각되는 것이 두려워서 과일과 채소를 버리고 갔다면 마땅히 취해서 청정한 집 안에 놓아두어야 한다. 만약 "내일 취하겠다."라고 말하였고 나아가 초야가 지나갔다면 곧 부정하다고 이름한다.

만약 발각되지 않았는데 버렸고 일찍 혹은 늦게 곧 보았을 때라면 마땅히 취해서 청정한 집 안에 놓아두어야 한다. 만약 취하지 않고서 초야가 지나갔다면 곧 부정하다고 이름한다.

만약 부정한 땅에서 자라난 만약 오이나 수박이라면 따서 취하고 마땅한 때에 청정한 집 안에 놓아두어야 한다. 만약 취하지 않고서 초야가 지나갔다면 곧 부정하다고 이름한다.

만약 승가의 주처에 어느 단월이 승가에게 곡식을 베풀면서 일어서 부정한 땅에 놓아두었다면 마땅한 때에 청정한 집 안에 놓아두어야 한다. 만약 취하지 않고서 초야가 지나갔다면 곧 부정하다고 이름한다.

만약 백의가 떡이나 미숫가루 등의 양식을 가지고 와서 의지하여 묵고서 다음 날의 떠나가는 때에 비구에게 주었다면 청정하다고 이름한다. 만약 그 비구가 '내일 떠나가는 때에는 반드시 나에게 줄 것이다.'라고 이렇게 생각을 지었고. 만약 주었다면 부정하다고 이름한다. 과일과 채소를 가지고 와서 묵었어도 역시 이와 같다.

만약 곡식과 쌀을 운반하면서 청정한 집의 창고를 이미 채웠으므로, 만약 강당의 가운데이거나, 온실의 가운데에 놓아두었거나, 만약 우물 집이거나, 땔나무 집의 뜰에 놓아두었는데, 청정한 땅이 아니라면 초야와 후야에 때를 따라서 마땅히 옮겨야 한다. 만약 옮기지 않고 초야가 지나간 것은 곧 부정하다고 이름한다.

만약 새롭게 주처를 짓고자 하였다면 일을 경영하는 비구가 마땅히 먹줄로써 헤아리면서 구분을 지었는데, 승가의 청정한 집을 짓도록 그렇게 허락되었고, 승가의 주처를 짓도록 그렇게 허락되었으며, 마땅히 "이 가운데에서 짓습니다."라고 말을 지었다면, 받아들여야 한다. 만약 받아들이지 않고 초야가 지나갔다면 이것을 부정하다고 이름한다. 일을 따라서 청정한 집을 결정하였다면 청정한 집으로 결정된다. 이와 같이 주처·온실·강당·문간·욕실·땔나무 집·우물 집 등으로 결정된다.

만약 단월이 "미리 처분하지 마십시오."라고 말하였고, 기다리고 완성되어 음식을 베풀고 승가에게 보시하였다면 승가는 뜻을 따라서 처분할 수 있다. 완성하고서 마땅히 "아래 누각과 중간 누각과 위의 누각은 승가의 청정한 집이니 받으십시오."라고 이렇게 말하였다면, [받았다면 곧 청정하다고 이름하고 역시 머무를 수 있다.] 만약 다시 받지 않아도 된다. 나라가 혼란한 때에 왕을 세우지 않았다면 그때에는 받을 수 있다.

만약 다시 한 왕이 죽었거나 왕을 대중인 사람들이 추대하지 않은 때라면 받을 수 있다.

'다시 받을 수 없는 것과 같다.'는 주처인 취락이 폐허가 되었다면 2년이 지나면 받을 수 있다. 이 가운데에서 혹은 취락은 폐허가 되었으나 주처는 폐허가 되지 않은 것이 있고, 혹은 주처는 폐허가 되었으나 취락은 폐허가 되지 않은 것이 있으며, 혹은 취락은 폐허가 되고 주처도 역시 폐허가 되었던 것이 있고, 혹은 취락도 폐허가 되지 않고 주처도 폐허가 되지 않은 것이 있다. 이 가운데에서 받지 않았다면 곧 부정하다고 이름한다.

'먹을 수 있는 물건을 묵힌 것과 같다.'는 이것을 안에서 묵고 안에서 끓이며 스스로가 끓인다고 이름한다. 비구가 스스로 끓였다면 먹을 수 없고, 만약 병들었다면 마땅히 정인을 시켜서 끓여야 하며, 만약 정인이 없고 깨끗한 구리그릇이 기름때가 없다면 마땅히 깨끗이 씻어서 스스로가 불을 피워서 끓여야 한다. 정인에게 쌀을 놓아두게 시켰다면 쌀을 놓아두고서 비구가 스스로 불을 피울 수 없고, 마땅히 정인을 시켜서 불로 끓여야 하며, 끓인 뒤에 정인이 떠나가고자 하였다면 받아서 취하고 스스로 끓여서 익힐 것이고, 마땅히 삼가하여 물건이 음식의 가운데에 떨어지지 않도록 하여야 한다.

이와 같이 고기를 익혀서 국을 끓이고 채소를 데쳤다면 받아서 스스로 익힌다. 다음으로 생강으로 끓인 탕(湯)도 스스로 익힐 수 없고 정인을 시켜서 익혀야 한다. 만약 걸식하였는데 음식이 차가워서 스스로가 데웠다면 무죄이다. 만약 정인이 병들었다면 다른 정인을 시켜서 죽을 끓여 주어야 하고, 만약 정인이 없는 자가 깨끗한 쌀을 얻었다면 스스로 끓여야 한다. 만약 오래된 죽(粥)이 있다면 스스로가 먹을 수 없다.

이것을 안에서 묵고 안에서 끓이며 스스로 끓인다고 이름한다.

(164) 생고기를 받는 것

세존께서는 광야에 머무르셨다.

그때 육군비구들이 고깃덩이와 생선을 지녔으므로 세상 사람들에게 비난받았다.

"어찌하여 사문이 능히 걸식하지 않고 고깃덩이와 생선을 지니고 다니는가? 이렇게 파괴되고 패배한 사람에게 무슨 도가 있겠는가?"

여러 비구들이 이 인연으로써 세존께 가서 아뢰었고, 세존께서는 말씀하셨다.

"육군비구들을 불러오라."

왔으므로, 세존께서 육군비구들에게 물으셨다.

"그대들이 진실로 그러하였는가?"

대답하여 말하였다.

"진실로 그렇습니다. 세존이시여."

세존께서 여러 비구들에게 알리셨다.

"오늘부터는 생고기를 받는 것을 허락하지 않겠노라."

만약 비구가 병자였다면 정인에게 알려서 국을 끓이게 시키고 받아서 취하였다면 스스로가 한 다음에 끓여서 익힐 수 있다. 만약 비구가 숲의 가운데에서 경행하거나, 좌선하면서 만약 나무 아래에 죽은 사슴의 잔해가 있는 것을 보았고, 만약 필요하더라도 스스로가 취할 수 없고 마땅히 정인이 알도록 해야 한다. 만약 스스로가 취하는 자는 스스로가 먹을 수 없고 마땅히 원민(園民)이거나, 사미에게 주어야 하나니, 만약 매(鷹)가 남긴 것을 보았어도 역시 이와 같다.

만약 비구가 걸식하는 때에 마른 포(脯)를 불 위에 구웠다면 받을 수 있다. 중생이 있어서 구야(俱耶)라고 이름하고, 창자가 없어 토하는데 고깃덩이를 삼켰다가 다시 완전하게 뱉었으며, 필요한 자는 받을 수 있다. 날곡식은 받는 것을 허락하지 않는다.

'곡식'은 흰쌀의 곡식과 붉은 쌀의 곡식과 광맥과 소맥(小麥)[1]이니, 모두 받는 것을 허락하지 않는다. 만약 옹좌나 절(癤)[2]이 생겨나서 밀가루

---

1) 곡식인 밀을 가리킨다.
2) 피부의 모낭공(毛囊孔) 또는 피지선(皮脂腺)에 화농 구균(化膿球菌)이 침입하여

를 바르는 것이 필요한 자는 마땅히 정인을 시켜서 청정하게 하고서 스스로 취하여 갈고 깨뜨려서 발라야 하고, 받는 것은 허락하지 않는다.

만약 청정한 집의 가운데에 곡식의 겨와 보릿겨가 있었고 필요한 자는 스스로 취할 수는 있으나, 받는 것은 허락하지 않는다. 만약 몽구두(蒙具豆)·마사두(摩沙豆)·대두(大豆)·소두(小豆) 등과 같은 것이 필요한 자는 받을 수 있다. 이것을 날곡식을 받는다고 이름한다.

(165) 스스로가 취하고 다시 껍질을 벗겨서 받는 것

세존께서는 사위성에 머무르셨다.

그때 파사닉왕(婆斯匿王)에게 암발라원(菴拔羅園)이 있었고, 이때 과일이 무성하였다. 파사닉왕이 원민에게 물었다.

"여러 비구들이 대체로 와서 과일을 먹는가?"

원민이 대답하여 말하였다.

"대왕께서 청하지 않는데 무슨 이유로 와서 먹겠습니까?"

왕이 말하였다.

"그대가 가서 비구들을 청하여 과일을 먹도록 하라."

곧 승가의 처소에 나아가서 머리 숙여 발에 예배하고 호궤 합장하고 알려 말하였다.

"왕께서 승가를 청하여 과일을 먹게 하셨습니다."

여러 비구들이 곧 과수원으로 나아가서 과일을 먹으면서 어지럽게 흩트려서 땅에 버렸고 혹은 과일을 가지고 돌아왔다. 이 원민이 과일을 보내지 않았으므로 왕이 원민에게 물었다.

"무슨 까닭으로 과일을 보내지 않는가?"

원민이 곧 앞의 일을 갖추어 왕에게 아뢰었다. 왕이 말을 듣고 마음이 즐겁지 못하여 이렇게 말을 지었다.

"여러 비구들이 다만 마땅하게 과일을 먹을 것인데, 무슨 까닭으로

피하 조직 안에 일으키는 염증이고 종창(腫脹)과 동통(疼痛) 등의 증세가 있다.

땅에 버리고 다시 누구를 주려고 가지고 떠나가는가?"

여러 비구들이 이 인연으로써 세존께 가서 아뢰었고, 세존께서는 말씀하셨다.

"이 비구들을 불러오라."

왔으므로, 세존께서 앞의 일을 물으셨다.

"그대들이 진실로 그러하였는가?"

대답하여 말하였다.

"진실로 그렇습니다. 세존이시여."

세존께서 비구들에게 물으셨다.

"그대들이 다만 과일을 먹을 것인데, 무슨 까닭으로 땅에 버리고 다시 누구를 주려고 가지고 돌아왔는가?"

대답하여 말하였다.

"세존이시여. 저희들이 가지고 돌아와서 다시 먹었습니다."

세존께서 말씀하셨다.

"그대들은 어찌하여 스스로가 취하고서 다시 먹었는가?"

세존께서 말씀하셨다.

"오늘부터는 암발라과를 먹는 것을 허락하지 않겠노라."

다시 다음으로 세존께서는 왕사성의 기구(耆舊) 동자의 암발라원에 머무르셨다.

그때 기구동자가 원민(園民)에게 물어 말하였다.

"여러 비구들이 암발라과를 먹는가?"

대답하여 말하였다.

"세존께서 허락하지 않으셨습니다."

이때 기구 동자가 이 말을 듣고서 세존의 처소로 갔고 이르러 머리 숙여 발에 예경하고 물러나서 한쪽에 머무르면서 세존께 아뢰어 말하였다.

"세존이시여. 암발라는 지금 때의 과일입니다. 원하옵건대 세존께서는 여러 비구들이 먹는 것을 허락하여 주십시오."

세존께서 말씀하셨다.

"오늘부터 암발라과의 껍질을 벗기고 먹는 것을 허락하겠노라."

이때 여러 비구들이 정인에게 모든 과일의 껍질을 벗기게 시켜서 먹었으므로 정인이 비난하면서 말하였다.

"껍질과 함께 먹어도 되는데, 무슨 까닭으로 나에게 모든 껍질을 벗기게 하는가?"

여러 비구들이 이 인연으로써 세존께 가서 아뢰었고, 세존께서는 말씀하셨다.

"모두 껍질을 벗기지 않을 수 있느니라. 마땅히 조정(爪淨)하고 그러한 뒤에 먹어야 하며, 스스로가 취하고 뒤에 받아서 먹는 것을 허락하지 않겠노라. 먼저 정인을 시켜 조정하고 그러한 뒤에 받아서 먹어야 하느니라."

만약 비구가 원림(園林)의 가운데를 가면서 떨어진 과일이 땅에 있는 것을 보았다면 필요한 자는 마땅히 정인을 시켜서 취해야 하며, 만약 스스로가 취하였다면 스스로 먹을 수 없고, 마땅히 원민이나 사미에게 주어야 한다. 만약 과일이 익어서 땅에 떨어져서 상하고 깨어졌다면 곧 조정이라고 이름하나니, 마땅히 받아서 취하고 씨를 버리고 먹을 수 있다. 만약 새가 쪼았거나, 만약 그릇의 가운데에서 상하였거나, 아래로 떨어져 모기의 발만큼 깨어졌다면, 곧 피정(皮淨)이라고 이름하나니, 씨를 버리고 먹을 수 있다.

만약 씨앗까지 먹고자 하는 자는 화정(火淨)하였다면 먹는 것을 허락한다. 만약 피정하였으나, 화정하지 않고 씨까지 먹는 자는 바야제죄를 범한다. 만약 화정하고 피정하지 않았다면 껍질과 씨앗을 모두 먹을 수 있다. 만약 화정하지 않고 피정하지 않고서 먹는 자는 하나의 바야제죄를 범하고, 하나의 월비니죄를 범한다. 만약 함께 작정하였다면 무죄이다.

이것을 스스로 취하고 뒤에 피정(皮淨)하여 받는다고 이름한다.

비니를 판결하는 마땅한 일에는
장애인 것과 장애가 아닌 것과
비구니와 안에서 묵는 것과
안에서 끓이는 것과 스스로가 끓이는 것과
날고기를 받는 것과 날곡식과
스스로가 취하고 뒤에 다시 취하는 것과
피정(皮淨)과 아울러 화정(火淨) 등이 있다.

[여섯 번째의 발거를 마친다.]

(166) 무거운 물건

세존께서는 사위성에 머무르셨다.

그때 여러 비구들이 승가의 평상과 요를 팔아서, 혹은 다른 사람에게 빌려주었고, 혹은 개인이 수용하였다.

여러 비구들이 이 인연으로써 세존께 가서 아뢰었고, 세존께서는 말씀하셨다.

"이 비구들을 불러오라."

왔으므로, 세존께서 앞의 일을 물으셨다.

"그대들이 진실로 그러하였는가?"

대답하여 말하였다.

"진실로 그렇습니다. 세존이시여."

세존께서 말씀하셨다.

"오늘부터는 비구가 승가의 평상과 요를 팔아서 다른 사람에게 빌려주거나, 개인이 수용하는 것을 허락하지 않겠노라."

설사 일체의 승가가 모였어도 역시 팔아서 다른 사람에게 빌려주거나, 개인이 수용하는 것을 허락하지 않는다. 만약 팔아서 다른 사람에게 빌려주거나, 개인이 수용하였다면 월비니죄를 범한다.

무엇을 무거운 물건이라 말하는가? 평상·요·쇠 그릇·토기 그릇·나무 그릇·대나무 그릇 등이니, 도계의 가운데에서 자세히 설한 것과 같다. 이것을 무거운 물건이라고 이름한다.

단월이 보시하는 승가의 평상·요·양탄자·모포·베개·허리띠·칼·시루·일산·부채와 가죽신·바늘통·손톱 깎는 칼·물항아리 등이 있다. 이 가운데에서 걸평상·요·양탄자·모포 등과 같이 무거운 물건은 마땅히 사방승가(四方僧伽)에 들어가야 하고, 그 나머지의 가벼운 물건은 마땅히 나누어야 한다. 만약 단월이 "일체의 모두를 나누십시오."라고 말하였다면, 마땅히 단월의 뜻에 따라 나누어야 하고, 만약 "일체의 모두를 사방승가께 보시합니다."라고 말하였다면 마땅히 나눌 수 없다.

만약 비구가 도로를 다녔는데, 세속 사람들이 비구를 보고 마음에 환희가 생겨나서 여러 종류의 온갖 물건을 가지고 비구에게 보시하였고, 이 가운데에서 무거운 물건이 있다면 마땅히 가까운 정사를 따라서 주어야 하나니, 마땅히 단월에게 "이 평상과 요를 가지고 어느 정사에 주십시오."라고 말해야 한다.

비구가 만약 "나는 이미 보시하고자 결정하였습니다."라고 말하였고, 다시 "나를 위하여 수용하십시오."라고 들었다면, 비구는 "역시 이곳에 놓아두고서 객승가께 공급하면 그것도 공덕입니다."라고 말할 것이며, 다시 "그럴 수 없습니다. 나는 이미 뜻을 결정하였습니다."라고 말하였다면, 마땅히 "장수여. 이것은 무거운 물건이어서 운반하기 어렵습니다. 이곳에서 바꾸고 값을 취하여 그곳에서 다시 사겠습니다."라고 말해야 한다.

만약 "존자의 뜻에 맡기겠습니다."라고 말한다면, 팔아서 값을 취하고 그곳에 이르러서 평상의 값으로 평상을 사고 요의 값으로 요를 사며, 이와 같이 일체를 값을 따라서 사야 한다. 만약 "일체를 모두 나누십시오."라고 말하였다면, 마땅히 시주의 뜻을 따라서 나누어야 하고, 만약 "일체의 모두를 사방승가께 보시합니다."라고 말하였다면 마땅히 나눌 수 없다.

청(請)은 두 종류가 있으니, 첫째는 승가의 차례로 청하는 것이고, 둘째는 개인이 청하는 것이다. 그곳에서 얻는 여러 종류의 온갖 보시에서 승가의 차례로 얻은 물건은 승가에 들어가게 하고, 개인의 청으로 얻은 물건은 개인에게 들어간다. 만약 보시한 물건이 평상과 요는 많고 가마솥이 적다면 마땅히 단월에게 말하여 알게 하고서 평상과 요를 전전하여 가마솥으로 짓고, 만약 가마솥이 많다면 바꾸어서 평상과 요로 짓는다. 만약 깨진 그릇이 있다면 녹여서 크게 짓는 것도 무거운 물건이라고 이름한다.

(167) 죽은 사람의 물건

세존께서는 광야에 머무르셨다.

그때 존자 아야교진여(阿若憍陳如)는 거마제(巨摩提)에 있으면서 머물렀다. 이때 어느 방목(放牧)하는 사람이 거니(渠尼)라고 이름하였고, 부인은 시파리(尸婆離)라고 이름하였다. 교진여는 때에 이르자 옷을 입고 발우를 지니고 취락에 들어가서 걸식하였고 음식을 얻고서 항상 방목하는 사람의 집에 이르러 음식을 먹었다. 이때 부인은 신심으로 환희하였고 항상 유락(乳酪)과 생소(生酥)와 숙소(熟酥) 등을 공급하였다. 이것을 마시고서 주처에 돌아왔으며 이렇게 생각을 지었다.

'이 괴로운 그릇을 수용하여 오랜 세상에서 무엇을 하겠는가? 나는 이러한 몸이 싫구나.'

곧 옷과 발우를 가지고 한곳에 놓아두었고 수풀 아래에서 머리를 상단(象團)으로 베개로 삼고 오른쪽 옆구리를 땅에 붙이고 마음이 어지럽지 않게 곧 무여열반(無餘涅槃)에 들었다. 시파리 부인은 시절을 알고서 왔으므로 알고 곧 평상과 자리를 펼쳐놓고 땅을 쓸었으며 유락장을 준비하여 기다렸으나 때가 지나도 오지 않았다. 이때 시파리는 곧 이렇게 생각을 지었다.

'아사리가 항상 날마다 오셨는데, 지금은 무슨 까닭으로 오시지 않는가? 장차 병은 아닌가? 악한 벌레에게 상하지 않았는가?'

곧 가서 그를 살펴보면서 나무 아래에 누워있는 것을 보았고 이렇게 생각을 지었다.

'아사리가 일부러 잠자고 있구나.'

묵연히 서 있으며 들었는데 숨소리가 들리지 않았으므로 손으로써 심장을 만졌는데 신체는 이미 차가웠으므로 곧 말하였다.

"기이하게 이미 아사리가 죽었구나. 내가 마땅히 사리를 공양해야겠다."

곧 돌아가서 남편에게 말하였다.

"도끼를 가져오세요."

땔나무를 쪼개서 한곳에 쌓아놓고 곧 사유(闍維)하면서 사리의 한쪽에 서있으며 살펴보았는데, 네 마리의 새가 여러 종류의 다른 빛깔로 사방에서 왔고 새의 몸은 곧 스스로 흰빛으로 변하면서 떠나갔다. 이때 남편 거니는 괴롭게 머물렀고 즐겁지 않아서 이렇게 생각을 지었다.

'이 비구의 옷과 발우를 마땅히 왕에게 바쳐야겠다. 왕법은 분명히 어려워서 곧 다시 다른 물건을 찾을까 두렵구나.'

곧 가지고 왕에게 나아가서 아뢰어 말하였다.

"이 교진여 비구가 죽었고 이러한 옷과 발우가 있어서 왕에게 바칩니다."

왕이 곧 그 가사와 발우를 평가(評價)하였는데 값이 5전(錢)이었다. 관원에게 말하였다.

"이 사문이 죽었으니 옷과 발우는 마땅히 비구에게 돌아가느니라."

곧 가지고 돌아와서 비구 승가에게 알려 말하였다.

"존자 아야교진여는 이미 죽었고 이 옷과 발우가 남았습니다."

여러 비구들이 이를 보고서 그의 옷과 발우라고 알았으며 곧 물어 말하였다.

"대체적으로 이상한 일을 보지 못하였는가?"

대답하여 말하였다.

"내가 사유하는 때에 여러 종류의 다른 빛깔로 사방에서 왔고 새의 몸은 곧 스스로 흰빛으로 변하면서 떠나는 것을 보았습니다."

비구들은 이 인연으로써 세존께 가서 아뢰었다.

"이 일은 무엇입니까?"

세존께서 여러 비구들에게 알리셨다.
"이것은 4마천(魔天)이 그의 식신(識神)을 보고자 하여 왔으나 보지 못하고서 흰빛으로 변하여 떠나간 것이니라."
여러 비구들이 세존께 아뢰어 말하였다.
"이 가사와 발우는 마땅히 누구에게 귀속됩니까?"
세존께서 말씀하셨다.
"마땅히 승가에 귀속되느니라."

다시 다음으로 세존께서는 사위성에 머무르셨다.
이때 어느 병든 비구가 다른 비구에게 말하였다.
"나를 간병한다면 마땅히 장로에게 옷과 발우를 주겠습니다."
이때 병든 비구가 입적하였으므로 비구 승가가 모여서 옷과 발우를 나누고자 하였다. 간병하던 비구가 말하였다.
"병들었던 비구가 살아있던 때에 나에게 말하였습니다. '나를 간병한다면 마땅히 그대에게 옷과 발우를 주겠습니다.'"
여러 비구들이 이 인연으로써 세존께 가서 아뢰었고, 세존께서는 말씀하셨다.
"이미 주었는가?"
대답하여 말하였다.
"아직 주지 않았습니다."
세존께서 말씀하셨다.
"옷과 발우를 주지 않고 입적하였으니 월비니죄를 범하느니라. 그는 마땅히 얻을 수 없느니라."

다시 다음으로 세존께서는 사위성에 머무르셨다.
이때 어느 병든 비구가 다른 비구에게 말하였다.
"나를 간병한다면 마땅히 장로에게 옷과 발우를 주겠습니다."
곧바로 주었는데, 얻고서 작정하지 않고 다시 병자의 옆에 놓아두었고,

이때 병든 비구가 입적하였으며, 나아가 비구들은 이 인연으로써 세존께 가서 아뢰었다.
"이 일을 어찌해야 합니까?"
세존께서 말씀하셨다.
"작정하였는가? 작정하지 않았는가?"
대답하여 말하였다.
"작정하지 않았습니다."
세존께서 말씀하셨다.
"마땅히 얻을 수 없느니라."

다시 다음으로 세존께서는 사위성에 머무르셨다.
이때 어느 병든 비구가 다른 비구에게 말하였다.
"나를 간병한다면 마땅히 장로에게 옷과 발우를 주겠습니다."
곧바로 주었고, 얻고서 작정하고서 다시 병자의 옆에 놓아두었으며, 나아가 세존께서 물으셨다.
"작정하였는가?"
대답하여 말하였다.
"작정하였습니다."
세존께서 말씀하셨다.
"마땅히 얻을 수 있느니라."

다시 다음으로 세존께서는 사위성에 머무르셨다.
어느 사미가 죽었으므로 여러 비구들이 세존께 물었다.
"이 옷과 발우는 마땅히 누구에게 귀속됩니까?"
세존께서 말씀하셨다.
"화상에게 귀속되느니라."
다시 다음으로 간병하던 비구가 이렇게 원망하여 말하였다.
"나는 간병하면서 추위와 더위를 피하지 않았고 여러 괴로운 일을 참았으며 탕약을 구하였고 나아가 대소변의 그릇까지 치워주었다. 그 사실이 이와 같다면 이것을 누가 얻어야 하는가? 대중 승가가 얻는다고 말하겠는가?"

여러 비구들이 이 인연으로써 세존께 가서 아뢰었고, 세존께서는 말씀하셨다.

"간병하였던 비구가 매우 고생하였으니 마땅히 3의(衣)와 발우 및 받았던 남은 약을 주어야 하느니라."

이때 우바리 존자가 때를 알고서 세존께 물었다.
"세존이시여. 병든 비구가 인물(人物)을 부촉할 수 있습니까?"
세존께서 말씀하셨다.
"부촉할 수 있느니라."
다시 물었다.
"의약품을 주라고 부촉할 수 있습니까?"
세존께서 말씀하셨다.
"부촉할 수 있느니라."

만약 "내가 병이 낫지 않으면 마땅히 의약을 주십시오."라고 부촉하여 말하였고, 만약 병이 나았다면 곧 버린다고 이름한다. 만약 "내가 그 취락으로 향하겠습니다."라고 부촉하여 말하였고, 만약 이르지 않았다면 의약을 마땅히 주어야 하며, 만약 이르렀다면 곧 버린다고 이름한다. 만약 "나는 떠나가겠습니다."라고 부촉하며 말하였고, 만약 죽었다면 마땅히 주어야 하며, 돌아왔다면 곧 버린다고 이름한다.

만약 결정하고서 "내가 만약 죽거나, 만약 살거나 그에게 주겠다고 결정하였습니다."라고 부촉하여 말하였다면 마땅히 주어야 하고, 만약 "대중이 많았다면 주십시오."라고 부촉하였다면 최후의 사람이 마땅히 얻어야 하고, 만약 "대중의 많은 사람에게 주십시오."라고 부촉하였다면 앞에 있는 자가 마땅히 얻어야 한다.

만약 비구가 무상하였거나, 만약 반니원하였다면 마땅히 곧 그 문을 닿을 수 없고, 그에게 함께 공행제자와 의지제자가 있어서 지계이고 믿을 수 있다면 자물쇠를 주어야 하고, 만약 믿을 수 없는 자라면 마땅히 자물쇠를 가지고 승가의 지사인에게 주어야 하며, 사리를 공양하고 요리하여 마친다. 그러한 뒤에 그의 옷과 발우 등을 만약 함께 공행제자와 의지제자가 있어서 지계이고 믿을 수 있다면 꺼내오게 시키고, 만약 믿을 수 없는 자라면 마땅히 지사인을 시켜서 꺼내오게 하면서 만약 비구라면 이렇게 말을 짓게 한다.

"나는 이 가운데에 역시 옷과 발우가 있더라도, 마땅히 앞의 사람을 관찰하여 지계이고 믿을 수 있는 자라면 마땅히 주겠고, 믿지 못할 자라면 마땅히 주지 않겠습니다. 만약 믿을 수 있는 사람의 증명(證明)이 있다면 마땅히 먼저 주겠으니 그러한 뒤에 승가께서는 받으십시오."

'받다.'는 세 종류가 있으니, 갈마하여 받거나, 몫을 나누어서 받거나, 무역하여 나누어 받는 것이다.

'갈마하여 받다.'는 갈마인이 마땅히 이렇게 말을 지어야 한다.

"대덕 승가께서는 허락하십시오. 누구 비구가 무상하여 반니원하였습니다. 소유하였던 옷과 발우와 나머지의 여러 물건은 마땅히 현전승가가 나누게 하십시오. 만약 승가께서 때에 이르렀다면 승가는 현전에서 갈마하여 누구 비구에게 받도록 주십시오. 이와 같이 아룁니다.'

'대덕 승가께서는 허락하십시오. 누구 비구가 무상하여 반니원하였습니다. 소유하였던 옷과 발우와 나머지의 여러 물건은 마땅히 현전승가가 나누어야 합니다. 여러 대덕들께서 이 옷과 발우와 나머지의 여러 물건을 가지고 누구 비구에게 받도록 주는 것을 인정하신다면 승가께서는 묵연하시고, 만약 인정하시지 않는다면 곧 말씀하십시오. 승가시여. 이미 이 옷과 발우와 나머지의 여러 물건을 가지고 누구 비구가 받도록 주는 것을 마쳤습니다. 승가께서 인정하신 것은 묵연하였던 까닭입니다. 이 일을 이와 같이 지니겠습니다.'"

이것을 갈마하여 받는다고 이름한다.

'몫을 나누어 받다.'는 것은 몫을 지어서 "각각 자기의 몫을 취하십시오."

라고 창언하는 것이다. 이것을 몫을 나누어 받는다고 이름한다.

'무역하여 나누어 받다.'는 서로와 서로가 무역하는 것이다. 이것을 무역하여 나누어 받는다고 이름한다.

만약 네 명의 비구가 취락의 가운데에서 머물렀는데, 한 비구가 죽었다면 세 비구가 마땅히 받아야 하고, 마땅히 이렇게 말을 지어야 한다.

"여러 장로들이여. 누구 비구가 무상하여 반니원하였고, 이러한 옷과 발우와 나머지의 여러 물건이 있으므로 현전승가가 마땅히 나누어야 합니다. 이곳에는 승가가 없으니 우리들이 현전에서 마땅히 나누겠습니다."

만약 세 명의 비구가 취락의 가운데에서 머물렀는데, 한 비구가 죽었다면 두 비구가 마땅히 받아야 하고, 마땅히 이렇게 말을 지어야 한다.

"나아가 이곳에는 승가가 없으니 우리들이 현전에서 마땅히 얻습니다."

만약 두 명의 비구가 취락의 가운데에서 머물렀는데, 한 비구가 죽었다면 한 비구가 마땅히 받아야 하고, 마땅히 마음으로 생각하고 입으로 말한다.

"누구 비구가 무상하여 열반하였습니다. 이러한 옷과 발우는 현전승가가 마땅히 나누어야 합니다. 이곳에는 승가가 없으니 내가 현전에서 마땅히 얻겠습니다."

만약 간병하던 비구에게 물건을 주고자 하는 자는 마땅히 사라(舍羅)[3]를 행하여 사람의 많고 적음을 알고서 마땅히 죽은 사람이 수지하였던 옷과 발우와 받았던 잔약(殘藥)을 주어야 한다.

갈마인은 마땅히 이렇게 말을 지어야 한다.

"대덕 승가께서는 허락하십시오. 누구 비구가 무상하여 반니원하였습니다. 소유하였던 옷과 발우는 현전승가가 마땅히 나누게 하십시오. 만약 승가께서 때에 이르렀다면 승가께서는 이 옷과 발우와 받았던 잔약을 간병하였던 비구 누구에게 주십시오. 이와 같이 아룁니다."

---

3) 산스크리트어 śalākā의 음사로 주(籌)라고 번역된다. 사문의 숫자를 헤아리거나 다수결로 결정할 때의 투표 등에 사용하는 산가지를 가리킨다.

백일갈마를 짓는다.

"나아가 승가시여. 이미 간병하였던 비구 누구에게 옷과 발우와 받았던 잔약을 주어서 마쳤습니다. 승가께서 인정하신 것은 묵연하였던 까닭입니다. 이 일을 이와 같이 행하겠습니다."

간병인은 어떻게 마땅히 얻고 마땅히 얻지 못하는가? 마땅히 얻지 못하는 자는 잠시 지었다면 마땅히 얻을 수 없고, 뽑아서 보냈으므로 지었다면 마땅히 얻을 수 없으며, 복덕을 즐겨서 지었다면 마땅히 얻을 수 없고, 삿된 생활로 지었다면 마땅히 얻을 수 없다.

'잠시 짓다.'는 잠시 지었거나, 짓지 않은 것이다. 이것을 잠시 지었다고 이름한다.

'뽑아서 보냈으므로 짓다.'는 승가가 차례로 뽑은 것이다. 이것을 뽑아서 보냈으므로 지었다고 이름한다.

'복덕을 즐겨서 짓다.'는 스스로가 복덕을 위한 까닭으로써 간병하는 것이다. 이것을 복덕을 즐겨서 지었다고 이름한다.

'삿된 생활'은 희망하였던 까닭으로써 간병하는 것이다. 이것을 삿된 생활이라고 이름한다.

'마땅히 얻다.'는 세존께서는 "요익하게 하려는 까닭이다."라고 말씀하셨다. 아래로 이르러 하나의 등불을 켜는 것도 병자를 낫게 하고자 하였다면, 마땅히 얻어야 하나니, 갈마를 짓고서 마땅히 양에 알맞아야 한다.

만약 어느 객비구가 왔다면 마땅히 갈마의 이전인가? 갈마의 이후인가를 알아야 한다. 혹은 죽은 자를 만났는데 갈마를 만나지 않았거나, 혹은 갈마를 만났는데 죽은 자를 만나지 않았거나, 혹은 죽은 자를 만났고 갈마를 만났거나, 혹은 죽은 자도 만나지 않고 갈마도 만나지 않은 것이 있다.

이 가운데에서 갈마를 만났고 죽은 자를 만나지 않은 것과 죽은 자를 만났고 갈마를 만났던 자는 마땅히 얻어야 하고, 이 가운데에서 죽은 자를 만났고 갈마를 만나지 않은 자와 죽은 자를 만나지 않았고 갈마를 만나지 않은 자는 마땅히 얻을 수 없다. 만약 병든 사람을 위하여 의약을 구하였거나, 탑의 일이나, 승사를 위하여 떠나갔다면 마땅히 주어야 한다.
이것을 무상한 물건의 법이라고 이름한다.

(168) 어리석은 법(癡法)

세존께서는 왕사성에 머무르셨다.

그때 장로 겁빈나(劫賓那)에게 두 명의 공행제자가 있었으니, 첫째는 난제(難提)였고, 둘째는 발차난제(鉢遮難提)였다. 그들은 어리석은 병이 있어서 어느 때는 오고 어느 때는 오지 않아서 승가의 갈마를 깨뜨렸다. 여러 비구들이 이 인연으로써 세존께 가서 아뢰었고, 세존께서는 말씀하셨다.

"난제와 발차난제에게 어리석은 병이 있어서 어느 때는 오고 어느 때는 오지 않아서 승가의 갈마를 깨뜨렸다면, 승가는 마땅히 치병갈마(癡病羯磨)를 지어서 주어야 하느니라."

갈마인은 마땅히 이렇게 말을 지어야 한다.

"대덕 승가께서는 허락하십시오. 난제와 발차난제에게 어리석은 병이 있어서 어느 때는 오고 어느 때는 오지 않아서 승가의 갈마를 깨뜨렸습니다. 만약 승가께서 때에 이르렀다면 승가께서는 난제와 발차난제에게 치병갈마(癡病羯磨)를 주십시오. 이와 같이 아룁니다.'

'대덕 승가께서는 허락하십시오. 난제와 발차난제에게 어리석은 병이 있어서 어느 때는 오고 어느 때는 오지 않아서 승가의 갈마를 깨뜨렸습니다. 승가시여. 지금 난제와 발차난제에게 치병갈마를 주겠습니다. 여러 대덕들께서 난제와 발차난제에게 치병갈마를 주는 것을 인정하신다면 승가께서는 묵연하시고, 만약 인정하시지 않는다면 곧 말씀하십시오.'"

이것이 첫 번째의 갈마이다. 두 번·세 번째의 갈마도 역시 이와 같이 말해야 한다.

"승가시여. 이미 난제와 발차난제에게 치병갈마를 주는 것을 마쳤습니다. 승가께서 인정하신 것은 묵연하였던 까닭입니다. 이 일을 이와 같이 지니겠습니다."

이 갈마를 지어서 마쳤으면 만약 오거나, 만약 오지 않더라도 갈마를 깨뜨리지 않는 것이고, 만약 어리석은 병이 낫고 본래의 마음을 얻었다면 곧 치갈마를 버린다고 이름한다.

이것을 치갈마라고 이름한다.

(169) 견불욕(見不欲)

세존께서는 사위성에 머무르셨다.

그때 첨파 비구들이 투쟁하고 서로 비난하면서 동일한 곳에 머물면서도 화합하지 못하였다. 한 비구가 한 비구를 거론하였고, 두 비구는 두 비구를 거론하였으며, 여러 비구들은 여러 비구들을 거론하였다. 여러 비구들이 이 인연으로써 세존께 가서 아뢰었고, 세존께서는 말씀하셨다.

"오늘부터는 견불욕을 짓는 것을 허락하겠노라."

'견불욕'은 만약 승가의 가운데에서 비법갈마의 일을 지었다면 만약 힘이 있는 자가 마땅히 막으면서 말해야 한다.

"여러 장로들이여. 이것은 비법이고, 계율이 아니므로 마땅히 지어서는 아니됩니다."

만약 앞의 사람이 흉악한 세력이 있어서 목숨을 빼앗거나 범행(梵行)을 손상하는 것이 두렵다면 마땅히 견불욕을 지으면서 이렇게 말을 지어야 한다.

"이것은 비법의 갈마이니, 나는 인정하지 않고 견불욕을 주겠습니다."

이와 같이 세 번을 말해야 한다.

견불욕을 짓는 때에는 사람의 주변으로 나가서 짓지 않고 마땅히 동의(同意)하는 사람의 주변에서 지어야 한다. 대중이 견불욕을 지을 수 없고 두 사람이나 세 사람이 지어야 하며, 나머지는 마땅히 여법(如法)하게 욕을 이미 주었다면 버리고 떠나가야 한다. 만약 승가의 가운데에서 비법으로 일을 판결하는 때에 막지 않고 욕(欲)을 주지 않으며 견불욕을 짓지 않는다면 월비니죄를 범한다. 만약 '그의 업(業)을 따라 행하면 불이 집을 태우는 것 같아서 다만 스스로 자신을 구할 뿐이다.'라고 이렇게 생각을 짓고서 보호하는 마음으로 마주하면 무죄이다.

이것을 견불욕이라고 이름한다.

(170) 신시(信施)를 깨뜨리다.

세존께서는 사위성에 머무르셨다.

그때 녹(鹿) 장자가 차례로 승가를 청하여 음식을 주는 때에 우파난타(優婆難陀)는 차례에 따라 그의 집에 이르니, 녹 장자가 물어 말하였다.

"여기서 드시겠습니까? 가지고 가시겠습니까?"

대답하여 말하였다.

"가져가겠습니다."

곧 그의 발우 안에 여러 종류의 음식을 담아 주었다. 우파난타는 얻고서 곧 가지고 음녀(淫女)의 집에 이르러 물어 말하였다.

"음식을 먹겠는가?"

대답하여 말하였다.

"먹고 싶습니다."

"그대의 그릇을 가져오게."

곧 음식을 주어서 그릇 위에 나열하고서 다시 거듭하여 걸식하러 갔다. 이때 장자의 아들이 음식을 먹고서 음녀의 집으로 갔는데, 음녀가 말하였다.

"대가(大家)의 낭군께서는 음식을 드시겠습니까?"

대답하여 말하였다.

"가져오게."

곧 그릇 위의 음식을 가져왔고, 보고서 곧 알았으므로 물어 말하였다.

"그대가 이 음식을 어디에서 얻었는가?"

음녀가 말하였다.

"대가의 낭군께서는 다만 드세요. 물어서 무엇하겠어요? 여러 사내의 주변에서 얻었습니다."

"그렇지 않네. 나는 그곳을 알아야겠네."

물으면서 멈추지 않았으므로 곧 말하였다.
"아사리 우파난타가 주었습니다."
장자의 아들이 비난하여 말하였다.
"우리는 대중 승가로써 좋은 복전(福田)을 삼았는데, 우파난타는 반대로 음녀로써 좋은 복전을 삼았구나."

다시 다음으로 세존께서는 왕사성에 머무르셨다.
이때 무외라는 살박주(薩薄主)가 있어서 승가에게 두 장의 얇은 모직물을 보시하였다. 이때 우파난타가 승가의 가운데에서 얻은 것을 알았으므로 곧 가지고 가서 음녀에게 주었다. 음녀는 얻고서 곧 시장에 들어갔다. 이때 무외의 살박주가 보고서 곧 알았으므로 물어 말하였다.
"그대는 어느 곳에서 이 모직물을 얻었는가?"
대답하여 말하였다.
"대가의 낭군께서는 무슨 까닭으로 묻습니까? 여러 사내의 주변에서 얻었습니다."
다시 물었다.
"그렇지 않네. 나는 그곳을 알아야겠네."
물으면서 멈추지 않았으므로 곧 말하였다.
"존자 우파난타가 주었습니다."
이때 살박주가 비난하여 말하였다.
"우리는 대중 승가로써 좋은 복전(福田)을 삼았는데, 우파난타는 반대로 음녀로써 좋은 복전을 삼았구나."
여러 비구들이 이 인연으로써 세존께 가서 아뢰었고, 세존께서는 말씀하셨다.
"우파난타를 불러오라."
왔으므로, 세존께서 물으셨다.
"우파난타여. 그대가 진실로 그러하였는가?"
대답하여 말하였다.

"진실로 그렇습니다."

세존께서 말씀하셨다.

"이것은 악한 일이니라. 그대는 어찌하여 신시(信施)한 물건을 깨뜨렸는가? 오늘부터는 신시의 물건을 깨뜨리는 것을 허락하지 않겠노라."

'신(信)'은 신심으로 주고 환희(歡喜)로 주는 것이다.

'시(施)'는 여덟 종류가 있으니, 시분식(時食)과 야식(夜食)과 나아가 청정함과 부정함이다.

'깨뜨리다.'는 음욕의 마음으로 음녀·과부·큰 동녀(童女)·불능남·악한 이름의 비구니·악한 이름의 사미니에게 주는 것이고, 최소한 음욕의 마음으로 축생에게 주는 것이니, 월비니죄를 얻는다.

사람이 승가의 가운데에 있다면 걸식하여 한 덩이를 주는데, 만약 사람이 많으면 균등하게 나누어주어야 하고, 만약 앞의 사람에게 음욕의 마음이 있는 자는 마땅히 줄 수 없다. 만약 부모가 가난하고 괴로우며 신심이 없는 자는 얻은 것이 적어도 많이 주어야 한다. 만약 신심이 있는 자는 스스로가 마음대로 주어야 한다.

두 종류의 마땅히 주는 자가 있으니, 이익을 주는 자와 손해를 주는 자이다.

'이익을 주는 자'는 만약 단월이거나, 우바새이거나, 탑의 일을 짓거나, 승가의 일을 짓는 자이니, 마땅히 주어야 한다.

'손해를 주는 자'는 만약 도둑이거나, 만약 왕이거나, 만약 흉악한 사람이며 주지 않는다면 능히 요익하지 않은 일을 지을 것이다. 이러한 사람에게는 마땅히 주어야 한다.

이것을 신시를 깨뜨린다고 이름한다.

(171) 가죽신

세존께서는 왕사성에 머무르셨다.

그때 난타와 우파난타가 황금 가죽신을 신고 다녔으므로 세상 사람들에게 비난받았다.

"어찌하여 사문 석자들은 왕과 같이, 대신과 같이, 귀족의 수승한 사람과 같이 황금의 가죽신을 신었는가?"
 여러 비구들이 이 인연으로써 세존께 가서 아뢰었고, 세존께서는 말씀하셨다.
 "오늘부터는 황금 가죽신을 신는 것을 허락하지 않겠노라."

 다시 다음으로 세상 사람들의 길상(吉祥)한 날의 때에 육군비구들이 여러 가지 다른 색깔의 가죽신을 신었다. 어느 한 겹의 가죽신을 신은 자가 함께 유람(遊觀)을 약속하였으므로 세상 사람들에게 비난받았다.
 "어찌하여 사문 석자들은 여러 가지 가죽신을 신으면서 왕과 같고 대신과 같은가?"
 나쁜 신을 신었던 자를 보고서 다시 이렇게 말을 지었다.
 "어찌하여 사문 석자들은 하천한 사람과 같이 한 겹의 가죽신을 신었는가? 이렇게 무너지고 패배한 사람들에게 무슨 도가 있겠는가?"
 여러 비구들이 이 인연으로써 세존께 가서 아뢰었고, 세존께서는 말씀하셨다.
 "오늘부터는 한 겹의 가죽신을 신는 것을 허락하지 않겠노라."

 다시 다음으로 세존께서 왕사성의 시다림(尸陀林)에 머무르셨다.
 그때 세존께서는 몸이 조금 조화롭지 않으셨으므로 기구(耆舊) 동자가 세존의 처소에 가서 머리 숙여 발에 예경하고 세존께 아뢰어 말하였다.
 "세존이시여. 듣건대 세존께서 몸이 조화롭지 않으시니, 설사약을 복용하십시오."
 세존께서는 비록 필요하지 않으셨으나, 중생들을 위하셨던 까닭으로 이 약을 받고자 원하셨고, 내세(來世)의 중생들에게 법의 밝음을 열어서 보이시면서 병자가 약을 받는다면 베풀었던 자는 복을 얻게 하셨다. 그때 세존께서는 묵연히 받으셨고, 기구 동자는 다시 생각하였다.
 '세존께 보통 사람들과 같이 약을 복용하시게 할 수 없다. 마땅히

푸른 연꽃을 훈증한 약으로써 세존께 드려야겠다.'

세존께서는 약의 냄새를 세 번을 맡으셨고 열여덟 번을 설사하셨다. 설사를 마쳤어도 얼굴빛과 모습이 좋지 않으셨다. 그때 아난은 존자 대목련에게 말하였다.

"세존께서는 약을 복용하셨습니다. 어느 곳에 병을 따르는 음식이 있겠습니까?"

그때 목련이 곧 관찰하여 살펴보았는데 첨파국(瞻波國)의 서노(恕奴) 이십억(二十億) 동자가 날마다 500가지의 음식을 끓여서 먹고 있었다. 그때 목련이 곧 신력으로써 그의 앞에 이르러 섰다. 이때 이십억 동자는 존자 목련의 위의와 신덕(神德)을 보고 마음에 용약(踊躍)을 품고 미증유(未曾有)라고 찬탄하였고, 목련이 그때 곧 게송을 설하여 말하였다.

천존(天尊)께서는 매우 기묘(奇妙)하고
우량한 공덕을 쌓으셨는데
몸의 가운데 작은 불화가 있으시어
마땅히 병에 따른 음식이 필요하다네.

그대는 지금 선한 이익을 얻고
마땅히 큰 과보를 얻을 것이니
성문과 여러 제자는
우러러 세존과 비교한다면
비유하건대 수미산에서
겨자씨 한 알을 얻는 것과 같다네.

이때 장자의 아들이 이 게송을 설하는 것을 듣고서 마음으로 크게 환희하면서 찬탄하여 말하였다.

"옳습니다. 지금 이러한 이익을 얻었습니다."

곧 떡과 반찬을 준비하여 목련이 머물게 청하였다. 음식을 먹는 때에 목련은 이렇게 생각을 지었다.

'내가 세존을 위하여 병을 따르는 음식을 찾았으니 마땅히 먼저 먹을 수 없다.'

곧 음식을 받아서 허공에 놓아두고서 그러한 뒤에 스스로가 먹었다. 이십억 동자가 존자 목련에게 말하였다.

"나는 세존께서 먼저 드시게 하고 그러한 뒤에 먹겠다.'라고 하셨는데, 어떻게 알 수 있습니까?"

목련이 말하였다.

"이 음식의 그릇은 잠시 뒤에 마땅히 돌아올 것이니, 스스로가 음식을 드셨다고 아시게."

그때 목련은 팔을 굽혔다가 펼치는 순간에 세존의 처소에 이르러서 세존께 음식을 받들었고 세존께서 드셨으므로 그릇이 허공을 타고 돌아왔다. 이때 서노 이십억 동자가 멀리서 그릇이 돌아오는 것을 보고 일어나 정대(頂戴)하여 맞이하여 받았다. 이때 병사왕(瓶沙王)이 와서 세존께 문신하면서 음식의 냄새를 맡고서 물어 말하였다.

"이것이 무슨 냄새입니까?"

대답하여 말씀하셨다.

"음식의 냄새입니다."

세존께서 대왕에게 말씀하셨다.

"대왕께서는 여래가 남긴 음식을 드시겠습니까?"

아뢰어 말하였다.

"먹고자 합니다. 세존이시여. 여래의 잔식을 얻었으니 나는 크게 선한 이익을 얻었습니다."

음식을 먹고서 세존께 아뢰어 말하였다.

"세존이시여. 내가 왕가에 태어나고서 일찍이 이와 같은 음식을 얻지 못하였습니다. 세존이시여. 이것은 천상의 음식입니까? 용의 음식입니까? 울단월(鬱單越)의 음식입니까? 귀신의 음식입니까?"

세존께서 말씀하셨다.

"이것은 천상의 음식도 아니고, 나아가 귀신의 음식도 아닙니다. 이것은 대왕의 국토 안에 있는 서노 이십억 동자의 집에서 항상 먹는 음식입니다."

세존께서는 왕을 위하여 서노 이십억 동자의 발아래에 황금빛의 털이 네 치(寸)인 것을 말하였다.

"복덕이 이와 같습니다."

왕은 듣고서 곧 가서 보고자 하였으므로 신하가 왕에게 아뢰어 말하였다.

"어찌하여 이렇게 하겠습니까? 이 자는 대왕의 백성이니 마땅히 왕이 명하여 오게 하십시오. 마땅히 스스로가 가지 마시고 사람을 보내어 불러서 오도록 부모에게 말씀하십시오. '대왕께서 동자를 보고자 하노라.'"

부모가 말하였다.

"왕이 부르는 것은 바로 방편으로 우리에게 금전으로 벌하는 것이다. 오히려 천만금을 바칠지라도 능히 아들을 나아가게 할 수는 없다."

곧 계속하여 수레에 금과 은과 보물들을 실어 왕의 처소에 보내면서 왕에게 아뢰어 말하였다.

"동자는 연약해서 스스로 이를 수 없으므로 소유한 진보(珍寶)를 지금 왕에게 보내어 드리겠습니다."

왕이 말하였다.

"내게도 금·은·보물이 있으니 이것들은 필요하지 않소. 다만 동자의 몸을 보고자 하오."

사자가 돌아와서 왕에게 아뢰어 말하였다.

"동자는 극락(極樂)의 사람이므로 유약해서 수레를 타는 것을 견딜 수 없습니다."

왕이 말하였다.

"그렇다면 배를 갖추어 태워서 오고 만약 배가 통하지 못하는 곳에 이르렀다면 땅을 파서 도랑을 짓고 겨자씨로 채워서 끌어오라."

곧 동자가 탔던 배를 끌고서 와서 산의 입구에 이르렀고 동자는 유약하여 옷과 요를 땅에 펼치고 그 위로 밟으면서 왔다. 멀리서 세존께서 노지(露地)에 앉아 계시는 것을 보았다. 보고서 옷과 요를 벗어나서 땅을 걸어왔으며 세존께서 보시고 미소를 지으셨다. 여러 비구들이 세존께 아뢰어 말하였다.

"세존이시여. 무슨 인연으로 웃으십니까?"

"그대들이 이 동자를 보았는가?"

대답하여 말하였다.

"보았습니다."

세존께서 말씀하셨다.

"이 동자는 91겁부터 이후에 오면서 발로 땅에 밟지 않았는데 지금 여래를 보고 공경하는 까닭이고, 복덕이 끝난 것은 아니니라."

세존 처소의 앞에 이르러 머리 숙여 발에 예경하고 물러나서 앉았고 세존께서는 수순하여 설법하시어 보여주셨고 가르치셨으며 이익되고 즐겁게 하셨으므로 법안정(法眼淨)을 얻었다. 세존께서 동자를 가르치셨다.

"만약 왕이 들어온다면 그대가 마땅히 땅에 내려가서 가부좌로 앉아서 발을 보여주게."

그때 왕이 들어왔고 동자는 땅에 내려가서 가부좌하고 발을 내놓고 앉았다. 그때 왕의 시자가 곧 칼을 뽑아서 향하고자 하였으므로 왕이 곧 그를 꾸짖었다. 이때 동자가 보고서 마음에 두려움이 생겨나서 곧 왕에게 아뢰었다.

"저의 출가를 허락하십시오."

왕이 말하였다.

"어느 도에 출가하고자 하는가?"

대답하여 말하였다.

"불법에 출가하고자 합니다."

왕은 곧 사자를 그의 부모에게 말하였다.

"출가를 허락하겠는가?"

부모가 허락하였고 곧 세존께 출가를 구하여 구족계를 받았다. 여러 비구가 세존께 아뢰어 말하였다.

"이 동자가 무슨 인연이 있어 91겁을 발로 땅을 밟지 않았습니까?"

세존께서 여러 비구들에게 알리셨다.

"과거의 세상의 때인 91겁에 세존께서 계셨으니 비발시(毘鉢施)·여래·응공·정변지이셨느니라. 세상에 출현하셨던 때에 장자의 아들 91명이 세존과 승가의 8만의 대중을 청하여 3개월의 안거에 한 사람이 하루를 공양하였는데, 이 장자의 아들이 최후에 공양을 베풀면서 흰 모직물로써 땅에 펼치고 대중 승가께 공양하였다. 이 과보를 인연하여 91겁을 천상에 태어났고 인간의 가운데에서 일찍이 땅을 밟지 않았는데, 그때의 장자의 아들이 곧 지금의 서노 이십억 동자이니라."

동자는 출가하고서 시다림(尸陀林) 가운데에 있으면서 경행하면서 게으르지 않았으므로 발바닥이 상하고 찢어져서 피가 땅에 흘렀다. 세존께서는 보셨고 아시면서도 일부러 물으셨다.

"비구여. 이것은 누가 경행하는 곳인데 피가 흘렸고 나아가 이와 같은가?"

비구가 대답하여 말하였다.

"이것은 서노 이십억 동자가 경행하는 곳입니다."

세존께서 여러 비구들에게 알리셨다.

"서노 이십억 동자가 설사 경행으로 정진한다면 수미산을 부수어서 분진(粉塵)과 같더라도 능히 도를 얻지 못할 것인데, 하물며 다시 발바닥에 상처가 있다면 어떠하겠는가?"

이때 서노 이십억 동자는 이러한 말씀을 듣고서 한 텅비고 한적한 처소에 이르러 가부좌를 맺고 앉아서 이렇게 사유를 지었다.

'세존의 성문 제자들의 가운데에서 정진하며 게으르지 않은 것으로 나를 넘어가는 자는 없다. 세존께서는 〈능히 도를 얻지 못한다.〉라고 하셨으니, 계율을 버리고 집으로 돌아가서 여러 공덕을 지으면서 세존과 비구 승가에게 공양하는 것보다 못하다.'

세존께서는 그의 마음을 아셨고 곧 신족(神足)으로써 허공을 타고 오셨으며 그의 앞에 앉으셨다. 세존께서는 그 비구에게 말씀하셨다.
 "내가 이제 그대에게 묻겠으니, 그대의 생각을 따라서 대답하라. 그대는 본래 거문고를 퉁길 수 있는가?"
 대답하여 말하였다.
 "퉁길 수 있습니다."
 "거문고의 줄이 팽팽한 때에 소리가 완성되는가?"
 "아닙니다. 세존이시여."
 다시 물으셨다.
 "거문고의 줄이 느슨한 때에 소리가 완성되는가?"
 "아닙니다. 세존이시여."
 다시 물으셨다.
 "비구여. 거문고의 줄이 팽팽하지도 않고 느슨하지 않은 때에 소리가 완성되는가?"
 대답하여 말하였다.
 "그렇습니다."
 세존께서 비구에게 알리셨다.
 "정진이 매우 급하면 마음에 번뇌가 생겨나고, 정진이 매우 느리더라도 마음에 번뇌가 생겨나느니라. 급하지도 느리지도 않고 마음이 머물러야 일체를 철저히 관찰할 수 있느니라."
 [『증일선경(增一線經)』의 가운데서 자세히 설한 것과 같다.]
 세존께서 비구에게 알리셨다.
 "그대는 신심으로 이십억의 금전을 버리고서 출가하였는데, 어찌하여 정법에서 증상만(增上慢)을 일으켜서 스스로 고뇌를 생겨나게 하는가?"
 세존께서 비구에게 알리셨다.
 "내가 그대를 인연하여 여러 비구들이 가죽신을 신는 것을 허락하겠노라."
 서노 이십억 동자가 세존께 아뢰어 말하였다.

"다만 여러 비구들이 가죽신을 신는 것을 허락하십시오. 저는 점차 익히고 행하겠고 이것으로써 마땅히 가죽신을 신겠습니다."
세존께서 말씀하셨다.
"지금 이후로는 한 겹의 가죽신을 신는 것을 허락하겠노라."
그때 아난빈저(阿難邠低)의 누이는 세존께서 여러 비구들에게 한 겹의 가죽신을 신는 것을 허락하셨다는 것을 듣고 500켤레의 가죽신을 가지고 세존의 처소에 이르러 머리 숙여 발에 예경하고 물러나서 한쪽에 머물면서 세존께 아뢰어 말하였다.
"오직 원하옵건대 세존께서는 이 가죽신을 받아 주십시오."
세존께서는 곧 게송으로 설하여 축원하셨다.

몸과 입과 뜻이 악을 떠나서
청정한 범행인에게
가죽신을 보시하는 자는
인간과 천상의 가운데에서 즐거움을 받고

황금 땅과 여러 종류의 과보로
여러 궁전을 장엄하고
뜻과 같이 신족을 얻으며
청정하여 장애가 없나니

보시는 적어도 이익은 크나니
청정한 복전인 까닭이고
지혜있는 자는 청정을 발원하여
능히 복전의 과보를 얻는다네.

다시 다음으로 세존께서 사위성에 머무르셨다.
그때 세존께서 5일에 한 번을 여러 비구들의 방사를 살피면서 다니셨는데, 여러 가죽신이 어지럽게 땅에 있는 것을 보셨고 아시면서도 일부러 물으셨다.
"비구들이여. 이것은 무슨 까닭으로 가죽신이 어지럽게 땅에 널려있는가?"
비구가 대답하여 말하였다.
"세존이시여. 이 가죽신은 떨어졌으나, 두 겹이 두려운 까닭으로 감히 수선할 수 없습니다."
세존께서 말씀하셨다.
"수선하는 것을 허락하겠노라."

다시 다음으로 세존께서는 사위성에 머무르셨다.
이때 남방의 비구들이 세존께 예경하려고 오면서 도로의 중간에서 가죽신이 찢어졌던 까닭으로 발바닥에 구멍이 뚫린 채 발을 끌고 와서 세존의 발에 머리 숙여 예경하였다. 세존께서는 아시면서도 일부러 물으셨다.
"무슨 까닭으로 발을 끌면서 다니는가?"
대답하여 말하였다.
"세존이시여. 저희들이 한 겹의 가죽신을 신고 오면서 중간에서 가죽신이 찢어졌으나, 감히 두 겹을 수선하지 못하였고 이러한 까닭으로 발을 다쳤습니다."
세존께서 말씀하셨다.
"오늘부터는 니목가(尼目呵) 가죽신의 법은 허락하겠으나, 앞도 막고 뒤도 막는 복라(福羅)를 신는 것은 허락하지 않겠노라. 가죽신의 법은 숫염소의 뿔이거나, 흰 염소의 뿔이거나, 황금 가죽신·진주 가죽신·유리 가죽신·수정 가죽신·마노(馬瑙) 가죽신 등의 여러 종류의 색깔인 가죽신도 신는 것을 허락하지 않겠노라. 만약 새로운 것이거나, 두 겹의 가죽신을 신는 것도 허락하지 않겠노라."
마땅히 정인에게 알려서 신도록 하고 적어도 다섯·여섯 걸음을 걷게 한 뒤에 신어야 한다. 만약 얻어서 신는 자는 월비니죄를 범한다.
이것을 가죽신의 법이라고 이름한다.

(172) 나막신의 법

세존께서는 왕사성 기구 동자의 암발라원(菴拔羅園)에 머무르셨다.

세존께서 아사세왕을 위하여 밤이 새도록 『사문과경(沙門果經)』을 말씀하셨다. 이때 우파난타가 오래 듣고 매우 피로하여 스스로가 방사로 돌아가서 묵고 후야(後夜)에 이르자 일어나서 나막신을 신고 왔는데, "찍찍 찍찍"의 소리를 지었으며, 코끼리와 말이 이 소리를 듣고 다투어 놀라서 울었다. 이때 왕은 듣고서 두려웠으므로 곧 성으로 돌아갔다. 여러 비구들이 이 인연으로써 세존께 가서 아뢰었고, 세존께서는 말씀하셨다.

"우파난타를 불러오라."

왔으므로, 세존께서 우파난타에게 물으셨다.

"그대가 진실로 그러하였는가?"

"진실로 그렇습니다."

세존께서 말씀하셨다.

"오늘부터는 나막신을 신는 것을 허락하지 않겠노라."

다시 다음으로 세존께서는 왕사성에 머무르셨다.

이때 비구가 천제석(天帝釋) 석실(石室) 주변에서 좌선하고 있었다. 비구가 있어서 나막신을 신고 앞에서 경행하였고, 이때 좌선하던 비구는 소리를 듣고서 마음에 적정을 얻지 못하였다. 여러 비구들이 이 인연으로써 세존께 가서 아뢰었고, 세존께서는 말씀하셨다.

"오늘부터는 나막신을 신는 것을 허락하지 않겠노라."

'나막신은 금 나막신·은 나막신·보석 나막신·상아 나막신·나무 나막신·가죽 나막신·말(馬) 나막신·삼(麻) 나막신·흠바라 나막신·종이 나막신·망초(芒草) 나막신·나무껍질 나막신 등이니, 이와 같은 일체의 나막신을 신는 것을 허락하지 않는다. 발을 나막신에 넣었을 때는 월비니죄를 범한다. 만약 발을 씻기 위해 신을 가로놓고 그 위를 밟았다면 무죄이다.

비구가 가죽신을 신을 때에는 마땅히 발바닥 위(根上)에 신어야 한다. 만약 위에까지 끌어올리지 않는 자는 월비니죄를 마음으로 참회해야 하고, 만약 밑창이 없이 신는 자는 월비니죄를 범한다.

이것을 나막신의 법이라고 이름한다.

(173) 목욕하는 법

세존께서는 사위성에 머무르셨다.

이때 육군비구들이 아지라하(阿旨羅河) 위에서 목욕하면서 문지르는 돌을 사용하여 몸을 닦았으므로 세상 사람들에게 비난받았다.

"어찌하여 사문 석자들은 문지르는 돌을 사용하여 몸을 닦아서 왕가의 전투하는 사람이나, 역사(力士)처럼 하는가? 이렇게 무너지고 패배한 사람에게 무슨 도가 있겠는가?"

여러 비구들이 이 인연으로써 세존께 가서 아뢰었고, 세존께서는 말씀하셨다.

"앞으로는 문지르는 돌을 사용하여 몸을 닦는 것을 허락하지 않겠노라."

'문지르는 돌'은 나무로 지었거나, 만약 돌이거나, 만약 벽돌이니, 이와 같은 모두를 사용하는 것을 허락하지 않는다. 만약 물속에 기둥이 있더라도 역시 나아가서 몸을 문지를 수 없다. 만약 목욕하는 때에는 마땅히 한 사람씩 문질러야 하고, 문지르는 때에 두 팔을 같이 올릴 수 없으며, 마땅히 하나의 팔로 스스로 막으면서 차례로 문질러야 한다.

만약 사람이 없다면 마땅히 스스로가 문질러야 하고, 서 있으면서 세속 사람의 법과 같이 목욕할 수 없으며, 마땅히 앉아서 목욕해야 하고, 역시 마땅히 차례로 손과 팔을 씻어야 한다. 만약 신체에 기름때가 있더라도 주먹으로 문지를 수 없고 마땅히 손을 펴서 문질러야 한다. 만약 문지르는 돌을 사용하여 목욕하는 자는 월비니죄를 범한다.

이것을 목욕하는 법이라고 이름한다.

(174) 가루(屑末)

세존께서는 사위성에 머무르셨다.

이때 난타와 우파난타는 여러 종류의 향 가루를 가지고 와서 아지라하 위에서 목욕하였다. 이때 무외라는 외도의 제자가 보고서 이렇게 생각을 지었다.

'우리들이 마땅히 함께 사문과 우바새를 흔들어야겠다.'

떠나갔고 곧 그들의 처소로 가서 이렇게 말을 지었다.

"누구의 스승이 욕심이 적어서 만족을 아시오?"

이때 우바새가 말하였다.

"우리들의 스승은 욕심이 적고 만족을 아십니다."

외도의 제자가 다시 말하였다.

"우리 스승이 욕심이 적어서 만족을 아십니다."

우바새가 말하였다.

"그대의 스승은 참괴(慙愧)가 없고 술 찌꺼기나 먹는 나귀와 같습니다. 우리들의 스승은 욕심이 적고 만족을 알며 참괴가 있습니다."

외도의 제자가 말하였다.

"만약 그대의 스승이 욕심이 적고 만족을 안다면 마땅히 함께 물건을 걸고서 내기합시다."

대답하여 말하였다.

"무슨 물건을 걸겠습니까?"

외도가 대답하여 말하였다.

"500금전을 걸겠소."

우바새가 말하였다.

"그렇게 하겠습니다."

곧 함께 의논하여 말하였다.

"마땅히 무엇으로 시험을 짓겠소?"

곧 여러 종류 향을 가루로 짓고서 먼저 누구의 스승에게 가서 시험할 것인가를 의논하였는데, 외도의 제자가 말하였다.

"먼저 우리 스승에게 가서 시험합시다."
곧 먼저 자기 스승에게 사람을 보내서 말하였다.
"내가 향 가루를 가지고 가겠습니다. 욕심이 적은 모습을 나타내시고 삼가하여 받지 마십시오."
곧 향 가루를 가지고 스승에게 가서 말하였다.
"여러 스승들이시여. 애민하게 생각하시는 까닭으로 원하건대 향 가루를 받아 주십시오."
대답하여 말하였다.
"나는 출가인이고 왕자와 대신이 아니네. 이 향 가루가 무슨 소용이겠는가?"
받지 않았다. 다시 향 가루를 가지고 기원정사에 나아가서 이렇게 말을 지었다.
"여러 스승들이시여. 애민하게 생각하시는 까닭으로 원하건대 향 가루를 받아 주십시오."
우바새가 질직하여 먼저 말하지 않았던 까닭으로 비구가 곧 건치(揵稚)를 울려서 승가를 모으고 향 가루를 나누고자 하였으며, 오지 못한 자가 있다면 그의 제자들이 몫을 받기 위해 말하였다.
"우리 화상과 아사리의 몫을 나누어주십시오."
이와 같이 다투어 찾으면서 높고 커졌으므로 외도의 제자가 보고서 손뼉을 치면서 크게 웃었다.
"내가 그대에게 곧 오늘은 이겼습니다."
그때 우바새는 부끄러워서 말이 없었고 세존의 처소에 이르러서 머리 숙여 발에 예경하고 물러나서 한쪽에 머물렀으며, 앞의 일을 갖추어 말하고 세존께 아뢰어 말하였다.
"세존이시여. 저는 금전은 아깝지 않습니다. 다만 외도가 승리한 까닭으로 부끄럽습니다."
세존께서 그 우바새를 위하여 설법하시어 보여주셨고 가르치셨으며 이익되고 기쁘게 하였으므로, 환희심을 일으켜 머리 숙여 발에 예경하고서 물러갔다. 세존께서 많은 비구 대중의 처소로 가시어 니사단을 펼치고 앉으셨고, 앞의 일을 갖추어 여러 비구들을 위하여 말씀하셨다. 세존께서는 여러 비구들에게 알리셨다.

"오늘부터는 향 가루 사용하는 것을 허락하지 않겠노라."

다시 다음으로 세존께서는 왕사성에 머무르셨다.

여래께서 다섯 가지 일의 이익을 까닭으로 5일에 한 번을 여러 비구들의 방을 다니시면서 살피셨는데, 비구의 옴병을 보셨다. 아시면서도 일부러 물으셨다.

"비구여. 그대는 조화롭고 안락하게 머무는가?"

대답하여 말하였다.

"세존이시여. 저는 옴병입니다. 향 가루를 얻어서 목욕하면 곧 나을 것입니다. 세존께서 계율을 제정하시어 향 가루를 사용하지 못하셨고, 이러한 까닭으로 괴롭습니다."

세존께서 말씀하셨다.

"오늘부터는 병든 비구가 향 가루를 사용하는 것을 허락하겠노라."

'향 가루'는 시체의 가루·말 귀의 가루·일곱 빛깔의 가루·전단 가루·구치(俱哆) 가루·암발라(菴拔羅) 가루·염부시리(閻浮尸利) 가루·아순(阿淳) 가루·가비라(伽比羅) 가루 등이니, 이와 같은 일체는 허락하지 않겠노라. 그러나 비구가 옴병으로 가루가 필요하고 바르고서 목욕하여 낫는다면 사용하여도 무죄이다. 가라(伽羅) 가루와 마사(摩沙) 가루와 마수라(摩瘦羅) 가루와 사지(沙坻)의 가루와 흙을 바르는 것 등은 사용을 허락한다. 이것을 가루의 법이라고 이름한다.

(175) 막대와 낙낭(絡囊)의 법

세존께서는 왕사성에 머무르셨다.

그때 육군비구인 난타와 우파난타가 보낙낭(寶絡囊)을 가지고 발우를 담았고, 흑승낙낭(黑繩絡囊)을 가져다가 지팡이로 꿰어서 어깨 위에 걸치고 다녔으므로 세상 사람들이 비난하였다.

"어찌하여 사문 석자들은 왕과 같이, 대신과 같이 보낭낭에 발우를 담아서 어깨 위에 걸치고 다니는가?"

나쁜 것을 보았던 자는 다시 말하였다.

"어찌하여 사문 석자들은 하천한 사람이나 심부름꾼과 같이 흑승낭낭에 발우를 담아서 어깨 위에 메고 다니는가? 이렇게 무너지고 패배한 사람에게 무슨 도가 있겠는가?"

여러 비구들이 이 인연으로써 세존께 가서 아뢰었고, 세존께서는 말씀하셨다.

"지금 이후로는 막대에 낭낭을 메고 다니는 것을 허락하지 않겠노라."

다시 다음으로 세존께서는 사위성에 머무르셨다.

여래께서는 5일에 한 번을 여러 비구들의 방사를 살피면서 다니셨는데, 비구가 손이 떨리는 것을 보셨다. 아시면서도 일부러 물으셨다.

"비구여. 그대는 조화롭고 안락하게 머무는가?"

대답하여 말하였다.

"세존이시여. 저는 손이 떨렸던 까닭으로 발우를 깨뜨렸습니다. 세존께서 다시 계율을 제정하시어 막대로 낭낭을 저축하는 것을 허락하지 않으셨고, 이러한 까닭으로 즐겁지 않습니다."

세존께서 말씀하셨다.

"오늘부터는 병든 비구라면 승가를 쫓아서 막대로 낭낭을 저축하는 것을 허락하겠노라. 승가는 마땅히 갈마를 지어서 주도록 하라."

애원하는 법은 오른쪽 어깨를 드러내고 호궤 합장하고서 이렇게 말을 지어야 한다.

"대덕 승가께서는 허락하십시오. 나 누구는 손이 떨렸던 까닭으로 발우를 깨트렸으므로 지금 승가를 쫓아서 축장낭낭갈마(畜杖絡囊羯磨)를 애원합니다. 오직 원하옵건대 승가께서는 나에게 갈마를 주십시오."

두 번·세 번째에도 역시 이와 같이 말한다. 갈마인은 마땅히 이렇게 말을 지어야 한다.

"대덕 승가께서는 허락하십시오. 누구 비구는 손이 떨렸던 까닭으로 발우를 깨트렸고, 승가를 쫓아서 축장낙낭갈마를 애원하고 있습니다. 만약 승가께서 때에 이르렀다면 승가께서는 누구 비구에게 축장낙낭갈마를 주십시오. 이와 같이 아룁니다."

백일갈마를 짓는다.

"나아가 승가시여. 이미 누구 비구에게 축장낙낭갈마를 주어서 마쳤습니다. 승가께서 인정하신 것은 묵연하였던 까닭입니다. 이 일은 이와 같이 지니겠습니다."

갈마를 짓고서 다니고자 하는 때에는 손에 막대와 낙낭을 잡고서 어깨 위에 메고서 다닐 수 없다. 만약 막대를 잡는 자는 월비니죄를 마음으로 참회해야 하고, 낙낭을 지녔던 자도 역시 월비니죄를 마음으로 참회해야 한다. 만약 막대기와 낙낭과 발우를 지닌 자는 월비니죄를 범한다.

만약 도로를 다니는 때에는 녹수낭과 막대를 머리에 묶거나, 손으로 잡고 다닐 수는 있으나, 어깨 위에 메는 것은 허락하지 않는다. 만약 갈마를 짓지 않고 막대를 지니는 자는 월비니죄를 범하고, 낙낭을 지니는 자도 월비니죄를 범한다. 만약 막대기와 낙낭을 지니는 자는 두 가지의 월비니죄를 범한다.

이것을 막대와 낙낭을 지니는 법이라고 이름한다.

무거운 물건과 죽은 자의 옷과
어리석고 미친 자와 견불욕과
신시를 무너뜨린 것과 가죽신과
나막신을 신는 것과 몸을 문지르는 돌과
향 가루와 막대로 낙낭을 메는 것 등이 있다.

[일곱 번째의 발거를 마친다.]

(176) 마늘의 법

세존께서는 왕사성에 머무르셨다.

이때 미지(彌祇) 거사가 승가를 청하여 마늘을 먹게 하였다. 이때 육군비구들이 동산에 나아가서 마늘을 먹으면서 어지럽게 흩어서 땅에 버렸고, 다시 마늘을 가지고 돌아왔다. 이때 미지 거사가 마늘밭을 다니면서 보고서 곧 원민에게 물어 말하였다.

"무슨 까닭으로 이와 같은가?"

원민이 곧 앞의 일을 갖추어 말하였고, 거사는 말하였다.

"비구들은 다만 마땅히 먹을 것인데, 무슨 까닭으로 땅에 이와 같이 버리고, 다시 가지고 떠나가서 누구에게 주는 것인가?"

여러 비구들이 이 인연으로써 세존께 가서 아뢰었고, 나아가 세존께서는 여러 비구들에게 알리셨다.

"지금 이후로는 마늘을 먹는 것을 허락하지 않겠노라."

다시 다음으로 세존께서는 왕사성에 머무르셨다.

그때 세존께서는 대중들을 위하여 설법하셨다. 이때 무외라는 비구가 마늘을 먹고서 여러 범행인에게 냄새를 풍기는 것이 두려워서 바람이 부는 아래쪽에 앉아 있었다. 세존께서는 아시면서도 일부러 물으셨다.

"이 자는 무슨 비구인데 혼자 한곳에 앉아 있으며 싸운 사람과 같은가?"

여러 비구들이 세존께 아뢰어 말하였다.

"세존이시여. 이 비구가 마늘을 먹고서 행인에게 냄새를 풍기는 것이 두려워서 고의로 바람이 부는 아래쪽에 앉아 있습니다."

세존께서 여러 비구들에게 말씀하셨다.

"마땅히 알라. 이 비구가 마늘을 먹지 않았던 때에도 마땅히 이와 같은 감로의 법을 잃고자 하였던가?"

대답하여 말하였다.

"아닙니다."

세존께서 말씀하셨다.

"이 비구가 마늘을 먹었던 까닭으로 이와 같은 불사지법(不死之法)을 잃었느니라."

세존께서 말씀하셨다.

"지금 이후로는 마늘을 먹는 것을 허락하지 않겠노라."

다시 다음으로 세존께서는 가유라위국 석씨 니구율정사에 머무르셨다.

여래께서는 5일에 한 번을 여러 비구들의 방사를 살피면서 다니셨는데, 비구가 병들어 여위고 수척하며 누렇게 들뜬 것을 보셨다. 세존께서는 아시면서도 일부러 물으셨다.

"비구여. 그대는 조화롭고 안락하게 머무는가?"

대답하여 말하였다.

"세존이시여. 저는 병들어 조화롭지 못합니다. 본래 속인이었던 때에는 마늘을 먹으면 곧 나았습니다. 세존께서 계율을 제정하시어 마늘을 먹지 못하도록 하셨고, 이러한 까닭으로 즐겁지 않습니다."

세존께서 말씀하셨다.

"오늘부터는 병든 비구라면 마늘을 먹는 것을 허락하겠나니, 마땅히 수순하여 행할지니라."

'마늘'은 만약 종자를 심어서 자라난 것이거나, 만약 산의 마늘이거나, 이와 같은 마늘과 더불어 나머지의 일체이다. 만약 날 것이거나, 만약 익혔거나, 만약 잎이거나, 만약 껍질이라도 모두 먹을 수 없다. 만약 옹종(癰腫)4)이거나, 만약 선창(癬瘡)5)이라면 마늘을 사용하여 바를 수 있다. 마늘을 발랐다면 대중의 가운데에 머무를 수 없고 마땅히 가려진 곳에 머물러야 하며, 병이 나았다면 마땅히 목욕하고서 다시 승가의 가운데에 들어가야 한다.

병이 있는 때에 의사가 "장로여. 이 병은 비구께서 마늘을 복용해야 마땅히 낫습니다."라고 말하였고, 만약 복용하지 않으면 낫지 않아서

---

4) 등창과 같은 악성의 종기를 가리킨다.
5) 피부병의 하나인 버짐을 가리킨다.

만약 다른 방법으로 치료할 수 없는 자는 복용하는 것을 허락한다. 만약 복용하였다면 마땅히 7일을 수순법을 행하면서 한쪽의 작은 방에 있어야 하고, 승가의 평상과 요에 누울 수 없으며, 승가가 대소변을 행하는 곳에 올라갈 수 없고, 승가가 발을 씻는 곳에서 발을 씻을 수 없으며, 온실과 강당과 식당에 들어갈 수 없고, 승가가 차례로 뽑는 대회를 받을 수 없으며, 승가의 가운데에 들어가서 음식을 먹을 수 없고 선방에 들어갈 수 없으며, 설법하고 포살하는 승가의 가운데에 들어갈 수 없고, 만약 비구들이 모인 곳이라면 일체 갈 수 없으며, 마땅히 탑을 돌아다닐 수 없고, 만약 탑이 노지에 있다면 바람이 부는 아래에서 예경해야 한다.

7일의 수순법을 행하고서 8일에 이르면 목욕하고 옷을 빨고 말려서 입고 승가의 가운데에 들어갈 수 있다. 만약 비구가 병이 없이 마늘을 먹었거나, 병이 있어서 마늘을 먹었어도 수순법을 행하지 않는다면 두 가지 모두가 월비니죄를 범한다.

이것을 마늘의 법이라고 이름한다.

(177) 복발(覆鉢)의 법

세존께서는 사위성에 머무르셨다.

이때 성안에서 법예(法豫) 우바새는 항상 승가를 청하여 차례로 음식을 주었다. 비구들이 그곳에 이르면 그 뜻을 힐문(詰問)[6]하여 비구들이 능히 해석하는 자이면 곧 크게 환희하면서 스스로가 여러 종류의 음식을 주었고, 만약 능히 대답하지 못하면 곧바로 헐뜯고 하인을 시켜서 거친 음식을 주었다. 이러한 까닭으로 승가의 좌차에서 상좌는 마땅히 떠나가야 하는데 떠나가지 않으면서 모두가 말하였다.

"하좌가 가시오."

나아가 법랍이 젊은 사람도 모두 능히 가지 못하였고, 이것을 곧 높은 소리로 크게 말하였다. 세존께서는 아시면서도 일부러 물으셨다.

---

6) 책망하며 따져서 묻는 것이다.

"무슨 까닭으로 높은 소리로 크게 말하는가?"

대답하여 말하였다.

"세존이시여. 법예 우바새가 항상 승가를 차례로 청하여 음식을 주었는데, 나아가 마땅히 떠나가야 하는데 떠나가지 않았고 이러한 인연을 까닭으로 높은 소리로 크게 말하는 것입니다."

세존께서 여러 비구들에게 알리셨다.

"법예 우바새가 여러 비구들을 경시(輕慢)하니, 마땅히 복발갈마(覆鉢羯磨)를 지어야 하느니라."

우바새에게 8사(事)가 있다면 승가는 마땅히 복발갈마를 지어서 주어야 한다. 무엇이 여덟 가지인가? 현재 있는 앞에서 비구를 비방하거나, 현전에서 비구를 꾸짖으면서 "그대는 악하게 행동하는 사람이다."라고 말하거나, 현전에서 비구에게 성내고 업신여기며 욕하거나, 비구의 이양을 판단하거나, 비구와 함께 일하면서 즐거워하지 않거나, 세존을 비난하거나, 세존의 법을 비난하거나, 세존의 제자를 비난하는 것이다. 이것을 여덟 가지의 일이라고 이름하나니, 승가는 마땅히 복발갈마를 지어야 한다.

갈마인은 마땅히 이렇게 말을 지어야 한다.

"대덕 승가께서는 허락하십시오. 이 법예 우바새가 비구를 경시합니다. 만약 승가께서 때에 이르렀다면 승가께서는 법예 우바새가 비구를 경시하므로 복발갈마를 지어서 주십시오. 이와 같이 아룁니다."

백사갈마를 짓는다.

"나아가 승가시여. 이미 법예 우바새가 비구를 경시하므로 복발갈마를 지어서 주는 것을 마쳤습니다. 승가께서 인정하신 것은 묵연하였던 까닭입니다. 이 일은 이와 같이 지니겠습니다."

법예 우바새는 항상 비구에게 음식을 주었고 그러한 뒤에 스스로가 먹었는데 그날은 비구를 기다렸어도 시간이 지나도록 오지 않았으므로, 곧 세존의 처소에 가서 머리 숙여 발에 예경하고 물러나서 한쪽에 머물렀으며 세존께 아뢰어 말하였다.

"세존이시여. 여러 비구들이 무슨 까닭으로 와서 음식을 먹지 않습니까?"

세존께서 말씀하셨다.

"그대는 비구 승가를 경시하였고, 요익하게 하려는 까닭으로 그대에게 복발갈마를 지어서 주었소."

그때 세존과 멀지 않은 곳에 한 아라한이 있었으므로 세존께서는 우바새에게 말씀하셨다.

"그대가 그곳에 가서 그 비구에게 물으시오. '무엇을 소금이라고 이름하고, 소금에는 몇 종류가 있습니까?'"

곧 가서 이르렀다.

"아사리께 화남합니다."

비구가 말하였다.

"잘 오셨습니다."

곧 물어 말하였다.

"존자여. 무엇을 소금이라고 이름하고, 소금에는 몇 종류가 있습니까?"

비구가 말하였다.

"나는 이미 알고 있소. 그대는 법예 우바새이고 비구 승가를 경시하였으므로 이미 그대에게 복발갈마를 지어서 주었는데도 여전히 부족하오? 내가 이곳에서 안락하게 머무는데 그대가 다시 와서 나를 괴롭히는구려. 소금은 바로 소금이오."

그 비구의 말을 듣고 마음에 망연(惘然)함을 품고서 세존의 처소에 이르렀다. 세존께서는 아시면서도 일부러 물으셨다.

"그대는 소금의 뜻을 물어서 그 뜻을 얻었는가?"

대답하여 말하였다.

"세존이시여. 그 비구는 아는 것이 적으니 스승을 쫓아서 배우지 않았습니다. 소금을 물었는데 고의로 소금이라고 말하였습니다."

이때 세존과 멀지 않은 곳에 다시 한 법사(法師) 비구가 있었는데, 불치로(弗稀盧)라고 이름하였다. 세존께서 우바새에게 말씀하셨다.

"그대가 그곳에 가서 그 비구에게 소금의 뜻을 물으시오."

곧 그곳에 가서 말하였다.

"아사리께 화남합니다."

비구가 말하였다.

"잘 오셨습니다. 단월이여."

곧 자리에 앉도록 말하였다. 비록 뜻을 묻지 않았으나 다시 '앉으시오.'라고 들었으므로 곧 크게 환희하면서 곧 나아가서 자리에 앉았으며 물어 말하였다.

"존자여. 소금에는 무슨 뜻이 있습니까?"

비구가 대답하여 말하였다.

"이것은 좋은 질문이오. 지금 마땅히 그대를 위하여 소금의 뜻을 풀어주겠소. 두 가지의 뜻이 있으니, 맛과 성질입니다. 맛은 바닷물과 같이 동일하게 짠맛이고, 성질은 검은 소금·붉은 소금·신두(辛頭) 소금·미발차(味拔遮) 소금·비람(毘攬) 소금·가차(迦遮) 소금·사다(私多) 소금·비가(比迦) 소금 등입니다. 간략하게 말해서 만약 생(生) 소금이거나, 만약 구운 소금이오. 이것을 소금이라고 이름하오."

듣고서 마음속으로 희열(喜悅)하면서 와서 세존의 처소로 이르렀고 머리 숙여 발에 예경하고 물러나서 한쪽에 머물면서 세존께 아뢰어 말하였다.

"세존이시여. 이 비구는 잘 해석하고 자세하고 간략하게 분별하여서 순(順)과 역(逆)으로 능히 대답하였습니다."

세존께서 말씀하셨다.

"이 자는 범부이오. 나의 법 가운데에서 아직 법미(法味)를 얻지 못하였소. 이전의 비구는 아라한이었으나, 그대가 교만하여서 진실과 거짓을 알지 못하여 장야에 요익하지 않은 일을 지었구려."

법예는 세존의 말씀을 듣고서 곧 두려움이 생겨나서 머리 숙여 발에 예경하고 세존께 아뢰어 말하였다.

"세존이시여. 저는 지금 참회합니다. 오직 원하옵건대 세존께서는 저를 애민하게 생각하시는 까닭으로 여러 비구들이 지금 이후로는 다시 저의 공양을 다시 받도록 하십시오."

세존께서 말씀하셨다.

"그대가 돌아가서 목욕하고 새로운 옷을 입고서 권속들과 함께 서로를 따라서 가고 승가의 가운데에 이르러 복발갈마(覆鉢羯磨)를 버리도록(捨) 애원하시오. 승가는 마땅히 그대에게 버리는 갈마를 줄 것이오."

법예 우바새는 가르침과 같이 돌아와서 목욕하고 새로 깨끗한 옷을 입고 왔으며 승가 안에 들어가서 호궤 합장하고 이렇게 말을 지었다.

"대덕 승가께서는 억념하십시오. 저 우바새 법예는 비구 승가를 경시하였으므로 요익하게 하려는 까닭으로 복발갈마를 지었습니다. 저는 지금 허물을 보았고 수순법을 행하여 마음이 이미 유연해졌습니다. 오직 원하옵건대 승가께서는 애민한 까닭으로 저에게 복발갈마를 버려 주십시오."

이와 같이 세 번을 애원해야 한다.

승가는 마땅히 말하여 경계의 안에 있게 하고, 마땅히 법예를 눈으로 볼 수 있고 귀로 들을 수 없는 곳에 안치한다. 현전승가는 갈마를 짓는데, 도중(徒衆)이 현전은 아니다. 갈마인은 마땅히 이렇게 말을 지어야 한다.

"대덕 승가께서는 허락하십시오. 이 법예 우바새는 비구 승가를 경시하였으므로 요익하게 하려는 까닭으로 복발갈마를 지어서 주었습니다. 지금 오늘에 허물을 보았고 수순법을 행하여 마음이 이미 유연해졌으므로 승가를 쫓아서 사복발갈마를 애원하였습니다. 만약 승가께서 때에 이르렀다면 승가께서는 법예 우바새에게 사복발갈마를 지어서 주십시오. 이와 같이 아룁니다."

백삼갈마를 짓는다.

"나아가 승가시여. 이미 법예 우바새에게 사복발갈마를 지어서 주는 것을 마쳤습니다. 승가께서 인정하신 것은 묵연하였던 까닭입니다. 이 일은 이와 같이 지니겠습니다."

만약 승가에서 복발갈마를 지어서 주었다면 비구·비구니·식차마니·사미·사미니·우바새·우바이의 모두가 가는 것을 허락하지 않으며, 마땅히 가사를 가지고서 그 집의 문 위에 묶어놓고 마땅히 거리의 가운데에서 창언해야 한다.

"누구의 집에 복발갈마를 지었습니다."

만약 어느 객비구가 왔다면 마땅히 말해야 한다.

"누구의 집은 복발갈마를 지었으니 마땅히 가지 마십시오."

복발갈마를 짓는 때에 순서를 건너뛰어 지을 수 없다. 만약 그가 "사문이 우리 집에 들어오지 않아도 좋습니다."라고 말하였다면, 이와 같은 사람이라면 마땅히 지을 수가 없고, 만약 참괴가 있는 자에게는 마땅히 지어서 주어야 한다. 만약 스스로가 허물을 보고 이미 수순하는 마음을 행하여 유연해졌다면 마땅히 버리는 갈마를 주어야 한다.

이것을 복발의 법이라고 이름한다.

(178) 옷을 묶는 법

세존께서는 사위성에 머무르셨다.

그때 어느 걸식하는 비구가 한 손으로 발우를 잡았고 다른 손으로 작은 발우를 잡고 있었는데, 돌개바람이 불어와서 옷이 날아갔으므로 내의(內衣)를 입고서 기원으로 들어왔다. 세존께서는 아시면서도 일부러 물으셨다.

"비구여. 옷은 어디에 있는가?"

대답하여 말하였다.

"세존이시여. 돌개바람에 날아갔습니다."

세존께서 말씀하셨다.

"오늘부터는 마땅히 안쪽을 끈으로 묶을지니라."

그때 여러 비구들이 금과 은을 사용하여 끈을 지어서 묶었으므로, 세존께서는 말씀하셨다.

"일체의 금은 보물로 끈을 지어서 묶는 것은 허락하지 않겠노라."

마땅히 구리(銅)과 철과 백랍(白蠟)과 나무와 대나무와 함께 실로 안쪽을 묶고 매듭을 지어야 한다. 만약 끈을 묶지 않고 취락에 들어가는 것을 허락하지 않는다. 만약 없다면 마땅히 바늘로 꿰매야 하고, 만약 다시 바늘도 없다면 적어도 손으로라도 잡아야 한다. 만약 옷에 끈이 없는 것을 입고서 취락에 들어가면 월비니죄를 범한다.

이와 같이 만약 여러 집을 들어갔다면 들어간 것을 따라서 월비니죄를 마음으로 참회해야 하고, 만약 끈이 있는데도 묶지 않았다면 월비니죄를 마음으로 참회해야 한다. 범하지 않는 것은 비구니의 정사에 들어가거나, 외도의 정사에 들어가거나, 만약 단월이 외쳐서 말하는 곳을 따라서 놓아두었다면 무죄이다.

이것을 옷의 끈을 묶는 법이라고 이름한다.

(179) 허리띠의 법

세존께서는 왕사성에 머무르셨다.

그때 어느 걸식하는 비구가 한 손으로 발우를 잡았고 다른 손으로 작은 발우를 잡고 있었는데, 돌개바람이 불어와서 내의가 날아갔으므로 상의(上衣)를 입고서 기원정사로 들어왔다. 세존께서는 아시면서도 일부러 물으셨다.

"비구여. 안타회는 어디에 있는가?"

대답하여 말하였다.

"세존이시여. 돌개바람에 날아갔습니다."

세존께서 말씀하셨다.

"오늘부터는 마땅히 허리띠를 묶어야 하느니라."

다시 다음으로 여러 비구들이 실을 흐트러뜨려서 허리띠의 끈을 지으면서 가운데를 비워두는 자가 있었으므로, 세존께서 말씀하셨다.

"흩어진 실과 엮은 실로 짓는 것을 모두 허락하지 않겠노라. 가운데를 비운 자는 마땅히 가운데를 꿰매야 하고, 만약 실을 짜서 지었거나, 둥글게 지은 것은 모두 묶는 것을 허락한다. 묶는 때에는 네 겹이거나, 한 겹으로 묶는 것은 허락하지 않겠나니, 마땅히 두 겹이나 세 겹으로 묶어야 한다."

만약 비구가 몸이 악하여 묶을 수 없는 자는 마땅히 가지고 떠나가고 취락의 주변에 이르러 취락으로 들어가려는 때에는 마땅히 묶어야 하고, 취락을 나오면서 다시 풀어야 한다. 만약 허리띠를 묶지 않고 취락에 들어가는 자는 월비니죄를 범하고, 허리띠가 있었는데 묶지 않는 자는 월비니죄를 마음으로 참회해야 하며, 한 겹을 묶는 자는 월비니죄를 범하고, 두 겹이거나, 세 겹을 묶는 자는 무죄이다.

이것을 허리띠의 법이라고 이름한다.

(180) 띠를 묶는 법

세존께서는 사위성에 머무르셨다.

그때 비구가 허리띠를 묶지 않고 있으면서 가게 앞을 지나갔다. 허리띠가 풀어졌고 땅에 끌리면서 다녔으므로 세상 사람들에게 비난받았다.

"어찌하여 사문 석자들은 창자처럼 허리띠를 끌고서 다니는가?"

여러 비구들이 이 인연으로써 세존께 가서 아뢰었고, 세존께서는 말씀하셨다.

"오늘부터는 마땅히 허리띠의 끝자락에 매듭을 지어야 하느니라."

다시 다음으로 무외라는 비구가 금과 은으로 허리띠의 매듭을 지었으므로 세존께서 말씀하셨다.

"비구가 일체의 보물로 허리띠의 매듭을 짓는 것을 허락하지 않겠노라."

허리띠의 끝자락은 두 매듭이거나 세 매듭으로 지어야 하고, 한 매듭이거나, 네 매듭은 허락하지 않겠노라. 만약 일체의 매듭을 짓지 않는다면 월비니죄를 범한다.

이것을 허리띠의 법이라고 이름한다.

(181) 타는 법

세존께서는 사위성에 머무르셨다.

이때 절회일(節會日)이었고 사람들이 나와서 구경하는 때에 육군비구들이 코끼리를 타거나, 말을 타거나, 나귀를 타는 자가 있어서 세상 사람들에게 비난받았다.

"어찌하여 사문 석자들은 왕과 같이, 대신들과 같이 코끼리와 말을 타고 다니는가?"

나귀를 타는 자를 보고서 다시 말하였다.

"어찌하여 사문 석자들은 하천한 심부름꾼과 같이 나귀를 타고 다니는가?"

여러 비구들이 이 인연으로써 세존께 가서 아뢰었고, 세존께서는 말씀하셨다.

"지금 이후로는 나귀를 타거나, 코끼리나 말을 타는 것을 허락하지 않겠노라."

다시 다음으로 세존께서는 왕사성 기구 동자의 암바라원 정사에 머무르셨다.

여래께서는 5일에 한 번을 여러 비구들의 방사를 살피면서 다니셨는데, 비구가 병들어 여위고 수척하며 누렇게 들뜬 것을 보셨다. 세존께서는 아시면서도 일부러 물으셨다.

"비구여. 그대의 병이 심해졌는가? 줄어들었는가? 숨을 쉬는 것이 조화로운가?"

대답하여 말하였다.

"세존이시여. 저는 병들어 괴로워서 숨을 쉬는 것이 조화롭지 못합니다."

세존께서 말씀하셨다.

"그대는 능히 기구 의사에게 이르러 병을 보여주지 않았는가?"

대답하여 말하였다.

"세존께서 계율을 제정하시어 타는 것을 허락하지 않으셨습니다. 저는 병으로 괴로워도 능히 갈 수 없습니다."

세존께서 말씀하셨다.

"오늘부터는 병든 비구가 타는 것을 허락하겠노라."

'타다.'는 코끼리를 타거나, 말을 타거나, 나귀를 타거나, 낙타를 타거나, 배를 타거나, 소를 타거나, 수레를 타거나, 연(輦)을 타는 것이다. 이와 같은 일체를 타는 것을 병자가 아니라면 타는 것을 허락하지 않으며, 만약 병자라면 탈 수 있으나 암컷을 타는 것은 허락하지 않고 마땅히 수컷을 타야 한다. 만약 중병이고 분별하지 못하였다면 타더라도 무죄이다.

만약 인연이 있어서 위·아래로 다니거나, 더불어 바로 건너가면서 '내가 인연의 일이 있다'라고 마땅히 생각하였다면 그때는 타고 건너갈 수 있다. 만약 비구가 병이 없이 탈 것을 타는 자는 월비니죄를 범한다.

이것을 타는 법이라고 이름한다.

(182) 함께 평상에 눕는 법

세존께서는 사위성에 머무르셨다.

이때 육군비구들이 두 사람이거나, 세 사람이 함께 평상에 누웠고, 평상과 요가 부서졌던 까닭으로 땅에 놓여 있었다. 여래께서는 다섯 가지 일의 이익을 까닭으로 5일에 한 번을 여러 비구들의 방사를 살피면서 다니셨는데, 부서진 평상이 땅에 어지럽게 놓여있는 것을 보시고 아시면서도 일부러 물으셨다.

"비구들이여. 이것은 누구의 부서진 평상이고, 어지럽게 땅에 놓여있는가?"

여러 비구들이 앞의 일을 갖추어 말하였고, 세존께서는 말씀하셨다.

"오늘부터는 같은 평상에서 잠자는 것을 허락하지 않겠노라."

'평상과 요'는 앞의 설명과 같다.

한 사람은 마땅히 하나의 평상에서 잠자야 한다. 만약 앉는 걸상이라면 두 사람이 세 개의 평상을 붙여 놓고서 잠잘 수 있으나, 다만 발을 펼치는 때에 무릎이나 머리를 지나갈 수 없다. 만약 가로의 요라면 세 사람이 가로로 잠자는 것을 허락하고, 네모진 요라면 두 사람이 세 장의 요를 붙여서 잠잘 수 있으나, 다만 발을 펼치는 때에 무릎을 지나갈 수 없다. 만약 풀을 깔거나, 각각 니사단을 펼치고서 앉거나 누웠다면 무죄이다.

만약 추웠다면 통으로 위아래를 덮을 수 있으나 너무 가까워서는 아니되고, 중간의 거리가 1주(肘)이며, 손을 펴지 않았어도 대충 3년의 법랍(臘)을 내려올 수 있다. 함께 평상에서 잠잘 수 없나니, 만약 함께 평상에서 잠자면 월비니죄를 범한다.

이것을 함께 하는 평상의 법이라고 이름한다.

(183) 함께 앉는 법

세존께서는 사위성에 머무르셨다.

그때 육군비구들이 세 사람이나 네 사람이 함께 하나의 평상에 앉았으므로 평상 다리가 꺾어지고 부서졌다. 여래께서는 다섯 가지 일의 이익을 까닭으로 5일에 한 번을 여러 비구들의 방사를 살피면서 다니셨는데, 부서진 평상이 땅에 어지럽게 놓여있는 것을 보시고 아시면서도 일부러 물으셨다.

"비구들이여. 이것은 누구의 부서진 평상이고, 어지럽게 땅에 놓여있는가?"

나아가 여러 비구들이 앞의 일을 갖추어 아뢰었고, 세존께서는 말씀하셨다.

"오늘부터는 함께 평상에 앉는 것을 허락하지 않겠노라."

다시 다음으로 세존께서는 사위성에 머무르셨다.

그때 세존께서는 우바리에게 말씀하셨다.

"여러 비구들이 비니를 받아서 외우는가?"

"외웁니다. 다만 조금 외웁니다."

세존께서는 우바리에게 말씀하셨다.

"무슨 까닭으로 적은가?"

대답하여 말하였다.

"세존께서 계율을 제정하시어 함께 평상에 앉는 것을 허락하지 않으셨고, 여러 비구들은 한 사람이 혼자서 하나의 걸상을 고수(固守)합니다. 이러한 까닭으로 받아서 외우는 자가 적습니다."

세존께서 말씀하셨다.

"오늘부터는 법랍 차가 3세 이하인 비구라면 함께 평상에 앉는 것을 허락하겠노라."

법랍이 없는 비구는 법랍이 3세인 비구와 함께 평상에 앉을 수 있고, 이와 같이 나아가 법랍이 7년인 비구는 법랍이 10년인 비구와 함께 앉을 수 있으며, 만약 와상(臥床)이라면 세 사람이 함께 앉을 수 있고, 좌상(坐床)이라면 마땅히 두 사람이 함께 앉을 수 있다.

만약 평상의 길이가 1주(肘) 절반이라면 서로의 법랍 차가 3세 이하의 비구는 두 사람이 앉을 수 있고, 만약 부족하다면 마땅히 상좌와 더불어 함께 앉을 수 있다. 와상이 3주(肘)가 넘는다면 법랍의 차이가 4세 이하의 비구와 함께 앉을 수 있으나, 만약 부족하다면 함께 앉을 수 없다.

만약 대회이었고 대중이 모였는데 평상과 자리가 적었다면 평상을 연결하여 서로 맞대어 묶는다. 서로 붙여서 묶는 때에는 마땅히 단단하게 묶어서 요가 움직이지 않도록 하고서 함께 앉을 수 있다. 만약 네모진 요의 길이가 3주라면 법랍의 차이가 4세의 비구와 함께 앉을 수가 있으나, 만약 부족하다면 함께 앉을 수 없다. 만약 풀을 흩어서 땅에 펼치고 함께 앉는다면 무죄이다.

이것을 함께 앉는 법이라고 이름한다.

마하승기율 제32권

동진 천축삼장 불타발타라·법현 공역
석보운 번역

10) 잡송의 발거를 밝히다 ⑩

(184) 함께 먹는 법

세존께서는 사위성에 머무르셨다.
그때 육군비구들이 함께 먹었으므로 세상 사람들에게 비난받았다.
"어찌하여 사문 석자들은 세간의 음란한 사람들과 같이 함께 먹는가?"
나아가 세존께서 말씀하셨다.
"육군비구들을 불러오라."
왔으므로, 세존께서 말씀하셨다.
"비구들이여. 그대들이 진실로 그러하였는가?"
대답하여 말하였다.
"진실입니다. 세존이시여."
세존께서 말씀하셨다.
"오늘부터는 함께 먹는 것을 허락하지 않겠노라."
'함께 먹다.'는 함께 한 그릇에 먹는 것이다.
'먹다.'는 5정식(正食)과 5잡정식(雜正食) 등이니, 마땅히 별도의 그릇으로 먹어야 한다. 만약 발우가 없다면 마땅히 작은 발우(鉤鉢)이거나, 건자(鍵鎡)를 사용해야 하고, 만약 다시 없다면 마땅히 음식을 뭉쳐서 왼손으로 잡고 오른손으로 먹어야 하며, 만약 다시 능히 할 수 없다면 마땅히 발우를 풀잎 위에 놓아두고서 다시 서로가 취하여 먹어야 하고 함께 손을 내려서 5정식과 5잡정식을 떠나시는 아니된다.

만약 미숫가루이거나, 만약 떡이거나, 과일이거나, 나물들을 함께 먹었다면 무죄이다. 만약 함께 그릇으로 먹는 자는 월비니죄를 범한다.

이것을 함께 먹는 법이라고 이름한다.

(185) 궤식(机食)

세존께서는 사위성에 머무르셨다.

여래께서는 다섯 가지 일의 이익을 까닭으로 5일에 한 번을 여러 비구들의 방사를 살피면서 다니셨는데, 난타와 우파난타의 방안의 식탁(食机)에서 여러 가지의 그림과 색깔을 보셨다. 세존께서는 아시면서도 일부러 물으셨다.

"이것은 누구의 식탁으로 여러 가지의 그림과 색깔이 있는가?"

여러 비구들이 대답하여 말하였다.

"이것은 난타와 우파난타의 식탁입니다."

세존께서 말씀하셨다.

"오늘부터는 식탁 위에서 먹는 것을 허락하지 않겠노라."

다시 다음으로 세존께서는 사위성에 머무르셨다.

여래께서는 다섯 가지 일의 이익을 까닭으로 5일에 한 번을 여러 비구들의 방사를 살피면서 다니셨는데, 손이 떨리는 한 비구를 보셨다. 세존께서는 아시면서도 일부러 물으셨다.

"비구여. 몸이 조화롭고 안락한가?"

대답하여 말하였다.

"세존이시여. 저의 손이 떨려서 발우를 깨뜨렸습니다. 세존께서 계율을 제정하시어 식탁 위에서 먹는 것을 허락하지 않으신 까닭으로 즐겁지 못합니다."

세존께서 말씀하셨다.

"오늘부터는 병든 비구가 식탁 위에서 먹는 것을 허락하겠으나, 여러 가지 그림과 색깔은 허락하지 않겠노라."

만약 승가의 식탁에 여러 종류의 그림과 색깔이 있다면 무죄이다. 만약 개인의 소유라면 한 가지의 색깔은 허락한다. 병든 비구가 식탁 위에서 먹을 때에는 마땅히 먼저 마음을 세우고 생각을 짓고서 사용하였다면 무죄이다. 만약 비구가 병들지 않았다면 일체 식탁 위에서 먹는 것을 허락하지 않는다. 만약 늙고 병들어 손이 떨리고 머리를 찔려서 피가 흐르거나, 만약 발우가 무겁거나, 만약 가득 찼거나, 만약 뜨겁거나, 만약 차가워서 식탁 위에서 먹었다면 무죄이다. 만약 비구가 병이 없는데 식탁 위에서 먹었다면 월비니죄를 범한다.

이것을 식탁의 법이라고 이름한다.

마늘을 먹는 것과 복발과
끈을 묶는 것과 허리띠와
타는 것과 같은 평상과
함께 앉는 것과 같은 그릇으로 먹는 것과
식탁의 여러 종류의 색깔 등이 있다.

[여덟 번째의 발거를 마친다.]

(186) 위하여 죽이는 것

세존께서는 사위성에 머무르셨다.

이때 난타와 우파난타가 유행하고서 사위성으로 돌아왔다. 이때 한 옛날의 단월이 있어 아발타(阿跋吒)라고 이름하였다. 비구들은 때에 이르자 취락에 들어가는 옷을 입고 발우를 지니고 그의 집에 이르렀다. 단월이 보고 이렇게 말을 지었다.

"아사리여. 무슨 까닭으로 오랜만에 오셨습니다. 오랫동안 보지 못하였습니다."

비구가 말하였다.

"장수여. 우리는 오랜만에 왔소. 우리에게 무슨 좋은 음식을 주고자 하시오?"

대답하여 말하였다.

"내가 내일은 마땅히 아사리들께 좋은 음식을 주겠습니다."

비구가 말하였다.

"그대는 직사(織師)들의 음식을 짓지 마시오."

곧 물어 말하였다.

"무엇을 직사들의 음식이라고 이름합니까?"

비구가 말하였다.

"거친 밥에 콩국이오."

단월이 말하였다.

"나는 아사리들께 거친 밥과 콩국을 주지 않겠습니다. 마땅히 육식(肉食)을 주겠습니다."

비구가 말하였다.

"그대는 우리에게 차가운 고기를 주지 마시오."

대답하여 말하였다.

"나는 아사리들께 차가운 육식은 드리지 않고 마땅히 뜨겁게 익혀서 주겠습니다."

비구가 말하였다.

"우리가 말한 뜨거운 것은 이러한 뜨거움을 말하는 것이 아니오."

물어 말하였다.

"어떤 것이 뜨거운 것입니까?"

비구가 대답하여 말하였다.

"새롭게 죽인 뜨거운 고기이오."

단월이 말하였다.

"만약 그와 같다면 내일 일찍 오십시오. 마땅히 아사리 앞에서 죽여서 뜨겁게 하겠습니다."

비구가 대답하여 말하였다.

"그렇게 하겠소."

다음날 아침에 이르러 옷을 입고 발우를 지니고 그의 집에 이르렀다. 단월은 곧 염소와 돼지와 닭을 끌고 와서 늘어놓고 비구들의 앞에서 죽여서 공양하였고, 먹고서 떠나갔다. 단월이 비난하여 말하였다.

"사문 구담은 무수한 방편으로 살생을 비난하였고 살생하지 않는 것을 찬탄하셨다. 그러나 사문들이 눈앞에서 살생하게 시켰으니, 스스로가 죽인 것과 무엇이 다른가?"

여러 비구들이 이 인연으로써 세존께 가서 아뢰었고, 세존께서는 말씀하셨다.

"난타와 우파난타를 불러오라."

왔으므로, 세존께서는 물으셨다.

"비구들이여. 그대들이 진실로 그러하였는가?"

대답하여 말하였다.

"진실로 그렇습니다. 세존이시여."

세존께서 말씀하셨다.

"비구들이여. 이것은 악한 일이니라."

나아가 세존께서 말씀하셨다.

"그대들이 어찌하여 눈앞에서 죽이게 시켰는가? 오늘부터는 (스스로를) 위하여 죽이는 것을 허락하지 않겠노라."

'위하여 죽이다.'는 비구를 위하여 죽이는 것이다.

비구를 위하여 죽인 것은 일체의 비구·비구니·식차마니·사미·사미니·우바새·우바이가 먹을 수 없다. 이와 같이 나아가 우바이를 위해 죽인 것도 일체의 비구들이 먹을 수 없고, 나아가 우바이도 역시 먹을 수 없다.

'위하다.'는 세 가지의 일이 있으니, 보았거나, 들었거나, 의심스러운 것이다.

'보다.'는 현전에서 눈으로 죽이는 것을 보는 것이니, 먹는 것을 허락하지 않는다. 이것을 보았다고 이름한다.

'든다.'는 귀로 스스로가 들었거나, 혹은 다른 사람을 쫓아서 들은 것이니, 먹는 것을 허락하지 않는다. 만약 앞사람이 믿을 수 없는 사람이고, 고의로 비구를 요란시키고자 하는 자는 마땅히 말을 받아들일 수 없으며, 마땅히 믿을 사람의 주변을 쫓아서 취하고 경정하는 것이다. 이것을 들었다고 이름한다.

'의심하다.'는 비구가 단월의 집에 이르러 항상 염소를 보았고, 뒤에 가서 바로 염소의 머리와 발이 땅에 있는 것을 보았으므로 마음에 곧 의심이 생겨나서 물었다.

"이전에 보았던 염소가 어느 곳에 있습니까?"

만약 "이미 아사리를 위하여 죽였습니다."라고 말하였다면, 마땅히 먹을 수 없다. 만약 "존자여. 내가 천사(天祠)에 제사하려는 까닭으로 죽였는데 모두 먹지 못하였습니다."라고 말하였다면 먹을 수 있다. 이것을 의심한다고 이름한다. 이와 같이 일체의 중생에게 만약 보았거나, 만약 들었거나, 의심스러운 것도 이와 같다.

이것을 위하여 죽인다고 이름한다.

(187) 사람의 고기

세존께서는 사위성에 머무르셨다.

그때 사위성에 어느 우바새는 속비(㑛卑)라고 이름하였고, 그의 부인도 역시 속비라고 이름하였으며, 어느 객비구가 왔는데 역시 속비라고 이름하였다. 이때 우바새가 듣고서 이렇게 생각을 지었다.

'아사리의 이름이 나와 같으니, 마땅히 가서 공양을 청해야겠다.'

곧 정사로 나가서 집안에 청하여 여러 종류의 음식으로 공양하였으며, 머리 숙여 그 비구의 발에 예배하고 호궤 합장하고서 알려 말하였다.

"존자여. 오직 원하건대 옷·음식·와구·병의 탕약의 네 가지의 일에서 청을 받아 주십시오."

비구는 곧 청을 받아들였다. 그때 남편은 상인을 따라서 멀리 떠나면서 아내에게 부촉하여 말하였다.

"내가 멀리 떠나가니 그대는 있으면서 뒤에 마땅히 좋은 것으로 아사리를 공양하여 부족함이 없게 하시오."

떠나간 뒤에 비구가 몸이 조화롭지 못하여 설사하는 약을 복용하고자 우바이에게 말하였다.

"나는 설사약을 복용하고자 합니다. 능히 때에 따라서 차례로 병 치유에 알맞은 음식을 요리하겠습니까?"

우바이가 말하였다.

"그렇게 하겠습니다."

그 비구가 설사하는 약을 복용하였고, 차례를 따라서 병 치유에 알맞은 음식을 주면서 맑은 죽과 걸러낸 죽의 다음으로 고기가 필요하였다. 계리사반(罽利沙槃)[1]을 가지고 여노비에게 주면서 말하였다.

"이것을 가지고 가서 고기를 사서 오너라."

그 여노비가 시장에 들어갔으나 재일(齋日)을 만났고 누구도 짐승을 죽이지 않아서 고기를 사지 못하고 돌아왔다. 이때 우바이는 마음이 즐겁지 않아서 말하였다.

"아사리가 설사약을 복용하였는데, 만약 병 치유에 맞는 음식을 얻지 못한다면 혹은 능히 병이 심해질 것이다."

곧 무우씨를 갈아서 기름으로 적시고 방에 들어가서 날카로운 칼로 넓적다리의 살을 베어서 여노비에게 주면서 말하였다.

"그대가 이 고기를 가지고서 무우씨의 기름으로 깨끗이 씻고 음식을 지어서 아사리께 주고서 묻도록 하게. '아사리여. 내일은 무슨 음식이 필요합니까?'"

그 여노비는 가르침과 같이 음식을 준비하여 가지고 가서 물어 말하였다.

"내일은 다시 무슨 음식이 필요합니까?"

---

1) 산스크리트어 kāṣāpaṇa의 음사로서 고대 인도의 화폐 단위이다.

대답하여 말하였다.

"그만두십시오. 다시는 기듭 보내지 마십시오."

이때 우바이는 상처로 인해 앓아누웠고, 그 남편은 상인과 다니다가 돌아왔으며 이렇게 생각을 지었다.

'내가 항상 멀리 갔다가 돌아오는 때는 아내가 둘째 문과 셋째 문에 나와서 나를 맞이하였는데 지금은 무슨 까닭으로 나와서 맞이하지 않는가?'

방에 들어와서 아내가 평상 위에 누워있는 것을 보고서 성내면서 말하였다.

"그대가 무슨 까닭으로 나를 업신여기고 나와 맞이하지 않는가?"

그의 아내가 대답하여 말하였다.

"이번에 다니면서 무슨 공덕이 있어서 당신이 나에게 나와서 맞아하라고 합니까?"

대답하여 말하였다.

"내가 다니면서 백천만 금전을 얻어 왔소."

그의 아내가 대답하여 말하였다.

"이것은 바깥 재물이니 무엇이 기특하겠습니까? 나는 스스로 몸의 살을 베어서 아사리에게 공양하였습니다."

남편이 물어 말하였다.

"어느 곳을 베었는가?"

곧 옷을 걷어서 그곳을 보았고 그 남편은 보고서 기절하여 땅에 넘어졌다. 이때 귀신이 있어서 그 비구에게 말하였고, 이때 비구가 듣고서 곧 자삼매(慈三昧)에 들어갔으며, 선정의 힘이 그녀와 감응하여 평소처럼 회복되어 예전과 같아졌다. 그 아내가 남편에게 말하였다.

"일어나세요. 일어나세요. 놀라지 마세요. 아사리의 위신력을 까닭으로 나의 상처가 평소처럼 회복되었습니다."

그 남편이 일어나서 상처가 평소처럼 회복된 것을 보고서 곧 크게 환희하면서 가게에 가서 이르렀으며 이렇게 말을 지었다.

"우리 집의 아내가 정진(精進)하면서 이렇게 몸을 베어서 공양하였다."

대중인 사람들이 듣고서 비난하여 말하였다.

"어찌하여 사문 석자들은 사람의 고기를 먹는가?"

여러 비구들이 이 인연으로써 세존께 가서 아뢰었고, 세존께서는 말씀하셨다.

"이 비구를 불러오라."

왔으므로, 세존께서는 물으셨다.

"그대가 진실로 그러하였는가?"

대답하여 말하였다.

"진실로 그렇습니다. 세존이시여. 제가 선정(定)에 들어가지 않았습니다."

세존께서 말씀하셨다.

"오늘부터는 사람의 고기를 먹는 것을 허락하지 않겠노라."

다시 다음으로 세존께서는 바라나(波羅奈)의 선인(仙人) 녹야원(鹿野苑)에 머무르셨다.

이때 비구에게 황달병이 있어서 의사가 말하였다.

"존자께서는 사람의 피를 복용하여야 나을 수 있고 만약 복용하지 않는다면 죽을 것이며 다시 다른 방법이 없습니다."

이때 어느 사람이 왕의 일을 범하여 그의 두 손을 결박하였고 가비라(迦毘羅)[2]인 화만(華鬘)을 씌웠으며 북을 치고 외치면서 형장(刑場)으로 나아가고 있었다. 비구가 두회(魁膾)[3]의 주변에 이르러 이렇게 말을 지었다.

"장수여. 나에게 사람의 피를 베풀어 주십시오."

두회가 말하였다.

"사람의 고기를 먹는다고 하였어도 역시 마땅히 주겠는데, 하물며

---

[2] 산스크리트어 kapila의 음사로서 황색(黃色)이라 번역된다.
[3] 사형을 집행하는 사람을 가리킨다.

피겠습니까?"

곧 죄인을 땅에 앉히고 칼로 양쪽의 목구멍과 맥(脈)을 찔러 피가 흐르게 하였고, 비구가 두 손으로 피를 취하여 마셨으므로 세상 사람들에게 비난받았다.

"이 자는 비구가 아니고 사람을 먹는 귀신이다."

곧 기와와 돌과 흙덩이를 던졌고 이 비구가 겨우 벗어났다. 여러 비구들이 이 인연으로써 세존께 가서 아뢰었고, 세존께서는 말씀하셨다.

"이 비구를 불러오라."

왔으므로, 세존께서는 물으셨다.

"그대가 진실로 그러하였는가?"

대답하여 말하였다.

"진실로 그렇습니다. 세존이시여."

세존께서 말씀하셨다.

"비구여. 이것은 악한 일이니라. 목숨을 아끼는 것도 나아가 그러하니라."

세존께서 말씀하셨다.

"지금 이후로는 사람의 피를 마시는 것을 허락하지 않겠으며, 나아가 사람의 골수 등의 일체를 허락하지 않겠노라. 만약 비구가 머리에 부스럼이 생겨서 의사가 "반드시 사람의 뼈를 태워서 바른다면 나을 수 있습니다."라고 말한다면 바를 수 있다. 바르고서 대중의 가운데에 머무를 수 없고, 마땅히 한쪽의 작은 방에 머물러야 하며, 나았다면 마땅히 깨끗이 씻고 목욕한 뒤에 대중에게 들어와야 하느니라."

다시 다음으로 세존께서는 비사리성에 머무르셨다.

이때 한 종성(種姓)이 용의 고기를 먹고 있었고, 여러 비구들도 역시 용의 고기를 먹는 자가 있었으며, 이러한 까닭으로 죽이는 자가 많았다. 이때 어느 한 용녀(龍女)가 세존의 평상 앞에 이르러 서서 울고 있었다.

세존께서는 아시면서도 일부러 물으셨다.
"그대가 무슨 까닭으로 우는가?"
이때 용녀가 세존께 아뢰어 말하였다.
"세존이시여. 비사리의 사람들이 용을 잡아먹고 여러 비구들도 역시 먹습니다. 이러한 까닭으로 저희를 죽이는 자가 많습니다. 오직 원하옵건대 세존께서 여러 비구들이 용을 먹지 못하도록 하여 주십시오."
그때 세존께서는 용녀를 위하여 수순하여 설법하시어 보여주고 가르치셨으며 이익되고 기쁘게 하셨으므로, 기뻐하며 떠나갔다. 이때 세존께서는 대중이 많은 비구들의 처소에 이르셨고 니사단을 펼치고 앉으셨으며 비구들을 위하여 앞의 일을 갖추어 말씀하셨다.
"오늘부터는 용의 고기를 먹는 것을 허락하지 않겠으며, 용의 피·용의 뼈·용의 힘줄·용의 골수 등의 일체를 먹는 것을 허락하지 않겠노라. 만약 몸 밖에 여러 병이 있어서 용의 재를 바르는 것이 필요한 자는 얻어서 사용하여도 무죄이다."

세존께서는 왕사성에 머무르셨다.
이때 병사왕의 코끼리가 죽었는데 여러 미천한 전다라(旃陀羅)들이 고기를 먹었고, 여러 비구들도 역시 먹는 자가 있었다. 이때 기구 동자가 세존의 처소에 이르러서 머리 숙여 발에 예경하고 물러나서 한쪽에 머물렀으며, 세존께 아뢰었다.
"세존이시여. 병사왕의 코끼리가 죽고, 여러 미천한 전다라들이 고기를 먹었으며, 여러 비구들도 역시 먹는 자가 있습니다. 비구는 출가인이니 사람들에게 공경받고 존중받습니다. 오직 원하옵건대 세존께서는 비구들이 코끼리의 고기를 먹지 못하도록 하십시오."
그때 세존께서는 기구 동자를 위하여 수순하여 설법하시어 보여주고 가르치셨으며 이익되고 기쁘게 하셨으므로, 머리 숙여 발에 예경하고 떠나갔다. 이때 세존께서는 대중이 많은 비구들의 처소에 이르셨고 니사단을 펼치고 앉으셨으며 비구들을 위하여 앞의 일을 갖추어 말씀하셨다.

세존께서는 말씀하셨다.
 "지금 이후로는 고끼리의 고기를 먹는 것을 허락하지 않겠으며, 나아가 코끼리의 골수도 역시 먹는 것을 허락하지 않겠노라."
 코끼리의 어금니와 뼈로써 발우의 받침대이거나, 옷의 단추를 짓는 것은 허락하셨으니, 무죄이다.

 세존께서는 사위성에 머무르셨다.
 이때 병사왕의 말이 죽었고, 역시 앞의 코끼리에서 설한 것과 같다. 만약 몸의 밖에 선개가 있어서 말의 피가 필요한 자는 바르더라도 무죄이다. 바르고서 대중의 가운데에 머무르지 못하고 마땅히 한쪽의 작은 방에 머물러야 한다.

 세존께서는 사위성에 머무르셨다.
 그때 여러 비구들이 개고기를 먹고 취락에 들어간 때에 개들이 쫓아와서 다투어 짖었다. 여러 비구들이 이 인연으로써 세존께 가서 아뢰었고, 세존께서는 말씀하셨다.
 "오늘부터는 개고기를 먹는 것을 허락하지 않겠으며, 나아가 개의 골수도 역시 먹는 것을 허락하지 않겠노라."
 만약 개에게 물렸고, 개털을 태워서 상처에 바르는 것이 필요하였으며, 얻어서 사용하였다면 무죄이다.

 세존께서는 사위성에 머무르셨다.
 이때 어느 비구가 새고기를 먹고서 취락에 들어가서 걸식하거나, 혹은 숲속에서 경행하는 때에 여러 새들이 쫓아오며 울었다. 여러 비구들이 이 인연으로써 세존께 가서 아뢰었고, 세존께서는 말씀하셨다.
 "오늘부터는 새고기를 먹는 것을 허락하지 않겠으며, 나아가 새의 골수도 역시 먹는 것을 허락하지 않겠노라."
 만약 새의 바깥 날개가 필요하여 사용하는 자는 무죄이다.

세존께서는 사위성에 머무르셨다.

이때 어느 비구가 독수리 고기를 먹고서 숲속에서 경행하는 때에 여러 독수리들이 쫓아오며 울었다. 여러 비구들이 이 인연으로써 세존께 가서 아뢰었고, 세존께서는 말씀하셨다.

"오늘부터는 독수리 고기를 먹는 것을 허락하지 않겠으며, 나아가 독수리의 골수도 역시 먹는 것을 허락하지 않겠노라."

만약 독수리의 바깥 날개가 필요하여 사용하는 자는 무죄이다.

첫째는 사람의 고기이고, 둘째는 용의 고기이며, 셋째는 코끼리의 고기이고, 넷째는 말의 고기이며, 다섯째는 개의 고기이고, 여섯째는 새의 고기이며, 일곱째는 독수리의 고기이고, 여덟째는 멧돼지의 고기이며, 아홉째는 원숭이의 고기이고, 열째는 사자의 고기이다.

'마늘'은 날 것과 익힌 것이고 껍질과 잎의 일체를 먹는 것을 허락하지 않는다. 만약 몸의 밖에 사용하고자 필요하였고 상처에 바른다면 사용하는 것을 허락한다. 다만 바르고서 대중의 가운데에 머무를 수 없고, 마땅히 한쪽의 작은 방에 머물러야 하며, 나왔다면 마땅히 깨끗이 씻고 목욕한 뒤에 대중에게 들어와야 한다.

이것을 고기와 마늘의 법이라고 이름한다.

(188) 가죽의 법

세존께서는 사위성에 머무르셨다.

이때 난타와 우파난타가 소를 기르는 집에 이르러 평상 위에 앉았는데 새롭게 태어난 송아지가 비구의 옷 색깔이 어미와 비슷한 것을 보고 뛰어다녔고 와서 이르렀다. 비구들이 손으로 송아지의 이마 위를 만졌고 가늘고 부드럽게 손에 닿았으므로 곧 이렇게 말을 지었다.

"이 가죽은 부드러우니 좌구(坐具)를 지으면 좋겠네."

이때 소를 기르는 사람은 곧 이렇게 생각을 지었다.

'이 비구들은 왕과 대신 등의 고귀하고 수승한 사람들의 지식이고 큰 세력이 있는 까닭으로 마땅히 이 가죽을 얻고자 할 것이다.'

곧 물어 말하였다.

"아사리여. 가죽이 필요하다면 내가 마땅히 주겠습니다."

비구들이 곧 말하였다.

"바로 이 송아지의 가죽을 주시오."

소를 기르는 사람이 말하였다.

"우리 집안에 죽은 송아지의 가죽이 있는데 부드럽고 좋습니다. 마땅히 손질하여 주겠습니다."

그 비구들이 말하였다.

"진실로 우리에게 주겠다면, 바로 이 송아지 가죽을 주시오. 다른 것은 필요하지 않소."

이때 소를 기르는 사람은 이렇게 생각을 지었다.

'이 비구들은 큰 세력이 있으니 능히 요익하지 않은 일을 지을 것이다.'

환란이 두려웠던 까닭으로 곧 비구들의 앞에서 송아지를 죽여서 가죽을 벗겨 주었다. 이때 그 송아지의 어미가 목장에서 돌아왔고 새끼가 보이지 않았으므로 울타리를 돌면서 울부짖었다. 소를 기르는 사람이 비구들을 비난하여 말하였다.

"사문 석자들은 자비심이 없구나. 사문을 송아지 어미의 처지에 있게 하였다면 뜻은 어떻겠는가?"

여러 비구들이 이 인연으로써 세존께 가서 아뢰었고, 세존께서는 말씀하셨다.

"난타와 우파난타를 불러오라."

왔으므로, 세존께서는 물으셨다.

"그대들이 진실로 그러하였는가?"

대답하여 말하였다.

"진실로 그렇습니다. 세존이시여."

세존께서 말씀하셨다.

"비구들이여. 이것은 악한 일이니라. 그대들은 어찌하여 눈앞에서 죽이게 시켰는가? 오늘부터는 가죽을 사용하는 것을 허락하지 않겠노라."

'가죽'은 소가죽과 물소 가죽과 호랑이 가죽과 표범 가죽과 곰 가죽과 사슴 가죽 등이니, 이와 같은 일체의 가죽에 앉는 것을 허락하지 않고, 오직 서노(恕奴) 땅의 양 가죽은 허락한다.

'양 가죽'은 두 종류가 있으니, 첫째는 암양이고, 둘째는 숫양이다. 암양과 숫양에 각각 열 종류가 있으니, 앞에서 말한 것과 같다. 만약 가죽 위에 앉으면 월비니죄를 범하고, 만약 가죽과 도라요(兜羅褥)의 위에 앉으면 두 가지의 월비니죄를 범하며, 가죽신 위에 앉아도 월비니죄를 범하고, 가죽신 위에 누웠고 무릎 이상으로 가지런하여도 월비니죄를 범한다. 무릎의 이하라면 무죄이다. 만약 가죽으로 짰던 평상 위에 앉았다면 무죄이다.

(189) 발을 문지르는 물건

세존께서는 사위성에 머무르셨다.

이때 난타와 우파난타가 여러 가지의 발을 문지르는 물건을 지어서 발을 씻었으므로, 외도의 제자가 이를 보고서 곧 이렇게 생각을 지었다.

'우리들이 마땅히 함께 우바새를 시험하여 흔들어야겠다.'

[앞의 가루에서 자세히 말한 것과 같다.] 나아가 세존께서 말씀하셨다.

"오늘부터는 여러 가지의 물건을 사용하여 발을 문지르고 씻는 것을 허락하지 않겠노라."

'문지르는 물건'은 만약 네모났거나, 만약 둥글거나 그 위에 마사두(摩沙豆)와 몽구두(蒙具豆)의 모습으로 조각한 것은 일체 사용하는 것을 허락하지 않겠노라. 발바닥에 때가 있어서 벗기기 위하여 둥근 풀이거나, 만약 벽돌이거나, 기와 등을 사용하는 것을 허락하겠노라.

이것을 발을 문지르는 물건이라고 이름한다.

(190) 안약(眼藥)

세존께서는 왕사성에 머무르셨다.

이때 세상 사람들은 절일이었고 남녀들이 성을 나와서 유람(遊觀)하였다. 이때 육군비구들이 하늘색과 푸른색과 검은색으로 눈을 꾸몄으므로 세상 사람들에게 비난받았다.

"어찌하여 사문 석자들은 귀하고 수승한 동자와 같이 하늘색과 푸른색으로 눈을 꾸미는가?"

검은색으로 눈을 꾸몄던 사람을 보고는 다시 말하였다.

"사문 석자들은 하천(下賤)한 인부와 같이 검은색으로 눈을 꾸미고 다니는가? 이렇게 무너지고 패배한 사람에게 무슨 도가 있겠는가?"

여러 비구들이 이 인연으로써 세존께 가서 아뢰었고, 세존께서는 말씀하셨다.

"오늘부터는 눈을 꾸미는 것을 허락하지 않겠노라."

다시 다음으로 세존께서는 사위성 기구 동자의 암바라원에 머무르셨다. 이때 여러 비구들이 눈병을 앓고 있어서 기구 동자가 말하였다.

"존자여. 이 약으로써 눈에 바르십시오."

여러 비구들이 말하였다.

"세존께서 계율을 제정하시어 눈에 바르는 것을 허락하지 않았습니다."

기구 동자가 말하였다.

"내가 마땅히 가서 세존을 쫓아서 이 원을 애원하겠습니다."

곧 세존의 처소에 이르러 머리 숙여 발에 예경하고 물러나서 한쪽에 머물면서 세존께 아뢰어 말하였다.

"세존이시여. 여러 비구들은 하루 한 번 먹는 사람이고, 눈은 이 사람들에게 소중한 것입니다. 오직 원하옵건대 세존께서는 여러 비구들이 안약을 바르는 것을 허락하십시오."

세존께서 말씀하셨다.

"지금 이후로는 하늘색과 푸른색은 제외하고 안약을 사용하는 것을 허락하겠노라."

만약 "존자여. 이 눈병에는 하늘색과 푸른색의 가루를 바른다면 곧 나을 것이고 다시 다른 방법은 없습니다."라고 말하였으며, 만약 그와 같다면 바를 수 있다. 바르고서 대중의 가운데에 머무를 수 없고, 마땅히 한쪽의 작은 방에 머물러야 하며, 나왔다면 마땅히 깨끗이 씻고 목욕한 뒤에 대중의 가운데에 들어와야 한다.

이것을 안약이라고 이름한다.

(191) 안약의 통(筒)

세존께서는 사위성에 머무르셨다.

이때 여러 비구들이 나뭇잎을 가지고 안약을 담았다. 세존께서는 아시면서도 일부러 물으셨다.

"비구들이여. 이것은 무엇인가?"

대답하여 말하였다.

"이것은 안약입니다."

세존께서 말씀하셨다.

"안약은 귀중한 물건이다. 마땅히 통에 담아야 하느니라."

그때 여러 비구들이 금과 은으로 통을 지어서 담았고 세존께서는 말씀하셨다.

"금과 은과 일체의 보배로 사용하는 것을 허락하지 않겠노라."

마땅히 구리와 철·백랍·대나무·갈대·새의 날개이고, 아래에 이르러 가죽의 주머니를 사용해야 한다.

이것을 약의 통이라고 이름한다.

(192) 안약을 넣는 산가지

세존께서는 사위성에 머무르셨다.

이때 어느 비구가 대나무를 가지고 안약의 산가지를 지었다. 세존께서는 아시면서도 일부러 물으셨다.

"비구여. 이것은 무엇인가?"

대답하여 말하였다.

"이것은 안약의 산가지입니다."

세존께서 말씀하셨다.

"안약은 연약한 물건이다. 마땅히 매끄러운 물건으로 산가지를 지어야 하느니라."

이때 어느 비구가 금과 은으로써 산가지를 지었으므로, 세존께서 말씀하셨다.

"금과 은과 일체의 보배로 산가지를 짓는 것을 허락하지 않겠노라. 마땅히 구리·철·상아·뼈·전단 나무·단단한 나무를 사용해야 하느니라."

문지르고 갈아서 매끄럽고 윤택하게 하고, 아래에 이르러 손가락의 끝을 사용해야 한다.

이것을 안약의 산가지의 법이라고 이름한다.

(193) 일산의 법

세존께서는 왕사성에 머무르셨다.

이때 세상 사람들은 절일이었고 남녀들이 유람하였다. 이때 육군비구들이 여러 가지의 색깔인 일산을 지녔으며, 나무껍질의 일산을 가지고 지니고 있었으므로 세상 사람들에게 비난받았다.

"어찌하여 사문 석자들은 왕과 같이 대신과 같이 여러 가지의 색깔인 일산을 지녔는가?"

나뭇잎의 일산을 지닌 자를 보고 다시 이렇게 말을 지었다.

"어찌하여 사문 석자들은 하천한 인부와 같이 나무껍질의 일산을 지녔는가? 이렇게 무너지고 패배한 사람에게 무슨 도가 있겠는가?"

여러 비구들이 이 인연으로써 세존께 가서 아뢰었고, 세존께서는 말씀하셨다.

"지금부터 이후로는 일산을 지니는 것을 허락하지 않겠노라."

다시 다음으로 세존께서는 사위성에 머무르셨다.

이때 장로 아나율(阿那律)과 금비라(金毘羅)는 탑산(塔山)에 머물면서 안거를 마쳤고 사위성으로 돌아와서 세존께 예경하였다. 세존께서 아시면서도 일부러 물으셨다.
"비구여. 옷이 무슨 까닭으로 소금이 절어서 더럽고 또한 그와 같은가?"
비구가 대답하여 말하였다.
"세존께서 계율을 제정하시어 일산을 지니는 것을 허락하지 않으셨고, 저는 걸식하면서 비를 만났습니다. 이러한 까닭으로 이와 같습니다."
세존께서 말씀하셨다.
"오늘부터는 일산을 지니는 것을 허락하겠노라. '일산'은 나무껍질의 일산과 나뭇잎의 일산과 대나무의 일산 등이고, 이와 같은 일산은 사용하는 것을 허락하겠으나, 여러 가지의 색깔인 일산은 허락하지 않겠노라."
이것을 일산의 법이라고 이름한다.

(194) **부채의 법**

세상 사람들은 절일이어서 남녀들이 유관하였다. 그때 육군비구들은 운모(雲母)[4]로 장식한 부채와 풀의 부채를 지니고 있었으므로 세상 사람들에게 비난받았다.
"어찌하여 사문 석자들은 왕과 같이, 대신과 같이 운모로 장식한 부채를 지녔는가?"
풀의 부채를 지닌 자를 보고서 다시 이렇게 말을 지었다.
"어찌하여 사문 석자들은 하천한 인부와 같이 풀의 부채를 지녔는가? 이렇게 무너지고 패배한 사람에게 무슨 도가 있겠는가?"
여러 비구들이 이 인연으로써 세존께 가서 아뢰었고, 세존께서는 말씀하셨다.
"지금 이후로는 부채를 지니는 것을 허락하지 않겠노라."

---

4) 층상구조형의 규산염 광물로서 화강암의 한 종류이다. 금속원소들이 서로 치환된 상대적인 함량에 따라서 백운모·흑운모·금운모·파라고나이트·진왈다이트·리시아운모 등의 다양한 종류가 있다.

다시 다음으로 세존께서는 비사리성에 머무르셨다.

여러 비구들이 선방의 기운데에 있으면서 모기를 근심히여 옷으로 부채질하면서 소리를 지었다. 세존께서는 아시면서도 일부러 물으셨다.

"비구들이여. 무엇을 지어서 코끼리가 귀를 흔드는 소리를 짓는가?"

비구들이 대답하여 말하였다.

"세존께서 계율을 제정하시어 부채를 지니지 못하도록 하셨고, 여러 비구들이 모기를 근심하여 옷으로써 털었던 까닭으로 지은 소리입니다."

세존께서 말씀하셨다.

"지금 이후로는 운모로 부채와 더불어 여러 가지의 그림과 색칠한 부채를 제외하고, 대나무 부채와 갈대 부채와 나뭇잎의 부채를 지니는 것을 허락하겠노라. 만약 승가의 부채에 여러 종류로 색칠하였다면 무죄이고, 만약 개인의 부채가 괴색(壞色)이라면 무죄이다. 만약 여러 가지의 향을 가지고 부채에 바른 것을 보시하는 사람이 있었다면 씻은 뒤에 받는 것을 허락하겠노라."

이것을 부채의 법이라고 이름한다.

(195) 불자(拂子)의 법

세존께서는 왕사성에 머무르셨다.

세상 사람들은 절일이어서 남녀들이 유람하였다. 그때 육군비구들은 금과 은으로써 자루를 지었고 흰 소의 꼬리로 장식한 불자와 말꼬리의 불자를 지니고 있었으므로 세상 사람들에게 비난받았다. 나아가 세존께서는 말씀하셨다.

"지금 이후로는 불자를 잡는 것을 허락하지 않겠노라."

다시 다음으로 세존께서는 비사리성에 머무르셨다.

여러 비구들이 선방의 가운데에 있으면서 모기를 근심하여 나뭇잎으로써 소리를 지었다. 세존께서는 아시면서도 일부러 물으셨다.

"비구들이여. 이것이 무슨 소리인가?"

대답하여 말하였다.

"세존께서 계율을 제정하시어 불자를 잡는 것을 허락하지 않으셨고, 이러한 까닭으로 여러 비구들이 나뭇잎을 흔들어서 소리를 지었습니다."

세존께서 말씀하셨다.

"지금 이후로는 불자를 잡는 것을 허락하겠노라. '불자'는 실의 불자와 찢어진 모직물의 불자와 풀의 불자와 나무껍질의 불자 등이다. 이 가운데에서 흰 소의 꼬리털이거나, 흰말의 꼬리이거나, 금과 은의 자루의 자루인 것을 제외하고는 나머지의 일체를 지니는 것을 허락한다. 만약 흰 것이 있다면 마땅히 괴색하고서 사용하는 것을 허락한다. 불자를 잡는 때에는 음녀들이 불자를 잡는 모습을 지을 수 없느니라."

이것을 불자의 법이라고 이름한다.

위하여 죽이는 것과 사람의 고기를 먹는 것과
안약과 아울러 안약의 통과 안약의 산가지와
소가죽과 발을 문지르는 물건과
일산과 더불어 부채와 불자 등이 있다.

[아홉 번째의 발거를 마친다.]

(196) 외과수술(刀治)

세존께서는 사위성에 머무르셨다.

그때 어느 비구가 치병(痔病)으로 의사에게 말하였다.

"장수여. 능히 나를 위하여 칼로 치료하겠습니까?"

대답하여 말하였다.

"그렇습니다."

의사는 곧 이렇게 생각을 지었다.

'이 사문은 총명하고 지혜로우니 내가 치료하는 것을 본다면 곧 마땅히 배울 것이고, 다시 나를 찾지 않을 것이다.'

곧 여러 비구들을 보냈다. 떠나가고서 의사가 비법(非法)을 짓고자 하였다. 이때 이 비구가 곧 의심이 생겨나서 여러 비구들을 부르며 말하였다.

"장로들이여. 이곳으로 오십시오. 의사가 비법을 짓고자 합니다."

여러 비구들이 그의 말을 듣고 곧바로 들어왔고, 의사가 두려워서 칼을 버리고 달아났다. 여러 비구들이 이 인연으로써 세존께 가서 아뢰었고, 세존께서는 말씀하셨다.

"그 비구를 불러오라."

왔으므로, 세존께서는 물으셨다.

"그대가 진실로 그러하였는가?"

대답하여 말하였다.

"진실로 그렇습니다. 세존이시여."

세존께서 말씀하셨다.

"그대는 어찌하여 칼을 사용하여 애처(愛處)를 치료하고자 하였는가? 지금 이후로는 칼을 사용하여 애처를 치료하는 것을 허락하지 않겠노라. '애처'는 곡도(穀道)의 주변에서 각각 네 손가락이다. 만약 옹좌나 치절이 있다면 씹고서 밀가루나 닭똥을 그 위에 발라서 종기를 익히고 화상이나 아사리에게 터트리게 해야 한다. 만약 옹좌나 치질 등의 여러 병이 있어서 칼로 치료하는 것이 필요하다면 사용하는 것을 허락한다. 칼을 사용하여 애처를 치료하는 것은 투란차죄를 범하느니라."

이것을 칼로 치료한다고 이름한다.

(197) 통으로 붓는 것

세존께서는 사위성에 머무르셨다.

비구가 피부병이 있어서 의사에게 말하였다.

"장수여. 능히 나를 위하여 병이 있는 곳에 물을 부어 주십시오."

대답하여 말하였다.

"그렇습니다."

의사는 곧 이렇게 생각을 지었다.

'이 사문은 총명하고 지혜로우니 내가 물을 붓는 것을 본다면 다시 나를 찾지 않을 것이다.'

나아가 물통을 버리고 달아났다. 여러 비구들이 이 인연으로써 세존께 가서 아뢰었고, 세존께서는 말씀하셨다.

"그대는 어찌하여 병에 물통을 사용하였는가? 지금 이후로는 물통을 사용하는 것을 허락하지 않겠노라."

'통'은 소가죽의 통과 물소 가죽의 통과 양 가죽의 통이니, 이와 같은 일체로 물을 붓는 것을 허락하지 않는다. 만약 의사가 '이 병에는 기름이 필요합니다.'라고 말하였고, 붓는 자는 병자가 마땅히 욕실 가운데에 있으면서 판자를 뚫어서 기름을 채우고 옷을 걷고 그 위에 앉으며 입에는 사탕수수를 물어야 한다. 만약 다시 모직물의 옷이나 솜 등으로써 기름 가운데에 담그고 구멍 위에 맞대고 눌러서 기름이 흘러 들어오게 하였다면 무죄이다. 만약 통으로 붓는 자는 투란차죄를 범한다.

이것 통으로 붓는 법이라고 이름한다.

(198) 체발(剃髮)

세존께서는 사위성에 머무르셨다.

남방의 나라에 큰 읍이 있어 대림(大林)이라고 이름하였다. 이때 어느 상인이 여덟 마리의 소를 몰고 북쪽의 구다국(俱哆國)에 이르렀고, 다시 한 상인이 함께 연못의 가운데에 있으면서 소를 길렀다. 이때 리차들은 용을 잡아먹었는데 한 용녀(龍女)를 잡았다. 용녀는 포살법을 받아서 해치려는 생각이 없었으므로 능히 사람들에게 자신의 코를 뚫어서 끌고 다니게 하였다. 상인이 형상을 보았는데 단정하였으므로 곧 자비한 마음을 일으켜서 리차에게 물었다.

"그대가 이 용녀를 끌고 가서 무엇을 짓고자 하시오?"

대답하여 말하였다.
"내가 그 용녀를 죽여서 먹고자 합니다."
상인이 말하였다.
"죽이지 마시오. 내가 대신 그대에게 소 한 마리를 주겠으니 바꾸어 취하고 풀어주어 떠나가게 하시오."
잡은 자가 즐거워하지 않았고 나아가 여덟 마리를 주겠다고 말하였고 비로소 말하였다.
"용의 고기는 매우 맛있는데, 그대를 위한 까닭으로 내가 마땅히 풀어주겠습니다."
곧 여덟 마리의 소를 취하고서 용녀를 떠나보냈다. 이때 상인은 곧 다시 생각하였다.
'이렇게 악한 사람이 다시 용의 뒤를 쫓아가 잡는 것이 두렵구나.'
곧 스스로가 따라가서 보았는데, 그녀는 연못의 주변으로 향하였다. 용녀는 사람으로 변하여 상인에게 말하였다.
"천인께서 나에게 목숨을 베풀어 주었으니 내가 은혜를 보답하고자 합니다. 함께 궁전에 들어가면 마땅히 천은(天恩)을 보답하겠습니다."
상인이 대답하여 말하였다.
"그렇게 할 수 없습니다. 그대들 용의 성질은 급하고 성내면서 인정하지 않습니다. 혹시 나를 죽일 것입니다."
대답하여 말하였다.
"그렇지 않습니다. 앞의 사람이 나를 묶었으나 나는 힘으로 능히 그를 죽일 수 있었습니다. 다만 포살의 법을 받았던 까닭으로 도무지 죽일 마음이 없었습니다. 하물며 천인은 지금 나에게 목숨을 베풀어 주었는데 마땅히 피해를 주겠습니까? 만약 떠나가지 않겠다면 이곳에서 조금 기다리세요. 내가 지금 먼저 궁중에 들어가서 모두 막겠습니다."
곧바로 궁중으로 들어갔다. 이 용문(龍門)에 두 마리의 용이 한곳에 묶여 있는 것을 보고 상인이 물어 말하였다.
"그대들이 무슨 일로 묶여 있습니까?"

대답하여 말하였다.

"이 용녀는 보름의 가운데에서 3일의 재법(齋法)을 받습니다. 우리 형제가 이 용녀를 수호한 것이 견고하지 못하여 리차에게 붙잡히게 되었고, 이러한 까닭으로 우리들은 묶여 있습니다. 오직 원하건대 천인께서는 자비스럽게 말하여 우리들을 풀어주십시오. 이 용녀가 만약 무슨 음식을 먹겠냐고 물을 것입니다. 용궁에는 목숨이 마치면서 능히 소화되는 음식이 있고, 20년을 있어야 소화되는 음식이 있으며, 7년을 있어야 소화되는 음식이 있고, 염부제(閻浮提)의 음식이 있습니다. 만약 구한다면 마땅히 염부제 사람들의 음식을 구하십시오."

용녀가 모두 막아서 마치고서 곧바로 들어오게 불렀고 보배 평상과 요에 앉히고서 물었다.

"천인께서는 무슨 음식을 먹겠습니까? 한 번을 먹으면 목숨을 마치면서 소화되는 것이 있고 나아가 염부제의 음식 등이 있습니다."

대답하여 말하였다.

"염부제 사람들의 음식이 먹고 싶습니다."

곧 여러 가지 음식을 가져와서 주었다. 용녀에게 물어 말하였다.

"이 자들은 무슨 까닭으로 묶여 있습니까?"

용녀가 말하였다.

"천인께서는 다만 음식을 드세요. 물어도 무슨 소용이 있겠습니까?"

"그렇지 않습니다. 나는 반드시 알고자 합니다."

계속 물었고 곧 말하였다.

"이 자들은 허물이 있어서 내가 죽이고자 합니다."

상인이 말하였다.

"그대는 죽이지 마시오."

"그렇지 않습니다. 나는 마땅히 죽이고자 합니다."

상인이 말하였다.

"그대가 저들을 석방하면 내가 마땅히 먹겠습니다."

알려 말하였다.

"곧바로 석방할 수 없고 마땅히 벌을 주어서 6개월을 인간 세상에 놓아두겠습니다."

곧 벌하여 6개월을 인간 세상으로 내쫓았다. 상인이 보니, 용궁의 가운데는 여러 종류의 보물로 궁전을 장엄하였다. 상인이 물어 말하였다.

"그대가 이와 같이 장엄한 궁전이 있는데 포살을 받아서 무슨 소용이 있습니까?"

대답하여 말하였다.

"우리들 용의 법에는 다섯 가지의 괴로움이 있습니다. 무엇이 다섯 가지인가? 태어날 때도 용이고, 잠잘 때도 용이며, 음욕의 때도 용이고, 성낼 때도 용이며, 죽을 때도 용이어서 하루의 가운데에서 세 번을 지나면서 가죽과 살이 땅에 떨어지는데, 뜨거운 모래에 몸을 드러내는 것과 같습니다."

다시 물었다.

"그대는 무엇을 구하고자 합니까?"

대답하여 말하였다.

"나는 사람으로 태어나기를 구합니다. 그 까닭은 무엇인가? 축생의 도중(道中)에서는 괴로워도 법을 알지 못하기 까닭입니다."

"나는 이미 사람의 몸을 얻었으니 마땅히 무엇을 구해야 합니까?"

용녀가 말하였다.

"출가하는 것은 어렵습니다."

또한 물었다.

"마땅히 누구에게 나아가서 출가해야 합니까?"

대답하여 말하였다.

"여래·응공·정변지께서 지금 사위성에 머무르십니다. 아직 제도되지 않은 자를 제도하시고 해탈되지 않은 자를 해탈시키시므로 그대는 나아가 출가하십시오."

곧 말하였다.

"나는 돌아가고자 합니다."

용녀가 곧 8개의 금덩이를 주면서 말하였다.

"이것은 용의 금인데, 그대의 부모와 권속들이 종신(終身)토록 사용하여도 없어지지 않아서 만족할 것입니다."

말하였다.

"눈을 감으세요."

곧 신통과 변화로써 데리고 가서 본국(本國)에 놓아주었다. 같이 다녔던 반려가 먼저 그의 집으로 가서 말하였다.

"누구는 용궁에 들어갔습니다."

부모가 말하였다.

"우리 아들이 죽었구나."

권속과 종친들이 한곳에 모여서 슬프게 울고 있었다. 이때 소를 방목하는 사람과 땔나무를 취하던 사람이 보고서 먼저 그 집으로 돌아가서 말하였다.

"누구가 돌아옵니다."

집안 사람들이 듣고서 곧 크게 기뻐하면서 나와 맞이하여 집으로 들어갔다. 집에 들어왔으므로 살아있는 그를 위하여 모임을 베풀었고, 모임을 베푸는 때에 용궁에서 가져왔던 8개의 금덩이를 부모에게 주면서 말하였다.

"이것은 용궁의 금입니다. 죽고서 다시 태어나도 목숨을 마치도록 사용하셔도 모두 사용하지 못할 것입니다. 오직 원하건대 부모님께서는 저의 출가를 허락하여 주십시오."

그의 부모가 놓아주지 않았고, 곧바로 기원정사로 달려서 나아갔으며, 비구는 곧 제도하여 출가시켰다. 부모가 잠시 뒤에 기원정사의 문앞에 와서 이르렀고 여러 비구들에게 물었다.

"그대는 누구를 아십니까?"

모두 말하였다.

"보지 못하였고 듣지도 못하였습니다."

어느 비구가 말하였다.

"그대는 다만 이 문 앞에서 기다려 보십시오. 만약 있으면 잠시 뒤에 스스로가 마땅히 출입할 것입니다."

곧 그의 말과 잠시 기다렸고 곧 아들이 나오는 것을 보았으며 이렇게 비난하는 말을 지었다.

"사문 석자들은 거짓말을 하는구나. 보았으나 보지 못하였다고 말하고 들었으나 듣지 못하였다고 말하는구나."

아들이 부모에게 말하였다.

"요익하지 않은 일을 짓지 마십시오. 내가 이곳에서 출가한 것을 누가 모두 알겠습니까?"

곧 세존의 처소에 가서 이르렀고 머리 숙여 발에 예경하고 물러나서 한쪽에 앉았으며 세존께서는 그들을 위하여 설법하시어 보여주고 가르치셨으며 이익되고 기쁘게 하셨으므로, 법안(法眼)의 청정함을 얻었다. 곧 아들에게 말하였다.

"우리들은 다시 태어났구나. 그대는 지금 출가하여 크고 좋은 이익을 얻었구나."

여러 비구들을 향하여 비난하여 말하였고, 이 인연으로써 아뢰었다. 세존께서는 말씀하셨다.

"그 비구를 불러오라."

왔으므로, 세존께서는 물으셨다.

"그대가 진실로 그러하였는가?"

대답하여 말하였다.

"진실로 그렇습니다. 세존이시여."

세존께서 말씀하셨다.

"비구여. 그대는 어찌하여 대중에게 아뢰지 않고 사람을 제도하여 출가시켰는가? 오늘부터는 마땅히 승가에게 아뢰지 않고 사람을 제도하여 출가시키는 것을 허락하지 않겠노라. 마땅히 아뢰고서 체발(剃髮)[5]시

---

5) 출가하면서 머리카락을 짧게 깎는 것이다.

키고 출가시켜야 하느니라."

'아뢰다.'는 일체의 대중 승가에게 아뢰고, 적어도 마땅히 8명의 상좌에게 아뢰며 여법하게 아뢰고서 삭발하여야 한다. 아뢰지 않고서 출가시킨다면 월비니죄를 얻고, 만약 함께 아뢰고서 출가시켰다면 함께 무죄이다. 만약 모두에게 아뢰지 않고서 출가시켰거나, 아뢰지 않고서 체발시켰다면 두 가지의 월비니죄를 범하며, 두 가지를 아뢰었다면 무죄이다. 만약 경계 밖을 나가서 제도하는 자는 무죄이다.

이것을 체발이라고 이름한다.

다시 다음으로 세존께서는 왕사성의 가란타죽원에 머무르셨다.

여래께서는 여러 곳에서 사람들을 제도하시면서 비구·비구니·우바새·우바이·국왕·장자·외도·사문·바라문 등을 제도하셨다. 세존께서는 비구에게 알리셨다.

"그대들이 지금 이후로는 역시 마땅히 사람을 제도하여 출가시키고 구족계를 받게 하라."

그때 여러 비구들이 역시 여래께 배워서 "잘 왔습니다."라고 사람을 제도하여 출가시켰으나 수염과 머리카락이 남아있었던 까닭으로 세존께서는 여러 비구들에게 알리셨다.

"어느 곳에서도 일체 여래의 무외(無畏)의 입을 얻는다면 수염과 머리카락이 스스로 떨어지리라. 지금 이후로는 마땅히 머리카락을 깎아야 하느니라."

체발하는 때에 여러 비구들은 머리카락은 깎았으나 수염을 깎지 않았고, 어느 비구는 수염은 깎았고 머리카락은 깎지 않았다. 여러 비구들이 이 인연으로써 세존께 가서 아뢰었고, 세존께서는 말씀하셨다.

"마땅히 일체를 깎아야 하느니라."

'깎다.'는 마땅히 먼저 수염을 깎고 뒤에 머리카락을 깎아야 하지만, 만약 머리털을 깎는 사람이 있고 함께 말하기 어려운 자는 먼저 머리털을 깎아도 무죄이다. 만약 새롭게 출가하려는 자에게는 곧 출가의 즐거움을 말할 수 없고 마땅히 출가의 고통을 먼저 말해야 한다. 한 번을 먹고 한 번을 너무르며 한 번을 잠자는 것이니, 적게 먹어야 하고, 적게 마셔야 하며, 많이 깨어 있어야 하고, 적게 잠자는 것 등이다.

"장수여. 능히 하겠는가?"라고 말하여, 만약 "능히 하겠습니다."라고 말하면 마땅히 머리카락을 깎아주어야 한다. 비구가 먼저 머리카락을 깎고 뒤에 수염을 깎아주었다면 무죄이다.

이것을 체발이라고 이름한다.

(199) 체발의 도구

세존께서는 구살라국(俱薩羅國)을 유행하셨다.

고명(故名) 바라문 취락에서 마하라 부자가 체발하는 기구를 가지고 출가하였고, 나아가 세존께서 말씀하셨다.

"그대들이 어찌하여 체발하는 사람이 짓는 기구를 가지고 출가하였는가? 오늘부터는 체발하는 기구를 가지고 출가하는 것은 허락하지 않겠노라."

만약 이발사가 체발하는 기구를 가지고 출가를 구하고자 하였다면 마땅히 말해야 한다.

"체발하는 기구를 버리시오. 그러한 뒤에 그대를 출가시키겠소."

출가하고 이후에 체발하는 기구가 필요한 때에는 다른 사람을 쫓아서 빌려 사용해야 한다. 이와 같이 대장장이이거나, 목수이거나, 금과 은의 장인이거나, 가죽 장인이거나, 옷감의 장인 등과 같은 장인이 기구를 지녔는데 제도시키고 출가시키는 것을 허락하지 않는다. 만약 기구들과 함께 제도하는 자는 월비니죄를 범한다.

이것을 기구라고 이름한다.

(200) 파승(破僧)

세존께서는 사위성에 머무르셨다.

이때 존자 우바리는 세존의 처소에 가서 이르렀고 머리 숙여 발에 예경하고 물러나서 한쪽에 머물렀으며 세존께 아뢰어 말하였다.
"세존이시여. 파승을 말씀하여 주십시오. 무엇을 파승이라고 이름합니까?"
세존께서 우바리에게 말씀하였다.
"우바리여. 대덕인 비구가 여법하고 율과 같이 깊은 이치를 잘 이해하는 것과 같다면 이 비구는 마땅히 예배하고 공경해야 한다. 수순법을 가르치는데 만약 비구가 '그 비구가 말한 것은 비법이고, 수순하는 행이 아니다.'라고 말한다면, 승가가 쟁론하는 것이고 승가를 파괴하는 것은 아니니라. 나아가 하나의 경계에서 하나로 머무르며 같이 계율을 설하고 함께 갈마를 짓는 때에 '내가 이미 한 경계를 제정하였다.'라고 말하였고, 하나로 머무는 가운데에서 별도로 포살과 자자와 갈마를 지었다면, 이것을 승가를 파괴한다고 이름하느니라."
존자 우바리가 다시 세존께 아뢰어 말하였다.
"승가를 파괴한 자는 무슨 죄를 얻습니까?"
세존께서 말씀하셨다.
"1겁 니리(泥梨)의 죄를 받느니라."
이것을 파승이라고 이름한다.

(201) 화합승가

세존께서는 사위성에 머무르셨다.
이때 존자 우바리가 세존께 아뢰어 말하였다.
"세존이시여. 화합승가를 말씀하여 주십시오. 무엇을 화합승가라고 이름합니까?"
세존께서 우바리에게 말씀하였다.
"내가 이미 제정하였느니라. 대덕인 비구들이 여법하고 율과 같으며 깊은 이치를 잘 이해하는 것과 같다면 이러한 비구를 마땅히 예배하고 공경해야 하느니라. 여러 비구들이 수순법을 행하고 함께 하나의 경계에 머무르며 함께 하나의 포살과 자자를 하고 함께 갈마를 짓는다면 이것을 화합승가라고 이름하느니라."

이때 존자 우바리는 세존의 처소에 가서 이르렀고 미리 숙여 발에 예경하고서 물러나서 한쪽에 머물렀으며 세존께 아뢰어 말하였다.

"세존이시여. 화합승가에는 무슨 공덕이 있습니까?"

세존께서 말씀하셨다.

"1겁의 선한 과보를 받느니라."

이것을 화합승가라고 이름한다.

(202) 500비구들의 법장(法藏) 결집(結集)

세존께서는 왕사성에 머무르셨다.

이때 아사세왕은 위제희(韋提希)의 아들이고 비사리(毘舍離)와 원한이 있었고, [『대니원경(大泥洹經)』의 가운데에서 자세히 설하였다.] 나아가 세존께서는 비사리에 머무셨고, 방궁장탑(放弓杖塔) 주변에서 열반하시고자 구시나성(拘尸那城)의 희련선하(熙連禪河) 옆의 역사(力士)가 태어난 땅인 견고림(堅固林) 가운데의 쌍수(雙樹) 사이에서 반니원(般泥洹)하셨고, 천관탑(天冠塔) 주변에서 사유(闍維)하였으며, 나아가 여러 천신들이 불타지 못하도록 하였는데, 존자 대가섭 존자를 기다렸던 까닭이었다.

이때 존자 대가섭은 기사굴산(耆闍崛山) 빈발라산굴(賓鉢羅山窟)의 가운데에서 좌선하고 있었다. 이때 존자 대가섭은 이렇게 생각을 지었다.

'세존께서 이미 수명을 버리려 하시는데, 어느 곳에서 반니원을 하시는가? 지금은 어디에 머무시고 병은 적으며 번뇌가 적어서 안락하게 머무시는가?'

곧 정수삼매(正受三昧)에 들어가서 천안으로써 일체의 세계를 관찰하면서 구시나갈성(拘尸那竭城) 희련선하의 옆의 역사가 태어난 땅인 견고림 가운데의 쌍수 사이인 천관탑 주변에서 사유하는 것을 보았고, 나아가 불타지 않는 것을 보고 비참하고 기쁘지 않아서 다시 이렇게 생각을 지었다.

'나아가 세존의 사리(舍利)가 흩어지지 않았으니 마땅히 가서 예경해야 겠다.'

곧 다시 생각하며 말하였다.

"나는 지금 가서 세존의 최후의 몸을 보겠으니 마땅히 신족(神足)을 타고 갈 수 없다. 마땅히 걸어서 나아가야겠다."

이때 존자 대가섭은 여러 비구들에게 말하였다.

"여러 장로들이여. 세존께서 이미 반니원하셨습니다. 각자 옷과 발우를 지니고 함께 구시나갈성으로 가서 세존께 예경합시다."

여러 비구들이 듣고서 모두 말하였다.

"알겠습니다."

이때 존자 마하가섭이 대중의 많은 비구들과 함께 구시나갈의 도로를 향해 가면서 한 취락을 지나갔다. 취락의 가운데에 한 마하라 비구가 먼저 취락의 가운데에 머물고 있었으므로 존자 마하가섭은 마하라에게 알려 말하였다.

"옷과 발우를 가져오시오. 그대와 함께 구시나갈성에 나아가서 세존께 예경하겠소."

마하라가 말하였다.

"장로 대가섭이여. 잠시 기다리시오. 전식과 후식이 끝나면 그러한 뒤에 마땅히 가겠습니다."

가섭이 대답하여 말하였다.

"마땅히 음식을 기다릴 수 없구려."

마하라가 은근히 세 번을 말하였으나 가섭은 일부러 마땅히 기다릴 수 없다고 말하였다. 이때 마하라가 성내면서 말하였다.

"사문이 무슨 급한 일이 있어서 매우 서두르는 것이 이와 같은가? 죽은 새는 1전(錢)의 가치도 없는 것과 같소. 또한 조금만 기다려 주시오. 음식을 먹고서 마땅히 떠나겠소."

존자 대가섭은 다시 말하였다.

"마땅히 잠시 음식을 내려놓으시오. 세존께서 지금 반니원하셨고, 더불어 사유하지 않았으니 마땅히 빠르게 가야 하오."

이때 마하라는 세존께서 이미 반니원하셨다는 말을 듣고서 존자 마하가섭에게 말하였다.

"나는 지금 영원히 해탈을 얻었소. 무슨 까닭인가? 그 아라한께서 머무시던 때에는 항상 '이것은 마땅히 행할 것이고, 이것은 마땅히 행할 것이 아니니라.'고 말씀하셨는데, 지금 이미 반니원하셨으니, 마땅히 행하거나 행하지 않는 것은 스스로가 따르는 뜻에 있소."

이때 대가섭이 이러한 말을 듣고 비참하여 기쁘지 않았으므로 곧 오른 손가락을 튕겨서 불을 일으켰고 오른발로 땅에서 뛰어올랐으므로, 마하라는 보고서 크게 두려워서 달아났다. 나아가 대가섭은 세존의 처소로 가서 이르렀고, 세존께서는 곧 두 발을 나타내셨으므로 관(棺) 밖으로 두 발이 나왔다. 이때 존자 대가섭은 세존께서 발을 내미시는 것을 보았고 오른쪽 어깨를 드러내고 머리 숙여 발에 예경하고서 이러한 게송을 설하여 말하였다.

　　여래 발의 뒤꿈치는 원만하시어
　　일천 폭의 상륜(相輪)이 나타나시고
　　발가락은 가늘고 길며 유연하시어
　　합쳐져 비단 그물 문양이 완성되었네.

　　이것을 까닭으로 나는 오늘에
　　가장 수승한 발에 정례(頂禮)하나니
　　가장 수승한 유연한 발로써
　　일찍이 세간에 유행하시면서
　　큰 자비로 군생(群生)들을 제도하셨는데
　　지금부터는 영원히 만날 수 없다네.

　　이것을 까닭으로 나는 오늘에

여래의 발에 계수(稽首)하나니
여래께서 나를 구제(救濟)하시어
해탈하여 응진(應眞)을 얻었으나
내가 지금 최후로 보나니
영원히 다시 볼 수가 없다네.

세상의 온갖 의혹을 끊었고
욕심을 떠난 가운데에서 최상이시며
일체의 대중을 이익하게 하셨으므로
환희함을 얻지 않은 자가 없다네.

이것을 까닭으로 나는 오늘에
가장 수승한 발에 정례하나니
세존께서는 이와 같은 덕이 있어서
잘 대답하시어 여러 의심을 해결하셨네.

지금 오늘의 때가 지나가면
자비와 지혜의 빛은 영원히 사라지니
이것을 까닭으로 나는 오늘에
가장 수승한 발에 정례한다네.

나는 4진제(眞諦)를 증득하였고
세존의 공덕의 보배를 말하면서
게송으로 찬탄하여 예경을 마치겠나니
세존께서는 다시 두 발을 거두어 넣으셨다네.

여러 비구들이 각자 의논하여 말하였다.
"누가 마땅히 사유할 것인가?"

이때 존자 대가섭이 말하였다.

"내가 세존의 장자(長子)이니, 내가 마땅히 사유하겠습니다."

이때 대중들이 모두 말하였다.

"옳습니다."

곧바로 사유하였다. 사유하고서 가섭은 취락의 가운데에서 마하라비구의 말을 기억하였고, 나아가 행하고 싶다면 행하고 행하지 않겠다면 곧 멈추겠다고 말하였으므로 곧 여러 비구들에게 말하였다.

"장로들이여. 세존의 사리는 우리들의 일이 아닙니다. 국왕과 장자와 바라문과 거사 등 여러 복을 구하는 사람들이 스스로가 마땅히 공양할 것입니다. 우리들의 일은 마땅히 먼저 법장을 결집하여 세존의 법이 빠르게 멸하지 않도록 하는 것입니다."

곧 다시 의논하여 말하였다.

"우리들은 마땅히 어느 곳에서 법장을 결집하겠습니까?"

이때 누가 말하였다.

"사위성으로 향해야 합니다."

누가 말하였다.

"사지(沙坻)로 향해야 합니다."

누가 말하였다.

"첨파로 향해야 합니다."

누가 말하였다.

"비사리로 향해야 합니다."

누가 말하였다.

"가유라위로 향해야 합니다."

이때 대가섭이 이렇게 말을 지었다.

"마땅히 왕사성으로 향하여 법장을 결집해야 합니다. 그 까닭은 무엇인가? 세존께서는 '왕사성 위제희의 아들인 아사세왕은 성문과 우바새의 근기가 없는 믿음의 가운데에서 가장 제일이다.'라고 수기(授記)하셨으며, 또한 그 왕에게는 500명의 와구와 평상 등의 공양구가 있습니다. 마땅히 그곳으로 나아가야 합니다."

모두 말하였다.

"그렇습니다."

세존께서 먼저 존자 아나율에게 말씀하셨다.

"여래가 반니원을 한다면 그대들이 마땅히 사리를 수호하여 여러 천신들이 가지고 떠나가지 않게 할지니라. 그러한 이유는 과거의 세상의 때에 여래께서 반니원하셨고, 여러 천인들이 사리를 가지고 떠났으므로 세상 사람들이 능히 갈 수 없어서 여러 공덕을 잃었느니라. 여러 천인들은 능히 인간세상에 와서 공양할 수 있으나, 그러한 신족(神足)을 제외하고는 세상 사람들은 능히 그곳에 갈 수 없느니라. 이러한 까닭으로 마땅히 잘 수호해야 하느니라."

시자 아난은 다시 공양하였던 까닭으로 떠나가지 못하였다. 그때 대가섭은 곧 1,000명의 비구와 함께 왕사성으로 나아갔고 찰제산굴(刹帝山窟)에 이르러 평상과 요를 깔아서 세존의 자리를 장엄하고, 세존의 자리 왼쪽에 존자 사리불의 자리를 펼쳤고, 오른쪽에 존자 대목련의 자리를 펼쳤으며, 다음으로 대가섭의 자리를 펼쳤다. 이와 같이 차례로 평상과 요를 놓아두고, 4개월의 공양구를 준비하여 법장을 결집하려는 까닭으로, 모든 바깥과의 인연을 끊었다.

대중이 모두 모였는데 그 가운데에는 3명(明)과 6통(通)의 덕과 힘이 자재한 자도 있었고, 세존을 쫓아서 마주하고 받아서 독송하는 자도 있었으며, 1부(部)의 비니를 독송하는 자도 있었고, 성문을 쫓아서 1부의 비니를 받아서 독송하는 자도 있었고, 세존을 쫓아서 마주하고 받아서 2부의 비니를 독송하는 자도 있었으며, 성문을 쫓아서 2부의 비니를 받아서 독송하는 자도 있었었다. 대중들이 함께 의논하여 말하였다.

"이 가운데에서 마땅히 3명과 6통의 덕과 힘이 자재한 자와 세존을 쫓아서 마주하고 받아서 2부의 비니를 독송하는 자와 성문을 쫓아서 2부의 비니를 받아서 독송하는 자들을 모읍시다."

모았는데 두 사람이 부족하여 500명을 채우지 못하였으므로 다시 의논하여 말하였다.

"마땅히 500명을 채워야 합니다."

장로 아나율이 뒤에 이르렀으나 한 사람이 부족하였다. 이때 존자 대가섭이 제1의 상좌가 되었고, 제2의 상좌는 나두로(那頭盧)라고 이름하였고, 제3의 상좌는 우파나두로(優婆那頭盧)이었다. 이때 존자 대가섭은 스스로 자기 자리에 올라가서 앉았고 오직 존자 사리불과 목련과 아난의 자리는 남겨두고 여러 비구들이 각자 차례를 따라서 앉았다. 이때 존자 대가섭은 존자 목련의 공행제자인 이파제(梨婆提) 장로에게 말하였다.

"그대가 33천(天)에 이르러서 속제나(㨗提那) 비구를 불러오게. '세존께서 이미 반니원하셨고 비구들이 모여서 법장을 결집하고자 합니다.'"

곧 명을 받고 33천으로 가서 알렸다.

"장로여. 세존께서 이미 반니원하셨고 비구들이 모여서 법장을 결집하려는 까닭으로 와서 그대를 부릅니다."

비구가 듣고 비참하여 기뻐하지 않으면서 말하였다.

"세존께서 이미 반니원하셨습니까?"

대답하여 말하였다.

"그렇습니다."

곧 말하였다.

"세존께서 이 염부제에 머무신다면 마땅히 가겠으나, 세존께서 이미 반니원하셨으니 세간의 눈은 없어졌습니다."

곧 신족으로써 허공으로 상승하였고 화광삼매(火光三昧)에 들어가서 스스로가 사유하였다. 보고서 곧 돌아왔으며 승가의 가운데에 들어가서 앞의 일을 갖추어 말하고, 나아가 화광삼매에 들어간 것을 말하였다.

다시 33천(天)의 시리사시궁(尸利沙翅宮)에 이르러 교범파제(憍梵婆提)를 불렀고, 다음으로 장로 선견(善見)은 향산(香山)에 머물렀으며, 다음으로 장로 파두세나(頗頭洗那)는 유희산(遊戲山)에 머물렀고, 다음으로 장로 발거리(拔佉梨)는 첨파산(瞻婆山)에 머물렀으며, 다음으로 장로 울다라(鬱多羅)는 정산(淨山)에 머물렀고, 다음으로 장로 목련의 제자인 대광(大光)은 광산(光山)에 머물렀으며, 다음으로 장로 사리불의 제자인 마수로(摩藪盧)는 만타산(慢陀山)에 머물렀고, 다음으로 장로 나두(羅杜)는 마라산(摩羅山)에 머물렀으며, 이와 같이 나아가 성문들을 불렀으나 모두 열반에 들었다. 다시 사자를 비사문천궁(毘沙門天宮)에 보내어 수밀다(修蜜哆)를 부르면서 사자가 이르러 이렇게 말을 지었다.

"장로여. 세존께서 이미 반니원하셨고 비구들이 모여서 법장을 결집하려는 까닭으로 와서 그대를 부릅니다."

비구가 듣고 비참하여 기뻐하지 않으면서 말하였다.

"세존께서 이미 반니원하셨습니까?"

대답하여 말하였다.

"그렇습니다."

곧 말하였다.

"세존께서 이 염부제에 머무신다면 마땅히 가겠으나, 세존께서 이미 반니원하셨으니 세간의 눈은 없어졌습니다."

곧 신족으로써 허공으로 상승하였고 화광삼매에 들어가서 스스로가 사유하였다. 사자가 돌아왔고 승가의 가운데에 앞의 일을 갖추어 승가에게 말하였고, 대가섭이 말하였다.

"장로들이여. 잠시 멈추시고 다시 다른 성문을 부르지 맙시다. 부르는 자는 곧 스스로 열반에 들어가며, 만약 다시 부른다면 다시 마땅히 반니원을 할 것입니다. 이와 같다면 세간은 곧 비어서 복전이 없을 것입니다."

어느 비구가 말하였다.

"여러 장로들이여. 존자 아난은 세존의 시자이고 친히 법의 가르침을 받았습니다. 또한 다시 세존께서는 아난에게 세 가지의 일을 수기하였습니다. 첫째로 마땅히 불러와야 합니다."

대가섭이 말하였다.

"그렇지 않습니다. 이와 같은 유학(有學)인 사람을 무학의 덕과 힘이 자재한 대중의 가운데 들어오게 한다면 오히려 옴병이 있는 야간(野干)을 사자의 무리에 들어오게 하는 것과 같습니다."

이때 존자 아난은 요리하여 공양을 마치고 와서 한 취락에 이르렀으며 이렇게 말을 지었다.

"나는 지금 이 가운데에서 묵고 내일 마땅히 왕사성에 가겠다."

이때 어느 천신이 아난에게 와서 말하였다.

"대가섭이 존자를 옴이 있는 야간이라고 말하였습니다."

아난은 이렇게 생각을 지었다.

'세존께서 이미 반니원하셨고, 내가 지금 바로 그에게 의지하고자 하였는데, 어찌하여 나를 가지고 옴이 있는 야간와 같다고 말하는가?'

마음이 기쁘지 않음이 생겨나서 다시 이렇게 생각을 지었다.

'대가섭이 나의 권속과 성과 이름을 알고 있다. 바로 마땅하게 내가 결사(結使)6)를 없애지 못한 까닭으로 이렇게 말을 지은 것이다.'

이때 존자 아난은 부지런히 정진하고 경행하며 게으르지 않으면서 유루(有漏)를 없애고자 하였다. 이때 존자 아난은 도를 행하면서 피로하였고, 또한 세존께서 반니원하셨으며, 근심과 번뇌에 마음이 얽매어서 먼저 들어서 지녔던 것들이 다시 투철하게 통하지 않았으므로, 갑자기 이렇게 생각을 지었다.

'세존께서는 나에게 〈현법(現法)의 가운데에서 마음이 방일하지 않는다면 유루를 없애느니라.〉고 수기하셨다. 너무 괴롭게 하여도 무엇하겠는가?'

마음에서 정(定)을 버리지 않았고 몸이 기울어져서 눕고자 하면서 머리가 베개에 닿지 않았는데 유루를 모두 없애서 3명과 6통의 덕과 힘이 자재하였다. 곧 신족으로써 허공을 타고 떠나갔고 찰제굴의 문밖에 이르러 게송을 설하여 말하였다.

---

6) 번뇌는 심신을 계박하여 고과(苦果)를 가져오므로 결(結)이라 하며, 중생을 따라 다니면서 강요하므로 사(使)라고 한다.

다문(多聞)이고 변재가 있으며
세존을 모시고 공급하였던 자이고
구담의 제자인 아난이
지금 문밖에 서 있는데
문을 열어 주지 않는 이유라네.

또한 다시 설하여 말하였다.

다문이고 예리한 변재이며
세존을 모시고 공급하였던 자이고
이미 결사의 짐을 버린
구담의 제자가 문밖에 있네.

그때 대가섭이 게송을 설하여 말하였다.

그대가 번뇌의 짐을 버렸고
스스로 증득하였다고 말하였으니
들어오지 않아도 구담의 제자이고
와서 들어와도 구담의 제자라네.

아난이 들어와서 세존의 자리에 예경하여 마치고서 차례로 상좌에게 예배하고 자기의 자리에 이르러 곧 앉았다. 이때 대가섭이 아난에게 말하였다.
"내가 스스로 교만하려는 것도 아니고, 역시 그대를 경시하려는 것도 아니었네. 고의로 이렇게 말을 지은 것은, 다만 그대가 도를 구하면서 나아가지 않았으므로, 정진하여서 여러 유루를 없애 주고자 하였던 까닭이므로 이렇게 말하였던 것이었소."
아난이 말하였다.

"다만 내가 결사를 없애지 못하였고, 부지런히 정진하여 여러 유루를 끊게 하려는 것이었다고 나도 역시 알고 있습니다."

이때 존자 대가섭은 앉아 있는 대중에게 말하였다.

"지금 먼저 무슨 장(藏)을 결집하겠습니까?"

대중이 함께 말하였다.

"먼저 법장을 결집합시다."

다시 물어 말하였다.

"누가 마땅히 결집하겠습니까?"

비구가 말하였다.

"장로 아난입니다."

아난이 말하였다.

"그렇지 않습니다. 다시 다른 장로가 있습니다."

다시 말하였다.

"비록 다른 장로 비구들이 있어도 다만 세존께서는 그대가 다문제일(多聞第一)이라고 수기하셨으니, 그대가 마땅히 결집해야 합니다."

아난이 말하였다.

"여러 장로들께서 나에게 결집하게 시켰으니, 여법하면 따라서 기뻐하시고 여법하지 못하다면 마땅히 막을 것이며, 만약 상응하지 않는다면 마땅히 막아서 존중받지 않게 하시고, 이러한 뜻인가? 뜻이 아닌가를 원하건대 보고서 말씀하여 주십시오."

대중이 모두 말하였다.

"장로 아난이여. 그대는 다만 법장을 결집하십시오. 여법하다면 따라서 기뻐할 것이고, 비법이라면 때에 마땅히 알 것입니다."

이때 존자 아난은 이렇게 생각을 지었다.

'나는 지금 어떻게 법장을 결집할 것인가?'

이렇게 사유를 짓고서 곧 경장을 설하여 말하였다.

"이와 같이 나는 들었습니다. 어느 때에 세존께서 울비라(鬱毘羅)의 니련하(尼連河) 주변의 보리(菩提) 만다라(曼陀羅)에 머무셨습니다."

존자 아난은 이렇게 말하였고 500아라한의 덕과 힘이 자재한 자는 허공에 상승하여 함께 탄식하며 말하였다.

"우리들은 눈으로 세존을 보았는데 지금 이미 들었다고 말하는구나."

모두가 '나무불(南無佛)'이라고 말하고 돌아와서 다시 본래의 자리에 앉았다. 그때 아난이 게송을 설하여 말하였다.

부지런히 삼매(正受)를 수습하여
제법의 생멸(生滅)을 보았고
제법이 인연을 따라서 일어남을 알았으며
어리석음을 벗어나고 번뇌를 없앴네.

부지런히 삼매를 수습하여
제법의 생멸을 보았고
제법이 인연을 따라서 일어남을 알았으며
제법의 멸진(滅盡)을 증득하였네.

부지런히 삼매를 수습하여
제법의 생멸을 보았고
제법이 인연을 따라서 일어남을 알았으며
여러 마군(魔軍)을 절복(摧伏)하였네.

부지런히 삼매를 수습하여
제법의 생멸을 보았고
제법이 인연을 따라서 일어남을 알았으며
해가 여러 어두움을 없앤 것과 같다네.

존자 아난은 이와 같은 것 일체의 법장을 독송하였고, 문구(文句)가 긴 것을 모아서 장아함(長阿含)으로 결집하였고, 문구가 중간인 것을 모아서 중아함(中阿含)을 결집하였으며, 문구가 섞인 것은 모아서 잡아함(雜阿含)을 결집하였으니, 이를테면, 근이 섞였고, 힘이 섞였으며, 깨달음이 섞였고, 도가 섞였다. 이와 같이 비슷한 것을 잡아함이라고 이름한다. 하나가 증가하였고, 둘이 증가하였으며, 셋이 증가하였고, 나아가 백이 증가한 숫자의 부류를 따르고 서로 쫓아서 결집하여 증일아함(增一阿含)으로 결집하였다.

'잡장(雜藏)'은 이를테면, 벽지불(辟支佛)과 아라한(阿羅漢)이 스스로가 본행과 인연(本行因緣)을 설한 것이다. 이와 같은 것의 여러 게송을 잡장이라고 이름한다.

그때 장로 아난은 이렇게 게송을 설하여 말하였다.

소유한 8만의 여러 법장의
이와 같은 법들을 세존을 쫓아서 들었고
소유한 8만의 여러 법장의
이와 같은 법들을 다른 사람을 쫓아서 들었으며
이와 같은 법들을 내가 모두 수지하였고
이것을 세존께서 설하시고 반니원에 나아갔다네.

이를 여러 법장을 찬집(撰集)하였다고 이름한다.
다음으로 물었다.
"누가 다시 마땅히 비니장을 결집하겠습니까?"
누가 말하였다.
"장로 우바리입니다."
우바리가 말하였다.
"그렇지 않습니다. 다시 다른 장로가 있습니다."
누가 말하였다.
"비록 다른 장로 비구들이 있어도 다만 세존께서는 장로에게 '14법을 성취하였다.'라고 수기하셨고, 여래·응공·정변지께서 '지계(持戒)가 제일이다.'라고 수기하셨습니다."

우바리가 말하였다.

"여러 장로들께서 나에게 결집하게 시켰으니, 여법하면 따라서 기뻐하시고 여법하지 못하다면 마땅히 막을 것이며, 만약 상응하지 않는다면 마땅히 막아서 존중받지 않게 하시고, 이러한 뜻인가? 뜻이 아닌가를 원하건대 보고서 말씀하여 주십시오."

대중이 모두 말하였다.

"장로 우바리여. 그대는 다만 법장을 결집하십시오. 여법하다면 따라서 기뻐할 것이고, 비법이라면 때에 마땅히 알 것입니다."

존자 우바리가 이렇게 생각을 지었다.

'나는 지금 어떻게 율장을 결집할 것인가?'

(이렇게 사유를 짓고서 곧 율장을 설하여 말하였다.)[7]

"다섯 가지의 청정한 법이 여법하고 율과 같다면 따라서 기뻐할 것이고, 여법하지 않고 율과 같지 않다면 마땅히 막으십시오. 무엇이 다섯 가지인가? 첫째는 제한정(制限淨)이고, 둘째는 방법정(方法淨)이며, 셋째는 계행정(戒行淨)이고, 넷째는 장로정(長老淨)이며, 다섯째는 풍속정(風俗淨)입니다.

'제한정'은 여러 비구들의 주처에서 짓도록 제한하는 것이니, 4대(大)의 가르침과 상응하는 것은 수용하고 상응하지 않는 것은 버리는 것이다. 이것을 제한정이라고 이름한다.

'방법정'은 국토의 법이 그러하고, 4대의 가르침과 상응하는 것은 수용하고 상응하지 않는 것은 버리는 것이다. 이것을 방법정이라고 이름한다.

'계행정'은 내가 어느 지계 비구가 행하는 이러한 법을 보고서 만약 4대의 가르침과 상응하는 것은 수용하고 상응하지 않는 것은 버리는 것이다. 이것을 계행정이라고 이름한다.

---

7) 원문에는 누락되었으나 앞의 문장과 비교하여 보완하여 번역하였다.

'장로정'은 내가 장로 비구인 존자 사리불과 목련이 이 법을 행하는 것을 보고서 4대의 가르침과 상응하는 것은 수용히고 상응히지 않는 것은 버리는 것이다. 이것을 장로정이라고 이름한다.

'풍속정'은 본래의 세속법과 같아서는 아니되나니, 때가 아닌 때에 먹었거나, 술을 마셨거나, 음행하였거나, 이와 같은 일체는 본래 세속에서 청정하지만 출가에서는 청정한 것이 아니다. 이것을 풍속정이라고 이름한다.

이와 같이 여러 장로들께서 만약 여법하면 따라서 기뻐하시고 만약 여법하지 못하다면 마땅히 막으십시오."

여러 비구들이 대답하여 말하였다.

"상응하는 것을 수용할 것이고, 만약 상응하지 않는 것은 때에 이르면 마땅히 막겠습니다."

그때 존자 우바리가 아난에게 말하였다.

"장로여. 죄가 있으니 청정한 대중의 가운데에서 마땅히 허물을 참회해야 합니다."

아난이 말하였다.

"무슨 죄들이 있습니까?"

대답하여 말하였다.

"세존께서 나아가 세 번을 제지하시면서 여인을 제도하여 출가시키는 것을 허락하지 아니하셨으나, 그대가 세 번을 청하였으니 이것은 월비니 죄입니다."

이때 존자 대가섭이 산가지를 던져서 땅에 놓으면서 말하였다.

"이 첫째의 산가지는 곧 때에 삼천대천세계에서 진동합니다."

"다시 다음으로 세존께서 비사리에 머무셨고, 세존께서는 아난에게 알리셨습니다. '비사리에서 열반의 즐거움은 방궁장탑(放弓杖塔)에서 즐거움이니라. 만약 4신족을 얻은 자는 머무르면서 수명이 1겁이거나, 1겁을 넘기는 것이니, 만약 세존께서 세상에 머무신다면 세상 사람들이 볼 수 있느니라.'고 알리셨는데, 그대는 '이와 같습니다. 세존이시여.

이와 같습니다. 수가타(修伽陀)시여.'라고 말하였고, 그대가 세존께서 세상에 머무시도록 청하지 않았으므로 월비니죄를 범하였습니다."

다음으로 둘째의 산가지를 던졌다.

"다시 다음으로 그대는 오른쪽 발가락으로 세존의 승가리의 꿰맨 곳을 밟았습니다. 그대는 이 승가리는 여러 천인과 세상 사람들의 탑이고 마땅히 공경할 것인데 그대는 알지 못합니까? 이것은 월비니죄입니다."

다음으로 셋째의 산가지를 던졌다.

"다시 다음으로 세존께서는 아난에게 물을 취하여 오도록 알리셨고, 이와 같이 세 번씩에 이르렀으나 그대는 주지 않았고 세존께서 물을 취하셨습니다. 이것은 월비니죄입니다."

넷째의 산가지를 던졌다.

"다시 다음으로 세존께서는 아난에게 '내가 반니원의 때에 이르렀다면 마땅히 나에게 말하라. 내가 마땅히 비구들을 위하여 세미(細微)한 계율을 버리느니라.'고 알리셨으나 그대는 아뢰지 않았으니, 월비니죄를 범하였습니다."

다섯째의 산가지를 던졌다.

"다시 다음으로 세존께서 반니원하셨는데 그대가 세존의 음마장(陰馬藏)으로써 비구니에게 보여주었으니, 이것은 월비니죄를 범하였습니다."

여섯째의 산가지를 던졌다.

"다시 다음으로 세존께서 반니원하셨고, 역사(力士)의 여러 노모(老母)들이 세존의 발에 다가가서 울었고 눈물이 세존의 발 위에 떨어졌으며, 그대는 시자였으나 막지 않았으니, 월비니죄를 범하였습니다."

일곱째 산가지를 던졌다.

그때 아난은 두 가지의 죄를 받지 않으면서 이렇게 말을 지었다.

"장로여. 과거의 제불께서는 모두 4중(四衆)이 있었습니다. 이러한 까닭으로 세 번을 청하여 비구니를 제도하시게 하였습니다. 세존께서 비사리에 머무셨고 세 번을 알리셨으나 세존께서 이 세상에 머무시라고 청하지 못한 것은 내가 그때 학인(學人)이었고 마왕에게 가려졌습니다. 이러한 까닭으로 칭하지 않았던 것입니다. 이 가운데에서 나섯 가지의 월비니죄를 범하였습니다. 장로께서는 여법하게 지어서 주십시오."

이때 존자 우바리가 이렇게 말을 지었다.

"여러 장로들이여. 이것은 9법의 순서입니다. 무엇이 아홉 가지인가? 첫째는 바라이(波羅夷)이고, 둘째는 승가바시사(僧伽婆尸沙)이며, 셋째는 2부정법(不定法)이고, 넷째는 30니살기(尼薩耆)이며, 다섯째는 92바야제(波夜提)이고, 여섯째는 4바라제제사니(波羅提提舍尼)이며, 일곱째는 중학법(衆學法)이고, 여덟째는 7멸쟁법(滅諍法)이며, 아홉째는 법수순법(法隨順法)입니다. 세존께서 어느 처소에 머무시면서 누구 비구를 위하여 이 계율을 제정하시면서 모두 '이와 같으니라. 우바리여. 이와 같으니라. 우바리여.'라고 말씀하시지 않으셨습니다."

다시 말하였다.

"비니에는 다섯 가지 일의 기록이 있습니다. 무엇이 다섯 가지인가? 첫째는 수다라(修多羅)이고, 둘째는 비니(比尼)이며, 셋째는 뜻(義)이고, 넷째는 가르침(敎)이며, 다섯째는 가벼움과 무거움입니다.

'수다라'는 다섯 가지의 수다라이고, '비니'는 2부의 비니로 간략한 것과 자세한 것이며, '뜻'은 구절구절에 뜻이 있는 것이고, '가르침'은 세존께서 찰제리와 바라문과 거사들을 위하여 네 가지의 큰 교법(敎法)을 말씀하신 것과 같은 것이며, '가벼움과 무거움'은 훔치면서 5전을 채우면 무거운 것이고, 5전보다 적다면 투란차죄를 범하는 것입니다. 이것을 다섯 가지 일의 비니를 기록하였다고 이름합니다. 장로들이여. 이와 같이 마땅히 배워야 합니다.

다시 다섯 가지의 비니(比尼)가 있으니, 무엇이 다섯 가지인가? 첫째는 간략한 비니이고, 둘째는 자세한 비니이며, 셋째는 방면(方面) 비니이고, 넷째는 견고(堅固) 비니이며, 다섯째는 응법(應法) 비니입니다.

'간략한 비니'는 5편(篇)의 계(戒)이고, '자세한 비니'는 2부의 비니이며,

'방면 비니'는 수노(輸奴)의 변방 지역에서 다섯 가지의 일을 들어주는 것이고, '견고 비니'는 가치나의(迦稀那依)를 받고서 다섯 가지의 죄를 버리는 것과 별중식 등과, 나아가 아뢰지 않고 함께 먹는 것을 벗어나는 것이며, '응법비니'는 이 가운데에서 여법한 갈마와 화합하는 갈마는 응법비니라고 이름하고, 나머지는 갈마가 아닙니다. 이와 같이 비니장을 결집하여 마칩니다."

바깥의 1천 비구들을 불러서 들어오게 하였으며 말하였다.

"여러 장로들이여. 이와 같이 법장을 결집하였고, 이와 같이 율장을 결집하였습니다."

어느 비구가 말하였다.

"여러 장로들이여. 세존께서 먼저 아난에게 '여러 비구들을 위하여 세미한 계율을 버리고자 한다.'라고 말씀하셨습니다. 무엇들을 버리는 것입니까?"

어느 비구가 말하였다.

"세존께서 세미한 계율을 버리신다면 바로 마땅히 위의를 버렸을 것입니다."

누가 말하였다.

"바로 위의를 버리지 않고, 역시 마땅히 중학(衆學)을 버렸을 것입니다."

누가 말하였다.

"역시 4바라제제사니를 버렸을 것입니다."

누가 말하였다.

"역시 92바야제를 버렸을 것입니다."

누가 말하였다.

"역시 30니살기바야제를 버렸을 것입니다."

누가 말하였다.

"역시 2부정법을 버렸을 것입니다."

이때 육군비구들이 말하였다.

"여러 장로들이여. 만약 세존께서 머무셨다면 일체를 버렸을 것입니다."

대가섭은 위엄과 덕이 엄준(嚴峻)히여 세존과 같았으며 이렇게 말을 지었다.

"쯧쯧(咄咄). 이러한 소리를 짓지 마시오."

곧 때에 일체가 함께 모두 묵연하였다. 대가섭이 말하였다.

"여러 장로들이여. 만약 이미 제정한 것을 다시 열겠다면 마땅히 바깥사람들이 '구담이 세상에 머물던 때에는 위의와 법도가 치성(熾盛)하였는데, 오늘에 반니원하였고 법이 퇴폐(頹廢)하였으니 소용이 있겠는가?'라고 말할 것입니다. 여러 장로들이여. 아직 제정하지 않은 것은 제정하지 않을 것이고, 이미 제정한 것은 우리들이 수순하여 배워야 합니다.

이 법은 어느 곳에서 들었는가? 존자 도력(道力)을 쫓아서 비니·아비담(阿毘曇)·잡아함·증일아함·중아함·장아함을 들었고, 존자 도력은 누구를 쫓아서 들었는가? 존자 불사파타라(弗沙婆陀羅)를 쫓아서 들었고, 존자 불사파타라는 누구를 쫓아서 들었는가? 법승(法勝)을 쫓아서 들었고, 법승 존자는 누구를 쫓아서 들었는가? 존자 승가제파(僧伽提婆)를 쫓아서 들었습니다.

존자 승가제파는 누구를 쫓아서 들었는가? 용각(龍覺)을 쫓아서 들었고, 존자 용각은 누구를 쫓아서 들었는가? 존자 법전(法錢)을 쫓아서 들었으며, 존자 법전은 누구를 쫓아서 들었는가? 존자 제나가(提那伽)를 쫓아서 들었고, 존자 제나가는 누구를 쫓아서 들었는가? 존자 법호(法護)를 쫓아서 들었으며, 존자 법호는 누구를 쫓아서 들었는가? 존자 기파가(耆婆伽)를 쫓아서 들었고, 존자 기파가는 누구를 쫓아서 들었는가? 존자 불제라(弗提羅)를 쫓아서 들었습니다.

존자 불제라는 누구를 쫓아서 들었는가? 존자 야사(耶舍)를 쫓아서 들었고, 존자 야사는 누구를 쫓아서 들었는가? 존자 차타(差陀)를 쫓아서 들었으며, 존자 차타는 누구를 쫓아서 들었는가? 존자 호명(護命)을 쫓아서 들었으며, 존자 호명은 누구를 쫓아서 들었는가? 존자 선호(善護)를 쫓아서 들었고, 존자 선호는 누구를 쫓아서 들었는가? 존자 우호(牛護)를 쫓아서 들었으며, 존자 우호는 누구를 쫓아서 들었는가? 존자 거사라(巨舍羅)를 쫓아서 들었습니다.

존자 거사라는 누구를 쫓아서 들었는가? 존자 마구다(摩求哆)를 쫓아서 들었으며, 존자 마구다는 누구를 쫓아서 들었는가? 존자 마하나(摩訶那)를 쫓아서 들었고, 존자 마하나는 누구를 쫓아서 들었는가? 존자 능호(能護)를 쫓아서 들었으며, 존자 능호는 누구를 쫓아서 들었는가? 존자 목다(目移)를 쫓아서 들었고, 존자 목다는 누구를 쫓아서 들었는가? 존자 거혜(巨醯)를 쫓아서 들었으며, 존자 거혜는 누구를 쫓아서 들었는가? 존자 법고(法高)를 쫓아서 들었습니다.

존자 법고는 누구를 쫓아서 들었는가? 존자 근호(根護)를 쫓아서 들었으며, 존자 근호는 누구를 쫓아서 들었는가? 존자 기다(耆哆)를 쫓아서 들었고, 존자 기다는 누구를 쫓아서 들었는가? 존자 수제타사(樹提陀娑)를 쫓아서 들었고, 존자 수제타사는 누구를 쫓아서 들었는가? 존자 타사파라(陀娑婆羅)를 쫓아서 들었으며, 존자 타사바라는 누구를 쫓아서 들었는가? 존자 우바리를 쫓아서 들었고, 존자 우바리는 누구를 쫓아서 들었는가? 세존을 쫓아서 들었으며, 세존은 누구를 쫓아서 들었는가? 스승이 없이 스스로 깨달았고 다시 다른 사람에게 듣지 않았습니다.

세존께서는 무량한 지혜가 있으시어 여러 중생들이 요익하게 하시려는 까닭으로 우바리에게 주셨고, 우바리는 타사바라에게 주었고, 타사바라는 수제타사에게 주었으니, 수제타사로부터 이와 같았고 나아가 존자 도력에게 주었고, 도력 존자가 나와 나머지의 사람들에게 주었습니다.

우리들은 스승의 가르침을 인연하여
무상존(無上尊)을 쫓아서 들었고
비니를 듣고 지녔으며 외우나니
현성(賢聖)들이 행하신 법이라네.

세존의 안에 있는 법장을
석가모니의 뒤를 잇고서
각각 함께 호지(護持)하서
법이 오래 머무르게 하겠네."

이것 500의 비구들이 법장을 결집하여 마쳤다고 이름한다.

마하승기율 제33권

동진 천축삼장 불타발타라·법현 공역
석보운 번역

11) 잡송의 발거를 밝히다 ⑪

(203) 700명이 모여서 법장을 결집

세존께서 반니원하시고 뒤에 장로 비구들은 비사리(毗舍離) 사퇴(沙堆)의 승가람(僧伽藍)에 머물렀다.

그때 여러 비구들이 단월로부터 쫓아서 걸식하면서 이와 같이 슬픈 말을 지었다.

"장수(長壽)여. 세존께서 머무시던 때에는 전식·후식·의복·공양을 얻었습니다. 세존께서 반니원하신 뒤에 우리들은 고아(孤兒)인데, 누가 마땅히 보고서 주겠습니까? 그대들이 승가에 재물을 보시하십시오."

이와 같이 슬픈 소리로 구걸하였다. 이때 사람들은 혹은 1계리사반(罽利沙槃)이거나, 2계리사반이거나, 나아가 10계리사반을 주었고, 포살하는 때에 이르면 그릇의 가운데에 가득 담았으며, 구발(拘鉢)을 가지고 몫을 헤아려서 차례로 주었다.

그때 지율인 야사(耶舍)가 처음으로 차례로 몫을 얻는 것에 이르러 물어 말하였다.

"이것이 무슨 물건이오?"

대답하여 말하였다.

"차례로 얻는 계리사반의 약값입니다."

야사가 대답하여 말하였다.

"과거의 것이구려."

물어 말하였다.

"무슨 까닭으로 과거의 승가에 보시한 것입니까?"

야사가 대답하였다.

"부정하오."

여러 비구들이 말하였다.

"그대가 승가를 '부정하다.'라고 비방하여 말하였으니, 이 가운데에서 마땅히 거갈마를 짓겠습니다."

곧 거갈마를 지었고, 거갈마를 지어서 마쳤다. 이때 존자 타사파라(陀娑婆羅)는 마투라국(摩偸羅國)에 있었으므로, 야사가 곧 갔고 그곳에 나아가서 이렇게 말을 지었다.

"장로여. 나는 거갈마를 당하였으니 수순법을 행하겠습니다."

물어 말하였다.

"그대는 무슨 까닭으로 거갈마를 당하였습니까?"

대답하여 말하였다.

"이와 같고 이와 같은 일입니다."

그가 말하였다.

"그대는 일이 없는데 거갈마를 당하였습니다. 내가 장로와 함께 법식(法食과 미식(味食)을 하겠습니다."

야사가 이러한 말을 듣고서 이렇게 말을 지었다.

"여러 장로들이여. 우리들이 마땅히 다시 비니장을 결집하여 불법이 무너지고 훼손되지 않도록 해야 합니다."

물어 말하였다.

"어느 곳에서 결집하고자 합니까?"

대답하여 말하였다.

"그 일이 일어난 곳으로 돌아가고자 합니다."

이때 마투라국 승가의 사갈요기(舍羯鬧耆)는 사위성의 사지(沙坻)에 머물렀다. 이때 국도(國都)의 가운데에 700명의 승가가 모였는데, 1부의 비니를 지닌 자도 있었고, 2부의 비니를 지닌 자도 있었다. 또한 세존을 쫓아서 마주하고 받은 자도 있었고, 또한 성문을 쫓아서 받은 자도 있었으며, 이때 범부와 학인과 무학인으로 3명(明)과 6통(通)으로 자재한 힘을 얻은 700명의 승가가 비사리의 사퇴(沙堆) 승가람에 모였고, 평상과 요를 장엄하게 꾸몄다.

그때에는 대가섭 달두로(達頭魯)와 우파(優婆)와 달두로(達頭路)와 존자 아난은 모두 이미 반니원하였다. 그때 존자 야수타(耶輸陀)는 승가의 상좌였으므로 물어 말하였다.

"누가 마땅히 율장(律藏)을 결집하겠습니까?"

여러 비구들이 말하였다.

"존자 타사바라가 마땅히 결집해야 합니다."

타사바라가 말하였다.

"장로들이여. 다른 장로 비구가 있어서 마땅히 결집해야 합니다."

여러 비구들이 말하였다.

"비록 여러 상좌가 있지만 다만 세존께서 '장로 화상이 14법을 성취하여 지율이 제일이다.'라고 수기하셨고, 그대가 세존을 쫓아서 마주하고 받았으니 마땅히 결집해야 합니다."

타사바라가 말하였다.

"만약 나에게 결집을 시킨다면 만약 여법하면 따라서 기뻐하시고, 여법하지 못하다면 마땅히 막으실 것이며, 만약 상응한다면 수용할 것이고, 만약 상응하지 않는다면 마땅히 막아서 존중함을 보이지 마십시오. 이것이 옳은가? 옳지 않은가를 원하건대 알려서 보여주십시오."

모두가 말하였다.

"그렇게 하겠습니다."

이때 존자 타사바라는 이렇게 생각을 지었다.

'나는 지금 어찌하여 율장을 결집해야 하는가? 다섯 가지의 청정한 법이 있으니, 여법하고 율과 같다면 기뻐할 것이고, 여법하지 않다면

마땅히 막을 것이다. 무엇이 다섯 가지인가? 첫째는 제한정(制限淨)이고, 나아가 풍속정(風俗淨) 등이다.'

이렇게 말을 지었다.

"여러 장로들이여. 이것이 9법의 서문입니다. 무엇이 아홉 가지인가? 4바라이를 쫓아서 나아가 수순법 등입니다. 세존께서 어느 곳과 어느 곳에 머무셨으며, 누구와 누구인 비구들을 위하여 계율을 제정하셨습니다. 나는 화상을 쫓아서 들었습니다. 이와 같은 자들을 위하여 이러한 계율을 제정하셨으니, 모두가 이와 같고 이와 같다고 말하지 않습니다."

5사(事)를 기록한 비니는 앞에서 자세히 설한 것과 같다.

"여러 장로들이여. 이 가운데서 발우가 필요한 자는 발우를 구할 것이고, 옷이 필요한 자는 옷을 구할 것이며, 약이 필요한 자는 약을 구하십시오. 방편으로 금과 은과 금전을 구할 수는 없습니다. 이와 같이 여러 장로들께서는 마땅히 수순하여 배워야 합니다."

이것을 700명의 비구들이 율장을 결집하였다고 이름한다.

(204) 간략하게 설한 계율

세존께서는 가유라위국 니구율수의 석씨정사에 머무르셨다.

이때 두 비구니가 있었으며, 첫째는 난타(難陀)라고 이름하였고, 둘째는 울다라(鬱多羅)라고 이름하였다. 세존을 따라서 6개월의 교계(敎誡)하는 법을 구하면서 세존께 아뢰어 말하였다.

"옳으십니다. 세존이시여. 원하옵건대 저희를 위하여 간략한 비니를 설하시어 저희들에게 이해하고 얻게 하십시오."

세존께서 비구니들에게 알리셨다.

"탐욕스럽다면 인연을 알지 못하고, 함께 서로가 희론(狎論)을 익히며, 세속의 일을 말하므로 수음(受陰)이 증장하나니, 욕심이 많고 멈추고 만족함을 알지 못하며, 탐욕과 성냄과 어리석음을 증장시키고, 쟁송하며 화합하지 못하며, 적정하지 못하고 깨닫지 못하며 반니원을 얻지 못하나니, 마땅히 비법이고 율이 아니며 세존의 가르침이 아니라고 알아야 하느니라.
　마땅히 이렇게 알아야 한다. 욕심이 없다면 인연을 알고, 서로가 희론을 익히지 않고 세속의 일을 말하지 않으므로 수음이 증장하지 않나니, 욕심이 적고 만족함을 알며, 탐욕과 성냄과 어리석음이 없고, 쟁송을 벗어나서 화합하며, 적정하고 깨달으며 반니원을 얻나니, 마땅히 알아. 이것은 여법하고 율이며 세존의 가르침이니라."
　이것을 간략하게 말한 계율이라고 이름한다.

　칼로 치료하는 것과 물을 붓는 통과
　체발과 아울러 도구를 짓는 것과
　화합하는 것과 화합하지 못하는 것과
　500명의 결집과 700명의 결집과
　간략하게 계율을 말한 것이 있다.

[열 번째의 발거를 마친다.]

(205) 헐뜯음
　세존께서는 사위성에 머무르셨다.
　이때 육군비구들이 다른 비구들을 헐뜯었다. 여러 비구들이 이 인연으로써 세존께 가서 아뢰었고, 세존께서는 말씀하셨다.
　"육군비구들을 불러오라."
　왔으므로, 세존께서는 물으셨다.
　"그대들이 진실로 그러하였는가?"
　대답하여 말하였다.
　"진실로 그렇습니다."
　세존께서 말씀하셨다.
　"이것은 악한 일이니라. 오늘부터는 헐뜯는 것을 허락하지 않겠노라."
　'헐뜯다.'는 업(業)·지방(方)·얼굴(面)·족성(性)·모습(形貌)·병·죄·비난(罵)·결사(結使)이다.

'업'은 설(說)과 자해(自解)와 유인(有人)이다.

'설'은 "장로여. 이 가운데에 전다라·대나무 장인·가죽 장인·기와 장인, 나아가 옥졸(獄卒)과 괴회(魁膾) 등이 있습니다."라고 말하였다면, 이것을 설이라고 이름한다.

'자해'는 "장로여. 나는 전다라가 아니고, 나아가 괴회나 옥졸도 아닙니다."라고 말하였다면, 이것을 자해라고 이름한다.

'유인'은 "이 가운데에서 혹은 어느 사람은 전다라이고, 나아가 어느 사람은 옥졸이다."라고 말하였다면, 이것을 유인이라고 이름한다.

이와 같이 지방·얼굴·족성·모습·병·죄·비난·결사도 역시 이와 같다. 이 가운데에서 헐뜯었다면 월비니의 죄를 범한다.

이것을 헐뜯는다고 이름한다.

(206) 기악(伎樂)

세존께서는 왕사성의 가란타죽원에 머무르셨다.

이때 육군비구들이 음악을 짓는 곳에 먼저 이르렀고 둘러보았는데 좌선하는 비구와 같았다. 광대(伎兒)들이 이미 모여서 여러 음악을 연주하였고, 여러 사람들이 즐거워하고 기뻐하면서 웃었다. 육군비구들은 묵연하였고 여러 사람들이 웃음을 마쳤는데, 비구들이 비로소 손뼉을 치며 크게 웃으니, 여러 사람들이 다투어 보았고 광대들은 고용된 값을 받지 못하였으므로 비난하여 말하였다.

"앉아 있던 이 비구들은 우리들에게 재물을 얻지 못하도록 하였으니, 이렇게 패배하고 무너진 사람에게 무슨 도가 있겠는가?"

여러 비구들이 이 인연으로써 세존께 가서 아뢰었고, 세존께서는 말씀하셨다.

"육군비구들을 불러오라."

왔으므로, 세존께서는 물으셨다.

"그대들이 진실로 그러하였는가?"

대답하여 말하였다.

"진실로 그렇습니다."

세존께서 말씀하셨다.

"이것은 악한 일이니라. 오늘부터는 광대를 구경하는 것을 허락하지 않겠노라."

'광대'는 북을 치고 노래하고 춤을 추며 비파(琵琶)를 튕기고 요(鐃)[1]와 동발(銅鈸)을 두드리는 사람 등이다. 이와 같은 여러 종류의 기악을 적어도 네 사람이 모여서 구경하며 즐기는 것을 허락하지 않는다. 만약 비구가 성이나 취락에 들어갔거나, 만약 천상(天像)이 나왔거나, 만약 왕이 나왔고 양쪽으로 따르면서 여러 기악을 연주하였고 지나가면서 보았다면 무죄이다. 만약 방편을 지어서 보았다면 월비니죄를 범한다.

만약 세존 탄생일의 대회인 처소이거나, 보리의 대회인 처소이거나, 법륜을 굴렸던 대회인 처소이거나, 5년의 대회에서 여러 종류의 기악을 연주하여 세존께 공양하면서 만약 단월이 "여러 존자들이여. 나와 함께 화합하여 세존의 양쪽을 따르시지요."라고 말하였고, 그때 함께 화합하여 앉았으며, 만약 앉은 가운데에 여러 종류의 기악이 있었고 염착(染著)하는 마음이 생겨났다면 곧 마땅히 일어나서 떠나가야 한다.

이것을 기악이라고 이름한다.

(207) 향과 꽃

세존께서는 왕사성에 머무르셨다.

이때 절회일(節會日)이었는데, 육군비구들인 난타와 우파난타가 향으로써 몸을 발랐고 우발라(優鉢羅)[2]의 화만(華鬘)과 첨복(瞻蔔)[3]의 화만을 걸쳤으며, 풀의 화만을 걸치고서 함께 다녔으므로 세상 사람들에게 비난

---

1) 타악기인 징을 가리키고, 고대의 군악기(軍樂器)의 하나이다.
2) 산스크리트어 utpala의 음사이고, 청련화(靑蓮花)를 가리킨다.
3) 산스크리트어 campaka의 음사이고, 인도 북부에서 자라는 교목으로 잎은 윤택이 있고, 짙은 노란색의 꽃이 피는데 그 향기가 진하다.

받았다.

"어찌하여 사문 석자들은 우발라의 화만과 첨복의 화만을 걸쳤으니, 오히려 왕자와 대신들과 같은가?"

또한 말하였다.

"일꾼인 천한 사람들과 같이 풀의 화만을 걸쳤는가? 이렇게 패배하고 무너진 사람에게 무슨 도가 있겠는가?"

여러 비구들이 이 인연으로써 세존께 가서 아뢰었고, 세존께서는 말씀하셨다.

"육군비구들을 불러오라."

왔으므로, 세존께서는 물으셨다.

"그대들이 진실로 그러하였는가?"

대답하여 말하였다.

"진실로 그렇습니다."

세존께서 말씀하셨다.

"오늘부터는 향과 꽃을 걸치는 것을 허락하지 않겠노라."

'향'은 전단향과 침수향 등 이와 같은 일체의 향이니, 마땅히 몸에 바를 수 없다. 만약 열병이었고 의사가 "마땅히 전단향을 몸에 바르는 것이 필요합니다."라고 말하였다면 그때 향을 사용하여 바를 수 있다. 만약 바르고자 하는 때에는 먼저 마땅히 세존의 니원 탑에 공양하고서 그러한 뒤에 몸에 발라야 하고, 몸에 바르고서 대중의 가운데에 머무를 수 없고 마땅히 가려진 곳에 있어야 하며, 병이 나으면 깨끗이 몸을 목욕한 뒤에 대중에게 들어와야 한다.

'꽃'은 우발라의 꽃과 첨복의 꽃과 수마나(須摩那)[4]의 꽃이니, 이와 같은 일체의 꽃은 마땅히 몸에 걸칠 수 없다. 만약 비구가 눈병이나 두통을 앓았고 의사가 가르쳐서 "마땅히 화만을 머리에 묶어야 낫습니다."

---

[4] 인도가 원산지인 재스민으로 일반적으로 쿤다(軍荼, kunda)를 가리킨다. 또는 수만나 혹은 소마나(須摩那, 須曼那, 蘇摩那, Sumana)라고 부르는 아라비아 재스민(Jasminum sambac)이 있다.

라고 말하였다면 묶을 수 있다. 만약 묶고자 하였다면 먼저 마땅히 불탑에 공양하고서 그러한 뒤에 몸에 묶어야 하며, 묶고서는 대중의 가운데에 있을 수 없고 마땅히 가려진 곳에 있어야 하고, 병이 나았다면 마땅히 버려야 한다.

만약 향을 바르고 화만은 걸치지 않았다면 하나의 월비니죄를 범하고, 향과 꽃의 두 가지를 모두 바르고 걸쳤다면 두 개의 월비니죄를 범하며, 두 가지를 모두 바르지 않고 걸치지 않았다면 무죄이다.

이것을 꽃과 향의 법이라고 이름한다.

(208) 거울의 법

세존께서는 사위성의 기원정사에 머무르셨다.

어느 단월이 승가에게 공양하고자 건치(揵椎)를 두드렸다. 이때 난타와 우파난타가 거울에 스스로를 비추어 보면서 오래 머물렀고 이르지 못하여 단월에게 비난받았다.

"나는 가업을 버리고 일부러 와서 승가께 공양하였는데, 여러 비구들이 때에 와서 모이지 않는구나."

여러 비구들이 이 인연으로써 세존께 가서 아뢰었고, 세존께서는 말씀하셨다.

"난타와 우파난타를 불러오라."

왔으므로, 세존께서는 물으셨다.

"그대들이 진실로 그러하였는가?"

대답하여 말하였다.

"진실로 그렇습니다."

세존께서 말씀하셨다.

"오늘부터는 거울에 비추어 보는 것을 허락하지 않겠노라."

'거울'은 기름의 가운데이거나, 물의 가운데이거나, 거울의 가운데이니, 좋게 하려는 까닭으로 스스로가 얼굴을 비추어 볼 수 없다. 만약 병이 나았는가를 얼굴을 비추어 보았거나, 스스로가 만약 병이 나았는가?

낯지 않았는가를 보았거나, 만약 새롭게 머리카락을 깎고서 깨끗한가? 깨끗하지 않았는가를 스스로 비추어 보았거나, 머리와 얼굴에 부스럼이 있어서 비추어 보았다면 무죄이다. 좋게 하려는 까닭으로 스스로가 얼굴을 비추어 보았다면 월비니죄를 범한다.

이것을 거울의 법이라고 이름한다.

(209) 짊어지는 법

세존께서는 광야정사에 머무르셨다.

이때 일을 경영하는 비구가 연(輦)에 벽돌과 진흙을 담아서 짊어졌으므로 세상 사람들에게 비난받았다.

"어찌하여 사문 석자들은 노비이거나, 일꾼이거나, 소작인(客作人)들과 같이 진흙을 짊어졌는가? 이렇게 패배하고 무너진 사람에게 무슨 도가 있겠는가?"

여러 비구들이 이 인연으로써 세존께 가서 아뢰었고, 세존께서는 말씀하셨다.

"일을 경영하는 비구를 불러오라."

왔으므로, 세존께서는 물으셨다.

"그대들이 진실로 그러하였는가?"

대답하여 말하였다.

"진실로 그렇습니다."

세존께서 말씀하셨다.

"오늘부터는 짊어지는 것을 허락하지 않겠노라."

'짊어지다.'는 노끈 자루를 짊어졌거나, 바구니를 짊어졌거나, 막대기는 짊어지고 주머니는 짊어지지 않았다면 월비니죄를 마음으로 참회해야 하고, 주머니를 짊어지고 막대기는 짊어지지 않았어도 월비니죄를 마음으로 참회해야 하며, 두 가지를 모두 짊어졌다면 월비니죄를 범한다.

만약 정사이거나, 원내(院內)에서 돌·대나무·나무가 무거워서 짊어졌거나, 만약 승가에서 차례로 목이 긴 병을 지어서 노끈으로 연결하여 짊어졌거나, 만약 앞과 뒤에 옷의 자루를 짊어졌거나, 앞과 뒤에 발우를 짊어졌어도 모두 월비니죄를 범한다. 만약 여분인 옷의 자루를 어깨 위에 끌어당겨 놓아두고 발우를 어깨 위에서 꿰매는 것은 무죄이다.

이것을 짊어지는 법이라고 이름한다.

(210) 옷을 매는 것

세존께서는 광야정사에 머무르셨다.

이때 일을 경영하는 비구가 연(輦)에 벽돌과 진흙을 옷에 붙잡아서 묶었으므로 세상 사람들에게 비난받았다.

"어찌하여 사문 석자들은 노비나 일꾼과 같이 옷을 붙잡아 묶고서 일을 짓는가? 이렇게 패배하고 무너진 사람에게 무슨 도가 있겠는가?"

여러 비구들이 이 인연으로써 세존께 가서 아뢰었고, 세존께서는 말씀하셨다.

"일을 경영하는 비구를 불러오라."

왔으므로, 세존께서는 물으셨다.

"그대들이 진실로 그러하였는가?"

대답하여 말하였다.

"진실로 그렇습니다."

세존께서 말씀하셨다.

"오늘부터는 붙잡아 묶고서 일을 짓는 것을 허락하지 않겠노라."

'붙잡아서 묶다.'는 한쪽을 붙잡아서 묶거나, 양쪽을 붙잡아서 묶을 수 없다. 만약 진흙으로 집을 덮거나, 집을 바른다면 속옷을 붙잡아 묶을 수 있다.

이것을 옷을 붙잡아 묶는 법이라고 이름한다.

(211) 나무에 오르는 것

세존께서는 사위성에 머무르셨다.

그때 세존께서는 울단월(鬱單越)에 가시어 걸식하셨다. 이때 여러 비구들은 이렇게 생각을 지었다.

'세존께서 돌아오신다면 반드시 신족을 타고 오실 것이다.'

혹은 나무에 올라갔고, 담장에 올라가서 멀리서 세존을 바라보았다. 세존께서는 여러 비구들의 생각을 아시고 곧 몸을 숨겼으며 스스로가 본래의 자리에 앉으셨고 아시면서도 일부러 물으셨다.

"여러 비구들이 어느 곳으로 떠났는가?"

비구들이 곧 앞의 일로써 세존께 갖추어 아뢰었고, 세존께서는 말씀하셨다.

"오늘부터는 나무에 올라가는 것을 허락하지 않겠노라."

'나무'는 나무에 사람들이 함께 올라갈 수 없다. 만약 보리의 대회를 지으면서 보리수(菩提樹)를 장엄하고자 하였다면 한 발은 나무에 올라갔거나, 한 발이 담장에 올라갔다면 월비니죄를 마음으로 참회해야 하고, 두 발이 나무에 올라갔다면 월비니죄를 범한다. 두 발이 담장에 올라갔다면 무죄이다. 사다리에 올라가는 것도 역시 이와 같다.

만약 도로를 다니면서 길을 잃고 방향을 알지 못하여 나무에 올라가서 바라보았다면 무죄이다. 만약 호랑이와 늑대와 사자 등의 이와 같은 두려움으로 나무에 올라갔다면 무죄이다.

이것을 나무의 법이라고 이름한다.

(212) 불의 법

세존께서는 사위성에 머무르셨다.

그때 세존께서는 때에 이르렀으므로 취락에 들어가는 옷을 입으시고 발우를 지니고서 성안에 들어가시어 차례로 걸식하셨고, 돌아오시어 스스로가 평상과 요를 거두셨으며, 시자와 비구들에게 말씀하지 않으셨고, 구살라국(拘薩羅國) 파리야사라림(波利耶娑羅林)의 현수(賢樹) 아래에 가셨으며, 코끼리 왕에게 3개월의 공양을 받으셨는데, 나아가 때가 아닌데 춥고 눈이 왔다. 여러 비구들은 자연히 불을 향하였으므로 세상 사람들에게 비난받았다.

"사문 구담은 무량한 방편으로 살생하는 것을 꾸짖고 살생하지 않는 것을 찬탄하였다. 그러나 지금 비구들이 불을 피워서 땅을 태우니, 주변의 한 뿌리를 놀라게 하는구나."

여러 비구들이 이 인연으로써 세존께 가서 아뢰었고, 세존께서는 말씀하셨다.

"지금 이후로는 불을 피우는 것을 허락하지 않겠노라."

'불'은 땔나무의 불이거나, 풀의 불이거나, 쇠똥의 불이거나, 쌀겨의 불이거나, 나무토막의 불 등이니, 태우지 않았다면 태울 수 없다. 만약 차례로 온실의 소임이었거나, 만약 월직(月直)이었거나, 발우를 말리면서 먼저 정인(淨人)들에게 알게 하고서 그러한 뒤에 스스로 태웠다면 무죄이다.

만약 횃불을 가지고 다니면서 털어내고자 하였다면 횃불을 아직 타지 않는 땅에서 털어낼 수 없고, 마땅히 재의 위이거나, 기와의 위에 털어야 한다. 만약 횃불의 불꽃이 스스로 땅에 떨어졌고, 곧 그 위에서 털었다면 무죄이다. 만약 태우지 않은 땅에 불을 태웠다면 월비니죄를 범한다.

이것을 불의 법이라고 이름한다.

(213) 구리 발우의 법

세존께서는 왕사성에 머무르셨다.

그때 울갈(鬱竭) 거사가 크게 500마리의 코끼리·500마리의 말·500마리의 소·500마리의 물소·500명의 여노비·500명의 노비를 크게 보시하였는데, 여러 가지 시주물의 가운데에 구리 발우가 있었다. 여러 비구들이 마음에 의심이 생겨나서 세존께 가서 물었다.

"이것이 청정합니까? 부정합니까? 마땅히 받아야 합니까? 받지 않아야 합니까?"

세존께서 말씀하셨다.

"일체의 구리 발우는 받는 것을 허락하지 않겠노라."

만약 승가에게 청정한 그릇을 보시하였다면 마땅히 축원해주고 받아야 한다. 만약 개인이 구리 발우를 저축하면 월비니죄를 범한다. 얻고서 정인에게 보시하고서 사용하였다면 무죄이다.

이것을 구리 발우의 법이라고 이름한다.

(214) 회향(廻向)

세존께서는 사위성에 머무르셨다.

여러 천인들과 세간의 사람들이 신심으로 존중하여서 여러 종류 음식을 가지고 왔으며 세존과 비구 승가의 존자 사리불과 존자 대목련과 여러 비구들에게 공양하였다. 이때 육군비구들이 새벽에 일찍이 정사의 문 아래에 이르러 서 있으면서 세간 사람들이 음식을 가져오는 것을 보았다면 물어 말하였다.

"이 음식은 누구를 주는 것이오?"

대답하여 말하였다.

"세존께 드리는 것입니다."

곧 말하였다.

"세존께 마땅히 공양해야 합니다."

다음으로 물었다.

"이 음식은 누구를 주는 것이오?"

대답하여 말하였다.

"승가께 주는 것입니다."

곧 말하였다.

"승가께 마땅히 공양해야 합니다."

다음으로 물었다.

"이 음식은 누구를 주는 것이오?"

"존자 사리불과 존자 대목련에게 주는 것입니다."

말하였다.

"이 사람들은 마땅히 공양해야 합니다."

다음으로 물었다.

"이 음식은 누구를 주는 것이오?"
대답하여 말하였다.
"어느 비구에게 주고자 합니다."
곧바로 말하였다.
"누구는 늙고 병들어서 음식을 씹을 수 없소. 다만 그대는 음식을 버리는 것이니 마땅히 나에게 보시하시오. 내가 그대를 위해 축원(呪願)하여 그대에게 얻은 음식을 공덕으로 수용하겠습니다."
그때 사람들은 곧았고 믿었으므로 곧 음식을 베풀었고, 영리하고 지혜로운 자는 주지 않고서 이렇게 말을 지었다.
"내가 무슨 까닭으로 이렇게 참괴(慚愧)가 없는 사람에게 주겠는가!"
여러 비구들이 이 인연으로써 세존께 가서 아뢰었고, 나아가 세존께서는 육군비구들에게 물으셨다.
"그대들이 진실로 그러하였는가?"
대답하여 말하였다.
"진실로 그렇습니다."
세존께서 말씀하셨다.
"육군비구들이여. 이것은 악한 일이니라. 그대들은 어찌하여 물건이 다른 사람에게 향한다고 알면서도 자기에게 회향(廻向)하였는가? 오늘부터는 물건이 다른 사람에게 향한다고 알면서도 자기에게 회향하는 것을 허락하지 않겠노라."
'물건'은 여덟 가지가 있으니, 시식(時食)과 나아가 청정한 것과 부정한 것이며, 앞에서 자세히 설한 것과 같다.
만약 사람이 "존자여. 내가 보시를 하고자 하는데, 마땅히 어느 곳에 보시해야 합니까?"라고 물어 말하였다면, "승가께 보시하십시오."라고 대답하여 말해야 한다. 만약 다시 "어느 곳에 지계의 승가가 있습니까?"라고 물어 말하였다면, 마땅히 "범계한 승가는 있지 않습니다. 그대는 다만 보시하십시오."라고 말해야 한다. 만약 "어느 곳에 비구가 있어서 능히 항상 한곳에서 수습하며 업을 행하고, 물건을 오래 지니므로 내가 항상 볼 수 있습니까?"라고 물어 말하였다면, 그때 "누구 비구에게 주십시오"라고 말해야 한다.

물건이 승가께 향한다고 알면서도 자기에게 회향하였다면 니살기바야제(尼薩耆波夜提)를 범하고, 물건이 승가께 향한다고 알면서도 다른 사람에게 회향하였다면 바야제를 범하며, 물건이 여러 사람에게 향한다고 알면서도 여러 사람에게 회향하였거나, 물건이 한 사람에게 향한다고 알면서도 한 사람에게 회향하였다면 월비니죄를 범하고, 물건이 축생에게 향한다고 알면서도 다른 축생에게 회향하였다면 월비니죄를 마음으로 참회해야 한다.

이것을 회향의 법이라고 이름한다.

헐뜯는 것과 광대를 구경하는 것과
화만과 아울러 거울의 법과
짊어지는 것과 옷을 붙잡아 매는 것과
나무에 오르는 것과 스스로 불을 피우는 것과
구리 발우와 회향의 물건 등이 있다.

[열한 번째의 발거를 마친다.]

(215) 중생

세존께서는 왕사성에 머무르셨다.

그때 울갈(鬱竭) 거사가 크게 500마리의 코끼리와 나아가 500명의 여노비와 500명의 노비를 보시하였다. 여러 비구들이 마음에 의심이 생겨나서 세존께 가서 물었다.

"청정합니까? 부정합니까? 마땅히 받아야 합니까? 받지 않아야 합니까?"

세존께서 말씀하셨다.

"일체의 중생을 받는 것을 허락하지 않겠노라."

'중생'은 코끼리·말·소·물소·나귀·양·큰 사슴·작은 사슴·돼지·노비 등이고, 이와 같다면 일체의 중생이니, 마땅히 받을 수 없다.

만약 사람이 "내가 승가에게 여노비를 보시하겠습니다."라고 말하였어도 받는 것을 허락하지 않는다. 만약 "내가 승가에게 원민의 아내를 보시하겠습니다."라고 말하였어도 받는 것을 허락하지 않는다. 만약 "승가에게 노비를 보시하겠습니다."라고 말하였어도 받는 것을 허락하지 않는다. 만약 "승가에게 하인(使人)을 보시하겠습니다."라고 말하였어도 마땅히 받을 수 없다.

만약 "승가에게 정인인 남자를 공급하겠습니다."라고 말하였다면 받는 것을 허락한다. 만약 별도로 한 사람에게 여노비를 보시하였다면 마땅히 받을 수 없다. 만약 노비이거나, 만약 하인이거나, 만약 원민(園民)이었어도 받는 것을 허락하지 않는다. 만약 정인을 보시하였다면 승가의 요리를 위한 까닭으로 받을 수 있다.

만약 비구니 승가에게 노비를 보시하였다면 받는 것을 허락하지 않고, 만약 원민을 보시하였어도 받는 것을 허락하지 않으며, 만약 여노비를 보시하였어도 받는 것을 허락하지 않는다. 만약 비구니 승가에게 "정인인 여인을 공급하겠습니다."라고 말하였다면 받는 것을 허락한다. 만약 별도로 한 비구니에게 노비를 보시하였다면 마땅히 받을 수 없다. 만약 원민을 보시하였어도 받는 것을 허락하지 않는다. 만약 청정한 여인을 보시하였다면 승가의 요리를 위한 까닭으로 받을 수 있다.

만약 단월이 세존의 탄신일의 대회이거나, 보리의 대회이거나, 전법륜의 대회이거나, 라후라의 대회이거나, 아난의 대회이거나, 5년의 대회를 지었고, 단월이 신심으로 환희하면서 코끼리와 말을 장엄하여 대중 승가께 보시하였어도 받을 수 없다. 만약 단월이 앵무·공작·닭·양·큰 사슴·작은 사슴을 가져와서 주었어도 받을 수 없다.

만약 "받지 않겠다면 내가 마땅히 그것을 죽이겠습니다."라고 말하였다면, 마땅히 "그대가 스스로 놓아주고, 마땅히 물을 주고서 먹게 하며, 수호하면서 중생들을 상해(傷害)하지 말고, 날개를 자르고 새장에 가두지 마십시오. 만약 능히 날아가고 능히 스스로가 다니면서 살아갈 수 있다면 풀어주고 구속하지 마십시오"라고 말해야 한다. 만약 중생을 받는 자는 월비니죄를 범한다.

이것을 중생의 법이라고 이름한다.

(216) 나무의 법

세존께서는 사위성에 머무르셨다.

그때 단월이 승원(僧園)의 가운데에 암바라수(菴婆羅樹)를 심었는데, 어느 한 비구가 잘라서 취하였고 한 거사를 위하여 방사를 지었다. 방사가 완성되었으므로 평상과 요를 베풀고 승가를 청하여 공양하였다. 이때 나무를 심었던 단월도 역시 모임의 가운데에 있었는데 보고서 물어 말하였다.

"존자여. 이것은 누구의 방사입니까?"

비구다 말하였다.

"이것은 어느 거사의 방사입니다."

이때 단월이 말하였다.

"존자여. 무슨 까닭으로 나의 나무를 취하여 다른 사람의 방사를 짓습니까? 이 방사는 곧 나의 방사입니다."

마음이 오히려 기쁘지 않아서 곧 세존의 처소로 갔고 머리 숙여 발에 예경하고 물러나서 한쪽에 머물면서 곧 앞의 일로써 세존께 갖추어 아뢰었다. 세존께서는 설법하시어 보여주셨고 가르치셨으며 이익되고 기쁘게 하셨으며, 세존의 앞에서 발에 예경하고 환희하며 떠나갔다. 세존께서 말씀하셨다.

"그 비구를 불러오라."

왔으므로, 세존께서는 물으셨다.

"그대가 진실로 그러하였는가?"

대답하여 말하였다.

"진실로 그렇습니다."

세존께서 말씀하셨다.

"그대는 어찌하여 꽃과 과일의 나무를 잘라서 방을 지었는가? 지금 이후로는 꽃과 과일의 나무를 자르는 것을 허락하지 않겠노라."

'꽃과 과일의 나무를 자르다.'는 암바라수(菴婆羅樹)·염부수(閻浮樹)·비라수(毘羅樹)·가비타수(迦毘陀樹)·파나사수(叵那娑樹)·야자수(椰子樹)·무우수(無憂樹)·첨파수(瞻婆樹)·지살라수(枳薩羅樹)·아제목다수(阿提目多樹) 등이니, 이와 같은 일체의 꽃과 과일의 나무를 잘라서 방사를 짓는 것을 허락하지 않는다. 만약 나무가 늙어서 꽃과 과일이 없다면 마땅히 단월에게 말해야 한다.

"장수여. 이 나무가 이미 늙었으니, 또한 반드시 방사를 지어서 비구를 안치한다면 수용하는 복을 얻을 것입니다."

만약 주인이 허락하면 취할 것이고, 허락하지 않는다면 취할 수 없다. 만약 나무를 사용하면서 반드시 필요하였고, 다시 땅에 방해가 되었다면 정인을 시켜 물고기의 뼈로써 찌르거나, 만약 잿물(灰汁)을 주어서 만약 나무가 이미 죽었다면 마땅히 단월에게 말해야 한다.

"이 나무가 이미 말라서 반드시 수용하고자 합니다."

만약 허락하면 취하여 사용한다. 만약 비구가 꽃과 과일의 나무를 자른다면 월비니죄를 범한다.

이것을 나무의 법이라고 이름한다.

(217) 땔나무(樵木)의 법

세존께서는 사위성에 머무르셨다.

그때 취락의 주변에 정사가 있었는데 객비구가 와서 나무를 잘라서 땔감을 지었으므로 구주비구가 말하였다.

"그대는 무슨 까닭으로 우리들이 고생해서 심은 나무를 자르는가? 그대는 객으로 왔으니 그늘을 쫓아서 시원하게 앉을 것인데, 능히 도와서 아끼고 보호하지 않으면서 방자하게 마음을 나타내는가? 내일이면 곧 떠나갈 것이니, 나의 괴로움을 알지 못할 것이오."

이렇게 말하고서 구주비구는 걸식하고자 떠나갔다. 뒤에 객비구는 마른 나무와 젖은 나무를 합하여 쪼개어 방 앞에 쌓아놓고서 불을 피웠다. 구주비구가 걸식에서 돌아와서 보았고 곧 말하였다.

"그대가 무슨 까닭으로 마른 나무와 생나무를 합하여 쪼갰으며 쌓아놓고 불을 피우는가?"

객비구가 말하였다.

"그대가 무슨 까닭으로 스스로는 취하여 불을 피우면서 반대로 나를 막습니까?"

이와 같이 다투었고 두 비구는 세존의 처소로 나아가서 머리 숙여 발에 예경하고 앞의 일을 갖추어 아뢰었다. 세존께서는 말씀하셨다.

"여러 비구들이여. 그대들은 스스로가 취하면서 다른 사람을 막을 수 없느니라. 역시 마땅히 보호하는 마른 나무와 젖은 나무를 모두 쪼개서 방사 앞에 쌓아놓고 땔나무로 태울 수 없느니라."

'불을 피우는 법'은 피우는 것에도 준칙(準則)이 있으니, 온실의 가운데에서 피웠다면 그것은 허락되고, 부엌의 아래에서 피웠다면 그것은 허락되며, 욕실의 가운데에서 피웠다면 그것은 허락되고, 다른 방의 가운데에서 피웠다면 그것은 허락되는데, 부분에 마땅하고 한도를 따라서 마땅해야 하며 지나치게 취할 수 없다. 만약 정한 한도가 없다면 많았어도 역시 무죄이다.

젖은 나무를 쪼개는 것은 허락하지 않는다. 마땅히 마른 나무를 취해야 하고, 승방 안에서 관망(觀望)하면서 좋다면 쪼갤 수 없다. 산림(山林)에서 수호하는 주인이 없다면 쪼개더라도 무죄이다.

이것을 나무하는 법이라고 이름한다.

(218) 꽃의 법

세존께서는 사위성에 머무르셨다.

취락의 주변에 승가람이 있었다. 이때 객비구가 와서 꽃을 취하였으므로 구주비구가 말하였다.

"그대가 무슨 까닭으로 꽃을 취하는가? 우리들이 부지런하고 고통스럽게 심고 보호하며 물을 주었으니, 그대는 객으로 왔으니 그늘을 쫓아서 시원하게 앉을 것인데, 요리하고자 요란스럽게 마음을 나타내지 마시오. 내일이면 곧 떠나갈 것이니, 우리의 괴로움을 알지 못할 것이오."

이렇게 말하고서 구주비구는 걸식하고자 떠나갔다. 뒤에 객비구는 피었거나, 피지 않은 꽃을 합하여 꺾었고 요란스럽게 방 앞에 쌓아놓았다. 구주비구가 걸식에서 돌아와서 꽃이 쌓여있는 것을 보았고 곧 말하였다.

"그대가 무슨 까닭으로 꽃을 취하였소?"

객비구가 말하였다.

"그대가 무슨 까닭으로 스스로는 취하면서 반대로 나를 막습니까?"

이와 같이 다투었고 두 비구는 세존의 처소로 나아가서 머리 숙여 발에 예경하고서 앞의 일을 갖추어 아뢰었다. 세존께서는 말씀하셨다.

"구주비구들이여. 그대들은 스스로가 취하면서 다른 사람을 막을 수 없느니라. 객비구여. 다시 꽃을 피웠거나, 피우지 않았거나 합하여 꺾어서 방사의 앞에 쌓아놓을 수 없느니라."

5법을 성취하였다면 승가는 마땅히 예배하고 꽃을 나누는 사람으로 지어야 한다. 무엇이 다섯 가지인가? 애욕을 따르지 않고, 성냄을 따르지 않으며, 어리석음을 따르지 않고, 두려움을 따르지 않으며, 얻는 것과 얻지 못한 것을 아는 것이다. 이것을 다섯 가지의 법이라고 이름한다.

갈마자는 마땅히 이렇게 말을 지어야 한다.

"대덕 승가께서는 허락하십시오. 누구 비구가 5법을 성취하였습니다. 만약 승가께서 때에 이르렀다면 승가는 누구 비구에게 예배하고 꽃을 나누는 사람으로 짓겠습니다. 이와 같이 아룁니다."

백일갈마를 짓는다.

"나아가 승가께서 인정하신 것은 묵연하였던 까닭입니다. 이 일은 이와 같이 지니겠습니다."

이 비구가 갈마를 받았다면 마땅히 정인을 시켜서 꽃을 알게 해야 한다. 만약 꽃이 작다면 마땅히 그릇의 양을 따라서 나누면서 손으로 준칙을 세울 것이고, 만약 우발라·담복·발두마(鉢頭摩)·분다리(分陀利)

등이고, 이와 같이 큰 꽃은 마땅히 숫자에 따라 나눈다.
 만약 세존의 꽃이라면 마땅히 세존께 공양하고, 만약 승가의 꽃이라면 뜻에 따라서 공양한다. 만약 바꾸는 때이거나, 만약 꽃이 많다면 화만(華鬘)을 짓는 집에 주면서 말해야 한다.
 "그대가 날마다 그것과 같은 화만을 주어야 하고, 남은 것은 나에게 그것과 같은 값을 주시오."
 값을 얻었다면 사용하여 별도의 방사와 옷을 지을 수 있다. 만약 전식과 후식이 오히려 많았던 까닭이라면 마땅히 무진재(無盡財)의 가운데에 넣어야 한다.
 이것을 꽃의 법이라고 이름한다.

(219) 과일의 법

 앞의 꽃의 가운데에서 설한 것과 같으며, 나아가 예배하고 갈마를 짓고서 마땅히 정인을 시켜서 과일을 알게 해야 한다. 과일이 만약 작다면 마땅히 양으로 나누면서 손으로써 한계를 삼고, 과일이 만약 큰 것으로 다라과(多羅果)·비라과(毘羅果)·야자과(椰子果)·사나사과(娑那沙果)·암바라과(菴婆羅果) 등과 같다면, 이와 같은 과일은 마땅히 숫자로 나누어야 한다. 만약 과일이 많다면 마땅히 과일을 파는 사람에게 주면서 말해야 한다.
 "날마다 나에게 그것과 같은 과일을 주고, 나머지는 나에게 그것과 같은 값을 주시오."
 값을 얻었다면 마땅히 전식과 후식의 가운데에 넣어야 하고, 만약 오히려 많았던 까닭이라면 마땅히 무진재의 가운데에 넣어야 한다.
 이것을 과일의 법이라고 이름한다.

(220) 나무를 심는 법

 세존께서는 사위성에 머무르셨다.
 그때 어느 비구가 승가의 땅에 암바라과를 심었고, 장양(長養)하여 나무를 이루었으므로 스스로가 그 과일을 취하면서 다른 사람은 취하지 못하도록 하였다. 여러 비구들이 말하였다.
"그대가 무슨 까닭으로 스스로가 취하면서 다른 사람을 막는가?"
대답하여 말하였다.
"내가 이 나무를 심었고 보호하여 자라나게 하려는 것입니다."
여러 비구들이 이 인연으로써 세존께 가서 아뢰었고, 세존께서는 말씀하셨다.
"이 사람은 나무를 심은 공덕이 있으니, 1년에 한 그루를 주는 것을 허락하겠노라."
'년(年)의 법'은 만약 비구가 승가의 땅에 암바라과의 나무나 염부(閻浮)의 나무를 심었다면 이와 같은 과일나무는 마땅히 1년을 취하게 주어야 하고, 만약 나무가 크게 자랐고 1년에 아울러 취하고자 하지 않았다면 해마다 하나의 가지를 취하는 것을 허락하겠으며, 가지를 두루 거쳤다면 멈추어야 한다.
만약 하나의 동산에 나무를 심은 자는 마땅히 1년을 주어야 하고, 만약 "내가 해마다 한 나무를 취하겠습니다."라고 말하였다면 역시 허락한다. 만약 무우를 심었거나, 만약 파(葱)를 심었다면, 이와 같은 채소를 마땅히 한 차례를 베도록 주어야 한다. 만약 오이와 박(瓠)들을 심었다면 마땅히 익었다면 한 번을 취하게 한다.
이것을 나무를 심는 법이라고 이름한다.

(221) 죄를 다스리는 법

입으로 행하고 몸과 입으로 행하는 자가 있으니, 몸을 섭수하지 못하였던 까닭으로 범하거나, 입을 섭수하지 못하였던 까닭으로 범하거나, 몸과 입을 섭수하지 못하였던 까닭으로 범하거나, 몸으로 짓거나, 입으로 짓거나, 몸과 입으로 짓는다. 이것을 죄의 법이라고 이름한다.
'무죄'는 몸의 행이 없거나, 입의 행이 없거나, 몸과 입의 행이 없거나, 몸을 섭수하는 까닭으로 범하지 않거나, 입을 섭수하는 까닭으로 범하지 않거나, 몸과 입을 섭수하는 까닭으로 범하지 않거나, 몸으로 짓지 않거나, 입으로 짓지 않거나, 몸과 입으로 짓지 않는 것이다. 이것을 무죄라고 이름한다.

'죄를 다스리다.'는 바라이죄를 마땅히 어떻게 다스릴 것인가? 만약 세속 사람으로 짓거나, 만약 학사미(學沙彌)를 지어서 주거나, 만약 승가의 가운데에서 쫓아내는 것이다.

승가바시사죄는 어떻게 다스리는가? 만약 덮어서 감추지 않았다면 마땅히 마나타(摩那埵)와 아부가나(阿浮呵那)를 행하게 하고, 덮어서 감추었다면 별주갈마(別住羯磨)를 주어서 마나타와 아부가나를 행하게 해야 한다.

니살기죄는 어떻게 다스리는가? 앞의 물건을 따라서 마땅히 승가의 가운데에서 버려야 한다. 버리고서 만약 상좌라면 마땅히 머리와 얼굴로 예배하고 발을 잡아야 하며, 하좌라면 마땅히 호궤 합장하고서 이렇게 말을 지어야 한다.

"장로여. 제가 범하였으므로 장의를 이미 승가의 가운데에서 버렸습니다. 바야제죄를 나는 지금 참회합니다."

마땅히 묻는다.

"그대가 이러한 죄를 보았습니까?"

대답하여 말한다.

"보았습니다."

마땅히 말한다.

"다시는 짓지 마십시오."

대답하여 말한다.

"정대하여 지니겠습니다."

바야제와 바라제제사니와 월비니죄는 다만 이름만 다르므로, 역시 이와 같이 다스려야 한다.

이것을 죄를 다스리는 법이라고 이름한다.

중생과 나무를 심는 것과
땔나무를 쌓는 것과 꽃과 과일의 나무와
심어 키웠다면 1년을 허락하는 것과
죄와 죄 아닌 것을 다스리는 법 등이 있다.

[열두 번째의 발거를 마친다.]

(222) 멸(滅)

일곱 가지가 있으니, 무엇이 일곱 가지인가? 현전비니(現前比尼)·억념비니(憶念比尼)·불치비니(不癡比尼)·자언비니(自言比尼)·멱죄상비니(覓罪相比尼)·다멱비니(多覓比尼)·초포지비니(草布地比尼) 등이다.

이것을 멸이라고 이름한다.

(223) 투쟁의 일

네 가지의 투쟁의 일이 있으니, 무엇이 네 가지인가? 상언쟁(相言諍)·비방쟁(誹謗諍)·죄쟁(罪諍)·상소행사쟁(常所行事諍)이다. 이것을 네 가지의 멸쟁사(滅諍事)라고 이름한다.

'조복(調伏)'은 절복갈마(折伏羯磨)·불어갈마(不語羯磨)·구출갈마(驅出羯磨)·발희갈마(發喜羯磨)·거갈마(擧羯磨)·별주갈마(別住羯磨)이다. 이것을 조복이라고 이름한다.

'조복의 일'은 5중죄(五衆罪)가 있으니, 바라이·승가바시사·바야제·바라제제사니·월비니죄이다. 이것을 조복의 일이라고 이름한다.

(224) 법을 듣는 것

세존께서는 사위성에 머무르셨다.

그때 여러 비구들이 세존께 아뢰어 말하였다.

"세존이시여. 저희들이 초옥(草屋)을 짓는 것을 허락하시겠습니까?"

세존께서 말씀하셨다.

"허락하겠노라."

"이와 같이 벽을 싯고, 문을 지으며, 문미(門楣)와 격자를 짓고, 하얀 진흙 바르며, 다섯 종류의 그림을 그리는 것을 허락하시겠습니까?"

세존께서 말씀하셨다.

"허락하겠노라."

세존께서 여러 비구들에게 알리셨다.

"과거의 세상에서 이때 왕이 있었고 길리(吉利)라고 이름하였느니라. 가섭불(迦葉佛)을 위하여 정사를 지으면서 한 층·두 층, 나아가 일곱 층에 이르렀고, 문양을 조각하고 꾸몄으며 여러 종류의 그림을 그렸는데 오직 남녀의 화합하는 모습은 제외하였느니라."

'여러 종류'는 이를테면, 장로 비구의 형상·포도 덩굴·마갈어(摩竭魚)와 거위의 모양·죽은 시체의 모습·산림의 모양 등이니, 이와 같은 일체를 다섯 종류의 그림이라고 이름한다.

세존께서는 사위성에 머무르셨다.

사위성에서는 방사를 짓는 것을 허락하셨고, 비사리에서는 유락과 소락을 허락하셨으며, 광야에서는 물고기와 고기를 허락하시는데, 이와 같은 일체를 허락하신 것과 일체의 계율의 제정이 모두 8대 성(城)에서 이루어졌다. 첫째는 사위성이고, 둘째는 사지국(沙祇國)이며, 셋째는 첨파이고, 넷째는 바라나성이며, 다섯째는 구섬미(拘睒彌)이고, 여섯째는 비사리이며, 일곱째는 왕사성이고, 여덟째는 가비라위국이다.

이러한 9부(部)의 경전을 만약 설하셨던 처소를 잊었다면, 이 8대 성에 나아가서 하나를 말해야 한다. 곧 이러한 처소를 세존께서 인가하신 곳이라 이름한다.

이것을 법을 들은 곳이라고 이름한다.

(225) 얼굴에 바르는 기름

세존께서는 사위성에 머무르셨다.

그때 정사의 가운데에서 단월이 승가에게 공양하였다. 이때 난타와 우파난타는 건치가 울리는 소리를 들었으나 곧 기름을 얼굴에 바르면서 머물렀고 때에 나오지 못하였던 까닭으로 단월에게 비난받았다.

여러 비구들이 이 인연으로써 세존께 가서 아뢰었고, 세존께서는 말씀하셨다.

"난타와 우파난타를 불러오라."

왔으므로, 세존께서는 물으셨다.

"그대들이 진실로 그러하였는가?"

대답하여 말하였다.

"진실로 그렇습니다."

세존께서 말씀하셨다.

"오늘부터는 기름을 얼굴에 바르는 것을 허락하지 않겠노라."

'기름'은 호마(胡麻) 기름·대마(大麻) 기름·아제목다화(阿提目多華) 기름·첨파화(瞻婆花) 기름 등이니, 이와 같은 향유(香油)를 좋게 하려는 까닭으로 얼굴에 바르는 자는 월비니죄를 범한다. 만약 목욕하는 때에 기름을 사용하거나, 만약 목욕하는 팥가루를 사용하거나, 발에 바르는 기름이 손에 묻었으므로 얼굴을 닦았다면 무죄이다.

이것을 기름의 법이라고 이름한다.

(226) 가루의 법

세존께서는 사위성에 머무르셨다.

그때 기원정사에서 어느 단월이 승가에게 공양을 베풀었다. 이때 육군비구들은 건치가 울리는 소리를 들었으나 곧 가루로써 얼굴에 발랐고, 때에 나오지 못하였으므로, 단월에게 비난받았다.

여러 비구들이 이 인연으로써 세존께 가서 아뢰었고, 세존께서는 말씀하셨다.

나아가 세존께서 말씀하셨다.

"오늘부터는 가루를 얼굴에 바르는 것을 허락하지 않겠노라."

'가루'는 마나석(摩那石) 가루와 연석(鉛錫) 가루 등이니, 만약 좋게 하려는 까닭으로, 나아가 붉은 흙가루를 얼굴에 바르는 자는 월비니죄를 범한다. 만약 얼굴의 부스럼이나 옹좌나 종기가 일어나서 발랐다면 무죄이다. 가루를 바르는 때에는 대중 속에 있을 수 없고 마땅히 가려진 곳에 있어야 한다.

이것을 가루의 법이라고 이름한다.

(227) 빗는 법

세존께서는 사위성에 머무르셨다.

나아가 육군비구들이 머리를 빗으면서 머물렀고 때에 나오지 못하였으므로, 단월에게 비난받았다.

여러 비구들이 이 인연으로써 세존께 가서 아뢰었고, 세존께서는 말씀하셨다.

나아가 세존께서 말씀하셨다.

"비구들이 솔(刷)을 사용하여 머리를 빗는 것을 허락하지 않겠노라."

'긁는다.'는 털의 솔이거나, 풀의 솔이거나, 풀뿌리의 솔 등이니, 이와 같은 것과 적어도 손으로 긁는 것이고, 만약 좋게 하려는 까닭으로 빗었다면 월비니죄를 범한다. 머리를 깎은 뒤에 손으로 만졌다면 무죄이다.

이것을 빗는 법이라고 이름한다.

(228) 빗의 법

세존께서는 사위성에 머무르셨다.

세존께서는 계율을 제정하시어 솔로 머리를 빗는 것을 허락하지 않으셨다. 이때 어느 단월이 승가에게 공양하였다. 이때 난타와 우파난타는 건치가 울리는 소리를 들었으나 곧 빗으로써 머리를 빗으면서 머물렀고 때에 나오지 못하였으므로 단월에게 비난받았다. 나아가 세존께서 말씀하셨다.

"빗을 사용하는 것을 허락하지 않겠노라."

'빗'은 상아의 빗·뼈의 빗·뿔의 빗과 나무의 빗 등이니, 이와 같은 일체의 빗을 사용하는 것을 허락하지 않으며, 아래에 이르러 손으로써 머리를 빗질하여 좋게 하려는 까닭이라면 월비니죄를 범한다.

이것을 빗의 법이라고 이름한다.

(229) 머리에 비녀를 꽂음

세존께서는 사위성에 머무르셨다.

세존께서는 계율을 제정하시어 빗을 사용하지 못하도록 하셨고, 나아가 육군비구들이 비녀를 사용하여 머리를 긁으면서 때에 나오지 못하였으므로 단월에게 비난받았다. 나아가 세존께서 말씀하셨다.

"비녀를 사용하는 것을 허락하지 않겠노라."

'비녀'는 금·은·구리·철·주석·돌·상아·뼈·뿔·대나무·나무 등이니, 이와 같은 일체를 허락하지 않는다. 나아가 호저(豪豬)를 사냥하여 좋았던 까닭으로 머리를 빗으면서 사용하였다면 월비니죄를 범한다. 만약 손으로 머리를 깨끗이 하려는 까닭이라면 물건을 가지고 긁을 수 있다.

이것을 비녀의 법이라고 이름한다.

7멸과 아울러 멸하는 일과
조복과 조복하는 일과
법을 듣는 것과 기름을 얼굴에 바르는 것과
가루와 빗과 비녀로 긁는 것이 있다.

[열세 번째의 발거를 마친다.]

(230) 탑의 법

세존께서는 구살라국(拘薩羅國)에 머무시면서 유행하셨다.

이때 어느 바라문이 땅을 갈았는데 세존께서 지나시는 것을 보고 지녔던 소와 막대기를 땅에 내려놓고 세존께 예배하였다. 세존께서 보시고 곧 미소를 지으셨고, 여러 비구들은 세존께 아뢰었다.

"무슨 인연으로 웃으십니까? 오직 원하오니 듣고자 합니다."

세존께서 여러 비구들에게 알리셨다.

"이 바라문이 지금 두 분의 세존께 예경하였느니라."

여러 비구들은 세존께 아뢰어 말하였다.

"누구의 두 세존이십니까?"

세존께서 여러 비구들에게 알리셨다.

"나에게 예경하였고 그 막대기 아래에 가섭불의 탑이 있느니라."

여러 비구들은 세존께 아뢰었다.

"원하건대 가섭불의 탑을 보고 싶습니다."

세존께서 여러 비구들에게 알리셨다.

"그대들이 이 바라문을 쫓아서 흙덩이와 이 땅을 찾아보라."

여러 비구들이 곧바로 그것을 찾았고, 이때 바라문도 곧 그들과 함께 하였고 그것을 얻었다. 이때 세존께서는 곧 가섭불의 보탑(寶塔)을 나타내시니, 높이가 1유순(由旬)이었고, 면의 너비는 반 유연(由延)5)이었다. 바라문이 이것을 보고서 곧 세존께 아뢰었다.

"세존이시여. 저의 성이 가섭이니, 이것은 우리 가섭불의 탑입니다."

그때 세존께서 곧 그곳에 가섭불의 탑을 지으셨고, 여러 비구들이 세존께 아뢰어 말하였다.

"세존이시여. 저희들이 칠하도록 주시겠습니까?"

세존께서 말씀하셨다.

"주겠노라."

곧 이때 게송을 설하여 말씀하셨다.

진금(眞金) 백천의 짐을
가지고 사용하여 보시하여도

---

5) 앞의 유순을 다르게 음사한 말이다.

한 덩이의 진흙으로 공경하는 마음으로
불탑을 수리하는 것보다 못하다네.

이때 세존께서 스스로가 가섭불의 탑을 일으키셨고 아래의 기단(基壇) 사방에는 난순(欄楯)을 두르면서 둥글게 두 겹으로 세웠으며 사방에는 뾰쪽하게 네 면을 돌출시켰고, 위에는 윤상(輪相)을 쟁반같이 둥글게 덮고서 길게 세웠다. 세존께서 말씀하셨다.
"탑을 짓는 법은 마땅히 이와 같으니라."
탑은 이미 완성되었고 세존께서는 과거의 세존을 공경하셨던 까닭으로 곧 스스로가 예배하셨다. 여러 비구들이 세존께 아뢰었다.
"세존이시여. 저희들이 예배할 수 있습니까?"
세존께서 말씀하셨다.
"할 수 있느니라."
곧 이때 게송을 설하여 말씀하셨다.

사람들이 백천 금전을
가지고 사용하여 보시하더라도
하나의 착한 마음으로써 공경하여
불탑에 예배하는 것보다 못하다네.

그때 세간 사람들이 세존께서 탑을 지으셨다는 것을 듣고서 향과 꽃을 가지고 와서 세존께 받들었고, 세존께서는 과거의 세존을 공경하셨던 까닭으로 곧 꽃과 향을 받아서 가지고 탑에 공양하셨다. 여러 비구들이 세존께 아뢰었다.
"세존이시여. 저희들이 예배할 수 있습니까?"
세존께서 말씀하셨다.
"할 수 있느니라."
곧 이때 게송을 설하여 말씀하셨다.

사람들이 백천 수레의 진금(眞金)을
가지고 사용하여 보시히더라도
하나의 착한 마음으로써 공경하여
불탑에 예경하는 것보다 못하다네.

그때 대중들이 운집(雲集)하였고, 세존께서는 사리불에게 알리셨다.
"그대가 여러 사람들을 위하여 법을 설법하게."
곧 이때 게송을 설하여 말하였다.

백천 염부제의 가운데를
채워서 진금으로 보시하여도
하나의 법을 베풀고 수순하여
수행하는 것보다 못하다네.

이때 앉았던 자리의 가운데에 도를 얻은 자가 있었고, 세존께서는 곧 게송을 설하여 말씀하셨다.

백천 염부제의 가운데를
채워서 진금으로 보시하여도
하나의 법을 베풀고 수순하여
진제(眞諦)를 보는 것보다 못하다네.

그때 바라문은 무너지지 않는 믿음을 얻고서 곧 탑 앞에서 세존과 승가에게 공양하였다. 이때 파사닉왕이 세존께서 가섭불의 탑을 조성하셨다는 것을 듣고서 곧 칙명하여 700수레에 벽돌을 싣고 세존의 처소로 나아가서 머리 숙여 발에 예경하고 아뢰어 말하였다.
"세존이시여. 우리들도 이러한 큰 탑을 짓고자 합니다. 지을 수 있습니까?"
세존께서 말씀하셨다.

"할 수 있습니다."

세존께서 대왕에게 알리셨다.

"과거의 세상의 때에 가섭불께서 반니원하시던 때에 왕이 있어서 길리(吉利)라고 이름하였고 칠보탑을 세우고자 하였습니다. 이때 어느 대신이 왕에게 아뢰어 말하였습니다.

'미래의 세상에 비법(非法)인 사람이 나타나는 것이 있다면 마땅히 이 탑을 파괴하고서 무거운 죄를 얻을 것입니다. 오직 원하건대 왕께서 벽돌로 탑을 세우시고 금과 은으로 그 위를 덮으십시오. 만약 금과 은은 취하더라도 탑은 옛날처럼 온전히 남을 것입니다.'

왕은 곧 신하의 말과 같이 벽돌로써 탑을 짓고, 금박(金薄)으로 위를 덮었는데, 높이가 1유연이었고, 면의 너비가 반 유연이었으며, 구리로 난순(欄楯)을 지어서 7년 7월 7일이 지나서 완성되었습니다. 지어서 완성되었으므로 향과 꽃으로 공양하였고 비구 승가에도 공양하였습니다."

파사닉왕이 세존께 아뢰어 말하였다.

"그 왕은 복덕이 많았고 진보(珍寶)가 많았습니다. 내가 지금 마땅히 짓더라도 그 왕에 미치지 못할 것입니다."

곧바로 지었고 7년 7월 7일이 지나서 완성되었다. 지어서 완성되었으므로 세존과 비구 승가에도 공양하였다.

'탑을 짓는 법'은 아래의 기단 사방에는 난순을 두르면서 둥글게 두 겹으로 세우고, 사방에는 뾰족하게 네 면을 돌출시키며, 위에는 윤상을 쟁반같이 둥글게 덮고서 길게 세우는 것이다.

만약 "세존께서는 이미 탐욕과 성냄과 어리석음을 없애셨는데, 이 탑을 지어도 소용이 있겠는가?"라고 말하였다면 월비니죄를 얻나니, 업보(業報)가 무거운 까닭이다.

이것을 탑의 법이라고 이름한다.

(231) 탑의 일

승가람을 일으키는 때에는 먼저 좋은 땅을 헤아려서 탑을 세울 곳을 정해야 한다. 탑은 남쪽에 있을 수 없고, 서쪽에 있을 수 없다. 마땅히 동쪽에 있거나 북쪽에 있어야 한다. 승지(僧地)가 불지(佛地)를 침범할 수 없고, 불지가 승지를 침범할 수 없다.

만약 탑이 시체를 버리는 숲에 가깝거나, 만약 개가 먹던 찌꺼기를 가지고 와서 더럽힌 땅이라면, 마땅히 담장을 쌓아야 하고, 마땅히 서쪽이나 남쪽에는 승방을 지어서 승지에서 흐르는 물이 불지에 흘러 들어오게 할 수 없고, 불지의 물이 승지의 땅에 흘러 들어갈 수 없다. 탑은 마땅히 높고 드러난 곳에 지어야 하며, 탑원(塔院)의 가운데에 있으면서 빨래하거나, 염색하거나, 옷을 말리거나, 가죽신을 신거나, 머리를 덮거나, 어깨를 덮거나, 땅에 침을 뱉을 수 없다.

만약 "세존께서는 이미 탐욕과 성냄과 어리석음을 없애셨는데, 이 탑을 지어도 소용이 있겠는가?"라고 말하였다면 월비니죄를 얻나니, 업보가 무거운 까닭이다.

이것을 탑의 일이라고 이름한다.

(232) 탑감(塔龕)의 법

그때 파사닉왕이 세존의 처소에 나아가서 머리 숙여 발에 예경하고 아뢰어 말하였다.

"세존이시여. 우리들이 가섭불을 위하여 탑을 짓고서, 감(龕)을 지을 수 있습니까?"

세존께서 말씀하셨다.

"지을 수 있습니다. 과거의 세상의 때에 가섭불께서 반니원하신 뒤에 길리왕은 가섭불을 위하여 탑을 일으켰으며, 탑의 네 면에 감을 지었고, 위에는 사자와 코끼리와 여러 종류의 채색인 그림을 지었고, 앞에는 난순을 지어서 꽃을 안치하였으며, 탑감의 안에는 비단의 번개(幡蓋)를 달았습니다."

만약 "세존께서는 이미 탐욕과 성냄과 어리석음을 없애셨는데, 이 탑을 지어도 소용이 있겠는가?"라고 말하였다면 월비니죄를 얻나니,

업보가 무거운 까닭이다.

이것을 탑감의 법이라고 이름한다.

(233) 탑원(塔園)의 법

세존께서는 사위성에 머무르셨다.

그때 파사닉왕이 세존의 처소에 나아가서 머리 숙여 발에 예경하고 아뢰어 말하였다.

"세존이시여. 우리들이 가섭불을 위하여 탑을 짓고서, 원(園)을 지을 수 있습니까?"

세존께서 말씀하셨다.

"지을 수 있습니다. 과거의 세상에 왕이 있어서 길리(吉利)라고 이름하였고, 가섭불께서 반니원하신 뒤에 길리왕은 탑을 일으켰으며, 탑의 네 면에 여러 가지 원림(園林)을 조성하였습니다."

'탑의 원림'은 암바라수·염부수·파나사수(頗那娑樹)·첨파수·아제목다수(阿提目多樹)·사마나수(斯摩那樹)·용화수(龍華樹)6)·무우수(無憂樹) 등이니, 일체의 때에 꽃을 피운다. 이 가운데에서 꽃이 피어나면 마땅히 탑에 공양해야 한다. 만약 단월이 "존자여. 이 가운데의 꽃은 세존께 공양하고, 과일은 승가께 주겠습니다."라고 말하였다면 마땅히 단월의 말을 따라야 한다.

만약 꽃을 많이 얻었다면 화만의 집에 주면서 "그것과 같은 꽃으로 화만을 지어서 나에게 주고 나머지는 나에게 그것과 같은 값을 주십시오."라고 말해야 하고, 만약 값을 얻었으면 사용하여 등불과 향을 사서 세존께 공양하고 탑을 수리해야 하며, 만약 값이 많으면 세존의 무진물(無盡物)에 넣어야 한다.

---

6) 산스크리트어로는 Punnaga이고, 물레나물과의 교목으로 높이가 18m 정도로 짙은 녹색의 잎이 무성한 나무이다. 바다의 근처에서 잘 자라며 물에 잘 뜨는 까닭으로 해류를 타고 먼 곳까지도 운반되어서 아프리카와 동남아시아, 일본 오키나와 등에도 분포되어 있다.

만약 "세존께서는 이미 탐욕과 성냄과 어리석음을 없애셨는데, 이 탑을 지어도 소용이 있겠는가?"라고 말하였다면 월비니죄를 얻나니, 업보가 무거운 까닭이다.

이것을 탑원의 법이라고 이름한다.

(234) 탑의 연못

세존께서는 사위성에 머무르셨으며, 나아가 세존께서는 파사닉왕에게 말씀하셨다.

"과거의 세상에서 가섭불께서 반니원하신 뒤에 길리왕은 가섭불을 위하여 탑을 일으켰으며, 탑의 네 면에 연못을 지어서 우발라화(優鉢羅華)7)·파두마화(波頭摩華)8)·구물두화(拘物頭華)9)·분타리화(分陀利華)10) 등의 여러 꽃을 심었으니, 지금 대왕께서도 역시 연못을 지을 수 있습니다."

'연못의 법'은 불탑의 네 면에 연못을 짓고 연못의 가운데 여러 종류의 꽃을 심어서 불탑에 공양한다. 만약 남았다면 화만의 집에 주어야 하고, 만약 모두 사용하지 못하였다면 무진물에 넣어야 한다.

연못에 옷을 빨거나, 목욕하거나, 손과 얼굴을 씻거나, 발우를 씻을 수 없으나, 연못가의 아래로 물이 흘러나오는 곳에서는 뜻을 따라서 사용하여도 무죄이다.

이것을 탑지의 법이라고 이름한다.

(235) 탑과 지제(枝提)11)

세존께서는 사위성에 머무르셨으며, 나아가 세존께서는 파사닉왕에게

---

7) 청련화를 가리킨다.
8) 홍련화를 가리킨다.
9) 황련화를 가리킨다.
10) 백련화를 가리킨다.
11) 산스크리트어 caitya의 음사이다. 사리가 있는 것을 탑이라 하고 사리가 없는 것을 지제라고 이름한다.

말씀하셨다.

"지제를 지을 수 있습니다. 과거의 세상에서 가섭불께서 반니원하신 뒤에 길리왕은 가섭불을 위하여 탑을 일으켰으며, 네 면에 보배의 지제를 일으키고, 문양을 조각하였으며 여러 종류로 채색하여 그림을 그렸습니다. 지금 대왕께서도 역시 지제를 지을 수 있습니다."

사리가 있다면 탑이라고 이름하고, 사리가 없다면 지제라고 이름하나니, 세존께서 탄생하신 처소·도를 얻으신 처소·법륜을 굴리신 처소·반니원하신 처소·보살상·벽지불(辟支佛)의 굴(窟)·세존의 족적 등이다.

이러한 여러 지제에는 세존께 꽃과 일산 등의 공양구를 안치한다.

만약 "세존께서는 이미 탐욕과 성냄과 어리석음을 없애셨는데, 이 탑을 지어도 소용이 있겠는가?"라고 말하였다면 월비니죄를 얻나니, 업보가 무기운 까닭이다.

이것을 탑과 지제라고 이름한다.

(236) 공양구

세존께서는 사위성에 머무르셨으며, 나아가 여러 비구들이 세존께 아뢰어 말하였다.

"세존이시여. 탑에 공양구를 가지고 지제에 공양할 수 있습니까?"

세존께서 말씀하셨다.

"할 수 있느니라."

만약 세존의 탄신하신 날·도를 얻으신 날·법륜을 굴리신 날·5년 대회의 날이라면, 마땅히 이때 공양구를 가지고 공양할 수 있다. 중(中)과 상(上)은 불탑에 공양하고 하(下)는 지제에 공양한다.

만약 "세존께서는 이미 탐욕과 성냄과 어리석음을 없애셨는데, 이 탑을 지어도 소용이 있겠는가?"라고 말하였다면 월비니죄를 얻나니, 업보가 무거운 까닭이다.

이것을 지제의 법이라고 이름한다.

(237) 기악(伎樂)으로 공양하는 것

세존께서는 사위성에 머무르셨다.

그때 파사닉왕이 세존의 처소에 나아가서 머리 숙여 발에 예경하고서 아뢰어 말하였다.

"세존이시여. 기악을 가지고 불탑에 공양할 수 있습니까?"

세존께서 말씀하셨다.

"할 수 있습니다. 과거의 세상에서 가섭불께서 반니원하신 뒤에 길리왕은 일체의 노래와 춤과 기악으로 불탑에 공양하셨습니다. 지금 대왕께서도 역시 공양할 수 있습니다."

세존께서 말씀하셨다.

"만약 여래가 세상에 머물렀거나, 만약 반니원한 뒤에 일체의 꽃·향·기악·여러 종류의 의복·음식으로 모두 공양할 수 있습니다."

세간에 요익하고 일체의 중생들에게 장야에 안락(安樂)을 얻게 하려는 것이다.

만약 "세존께서는 이미 탐욕과 성냄과 어리석음을 없애셨는데, 이 탑을 지어도 소용이 있겠는가?"라고 말하였다면 월비니죄를 얻나니, 업보가 무거운 까닭이다.

이것을 기악의 법이라고 이름한다.

(238) 공양구를 거두는 것

세존께서는 사위성에 머무르셨으며, 나아가 여러 비구들이 세존께 아뢰어 말하였다.

"세존이시여. 저희들이 지제의 공양구를 거둘 수 있습니까?"

세존께서 말씀하셨다.

"할 수 있느니라."

'공양구를 거두다.'는 만약 세존의 탄신하신 날·도를 얻으신 날·법륜을 굴리신 날·5년 대회의 날에 당번과 일산들을 내걸었다면 공양한다고 이름한다. 만약 갑자기 바람이 불고 비가 온다면 대중 승가는 마땅히 함께 거두어야 한다. "나는 상좌이오. 나는 아련야에 있소. 나는 걸식하고 있소. 나는 분소의를 입었소. 나는 대덕이오. 그대들이 이것을 의지하여 살아간다면 마땅히 스스로 거두시오."라고 말할 수 없다. 만약 바람과 비가 갑자기 온다면 마땅히 함께 거두어서 가까운 방에 마땅히 안치해야 하고, 방을 보호하면서 "먼저의 처소에 놓아두시오."라고 말할 수 없다.

만약 젖었다면 마땅히 말리고, 티끌과 흙이 묻었다면 마땅히 털고서 접어서 놓아두어야 한다. 만약 "나는 상좌이오. 나는 아련야에 있소. 나는 걸식하고 있소. 나는 분소의를 입었소. 나는 대덕이오."라고 말한다면 월비니죄를 범한다.

이것을 공양구를 거두는 법이라고 이름한다.

(239) 어려움(難)

세존께서는 사위성에 머무르셨다.

그때 존자 우바리가 세존의 처소에 나아가서 머리 숙여 발에 예경하고서 아뢰어 말하였다.

"세존이시여. 만약 탑의 물건과 승가의 물건에 어려움이 생긴다면 어떻게 해야 합니까?"

세존께서 말씀하셨다.

"만약 외부의 도둑이 약하다면 마땅히 왕을 쫓아서 두려움을 극복해야 하느니라."

만약 왕이 "존자여. 다만 그대로 머물면서 두려워하지 마십시오. 만약 내가 이후의 일을 성공하지 못한다면 뜻에 따르십시오."라고 말하였다면, 그때 마땅히 왕의 힘이 강한가? 약한가를 헤아릴 것이고, 도둑이 강하다면 마땅히 은밀히 사자를 보내 도둑 우두머리의 처소에 가서 두려움이 없도록 구해야 한다.

왕이 만약 "내가 지금 스스로가 두려워서 일을 세우지 못하는데, 어떻게 두려움을 없애겠습니까? 존자여. 스스로가 도둑을 쫓아서 구호를 구하겠다면 마땅히 떠나가십시오."라고 말하였고, 만약 도둑이 삿된 견해이며 불법을 믿지 않아서 의지할 수 없는 자라면, 곧 물건을 버리고 떠나갈 수 없다. 마땅히 믿을 수 있는 사람을 시켜서 불물(佛物)과 승물(僧物)을 감추게 하고, 마땅히 먼저 도둑들을 살펴서 그들이 갑자기 들이닥치게 하지 말라.

만약 도둑들이 갑자기 들이닥쳐 물건들을 감추지 못하였다면 불물(佛物)로는 마땅히 불상(佛像)을 장엄하게 꾸미고 승가의 좌구는 마땅히 펼쳐두고, 여러 종류의 음식으로 도둑들과 서로를 보면서 마땅히 나이 어린 비구를 시켜서 가려진 곳에서 도둑들이 이르는 것을 살피게 한다.

도둑들이 공양구를 보고서 만약 자비한 마음을 일으켜서 지었고 "어느 비구가 있습니까? 두려워하지 말고 나오시오."라고 이렇게 물었다면, 그때 나이 어린 비구가 보아야 한다. 만약 도둑이 갑자기 들이닥쳐 물건을 감출 수 없었다면 마땅히 "일체의 행(行)은 무상합니다."라고 말해야 한다. 이렇게 말을 짓고서 버리고 떠나가야 하느니라."

이것을 어려움의 법이라고 이름한다.

 탑의 법과 아울러 탑의 일과
 탑의 감(龕)과 탑의 원과
 탑의 연못과 지제와
 기악(伎樂)과 공양구와
 향과 꽃을 거두는 것과 어려움 등이 있다.

[열네 번째의 발거를 마친다.]

 구족계와 거갈마와
 거갈마의 일과 아울러 포살과
 병의 법과 비니의 일과
 무거운 물건과 마늘을 먹는 것과
 위해서 죽이는 것과 칼로 치료하는 것과

방편으로 받는 것과 중생과
멸(滅)과 투파(偸婆)의 법이 뒤에 있다.

마하승기율 제34권

동진 천축삼장 불타발타라·법현 공역
석보운 번역

12) 위의법(威儀法)을 밝히다 ①

(1) 상좌의 법

세존께서는 사위성에 머무르셨다.

그때 비구 승가는 모여서 포살을 짓고자 하였으므로 비구들이 모두 모였다. 이때 난타는 승가의 상좌이었으나 오지 않았다. 어느 단월이 물건을 가지고 왔으므로 승가의 화합을 기다려서 보시하려고 승가에게 물었다.

"승가는 다 모였습니까?"

대답하여 말하였다.

"모이지 않았습니다."

다시 물었다.

"누가 오지 않았습니까?"

대답하여 말하였다.

"승가의 상좌가 오지 않았습니다."

단월이 비난하여 말하였다.

"나는 승가가 다 모이는 것을 기다려서 보시하고자 하였는데 상좌가 오지 않았습니다."

오랫동안 기다렸으며 보시하고 떠나갔다. 상좌는 핍박받아서 저녁에 비로소 왔고 마침내 사라(舍羅)을 행할 수 없었다. 다시 부르지도 않았고 오지도 않았으므로 여러 비구들이 청정한 욕을 설하였고, 곧 네 가지의 일을 간략하게 설하고 떠나갔다. 나이 젊은 비구가 물었다.

"상좌는 왔습니까?"

대답하여 말하였다.

"상좌는 왔으나 이미 떠나갔습니다."

법랍이 적은 비구가 비난하여 말하였다.

"어찌하여 상좌가 왔으나 역시 사람들에게 알리지 않았고, 떠나가면서도 역시 사람에게 알리지 않았는가?"

여러 비구들이 이 인연으로써 세존께 가서 아뢰었고, 세존께서는 말씀하셨다.

"난타를 불러오라."

왔으므로, 세존께서는 물으셨다.

"그대가 진실로 그러하였는가?"

대답하여 말하였다.

"진실로 그렇습니다."

세존께서 말씀하셨다.

"오늘부터는 승가의 상좌는 이와 같이 알아야 하느니라."

무엇을 이와 같이 상좌의 법을 알고서 마땅히 알린다고 말하는가? 이제 14일이거나, 만약 15일의 포살의 중간이거나, 포살이 만약 낮이거나, 만약 밤이더라도 마땅히 처소를 알려야 하고, 만약 온실이거나, 강당이거나, 만약 원림의 가운데라도 마땅히 5편계를 외워야 하고, 아래로 이르러 네 가지의 일과 게송에 이르도록 외워야 한다. 나머지는 승가가 항상 듣는 것이다.

만약 성읍이거나, 취락의 가운데에 비구가 있다면 상좌는 마땅히 사람을 시켜서 "이제 승가에서 지금의 14일이거나, 만약 15일의 만약 식전이거나, 식후에 그렇게 허락된 사람들이 어느 곳에 있으면서 포살합니다."라고 창언해야 하고, 마땅히 먼저 사람을 시켜서 땅을 쓸고 진흙을 바르며 여러 꽃을 뿌리고서 "누가 축원하고 계율을 독송하며 사라를 행하겠습니까?"라고 창언하여 상좌가 마땅히 알게 해야 한다.

설계하는 때에 승가가 모이지 않았는데 단월이 왔다면, 상좌는 마땅히 설법하고 함께 서로가 위로하며 문안해야 한다. 만약 능히 할 수 없다면 마땅히 두 번째의 상좌이거나, 만약 법사를 청하여서 설법하고 포살의 때에 이르렀다면, 마땅히 단월에게 "떠나겠습니까? 머물겠습니까?"라고 물어야 하고, 만약 "떠나겠습니다."라고 말하였다면, 마땅히 축원을 주어서 내보내서 떠나보낼 것이며, "머물겠습니다."라고 말하였다면, 밖으로 내보내고서 포살을 지어야 한다.

여유가 있는 자는 마땅히 향을 삶은 물로 사라를 씻고서 행한다. 만약 앉기를 바란다면 마땅히 한 사람이 행하고 한 사람이 거두어야 하며, 머리를 덮거나, 어깨를 덮고서 주(籌)를 행할 수 없고, 마땅히 가죽신을 벗어야 하며, 오른쪽 어깨를 드러내고 주를 행해야 하고, 주를 받는 사람도 역시 이와 같다. 구족계를 받은 사람이 주를 먼저 행하고, 그러한 뒤에 사미의 주를 행하여야 히며, 주를 행하였다면 마땅히 "구족계를 받은 사람이 그와 같고 사미는 그와 같으며 합하여 그와 같은 사람이 있습니다."라고 알려야 한다.

승가의 상좌는 마땅히 계율을 독송해야 하고, 만약 능히 할 수 없다면 두 번째의 상좌가 계율을 독송해야 하며, 만약 다시 능히 할 수 없다면, 나아가 능히 독송할 수 있는 자가 마땅히 독송해야 한다. 독송하는 때에 만약 날이 저물었거나, 음산한 비와 바람이 불었거나, 늙고 병든 사람이 있어서 오래 앉아서 견딜 수 없거나, 주처에서 먼 곳에 왕난(王難)이 있거나, 도둑의 난이 있었다면, 그러한 때에는 간략히 독송할 수 있다. 만약 해가 아직 빠르고 위와 같은 여러 환난이 없다면 마땅히 자세하게 독송해야 한다.

만약 상좌가 스스로 독송하거나, 나머지의 사람이 독송하거나, 함께 독송하거나, 만약 화합하고 밤새워 설법하고 논의하며 문답하고 축원해야 하나니, 상좌의 포살법은 마땅히 이와 같다. 만약 그와 같지 않다면 위의법을 벗어난 것이다.

　세존께서는 사위성에 머무르셨다.
　그때 비구 승가는 모여서 포살을 짓고자 하였으며, 첫째 상좌는 왔으나 둘째 상좌가 오지 않았다. 이때 어느 단월이 물건을 가지고 와서 보시하려고 물었다.
　"승가는 모였습니까?"
　대답하여 말하였다.
　"모이지 않았습니다."
　다시 물었다.
　"누가 오지 않았습니까?"
　대답하여 말하였다.
　"둘째 상좌가 오지 않았습니다."
　단월이 비난하여 말하였다.
　"나는 적게 소유한 것을 보시하려고 하였는데, 둘째 상좌가 오지 않았습니다."
　오랫동안 기다렸어도 오지 않았으므로 보시하고 떠나갔다. 둘째 상좌는 핍박받아서 저녁에 비로소 왔고 첫째 상좌는 비난하여 말하였다.
　"세존께서는 오직 나를 제지하셨고 둘째 상좌에게는 묻지 않으시는가?"
　여러 비구들이 이 인연으로써 세존께 가서 아뢰었고, 세존께서는 말씀하셨다.
　"둘째 상좌를 불러오라."
　왔으므로, 세존께서는 물으셨다.
　"그대가 진실로 그러하였는가?"
　대답하여 말하였다.
　"진실로 그렇습니다."
　세존께서 말씀하셨다.
　"오늘부터는 포살의 때에는 둘째 상좌도 역시 마땅히 이와 같이 알아야 하느니라."

 무엇을 이와 같이 알아야 힌다고 말하는가? 일체의 상좌의 가운데에서 자세히 설한 것과 같다. 다만 둘째 상좌로서 다른 것은 만약 승가의 상좌가 능히 계율을 독송할 수 없다면, 둘째 상좌가 독송해야 하도록 마땅히 알아야 한다. 만약 이와 같지 않다면 위의법을 벗어난 것이다.

 세존께서는 사위성에 머무르셨다.
 그때 비구 승가는 모여서 포살을 짓고자 하였으며, 첫째 상좌와 둘째 상좌는 왔으나, 나머지의 사람들은 배회하면서 때에 와서 모이지 않았다. 첫째 상좌와 둘째 상좌는 비난하여 말하였다.
 "세존께서는 계율을 제정하시어 오직 우리를 제지하고 나머지 사람들은 제지하지 않으시는가?"
 여러 비구들이 이 인연으로써 세존께 가서 아뢰었고, 세존께서는 말씀하셨다.
 "그 비구들을 불러오라."
 왔으므로, 세존께서는 물으셨다.
 "그대들이 진실로 그러하였는가?"
 대답하여 말하였다.
 "진실로 그렇습니다."
 세존께서 말씀하셨다.
 "오늘부터는 포살의 일을 일체의 승가가 역시 마땅히 이와 같이 알아야 하느니라."

 무엇을 이와 같이 마땅히 알아야 한다고 말하는가? 매달 1일과 2일, 나아가 14일과 15일의 포살과 중간의 포살일과 처소를 마땅히 알아야 한다. 만약 사람이 "오늘이 며칠입니까?"라고 물었다면, 반대로 "어제는 며칠입니까?"라고 물을 수 없고, 반드시 마땅히 알아야 한다. 만약 잊어버리는 것이 염려되었다면 산가지를 노끈에 꿰어 강당의 앞이나, 식당의 앞에 매달아 두고 월직의 사람이나, 지사인이 날마다 하나를 떼어내야 한다.
　포살의 날에는 자세히 5편계와 나아가 네 가지의 일과 게송을 독송해야 하고, 나머지의 승가는 항상 들어야 한다. 일체는 상좌의 가운데에서 자세하게 설한 것과 같다. 다만 일체가 다른 것은 만약 첫째 상좌나 둘째 상좌가 다시 능히 독송할 수 없다면 나머지의 일체가 모두 마땅히 알아야 한다.
　만약 이와 같지 않다면 위의법을 벗어난 것이다.

　세존께서는 사위성에 머무르셨다.
　그때 기원정사에서 어느 단월이 비구 승가에게 공양을 베풀었는데, 첫째 상좌가 오지 않았기에 국과 밥이 이미 식었다. 그 단월이 말하였다.
　"비구 승가는 모였습니까?"
　대답하여 말하였다.
　"모이지 않았습니다."
　다시 물었다.
　"누가 오지 않았습니까?"
　대답하여 말하였다.
　"첫째 상좌가 오지 않았습니다."
　단월이 비난하여 말하였다.
　"나는 가업을 버려두고 와서 승가께 공양하려고 하였는데 비구들은 모이지 않는가?"
　첫째 상좌가 때가 지나 비로소 왔으나, 역시 음식을 찬탄하지 않았고 축원하지도 않았으며 요란스럽게 먹고서 곧 떠나갔다.
　법랍이 적은 비구들이 물어 말하였다.
　"상좌는 왔습니까?"
　대답하여 말하였다.
　"이미 와서 음식을 먹었고 곧 떠나갔네."
　나이가 젊은 비구들이 비난하여 말하였다.

"상좌는 왔어도 역시 사람에게 알리지 않았고, 떠나가면서도 역시 사람에게 알리지 않는구나."

여러 비구들이 이 인연으로써 세존께 가서 아뢰었고, 세존께서는 말씀하셨다.

"난타를 불러오라."

왔으므로, 세존께서는 물으셨다.

"그대가 진실로 그러하였는가?"

대답하여 말하였다.

"진실로 그렇습니다."

세존께서 말씀하셨다.

"오늘부터는 승가의 상좌는 공양에서 마땅히 이와 같이 알아야 하느니라."

무엇을 이와 같이 알아야 한다고 말하는가? 오늘은 누가 음식을 베푸는가? 2부(部)의 대중을 위하는가? 1부의 대중을 위하는가? 별도의 방사에서 청하는가? 취락의 가운데인가? 정사의 가운데인가를 마땅히 알아야 한다. 만약 어느 사람이 내일 승가에게 음식을 청하였다면 승가의 상좌는 곧 그 청을 받아들일 수 없고, 마땅히 청하는 사람의 성명과 객인가? 주민인가? 항맥(巷陌)[1]의 처소를 알아야 하나니, 어느 사람이 비구를 희롱하는 것이 두려운 까닭이며, 마땅히 곧 청을 받아들일 수 없다.

만약 어느 사람이 그 청하는 남녀를 아는 사람이 있다면 청을 받아들일 수 있다. 청을 받아들이고 곧 따라갈 수 없고, 다음날에 이르러 마땅히 월직이거나, 만약 원민이거나, 만약 사미를 보내어 청하는 사람의 집에 가서 보아야 한다. 혹은 현관(縣官)을 만났거나, 수재(水災)·화재·도둑의 난·태어나고 죽은 자가 있어서 능히 준비할 수 없거나, 만약 이러한 환란(難)이 있다면 승가는 마땅히 스스로 음식을 준비해야 하고, 만약 음식이 없다면 말하여 걸식하게 하여야 한다.

---

1) 길거리와 골목을 통칭(通稱)하는 말이다.

음식을 청한 주인에게 가서 "음식이 준비되었습니까?"라고 물어야 하고, 만약 "누구십니까? 무슨 음식 말입니까?"라고 말하였다면, 마땅히 그가 속였다고 알아야 한다. 만약 승가람에 음식이 있다면 마땅히 평소의 음식을 준비할 것이고, 만약 음식이 없다면 마땅히 창언하여 말해야 한다.

"비구 승가는 속았습니다. 각자 스스로가 걸식하십시오."

만약 청한 주인이 "존자여. 곧 그것을 준비하였습니다."라고 말하였다면, 이때 상좌는 마땅히 때를 알고서 만약 겨울의 때라면 마땅히 일체가 모여서 함께 가야 하고, 만약 봄과 여름의 때라면 마땅히 앞뒤로 가야 한다. 만약 그 청하는 집에 이르렀으나 해가 빨랐고 음식이 아직 준비되지 않아서 다른 곳을 다니고자 하였다면 마땅히 "비구들이여. 나는 누구의 집에 가고자 합니다. 만약 음식이 준비되었어도 나를 기다리지 마십시오."라고 아뢰고서 떠나가야 하며, 갔더라도 마땅히 일찍 돌아와야 한다.

단월의 집에 들어가는 때에는 상좌는 마땅히 좌우의 자리를 알아야 하고, 만약 단월이 길상회(吉祥會)를 짓고자 하였다면 오른쪽에 자리를 펴고 마땅히 앉아야 하며, 만약 아귀회(餓鬼會)를 짓고자 하였다면 왼쪽에 자리를 펴고 역시 마땅히 앉아야 한다.

만약 오랫동안 깨끗이 보관하였던 좌구가 다급하였다면 마땅히 손으로 어루만지고 부드럽게 하고서 서서히 앉아서 찢어지지 않게 해야 하고, 만약 다급하지 않아도 갑자기 몸으로 앉지 않을 것이며, 혹은 그 아래에 그릇들이 있거나, 어린애가 잠자는가를 먼저 마땅히 손으로 자리를 어루만져야 한다. 때가 묻은 발우를 지니거나, 떡과 과일을 자리 위에 놓아두지 않아야 하고, 손을 닦지 않아야 한다.

상좌는 마땅히 누가 방사를 보살피고 누가 병이 있는가를 알아서 마땅히 음식을 주도록 말해야 한다. 만약 단월이 아까워하였다면 마땅히 "장수여. 법으로 마땅히 주어야 합니다."라고 말하여서 주지 않을 수 없게 한다. 만약 해가 빠르다면 마땅히 다니면서 취하여 먹게 하고, 만약 해가 늦다면 마땅히 먼저 취하고서 보내어 떠나가게 해야 한다.

승가의 상좌는 마땅히 앞의 사람이 무엇으로 보시하였는가를 알아서 마땅히 때에 맞게 축원해야 한다.

  만약 단월이 음식을 돌리는 때에 상좌에게 많이 주었다면 상좌는 마땅히 "일체의 승가에게 준 것이 모두 이와 같습니까?"라고 물어야 하고, "아닙니다."라고 대답하였다면, 상좌는 마땅히 "일체에게 평등하게 주십시오"라고 말해야 하며, 만약 "모두 이와 같습니다."라고 말하였다면 마땅히 받아야 한다.

  만약 조금 필요하다면 조금을 취하고 하좌에게 마땅히 "많이 주십시오."라고 말해야 한다. 유락(乳酪)·떡·고기·소(酥) 등과 같이 좋은 음식들은 모두 "평등하게 주십시오."라고 말해야 한다. 승가 상좌의 법은 하좌를 따라서 곧 먹을 수 없고, 마땅히 음식을 돌리는 것을 기다려서 "평등하게 공양하십시오."라고 두루 창언하고서 그러한 뒤에 먹어야 한다.

  상좌의 법은 마땅히 천천히 먹어야 한다. 빠르게 먹고서 머무르며 살펴보아서 나이가 젊은 자가 허둥대며 배부르게 먹지 못하도록 해서는 안 되고, 마땅히 서로가 멀리서 바라보아야 한다. 음식을 먹고서 곧 앞에 있으면서 나갈 수 없고 마땅히 정수(淨水)를 돌리는 것을 기다려서 수순하여 축원하고 그러한 뒤에 나가야 한다. 만약 죽은 자를 위하여 복을 베풀었다면 마땅히 길상의 찬탄을 지을 수 없다.

  어질고 선하였으나 이미 무상하였고
  지금은 길상(吉祥)의 날인데
  여러 종류의 효선(餚饍)을 베풀어서
  좋은 복전(福田)들에게 공양한다네.

  마땅히 이와 같은 축원을 지어야 한다.

  일체의 중생의 부류는
  목숨이 있다면 모두 죽음으로 돌아가고

그 선하고 악한 행을 따라서
스스로가 그러한 과보를 받으며

악을 행하면 지옥에 들어가고
선을 행한다면 천상에 태어나며
만약 능히 도를 수행한다면
번뇌를 없애서 니원을 얻는다네.

만약 아들을 낳아서 복을 베푸는 자라면 마땅히 이와 같이 말해서는 아니된다.

어린아이를 무덤 사이에 버렸어도
손가락을 빨면서 7일을 살아가리니
모기와 등에의 피해를 만나지 않음은
어린아이의 공덕의 힘이라네.

마땅히 이와 같은 축원을 지어야 한다.

어린아이가 세존께 귀의한다면
여래이신 비바시(毘婆施)와
시기(尸棄)와 비섭바(毘葉婆)와
구루(拘樓)와 구나함(拘那鋡)과
가섭(迦葉)과 석가(釋迦)의
일곱의 대성존(大聖尊)이라네.

비유하면 사람인 부모가
그 자식을 생각하는 것과 같나니
모든 세상의 즐거움을 갖추고서

모두 얻게 하려는 것과 같다네.

아들에게 여러 복을 받게 하고
다시 그보다 두 배로 수승하며
집안과 여러 권속(眷屬)들도
즐거움을 받으며 역시 끝이 없을 것이네.

만약 새로운 집에 들어가면서 공양을 베푸는 자에게 이와 같이 말해서는 아니된다.

만약 불이 집을 태우는 때라면
가운데에 소유한 것을 꺼내고
반드시 자기의 재물과 보배를
불에 타지 않게 해야 한다네.

마땅히 이와 같은 축원을 지어야 한다.

집안을 공덕의 보시가 덮어서
원하는 것을 따라서 얻으며
길상한 현성의 부류가
처소의 가운데를 수용하였네.

세상에는 지혜로운 자가 있었고
나아가 이 처소를 알았으며
지계와 범행인 자를 청하여
복을 닦으려고 음식을 베풀었다네.

승가가 입으로 축원한 까닭으로

택신(宅神)이 항상 환희하여서
수호하려는 착한 마음이 생겨나고
장야에 이 가운데에 머무른다네.
만약 취락에 들어가거나
더불어 광야(曠野)의 처소에서
만약 낮이거나 만약 밤에도
천신(天神)이 항상 따르며 수호한다네.

만약 상인이 길을 떠나고자 하면 복을 베푸는 자에게 이와 같이 말해서는 아니된다.

일체의 여러 지방에
도둑의 환난이면 떠날 수 없는데
지금이 바로 이러한 그때이니
출가하여 범행을 닦으시오.

마땅히 이와 같이 말해야 한다.

여러 지방이 모두 안은(安穩)하고
제천(諸天)이 길상하게 대응하며
듣고서 마음으로 환희하니
원하는 것을 모두 얻는다네.

두 발인 자도 안은하고
네 발인 자도 안은하며
떠나갈 때에도 안은하고
돌아올 때에도 안은하며

밤에도 안온하고 낮에도 역시 안은하며
제천이 항상 보호하고 도우며
여러 반려가 모두 어질고 착하며
일체가 모두 안은하여서

건강하고 어질고 착하고 좋으며
손과 발에 모두 병이 없고
전신(全身)의 여러 몸의 부분들이
병들거나 괴로운 곳이 없으며
만약 소유하려는 것이 있다면
떠나갔다면 마음에 원하는 것을 얻는다네.

　동방에 일곱의 별이 있어서 항상 세간을 보호하여 원하는 것과 같이 얻게 하나니, 첫째는 길리제(吉利帝)라고 이름하고, 둘째는 노가니(路呵尼)라고 이름하며, 셋째는 승타나(僧陀那)라고 이름하고, 넷째는 분바속(分婆嗽)이라고 이름하며, 다섯째는 불시(弗施)라고 이름하고, 여섯째는 바라나(婆羅那)라고 이름하며, 일곱째는 아사리(阿舍利)라고 이름한다. 이것을 일곱의 별이라고 이름하며 동방에 있으면서 항상 세간을 보호한다. 지금 마땅히 그대를 보호하여 안은을 얻게 하고 이익을 얻고서 일찍 돌아오게 하며, 일체의 별들이 모두 그대를 보호하리라.
　다시 다음으로 동방에 여덟 천녀(天女)가 있으니, 첫째는 뇌차마제(賴車摩提)라고 이름하고, 둘째는 시사마제(尸沙摩提)라고 이름하며, 셋째는 명칭(名稱)이라고 이름하고, 넷째는 야수타라(耶輸陀羅)라고 이름하며, 다섯째는 호각(好覺)이라고 이름하고, 여섯째는 파라습마(婆羅濕摩)라고 이름하며, 일곱째는 파라부타(婆羅浮陀)라고 이름하고, 여덟째는 아비가라(阿毘呵羅)라고 이름한다. 이것을 여덟의 천녀라고 이름하며 동방에 있으면서 항상 세간을 보호한다.
　천왕이 있으니 제두뢰타(提頭賴吒)라고 이름하고 건달바왕(揵闥婆王)

과 일체의 제천이 항상 그대들을 보호하여 널리 안온하게 하여 이익을 얻고서 일찍 돌아오게 하리라. 동방에 궁장(弓杖)이라는 지제가 있어 항상 광명을 나타내므로 제천들이 공경하고 공양한다. 이러한 일체의 제천에 공양한다면 항상 그대를 보호하여 재물과 이익과 안온을 얻고서 일찍 돌아오게 하리라.

남방에 일곱의 별이 있어서 항상 세간을 보호하나니, 첫째는 마가(摩伽)라고 이름하고, 둘째와 셋째는 파구니(頗求尼)라는 같은 이름이며, 넷째는 용제(容帝)라고 이름하고, 다섯째는 질다라(質多羅)라고 이름하며, 여섯째는 사파제(私婆帝)라고 이름하고, 일곱째는 비사거(毘舍佉)라고 이름한다.

이것을 일곱의 별이라고 이름하나니, 남방에 있으면서 항상 세간을 보호한다. 지금 마땅히 그대를 보호하여 안온하게 하고, 이익을 얻고서 일찍 돌아오게 한다. 일체의 성수(星宿)가 모두 마땅히 그대를 보호하리라.

남방에 여덟의 천녀가 있으니, 첫째는 뇌거마제(賴車魔帝)라고 이름하고, 둘째는 시사마제(施師魔帝)라고 이름하며, 셋째는 명칭(名稱)이라고 이름하고, 넷째는 명칭지(名稱持)라고 이름하며, 다섯째는 호각(好覺)이라고 이름하고, 여섯째는 호가(好家)라고 이름하며, 일곱째는 호력(好力)이라고 이름하고, 여덟째는 비단(非斷)이라고 이름한다. 항상 세간을 보호한다.

비류다(毘留茶)라고 이름하는 천왕이 있어서 구마다(俱魔茶) 귀신왕과 함께 그대들을 보호하여 이익을 얻고서 일찍 돌아오게 하리라. 남방에 아비발시(阿毘鉢施)라는 지제가 있어서 항상 광명을 나타내니, 제천이 공경하고 공양한다. 이러한 일체의 지제에 공양한다면 항상 그대를 보호하여 재물과 이익과 안온을 얻고서 일찍 돌아오게 하리라.

서방에 일곱의 별이 있어서 항상 세간을 보호하나니, 첫째는 불멸(不滅)이라고 이름하고, 둘째는 서타(逝吒)라고 이름하며, 셋째는 모라(牟羅)라고 이름하고, 넷째는 견강정진(堅强精進)이라고 이름하며, 다섯째와 여섯째는 같은 이름으로 아사다(阿沙茶)이고, 일곱째는 아비사마(阿毘闍摩)라고 이름한다. 이것을 일곱의 별이라고 이름하나니, 항상 세간을 보호하고 항상 그대늘을 보호하여 이익을 얻고서 일찍 돌아오게 한다. 일체의 성수가 모두 마땅히 그대를 보호하리라.

서방에 여덟의 천녀가 있으니, 첫째는 아람부파(阿藍浮婆)라고 이름하고, 둘째는 잡발(雜髮)이라고 이름하며, 셋째는 아리토(阿利吐)라고 이름하고, 넷째는 호광(好光)이라고 이름하며, 다섯째는 이가제사(伊迦提舍)라고 이름하며, 여섯째는 나파사가(那婆私迦)라고 이름하며, 일곱째는 기색니(旣色尼)라고 이름하고, 여덟째는 사타라(沙陀羅)라고 이름한다. 이것을 여덟의 천녀라고 이름한다.

비류박차(毘留博叉)라는 천왕이 있어서 항상 세간을 보호하고, 파류니(婆留尼)라고 이름하는 용왕이 있어서 일체의 용들과 더불어 마땅히 그대들을 보호하여 이익을 얻고서 일찍 돌아오게 하리라. 서방에 요익(饒益)이라고 이름하는 산이 있으며 해와 달이 가운데에 기거(起居)한다. 만약 구하는 것이 있다면 마음에서 원하는 것을 얻으리라.

북방에 일곱의 별이 있어서 항상 세간을 보호하나니, 첫째는 단니타(檀尼吒)라고 이름하고, 둘째와 셋째는 같은 이름으로 세타제(世陀帝)이며, 넷째는 불로구타니(不魯俱陀尼)라고 이름하고, 다섯째는 이파제(離婆帝)라고 이름하며, 여섯째는 아습니(阿濕尼)라고 이름하고, 일곱째는 파라니(婆羅尼)라고 이름한다. 이것을 일곱의 별이라고 이름하며 항상 세간을 보호한다. 마땅히 그대들을 보호하여 이익을 얻고서 일찍 돌아오게 하리라. 일체의 성수가 모두 마땅히 그대를 보호하리라.

북방에 여덟의 천녀가 있으니, 첫째는 니라제비(尼羅提毘)라고 이름하고, 둘째는 수라제비(修羅提毘)라고 이름하며, 셋째는 구타비(俱陀毘)라고 이름하고, 넷째는 파두마(波頭摩)라고 이름하며, 다섯째는 가니(呵尼)라고 이름하고, 여섯째는 파리(波利)라고 이름하며, 일곱째는 차라니(遮邏尼)라고 이름하고, 여덟째는 가마(迦摩)라고 이름한다. 이것을 여덟 천녀라고 이름한다.

바류나(婆留那)라는 천왕이 있어서 항상 세간을 보호하나니, 마땅히 그대들을 보호하여 이익을 얻고서 일찍 돌아오게 하리라. 북방에 지라소(枳羅蘇)라고 이름하는 산이 있으며, 귀신들이 항상 가운데에 기거한다. 일체의 귀신들이 마땅히 그대들을 보호하여 이익을 얻고서 일찍 돌아오게 하리라.

28수(宿)와 아울러 해와 달과 32천녀와 아울러 사대천왕(四大天王)은 세상을 다스리는데 그 명칭이 있다. 동방의 제두라타왕(提頭羅吒王)·서방의 비류박차왕(毘留博叉王)·남방의 비류다왕(毘留茶王)·북방의 바류나왕(婆留那王)과 여덟의 사문·여덟의 바라문·여덟 대국(大國)의 찰리(刹利)·여덟 제석녀(帝釋女) 등이 마땅히 그대들을 보호하여 이익을 얻고서 일찍 돌아오게 하리라.

만약 아내를 취하고서 보시하는 자에게 마땅히 이렇게 말해서는 아니된다.

마른 강에 물이 없듯이
나라에 왕이 없으면 보호가 없듯이
여인의 형제가 열 명이 있더라도
역시 덮어서 보호할 자가 없다네.

마땅히 이렇게 축원을 지어야 한다.

여인이 신심으로 계율을 지키고
남편도 역시 다시 그러하며
신심이 있었던 까닭으로
능히 보시를 행하고 닦는다네.

두 사람이 함께 계율을 지키면서
정견(正見)의 행을 수습하며
환희로 함께 복을 짓는다면

제천이 항상 따라 기뻐하나니
이 업의 과보는 길을 다니면서
양식이 필요하지 않는 것과 같다네.

만약 출가인으로 보시하는 자에게 이렇게 말해서는 아니된다.

그대는 자손이 번성하고
노비와 아울러 돈과 재물과
소와 염소의 여러 육축(六畜)2)이
일체가 모두 많이 증가하시오.

마땅히 이렇게 축원을 지어야 한다.

발우를 지니고 집집을 걸식한다면
성내거나 기뻐하는 자를 만날 것이니
장차 그대의 뜻을 보호하고자 한다면
출가하여 보시하기 어렵다네.

승가의 상좌는 마땅히 이와 같이 알아야 한다. 만약 이와 같지 않은 자는 위의법을 벗어난 것이다.

세존께서는 사위성에 머무르셨다.
이때 어느 단월이 승가에게 공양하였고 난타가 상좌이어서 먼저 앉았으나 우파난타와 나머지의 비구들이 때에 모이지 않았으므로, 상좌가 비난하여 말하였다.
"세존께서는 나를 혼자 제지하시고 다른 사람들은 제지하지 않으시는

---

2) 집에서 기르는 대표적인 여섯 가지 가축으로 말·소·양·개·돼지·닭을 말한다.

가?"
　나아가 세존께서 말씀하셨다.
　"오늘부터는 마땅히 일체가 모여서 공양하라."
　'상좌'는 앞에서 설한 것과 같다. 이 가운데서는 다만 둘째 상좌와 일체라고 설한 것이 다르다. 나아가 마땅히 옆의 자리를 남겨두어서 앉은 곳을 만약 음식을 돌리는 사람이 지나간다면 묵연히 바라볼 수 없고, 옆자리를 보면서 마땅히 "이곳도 주십시오."라고 말해야 한다. 음식을 얻고서 먼저 먹을 수 없고, 반드시 두루 기다리고서 그러한 뒤에 먹어야 한다. 만약 시간에 핍박을 받았다면 하좌를 따라서 먹더라도 무죄이다.
　상좌는 마땅히 축원해야 하고, 만약 능히 할 수 없다면 둘째 상좌가 축원해야 하며, 만약 다시 능히 하지 못하면 하좌에 이르고 나아가 능한 자가 마땅히 축원해야 한다. 이와 같이 일체의 먹는 법을 상좌가 마땅히 알아야 한다. 만약 이와 같이 알지 못하면 위의법을 벗어난 것이다.

　세존께서는 사위성에 머무르셨다.
　이때 우파난타가 사람을 제도하여 출가시켜서 구족계를 받게 하였다. 구족계를 받았으나 교계(敎誡)하지 않아서 하늘의 소나 하늘 염소와 같이 위의가 구족되지 않아서 화상과 아사리와 장로 비구를 받들어 섬기는 법을 알지 못하였고, 또한 취락이나 아란야에 들어가는 법을 알지 못하였으며, 대중에 들어가서 옷을 입고 발우를 지니는 법을 알지 못하였다. 여러 비구들이 이 인연으로써 세존께 가서 아뢰었고, 세존께서는 말씀하셨다.
　"우파난타를 불러오라."
　왔으므로, 세존께서는 물으셨다.
　"비구여. 그대가 진실로 그러하였는가?"
　대답하여 말하였다.
　"진실로 그렇습니다."

세존께서 말씀하셨다.

"오늘부터는 화상이 마땅히 이와 같이 공행제자를 가르쳐야 하느니라. 무엇을 가르친다고 말하는가? 구족계를 받았다면 마땅히 2부의 비니를 독송하도록 가르쳐야 한다. 만약 능하지 못한다면 1부의 비니라도 독송하도록 가르쳐야 하고, 다시 능하지 못한다면 5편계를 독송하도록 가르쳐야 하고, 다시 능하지 못한다면 4편이나 3편이나 2편이나, 나아가 4사(四事)를 독송하도록 가르쳐야 한다. 날마다 세 번을 가르쳐야 하나니, 새벽과 한낮과 어두워지는 때이다.

'교법'은 아비담과 비니이다.

'아비담'은 9부(部)의 경전이다.

'비니'는 바라제목차의 간략한 것과 자세한 것이다. 만약 능히 할 수 없는 자는 마땅히 가르쳐서 죄의 가벼움과 무거움을 알게 하고, 선경(線經)의 뜻을 알게 하며, 비니의 뜻을 알게 하고, 5음(陰)과 18계(界)와 12입(入)의 뜻을 알게 하며, 인연의 뜻을 알게 하고, 위의와 위의가 아닌 것을 가르치고, 마땅히 마을 것과 경을 수지할 때와 함께 독송하는 때와 좌선할 때를 가르치는 것이니, 곧 가르친다고 이름한다.

만약 경을 수지하지 않고, 함께 독송하지 않고 좌선하지 않는 자라면 아래에 이르러 "방일하지 말라."고 가르쳐야 한다. 화상이 이와 같이 공행제자를 가르치지 않는다면 위의법을 벗어난 것이다."

다시 다음으로 세존께서는 사위성에 머무르셨다.

이때 우파난타의 공행제자가 자주 화상의 처소에 이르지 않았으므로, 우파난타가 싫어하여 말하였다.

"세존께서는 나를 혼자 제지하시고 제자는 제지하지 않으셨다. 제자가 와야 내가 마땅히 가르칠 것인데 오지 않는데 나는 누구를 가르치겠는가?"

여러 비구들이 이 인연으로써 세존께 가서 아뢰었고, 세존께서는 말씀하셨다.

"그 비구를 불러오라."

왔으므로, 세존께서는 물으셨다.

"비구여. 그대가 진실로 그러하였는가?"

대답하여 말하였다.

"진실로 그렇습니다."

세존께서 말씀하셨다.

"오늘부터는 공행제자는 마땅히 이와 같이 화상을 모셔야 하느니라. 무엇을 모신다고 말하는가? 공행제자는 마땅히 새벽에 일어나서 먼저 오른발을 화상의 문 안에 들여놓고, 들어왔다면 머리 숙여 발에 예배하고 "편안히 쉬셨습니까?"라고 물어야 한다. 만약 경전을 수지하였거나, 만약 일을 물었다면 마땅히 나와야 하고, 소변 그릇과 침을 뱉는 통을 평소의 자리에 놓아두어야 하며, 먼저 물로써 땅에 뿌리고서 그러한 뒤에 쓸어야 하고, 쇠똥을 땅에 바르며, 손을 씻고서 물과 치목을 주어야 하고, 발우를 가지고 죽을 맞아서 주어야 하며, 죽을 먹었다면 그릇을 씻어 평소의 자리에 놓아두어야 한다.

만약 청하는 곳이 있다면 반드시 가서 음식을 맞이해야 하고, 취락에 들어가려는 때라면 취락에 들어가는 옷을 주어야 하며, 사찰의 가운데에서 입는 옷을 접고 개어서 평소의 자리에 놓아두어야 한다. 취락에 들어가는 때에는 마땅히 스승을 쫓아서 뒤에 따라가야 하고, 만약 걸식하려는 때라면 마땅히 화상에게 아뢰고 화상은 마땅히 "여법하고 방일하지 말라."고 말해야 한다. 만약 먼저 돌아왔다면 마땅히 화상에게 부구와 평상을 취하여 주고, 깨끗한 물을 취하며, 풀잎을 준비하여 화상을 기다려야 하고, 화상이 돌아왔다면 마땅히 사찰의 가운데에서 입는 옷을 주고서 취락에 들어갔던 옷을 취하여 먼지를 털고 접고 개어서 평소의 자리에 놓아두어야 한다.

만약 더운 때라면 마땅히 물을 주어서 목욕하게 하고, 추운 때라면 마땅히 화롯불을 켜서 따뜻하게 해야 한다. 만약 좋은 음식을 얻었다면 마땅히 화상에게 주어야 하고, 화상이 보고서 마땅히 "그대는 어느 곳에서 이 좋은 음식을 얻었는가?"라고 물어야 하며, 만약 누구 음녀의 집·과부의 집·큰 동녀(童女)의 집·불능남의 집·악한 이름의 비구니·악한 이름의 사미니의 주변에서 얻었습니다."라고 말하였다면, 화상이 마땅히 "이곳은 다닐 곳이 아니네. 마땅히 그들의 음식을 취하지 말라."고 말해야 한다. 만약 "설법하기 위한 까닭으로 얻었습니다."라고 말하였다면, 마땅히 "삿된 생활하는 사람에게 음식을 취할 수 없다."라고 말해야 한다.

음식을 먹는 때에는 마땅히 물을 주고서 손을 씻었다면 음식을 주어야 하고, 만약 더운 때라면 차가운 물을 주거나, 부채로써 부채질을 하여야 한다. 음식을 먹었다면 발우를 거두고 풀잎을 취하여 발우를 씻고 들어서 평소의 자리에 놓아두어야 한다. 화상이 만약 숲에 들어가서 좌선하려는 때에는 마땅히 니사단을 취하여 어깨 위에 메고 항아리를 가지고 뒤를 따라야 하고, 이르러서 만약 수지한 경전의 뜻을 묻고서 이미 얻었다면 마땅히 한곳에 있으면서 수습해야 한다.

만약 다른 사람과 함께 독송하려는 때에는 화상에게 알려야 하며, 화상은 마땅히 "누구와 함께 독송하는가?"라고 물어야 하고, "누구와 함께 독송합니다."라고 대답해야 한다. 화상이 잎의 사람을 관찰하여 지율이 느슨한 자라면, 마땅히 "떠나가지 말라. 이 사람과 함께 왕래를 짓지 말라."라고 말하고, 만약 지율이 좋은 자라면, 마땅히 "함께 독송하라."고 말해야 한다. 돌아오는 때에는 마땅히 니사단을 취하여 어깨 위에 메고 항아리를 가지고 따라서 돌아와야 한다.

화상이 탑에 예경하려는 때에는 마땅히 물을 주어서 손을 씻게 하고 꽃을 주어야 한다. 탑에 예경하고서 좌상(坐床)을 펼치고 앉았다면 발을 씻을 물을 주고 뒤에 발에 바르는 기름을 주어야 한다. 쉬려는 때에는 마땅히 좌상과 요의 먼지를 털고 베개를 주며 마땅히 등불을 켜고 침을 뱉는 병과 소변 그릇을 들여놓으며 화상이 안은하였다면 그러한 뒤에 수지한 경전의 뜻을 묻는다.

방을 나누는 차례에 방을 얻는 때에는 먼저 화상에게 묻고서 그러한 뒤에 얻으며, 두 사람이 함께 방을 얻었다면, 화상은 마땅히 "그대는 누구와 함께 방사를 얻었는가?"라고 물어야 하고, "누구와 함께입니다."라고 대답하여 말하였다면, 화상이 앞의 사람을 관찰하여 지율이 느슨한 자라면, 마땅히 "취하지 말라. 이 사람에게 허물이 생겨날까 두렵다."라고 말하고, 만약 어질고 착한 자라면, 마땅히 "취하라."고 말해야 한다.

뒤에 다시 상좌가 왔다가 떠나가는 때에도 역시 마땅히 알려야 한다. 공행제자는 화상의 처소에서 반드시 이와 같이 지어야 한다. 만약 짓지 않는 자는 위의법을 벗어난 것이다. 만약 제자의 대중이 많다면 아래로 한사람에 이르기까지 좌상을 털고 닦아야 한다. 이것을 모신다고 이름한다."

세존께서는 사위성에 머무르셨다.

이때 난타와 우파난타가 사람의 의지를 받고서 교계(敎誡)하지 않아서 하늘 소와 하늘 양과 같은 것은 하나·하나를 앞의 화상의 가운데에서 자세히 설하였다. 다만 아사리로서 삼은 것이 다르다.

세존께서는 사위성에 머무르셨다.

이때 난타와 우파난타가 다른 사람의 의지를 받았는데 의지제자가 오지 않았으므로, 스승이 싫어하며 말하였다.

"세존께서 나를 혼자 제지하고 제자는 제지하지 않으시는가? 제자가 오지 않는데 내가 마땅히 누구를 가르치겠는가?"

앞의 공행제자의 가운데에서 자세히 설한 것과 같다. 다만 이 가운데에서는 의지제자로서 삼은 것이 다르다.

상좌와 포살의 일과
둘째 상좌와 일체가 그러한 것과
상좌의 음식과 상좌의 법과
둘째 상좌와 일체가 그러한 것과
화상의 처소에서 가르치고 보여주는 것과
공행제자가 마땅히 수순하는 것과

의지제자에게 수순법을 가르치는 것과
제자가 마땅히 받들고 행하는 것이 있다.

[첫 번째의 발거를 마친다.]

세존께서는 사위성의 기원정사에 머무르셨다.
여래께서는 5일에 한 번을 여러 비구들의 방을 살피셨는데, 평상이 여러 땅 곳곳에 넘어져서 바람에 날려가고 햇빛에 드러났으며 비와 이슬이 내리고 벌레가 먹으며 새와 까마귀들이 그 위에 똥을 싼 것을 보셨다. 세존께서 아시면서도 일부러 물으셨다.
"비구들이여. 이것은 누구의 평상인데, 여러 땅 곳곳에 넘어져 있으며 새와 까마귀가 그 위에 똥을 쌌는가?"
나아가 세존께서는 여러 비구들에게 알리셨다.
"오늘부터는 평상과 요의 다룸이 마땅히 이와 같음을 알아야 하느니라. 어떻게 알아야 하는가? 평상이 여러 땅 곳곳에 넘어져서 벌레가 먹고 바람에 날려가며 햇빛에 드러나고 비와 이슬이 내리며 새와 까마귀들이 그 위에 똥을 싸는 것을 보아선 안 된다. 만약 여러 곳에 있다면 마땅히 거두고 검교하여 한곳에 놓아두어야 하며, 넘어진 것은 바로 세워야 하고, 햇빛에 드러나고 바람과 비에 날려가는 것은 마땅히 방 안에 들여놓아야 하며, 벌레가 먹은 것은 마땅히 발을 지지해야 하고, 새와 까마귀가 위에 똥을 쌌다면 마땅히 털어서 방 안에 두어야 한다.
방사가 물이 새고 무너지는 것을 보고 수리하지 않는다면 아니된다. 만약 풀로 덮은 것은 마땅히 풀로 보수해야 하고, 기와로 덮은 것은 다시 기와를 사용하여 보수해야 하며, 석회(石灰)로 덮은 것은 다시 석회를 사용하여 보수해야 하고, 진흙으로 덮은 것은 다시 진흙을 사용하여 보수해야 한다. 벽이 무너진 것은 마땅히 진흙으로 수리하고, 쇠똥을 흙에 발라야 한다.
대중 승가의 평상과 요는 마음대로 수용할 수 없다. 한 겹의 낡은 베로 위를 덮었다면 마땅히 두 겹의 니사단으로 위를 덮어야 하고, 만약 와구(臥具)이었거나, 잠자는 때에는 마땅히 물건으로 안에 받혀서 몸과 바닥을 가깝지 않게 한다. 요의 모직물과 담요가 두꺼운 것이라면 구부리거나 펼쳐서 승가의 물건을 파괴할 수 없고 요와 베개를 묶어두어야 한다. 만약 기름때가 묻었다면 마땅히 빨아야 하고, 찢어졌으면 마땅히 보수하여 본래대로 완성해야 한다. 만약 승가의 평상과 요와 와구들은 마땅히 이와 같이 행하여 지녀야 한다.

만약 그렇지 않다면 위의의 법을 벗어나는 것이다."

세존께서는 사위성의 기원정사에 머무르셨다.

그때 여러 비구들이 봄의 마지막 달이 되어도 방사를 수리하지 않았다. 여래께서는 다섯 가지 일의 이익을 까닭으로 5일에 한 번을 여러 비구들의 방을 살피셨다. 무엇이 다섯 가지인가? 첫째는 나의 성문제자의 가운데에서 유위(有爲)의 일을 탐착하지 않는가? 둘째는 세속의 언론(言論)에 탐착하지 않는가? 셋째는 잠에 탐착하지 않는가? 넷째는 병자를 보살피는 비구를 위한 까닭이었고, 다섯째는 신심 있는 법랍이 적은 비구들이 여래의 위의와 상서를 보고 환희심을 일으키게 하려는 까닭이었다. 이것을 다섯 가지의 일이라고 이름한다.

방사가 무너졌어도 수리하지 않은 것을 보시고, 세존께서는 아시면서도 일부러 물으셨다.

"비구들이여. 이것은 누구의 방이고 무너졌어도 수리하지 않았는가?"

여러 비구들이 대답하여 말하였다.

"안거하는 비구가 스스로 수리할 것입니다."

세존께서 말씀하셨다.

"오늘부터는 안거하는 때에는 방사를 마땅히 이와 같이 수리해야 하느니라. 무엇을 수리한다고 말하는가? 만약 안거하려는 때에 이르러 방사가 파괴된 것을 보고서도 수리하지 않고, "안거하는 사람이 스스로가 수리할 것입니다."라고 말할 수 없다. 만약 풀로 지은 방사라면 마땅히 풀로 덮어서 수리해야 하고, 나아가 진흙으로 지은 방사라면 마땅히 진흙으로 보수해야 하며, 벽의 구멍은 마땅히 진흙으로 수리해야 하고, 마땅히 쥐구멍은 진흙으로 수리해야 하며, 방사의 가운데에서 수용한 물건들은 반드시 한곳에 모아두어야 한다.

  5법을 성취하였다면 나아가 마땅히 예배하고 방사를 나누는 사람으로 지어야 한다. 무엇이 다섯 가지인가? 애욕을 따르지 않고, 성냄을 따르지 않으며, 두려움을 따르지 않고, 어리석음을 따르지 않으며, 얻을 것과 얻지 않을 것을 마땅히 아는 것이다. 이것을 다섯 가지의 법이라고 이름한다. 갈마자는 마땅히 이렇게 말을 지어야 한다.

  "대덕 승가께서는 허락하십시오. 누구 비구는 5법을 성취하였습니다. 만약 승가께서 때가 이르렀다면 승가께서는 누구에게 예배하고 방사를 나누는 사람으로 지어서 주십시오. 이와 같이 아룁니다."

  백일갈마를 짓는다.

  "나아가 승가께서 인정하신 것은 묵연하였던 까닭입니다. 이 일을 이와 같이 지니겠습니다."

  이 비구가 갈마를 얻었다면 마땅히 방사·온실·식당·강당·욕실·우물(井屋)·측간(厠屋)·문간(門屋)·경행처·나무 아래 등의 많고 적음을 소(疏)에 기록한다. 만약 아련야의 주처가 다른 주처에서 멀리 떨어져 있다면, 4월 12일이나 13일에 마땅히 방사를 나누고, 만약 받지 못한 자는 마땅히 다른 곳으로 가야 한다. 만약 대부분이 가까운 주처이라면 14일과 15일에 방사를 나누고 마땅히 승가의 가운데에서 소를 읽어야 한다.

  "대덕 승가께서는 허락하십시오. 어느 정사에 그러한 방사가 있고, 그러한 평상과 요가 있으며, 그러한 음식이 있고, 그러한 재일의 음식이 있으며, 그러한 안거의 옷이 있습니다."

  상좌는 말하여 방사를 나누면서 함께 한곳에서 나누어준다. 마땅히 방사를 나눈다면 상좌를 따르고, 나아가 법랍이 없는 비구에게 이르지만, 사미에게는 방사를 주지 않는다. 만약 화상과 아사리가 "다만 나누어주십시오. 내가 일을 다스리겠습니다."라고 말하였다면, 마땅히 주어야 한다.

만약 방사의 장자(長者)라면 마땅히 두 개의 방사를 주어야 한다. 만약 "나는 두 개의 방사가 필요치 않습니다. 하나의 방사를 얻는다면 만족합니다."라고 말하였다면, 마땅히 "수용하라는 까닭으로 주는 것이 아니고, 일을 다스리려는 까닭으로 주는 것입니다."라고 말해야 한다.

만약 방사가 적다면 두 사람이나 세 사람이 하나의 방사를 수용해야 하고, 이와 같이 다시 수용하지 못한다면 다섯 사람이나 여섯 사람이 함께 수용해야 하며, 만약 다시 수용하지 못하였고 큰 강당이 있다면 일체가 모두 함께 큰 강당으로 들어가야 하고, 만약 다시 수용하지 못한다면 상좌는 큰 평상을 펼치고 하좌는 작은 평상을 펼쳐야 하며, 만약 다시 수용하지 못한다면 상좌는 작은 평상에 앉고 하좌는 풀의 요에 앉아야 하며, 만약 다시 수용하지 못한다면 상좌는 풀의 요에 앉고 하좌는 마땅히 가부좌로 앉아야 하며, 만약 다시 수용하지 못한다면 상좌는 가부좌로 앉고 아랫사람은 마땅히 서 있거나, 나무 아래로 나가야 한다.

겨울의 때에 방사를 나눈다면 일을 처리하려는 까닭으로 주는 것이고, 수용하는 까닭으로 주는 것이니, 상좌가 와서 부르면 일어나서 곧 마땅히 떠나가야 한다. 봄의 때에 방사를 나누는 것도 역시 이와 같다. 여름의 때에 방사를 나눈다면 일을 처리하려는 까닭으로 주는 것이고, 수용하는 까닭으로 주는 것이어도, 상좌가 와서 부르면 일어나서 떠나가거나, 떠나가지 않을 수 있다. 만약 봄의 마지막 달이라면 비구는 마땅히 이와 같이 방사를 처리해야 하느니라."

만약 이와 같지 않은 자는 위의 법을 벗어난 것이다.

세존께서는 사위성의 기원정사에 머무르셨다.

그때 세존께서는 다섯 가지 일의 이익을 까닭으로 5일에 한 번을 여러 비구들의 방을 살피셨는데, 방사가 비가 새고 허물어졌으나 수리하지 않았으므로 웅덩이에 물이 가득하고 도랑이 막혔으며 문은 벌레가 씹었고, 평상과 요는 곰팡이가 생겨나서 퍼렇게 된 것을 보셨다. 세존께서는 아시면서도 일부러 물으셨다.

"비구들이여. 이것은 누구의 방인데 비가 새고 무너졌어도 수리하지 않아서 이와 같은가?"

나아가 세존께서 말씀하셨다.

"오늘부터는 하안거 중에는 마땅히 방사와 평상과 요를 이와 같이 수리해야 하느니라. 무엇을 수리한다고 말하는가? 방사에 비가 새고 무너졌거나, 아울러 평상과 요로써 보고서 보수하지 않는다면 안된다. 만약 풀로 덮었다면 마땅히 풀로써 보수해야 하고, 나아가 진흙으로 덮은 것은 진흙으로 보수해야 하며, 물의 도랑은 통하여 길게 흐르게 하고, 만약 와상(臥床)과 요와 좌상(坐床)에 곰팡이가 생겨났다면 마땅히 햇볕의 가운데에 쪼여서 말려야 하며, 만약 방안에 습기가 있다면 마땅히 벽을 벗어나서 다리로 지탱하여 벌레가 먹지 못하도록 해야 하고, 마땅히 집의 틈새와 그을음과 벌레그물을 쓸어야 한다.

보름마다 마땅히 쇠똥을 땅에 발라야 하고, 만약 건조하다면 물을 적셔서 땅에 발라야 한다. 만약 습기가 있으면 순수하게 쇠똥을 사용하여 발라야 한다. 만약 방안에 습기가 있으면 손과 발과 발우를 씻을 수 없고 문을 닫을 수 없으며, 마땅히 때때로 문을 열어서 바람이 들어오게 해야 하고, 연기로써 훈증할 수 없다. 만약 비구가 하안거한다면 방사를 이와 같이 수리해야 하느니라."

만약 이와 같지 않다면 위의법을 벗어난 것이다.

세존께서는 사위성에 머무르셨다.

그때 비구들이 아련야의 처소에서 안거를 마치고서 부촉하지 않고 곧 떠나갔는데, 뒤에 들불이 생겨나서 방사를 태웠다. 여러 비구들이 이 인연으로써 세존께 가서 아뢰었고, 세존께서는 말씀하셨다.

"비구가 안거를 마쳤다면 방사를 마땅히 이와 같이 보수해야 하느니라. 무엇을 보수한다고 말하는가? 만약 비구가 아련야의 처소에서 안거를 마치고 겨울의 때에 이르러 따뜻한 처소로 나아가고자 하는 자는 모두가 떠나갈 수 없고, 마땅히 두·세 사람의 견딜 수 있는 자를 구하여 머무르게 하고, 마땅히 음식을 주어서 부족하지 않게 해야 한다.
　만약 "나는 능히 할 수 없습니다. 무슨 까닭으로 이렇게 텅빈 들판의 가운데에 머물겠습니까?"라고 말하였고, 만약 모두가 머무르지 않았으며, 만약 평상·베개·요·모포·구리나 철의 그릇들이 있었다면 일체를 마땅히 취락 안의 정사에 맡겨야 하고, 와상과 좌상은 벽에서 떨어진 곳에 물건으로 다리를 지탱하여 벌레가 먹지 않게 해야 한다.
　안거를 마치고서 방사에 비가 새고 허물어진 것을 보았는데 수리하지 않고 떠나갈 수 없다. 만약 풀로 덮었다면 마땅히 풀로써 보수해야 하고, 나아가 진흙으로 덮었다면 진흙으로 보수해야 하며, 진흙으로 방사를 수리한다면 흰 색깔의 벽을 지어야 한다. 주위에는 불을 적게 하고 마땅히 방목인에게 "그대가 때때로 나를 위하여 보살펴 주십시오."라고 부탁해야 한다. 취락 안의 주처에서도 역시 마땅히 이와 같이 일을 처리해야 한다.
　만약 온실이나 강당이나 식당이 스스로 더러워졌다면 물을 뿌려서 처리해야 하고, 만약 정사에 단월이 있는 때에는 마땅히 말하여 처리하거나, 사람을 뽑아서 처리하게 해야 한다. 만약 주인도 없고 다시 뽑을 사람도 없다면 일체의 승가가 처리해야 한다.
　마땅히 함께 사람들이 1주(肘)이거나, 2주이거나, 3주를 두루 나누어서 처리해야 하고, 주변의 와상과 좌상이 늘어지고 부서졌다면 마땅히 다시 수리하여 튼튼하게 해야 하고, 만약 요·베개·모포·와구에 때가 묻었다면 마땅히 빨아서 깨끗하게 해야 하며, 만약 찢어졌다면 마땅히 수선해야 하고, 방의 가운데에서 수용하였던 여러 물건들은 마땅히 한곳에 모아두어야 한다. 만약 비구가 안거를 마쳤다면 방사와 평상과 요를 마땅히 이와 같이 처리해야 하느니라."
　만약 이와 같이 처리하지 않았다면 위의법을 벗어난 것이다.

　세존께서는 사위성에 머무르셨다.
　그때 세존께서는 다섯 가지 일의 이익을 까닭으로 5일에 한 번을 여러 비구들의 방을 살피셨는데, 여러 비구의 방에서 와상과 좌상이 여러 땅 곳곳에 낭자하게 넘어져 있는 것을 보셨다. 세존께서는 아시면서도 일부러 물으셨다.

"이것은 무슨 평상이고, 어지럽게 넘어져 있는가?"

대답하여 말하였다.

"세존이시여. 이것은 구주비구가 놓아두었던 것입니다. 저희는 객비구입니다."

세존께서 말씀하셨다.

"오늘부터는 객비구도 마땅히 이와 같이 알아야 하느니라. 무엇을 알아야 한다고 말하는가? 나아가 와상과 좌상이 어지럽게 넘어져 있고, 벌레가 먹은 것을 보고서 놓아두어서는 아니된다. 만약 어지럽게 있다면 마땅히 거두어서 한곳에 놓아두어야 하고, 만약 넘어졌다면 마땅히 바르게 세우고 물건으로써 다리를 지탱하며, 벌레가 먹지 못하도록 해야 한다. 객비구가 왔다면 곧 물건들을 가지고 집안에 놓아둘 수 없고, 마땅히 물건들을 한곳에 놓아두고서 구주비구를 찾아야 하며, 방사를 얻었는데 바닥이 평평하지 않다면 마땅히 평평하게 해야 한다.

만약 쥐구멍이 있다면 마땅히 진흙으로 막아서 보수해야 하고, 만약 그을음이거나, 벌레의 그물이 있다면 마땅히 쓸어야 하고, 와상과 좌상이 만약 늘어졌다면 마땅히 수리하여 단단하게 해야 한다. 요와 베개와 모포는 마땅히 집안에서 털고 마땅히 물로써 뿌리고 깨끗하게 쓸고 땅을 발라야 한다.

만약 나무의 옷걸이라면 마땅히 물건으로 닦아서 깨끗하게 하며, 만약 이것이 대나무로서 매끈하다면 손으로 그것을 닦아서 마땅히 살펴보아서 튼튼하고 굳은 것은 발우로써 위에 매달아 두어야 한다. 만약 절반의 밤을 머무르더라도 마땅히 이와 같이 처리하여 마치고 떠나가야 하느니라."

만약 객비구가 이와 같이 처리하지 않는다면 위의법을 벗어난 것이다.

세존께서는 사위성의 기원정사에 머무르셨다.

그때 세존께서는 다섯 가지 일의 이익을 까닭으로 5일에 한 번을 여러 비구들의 방을 살피셨으며, 나아가 말하였다.

"세존이시여. 이것은 객비구가 펼쳐놓았고, 저희들은 구주비구가 아닙니다."

세존께서 말씀하셨다.

"오늘부터는 구주비구도 마땅히 이와 같이 알아야 하느니라. 무엇을 알아야 한다고 말하는가? 구주비구는 평상과 부구(敷具)가 여러 곳에 버려져 있고 벌레가 먹는데, 그대로 놓아두어서는 아니된다. 여러 곳에 별처럼 흩어져 있다면 마땅히 한곳에 모아두어야 하고, 만약 벌레가 먹었다면 마땅히 물건으로써 다리를 지탱해야 한다.

구주비구의 법은 스스로가 좋은 방에 머무르면서 평상과 요와 베개들이 찢어지고 때가 묻은 것을 남겨두고서 객비구가 오는 것을 기다려서는 아니되고, 스스로가 마땅히 처리하고 마땅히 수선하여 좋은 상태로 객비구를 기다려야 한다. 구주비구는 마땅히 이와 같이 알아야 하느니라."

만약 이와 같이 알지 않는다면 위의법을 벗어난 것이다.

세존께서는 사위성의 기원정사에 머무르셨다.

그때 세존께서는 다섯 가지 일의 이익을 까닭으로 5일에 한 번을 여러 비구들의 방을 살피셨으며, 나아가 세존께서는 보시고서 아시면서도 일부러 물으셨다.

"비구들이여. 이것은 누구의 평상과 부구인가?"

대답하여 말하였다.

"세존이시여. 이것은 구주비구의 부구입니다. 저희들은 비로소 처음으로 머물렀습니다."

세존께서 말씀하셨다.

"오늘부터는 평상과 부구를 모든 비구가 마땅히 이와 같이 알아야 하느니라. 무엇을 알아야 한다고 말하는가? 모든 비구들은 평상과 요를 여러 곳에 놓아두어서 비와 이슬을 맞고 햇볕에 구워지고 벌레들이 먹게 하여서는 아니된다. 만약 흩어져서 땅에 있는 것을 보았다면 반드시 모아서 한곳에 놓아두어야 하고, 만약 비와 이슬에 젖거나 햇볕에 구워졌다면 마땅히 덮인 곳에 놓아두어야 하며, 만약 벌레가 먹었다면 마땅히 다리를 지탱해야 하고, 만약 방사가 비가 새고 허물어졌다면 반드시 덮어야 하나니, 풀로 덮었다면 풀로 보수하고, 나아가 진흙으로 덮었다면 진흙으로 보수하며, 벽이 뚫어지고 허물어졌다면 마땅히 흙을 발라서 보수해야 한다.

만약 평상과 요와 베개와 모포가 때가 묻고 찢어졌다면 보고도 그대로 두어서는 아니되고, 마땅히 세탁하고 염색하며 수선해야 하고, 안의 털은 마땅히 다시 나누어야 한다. 평상의 끈이 느슨하다면 마땅히 엮어서 튼튼하고 촘촘하게 해야 한다. 건치(揵椎)를 두드려서 걸상과 요를 보수하는 때에 천천히 가서는 아니되고, 마땅히 빠르게 가서 모여야 하며, 모였다면 마땅히 함께 수리해야 한다. 마땅히 노끈으로 지을 것이 있고 마땅히 엮을 것이 있으니, 마땅히 함께 지어야 하고, 만약 나누어야 하는 것이 있다면 각자 가지고 떠나가야 한다.

이와 같이 건치를 두드려서 걸상과 요를 보수할 때에 "나는 아련야에 있습니다. 나는 걸식합니다. 나는 대덕이고 상좌이므로 능히 수리할 수 없소."라고 말해서는 아니되고, 이 가운데에서 수용하는 것은 스스로가 마땅히 수리하고, 모두 모여서 함께 수리해야 한다. 노끈의 실로 수리하는 것이 있고, 꿰매는 것이 있으며, 밝은 색(上色)으로 수리할 것이 있다. 비구는 마땅히 이와 같이 함께 수리해야 하느니라."

만약 이와 같지 않다면 위의법을 벗어난 것이다.

세존께서는 사위성에 머무르셨다.

그때에 여러 비구들이 여러 곳에서 대변을 보았으므로 세상 사람들에게 비난받았다.

"어찌하여 사문 석자들은 소와 나귀와 같이 일정한 곳에서 대변을 보지 않는가?"

여러 비구들이 이 인연으로써 세존께 가서 아뢰었고, 세존께서는 말씀하셨다.

"지금 이후로는 마땅히 측간을 짓도록 하라. 측간은 동쪽이거나 북쪽에 있어서는 아니되고, 마땅히 남쪽에 있거나, 서쪽에 있어서 바람의 길을 열어야 하느니라."

'짓는 법'은 만약 구덩이를 파거나, 만약 높은 언덕을 의지해야 하고, 만약 구덩이 아래에 물이 있다면 마땅히 정인을 시켜 먼저 물을 멈추게 한 뒤에 비구가 행해야 한다. 만약 언덕 위에 지었고 아래에 흐르는 물이 있다면 마땅히 판자를 걸쳐놓아서 먼저 판자 위에 떨어진 뒤에 물속에 떨어지게 한다. 측간은 마땅히 두 개의 구멍이나 세 개의 구멍을 뚫을 것이고, 구멍의 넓이는 하나도 손을 펼칠 수 없어야 하고, 길이는 1주(肘) 절반이어야 한다. 측간의 가운데에 마땅히 칸막이를 설치하여서 양쪽에서 서로 보지 못하도록 하고, 옆에는 측비(廁箆)[3]를 놓아두고 아래에는 마땅히 옷걸이를 놓아두어야 한다.

그때 어느 비구가 먼저 측간의 위에 있었고, 뒤에 어느 비구가 급하게 측간에 들어가서 먼저 있던 비구의 위에서 대변을 보고자 하였으므로, 그 비구가 말하였다.

"장로여. 나를 더럽히지 마시오."

비구들이 이 인연으로써 세존께 가서 아뢰었고, 세존께서는 말씀하셨다.

"오늘부터는 위의 측간의 법을 마땅히 이와 같이 알아야 하느니라. 무엇을 이와 같이 알아야 한다고 말하는가? 대변의 뜻이 급하게 이른 뒤에 측간에 올라가서는 아니되고, 마땅히 대변을 행하려는 느낌이라면 바로 측간에 가야 한다. 가는 때에는 묵연히 들어가서는 아니되고, 마땅히 손가락을 튕겨야 한다. 만약 안에 사람이 있다면 역시 마땅히 반대로 손가락을 튕겨야 한다. 만약 매우 급한 사람은 마땅히 먼저 들어온 사람과

---

3) 대변을 행한 뒤에 뒤를 닦는 짤막한 대나무로 만든 기구를 가리킨다.

서로 허용되는 곳에 등지고 걸터앉는다. 측간에 이르지 않았는데 옷을 높이 들고서 오면 아니되고, 마땅히 따라서 내리고 따러서 옷을 걷어 올려야 한다.

　승가의 와구를 측간의 위에 놓아둘 수 없고, 측간에서 치목을 씹거나, 머리를 덮거나, 오른쪽 어깨를 덮을 수 없으며, 마땅히 오른쪽 어깨를 드러내야 한다. 측간의 가운데서는 송경하거나, 선정에 들어가거나, 부정관(不淨觀)을 짓거나, 침을 뱉거나, 잠을 자서 다른 사람을 방해할 수 없고, 일어나는 때에는 높이 옷을 들고 일어나서 떠나갈 수 없다. 마땅히 따라서 내리고 따라서 일어나야 한다.

　다시 그때 여러 비구들이 대나무를 사용하여 산가지를 지었으므로 풀잎에 몸을 상하고 다쳤다. 여러 비구들이 이 인연으로써 세존께 가서 아뢰었고, 세존께서는 말씀하셨다.

　"지금 이후로는 대나무의 조각이거나, 갈대의 조각이거나, 나무의 조각과 뼈를 허락하지 않겠노라. 마땅히 미끄러운 물건과 둥근 물건을 사용해야 하느니라. 사용하고서 측간의 가운데에 버려둘 수 없고, 마땅히 밤에 땅의 한곳에 놓아두고 불에 태워야 한다. 만약 깊은 구덩이거나, 높은 언덕이라면 가운데에 놓아두어도 무죄이다. 대·소변과 콧물과 침은 마땅히 구멍의 가운데에 떨어트려서 두 주변을 더럽혀서는 아니된다. 만약 앞사람이 더럽혔던 것은 마땅히 나무 막대로 없애서 깨끗하게 해야 한다.

　대소변을 행하고서 물을 사용하지 않아서는 아니되고, 승가의 좌구와 병상과 요를 수용한다면 마땅히 물병을 놓아두어야 한다. 만약 이곳이 구덩이라면 나아가서 가운데에서 물을 사용할 수 없고, 만약 높은 언덕에 다다랐다면 사용할 수 있다. 마땅히 나무와 돌과 기와를 사용하여 병의 뚜껑을 지어야 하고, 법랍이 적은 비구들이 차례로 물을 채우며, 때때로 마땅히 병을 씻어야 하고, 만약 나무 뚜껑이라면 햇볕의 가운데에 말리면서 부서지지 않게 해야 하며, 기와와 돌이라면 햇볕의 가운데에 놓아두고 말려야 한다.

　측간의 주변에는 마땅히 재와 흙과 쇠똥을 놓아두어야 하고, 만약 물그릇에 벌레가 있더라도 이 가운데에 벌레가 있다고 말해서는 아니되고, 마땅히 풀을 가지고 위에 가로로 놓아서 벌레가 있는 모양을 알게 해야 한다. 물을 많이 사용할 수 없고, 마땅히 헤아려서 알맞게 사용해야 한다. 만약 병의 물이 없어졌다면 마땅히 물을 맡은 사람에게 말하고 알려서 채우거나, 스스로가 채워야 하고, 적어도 한 항아리의 물을 한 사람이 사용하게 해야 한다.

만약 아래의 부분을 치질의 병이 있어서 씻을 수 없는 자는 마땅히 부드러운 물건을 사용하여 닦아야 하고, 만약 옷감(布)이거나, 만약 나뭇잎을 사용해야 한다. 만약 측간이 없다면 마땅히 방의 뒤이거나, 만약 벽이 아니라면 대변을 보아야 하며, 아울러 양지(楊枝)를 씹을 수 없고, 또한 머리를 덮거나, 어깨를 덮을 수 없으며, 마땅히 오른쪽 어깨를 드러내야 한다.

만약 밤에 설사를 앓는 자는 마땅히 질그릇에 담아서 버려야 하고, 만약 그릇이 없다면 마땅히 물도랑 주변에서 행하여 분명하고 마땅하게 씻고서 버려야 한다. 만약 온실이나 강당에서 갑자기 설사하는 자는 마땅히 나와야 하고, 만약 매우 급하여 나올 수 없는 자는 마땅히 한곳에 머물러 있어야 하며, 소와 같이 따라서 다니면서 대변을 행할 수 없다. 새벽에는 마땅히 없애고 물로 씻는 곳에 버려야 하고, 기름을 가지고 바르거나, 아래에 이르러 쇠똥이라도 발라야 한다.

만약 탑을 도는 때에 배가 아프고 설사하는 자는 마땅히 떠나가야 한다. 만약 매우 급하여 나올 수 없는 자는 마땅히 한곳에 머물러 있어야 하며, 소와 같이 다리를 더럽히면서 떠나갈 수 없다. 설사를 마쳤다면 마땅히 없애고 물로 씻고서 향이나 진흙으로 발라야 한다. 만약 아련야의 처소이고 향이 없다면 마땅히 기름을 가지고 발라야 한다.

만약 취락에 들어간다면 마땅히 먼저 대소변을 행하고 떠나가야 하고, 취락의 가운데에 들어가서 만약 대변을 행하고자 하는 자는 마땅히 장부의 측간에 가야 하며, 여인의 측간에 들어가서는 아니되고, 만약 없다면 마땅히 사람에게 물어서 편안한 곳을 구해야 한다. 물을 때에는 나이가 젊은 부녀에게 물어서 듣고서 웃게 해서는 아니되고, 마땅히 어른(長宿)에게 물어야 한다. 만약 다시 있어서 마땅히 빈집에 들어갔다면, 들어가는 때에 얕고 드러난 곳에 있어서는 아니되고, 깊은 곳에 있어서 사람들에게 도둑이라고 불려서도 아니된다.

만약 다시 없다면 마땅히 도로의 주변이거나, 담장 아래에서 행해야 하고, 만약 반려가 있다면 등을 벽으로 향하게 해야 한다. 만약 상인(賈客)과 함께 다니는 때에 대변은 마땅히 도로를 내려가서 행해야 하고, 올라오는 바람 쪽에 있어 사람들이 냄새를 맡게 해서는 아니되며, 마땅히 내려가는 바람 쪽에 있어야 한다. 만약 숙박하는 때에 대변을 행하려는 자는 묵연히 떠나가서는 아니되고, 마땅히 상인에게 말하여 도둑이라고 불리지 않아야 하며, 마땅히 바람 아래에 있어야 하고 바람의 위에 있어서는 아니된다.

만약 상인을 따라서 배 위로 가는 때에 대변을 행하려는 자는 마땅히 대변보는 곳에 이르러 마땅히 나무판자를 사용하여 아래에 놓고서 먼저 나무판자 위에 떨어지고 그러한 뒤에 물에 떨어지게 해야 하고, 만약 나무판자가 없다면 나아가 하나의 측간에 풀을 받쳐야 하고, 만약 측간에 풀이 없으면 마땅히 질그릇에 담아서 버려야 한다.

만약 탑원이거나, 승원 안에서 부정을 보았던 자는 마땅히 없애야 하고, 만약 두 사람이 함께 다니면서 부정을 보았던 자는 하좌인 사람이 마땅히 없애야 하며, 만약 하좌의 지계가 느슨하다면 마땅히 스스로가 없애야 한다. 만약 독(毒)에 중독되어 의사가 "마땅히 대변의 물을 복용하십시오."라고 말하였다면, 만약 자기의 것이라면 다시 받을 수 없고, 만약 다른 사람의 것이라면 마땅히 받아야 한다. 만약 비구가 측간에 있었다면 마땅히 이와 같이 행해야 한다.

만약 이와 같지 않다면 위의법을 벗어나는 것이니라.

세존께서는 사위성에 머무르셨다.
그때에 여러 비구들이 여러 곳에서 소변을 보았으므로 세상 사람들에게 비난받았다.

"어찌하여 사문 석자들은 소와 나귀와 같이 여러 곳에서 소변을 행하는가? 이렇게 무너지고 패배한 사람들에게 무슨 도가 있겠는가?"

나아가 세존께서는 말씀하셨다.

"지금 이후로는 마땅히 소변을 행하는 곳을 짓도록 하라. '짓는 법'은 동쪽이거나, 북쪽에 있어서는 아니되고, 마땅히 남쪽에 있거나, 서쪽에 있어서 바람의 길을 열어야 하느니라."

이때 어느 비구가 먼저 소변을 행하고 있었고, 다시 어느 비구가 왔으며 위에서 소변을 행하고자 하였으므로 먼저의 비구가 말하였다.

"장로여. 나를 더럽히지 마시오."

여러 비구들이 이 인연으로써 세존께 가서 아뢰었고, 세존께서는 말씀하셨다.

"오늘부터는 위의 측간의 법을 마땅히 이와 같이 알아야 하느니라. 무엇을 알아야 한다고 말하는가? 급한 것에 이르렀고, 그러한 뒤에 떠나가서는 아니되고, 마땅히 행하려는 느낌과 같다면 곧 떠나가면서 마땅히 먼저 손가락을 튕겨야 한다. 만약 먼저 사람이 있다면 역시 마땅히 반대로 손가락을 튕겨야 한다. 만약 매우 급한 자는 마땅히 먼저 들어온 사람과 먼저의 사람이 허용하는 곳에 등을 지고, 머리를 덮거나, 오른쪽 어깨를 덮을 수 없거나, 치목을 씹을 수 없으며, 마땅히 오른쪽 어깨를 드러내고, 마땅히 소변을 행한다. 소변을 행하는 곳에 있으면서 선정에 들어가거나, 송경하거나, 더불어 부정관을 지으면서 다른 사람을 방해할 수 없고, 마쳤다면 마땅히 떠나가야 한다.

만약 소변보는 곳이 없다면 마땅히 항아리로써 담고 그릇 위에는 아래가 뚫어진 사발을 놓아두고, 별도의 한 사발로 물을 부어서 가운데를 헹궈야 하며, 만약 사발이 없으면 마땅히 나무바가지를 사용하여 가운데를 헹궈야 한다. 대변을 행하고 침과 콧물을 그 가운데에 뱉어서는 아니된다.

법랍이 적은 비구들이 차례로 버려야 하고, 버리는 때에는 마땅히 드러나지 않는 곳에 버려야 하며, 탑원(塔院) 위에 버려서 가운데에 흘러 들어오게 해서는 아니된다. 가운데를 헹구고서 마땅히 물로 씻어 땅에 엎어 놓아야 하고, 나무바가지가 없다면 마땅히 사람·사람이 그릇을 구해야 한다. 만약 이것이 질그릇이라면 씻고서 땅에 엎어 놓아야 하고, 만약 나무라면 씻고서 그늘에 놓아두어서 깨지지 않게 한다. 마땅히 줄을 묶고서 밤에는 평상 아래에 두어야 하고, 그릇이 없다면 물도랑 주변에서 소변을 보아야 한다.

탑원 위에서 흘려서는 아니되고, 온실이나 강당 위에 있었는데, 소변을 보고자 한다면 마땅히 밖으로 나가야 한다. 만약 급하여 실수하는 자는 갈 수 없고, 소변을 실수하면 곧 마땅히 한곳에 머물러서 소변을 마치고서 물로 씻고 기름을 바르며 나아가 쇠똥을 바른다. 만약 탑을 돌면서 소변을 보고자 하였다면 마땅히 떠나가야 한다.

소변이 급한 자는 다니면서 소변을 볼 수 없고, 마땅히 한곳에 머무르며 마치면 물로써 씻고 향수를 발라야 한다. 만약 아련야의 처소이고 향수가 없다면 마땅히 기름으로 발라야 한다. 만약 취락에 들어간다면 마땅히 먼저 소변을 행하고 떠나가야 하고, 취락의 가운데에 들어가서 만약 소변을 행하고자 하는 자는 마땅히 가려진 곳에서 보아야 하고, 만약 급해서 가려진 곳에 이르지 못하였다면 마땅히 담장을 향해야 한다. 만약 반려가 있다면 등을 벽으로 향하게 해야 한다.

만약 상인과 함께 다니는 때에 소변은 마땅히 도로를 내려가서 행해야 하고, 올라오는 바람에 있으면서 볼 수 없다. 만약 숙박하는 때에 소변을 보는 자는 마땅히 바람 아래에 있어야 하고, 일어나는 때에는 마땅히 사람에게 말하고 알려서 도둑이라고 불리지 않아야 한다. 만약 배로 가는 사람은 마땅히 소변보는 곳에 이르러 소변을 보아야 하고, 소변보는 곳이 없으면 마땅히 소변 그릇에 보고서 헹구어서 버려야 한다.

비구가 병이 있었고 의사가 "마땅히 소변을 복용하십시오."라고 말하였다면, 처음의 소변과 뒤의 소변은 취할 수 없고, 마땅히 중간의 소변을 취해야 한다. 만약 자기의 소변을 이어서 취하였다면 곧 받는다고 이름하고, 만약 땅에 있거나, 다른 사람의 소변도 마땅히 받을 수 있다.
　소변의 법은 마땅히 이와 같다. 만약 이와 같지 않다면 위의법을 벗어난 것이다."

　세존께서는 사위성에 머무르셨다.
　그때 육군비구들이 아직 다듬지 않은 치목(齒木)을 씹었으므로 세상 사람들에게 비난받았다.
　"어찌하여 사문 석자들은 흉악한 사람들과 같이 합쳐진 나뭇가지로 묶은 치목을 씹는가?"
　여러 비구들이 이 인연으로써 세존께 가서 아뢰었고, 세존께서는 말씀하셨다.
　"오늘부터는 치목을 사용하는 것을 허락하지 않겠노라."

　다시 다음으로 세존께서는 사위성에 머무르셨다.
　그때 세존께서 대회에서 설법하셨다. 이때 비구의 입에서 냄새가 났으므로 바람 아래에 머물러 있었고, 세존께서는 아시면서도 일부러 물으셨다.
　"이 자는 어느 비구이기에 혼자 한곳에 있어서 혐오하고 원망하는 사람과 같은가?"
　비구가 대답하여 말하였다.
　"세존께서 계율을 제정하시어 치목을 씹는 것을 허락하지 않으셨고, 입 냄새를 여러 범행인에게 풍기는 것이 두려워서 바람의 아래에 있었습니다."
　세존께서 말씀하셨다.
　"치목을 사용하는 것을 허락하겠나니, 마땅히 헤아려서 사용하라. 가장 긴 것은 길이가 16지(指)이니라."

　다시 다음으로 그때 어느 단월이 아련야의 처소에 나무를 심었는데 비구가 뽑아서 취하였고 치목을 지어서 사용하였다. 주인이 보고서 마음에 불쾌함이 생겨나서 곧 세존의 처소에 갔고 이 인연으로써 세존께 아뢰었다. 세존께서는 그를 위해서 수순하여 설법하셨고, 기쁜 마음을 일으켰으며, 세존께 예경하고 물러갔다. 세존께서 말씀하셨다.

"이 비구를 불러오라."

왔으므로, 세존께서 물으셨다.

"그대가 진실로 그러하였는가?"

대답하여 말하였다.

"진실로 그렇습니다."

세존께서 말씀하셨다.

"그대는 어찌하여 꽃과 과일의 나무를 취하여 치목을 지었는가? 지금 이후로는 꽃과 과일의 나무로 치목을 짓는 것을 허락하지 않겠노라. 치목을 씹는 때에는 온실이거나, 강당이거나, 식당이거나, 승가의 앞이거나, 화상과 아사리 앞이거나, 탑의 앞이거나, 불상 앞에서 씹을 수 없고, 머리를 덮거나, 어깨를 덮어서도 아니되고, 마땅히 오른쪽 어깨를 드러내고 가려진 곳에서 씹어야 하느니라."

만약 승방 안에서 씹는 자는 마땅히 그릇으로써 담아서 씹으며, 남은 것은 그릇에 남겨둘 수 없고, 탑원의 가운데이거나, 승원의 항상 다니는 곳에 남겨둘 수 없으며, 혀를 문지르는 때에 음욕인의 법과 같아서도 아니되고, 혀를 문지른 뒤에는 마땅히 씻어서 한곳에 놓아두어야 한다. 만약 치목을 얻는 것이 어려운 자는 마땅히 씹은 곳을 잘라서 그것을 버리고 씻고서 남은 것은 내일 다시 사용할 수 있다.

다시 다음으로 그때 비구가 치목을 씹으면서 없애고자 하였는데, 세존께서 오시는 것을 보았고 공경하였던 까닭으로 삼켰는데, 가는 치목이 목에 걸려서 즐겁지 않았다. 여러 비구들이 이 인연으로써 세존께 가서 아뢰었고, 세존께서는 말씀하셨다.

"지금 이후로는 치목을 모두 씹는 것을 허락하지 않겠노라. 가장 긴 것은 16지이고, 가장 짧은 것은 4지의 이상이다. 치목을 씹는 때에는 마땅히 가려진 곳에 있으면서 먼저 깨끗이 손을 씻고 치목을 씹고서 물로 씻고서 버려야 한다. 사용하는 때에는 음행인과 같아서는 아니되나니, 마땅히 입의 냄새와 더러움을 없애려는 까닭이다. 씹는 때에는 진액을 삼킬 수 없고, 만약 잘못하여 삼켰다면 무죄이니라."

비구가 병이 있었고 의사가 "치목을 씹고서 그것을 삼키면 마땅히 나을 것입니다."라고 말하였다면, 마땅히 씹은 것을 받아서 삼켜야 한다. 만약 치목이 없다면 마땅히 재(灰)·개펄(鹵)·벽돌·조약돌·풀·나무로 입을 씻고 먹어야 한다.

만약 탑원이거나, 승원의 가운데에서 씹었던 치목을 본다면 마땅히 그것을 취하여 버려야 하고, 만약 두 사람이 함께 보았다면 하좌가 마땅히 버려야 하고, 만약 하좌가 지계가 느슨한 자이면 마땅히 스스로가 그것을 취하여 버려야 한다.

치목의 법은 마땅히 이와 같다. 만약 이와 같지 않다면 위의법을 벗어난 것이다.

평상을 펼치는 것과 봄의 마지막 달과
안거와 앉음을 이미 마친 것과
객비구와 아울러 구주비구와
일체가 역시 그러한 것과
측간과 대소변과 치목이 있다.

[두 번째의 발거를 마친다.]

세존께서는 사위성에 머무르셨다.
여래께서는 다섯 가지 일의 이익을 까닭으로 5일에 한 번을 여러 비구들의 방을 살피셨는데, 비구가 옷을 땅에 펼치고 수선하는 것을 보셨다. 세존께서는 말씀하셨다.

"지금 이후로는 마땅히 자리를 지어야 한다. '짓는 법'은 마땅히 대나무와 갈대를 사용하여 길이는 10주(肘)이고 너비가 6주이다. 옷을 꿰매는 때에는 마땅히 강당의 위이거나, 온실이거나, 선방의 가운데에서 자리를 펼쳐놓고 옷을 펴놓고서 위에서 꿰매야 하며, 마땅히 발을 씻고 위에 앉아야 한다. 만약 발을 씻지 않았다면 마땅히 등지고 위에 앉으면서 발이 가까워서는 아니되고, 그 위에 앉아서 곡식을 햇볕에 말리거나, 옷을 물들여서 말려서는 아니되며, 햇볕에 말리거나, 비와 이슬에 젖거나, 새와 짐승이 위를 더럽혀서도 아니된다. 옷을 꿰매어 마쳤다면 마땅히 내부의 덮인 곳에 놓아두어야 한다.

만약 자리가 없다면 마땅히 평상의 위에서 지어야 하고, 만약 다시 없다면 온실이거나, 강당의 위에서 쇠똥을 땅에 바르고서 꿰매야 한다. 옷을 꿰매는 때에는 마땅히 이와 같아야 하느니라."

만약 이와 같지 않다면 위의법을 벗어난 것이다.

세존께서는 사위성에 머무르셨다.

그때 비구들이 좌선하고 돌아와서 차가운 발을 가지고 다른 사람에게 찜질하였으므로 그 비구가 마음속으로 놀라고 불안하였다. 여러 비구들이 이 인연으로써 세존께 가서 아뢰었고, 세존께서는 말씀하셨다.

"지금 이후로는 마땅히 장격(障隔)을 지어야 한다. '짓는 법'은 마땅히 갈대이거나, 대나무이거나, 만약 모직물을 사각(四角)으로 세우고 발(簾)과 끈으로 묶어두고서 좌선하고 돌아오는 때에는 열고서 가운데에 들어와서 다시 닫는다. 낮에는 닫지 않고 마땅히 걸어두며 밤에는 마땅히 내려야 한다. 장격의 법은 마땅히 이와 같으니라."

만약 이와 같지 않다면 위의법을 벗어난 것이다.

세존께서는 사위성에 머무르셨다.

그때 세존께서는 다섯 가지 일의 이익을 까닭으로 5일에 한 번을 여러 비구들의 방을 살피셨는데, 방사가 비가 새고 허물어졌으나 수리하지 않은 것을 보셨다. 세존께서는 아시면서도 일부러 물으셨다.

"이것은 누구의 방사이고 비가 새고 허물어졌으며, 나아가 그와 같은가?"

[세존께서 말씀하셨다.]4)

"지금 이후로는 방사는 마땅히 이와 같이 알아야 하느니라. 무엇을 이와 같이 알아야 한다고 말하는가? 방사가 비가 새고 허물어진 것을 보고서 수리하지 않은 것을 허락하지 않는 것이다. 만약 풀로 덮었던 것이라면 풀로 수리해야 하고, 나아가 진흙으로 덮었던 것이라면 진흙으로 수리해야 하며, 마땅히 때때로 집안 사이의 거미줄과 먼지들을 쓸어야 하고, 땅이 높거나 낮은 것은 마땅히 평평하게 하며, 쥐구멍은 막고서 진흙으로 수리해야 하고, 보름마다 마땅히 쇠똥을 한 번씩 땅에 발라야 한다. 만약 땅이 건조하면 마땅히 물을 섞어서 발라야 하고, 만약 땅이 젖었으면 순수하게 사용해야 한다.

만약 이것이 좋은 집이고 땅이 감청색(紺靑色)이라면 마땅히 물건으로써 평상의 발을 감싸야 하고, 집안에 있으면서 등불을 켜고 경행하며 가죽신을 신어서는 아니된다. 땅에 침을 뱉을 수 없고 마땅히 침을 뱉는 병을 사용해야 한다. 만약 중간의 집이라면 발을 씻고 손과 얼굴을 씻으며 발우를 씻을 수 있다. 만약 하급의 집이라면 등불을 켜고 경행하며 손과 발과 얼굴을 씻고 발우를 씻을 수 있다. 방사의 일은 마땅히 이와 같으니라."

만약 이와 같지 않다면 위의법을 벗어난 것이다."

세존께서는 사위성에 머무르셨다.

그때 세존께서는 다섯 가지 일의 이익을 까닭으로 5일에 한 번을 여러 비구들의 방을 살피셨는데, 방사와 강당의 벽 위에 콧물과 침이 흘러내려 땅에 떨어진 것을 보셨다. 세존께서는 아시면서도 일부러 물으

---

4) 원문에는 없으나 삽입하여 번역하였다.

셨다.

"이것은 누구의 콧물과 침이어서 부정하며, 나아가 그와 같은가?"
세존께서 말씀하셨다.

"지금 이후로는 콧물과 침의 법을 마땅히 이와 같이 알아야 하느니라. 무엇을 이와 같이 알아야 한다고 말하는가? 벽에는 진흙을 발랐거나, 바르지 않았어도 모두 침을 뱉을 수 없고, 만약 땅에 진흙을 바르지 않는 곳이라면 마땅히 한곳에 침을 뱉고서 발로써 문질러서 여러 곳에 더럽히지 않아야 한다. 만약 땅을 짓는 때에는 마땅히 침을 뱉는 병을 사용하고, 아래에는 모래이거나, 재이거나, 조약돌을 놓아두며 마땅히 그것을 자주 버려서 냄새가 나거나 벌레가 생겨나지 않게 하며, 맑은 물로 깨끗이 씻고 덮어서 말려야 한다. 침을 뱉는 병의 가운데에 씹는 치목을 넣어서는 아니된다.

만약 선방의 가운데에서 침을 뱉고자 하는 자는 마땅히 침을 뱉고서 가죽신의 밑으로 땅을 닦아야 하며, 만약 땅을 덮은 것이 있다면 마땅히 침을 뱉는 병을 사용해야 한다. 만약 식당에 있으면서 침을 뱉고자 하는 자는 크게 가래침을 땅에 뱉어서 옆에 앉은 비구들이 악한 마음을 생겨나게 해서는 아니되고, 마땅히 두 발의 중간에 침을 뱉고서 발로써 문질러야 하며, 만약 침이 크게 많이 나와서 멈추지 않는다면 마땅히 밖으로 나가서 침을 뱉고 돌아와서 앉아야 한다.

만약 화상과 아사리 앞에서 침을 뱉고자 하는 자는 마땅히 가려진 곳에 이르러 뱉어야 하고, 만약 취락의 가운데에서 침을 뱉고자 하는 자는 마땅히 발의 주변에 침을 뱉고서 발로써 문질러야 한다. 만약 뱉지 않았다면 무죄이다. 만약 탑원이나 승원의 가운데에서 콧물과 침을 보았다면 마땅히 발로 문질러야 하고, 만약 두 사람이 함께 보았으면 법랍이 적은 자가 마땅히 문질러야 하는데, 만약 법랍이 적은 자가 지계가 느슨하다면 마땅히 스스로가 문질러야 한다. 비구가 침을 뱉는 때에는 마땅히 이와 같으니라."

만약 이와 같지 않다면 위의법을 벗어난 것이다.

세존께서는 사위성에 머무르셨다.

그때 비구가 발우를 들어서 구멍을 향하여 놓아두었는데, 돌개바람이 불어왔고 땅에 떨어뜨려서 곧 깨어졌다. 죽을 먹는 건치 소리를 듣고서 발우를 취하고자 하였으나 바로 한 무더기의 부서진 질그릇이 보였다. 여러 비구들이 이 인연으로써 세존께 가서 아뢰었고, 세존께서는 말씀하셨다.

"이 비구를 불러오라."

왔으므로, 세존께서 물으셨다.

"그대가 진실로 그러하였는가?"

대답하여 말하였다.

"진실로 그렇습니다."

세존께서 말씀하셨다.

"지금 이후로는 발우를 마땅히 이와 같이 알아야 하느니라. 무엇을 이와 같이 알아야 한다고 말하는가? 발우를 들어서 구멍의 가운데거나, 언덕 주변의 위험한 곳에 놓아두어서는 아니되고, 문을 여닫는 곳이거나 다니는 곳에 놓아두어서는 아니되며, 재를 사용하여 씻어서 색깔이 변하여도 아니된다. 마땅히 나뭇잎의 진액을 사용해야 하고, 없다면 모래나 쇠똥으로 씻어야 한다. 씻는 때에는 언덕 주변의 위험한 곳이거나, 돌 위이거나, 벽돌 위에서 씻을 수 없고, 다라수(多羅樹)의 아래이거나, 가비타수(迦毘陀樹)의 아래이거나, 나리수(那梨樹)의 아래에서도 씻을 수 없다.

발우를 씻는 때는 마땅히 걸터앉아서 씻어야 하고, 만약 꿇어앉는다면 땅에서 1걸수(傑手)를 벗어나야 하며, 마땅히 화상과 아사리의 발우를 먼저 씻고서 그러한 뒤에 스스로가 발우를 씻어야 한다. 스스로가 발우의 가운데에 남은 물을 가지고 화상과 아사리의 발우 가운데에 쏟아서는 아니되고, 마땅히 화상과 아사리의 발우 가운데에 남은 물로써 스스로가 발우를 씻어야 한다.

말리는 때에도 역시 먼저 화상과 아사리의 발우를 거두어야 하고, 담을 때에도 마땅히 화상과 아사리의 발우에 먼저 담아야 하며, 담을 때에는 마땅히 걸터앉아 발낭(鉢囊)의 띠를 가지고 팔에 묶고 무릎 위에 놓아두고서 뒤에 담는다. 만약 와상의 위이거나, 좌상의 위라면 발낭은 마땅히 두 겹이나 세 겹으로 지어야 하고, 발우를 매달고자 하는 때에는 마땅히 먼저 높은 말뚝을 흔들어 보아서 견고한가를 살펴보고 그러한 뒤에 매달아 두어야 한다.

만약 매달 곳이 없다면 마땅히 평상 위에 놓아두어야 한다. 만약 향하는 가운데에 농소(籠疏)5)로 막은 것이 있다면 놓아둘 수 있고, 발감(鉢龕)이 있다면 놓아둘 수 있으나, 서로 부딪치지 않게 마땅히 발감에 틈새를 지어야 한다.

어두운 가운데에서 발우를 잡을 수 없고, 깨끗하지 못한 손으로 취할 수 없으며, 마땅히 깨끗이 손을 씻고 나뭇잎으로 붙잡아 취해야 한다. 발우를 취할 때에는 한 손으로 두 개를 잡거나, 한 손으로 한 개를 잡아야 하고, 한 손으로 네 개를 잡을 수 없다. 발우를 주는 때에는 갑자기 놓아서는 아니되고, 마땅히 "잡았습니까?"라고 물어 말할 것이고, 만약 "잡았네."라고 말하였다면 또한 놓는다.

발우를 가지고 부정한 물건을 담을 수 없고, 역시 발우에 물을 담아서 머리카락을 깎거나, 손과 발과 얼굴을 씻고자 욕실의 가운데에서 사용할 수 없으며, 더불어 소변을 보는 곳을 씻으면서 사용할 수 없다. 발우를 보호하면서 눈을 보호하는 것과 같아야 하느니라."

마땅히 이와 같다. 만약 이와 같지 않다면 위의법을 벗어난 것이다.

세존께서는 사위성에 머무르셨다.

이때 육군비구들이 죽을 비난하였는데, 만약 죽이 묽은 것을 보았다면 이렇게 말을 지었다.

"이것은 죽이 아니다. 이것은 요부나하(遙浮那河)이다."

만약 죽이 진한 것을 보았다면 곧 말하였다.

---

5) 커튼으로 사용하고자 대나무 엮은 그물을 가리킨다.

"이것은 죽이 아니다. 이것은 음식을 먹지 못하는 사람의 이빨이다."

여러 비구들이 이 인연으로써 세존께 가서 아뢰었고, 세존께서는 말씀하셨다.

"이 비구들을 불러오라."

왔으므로, 세존께서 물으셨다.

"그대들이 진실로 그러하였는가?"

대답하여 말하였다.

"진실로 그렇습니다."

세존께서 말씀하셨다.

"지금 이후로는 죽을 마땅히 이와 같이 알아야 하느니라. 무엇을 이와 같이 알아야 한다고 말하는가? 만약 죽을 먹는 건치를 두드리는 소리를 들었던 때라면 이것이 2부승가의 죽인가? 1부승가의 죽인가? 스승과 문도와 권속들의 죽인가? 마땅히 알아야 하고, 알고서 마땅히 떠나가야 한다. 이르러서 모양이 진한가? 묽은가를 살펴서는 아니되고 따라서 얻고 마땅히 취해야 한다. 차례를 넘겨서 취할 수 없고, 취하는 때에 머리를 덮거나, 어깨를 덮거나, 가죽신을 신을 수 없으며, 마땅히 가죽신을 벗고서 오른쪽 어깨를 드러내고 취해야 한다.

만약 죽을 돌리는 사람이 빨리 간다면 아래로 내려와 가죽신을 벗어야 하고, 만약 벗지 못한 자는 돌아오기를 기다려서 때에 취하여야 한다. 만약 청한 사람이 취하거나, 만약 앉아 있다면 차례로 취하여야 한다. 만약 죽이 묽어도 "매우 묽어서 요부나하에서 달의 그림자를 보는 것과 같다."라고 말할 수 없고, 만약 진하여도 "이것은 음식을 먹지 못하는 사람의 이빨이다."라고 말할 수 없으며, 따라서 얻고 마땅히 취해야 하느니라.

죽의 법은 마땅히 이와 같다. 만약 이와 같지 않다면 위의법을 벗어난 것이다."

세존께서는 왕사성의 가란타죽원에 머무르셨다.

그때 비구들이 제석석실산(帝釋石室山) 주변에서 좌선하였다. 이때 어느 비구가 앞에 서 있었으므로 좌선하는 비구가 마음이 안정을 얻지 못하였다. 여러 비구들이 이 인연으로써 세존께 가서 아뢰었고, 세존께서는 말씀하셨다.

"이 비구를 불러오라."

왔으므로, 세존께서 물으셨다.

"그대가 진실로 그러하였는가?"

대답하여 말하였다.

"진실로 그렇습니다."

세존께서 말씀하셨다.

"지금 이후로는 마땅히 이와 같이 머물러야 하느니라. 무엇을 이와 같이 머문다고 말하는가? 좌선하는 비구의 앞에 서 있을 수 없고, 승가의 가운데에 있으면서 마땅히 앞에 서 있을 수 없으며, 마땅히 도중(徒衆)이 앉았는데 앞에 서 있을 수 없고, 마땅히 화상과 아사리의 앞에 서 있을 수 없으며, 장로 비구의 앞에 서 있을 수 없다. 가죽신을 신거나, 허리에 뒷짐을 지거나, 머리를 덮거나, 두 손을 늘어트리고 옆에 있어서도 아니된다. 만약 병자라면 무죄이다.

음녀(婬女)의 앞에 서 있을 수 없고, 저포(樗蒲)하는 자의 앞에 서 있을 수 없으며, 술을 파는 집 앞에 서 있을 수 없고, 백정의 앞에 서 있을 수 없으며, 옥졸의 앞에 서 있을 수 없고, 살인자 앞에 서 있을 수 없고, 깊숙한 곳에 서 있을 수 없느니라."

머무는 법은 마땅히 이와 같다. 만약 이와 같지 않다면 위의법을 벗어난 것이다.

마하승기율 제35권

동진 천축삼장 불타발타라·법현 공역
석보운 번역

13) 위의법을 밝히다 ②

세존께서는 왕사성의 가란타죽원에 머무르셨다.

그때 어느 비구가 다라(多羅) 신발을 신고서 좌선하는 비구 앞에 있으면서 경행하였으므로 비구의 마음이 안정을 얻지 못하였다. 여러 비구들이 이 인연으로써 세존께 가서 아뢰었고, 세존께서는 말씀하셨다.

"이 비구를 불러오라."

왔으므로, 세존께서 물으셨다.

"그대가 진실로 그러하였는가?"

대답하여 말하였다.

"진실로 그렇습니다."

세존께서 말씀하셨다.

"지금 이후로는 마땅히 이와 같이 경행해야 하느니라. 무엇을 이와 같다고 말하는가? 좌선하는 비구의 앞에서 경행할 수 없고, 대중 승가이거나, 도중의 앞이거나, 화상과 아사리의 앞이거나, 장로 비구들의 앞에서 경행할 수 없다. 만약 병으로 소(酥)를 복용하였거나, 토하거나, 설사하는 약을 복용하였다면 앞에서 경행할 수 있다. 경행하는 때에는 등져서는 아니되고, 마땅히 얼굴을 오른쪽으로 돌려야 한다.

만약 화상과 아사리와 함께 경행하는 때에 앞에 있을 수 없고, 함께 나란히 있을 수 없으며, 마땅히 뒤를 따라 경행해야 하고, 도는 때에 먼저 돌아서는 아니되며, 마땅히 뒤에 있으면서 오른쪽을 향하여 돌아야 한다. 음녀 앞에서 경행할 수 없고, 저포하는 사람의 앞이거나, 술을 파는 사람의 앞이거나, 백정의 앞이거나, 옥졸의 앞이거나, 살인자의 앞에서 경행할 수 없으며, 깊숙한 곳에서 경행할 수 없고, 마땅히 깊지 않고 얕지도 않은 곳에서 경행해야 하느니라."

경행하는 법은 마땅히 이와 같다. 만약 이와 같지 않다면 위의법을 벗어난 것이다."

세존께서는 사위성에 머무르셨다.
그때 육군비구들이 선방의 가운데 있으면서 낙타의 앉음새를 지었다. 여러 비구들이 이 인연으로써 세존께 가서 아뢰었고, 세존께서는 말씀하셨다.
"육군비구들을 불러오라."
왔으므로, 세존께서 물으셨다.
"그대들이 진실로 그러하였는가?"
대답하여 말하였다.
"진실로 그렇습니다."
세존께서 말씀하셨다.
"오늘부터는 낙타의 앉음새를 지을 수 없고, 마땅히 가부좌를 맺어야 하느니라. 만약 가부좌를 오래 지어서 피로가 심한 자는 마땅히 교대로 하나의 다리를 펴야 하고, 한꺼번에 두 다리를 펴서는 아니되며, 만약 일어나서 경행하면서 머리를 덮어서도 아니되고 선방에 앉아서도 아니된다. 만약 늙고 병든 자는 머리의 절반과 귀 하나를 덮을 수 있으며, 가려진 곳이거나, 나무 아래에서는 머리를 덮어도 무죄이다.
화상과 아사리와 상좌의 앞이거나, 장로 비구들이 앉거나 서 있다면 앉을 수 없고, 음녀의 앞이거나, 나아가 깊고 먼 곳에 앉을 수 없으며, 마땅히 깊지 않고 얕지 않은 곳에 앉아야 하느니라."

비구가 앉는 것은 마땅히 이와 같이 앉아야 한다. 만약 이와 같지 않다면 위의법을 벗어난 것이다.

세존께서는 사위성에 머무르셨다.
그때 육군비구들은 엎드리고 누웠으며, 바르게 누웠고, 왼쪽 갈비로 드러누웠다. 여러 비구들이 이 인연으로써 세존께 가서 아뢰었고, 세존께서는 말씀하셨다.
"육군비구들을 불러오라."
왔으므로, 세존께서 물으셨다.
"그대들이 진실로 그러하였는가?"
대답하여 말하였다.
"진실로 그렇습니다."
세존께서 말씀하셨다.
"지금 이후로는 마땅히 이와 같이 누워야 하느니라. 무엇을 이와 같이 눕는다고 말하는가? 아귀처럼 눕는 것을 허락하지 않겠고, 아수라처럼 눕는 것을 허락하지 않겠으며, 탐욕스러운 사람처럼 눕는 것을 허락하지 않는다. 만약 우러러 하늘을 향하여 누웠다면 아수라가 눕는 것이고, 땅에 엎드려서 눕는 것은 아귀가 눕는 것이며, 왼쪽 옆구리로 누웠다면 탐욕스러운 사람이 눕는 것이다. 비구는 마땅히 백수(百獸)의 왕인 사자처럼 몸을 돌아보며 누워야 한다.
이불을 펼치면서 왼쪽으로 펼치는 것을 허락하지 않겠나니, 마땅히 오른쪽으로 펼쳐야 하고, 머리는 옷의 시렁을 향해야 한다. 발이 화상이나 아사리나 장로 비구들을 향할 수 없고, 초야에는 곧 "피로가 심해서 눕는다."라고 탄식하면서 창언할 수 없으며, 마땅히 자기의 업을 바르게 사유하면서 중야(中夜)에 이르러 누워야 한다. 오른쪽 옆구리를 아래에 붙이고서 사자의 왕이 눕는 것과 같아야 하고, 두 발을 포개고 입을 다물며 혀는 위의 턱을 붙이고, 베개는 오른손으로 펴고 왼손으로 몸 위를 수순해야 하느니라.

염혜(念慧)를 버리지 않고 사유하며 생각을 일으키고, 잠자면서 해가 솟게 이르지 않을 것이며, 후야에 이르면 마땅히 일어나고 바르게 앉아서 자기의 업을 사유해야 한다. 만약 밤에 심하게 잠들어서 구르는 것을 자각하지 못하는 자는 무죄이고, 만약 늙고 병들었거나 오른쪽 옆구리에 부스럼이 있는 자는 무죄이다.

비구가 눕는 법은 마땅히 이와 같다. 만약 이와 같지 않다면 위의법을 벗어난 것이다."

옷의 띠와 발의 장격과
방사와 콧물과 침을 뱉는 것과
발감과 죽을 먹는 것과
서 있는 것과 눕는 것과 앉는 것이 있다.

[세 번째의 발거를 마친다.]

세존께서는 사위성에 머무르셨다.

그때 육군비구들이 승방의 문을 닫고 함께 앉아서 말하고 있었다. 객비구가 와서 문을 두드리며 불렀으나 듣지 못하였으므로 곧바로 담을 넘어서 들어갔다. 구주비구가 물었다.

"장로여. 어느 곳으로 들어왔습니까?"

대답하여 말하였다.

"담을 넘어서 들어왔습니다."

구주비구가 말하였다.

"그대는 무슨 까닭으로 담을 넘어서 들어왔습니까?"

객비구가 말하였다.

"그대는 무슨 까닭으로 문을 닫고 있으면서 불러도 대답하지 않습니까?"

이와 같이 서로 다투었고 세존께 가서 아뢰었으며, 세존께서는 말씀하셨다.

"지금 이후로는 문을 닫고서 말할 수 없고, 역시 담을 넘어서 들어올 수 없느니라. 지금 이후로는 객비구는 마땅히 이와 같아야 하고, 구주비구도 마땅히 이와 같아야 하느니라. 무엇을 이와 같다고 말하는가? 객비구가 다니는 때에는 마땅히 자물쇠와 녹수낭과 바늘통을 지녀야 하고, 다니면서 반려가 한 사람이라도 있다면 일체가 무죄이고, 나아가 모두 없다면 들여보낸 대중은 유죄이다.

도로에서 만약 병자가 있으면 마땅히 대신하여 옷과 발우를 짊어져야 하며, 앞에 있으면서 멀어서는 아니되고, 마땅히 부축하고 떠나가야 하며, 만약 능히 다닐 수 없는 자는 마땅히 빌리고 구하여 그것에 타게 해야 한다. 만약 도중에 이슬과 습기가 있다면 나이 젊은 자가 마땅히 앞서야 하고, 만약 도둑이거나, 호랑이와 늑대가 두려운 때에는 늙은 자가 마땅히 가운데에 있어야 하며, 만약 도둑들에게 자비한 마음을 일으키게 하려면 마땅히 늙은 자가 앞에 있어야 한다.

만약 취락을 지나다가 도로의 주변에 지제가 있는 것을 보았다면 마땅히 평소의 도로를 살펴서 다녀야 하고, 길을 내려가서 왼쪽으로 돌거나, 오른쪽으로 돌아서는 아니된다. 저물어서 묵으려고 하는 때에는 마땅히 먼저 두 명의 법랍이 적은 비구를 보내어 앞서 묵을 곳을 구하며, 비시장(非時漿)·발에 바르는 기름·전식·후식을 구해야 한다.

떠나가는 자는 마땅히 옷의 구뉴(鉤紐)[1]를 묶고서 때가 아닌 때에 취락에 들어간다고 알려야 하고, 얻었다면 마땅히 돌아와서 "이미 머물 곳을 얻었습니다."라고 알려서 말해야 한다. 만약 연못의 물이나 우물의 물이 있으면 마땅히 깨끗이 씻고 옷의 구뉴를 묶고서 전전하여 서로에게 알리고 들어가야 한다.

만약 석밀장(石蜜漿)을 마시려고 하는 자는 마땅히 밖에 있으면서 사람들에게 의심이 생겨나지 않게 해야 한다. 집안 사람을 불러내어 때가 아닌데 먹으면서 짐을 메고서 들어가서는 아니되고, 마땅히 옷과 물건을

---

[1] 승가리가 흘러내리지 않도록 고리와 끈으로 묶은 것을 말한다.

나누어 천천히 가지고서 함께 들어가야 한다. 만약 "편안하게 하십시오"라고 크게 말하였다면, 뒤의 사람에게 알리지 않고 들어가도 무죄이다. 다른 길로 떠나갈 수 없으나, 만약 도로 위에 덮어둔 것이 있다면 무죄이다.

만약 취락의 가운데에 정사가 있으면 마땅히 가야 하고, 만약 아련야 처소의 주변에 연못의 물이나 우물의 물이 있으면 역시 마땅히 깨끗이 씻고서 들어가야 하며, 짐을 짊어지고 들어갈 수 없으며, 마땅히 장의와 물건을 함께 나누어 가지고 가죽신을 벗고 지팡이에 꿰어서 들어가야 한다. 만약 지체가 있다면 마땅히 오른쪽으로 돌아야 하고, 높고 큰 소리로 크게 소리치면서 들어갈 수 없다.

구주비구를 보고서 "쯧쯧. 그대가 아직 이곳에 있는가? 그대는 이 가운데에서 태어나서 이 가운데에서 죽을 것이니, 이곳에서 야간의 먹이가 되는 것을 벗어나지 못할 것이오."라고 외칠 수 없고, 구주비구는 "쯧쯧. 죄수가 가쇄(枷鎖)2)를 벗어난 것과 같이 4·5년을 볼 수 없었소."라고 말할 수 없다. 객비구도 "그대는 몇 살인가? 내가 마땅히 이 방사를 얻겠소."라고 말할 수 없고, "내일은 누가 전식과 후식을 준비하는 것이오? 좋은 음식이 있소?"라고 말할 수 없다.

구주비구는 문을 닫고서 말할 수 없다. 만약 방사 뒤에서 진흙 일을 하거나, 또한 다른 일을 지었다면 마땅히 원민이거나, 사미이거나, 유나를 시켜서 문을 지켜야 하고, 만약 문을 닫았다면 객비구는 담을 넘어서 들어갈 수 없으며, 마땅히 열쇠를 가지고 열고 들어가야 한다. 만약 문을 열고 불러서 들어갔다면, 구주비구가 마땅히 "그대는 몇 살입니까?"라고 물었다면, "나는 몇 살입니다."라고 대답해야 하고, 구주비구가 "나이가 그와 같다면 이러한 평상과 요를 얻을 수 있습니다."라고 말해야 한다. 마땅히 대소변을 행하는 곳을 미리 물어야 하고, 대소변을 행할 때에 이르러 물을 수는 없다.

---

2) 목에 씌우는 나무칼(枷)과 목·발목에 채우는 쇠사슬(鎖)을 합칭한 형구로 모두 장죄(杖罪) 이상의 죄인에게 신체의 자유를 구속하고 고통을 주기 위하여 사용되었다.

다음으로 마땅히 대중 승가의 제한을 물어야 하고, 구주비구는 마땅히 승가의 일체 제한을 마땅히 "누구의 집은 복발갈마를 받았으니 갈 수 없고, 누구의 집은 개가 사나우며, 누구의 집은 믿지 않습니다."라고 말해야 한다. 객비구는 일찍 일어나서 바로 걸식하러 갈 수 없고, 마땅히 "이 주처에는 전식과 후식이 있습니까?"라고 물어야 하고, 구주비구는 마땅히 "장로여. 걸식하지 마십시오. 걸식은 피곤하고 괴로우며 혹은 뜻과 같지 않습니다. 이곳에 전식과 후식이 있습니다."라고 말해야 한다.

만약 다녔던 반려가 이미 걸식하러 떠나갔다면 "장로의 상인(賈客)이 이미 떠나갔으나 쫓아가면 만날 것입니다."라고 말할 수 없고, 마땅히 "장로여. 조금 머물면서 쉬십시오. 바로 그와 같이 다시 반려가 있을 것입니다."라고 말해야 한다. 만약 급한 일이 있어서 반드시 떠나가고자 하였다면, 마땅히 양식을 공급하고서 일행의 반려에게 부촉해야 하느니라.

이와 같다면 객비구와 구주비구의 법이다. 마땅히 이와 같아야 한다. 만약 이와 같지 않다면 위의법을 벗어난 것이다."

세존께서는 사위성에 머무르셨다.
그때 육군비구들이 발을 씻으면서 세속을 말하며 물장난을 하였다. 여러 비구들이 이 인연을 세존께 가서 아뢰니, 세존께서 말씀하셨다.
"지금 이후로는 발을 씻는다면 마땅히 사리불의 법과 같아야 하느니라."

세존께서는 왕사성의 가란타죽원에 머무르셨다.
이때 사리불은 취락에 들어가는 옷을 입고 발우를 지니고 성안에 들어가서 차례로 걸식을 행하였는데, 위의가 매우 침착하였다. 오고 가면서 바라보아도 굽히고 펴며 구부리고 우르르며 옷을 입고 발우를 지니고서 여러 근(根)을 지키고 섭수하여 마음이 밖으로 어지럽지 않아서 마치 묘법(妙法)을 얻어서 윤택한 모습과 같았다. 바라문이 보고서 이렇게 생각을 지었다.

'이 사문 석자는 사람들이 있다면 지닌 위의를 보여주고 가려진 곳에 이르면 반드시 법칙(法則)이 없을 것이다. 내가 마땅히 쫓아가서 보겠고, 만약 방자함이 보인다면 마땅히 손으로 그의 머리를 때려야겠다.'

곧바로 뒤를 밟았다. 사리불은 취락의 안에 있거나, 또한 아련야의 처소에 있거나 위의를 고치지 않았고, 머무는 곳에 이르러 발우를 가지고 한 곳에 놓아두고, 승가리의 구겨지고 더러운 곳을 털어서 평소의 자리에 놓아두었으며, 좌상을 펼쳤고, 발을 씻는 판자와 항아리의 물을 가지고 와서 가까운 곳에 앉았으며, 다시 가죽신을 취하여 털고서 땅에 놓았고, 다음으로 수건을 취하여 종아리를 닦았으며, 다시 가죽신을 취하여 바닥으로써 서로 치고 맞대어 잡고서 수건으로써 그것을 털었으며, 다음은 물로써 수건을 적시어 한쪽의 가죽신의 코와 고리를 닦았고, 다음으로 몸채를 닦았으며, 다음으로 두 번째의 것도 이와 같았다.

돌아와서는 다시 처음으로 잡았던 발가락을 닦았고, 다음으로 발꿈치를 닦았으며, 돌아와서는 두 번째의 것도 그와 같았다. 다음은 빨았던 수건을 비틀어서 말렸고, 다음으로 손을 씻었으며, 손을 씻고 오른손으로 물을 쏟아서 왼손으로 왼쪽의 종아리를 씻었고, 다음으로 오른쪽 종아리를 씻었으며, 다음으로 발을 씻었다. 바라문은 보고서 환희심을 일으켜서 말하였다.

"존자여. 정결함이 이와 같아서 남은 물도 역시 마실 수 있겠습니다. 우리 바라문들의 정수법(淨水法)은 이러한 깨끗함에 미치지 못합니다."

이때 사리불은 바라문이 환희심을 일으켰던 인연으로 설법하여 법안정(法眼淨)을 얻게 하였다. 여러 비구들이 세존께 아뢰어 말하였다.

"세존이시여. 매우 선한 바라문입니다. 사리불의 발을 씻는 위의가 깨끗한 것을 보았던 까닭으로 환희심을 일으켰으며, 나아가 이와 같습니다."

세존께서 말씀하셨다.

"다만 오늘에 환희한 것이 아니고, 과거의 세상의 때에서도 이미 일찍이 이와 같았느니라. [『생경(生經)』의 가운데 자세히 설한 것과 같다.] 이때 장자의 아들은 오늘의 사리불이고, 그때의 도둑은 오늘의 바라문이니라."
이때 여러 천인들이 보고서 게송을 설하여 말하였다.

정결하고 좋은 위의를 인연하여
이러한 선한 이익을 얻나니
물이 맑으면 그림자가 나타나는 것과 같고
가장 수승한 위의를 배운다면
오는 때에 악심을 품었어도
이미 보았다면 반대로 환희하나니
선한 위의를 배우지 않는다면
반드시 도둑에게 해침을 당한다네.

만약 비구가 취락에서 돌아오는 때에는 마땅히 취락에 들어가며 입었던 옷을 벗어서 주름지고 더러운 곳을 털어서 평소의 자리에 놓아두고서 사찰 안의 옷을 입어야 한다. 좌상을 펼치고 발을 씻는 판자를 모아 놓으며 물항아리를 가까이 두고서 수건으로 발의 먼지와 흙을 닦고서, 다음으로 가죽신을 잡고서 바닥을 서로 두드리고 수건을 가지고 그것을 닦아야 한다. 다음은 수건을 물에 적셔서 한쪽 신발의 코와 고리를 닦고, 다음으로 신발의 몸체를 닦으며, 다음으로 두 번째의 것도 역시 이와 같이 닦아야 한다. 돌아와서 처음으로 잡았던 것을 다시 잡고서 발가락의 틈새를 먼저 닦고, 다음으로 발뒤꿈치를 닦아야 하며, 다음으로 두 번째의 것도 역시 이와 같이 닦아야 한다.

다음은 수건을 빨고 비틀고 짜고서 햇볕에 말려 먼지가 생겨나고 벌레가 먹지 못하게 해야 하고, 그러한 뒤에 손을 씻는다. 만약 물그릇이 오른쪽에 있다면 마땅히 먼저 왼쪽의 종아리를 씻고, 다음으로 오른쪽 종아리를 씻으며, 그러한 뒤에 발을 씻는다. 물을 잡은 손으로 발을 문지를 수 없고, 마땅히 한 손으로 물을 쏟고 한 손으로 만져야 하며, 만약 두 사람이라면 한 사람이 물을 붓고 한 사람이 씻어야 한다. 너무 물을 많이 사용하며 버릴 수 없고, 마땅히 필요한 양을 헤아려야 한다. 머리를 덮거나 오른쪽 어깨를 덮을 수 없고, 마땅히 오른쪽 어깨를 드러내고 앉아야 한다.

발을 씻는 때에 좌선할 수 없고, 잠을 자거나, 부정관(不淨觀)을 닦거나, 송경할 수 없고, 마쳤다면 마땅히 피하여 떠나가서 다른 사람을 방해하지 않을 것이며, 만약 가장 뒤에 씻는 사람은 송경하여도 무죄이다. 만약 물을 모두 사용하였다면 묵연히 그것을 놓아두어서는 아니되고, 마땅히 물의 지사인에게 말하여 더하게 하여야 하고, 만약 능히 할 수 없는 자는 나아가 한 항아리의 물이라도 스스로가 더하여 한 사람이라도 사용하게 놓아두어야 한다.

발을 씻는 법은 마땅히 이와 같다. 만약 이와 같지 않다면 위의법을 벗어난 것이다."

세존께서는 사위성에 머무르셨다.
그때 육군비구들이 발을 씻고서 젖은 발로 가죽신을 신었으며, 가죽신에 색깔이 물들었으나 벗거나 신었으므로 승가의 평상과 요를 더럽혔다. 여러 비구들이 이 인연으로써 세존께 가서 아뢰었고, 세존께서는 말씀하셨다.

"육군비구들을 불러오라."
왔으므로, 세존께서 물으셨다.
"그대들이 진실로 그러하였는가?"
대답하여 말하였다.
"진실로 그렇습니다."
세존께서 말씀하셨다.

"지금 이후로는 발을 씻는 때에는 마땅히 이와 같아야 하느니라. 마땅히 가죽신을 세워 놓고서 발이 말랐다면 다시 가죽신을 신어야 한다. 만약 많은 사람이 기다렸다면 마땅히 손으로 문지르거나, 물로 수건을 적셔서 그것을 닦고서 그러한 뒤에 가죽신을 신는다. 젖은 발로 승가의 깨끗하고 좋은 곳을 밟아서는 아니되고, 마땅히 마르기를 기다려서 들어가야 하며, 만약 한 사람이 씻은 곳이라면 마땅히 닦을 수 없고, 마땅히 마르기를 기다려서 가죽신을 신어서 마땅히 먼지와 흙으로부터 보호해야 한다. 만약 급하게 앉아서 좌선하거나, 송경하거나, 경행을 하려고 하는 자는, 나아가 손으로 닦고 수건으로 먼지와 흙을 털고서 떠나가야 하느니라.”

발을 씻는 법은 마땅히 이와 같다. 만약 이와 같지 않다면 위의법을 벗어난 것이다.

세존께서는 사위성에 머무르셨다.
그때 승가에서 정수(淨水)하는 만다라(蔓茶羅)에서 여러 비구들은 물을 취하여 발을 씻었고 손과 얼굴을 씻었으며 발우를 씻었다. 물을 사용하고서 물항아리의 위를 묶어두고 인장(印)으로 봉하고서 취락에 들어가서 걸식하였다. 뒤에 어느 객비구가 와서 보고 성내고 비난하여 말하였다.
“무슨 까닭으로 정수하는 집을 닫고 봉인하고서 떠나갔는가?”
이때 여러 비구들이 이 인연으로써 세존께 가서 아뢰었고, 세존께서는 말씀하셨다.
“오늘부터는 봄의 달에는 마땅히 이와 같이 물을 놓아두어야 하느니라. 큰 항아리이거나, 작은 항아리이거나, 만약 병이라면 마땅히 깨끗한 물건으로 입을 덮고 노끈으로써 묶어야 하고, 만약 기와이거나, 만약 돌이거나, 만약 나무로 덮개를 지어서 위를 덮고 안에는 마땅히 정수하는 그릇을 놓아두어야 한다. 물의 가운데에는 마땅히 파다리화(波多梨華)·첨파화(瞻婆華)·수마나화(須摩那華) 등의 이와 같은 것으로 물을 향기롭고 아름답게 한다.
유명한 물은 파련불읍(巴連弗邑)에는 수노(輸奴)라는 물이 있고, 왕사성에는 온천(溫泉)의 물이 있으며, 바라나성에는 세존께서 유행하시던 연못의 물이 있고, 첨파국에는 항수(恒水)가 있으며, 사위성에는 석밀(石蜜)의 물이 있고, 사지국(沙祇國)에는 현주(懸注)의 물이 있으며, 승가시국(僧伽施國)에는 석밀의 물이 있고, 마투라국(摩偸羅國)에는 요부나(遙扶那)의 물이 있으니, 이와 같은 물에서는 발과 손과 얼굴과 발우를 씻는 것을 허락하지 않는다.

만약 병이 있어서 물이 필요하다면 마땅히 발우에 가득하게 주어야 하고, 만약 음식을 주면서 물을 돌리고자 하였다면 마땅히 먼저 깨끗한 물로 손을 씻고 그릇을 씻고서 그러한 뒤에 물을 돌려야 하며, 물을 받는 사람은 마땅히 왼손을 보호하면서 청정하게 물을 받아야 한다. 만약 손이 더러운 자는 마땅히 물을 주었다면, 만약 잎으로써 받치고 취하거나, 역시 잎을 사용하여 입의 기름때를 닦아야 한다. 마시는 때에는 입술을 담글 수 없고 그릇의 끝을 이마에 맞대지 않을 것이며 입술을 버티고 마셔야 한다. 마시는 때에 모두 마실 수 없고, 마땅히 조금은 남겨서 가려서 헹구고서 입으로 그것을 버려야 한다.

물을 돌리는 사람은 마땅히 깨끗한 그릇을 잘 보호해야 하고, 만약 입술을 담그거나, 이마를 맞대는 사람을 보았다면 마땅히 한곳에 놓아두고 풀로써 표시를 짓고 사람에게 부정한 것을 알게 하여서, 만약 능히 물로 씻은 것이면 다시 돌리게 한다. 만약 때가 아닌 때에 마시는 것은 마시는 사람이 먼저 손을 씻고 그릇을 씻고서 돌려야 하고, 받아서 마시는 사람도 마땅히 손을 깨끗이 씻고서 받아야 한다. 만약 씻지 않은 사람은 마땅히 잎이거나, 깨끗한 옷으로 그릇 아래를 받쳐야 하고, 받는 것은 앞에서와 같으며, 나아가 입으로 버려야 한다. 만약 욕실의 안에서 마시는 때에는 마땅히 잎으로써 그릇 아래를 받치고서 입술을 떠받치고 마셔야 하고, 나머지는 앞에서 설한 것과 같으니라."

만약 선방의 안에서 마시는 때에 땅을 덮는 것이 있다면 마땅히 그릇을 가지고 받쳐야 하고, 만약 자리를 서로가 떠났다면 한 사람은 그릇을 돌리고 한 사람은 물을 돌리며, 나머지는 앞에서 설한 것과 같다. 이와 같다면 좋은 물이라고 이름하나니, 발과 손과 얼굴을 씻어서는 아니되고, 발우를 씻어서도 아니되며, 역시 다른 곳에 사용하고서 버려서도 아니된다. 만약 옷과 발우를 짓는 일에 필요하다면 임시로 빌려 사용하고서 다시 갚아야 하고, 만약 물을 스스로가 마음대로 사용할 수 있다면 뜻을 따라서 취하여도 무죄이다.

물은 마땅히 이와 같이 사용해야 한다. 만약 이와 같지 않다면 위의법을 벗어난 것이다.

세존께서는 왕사성의 기역 동자의 암바라원에 머무르셨다.

그때 기역 동자는 세존의 처소로 가서 이르렀고 머리 숙여 발에 예경하고 물러나서 한쪽에 머무르면서 세존께 아뢰어 말하였다.

"세존이시여. 원하건대 여러 비구들이 온실에서 목욕하는 것을 허락하시어 능히 냉음(冷陰)을 없애서 안락하게 머물게 하십시오."

세존께서는 말씀하셨다.

"온실에서 목욕하는 것을 허락하겠노라."

다시 다음으로 세존께서는 사위성에 머무르셨다.

그때 세존께서 온실에서 목욕하는 것을 허락하셨으므로 이때 육군비구들이 목욕하는 건치를 두드리는 때에 듣고서 곧 먼저 욕실에 들어가서 몰래 땔나무와 숯(炭)을 놓아두고 문을 닫고 땀을 취하며 머물렀다. 밖의 비구들이 문을 열고자 하였으나 즐거이 열어 주지 않고서 말하였다.

"여러 장로들이여. 불이 타는 것을 잠시 기다리시오."

육군비구들은 곧 많은 땔나무와 숯을 사용하고 물이 모두 없어졌으므로 비로소 문을 열고 부르면서 말하였다.

"여러 장로들이여. 들어오십시오."

여러 비구들이 이미 들어갔으므로 다시 밖에서 문을 잠갔다. 여러 비구들은 뜨거워서 어지러웠고 문을 열도록 요구하였으므로 대답하여 말하였다.

"장로들이여. 잠시 머무르면서 땀을 취한다면 선개가 나을 것이오."

다시 밖의 물과 숯가루를 사용하고서 그릇을 땅에 엎어 놓고서 그러한 뒤에 문을 열고서 말하였다.

"장로들이여. 나오시오."

밖에 나와서 뜨겁고 어지러워서 물을 찾았는데, 다시 말하였다.
"장로들이여. 세존께서 말씀하신 것과 같이 작게 사용해야 하고, 나아가 물도 역시 마땅히 양을 아껴서 사용해야 합니다."
이때 여러 비구들이 이 인연으로써 세존께 가서 아뢰었고, 세존께서는 말씀하셨다.
"욕실은 마땅히 이와 같이 지어야 하고, 목욕하는 법은 마땅히 이와 같아야 한다. 욕실은 마땅히 네모나게 짓거나, 둥글게 짓거나, 마땅히 문을 만들고 창문을 지어야 하느니라."
'창문이 향하는 법'은 안은 넓고 밖은 작아야 하고, 만약 한 개이거나, 만약 두 개이거나, 안에서 열어서 물건을 향하게 하고 연도(煙道)가 통하여야 한다.

목욕탕의 안에는 마땅히 벽돌을 깔아야 하고, 섬돌 아래는 부엌을 지으면서 아래는 넓고 위는 좁게 하며, 땅에서 반 주(肘) 떨어져서 연도와 통하고, 주변에는 부삽을 놓아두어야 한다. 만약 부엌이 오른쪽에 있다면 왼쪽에 문짝을 두어야 하고, 만약 왼쪽에 있다면 오른쪽에 문짝을 두어야 하며, 짧게 문의 빗장을 지어서 쉽게 열거나 닫아야 한다. 앞에는 마땅히 옷장을 지어서 용아(龍牙)의 말뚝에 옷을 매달아야 한다.

만약 목욕하려고 하는 때에는 원민을 시켜서 욕실의 먼지와 벌레그물들을 쓸고 물을 땅에 뿌려서 깨끗이 쓸어야 한다. 마땅히 땔나무·숯·가마솥·물그릇·항아리 등을 준비하고 먼저 땔나무와 숯을 놓아두고 뒤에 건치를 두드리는데, 너무 빠르지 않고 불을 붙여서 태우고서 비로소 건치를 두드려야 한다. 건치를 두드리는 때에는 목욕이 일체의 승가를 위한 것인가? 도중(徒衆)을 위한 것인가? 별옥(別屋)을 위한 것인가를 알고서 일을 따라서 떠나가야 한다.

만약 일체가 목욕한다면 마땅히 차례대로 떠나가야 하고, 마땅히 각자 허리띠로써 옷을 묶어 표시를 짓고 옷의 시렁 위에 놓아두어야 하고, 들어가는 때에 두 팔을 흔들면서 들어갈 수 없고, 한 손으로 앞을 막고 들어가야 하며, 한 사람이 들어가면 한 사람이 나와야 하고, 뒤에 들어온 사람이 있다면 먼저 들어온 사람은 마땅히 자리를 주어야 한다. 그릇과 물건과 장로 비구 위를 넘어갈 수 없고, 마땅히 천천히 들어가야 한다.

　만약 화상과 아사리 등이 안에 있다면 밖에 기다리고 있으면서 "어느 때 나오십니까?"라고 말할 수 없고, 마땅히 옷을 벗고 들어가서 문질러 주고 씻어 주어야 한다. 만약 다른 사람을 문질러 주고자 한다면 마땅히 화상과 아사리에게 알려야 하고, 만약 먼저 알렸다면 무죄이다. 만약 불이 치성하면 나이가 젊은 자가 마땅히 불의 가까이에 있어야 하고, 만약 불이 약하다면 장로들이 가까이에 있어야 한다.

　마땅히 천천히 물을 사용하여 주변에 있는 사람에게 오물이 튀지 않게 해야 한다. 만약 제자가 문지르는 때에는 한꺼번에 두 손을 들어서 문지를 수 없고, 마땅히 먼저 하나의 팔을 문질러 한 손으로 앞을 덮게 하며, 다음으로 다른 하나의 팔을 문지르고 물을 부어야 한다. 이미 문을 닫고 앉아서 몸에 땀이 흐르게 하였다면 마땅히 기름을 바르는데, 만약 잔(盞)이거나, 만약 손으로 발라야 하고 가루도 역시 그렇다.

　만약 단월이 "자자(自恣)에 주겠습니다."라고 말하였다면, 마땅히 양을 헤아려서 물을 사용해야 한다. 만약 항아리로 헤아려서 나누어 사용하는 자는 마땅히 얻는 그릇을 가지런하게 하고 남은 분량을 많이 사용해서는 아니된다. 만약 "각자 물을 준비하십시오."라고 말하였다면, 물이 있는 사람은 들어갈 수 있고, 물이 없는 사람은 들어갈 수 없다. 만약 어느 제자가 "화상과 아사리는 다만 들어가십시오. 제가 마땅히 물을 주겠습니다."라고 말하였어도 마땅히 양을 헤아려서 물을 사용해야 한다.

　만약 우바새와 원민이 "다만 들어가십시오. 물은 저희가 마땅히 준비하겠습니다."라고 말하였고, 비록 그렇더라도 마땅히 절약해서 사용해야 한다. 만약 연못의 물이 가까이 있어서 자자에 사용하였다면 무죄이다. 노지(露地)에서 나체로 목욕하는 것은 허락하지 않고, 만약 물이 허리나 겨드랑이에 가지런하였다면 사용하여도 무죄이다.

　만약 가운데에 앉았는데 배꼽에 이르렀다면 역시 나올 수 있으며, 스스로 옷을 취하려 입고서 다른 사람의 옷을 정리하고 떠나가야 한다.

목욕하고서 만약 바로 떠나가고자 하였다면 마땅히 원민에게 말하고 마땅히 목욕한 그릇과 물건을 들고서 떠나가야 한다.

만약 비구가 뒤에 와서 "장로여. 다만 가십시오. 내가 스스로 들고서 가겠습니다."라고 말하였다면 마땅히 떠나가고, 뒤에 왔던 자가 정리하면서 물건을 들고 불을 덮어야 한다.

목욕하는 법은 마땅히 이와 같다. 만약 이와 같지 않다면 위의법을 벗어난 것이다."

세존께서는 사위성에 머무르셨다.

그때 세존께서 5일에 한 번을 여러 비구들의 방사를 살펴보셨는데, 깨끗한 부엌에 그릇과 물건이 여러 곳에 흩어져 있는 것을 보셨다. 세존께서는 아시면서도 일부러 물으셨다.

"이것은 무슨 그릇과 물건이고 흩어져 있으며, 또한 그와 같은가?"

나아가 세존께서 말씀하셨다.

"오늘부터는 물건들을 가로와 세로로 흐트러지게 놓아둔다면 아니되느니라. 만약 마마제(摩摩帝)나 직월(直月)이 마땅히 원민이나 사미를 시켜서 정리해야 하고, 만약 마마제나 직월이 정리할 마음이 없다면 보는 자가 곧 마땅히 정인을 시켜서 정리해야 하느니라."

만약 구리솥이거나, 철솥이거나, 가마솥이거나, 냄비라면 마땅히 정인을 시켜서 깨끗이 씻고, 진흙을 위에 바르고 깨끗한 부엌 안에 놓아두고 덮어야 한다. 만약 질그릇의 솥과 냄비들도 역시 그와 같아서 땅에 엎어놓고 벽돌이나 기와로 눌러놓아야 한다. 나무 항아리와 나무 표주박도 마땅히 깨끗이 씻고서 걸어두어야 한다.

대나무 자리는 마땅히 햇볕에 말려서 달아 두어야 하고, 대나무 상자·까부는 키·쌀을 이는 조리도 역시 마땅히 매달아서 벌레가 씹지 않게 해야 한다. 밥 상자와 밥 주걱도 깨끗이 씻어서 매달아야 하고, 주머니의 수건과 물 녹수낭도 역시 마땅히 매달아서 벌레가 씹지 않게 해야 한다. 약을 찧는 공이와 절구는 사용하고서 땅에 버려두지 않을 것이고, 마땅히 깨끗이 씻어서 평소의 자리에 놓아두고 덮어야 한다.

　부엌(食廚)과 요사(淨屋)가 뚫어져서 비가 새는 것을 보고서도 수리하지 않으면 아니되나니, 만약 풀로 덮었다면 풀로 보수하고, 나아가 진흙으로 덮었다면 마땅히 진흙으로 보수해야 하며, 뚫어지고 허물어진 것은 마땅히 막고서 자주 청소해야 한다. 만약 땔나무를 들일 때에는 마땅히 정리하여 한 곳에 놓아두어야 하고, 삶고 염색하는 기구와 물감을 담았던 그릇을 사용하고서 버리고 떠나가서는 아니되며, 마땅히 깨끗이 관리하고 평소의 자리에 놓아두고 덮어야 한다.

　옷을 빨고서 나무 그릇을 사용하였다면 역시 마땅히 깨끗이 씻어서 평소의 자리에 놓아두어야 한다. 옷을 말리는 노끈도 역시 사용하고서 어지럽게 땅에 내버려서는 아니되나니, 마땅히 붉은 끈으로 말아서 평소의 자리에 놓아두어야 한다. 대패·도끼·톱·끌·가래·큰 호미·사다리 등의 이러한 사방승물(四方僧物)을 사용하였다면 마땅히 정리하여 평소의 자리에 놓아두어야 하나니, 뒤의 사람들이 필요한 자는 쉽게 취하여 피곤하거나 괴롭지 않게 하는 것이다.

　만약 사용이 필요한 자에게는 마땅히 주어야 하고, 만약 두 사람이 일시에 찾는다면 마땅히 상좌에게 먼저 주어야 한다. 만약 상좌가 오랫동안 사용하고 법랍이 적은 자가 잠시 사용한다면 마땅히 법랍이 적은 자에게 먼저 주어야 하고, 만약 두 사람이 모두 잠시 사용한다면 마땅히 상좌에게 먼저 주어야 한다.

　기물의 법은 마땅히 이와 같다. 만약 이와 같지 않다면 위의법을 벗어난 것이다.

　세존께서는 사위성에 머무르셨다.
　그때 대중의 많은 비구들이 함께 하나의 방사에서 머물렀다. 이때 어느 비구가 시렁 위에서 자기의 옷을 취하면서 다른 사람의 옷을 잡아당겨서 땅에 떨어뜨렸고, 다른 비구가 밤에 대·소변을 행하려고 나가면서 발로 옷 위를 밟았다. 옷의 주인이 옷을 찾았으나 보지 못하였고, 나아가 땅에서 그 옷을 찾았다. 여러 비구들이 이 인연으로써 세존께 가서 아뢰었고, 세존께서는 말씀하셨다.

"지금 이후로는 옷은 마땅히 이와 같아야 하느니라. 만약 대중의 많은 비구들이 함께 하나의 방사에서 머물렀다면 옷은 마땅히 각자 스스로가 속옷을 접어서 겉옷의 안에 놓아두어야 하고, 만약 다른 사람의 옷 시렁 위에 있었다면 허리끈으로 묶어야 한다. 다시 화상의 옷이거나, 아사리의 옷으로 자기 옷을 감쌀 수 없고, 마땅히 자기의 옷을 가지고 화상의 옷과 아사리의 옷을 감싸야 하느니라."

만약 봄에 먼지와 흙이 많았다면 마땅히 자기의 옷을 가져다가 위에 덮어야 하고, 만약 여름이어서 땅에 습기가 있다면 마땅히 자기의 옷을 아래에 놓아두어야 한다. 방사 안에 먼지와 흙이 있어서는 아니되고, 마땅히 자주 물을 뿌리고 쇠똥을 땅에 발라야 한다. 옷으로 침을 뱉는 통이나 대소변의 그릇을 잡을 수 없고, 가죽신을 잡을 수 없으며, 분소(糞掃)를 담거나 쇠똥을 주울 수 없다. 만약 기름때가 있다면 마땅히 자주 빨고 물들이며 꿰매어 옷을 보는 것을 피부와 같이 생각해야 한다.

옷의 법은 마땅히 이와 같다. 만약 이와 같지 않다면 위의법을 벗어난 것이다.

    객비구와 구주비구와
    발을 씻는 것과 아울러 발을 닦는 것과
    정수하는 것과 마시는 법과
    온실과 역시 목욕하는 것과
    부엌과 아울러 옷의 법이 있다.

[네 번째의 발거를 마친다.]

세존께서는 사위성에 머무르셨다.
그때 취락의 비구와 아련야의 비구가 함께 한꺼번에 공양하였다. 이때 아련야의 비구는 항상 시간에 맞추어 왔으나, 취락의 비구는 갑자기 일찍 건치를 두드리고 음식을 먹었다. 아련야의 비구가 공양 때가 되어 비로소 이르렀으며 물어 말하였다.

"건치를 두드렸습니까?"

대답하여 말하였다.

"이미 먹었습니다."

이때 아련야의 비구들이 돌아서 떠나갔고, 다음날에 곧 일찍 와서 모든 음식을 가지고 떠나갔다. 취락의 비구들이 와서 음식을 찾았으므로, 정인이 말하였다.

"아련야의 비구들이 이미 모두 가져갔습니다."

취락의 비구들이 말하였다.

"장로들이여. 무슨 까닭으로 일찍 일어났고 와서 음식을 모두 가져갔습니까?"

아련야의 비구들이 말하였다.

"그대들은 무슨 까닭으로 일찍이 건치를 두드리고 음식을 먹으면서 우리들을 기다리지 않았습니까?"

양쪽의 비구들이 함께 싸웠고 세존의 처소에 가기에 이르렀으며 이 인연으로써 세존께 갖추어 아뢰었다. 세존께서는 말씀하셨다.

"오늘부터는 아련야의 비구들은 마땅히 이와 같아야 하고, 취락의 비구도 마땅히 이와 같아야 하느니라. 무엇을 이와 같다고 말하는가? 만약 아련야의 비구와 취락의 비구들이 같은 곳에서 음식을 먹는다면 취락 안의 비구는 일찍 일어나고 건치를 두드려서 전식과 후식 및 차청식을 먹을 수 없고, 마땅히 아련야의 비구를 기다려야 하며, 아련야의 비구는 "내가 천천히 가더라도 마땅히 나를 기다릴 것이다."라고 말할 수 없고, 마땅히 먼저 가야 한다.

만약 청하는 사람이 나누려고 청한다면 '자리에 남겨두시오.'라고 부탁해야 한다. 취락의 비구는 마땅히 '아련야의 비구가 왔습니까?'라고 물어야 하고, 만약 청하는 사람이 맞이하였다면 마땅히 자리에 남겨두도록 부탁하고서 마땅히 자리를 보여주어야 한다. 만약 우바새가 승가를 청하였다면 취락의 비구는 마땅히 아련야의 비구에게 "장로여. 내일은 일찍 오십시오. 누구가 전식과 후식을 청하였으니, 다른 곳에서 걸식하지 마십시오."라고 마땅히 말해야 하고, 아련야의 비구가 들었다면 마땅히 일찍 와야 한다. 일찍 왔는데 음식이 아직 익지 않았으면 지키면서 머무를 수 없고, 마땅히 탑을 예배하고 경을 외우며 법을 물어야 한다.

 취락의 비구는 마땅히 먼저 솥의 가운데에 물을 붓고 불을 피우며 기다리고 그러한 뒤에 쌀을 넣는다. 아련야의 비구가 혹은 귀신의 난(難)이거나, 물의 난이거나, 불의 난이거나, 도둑의 난이 있어서 오지 못하였다면 쌀을 떠내야 한다. 만약 음식이 이미 익어서 단월이 건치를 두드리고자 하였다면 마땅히 "장수여. 해가 이른 까닭으로 아련야의 비구가 오기를 기다립시다."라고 말해야 하고, 만약 때가 임박하다면 건치를 두드려야 한다. 아련야의 비구는 마땅히 나무와 담장 벽의 그림자로써 준칙(准則)을 삼아서 해의 이르고 늦음을 알고서 마땅히 왔던 사람에게는 베풀고, 오지 않은 사람은 마땅히 자리를 남겨두어야 한다.

 아련야의 처소에서 음식을 짓는 것도 마땅히 이와 같다. 아련야의 비구가 마땅히 취락 내의 비구를 가볍게 생각하여 "그대들은 반드시 혀끝의 적은 맛의 이익이 필요하여 이곳에 머물러 있구려."라고 말할 수 없고, 마땅히 "그대가 취락의 가운데에 머물면서 설법하고 교화하며 법을 위하여 우리들을 보호하고 감싸주면서 있구려."라고 찬탄해야 한다.

 취락의 비구들도 마땅히 아련야의 비구들을 가볍게 생각하여 "그대들은 아련야 처소에 머물러 있으면서 이름과 이익을 바라는데, 노루와 사슴과 새와 짐승들이 역시 아련야의 처소에 머무는 것과 같다. 그대들은 아련야의 처소에 있으면서 아침부터 하루를 마치도록 년(歲)을 세고 달(月)을 세는구려."라고 말할 수 없고, 마땅히 "그대들은 취락과 먼 아련야의 처소에 있으면서 한적하게 사유하고 높은 업들을 숭상하는데, 이것을 행하기 어려운 처소이어도 능히 이곳에 머무르면서 마음의 뜻을 쉬는구려."라고 찬탄해야 한다. 아련야의 비구도 마땅히 이와 같이 말해야 하고,

취락의 비구도 마땅히 이와 같이 말해야 하느니라."
 만약 이와 같지 않다면 위의법을 벗어난 것이다.

 세존께서는 사위성에 머무르셨다.
 구주비구들이 함께 말다툼하였는데, 어느 객비구가 와서 발에 예배하였다. 뒷날에 객비구가 와서 다시 예배하니 물어 말하였다.
 "그대는 몇 일에 왔는가?"
 대답하여 말하였다.
 "4·5일입니다."
 구주비구가 말하였다.
 "그대는 어찌하여 나를 보지 않았는가?"
 대답하여 말하였다.
 "나는 보고서 예배하였습니다. 장로들이 함께 말다툼하였던 까닭으로 나를 보지 못하였습니다."
 구주비구가 말하였다.
 "그대는 어찌하여 우리들이 함께 다투는 것을 보고 우리들을 향하여 예배하였는가?"
 대답하여 말하였다.
 "그대들은 어찌하여 서로 다투면서 내가 예배하는 것을 보지 않았습니까?"
 두 사람은 곧 함께 다투었고 가서 세존의 처소에 이르렀으며, 나아가 세존께서 말씀하셨다.
 "오늘부터는 마땅히 이와 같이 예배하고, 마땅히 이와 같이 서로가 문신하여야 하느니라. 무엇을 이와 같이 예배하고, 이와 같이 문신한다고 말하는가? 앞의 사람이 함께 다투거나, 함께 말하는 때에는 예배할 수 없고, 마땅히 머리 숙여 작게 공경하고서, 만약 다툼이 끝났다면 마땅히 예배하여야 하느니라."
 만약 집을 짓거나, 진흙을 바르는 때에는 마땅히 예배할 수 없고,

이와 같은 일체를 짓는데, 발우를 훈증하거나, 옷을 세탁하거나, 염색약을 삶거나, 옷을 염색하거나, 옷을 꿰메거나, 목욕하거니, 기름을 몸에 바르거나, 발을 씻거나, 손과 얼굴을 씻거나, 발우를 씻거나, 탑에 예배하거나, 음식을 먹는 때에 목구멍에 머금었거나, 안약을 넣거나, 경을 읽거나, 경을 외우거나, 경을 쓰거나, 경행하거나, 누각에서 내려가거나, 누각에 올라가는 때이거나, 측간에 있는 때이거나, 옷을 입지 않았을 때이거나, 하나의 니원승(泥洹僧)[3]을 입은 때에는 모두 마땅히 예배할 수 없다.

어둠 속에서는 예배할 수 없고, 경전을 주는 때에도 예배할 수 없으며, 니원승을 입었을 때이거나, 빠르게 달려가는 때에는 예배할 수 없다. 머리를 덮었거나, 오른쪽 어깨를 덮었거나, 가죽신을 신고서 예배할 수 없고, 무릎으로 예배하거나, 발로 예배하거나, 발뒤꿈치로 예배할 수 없고, 마땅히 발을 마주대고서 예배해야 한다. 만약 앞 사람의 발 위에 부스럼이 있다면 마땅히 보호하면서 부딪치지 않아야 하고, 예배를 받는 사람도 벙어리의 양과 같이 말하지 않는다면 아니되며, 마땅히 서로가 문신하여야 한다.

문신하는 때에 "어느 곳에 맛있는 음식이 많이 있습니까?"라고 이와 같이 말을 지을 수 없고, 마땅히 "병이 적고 번뇌가 적으며 안락하였습니까? 도로에서 피곤하고 괴롭지 않았습니까?"라고 물어야 한다. 객비구가 마땅히 "누가 승가의 상좌이시고, 두 번·세 번째의 상좌입니까?"라고 묻고서 마땅히 발에 예배하여야 한다. 구주비구는 마땅히 "장로는 몇 살입니까?"라고 묻고서 만약 객비구의 법랍이 적으면 마땅히 자리를 주어서 앉게 하고, 만약 여유가 있다면, 마땅히 전식·후식·발에 바르는 기름·비시장을 주어야 한다.

객비구와 구주비구들은 마땅히 이와 같아야 한다. 만약 이와 같지 않다면 위의법을 벗어난 것이다.

---

3) nivāsana의 음사로 군(裙)·하의(下衣)라고 번역된다. 수행승이 허리에 둘러 입는 치마 같은 옷을 가리킨다.

세존께서는 사위성에 머무르셨다.

그때 육군비구들이 전전하여 세속 사람들의 모습을 지으면서 서로를 불렀다.

"아옹(阿翁)이여. 아모(阿母)여. 아형(阿兄)이여. 아제(阿弟)여."

여러 비구들이 이 인연으로써 가서 세존께 아뢰었고, 세존께서는 물으셨다.

"육군비구여. 그대들이 진실로 그러하였는가?"

대답하여 말하였다.

"진실입니다."

세존께서 말씀하셨다.

"오늘부터는 마땅히 이와 같이 함께 말하고 문신해야 하느니라. 아버지(翁丈)와 함께 말하는 때에는 아버지를 아야(阿爺)나 마하라(摩訶羅)라고 부를 수 없고, 마땅히 바로혜다(婆路醯多)라고 말해야 하며, 어머니와 말하는 때에도 아모(阿母)나 아바(阿婆)라고 말할 수 없고, 마땅히 바로혜제(婆路醯帝)라고 말해야 하며, 형과 말하는 때에도 아형(阿兄)이라고 말할 수 없고, 마땅히 바로혜다라고 말해야 하며, 누이와 말하는 때에도 바비(婆鞞)라고 말할 수 없고, 마땅히 바로혜제라고 말해야 하며, 화상과 말하는 때에도 발단제(跋檀帝)라고 말할 수 없고, 마땅히 우파상(優波上)이라고 말해야 하며, 아사리와 함께 말할 때에도 발단제라고 말할 수 없고, 마땅히 아사리라고 말해야 한다. 만약 대중의 많은 아사리가 있다면 마땅히 누구 아사리라고 불러야 한다.

하좌와 함께 앉아서 말하는 때는 자(字)를 부르거나, 거제(巨帝)라고 부르거나, 법랍을 불러야 한다. 상좌와 함께 앉아서 말하는 때는 마땅히 발단제나, 혜명(慧命)이나, 아사리라고 불러야 하고, 만약 어느 사람이 부르는 때에도 마땅히 어느 도(道)의 어느 물건이라고 말할 수 없다.

화상이 부르는 때에는 마땅히 "예"라고 대답해야 하고, 아사리가 부르는 때에도 마땅히 "예"라고 대답하고, 상좌가 부르는 때에도 마땅히 "예"라고 대답해야 한다. 만약 법랍이 적은 자가 부르는 때에는 마땅히 "무슨 까닭으로 부르는가?"라고 말해야 하고, 만약 어머니의 사람들이나, 남자들이 부르는 때에도 마땅히 "무슨 까닭으로 부르는가?"라고 말해야 한다. 어느 사람이 "그대의 화상과 아사리의 자(字)가 무엇입니까?"라고 물었다면, 곧 화상과 아사리의 자를 마땅히 말할 수 없고, 글자 뜻의 인연을 말하면서 "그러므로 자는 누구입니다."라고 말해야 하느니라."

말의 법은 마땅히 이와 같아야 한다. 만약 이와 같지 않다면 위의법을 벗어난 것이다.

세존께서는 사위성에 머무르셨다.

그때 찰리(剎利)들이 모여서 의논하려는 것이 있었다. 이때 난타와 우파난타가 먼저 이르러 앉았고, 이때 여러 사람들이 비난하여 말하였다.

"우리들이 지금 모여서 의논하려는 것이 있는데, 이 사문들이 우리가 의논하는 일을 방해하는구나."

여러 비구들이 이 인연으로써 가서 세존께 아뢰었고, 나아가 세존께서는 말씀하였다.

"오늘부터는 마땅히 이와 같이 찰리의 대중에 들어가야 하느니라. 무엇을 이와 같이 찰리의 대중에 들어간다고 말하는가? 만약 일의 인연이 있다면 마땅히 가서 먼저 그 가운데의 우두머리에게 왔던 일의 뜻을 말하고 만약 "오십시오."라고 허락하면 마땅히 가면서 산개(傘蓋)를 지니고 가죽신을 신을 수 없으며, 들어가는 때에는 마땅히 가죽신을 벗어서 한곳에 놓아두어야 하고, 남자가 즐겁다고 말할 수 없다.

만약 앉을 곳을 보여주었다면 마땅히 앉아야 하고, 군진(軍陣)이나 싸우는 법을 헐뜯거나 칭찬할 수 없고, 만약 활을 잘 쏘더라도 칭찬할 수 없으며, 마땅히 "그는 찰리 종족은 높은 종성(種姓)이다."라고 말해야 한다. 여래·응공·정변지께서는 항상 두 종류의 집안에서 태어나시는데, 찰리의 집안과 바라문의 집안이며, 두 종류의 바퀴가 있으니, 법륜(法輪)과 역륜(力輪)이다. 여러 출가인은 역륜에 의지하고 보호받는 까닭으로 스스로가 평안을 얻는다. 의논할 일이 있다면 말하고서 마땅히 떠나가야 하느니라."
　찰리의 대중에 들어간다면 마땅히 이와 같아야 한다. 만약 이와 같지 않다면 위의법을 벗어난 것이다.

　세존께서는 사위성에 머무르셨다.
　그때 바라문들이 모여서 의논하려는 것이 있었다. 이때 난타와 우파난타가 먼저 이르러 앉았으므로 여러 바라문들이 비난하여 말하였다.
　"우리들이 의논하려는 것이 있는데, 이 사문들이 우리가 의논하는 일을 방해하는구나."
　나아가 세존께서는 말씀하였다.
　"오늘부터는 마땅히 이와 같이 바라문의 대중에 들어가야 하느니라. 만약 일의 인연이 있었고 가서 이르고자 하는 때에는 마땅히 먼저 그 가운데의 우두머리에게 왔던 일의 뜻을 말하고서, 만약 허락하면 마땅히 가야하고 이르지 않은 때에 마땅히 산개로 가리거나, 가죽신을 벗을 수 없으며, 보았는데 비로소 치울 수 없으며, 또한 산개나 가죽신을 빌려서 떠나갈 수 없다.
　남자가 즐겁다고 말할 수 없고, 천사(天祠)를 헐뜯거나 칭찬할 수 없고 형상을 말할 수 없으며, 바라문은 아만(我慢)이 많은 까닭으로 마땅히 6취(趣)의 만약 닭이거나, 만약 돼지이거나, 만약 개이거나, 만약 야간이거나, 낙타이거나, 나귀이거나, 지옥에 태어난다고 말할 수 없다. 마땅히 "여래·응공·정변지는 항상 두 종류의 집안에서 태어나시는데, 찰리의 집안과 바라문의 집안이다."라고 말해야 한다. 의논할 일이 있다면 말하고서 마땅히 떠나가야 하느니라."
　바라문의 대중에 들어간다면 마땅히 이와 같아야 한다. 만약 이와 같지 않다면 위의법을 벗어난 것이다."

　세존께서는 사위성에 머무르셨다.
　나아가 세존께서는 말씀하였다.

"오늘부터는 거사들의 대중에 들어가면서, 만약 인연이 있다면 마땅히 떠나가야 하고, 나아가 만약 앉을 곳을 보여주었다면 앉아야 하며, '그대는 손과 발을 깨끗이 씻고 앉으시오.'라고 말할 수 없다. 상점(店肆)에서 가벼운 저울이거나, 작은 말(斗)을 사용하여 사람들을 속인다면 도둑보다 심한 것이다. 마땅히 "두 종류의 바퀴가 있으니, 법륜과 식륜(食輪)이니, 식륜을 이미 얻었다면 법륜을 굴려야 한다."라고 말해야 한다.

세존께서 여러 비구들에게 "바라문과 거사들이 옷·음식·와구·병의 탕약을 공급하여 요익함이 매우 많은데, 이것은 어려운 일이다."라고 알려서 말씀하신 것과 같고, 우리들은 "그대들을 의지하면서 여래 법의 가운데에 있으면서 범행을 닦아서 생사의 흐름을 건너가는데, 모두가 그대들 신심의 은혜입니다."라고 말해야 한다. 의논할 일이 있다면 말하고서 마땅히 떠나가야 하느니라."

거사의 대중에 들어간다면 마땅히 이와 같아야 한다. 만약 이와 같지 않다면 위의법을 벗어난 것이다."

세존께서는 사위성에 머무르셨다.
나아가 세존께서는 말씀하였다.
"외도의 대중에 들어가려면 마땅히 이와 같아야 하느니라. 무엇을 이와 같다고 말하는가? 만약 앉을 곳을 보여주었다면 앉아야 하고, 그들의 견해를 헐뜯거나 칭찬하지 않아야 하며, 또한 "그대들은 사견(邪見)이고 믿음이 없으며 참괴가 없다."라고 형체를 헐뜯을 수 없고, 마땅히 그들의 사실을 "그대들은 능히 출가하여 얽매인 것을 풀었고 세속 사람들의 옷을 버리고서 넓은 마음과 비우고 한적함을 입었는데, 이것은 어려운 일입니다."라고 칭찬해야 한다. 이와 같이 일체의 사실을 칭찬해야 하고 그들의 허물을 말할 수 없다. 만약 일을 의논하려고 하였다면 말하고서 곧 떠나가야 하느니라."

외도의 대중에 들어가는 법은 마땅히 이와 같아야 한다. 만약 이와 같지 않다면 위의법을 벗어난 것이다."

세존께서는 사위성에 머무르셨다.

나아가 세존께서는 말씀하였다.

"오늘부터는 마땅히 이와 같이 대중에 들어가야 하느니라. 무엇을 이와 같다고 말하는가? 만약 대중 승가의 가운데에서 의논할 일이 있다면 마땅히 바깥에서 판결하여 명료하게 결정해야 하고, 곧 대중 승가의 가운데 들어와서 판결할 수 없다. 만약 일을 명료하게 결정하기 어렵다면 마땅히 그들의 화상과 아사리에게 말해야 하고, 만약 이 일을 승가가 판결할 수 없다면 마땅히 말하여 멈추어야 한다. 만약 일이 반드시 필요하다면 승가를 통하여 일을 거론하는 사람에게 말하도록 하고, 믿을 수 있다면, 마땅히 화합하여 여법하고 율과 같이 말해야 한다.

화상과 아사리가 이미 들었다면 마땅히 승가의 상좌 앞에 가서 "나는 말하려는 것이 있습니다. 듣겠습니까?"라고 말해야 하고, 상좌는 마땅히 앞의 사람이 말하는 것을 관찰해야 한다. 나아가 대중에 들어가는 때에 가죽신을 신을 수 없고, 머리를 덮거나 오른쪽 어깨를 덮을 수 없으며, 마땅히 가죽신을 벗고 오른쪽 어깨를 드러내고서 대중에 들어가야 하느니라."

대중에 들어가는 법은 마땅히 이와 같아야 한다. 만약 이와 같지 않다면 위의법을 벗어난 것이다.

> 아련야와 추락의 비구들과
> 발에 예배하고 서로 문안하는 것과
> 서로가 부르는 것과 찰리와
> 바라문들과 거사들과
> 외도와 현성(賢聖)의 대중이 있다.

[다섯 번째의 발거를 마친다.]

세존께서는 사위성에 머무르셨다.

그때 육군비구들이 사찰 안에서 내의(內衣)를 벗고서는 나체로 취락에 들어가는 내의를 구하였고, 취락을 나와서는 취락에 들어가는 내익를 벗고서 나체로 사찰 안의 내의를 구하였다. 여러 비구들이 이 인연으로써 가서 세존께 아뢰었고, 나아가 세존께서는 말씀하셨다.

"마땅히 이와 같이 내의를 입어야 하느니라. 무엇을 이와 같이 내의를 입는다고 말하는가? 취락에 들어가려고 하는 때에는 사찰 안의 내의를 벗고 나체로 취락에 들어가는 내의를 구할 수 없고, 취락에 들어가는 내의를 벗고 나체로 사찰 안의 내의를 구할 수 없으며, 취락에 들어가려고 하는 때에는 마땅히 먼저 취락에 들어가는 내의를 구하여 가까이 놓아두어야 하고, 취락에 들어가는 옷을 입고서 아래에서 사찰 안의 내의를 당겨서 벗을 수 없으며, 마땅히 한쪽을 따라서 입고서 한쪽을 벗어야 한다. 취락에서 나왔던 때에도 취락에 들어가는 내의를 벗고, 사찰 안의 내의를 입으면서 역시 그와 같아야 하느니라."

내의를 입는 법은 마땅히 이와 같아야 한다. 만약 이와 같지 않다면 위의법을 벗어난 것이다.

세존께서는 사위성에 머무르셨다.

그때 육군비구들이 취락에 들어가려고 사찰 안의 옷을 벗고 하나의 내의를 입고 취락에 들어가는 옷을 구하였고, 취락을 나와서는 반대로 취락에 들어가는 옷을 벗고 하나의 내의를 입고서 사찰 안의 내의를 구하였다. 여러 비구들이 이 인연으로써 가서 세존께 아뢰었고, 나아가 세존께서는 말씀하셨다.

"오늘부터는 마땅히 이와 같이 옷을 입어야 하느니라. 사찰 안의 옷을 벗고 하나의 내의를 입고서 취락에 들어가는 옷을 구할 수 없고, 마땅히 먼저 취락에 들어가는 내의를 구하여 가까이 놓아두어야 하며, 사찰 안의 옷을 벗고 구겨진 내의를 들어서 평소의 자리에 놓아두고 그러한 뒤에 취락에 들어가는 옷을 입어야 한다. 취락을 나왔다면 마땅히 사찰 안의 옷을 취하여 가까이 놓아두고, 취락에 들어가는 옷을 털어서 평소의 자리에 놓아두며, 사찰 안의 옷을 입어야 하느니라."
 옷을 입는 법은 마땅히 이와 같아야 한다. 만약 이와 같지 않다면 위의법을 벗어난 것이다.

 세존께서는 사위성에 머무르셨다.
 그때 우파난타가 취락의 가운데에 들어가면서 옷을 끌고서 진흙땅을 다녔으므로 색깔이 더러워졌고, 구부러진 곳을 만나면 당겨져서 찢어졌으며, 뾰족한 곳을 만나면 뚫어졌고, 좁은 골목 가운데에서 부딪치면서 지나갔으므로 제자들이 싫어하면서 말하였다.
 "우리들이 부지런히 고통스럽게 빨고 물들이며 꿰매고 수선하였는데, 사랑하고 보호하지 않는구나."
 여러 비구들이 이 인연으로써 가서 세존께 아뢰었고, 나아가 세존께서는 말씀하셨다.
 "오늘부터는 취락에 들어가는 때에는 마땅히 이와 같이 옷을 입어야 하느니라. 무엇을 이와 같다고 말하는가? 나아가 취락의 가운데에서 옷을 끌어서 뚫어지고 찢어지게 할 수 없다. 만약 봄에 취락을 멀리 떠나는 자는 마땅히 내의를 접어서 어깨 위에 걸치고 떠나가야 하고, 취락의 가까이에서 만약 연못의 물이거나, 넓은 물이 있으면 손과 발을 씻고서 옷을 입고 끈을 묶고서 들어가야 한다. 만약 물이 없다면 나뭇잎이나 풀로 발의 먼지와 흙을 닦고서 그러한 뒤에 옷을 입고서 들어가야 한다. 만약 겨울이면 마땅히 옷을 입고 떠나가야 하고, 만약 달리는 코끼리·말·수레를 만났다면 마땅히 바람 부는 위에 있어서 먼지와 흙이 더럽히지 않게 하라.
 만약 굽어지고 가시덩굴이라면 옷을 끌어서 찢어지게 떠나갈 수 없고, 골목이 좁았다면 문지르고 부딪치며 지나갈 수 없다. 만약 문이 좁다면 마땅히 몸을 옆으로 지나가야 하고, 문이 낮다면 마땅히 몸을 구부려서 지나가야 하느니라."
 취락에서 옷을 입는 법은 마땅히 이와 같아야 한다. 만약 이와 같지 않다면 위의법을 벗어난 것이다."

세존께서는 사위성에 머무르셨다.
그때 난타와 우파난타가 좌구를 펼치지 않고 앉아서 옷으로 익은 과일과 기름진 떡을 담으면서 옷을 더럽혔으므로 제자들이 싫어하면서 말하였다.
"우리들이 부지런히 고통스럽게 빨고 물들이며 수선하였는데, 사랑하고 보호하지 않는구나."
여러 비구들이 이 인연으로써 가서 세존께 아뢰었고, 나아가 세존께서는 말씀하셨다.
"오늘부터 백의의 집안에 들어간다면 마땅히 이와 같아야 하느니라. 무엇을 이와 같다고 말하는가? 만약 평상에 먼지와 흙이 있어서 부정하다면 물건을 펼치지 않고 앉을 수 없다. 만약 친구(親舊)를 보았다면 마땅히 펼치라고 말해야 하고, 만약 그가 "이 사문은 교만하고 방자하여 일이 어렵구나."라고 말하였다면, 마땅히 스스로 털고 닦으며 좌구를 펼치고 손을 씻고 앉아야 한다. 옷으로써 일체의 과일·떡·젖은 꽃·부서진 가루들을 취할 수 없고 입을 닦을 수 없느니라."
백의의 집안에서 앉으면서 옷을 보호하는 것은 마땅히 이와 같아야 한다. 만약 이와 같지 않다면 위의법을 벗어난 것이다.

세존께서는 사위성에 머무르셨다.
그때 우파난타가 난타의 공행제자에게 말하였다.
"나는 그대와 함께 취락에 들어가서 걸식하고자 하네. 내가 만약 그곳에서 위의가 아닌 것을 짓더라도 사람을 향하여 말하지 말게. 나는 그대의 숙부(叔父)이네."
그 공행제자가 대답하였다.
"설사 나의 아버지와 할아버지라도 위의가 아닌 것을 지었더라도 나는 역시 마땅히 말할 것입니다."

[앞에서 자세히 말한 것과 같다.] 나아가 대답하여 말하였다.

"진실로 그렇습니다. 세존이시여."

세존께서 말씀하셨다.

"오늘부터는 앞의 사문에게도 마땅히 이와 같이 하고, 뒤의 사문에게도 마땅히 이와 같이 하여야 하느니라. 무엇을 앞과 뒤의 사문에게 마땅히 이와 같다고 말하는가? 앞의 사문이 만약 능히 음식을 얻었다면 마땅히 함께 먹어야 하고, 만약 능히 음식을 얻지 못하였다면 마땅히 일찍 보내고 돌아가서 음식을 구하게 해야 한다.

뒤에 다니는 사문은 앞사람과 너무 멀어서 서로가 보지 못하여서는 아니되고, 앞사람과 너무 가까워서 발뒤꿈치를 서로 밟아서도 아니된다. 마땅히 하나의 손을 펴는 바깥이어야 한다. 앞에 악한 코끼리·말·소가 있다면 마땅히 "화상과 아사리시여. 앞에 악한 물건들이 있습니다. 마땅히 한곳으로 피하십시오."라고 말해야 하고, 만약 앞에 다니는 사문이 여리고 늙었다면 마땅히 앞에 있으면서 막아주어야 하며, 만약 앞에서 예배하는 자가 있다면 마땅히 "누구가 예배합니다."라고 말해야 한다.

만약 사람이 음식을 청하였다면, 뒤의 사문이 마땅히 기억하고 주처에 돌아와서 마땅히 "누구의 집에서 청합니다."라고 말해야 한다. 만약 앞의 사문이 능히 축원할 수 없다면 축원에 능한 자에게 말하여 축원하게 해야 한다. 축원하는 자는 "그대는 앞자리에 있으면서 먼저 물도 취하였고 먼저 먹고서 나에게 축원하게 한다."라고 말할 수 없고, 마땅히 축원해야 하느니라."

앞의 사문과 뒤의 사문은 마땅히 이와 같아야 한다. 만약 이와 같지 않다면 위의법을 벗어난 것이다.

세존께서는 사위성에 머무르셨다.

그때 어느 비구가 땅에서 맞이하는 음식을 부탁하면서 발우를 주었고 버려두고 떠나갔다. 그 음식을 맞이한 비구는 음식을 가지고 와서 구하면서 찾았으나 처소를 알 수 없었고, 발우를 선당(禪堂) 위에 놓아두었으며,

곧 버리고 떠나갔다. 다음날에 이르러 비구가 말하였다.

"내 발우를 돌려주십시오."

대답하여 말하였다.

"나는 발우를 선당 위에 놓아두었습니다."

다시 말하였다.

"그대는 어찌하여 내 발우를 가지고 텅빈 선당 위에 놓아두었습니까?"

그가 말하였다.

"그대는 무슨 까닭으로 나에게 음식을 맞이하게 하고서 버려두고 떠나갔습니까?"

두 사람이 함께 다투었고 세존의 처소로 가서 곧 앞의 일을 갖추어 세존께 아뢰었고, 세존께서는 말씀하셨다.

"오늘부터는 사람에게 부탁하여 음식을 맞이하였다면 마땅히 이와 같이 하고, 음식을 맞이하여 주는 사람도 마땅히 이와 같아야 하느니라. 무엇을 사람에게 부탁하여 음식을 맞이하고, 음식을 맞이하여 주면서 마땅히 이와 같이 한다고 말하는가? 사람에게 부탁하여 음식을 맞이하게 하고서 버려두고 떠나갈 수 없고, 또한 음식을 맞이하여 주는 사람도 발우를 텅빈 선당 위에 놓아두고 떠나갈 수 없다.

다른 사람을 맞이하여 주는 사람은 마땅히 먼저 "장로여. 내가 지금 음식을 취하겠으니 다른 곳에 다니지 말고 엄숙히 준비하여 나를 기다리십시오."라고 말해야 하고, 음식을 맞이하는 사람은 마땅히 때를 알아야 한다. 만약 시간에 쫓기는 자는 마땅히 먼저 가지고 와야 하고, 만약 시간이 빠르면 마땅히 차례에 의지하여 앉고서 차례로 취해야 한다. 취하는 때에는 합하고 섞어서 취할 수 없고, 각자 다르게 하여 스스로는 먹고서 가져와야 한다.

만약 날에 쫓겨서 그곳에서 먹을 수 없다면 마땅히 두 몫의 음식을 가지고 와야 하고, 오는 때에 마땅히 해를 바라보아서 해가 넉넉하여 시간에 맞추어 이를 수 있다면 마땅히 와야 하지만, 만약 시간에 미치지 못한다면 곧 그곳에서 먹어서 두 사람이 함께 음식을 잃지 않게 해야 한다. 음식을 부탁하여 맞이하는 자는 "내가 이미 부탁하였습니다."라고 말하고서 버려두고 떠나갈 수 없고, 마땅히 먼저 치목을 씹고 물을 준비하며 좌상을 펼치고 손을 씻고 기다리면서 마땅히 자주 해를 보아서 시간에 쫓기고자 한다면 마땅히 항아리의 물을 가지고 가서 맞이해야 한다.

만약 도중에서 만났다면 함께 먹어야 하고, 만약 고의로 일찍 갔다면 마땅히 기다리고서 먹어야 한다. 만약 장자(長者)가 있다면 마땅히 음식을 취한 사람에게 주어야 하고, 다른 사람에게 줄 수 없다. 만약 필요하지 않은 자는 다른 사람을 줄 수 있느니라."

음식을 맞이하는 법은 마땅히 이와 같아야 한다. 만약 이와 같지 않다면 위의법을 벗어난 것이다.

세존께서는 사위성에 머무르셨다.

그때 육군비구들이 성안에 들어가서 걸식하면서 머리를 숙이고 곧 백의의 집에 들어가면서 앞의 사람과 부딪쳤으므로 세상 사람들이 비난하였다.

"어찌하여 사문 석자들은 오히려 갈양(羯羊)[4]과 같이 곧 앞으로 나아가서 사람과 부딪치는가?"

여러 비구들이 이 인연으로써 가서 세존께 아뢰었고, 나아가 세존께서는 말씀하셨다.

"오늘부터 백의의 집안에 들어간다면 마땅히 이와 같아야 하느니라. 무엇을 이와 같다고 말하는가? 갈양과 같이 머리를 곧게 세우고 곧 앞으로 나아갈 수 없고, 다시 너무 멀리 떨어져서 바라볼 수 없는 곳에 있어도 아니되며, 마땅히 잘 보이는 곳에 머물러야 한다. "나에게 음식을 준다면 마땅히 큰 복을 얻을 것이오."라고 말할 수 없고, 마땅히 묵연히 서 있어야 하며, 왼쪽으로 돌아보고 오른쪽으로 바라보아서 사람들에게 의심을 생겨나게 시켜서 "도둑이나 세작이다."라고 말하게 해서는 아니된

---

[4] 거세한 수컷 양을 가리킨다.

다.

　마땅히 6근(情)5)을 섭수하고 무상(無常)힘을 관찰해야 하며, 역시 너무 오래 머무를 수 없다. 만약 그 집의 부녀들이 방아를 찧고 절구의 일을 지었는데, 아직 보지 못하였다면 조금 머무를 수 있으나, 만약 그녀들이 보고서 다시 방아를 찧었다면 마땅히 떠나가야 한다. 만약 부인이 실을 뽑으면서 실로 엮었고, 다시 실을 뽑았다면 그녀는 주겠다는 마음이 없으니, 마땅히 떠나가야 한다.

　만약 여인이 보고서 집에 들어갔으나 빈손으로 나오면 마땅히 떠나가야 한다. 만약 부유한 집이라면 여러 곳에 보물이 많이 있으면 곧 떠나갈 수 없고, 불러서 "보았습니까?"라고 말하고서 마땅히 떠나가야 하느니라."

　걸식하는 법은 마땅히 이와 같아야 한다. 만약 이와 같지 않다면 위의법을 벗어난 것이다.

　세존께서는 사위성에 머무르셨다.
　그때 우파난타가 공행제자와 함께 취락에 들어가서 걸식하면서 우파난타가 음식을 가지고 돌아와서 제자를 찾았으나 보이지 않았으므로 싫어하며 말하였다.

　"내가 음식을 가지고 왔는데 나를 버려두고 떠나갔구나."
　여러 비구들이 이 인연으로써 가서 세존께 아뢰었고, 나아가 세존께서는 말씀하셨다.

　"오늘부터는 걸식하는 때에 뒤에 가는 사문은 마땅히 이와 같아야 하느니라. 무엇을 이와 같다고 말하는가? 앞의 사문이 걸식하는 때에는 너무 멀리 벗어날 수 없고, 너무 가까운 주변에서 바라보아서 주인이 "능히 걸식하지 못하여 다른 사람의 잔식(殘食)을 얻고자 바라는구나."라는 생각이 생겨나게 할 수 없으며, 마땅히 드러난 곳에 머물러야 한다. 만약 음식을 청하였다면 마땅히 먹어야 하고, 만약 청하지 않았다면

---

5) 사람의 여섯 가지의 감정으로 희(喜)·노(怒)·애(哀)·락(樂)·호(好)·오(惡)를 가리킨다.

마땅히 걸식해야 하느니라."

만약 우물이나 만약 연못물의 주변에서 음식을 먹고 발우를 씻고서 떠나갔다면 무죄이다. 먹을 때에 서로 기다린다면 마땅히 이와 같아야 한다. 만약 이와 같지 않다면 위의법을 벗어난 것이다."

내의(內衣)와 취락의 옷과
취락에 들어가는 옷을 입는 것과
백의의 집에서 옷을 보호하는 것과
앞의 사문과 뒤의 사문과
부탁하여 맞이하고 취하여 주는 것과
걸식과 함께 서로 기다리는 것이 있다.

[여섯 번째의 발거를 마친다.]

세존께서 사위성에 머무르셨다.
그때 여러 비구들이 어두운 가운데에서 선방에 들어가다가 땅에 넘어졌다. 여러 비구들이 이 인연으로써 가서 세존께 아뢰었고, 세존께서는 말씀하셨다.
"오늘부터는 등불을 켜는 것을 허락하겠노라."
이때에 육군비구들이 등불의 당직(當直)이었는데, 입으로 불어서 껐고, 손으로 부채질하여 껐으며, 옷으로 부채질하여 껐고, 다시 바람의 아래에 놓아두어서 여러 좌선하는 비구들을 요란시켰다. 비구들이 이 인연으로써 가서 세존께 아뢰었고, 세존께서는 말씀하셨다.
"오늘부터는 등불을 켜는 법은 마땅히 이와 같아야 하느니라. 무엇을 이와 같다고 말하는가? 마땅히 가장 하좌부터 차례로 당직해야 하고, 당직자는 마땅히 미리 나무를 준비하며, 쇠통을 뚫어서 식당(食堂)의 가운데에서 숙화(宿火)6)를 피울 것이고, 갑자기 등불을 켤 수 없으며, 마땅히 한쪽 끝에 불을 두고서 점차로 그것을 켜야 한다. 등불을 켜는 때에는 마땅히 먼저 사리와 형상 앞의 등불을 켜고, 예경하고 마땅히 나와서 그것을 꺼야 하며, 다음으로 측간의 가운데를 켜야 한다.

만약 좌선하는 때에 이른 자는 마땅히 선방의 등을 켜고서 "여러 대덕들께서는 등불을 따라서 기뻐하고 축원하십시오."라고 창언해야 하고, 다음으로 도로와 경행처의 등불을 켜며, 다음으로 전각의 도로 위의 등불을 켠다. 만약 기름이 많다면 측간의 가운데는 마땅히 밤새워 켜야 하고, 만약 기름이 적다면 사람이 대소변을 행하여 마쳤다면 마땅히 꺼야 한다. 측간의 등불을 끄고서 다음으로 도로와 경행처의 등불을 끄며, 다음으로 전각의 도로 위의 등불을 끄고, 다음으로 선방의 등불을 꺼야 한다.

선방 가운데의 등불을 끄는 때에 갑자기 꺼서는 아니되고, 마땅히 "여러 대덕들께서는 요를 펴십시오. 등불을 끄고자 합니다."라고 말해야 하고, 곧 손으로 등불을 막고서 "등불이 꺼지려고 합니다. 등불이 꺼지려고 합니다."라고 창언해야 하며, 입으로 불어서 끌 수 없나니, 손으로 부채질하여 끄거나, 옷으로 부채질하여 꺼야 하고, 마땅히 심지의 끝을 잡고 꺾고서 떠나가야 한다. 후야(後夜)에 때에 이르면 마땅히 다시 일어나서 먼저 측간의 등불을 켜고, 다음으로 도로와 경행처의 등불을 켜며, 다음으로 전각의 도로 위의 등불을 켜고, 다음을 선방 가운데의 등불을 켜야 한다.

선방 가운데의 등불을 켜는 때에 갑자기 들어가서 켤 수 없고, 마땅히 큰소리로 "여러 대덕들이여. 등불을 들여놓고자 합니다. 등불을 들여놓고자 합니다."라고 창언하며, 다음으로 게송을 창언하여 말한다. 새벽에 등불을 끄려는 때에는 마땅히 먼저 전각의 도로 위의 등불을 끄고, 다음으로 도로와 경행처의 등불을 끄며, 다음으로 측간의 등불을 끄고, 다음으로 선방 가운데의 등불을 꺼야 하느니라."

등불을 켜는 법은 마땅히 이와 같아야 한다. 만약 이와 같지 않다면 위의법을 벗어난 것이다.

---

6) 묵은 불씨라는 뜻으로, 옛날의 화롯불을 가리킨다.

세존께서는 사위성에 머무르셨다.

그때 여러 비구들이 선방의 가운데에서 좌선하면서 머리를 숙이거나, 들고서 졸았다. 여러 비구들이 이 인연으로써 가서 세존께 아뢰었고, 세존께서는 말씀하셨다.

"오늘부터는 마땅히 선장(禪杖)7)을 행하라."

육군비구들이 선장을 행하는 때에 비구들의 옆구리의 갈비뼈를 때렸으므로 그들이 곧 놀라서 부르짖었다.

"나를 죽입니다. 장로여!"

여러 비구들이 이 인연으로써 가서 세존께 아뢰었고, 세존께서는 말씀하셨다.

"오늘부터는 마땅히 이와 같이 선장을 행하라. 무엇을 이와 같다고 말하는가? 선장을 짓는 법은 마땅히 대나무와 갈대를 사용해야 하고, 길이 8주(肘)의 물건을 두 끝자락을 감싸야 하며, 하좌에서 마땅히 행해야 한다. 행하는 때에는 머리를 덮거나, 오른쪽 어깨를 덮거나, 가죽신을 신을 수 없고, 마땅히 오른쪽 어깨를 드러내야 한다.

만약 잠자는 자가 있다면 갑자기 급하게 불러서 깨울 수 없고, 옆구리를 때릴 수 없으며, 마땅히 주변에 선장으로써 앞에 세우고서 세 번을 흔들어도 깨닫지 못하는 사람이고, 만약 머리가 왼쪽으로 숙였다면 마땅히 오른쪽 무릎으로 떠받치고, 만약 오른쪽으로 숙였다면 마땅히 왼쪽 무릎으로 떠받치며, 그가 깨어났다면 마땅히 일어나서 선장을 취하여 간다. 역시 머리를 덮거나, 오른쪽 어깨를 덮을 수 없고, 마땅히 오른쪽 어깨를 드러내고 행하여야 한다.

만약 잠자는 자가 많더라도 소와 같이 한꺼번에 일어날 수 없고, 마땅히 두·세 사람이 일어나야 하며, 법랍이 적은 자가 마땅히 선장을 행해야 한다. 만약 화상과 아사리가 잠잤어도 역시 마땅히 일으켜야 하며, 법을 공경하는 까닭으로 마땅히 일어나서 선장을 취해야 한다. 제자에게 선장

---

7) 좌선 중에 잠자는 사문을 깨우는 막대기로서 대나무나 갈대의 한쪽 끝을 옷감이나 나무껍질로 감아서 사용한다.

을 줄 수 없고, 마땅히 스스로 행하여야 하며, 선장을 행하는 사람은 성냄과 애욕을 따라서 그의 허물을 구할 수 없고, 마땅히 6정을 섭수하여 일심으로 사유해야 한다.

만약 잠자는 자가 있더라도 마땅히 그에게 선장을 취하여 주었던 사람은 혐오와 원한을 품어서는 아니되고, 마땅히 '그가 지금 나에게 음개(陰蓋)8)를 없애 주었으니, 나에게 이익이 적지 않다.'라고 이렇게 생각을 지어야 하고, 생각하였다면 마땅히 일어나서 행해야 한다. 만약 잠자는 자가 있으면 마땅히 주어야 하느니라."

선장을 행하는 법은 마땅히 이와 같아야 한다. 만약 이와 같지 않다면 위의법을 벗어난 것이다.

세존께서는 사위성에 머무르셨다.
그때 비구들이 선장을 행하였는데, 날이 추워서 손이 떨렸다. 여러 비구들이 이 인연으로써 가서 세존께 아뢰었고, 세존께서는 말씀하셨다.
"오늘부터는 마땅히 환(丸)을 짓도록 하라."
육군비구들이 환을 행하는 때에 가슴에 던졌고 얼굴에 던졌으므로, 비구들이 놀라서 말하였다.
"나를 죽입니다."
여러 비구들이 이 인연으로써 가서 세존께 아뢰었고, 세존께서는 말씀하셨다.
"오늘부터는 마땅히 이와 같이 선장을 행하라. 무엇을 이와 같다고 말하는가? 짓는 법은 마땅히 만약 실이거나, 만약 털이거나, 만약 모직물을 사용하여 지으며, 너무 단단하게 지을 수 없고 너무 부드럽게 지어서도 아니된다. 법을 행한다면 마땅히 먼저 가운데의 사람에게 주어야 하고, 만약 잠자는 자가 있어도 나아가서 머리와 얼굴에 던질 수 없고, 마땅히 앞의 앞에 사람에게 던지면 법을 공경하는 까닭으로 일어나서 환을 취해야

---

8) 무명(無名)의 번뇌(煩惱)를 가리킨다.

하며, 환을 취하고는 다시 앉는다.

만약 화상과 아사리라도 잠자는 자는 내버려 둘 수 없고, 마땅히 환을 주어야 하고, 그는 법을 공경하는 까닭으로 화상과 아사리가 마땅히 일어서야 하며, 제자가 마땅히 환을 대신하여 행한다. 그들은 마땅히 다시 앉아서 원망하거나 허물을 구할 수 없다. 환을 얻은 자는 마땅히 '그가 지금 나에게 음복(陰覆)을 없애 주었으니, 이익이 적지 않다.'라고 이렇게 생각을 지어야 하느니라."

환을 행하는 법은 마땅히 이와 같아야 한다. 만약 이와 같지 않다면 위의법을 벗어난 것이다.

세존께서는 사위성에 머무르셨다.

그때 육군비구들이 선방의 문 앞에서 가죽신을 벗고 밑바닥으로써 서로 두드려서 마른 생선을 이끌고 들어오는 것과 같아서 좌선하는 비구들을 어지럽혔다. 여러 비구들이 이 인연으로써 가서 세존께 아뢰었고, 나아가 세존께서는 말씀하셨다.

"오늘부터는 선방에서 가죽신을 벗는다면 마땅히 이와 같아야 하느니라. 무엇을 이와 같다고 말하는가? 선방의 문 앞에서 가죽신을 두드리는 것을 허락하지 않는다. 만약 땅에 덮은 것이 있으면 마땅히 가죽신을 벗고서 가지고 들어오면서 마른 생선을 이끄는 것과 같으면 아니되고, 마땅히 밑바닥을 서로 맞대고 옷을 덮고 들어가서 마땅히 오른쪽 니사단의 아래에 놓아두어야 한다. 만약 땅에 덮은 것이 없다면 마땅히 서서히 신고 들어와서 신을 벗고서 앉아야 하느니라."

선방 안의 가죽신의 법은 마땅히 이와 같아야 한다. 만약 이와 같지 않다면 위의법을 벗어난 것이다.

세존께서는 사위성에 머무르셨다.

그때 육군비구들이 선방 안에 서 있으면서 니사단을 털면서 소리를 지었고 여러 비구들을 어지럽혔다. 여러 비구들이 이 인연으로써 가서 세존께 아뢰었고, 나아가 세존께서는 말씀하셨다.

"오늘부터는 선방 안에서 니사단은 마땅히 이와 같아야 하느니라. 무엇을 이와 같다고 말하는가? 선방 안에서 니사단을 털어낼 수 없고, 마땅히 가운데를 맞대고 겹쳐서 왼쪽 어깨 위에 메고서 떠나가야 하며, 이르렀다면 가운데를 접어서 겹친 것을 펼치고 앉아야 하고, 오는 때에는 역시 마땅히 접어서 겹치고 어깨 위에 메고 돌아와야 하며, 만약 평소의 자리에 놓아두고자 하였다면 가운데를 덮어두고 돌아오는 때 서서히 깔고 앉아야 하느니라."

선방의 니사단의 법은 마땅히 이와 같아야 한다. 만약 이와 같지 않다면 위의법을 벗어난 것이다.

세존께서는 사위성에 머무르셨다.

그때에 육군비구들이 선방의 가운데에서 고의로 크게 기침 소리를 짓고서 여러 비구들을 어지럽혔다. 여러 비구들이 이 인연으로써 가서 세존께 아뢰었고, 나아가 세존께서는 말씀하셨다.

"오늘부터는 선방 안에서 기침은 마땅히 이와 같아야 하느니라. 무엇을 이와 같다고 말하는가? 만약 기침하려는 때에는 방자(放恣)하게 고의로 크게 소리를 지을 수 없고, 마땅히 입을 가리고 서서히 소리를 지어야 한다. 만약 기침이 커서 제지할 수 없다면 마땅히 일어나 나가야 하고, 기침을 마치고서 다시 들어와야 하며, 만약 오히려 이전처럼 멈추지 않는다면 마땅히 지사인에게 말하고서 떠나가야 한다.

기침하는 법은 마땅히 이와 같아야 한다. 만약 이와 같지 않다면 위의법을 벗어난 것이다."

세존께서는 사위성에 머무르셨다.

그때 육군비구들이 풀뿌리로써, 실로써, 가루로써 콧속에 뿌렸고 연속으로 재채기 소리를 짓고서 좌선하는 비구들을 어지럽혔다. 여러 비구들이 이 인연으로써 가서 세존께 아뢰었고, 나아가 세존께서는 말씀하셨다.

"오늘 이후에는 선방 안에서 재채기는 마땅히 이와 같아야 하느니라. 무엇을 이와 같다고 말하는가? 선방 안에서 재채기하는 자는 방자하게 크게 재채기를 할 수 없고, 만약 재채기가 오는 때에는 마땅히 참으면서 손으로써 코를 가려야 한다. 만약 참을 수 없는 자는 마땅히 손으로 코를 막고서 재채기를 하여서 침과 콧물이 옆에 앉은 자를 더럽혀서는 아니된다. 만약 재채기하는 자가 있다면 말할 수 없고, 만약 상좌가 재채기하였다면 마땅히 "화남합니다."라고 말해야 하고, 하좌가 재채기를 하였다면 묵연하여야 하느니라."

재채기하는 법은 마땅히 이와 같아야 한다. 만약 이와 같지 않다면 위의법을 벗어난 것이다.

세존께서는 사위성에 머무르셨다.

그때 육군비구들이 선방 안에서 하품하고 입을 벌리며 팔을 펴고 얼굴을 찡그리고 뼈마디에 소리를 짓고서 여러 비구들을 어지럽혔다. 여러 비구들이 이 인연으로써 가서 세존께 아뢰었고, 나아가 세존께서는 말씀하셨다.

"오늘부터는 찡그리고 하품하는 법은 마땅히 이와 같아야 하느니라. 무엇을 이와 같다고 말하는가? 만약 선방 안에 앉았는데, 하품이 나오려고 하는 때에 방자하게 크게 하품하고 얼굴을 찡그리며 소리를 지를 수 없고, 마땅히 스스로가 제지하여야 한다. 만약 참을 수 없다면 마땅히 손으로 입을 가리고서 서서히 하품하여 옆의 앉은 사람들을 어지럽혀서는 아니된다. 찡그리고 하품하는 때에는 마땅히 먼저 한 손을 들었다가 내려놓고, 다음으로 한 손을 들어야 하느니라."

찡그리고 하품하는 법은 마땅히 이와 같아야 한다. 만약 이와 같지 않다면 위의법을 벗어난 것이다.

세존께서는 사위성에 머무르셨다.

그때 육군비구들이 선방에 앉아서 손톱을 잡고서 긁어대는 소리를 짓고서 여러 비구들을 어지럽혔다. 여러 비구들이 이 인연으로써 가서 세존께 아뢰었고, 나아가 세존께서는 말씀하셨다.

"오늘부터는 법은 마땅히 이와 같이 손톱을 잡고서 긁어야 하느니라. 무엇을 이와 같다고 말하는가? 크게 손톱을 잡고서 긁어대는 소리를 짓는다면 아니되고, 손톱이나 나무를 사용하여 긁어서도 없다. 만약 크게 간지러운 자는 마땅히 손으로 문질러야 하며, 만약 손톱이라면 깎아야 하느니라."

잡고서 긁는 법은 마땅히 이와 같아야 한다. 만약 이와 같지 않다면 위의법을 벗어난 것이다.

세존께서는 사위성에 머무르셨다.

그때 육군비구들이 미숫가루와 콩을 먹고 유락장(乳酪漿)을 많이 마시고는 선방의 가운데에서 네 모서리에 앉아서 서로서로 방귀를 뀌었고, 크고 작게 소리를 짓고서 "장로여. 이 소리가 조화롭고 매우 좋지 않습니까?"라고 말하였고, 손으로써 방귀를 잡고 다른 사람의 코에 들이밀면서 "장로여. 향기롭습니까?"라고 말하였다. 여러 비구들이 이 인연으로써 가서 세존께 아뢰었고, 나아가 세존께서는 말씀하셨다.

"오늘부터는 방귀를 뀌는 일은 마땅히 이와 같아야 하느니라. 무엇을 이와 같다고 말하는가? 고의로 기운(氣)이 많은 음식을 먹고 물건을 사용하여 희롱(調戱)할 수 없고, 선방 가운데에서 급하게 방귀가 나오려는 자는 마땅히 억제해야 하며, 만약 참을 수 없는 자는 마땅히 하좌를 향하여 앉아야 하고, 만약 하좌의 자리에 상좌가 있다면 마땅히 다시 상좌를 향하여 앉아야 한다. 방귀를 뀌는 때에 크게 소리를 짓고서 옆자리를 요란시켜서는 아니되고, 만약 식사를 올릴 때 방귀를 뀌려면 또한 아래쪽을 향해 앉아서 옆자리를 요란시켜서도 아니된다.

만약 화상과 아사리와 장로 비구들 앞에서는 마땅히 나와서 바람의 아래에 있으면서 악취를 풍길 수 없고, 만약 상인과 함께 도로를 다닌다면 앞에 있으면서 악취를 풍길 수 없으며, 만약 방귀가 나와서 참을 수 없는 자는 마땅히 길을 내려가서 바람의 아래에서 방귀를 뀌어야 하느니라."

방귀를 뀌는 법은 마땅히 이와 같아야 한다. 만약 이와 같지 않다면 위의법을 벗어난 것이다.

등불과 선장을 행하는 것과
환을 던지는 것과 가죽신을 지니는 것과
니사단을 펴는 것과 기침하는 것과
재채기와 찡그리고 하품하는 것과
긁는 것과 방귀를 뀌는 것이 있다.

[일곱 번째의 발거를 마친다.]

무엇을 위의이고 위의가 아니라고 말하는가? 위의는 2부(部)의 비니를 수순하여 행하였다면, 이것을 위의라고 이름한다. 수순하여 행하지 않는다면 위의가 아니라고 이름한다. 위의와 중학(衆學)과 악심을 벗어나는 것과 무심(無心)하게 여인과 접촉하는 등의 일체 심회(心悔)는 비니를 벗어나는 것이다. 위의를 마치겠노라.

비구니계법(比丘尼戒法)

마하승기율 제36권

동진 천축삼장 불타발타라·법현 공역
석보운 번역

1. 8바라이(波羅夷)의 법(法)을 밝히다

바가바(婆伽婆)·삼먁삼불타(三藐三佛陀)께서는 본래부터 발심(發意)하여 수습하신 것을 모두 성취하시고서 가유라위의 석씨정사에 머무시면서 여러 천인과 세상 사람들에게 공경과 공양을 받으신 것은 앞에서 자세히 설하였다.

그때 대애도 구담미(大愛道瞿曇彌)는 천타이천타(闡陀夷闡陀)와 파라타바천타모(波羅陀婆闡陀母) 등과 같은 500명의 석씨 여인들과 함께 세존의 처소에 나아가서 머리 숙여 발에 예경하고 물러나서 한쪽에 머물렀다. 이때 대애도는 세존께 아뢰어 말하였다.

"세존이시여. 세존께서 세상에 출세(出世)하시는 것을 만나기 어렵고, 법을 얻고 듣는 것은 어려운데, 지금 여래께서 출세하신 것을 만났으며, 감로의 미묘법을 연설하시어 여러 중생들에게 적멸(寂滅)의 묘증(妙證)을 성취하시게 하셨습니다."

[『대애도출가선경(大愛道出家線經)』의 가운데에서 설한 것과 같다.]

나아가 세존께서 말씀하셨다.

"오늘부터 이후에는 대애도가 비구니 승가의 상좌이니, 이와 같이 지녀야 하느니라."

그때 대애도 구담미가 세존께 아뢰어 말하였다.

"여러 비구니들을 위한 까닭으로써 제정한 4타중법(四墮重法)을 저희들이 자세하게 들을 수 있습니까?"

세존께서 말씀하셨다.

"그렇습니다. 구담미여. 만약 신심의 선여인으로 다섯 가지 일의 이익을 얻고자 하는 자는 마땅히 모두 이러한 비니를 수지해야 합니다. 무엇이 다섯 가지인가? 만약 신심의 선여인이 불법을 건립(建立)하고자 하였다면 마땅히 모두 이러한 비니를 수지해야 하고, 정법이 오래 머무르게 하려면 마땅히 모두 이러한 비니를 수지해야 하며, 의심과 후회가 있지 않으려고 다른 사람에게 물음을 청하려고 한다면 마땅히 모두 이러한 비니를 수지해야 하고, 비구니가 범한 것이 여러 가지가 있어서 죄가 두려웠고 의지를 짓고자 하는 자는 마땅히 모두 이러한 비니를 수지해야 하며, 여러 지방을 유행하고 교화하면서 걸림이 없고자 한다면 마땅히 모두 이러한 비니를 수지해야 합니다. 이것을 독실하게 믿음의 선여인이 이러한 비니를 수지하는 다섯 가지 일의 이익이라고 이름합니다.

[나머지는 앞의 비구 처음의 가운데에서 다섯 가지 인연의 가운데에서 자세히 말한 것과 같다.]

만약 비구니가 환계(還戒)하지 않았고 계율이 약해졌으나 승가를 떠나가지 않고서 음법을 받았고, 나아가 축생과 함께 음행하였다면 이것은 비구니가 바라이를 범하였으므로 마땅히 함께 머무를 수 없습니다."

'비구니'는 구족계를 받고서 구족계를 잘 수지하며, 백일갈마와 백사갈마를 지어서 차법(遮法)이 없고, 화합한 2부의 대중이 여법하였거나, 여법하지 않았거나, 화합하였거나, 화합하지 않았거나, 20세를 채웠거나, 20세를 채우지 않았어도 이것을 비구니라고 이름한다. 환계하지 않고 계율이 약해졌으나 승가를 떠나가지 않은 것은 앞의 비구계의 가운데에서 자세히 설한 것과 같다.

'받다.'는 것은 욕심으로 받는 것이다.

'음행'은 범행(梵行)이 아닌 것이니, 만약 비구니가 사람인 남자와 함께 잠잤는데 깨어 있거나, 죽었거나, 이와 같이 비인의 남자와 축생의 수컷과 잠잤는데 깨어 있거나, 죽었거나, 사람이거나, 비인(非人)이거나, 축생이거나 불능남과 잠잤는데 깨어 있거나, 죽었던 것이다.

'3창문(瘡門)'은 만약 입이거나, 소변을 행하는 길이거나, 대변을 행하는 길이니, 만약 하나·하나에서 즐거움을 받았다면 이것은 비구니의 바라이이고, 마땅히 함께 머무를 수 없다.

'바라이'는 이를테면, 법의 지혜가 퇴전(退沒)하고 타락하여 도과(道果)의 부분이 없는 것이다. 이것을 바라이라고 이름하고, 이와 같이 나아가 진지(盡智)와 무생지(無生智)까지 그 여러 지혜에서 퇴전하고 타락하여 도과의 부분이 없으므로 바라이라고 이름한다. 또한 다시 '바라이'는 열반에서 퇴전하고 타락하여 도과의 부분이 없으니, 이것을 바라이라고 이름한다. 또한 다시 '바라이'는 범행에서 퇴전하고 타락하여 도과의 부분이 없으니, 이것을 바라이라고 이름한다. '바라이'는 죄를 범한 것을 드러내고서 허물을 참회할 수 없는 까닭으로 바라이라고 이름한다.

만약 비구니가 염오(染汚)된 마음으로 남자를 보려고 하였다면 월비니죄를 마음으로 참회해야 하고, 만약 눈으로 보았거나, 귀로 소리를 들었다면 월비니죄를 범하며, 나신(裸身)으로 서로를 향하였다면 투란차죄를 범하고, 나아가 (남근이) 호마(胡麻)와 같이 들어갔더라도 바라이를 범한다. 만약 비구니가 환계하겠다고 말하지 않았고, 환계하지 않겠다고 말하지 않고서 계율이 약해져서 곧 세속 사람들처럼 짓는다면 그녀가 범한 것을 따라서 죄를 얻는다. 만약 외도처럼 짓는 것도 이와 같다.

만약 죄를 덮었으나 감추지 않았거나, 만약 감추었으나 덮지 않았거나, 역시 감추었고 역시 덮었거나, 감추지도 않고 덮지도 않았거나, 나아가 (남근이) 호마와 같이 들어갔더라도 바라이를 범한다. 만약 비구니가 환계하지 않았고, 계율이 약해졌어도 승가를 떠나가지 않고서 세속 사람들의 형체와 복장을 하고서 범하였다면 그녀가 범한 것을 따라서 죄를 얻는다.

만약 비구니가 비구의 주변에서 강제로 음욕을 행하면 비구니는 바라이를 범하고, 비구도 즐거움을 받았다면 역시 바라이를 범한다. 만약 비구와 비구니가 함께 음욕을 행하였다면 함께 바라이를 범하고, 비구니가 사미와 함께 음욕을 행하였다면 비구니는 바라이를 범하고, 사미는 쫓아내야한다. 속인들도 역시 이와 같다.

만약 비구니가 세 종류와 함께 음욕을 행하는데, 사람과 비인과 축생이다. 다시 세 종류가 있으니, 앞의 위와 중간과 아래이다. 다시 세 종류가 있으니, 만약 깨어 있거나, 만약 잠을 잤거나, 만약 이와 죽은 자이니, 모두 바라이를 범한다.

만약 비구니가 잠들었거나, 미쳤거나, 선정(定)에 들어갔는데, 사람이 나아갔고 위에서 음욕을 행하였는데, 깨어나고서 처음과 중간과 뒤에 모두 즐거움을 받았다면 바라이를 범한다. 만약 비구니가 잠들었거나, 미쳤거나, 선정에 들어갔는데, 사람이 나아갔고 위에서 음욕을 행하였는데, 깨어나고서 처음에는 즐거움을 받지 않았으나 중간과 뒤에 즐거움을 받는 자도 역시 바라이를 범한다. 만약 비구니가 잠들었거나, 미쳤거나, 선정에 들어갔는데, 사람이 나아갔고 위에서 음욕을 행하였는데, 깨어나고서 처음과 중간과 뒤에 모두 즐거움을 받지 않았다면 무죄이다.

무엇이 즐거움을 받는 것이고, 무엇이 즐거움을 받지 않는 것인가? '즐거움을 받다.'는 비유한다면 굶주린 사람이 여러 가지의 맛있는 음식을 얻었다면 그가 음식으로써 즐거움을 삼는 것과 같고, 또한 목마른 사람이 여러 좋은 음료를 얻었다면 그가 음료로써 즐거움을 삼는 것과 같으며, 음욕의 즐거움을 받는 것도 역시 이와 같다.

'즐거움을 받지 않다.'는 비유한다면 청정함을 좋아하는 사람이 여러 종류의 죽은 시체를 그의 목에 매다는 것과 같고, 또한 터트린 종기와 같으며, 뜨거운 쇠로 몸을 지지는 것과 같아서 즐거움을 받지 않는 것도 역시 다시 이와 같다.

만약 비구니가 음행을 받았거나, 만약 팔려가서 음행을 얻었거나, 만약 고용되어 음행을 얻었거나, 만약 은혜와 의리로 음행을 얻었거나, 만약 지식에게 음행을 얻었거나, 희롱을 당하여 음행을 얻었거나, 시험삼아 희롱하여서 음행을 얻었거나, 다시 일이 없어서 음행을 얻었거나,

이와 같은 일체를 얻어서 음욕을 받는 자는 모두 바라이를 범하고, 만약 미쳐서 깨닫지 못한 자는 무죄이다.
　이러한 까닭으로 설하였노라.
　만약 비구니가 환계하지 않았고, 약해졌으나 승가를 나가지 않고서 음법을 받았으며, 나아가 축생과 함께 음행하였다면 이것은 비구니가 바라이를 범하였고, 마땅히 함께 머무를 수 없다.

　[제2계(戒)와 제3계와 제4계도 비구계의 가운데에서 자세히 설하였다.]
　만약 비구니가 취락이나 공지에서 주지 않았는데 취하였다면 훔친 물건을 따라서 주인이 혹은 붙잡거나, 혹은 죽이거나, 혹은 묶거나 혹은 쫓아내면서 "쯧쯧. 여인이여. 그대는 도둑이고 그대는 어리석은 사람이다."라고 말하였으며, 비구니가 이와 같이 주지 않았는데 취한다면 바라이이고, 마땅히 함께 머무를 수 없다.
　만약 비구니가 자기 손으로 사람의 목숨을 빼앗거나, 칼을 구하여 지니고서 사람을 죽이거나, 죽이라고 시키거나, 죽음을 찬탄하거나, '쯧쯧 사람이여. 악하게 살아도 소용있겠는가? 죽는 것이 사는 것보다 수승하다.'라고 이와 같은 뜻과 생각으로 방편을 지어 죽음이 좋다고 찬탄하였고, 이것을 인연하여 죽었고 다른 것이 없었다면, 이러한 비구니는 바라이이고, 마땅히 함께 머무를 수 없다.
　만약 비구니가 알지 못하고 명료하지 않으면서 스스로 과인법을 얻어서 성스러운 지견(知見)이 수승하다고 칭찬하였고, 이와 같이 알았고 이와 같이 보았다면 그를 뒤의 때에 만약 검교하였거나, 만약 검교하지 않아도 죄를 범한다. 청정함을 구하려는 까닭으로 "아리야(阿梨耶)[1]여. 내가 알지 못한 것을 알았다고 말하였고, 보지 못한 것을 보았다고 말하였는데, 공허하고 거짓이며 진실하지 않은 말입니다."라고 이렇게 말을 지었다면, 증상만(增上慢)을 제외하고는 비구니는 바라이라고 이름하고, 마땅히

---

1) 산스크리트어 ārya의 음사로서 성자나 존자를 뜻한다.

함께 머무를 수 없다.

　세존께서는 가유라위국 니구류수(尼拘類樹)의 석씨정사에 머무르셨다.

　그때 세존께서는 계율을 제정하시어 비구니가 아련야의 처소에 머무는 것을 허락하지 않으셨다. 이때 뇌타(賴吒) 비구니는 취락 안에 정사가 없었으므로 석종(釋種)의 집에 의지하여 머무르면서 석종의 젊은이들에게 경을 가르쳤다. 뇌타 비구니는 몸과 얼굴이 단정하였으나 아직 음욕을 벗어나지 못하였고, 젊은이도 역시 단정하였고 음욕을 벗어나지 못하였으며, 하루 안에 세 번을 와서 경을 배웠다. 이때 뇌타 비구니가 자주 젊은이를 보았으므로 음욕의 마음에 탐착하여 마침내 병이 생겨나서 얼굴빛이 초췌하고 노랗게 변하였다. 여러 비구니들이 문신하면서 말하였다.

　"아리야여. 무슨 병으로 괴롭습니까? 무슨 약이 필요합니까? 만약 소(酥)와 기름과 꿀과 석밀이 필요하다면 마땅히 서로기 공급하여 주겠습니다."

　대답하여 말하였다.

　"필요가 없습니다. 스스로가 마땅히 나을 것입니다."

　우바새와 우바이들이 문신하여도 역시 이와 같았다. 이때 석종의 젊은이들이 뇌타 비구니에게 물었다.

　"아리야여. 무슨 병으로 괴롭습니까? 무슨 약이 필요합니까? 마땅히 서로가 공급하여 주겠습니다. 우리 집에 있다면 주겠고, 만약 없는 것은 마땅히 다른 곳에서 구하여 주겠습니다."

　대답하여 말하였다.

　"장수여. 이와 같은 약이 아니라도 능히 나을 것입니다."

　다시 물었다.

　"아리야여. 이 병이 몸의 병이 아닌 까닭이라면 마땅히 마음의 병인 것을 알겠습니다."

대답하여 말하였다.
"그대들이 말한 것과 같습니다."
다시 물었다.
"이 병이 어찌하면 마땅히 낫겠습니까?"
비구니가 말하였다.
"그대들이 나의 병을 낫게 하고자 합니까?"
대답하여 말하였다.
"낫게 하고자 합니다."
또한 다시 말하였다.
"마땅히 무슨 약이 필요하십니까? 지금 서로가 구하겠습니다."
비구니가 말하였다.
"함께 이러한 일을 지으려면 오세요."
젊은이들이 대답하여 말하였다.
"감히 할 수 없습니다. 다른 출가인도 가사를 입은 자라면 우리들은 오히려 이러한 마음이 생겨날 수 없는데, 하물며 우리가 이렇게 존중하는 스승이겠습니까?"
다시 말하였다.
"능히 할 수 없다면 다만 나를 껴안아서 탄식하게 하고, 나의 위와 아래를 붙잡고서 주무르고 쓰다듬어 주세요."
대답하여 말하였다.
"다만 그것이 필요하다면 우리들은 능히 그것을 할 수 있습니다."
곧바로 껴안아서 탄식하게 하고 두 유방(乳房)을 붙잡고 위·아래로 주물러서 곧 뜻을 얻게 하였고, 뒤에도 자주자주 이와 같았다. 세존께서 말씀하신 것과 같이 색(色)을 생각하고 염오(染汚)된 마음이 일어나도 잊지 않아서 여인은 남자를 기억하였고, 남자는 여인을 기억하였고, 이것을 쫓아서 뒤에 자주자주 지으면서 멈추지 않았다. 다른 비구니들이 말하였다.
"아리야여. 이러한 일을 짓지 마십시오. 이것을 그렇게 얻을 수 없습니다."

대답하여 말하였다.

"나는 이러한 일을 지어야 기쁨과 즐거움을 얻습니다."

여러 비구니들이 곧 이 일로써 대애도에게 말하였고, 대애도가 이를 듣고 가서 세존께 아뢰었다. 세존께서는 말씀하셨다.

"뇌타 비구니를 불러오라."

왔으므로, 세존께서 물으셨다.

"그대가 진실로 유루의 마음으로 유루인 남자의 주변에서 어깨의 아래와 무릎의 위를 주무르고 접촉하게 하여서 즐거움을 받았는가?"

대답하여 말하였다.

"진실로 그렇습니다. 세존이시여."

세존께서 말씀하셨다.

"뇌타여. 이것은 악한 일이니라. 그대는 항상 내가 무량한 방편으로 음욕을 꾸짖는 것을 듣지 않았는가? 음욕은 미혹시키고 취하게 하며, 음욕은 큰 불과 같아서 사람의 선한 근본을 태우므로 큰 근심이 되느니라. 나는 항상 여러 종류의 방편으로 음욕을 벗어나고 음욕을 끊으며 음욕을 제어하는 것을 칭찬하였느니라. 그대가 지금 어찌하여 능히 이러한 악한 일을 지었는가? 이것은 법이 아니고 계율이 아니며 이것으로써 선법을 장양할 수 없느니라."

세존께서 대애도 구담미에게 말씀하셨다.

"가유라위성을 의지하여 머무르는 비구니들을 모두 모이게 하십시오."

모두 모였고, 그때 세존께서는 이 인연으로써 여러 비구니들을 향하여 허물과 근심의 일이 일어남을 자세히 설하셨고, 여러 종류의 인연으로 허물과 근심의 일이 일어나는 것을 꾸짖으셨으며, 여러 비구니들을 위하여 수순하여 설법하셨고, 열 가지 일의 이익이 있었으므로 여래·응공·정변지께서는 여러 제자들을 위하여 계율을 제정하시어 세웠으며, 바라제목차의 법을 말씀하셨다.

무엇이 열 가지인가? 첫째는 승가를 섭수하려는 까닭이고, 둘째는 지극하게 승가를 섭수하려는 까닭이며, 셋째는 승가를 안락하게 하려는 까닭이고, 넷째는 부끄러움이 없는 사람을 절복(折伏)시키려는 까닭이며, 다섯째는 참괴(慚愧)가 있는 사람들을 안은하게 머물게 하려는 까닭이고, 여섯째는 불신하는 자에게 신심을 얻게 하려는 까닭이며, 일곱째는 이미 신심있는 사람에게 신심을 증익(增益)하게 하려는 까닭이고, 여덟째는 현법(現法)의 가운데에서 누진(漏盡)을 얻게 하려는 까닭이며, 아홉째는 생겨나지 않은 여러 번뇌가 다시 생겨나지 않게 하려는 까닭이고, 열째는 정법이 오래 머무는 까닭으로 여러 천인과 세간 사람들을 위하여 감로의 문을 열게 하려는 까닭이니, 이를 열 가지라 한다.

　이 열 가지의 일로써 여래·응공·정변지께서는 여러 제자들을 위하여 계율을 제정하셨고, 바라제목차법을 설하시어 세우셨으며, 나아가 "듣지 못한 자는 마땅히 들어야 하고, 이미 들었던 자도 마땅히 거듭 들어야 하느니라. 만약 비구니가 유루의 마음으로 유루의 마음인 남자에게 어깨의 아래와 무릎의 위를 주무르고 접촉하여 즐거움을 받는 자는 이 비구니는 바라이이고, 마땅히 함께 머물 수 없느니라."고 말씀하셨다.

　'비구니'는 앞의 설명과 같다.
　'유루인 마음의 남자'는 음욕의 마음의 남자이다.
　'어깨의 아래'는 유방과 아래이다.
　'무릎의 위'는 큰 넓적다리 위부터 배꼽까지이다.
　'주무르고 접촉하다.'는 손을 옮겨가며 주무르고 쓰다듬는 것이다.
　'즐거움을 받다.'는 쾌락을 느끼는 것이다.
　'염착하다.'는 이 비구니는 바라이를 범한다.
　'바라이'는 앞의 설명과 같다.
　'함께 머무르지 못하다.'는 비구니가 함께 머물면서 법식(法食)과 미식(味食)을 하지 못하는 것이다. 전후(前後)도 역시 이와 같고, 후전(後前)도 역시 이와 같아서 바라이를 범하나니, 마땅히 함께 머물 수 없다. 만약 비구니가 유루의 마음으로 유루의 마음인 남자와 어깨의 아래와 무릎의 위를 주무르고 접촉하게 하여서 즐거움을 받는다면 바라이이고, 마땅히 함께 머물 수 없다.

　이와 같이 불능남과 여인이라면 투란차죄를 범한다. 비구니는 유루의 마음이고 남자는 유루의 마음이 아니어도 역시 바라이를 범하고, 불능남과 여인이라면 투란차죄를 범한다. 비구니는 유루의 마음이 없으나 남자가 유루의 마음이 있다면 투란차죄를 범하고, 불능남과 여인이라면 월비니죄를 범한다.

　비구니도 유루의 마음이 없고 남자도 유루의 마음이 없었다면 월비니죄를 범하고, 불능남과 여인이라면 월비니죄를 마음으로 참회해야 한다.

　만약 비구니가 남자를 시켜서 머리를 깎는 때에 두 여인이 아프다면 어루만져서 여인은 느끼게 하더라도, 남자는 느끼지 못하도록 해야 한다. 이와 같이 머리를 찔러서 피를 흘리게 하고 팔을 찌르며 발을 찌를 때에 마땅히 여인을 시켜서 단단히 붙잡고서 여인은 느끼게 하고, 남자를 느끼지 못하도록 해야 한다. 어깨의 위와 무릎의 아래에 만약 옹창(癰瘡)이 있다면 여인을 시켜서 붙잡게 하고, 남자가 터트렸다면 무죄이다. 은밀한 곳이라면 할 수 없다.

　'은밀한 곳'은 어깨의 아래와 무릎의 위이다. 만약 이러한 곳에 병이 있다면 마땅히 여인을 시켜서 치료해야 한다.

　이러한 까닭으로 설하였노라.

　세존께서는 비사리성에 머무르셨다.

　여러 천인과 세간 사람들의 공경을 받고 공양을 받으신 것은 앞에서 자세히 설한 것과 같다.

　그때 뇌타파라(賴吒波羅) 비구니가 리차(離車) 동자에게 경을 가르쳐 주었고, 나아가 리차 동자가 말하였다.

　"다른 출가인도 가사를 입은 자라면 나는 오히려 이러한 마음이 생겨날 수 없거늘, 하물며 우리가 이렇게 존중하는 스승이겠습니까?"

　비구니가 말하였다.

　"만약 그렇게 할 수 없다면 나와 가까이 머무르면서 함께 말하고 내

손을 잡고 내 옷을 붙잡으세요."

왔으므로 환희하여 앉으라고 청하였고 몸을 구부리고 나아가서 함께 다니려고 약속하였다. 그가 대답하여 말하였다.

"단지 이와 같다면 괜찮습니다."

이와 같이 뜻을 충족하였으며, 자주자주 행하면서 멈추지 않았다. 세존께서 말씀하신 것과 같이 색을 생각하고 염오된 마음이 일어나도 잊지 않아서 여인은 남자를 기억하였고, 남자는 여자를 기억하였다. 여러 비구니들이 대애도에게 말하였고, 대애도는 이 인연으로써 세존께 가서 아뢰었다. 세존께서는 말씀하셨다.

"뇌타파라 비구니를 불러오라."

왔으므로, 세존께서는 앞의 일을 갖추어 물으셨다.

"그대가 진실로 그렇게 이러한 일을 지었는가?"

대답하여 말하였다.

"진실로 그렇습니다. 세존이시여."

세존께서 말씀하셨다.

"이것은 악한 일이니라. 그대는 어찌하여 유루의 마음으로 유루의 마음인 남자의 주변에서 손을 펼치는 거리 안에 머무르며 함께 다니려고 약속하였는가?"

세존께서 대애도 구담미에게 말씀하셨다.

"비사리성을 의지하여 머무르는 비구니들을 모두 모이게 하십시오. 열 가지의 이익을 까닭으로 여러 비구니들을 위하여 계율을 제정하겠나니, 나아가 이미 들었던 자들도 마땅히 거듭하여 들을지니라. 만약 비구니가 유루의 마음으로 유루의 마음인 남자와 손을 펼치는 가까운 거리에 머물면서 함께 말하고, 손을 잡았어도 받아들이고, 옷을 잡게 하며, 왔다면 환희하여 앉으라고 청하고, 몸을 구부리고 나아가서 함께 약속하고 떠나 갔다면, 이 비구니는 바라이를 범하고, 마땅히 함께 머무를 수 없느니라."

'비구니'는 앞의 설명과 같다.

'비구니가 유루의 마음이고 유루의 마음인 남자'는 둘이 함께 음욕의 마음인 것이다.

'손을 펼치는 가까운 거리에 머무르다.'는 손을 퍼서 미칠 수 있는 곳이다.

'말하다.'는 함께 귓속에 말하는 것이다.

'손을 잡았어도 받아들이다.'는 만약 손을 잡거나, 만약 팔을 잡거나, 만약 엄지손가락이거나, 만약 새끼손가락을 잡게 하는 것이다.

'만약 옷을 잡게 하다.'는 승가리이거나, 울다라승이거나, 안타회이거나, 승기지(僧祇支)2)이거나, 우의(雨衣)를 잡게 하는 것이다.

'왔다면 환희하다.'는 잘 왔다고 기뻐하고 항상 자주 오는 것이다.

'앉으라고 청하다.'는 내가 이미 평상과 요를 폈으니 앉게 하는 것이다.

'몸을 구부리다.'는 아(亞)의 몸으로 가서 나아가는 것이다.

'떠나려고 약속하다.'는 만약 상점의 앞이거나, 원택(園澤)의 가운데이거나, 항상 다니는 곳이다.

'이 비구니는 바라이를 범하여 마땅히 함께 머무를 수 없다.'에서 바라이는 앞의 설명과 같다.

만약 비구니가 유루의 마음으로 유루의 마음인 남자와 손을 펼치는 가까운 거리 안에서 함께 말하고, 손을 잡거나 옷을 잡아도 받아들이며, 왔다면 환희하여 앉으라고 청하고, 몸을 구부리며 함께 다니려고 약속하였다면, 이 비구니는 바라이이고, 마땅히 함께 머무를 수 없다. 이와 같이 불능남과 여인이라면 투란차죄를 범한다.

비구니는 유루의 마음이고 남자는 유루의 마음이 아니어도 역시 바라이를 범하고, 불능남과 여인이라면 투란차죄를 범한다. 비구니는 유루의 마음이 없으나 남자가 유루의 마음이 있다면 투란차죄를 범하고, 불능남과 여인이라면 월비니죄를 범한다. 함께 유루의 마음이 없었다면 월비니죄를 범하고, 불능남과 여인이라면 월비니죄를 마음으로 참회해야 한다.

---

2) 산스크리트어 saṃkakṣikā의 음사이고 엄액의(掩腋衣)·부박의(覆髆衣)라고 번역된다. 인도 승가에서 비구니에게 삼의(三衣) 안에 입도록 규정한 작은 옷으로 겨드랑이를 가리는 장방형의 속옷이다.

만약 비구니가 유루의 마음으로 유루의 마음인 남자와 손을 펼치는 가까운 거리 안에서 머무르면서, 나아가 함께 다니려고 약속하였다면 바라이를 범하고, 만약 하나·하나를 차례로 여덟 가지의 일을 범하였다면 바라이이며, 만약 중간에 범하였고 채웠던 자도 역시 바라이이다. 만약 하나를 범하고 곧 참회하였다면 투란차죄를 범하며, 참회하고서 다시 범하고, 나아가 일곱 번에 이르렀다면 투란차죄이고, 여덟 번을 채웠다면 바라이이다.
　이러한 까닭으로 설하였노라.

　세존께서는 비사리성에 머무셨으며, 자세한 설명은 앞에서와 같다.
　그때 리차가 처음에 두 명의 아들을 낳았고, 다음으로 딸 하나를 낳았으나 불길하게 된다는 까닭으로 마음으로 스스로가 생각하며 말하였다.
　'지금 이 상서롭지 못한 딸을 누가 마땅히 취하여 가겠는가?'
　어느 사람이 말하였다.
　"그대는 이 딸을 편안하게 처리하려고 합니까?"
　대답하여 말하였다.
　"하고 싶습니다."
　"만약 그렇다면 아이를 가리(迦梨) 비구니에게 주십시오. 마땅히 준다면 그녀가 양육할 것입니다."
　곧 가리 비구니를 불러왔고 알려 말하였다.
　"아리야여. 내가 지금 이 불길한 딸을 낳았는데 취하는 사람이 없습니다. 내가 주겠으니 자라나면 제도하여 출가시켜 주십시오. 내가 자식의 옷과 음식은 공급하겠습니다."
　비구니는 곧 취하여 양육하였고 곧 출가시켰는데, 그 집안에서 날마다 음식을 보내주었고 해마다 옷을 주었다. 딸이 장대하여 학계(學戒)를 주었고 다음으로 구족계를 받았으나, 여인의 법은 음욕이 지나치게 많은 것이다. 나이가 들어 마침내 크게 욕정이 변하여서 역시 치성하였고 스스로 능히 자제하지 못하였으므로 곧 스승에게 아뢰어 말하였다.

"나는 결사가 일어나서 출가가 즐겁지 않습니다. 지금 환속하고자 합니다."

스승이 말하였다.

"괴이하구나. 세속의 가운데는 오히려 불구덩이와 같다. 무슨 이유로 즐겁겠는가?"

이후부터 점차 세속 사람과 여러 외도들과 교통(交通)하였고, 마침내 곧 임신하였다. 비구니들이 곧바로 쫓아내고 그의 스승에게 말하였다.

"그대는 제자가 세속 사람과 외도들과 함께 사통(私通)한 것을 알지 못하였습니까?"

대답하여 말하였다.

"나도 또한 일찍부터 알았습니다. 다만 그녀의 집에서 날마다 음식을 보내주었고 해마다 옷을 보내주었습니다. 만약 마땅히 승가에 알렸다면 곧 마땅히 쫓아냈을 것이고, 나는 두 가지 일의 이익을 까닭으로 말하지 못한 것이오."

여러 비구니들이 곧 대애도에게 말하였고, 대애도가 곧 이 일로써 세존께 가서 아뢰었다. 세존께서 말씀하셨다.

"가리 비구니를 불러오라."

왔으므로 세존께서는 앞의 일을 갖추어 물으셨다.

"그대가 진실로 그러하였는가?"

대답하여 말하였다.

"진실로 그렇습니다. 세존이시여."

세존께서 말씀하셨다.

"이것은 악한 일이니라. 가리여. 그대는 어찌하여 비구니가 무거운 죄를 범하는 것을 알고서도 숨겼는가? 이것은 법이 아니고 계율이 아니며 이것으로써 선법을 증장하지 못하느니라."

세존께서 구담미에게 말씀하셨다.

"비사리성을 의지하여 머무르는 비구니들을 모두 모이게 하십시오. 나아가 이미 들었던 자들도 마땅히 거듭하여 들을지니라. 만약 비구니가 다른 비구니가 무거운 죄를 범한 것을 알고서도 다른 사람을 향하여 말하지 않았고, 이 비구니가 만약 처소를 벗어났거나, 만약 죽었거나, 만약 도를 깨트린 뒤에 '나는 먼저 이 비구니가 무거운 죄를 범하였다고 알았으나, 다른 사람을 향하여 말하지 않은 것은 다른 사람에게 알리고 싶지 않았습니다.'라고 이렇게 말을 지었다면 이 비구니는 바라이이고, 마땅히 함께 머무를 수 없느니라."

'비구니'는 앞의 설명과 같다.

'알다.'는 만약 스스로 알았거나, 만약 다른 사람에게 들은 것이다.

'무거운 죄'는 8바라이의 가운데에서 만약 하나·하나를 범한 것이다.

'다른 사람을 향하여 말하지 않다.'는 한 사람을 향하지 않았거나, 많은 대중이거나, 만약 승가 가운데에서 말하지 않은 것이다.

'처소를 벗어나다.'는 만약 쫓겨난 것이다.

'죽다.'는 무상(無常)한 것이다.

'도를 깨트리다.'는 이 자가 법과 율을 벗어나서 세속 사람이나 외도가 된 것이다.

이후에 곧 "내가 먼저 그녀의 죄를 알았으나, 다른 사람에게 알리고 싶지 않았습니다.'라고 말하였다면, 이 비구니는 바라이이고, 마땅히 함께 머무를 수 없다.

'바라이'는 앞의 설명과 같다.

만약 비구니가 모습이 밝게 나타나는 때에 비구니가 무거운 죄를 범한 것을 보았고 덮어서 감추려는 마음을 짓지 않았으나, 해가 솟아나는 때에 이르러 덮어서 감추려는 마음을 지었으며, 모습이 밝게 나타나는 때에 이르렀다면, 이 비구니는 바라이를 범하였나니, 이것을 두 가지의 때라고 이름한다. 이와 같이 나아가 여덟 가지의 때에 이르렀다면, 비구가 덮어서 감추었던 가운데에서 자세하게 설한 것과 같다.

만약 비구니가 다른 비구니가 무거운 죄를 범한 것을 보았다면, 마땅히 다른 사람에게 말해야 한다. 만약 공주제자(共住弟子)와 의지제자가 무거운 죄를 범한 것을 보고서 곧 '만약 내가 다른 사람을 향하여 말한다면 이 비구니가 곧 마땅히 쫓겨날 것이다. 사랑스럽게 생각하는 까닭으로 그녀의 죄를 덮어서 감추어야겠다.'라고 이렇게 생각을 지었다면 바라이를 얻는다.

이 비구니가 이러한 말을 듣고서 지식인 비구니에게 "누구 비구니가 무거운 죄를 범하였고, 만약 내가 다른 사람에게 말한다면 비구니는 승가에서 마땅히 쫓겨날 것이므로, 내가 이러한 까닭으로 덮어서 감추는 것입니다."라고 말하였으며, 그 비구니가 듣고서 다시 '만약 내가 말한다면 이 두 사람이 함께 쫓겨날 것이다.'라고 이렇게 생각을 지었고, 곧 덮어서 감추었다면, 함께 바라이를 범한다. 이와 같이 일체를 전전하여 덮어서 감추었다면 모두 바라이를 범한다.

만약 비구니가 다른 사람이 무거운 죄를 범하는 것을 보고서 다른 비구니에게 "나는 누구의 무거운 죄를 범하는 것을 보았습니다."라고 말하였고, 이 비구니가 곧 "그대가 지금 악을 짓고서 무슨 까닭으로 나에게 말합니까? 다시 말하지 마십시오."라고 꾸짖어 말하였다면 투란차죄를 범한다.

만약 비구니가 다른 비구니가 무거운 죄를 범함을 보았다면 마땅히 다른 사람을 향하여 말해야 한다. 만약 죄를 범한 사람이 흉악하거나, 세력이 있어서 두렵거나, 목숨을 빼앗는 것이 무서웠거나, 범행(梵行)을 손상시키는 자라면 마땅히 '업을 행한 죄의 과보는 그 자신이 마땅히 스스로 알 것이다. 비유하면 불을 질러서 집을 태웠다면 다만 마땅히 스스로가 구할 것이니 어찌 다른 사람의 일을 알겠는가?'라고 이렇게 생각을 지을 것이고, 버리는 마음과 상응함을 얻은 자는 무죄이다.

이러한 까닭으로 설하였노라.

세존께서는 구섬미국의 구사라원(瞿師羅園)에 머무르셨다.

그때 천타가 5중죄(重罪) 가운데 한 가지나, 두 가지를 범하였다. 여러 비구들이 말하였다.

"장로 천타여. 그대가 이러한 죄를 아십니까?"

대답하여 말하였다.

"그대들이 나에게 '보았소? 보지 않았소?'라고 물어도 소용이 있겠소? 나는 보지 못하였소."

여러 비구들이 이 인연으로써 가서 세존께 아뢰었고, 세존께서는 비구들에게 말씀하셨다.

"이 천타는 5중죄 가운데에서 만약 하나·하나를 범하였으나, 보지 못하였다고 말하였다면, 승가는 마땅히 불견죄거갈마(不見罪擧羯摩)를 지어서 주어야 하느니라."

승가는 불견죄거갈마를 지어서 주었는데, 비구니의 정사로 나아가서 말하였다.

"바로혜제(婆路醯諦)여. 승가에서 나에게 거갈마를 지어서 주었고, 법식과 미식을 함께 하지 않습니다."

곧 말하였다.

"괴이합니다. 내가 지금 그대와 함께 법식과 미식을 하겠습니다."

곧바로 수순하였고, 비구니들이 충고하여 말하였다.

"천타의 어머니여. 이것은 천타에게 승가가 화합하여 여법하게 거갈마를 지었습니다. 여법하게 짓지 않은 것을 수순하지 마십시오."

대답하여 말하였다.

"나는 그의 어머니이고, 이 자는 내가 낳았는데, 내가 수순하지 않는다면 누가 마땅히 수순하겠습니까?"

비구니들이 곧 대애도에게 말하였고, 대애도는 이 일로써 가서 세존께 아뢰었다. 세존께서는 말씀하셨다.

"이 천타의 어머니는 비구니 승가에서 여법하게 거갈마를 지었으나, (아들을) 수순하였으니 그대가 마땅히 가려진 곳에서 세 번을 충고하고, 대중이 많은 사람의 가운데에서 세 번을 충고하며, 승가에서 세 번을 충고하여 이러한 일을 버리게 하십시오."

가려진 곳에서 충고하는 자는 "그대가 진실로 천타를 승가에서 여법하게 거갈마를 지은 것을 알고서도 (아들을) 수순하였습니까?"라고 마땅히 물어야 하고, "진실로 그렇습니다."라고 대답하여 말하였다면 "천타의 어머니여. 승가에서 여법하게 거갈마를 지었습니다. 여법하게 짓지 않은 것을 수순하지 마십시오. 내가 지금 자비한 마음으로 그대에게 충고하는 것은 그대를 요익하게 하려는 까닭입니다. 한 번의 충고는 지나갔고 두 번의 충고가 있습니다. 이러한 일을 버리겠습니까?"라고 마땅히 충고하여야 한다.

두 번·세 번째의 충고도 역시 이와 같고, 대중의 많은 사람 가운데에서 세 번의 충고도 역시 이와 같다. 만약 버리지 않는다면 승가의 가운데에서 마땅히 구청갈마(求聽羯磨)를 지어야 한다. 마땅히 이렇게 말을 지어야 한다.

"아리야(阿梨耶) 승가께서는 허락하십시오. 승가께서는 천타에게 여법하게 거갈마를 지었습니다. 여법하게 짓지 않았어도 천타의 어머니가 함께 수순하였으므로 이미 가려진 곳에서 세 번을 충고하였고, 대중의 많은 사람의 가운데에서 세 번을 충고하여 이러한 일을 버리게 하였으나 버리지 않습니다. 만약 승가께서 때가 이르렀다면 승가는 지금 마땅히 세 번을 충고하여 이 일을 버리게 하겠습니다."

승가의 가운데에서 마땅히 물어야 한다.

"천타의 어머니여. 그대는 진실로 화합승가에서 여법하게 천타에게 거갈마를 지어서 주었던 것을 알았고, 여법하게 짓지 않았어도 그대는 수순하였으며, 이미 가려진 곳에서 세 번을 충고하였고, 대중의 많은 사람의 가운데에서 세 번을 충고하여 이러한 일을 버리게 하였으나 버리지 않았습니까?"

"진실로 그렇습니다."라고 대답하여 말하였다면, 곧 충고하여 말해야 한다.

"화합승가에서 여법하게 천타에게 거갈마를 지어서 주었으니, 그대는 수순하지 마십시오. 승가는 요익하게 하고자 그대에게 충고하나니, 그대는 마땅히 승가의 말을 수순하십시오. 한 번의 충고는 이미 지나갔고, 두 번의 충고가 남았습니다. 그대가 버리겠습니까?"

대답하여 말하였다.

"버릴 수 없습니다."

이와 같이 두 번·세 번째에도 충고하였으나 오히려 버리지 않겠다고 말하였다. 비구니들이 이 인연으로써 가서 세존께 아뢰었고, 세존께서는 말씀하셨다.

"천타의 어머니를 불러오라."

왔으므로, 세존께서는 앞의 일을 갖추어 물으셨다.

"그대가 진실로 그러하였는가?"

대답하여 말하였다.

"진실로 그렇습니다. 세존이시여."

세존께서 말씀하셨다.

"이것은 악한 일이니라. 그대는 항상 내가 무량한 방편으로 사납고 괴팍하여 충고하기 어려운 것을 꾸짖었고, 충고하기 쉬운 것을 칭찬하였던 것을 듣지 못하였는가? 이것은 법이 아니고 계율이 아니며 이것으로써 선법을 증장하지 못하느니라. 오늘부터는 거갈마를 당한 비구를 수순하는 것을 허락하지 않겠노라."

세존께서 구담미에게 말씀하셨다.

"구섬미를 의지하여 머무르는 비구니들을 모두 모이게 하십시오. 나아가 이미 들었던 자들도 마땅히 거듭하여 들을지니라. 만약 비구니가 승가가 화합하여 여법하고 율과 같게 비구에게 거갈마를 지어서 주었는데, 여법하게 짓지 않은 것을 수순하여 여러 비구니들이 마땅히 이 비구니에게 '아리야여. 이것은 비구 승가가 화합하여 여법하고 율과 같게 거갈마를 지어서 주었으니, 법하게 짓지 않은 것이라면 이 비구를 수순하지 마십시오.'라고 충고하였고, 여러 비구니들이 충고하는 때에 '내가 수순하지 않는다면 누가 마땅히 수순하겠습니까?'라고 이렇게 말을 지었으며, 여러 비구니들이 이와 같이 두 번·세 번째도 충고하여 이러한 일을 버린다면 좋으나, 만약 버리지 않았다면 이 비구니는 바라이이고, 마땅히 함께 머무를 수 없느니라."

'비구니'는 앞의 설명과 같다.

'알다.'는 민약 스스로 알았거나, 만약 다른 사람에게 들은 것이다.

'화합하다.'는 별중(別衆)이 아니다.

'여법하고 율과 같다.'는 죄를 보지 않았고 죄를 짓지 않았으며, 세 가지의 견해를 버리지 않은 것이다.

'세 가지의 견해'는 계경을 비방하는 것과 삿된 견해와 변견(邊見)[3]이다.

'거갈마를 받은 자'는 함께 머무를 수 없는 자이다.

'여법하게 짓지 않다.'는 승가를 수순하지 않는 것이다.

'이해하지 못하고 수순하다.'는 법식과 미식을 함께 하는 것이다.

여러 비구니들이 이 비구니에게 충고하며 "아리야여. 이것은 비구 승가가 화합하여 여법하고 율과 같게 거갈마를 지었습니다. 여법하게 짓지 않았으니, 수순하여 법식과 미식을 하지 마십시오."라고 이렇게 말을 지었고, 충고하는 때에 곧 "내가 수순하지 않는다면 누가 마땅히 수순하겠습니까?"라고 이렇게 말을 지었다면, 마땅히 거듭하여 충고하고, 나아가 세 번을 충고하여 버린다면 좋으나, 만약 버리지 않는다면 이 비구니는 바라이를 범한다.

'바라이'는 앞의 설명과 같다.

가려진 곳에서 세 번을 충고하여 버린다면 좋으나, 만약 버리지 않는다면 충고하는 것에 월비니죄를 범한다. 대중의 많은 사람의 가운데서도 이와 같고, 승가의 가운데에서 처음으로 충고하는 때에는 월비니죄를 범하고, 충고를 마쳤다면 투란차죄를 범한다. 두 번째의 충고에서도 처음으로 충고하는 때에는 월비니죄를 범하고, 충고를 마쳤다면 투란차죄를 범한다. 세 번째의 충고에서는 처음으로 충고하는 때에는 투란차죄를 범하고, 충고를 마쳤다면 바라이를 범한다.

만약 가려진 곳과 대중의 많은 사람의 가운데와 승가의 가운데의 일체는 월비니죄를 범하고, 일체에서 투란차죄이며, 하나의 중죄를 이루

---

[3] 중도(中道)를 알지 못하는 상견(常見)이나, 단견(斷見)과 같이 치우친 견해를 가리킨다.

었다면 바라이라고 이름한다. 만약 중간에 버리는 자는 일을 따라서 다스린다.

음욕과 도둑과 사람의 목숨을 끊는 것과
진실하지 않게 과인(過人)이라고 말하는 것과
어깨의 아래와 무릎의 위와
유루의 마음으로 여덟 가지 일을 채우는 것과
무거운 죄를 덮어서 감추는 것과 거갈마를 수순하는 것의
여덟 가지의 바라이를 마친다.

[제1편(篇)을 설하여 마친다.][4]

2. 19승잔법(僧殘法)을 밝히다

1) 19승잔법을 밝히다 ①

[사행(使行)[5]을 받는 것은 비구의 가운데에서 자세하게 설한 것과 같다.] 이러한 까닭으로 세존께서는 말씀하셨다.

"만약 비구니가 사행을 받고서 다니거나, 남녀를 화합시켜 만약 아내를 취하게 하거나, 만약 나아가 잠깐이라도 사통하게 하였다면 이것은 승가바시사의 첫 번째의 죄를 범한다.

[두 가지의 근거가 없는 것은 비구계의 가운데에서 자세하게 설한 것과 같다.]

---

4) 원문에는 없으나 삽입하여 번역하였다.
5) 세속 사람들의 뜻을 세속 사람들에게 전하는 것으로, 남녀의 뜻을 전달하는 것이다.

이러한 까닭으로 세존께서는 말씀하셨다.

"만약 비구니가 성내고 원한을 품으며 기뻐하지 않았던 까닭으로 청정하고 무죄인 비구니를 근거 없는 바라이법으로써 비방하면서 그 비구니의 청정한 행을 무너뜨리고자 하였으나, 그녀가 뒤의 때에 만약 검교하였거나, 검교하지 않았어도 "이 일은 근거가 없습니다. 내가 성내고 원한에 머물렀던 까닭으로 이렇게 말을 지었습니다."라고 곧 이렇게 말을 지었다면, 이러한 법은 처음부터 죄이니라."

이러한 까닭으로 세존께서는 말씀하셨다.

"만약 비구니가 성내고 원한을 품으며 기뻐하지 않았던 까닭으로 다른 부분의 일과 작고 작은 일의 가운데에서 바라이가 아닌 비구니를 바라이법으로써 비방하여 범행을 무너뜨리고자 하였으나, 그녀가 뒤의 때에 만약 검교하였거나, 검교하지 않았어도 "다른 부분의 일과 작고 작은 일의 가운데에서 이 비구니에게 성내고 원한에 머물렀던 까닭이었습니다."라고 말하였다면, 이러한 법은 최초부터 죄이다.

세존께서는 사위성에 머무르셨다.

비구니의 승가람과 외도 여인의 사문 주처의 가운데를 막은 담장이 무너졌다. 그때 투란난타 비구니가 외도의 여인 사문에게 말하였다.

"그대들이 마땅히 보수하여 수리하시오. 그대들은 부끄러움이 없는 사람들로 도중이 오고 가면서 나체로 출입하오. 우리 대중들은 창피하고 부끄러움이 있는 것을 선호하니, 그대들을 보면 결사가 증장합니다."

그들이 대답하여 말하였다.

"지금은 우기 때이어서 수리할 수가 없습니다. 우기가 지나가면 마땅히 수리하겠습니다."

비구니가 말하였다.

"지금 마땅히 빨리 수리하시오. 이후의 날들을 기다릴 수 없소."

그녀들이 말하였다.

"우리들은 능히 지을 수 없습니다."

비구니가 성내면서 말하였다.

"단수(短壽)여. 술 찌꺼기나 먹는 당나귀여. 그대들이 감히 쌓지 않으니, 부끄러움이 없고, 삿된 견해이며, 믿음이 없구려. 그대들이 빨리 수리하시오."

외도 여인의 사문이 꾸짖으면서 말하였다

"대중의 많은 사람의 자식이고 큰 배(腹)의 사문 여인이여. 그대가 나를 죽이려고 하는구려. 결국 그대와 함께 지을 수 없소."

비구니가 곧 단사관(斷事官)의 처소로 가서 앞의 일을 갖추어 말하였다.

"장수여. 우리들을 위해 그녀들에게 칙명하여 담을 막아 주십시오."

이때 단사관은 불법을 믿었으므로 곧 외도 여인의 사문들을 데려왔고 왔으므로 말하였다.

"폐악하고 짧게 살며 술 찌꺼기를 먹는 나귀와 같은 삿된 견해의 외도여. 어찌하여 담을 막아 쌓지 않는가? 그대들은 부끄러움이 없어서 나체로 출입하지만, 이 아리야들은 범행인으로 설사 그대들만 보더라도 번뇌가 증장하오. 그대들은 빠르게 떠나가서 담을 쌓으시오. 만약 담을 쌓지 않는다면 마땅히 그대들에게 죄를 주겠소."

외도 여인의 사문들이 곧 쌓았으나 낮에 수리한 것이 밤에 비가 와서 다시 무너졌다. 이와 같이 여름의 3개월을 능히 완성하지 못하였다. 이 외도들이 비난하고 꾸짖으면서 여러 우바새에게 말하였다.

"그대들의 복전을 보니, 관청의 힘을 믿고 우리들을 진흙을 짓도록 3개월을 내몰았구려."

여러 우바새의 부인들이 듣고서 비구니들에게 말하였고, 비구니들이 듣고서 대애도에게 말하였다. 대애도는 곧 이 일로써 세존께 갖추어 아뢰었고, 세존께서 말씀하셨다.

"그 비구니를 불러오라."

왔으므로, 세존께서는 앞의 일을 갖추어 물으셨다.

"투란난타여. 그대가 진실로 그러하였는가?"

대답하여 말하였다.

"진실로 그렇습니다. 세존이시여."

세존께서 말씀하셨다.

"이것은 악한 일이니라. 그대는 어찌하여 함께 서로 욕하면서 다투었는가? 이것은 법이 아니고 계율이 아니며 이것으로써 선법을 증장하지 못하느니라."

세존께서 대애도에게 말씀하셨다.

"사위성을 의지하여 머무르는 비구니들을 모두 모이게 하십시오. 열 가지의 이익을 까닭으로써 여러 비구니들을 위하여 계율을 제정하겠나니, 나아가 이미 들었던 자들도 마땅히 거듭하여 들을지니라. 만약 비구니가 다투고 송사하면서 서로에게 욕하였거나, 만약 세속 사람이거나, 만약 출가인이 낮에 잠깐이라도, 나아가 원민과 사미와 함께 싸우면서 서로에게 욕하였다면, 이러한 법은 처음부터 죄이고 승가바시사이니라."

'비구니'는 앞의 설명과 같다.

'다투고 송사하다.'는 입으로 다투고 송사하는 것이다.

'세속 사람'은 재가의 사람이다.

'출가자'는 외도에 출가한 자이고, 나아가 사치라(闍致羅)[6]이다.

'낮'은 해가 지는 것과 가지런한 것이다.

'잠깐'은 나아가 잠깐의 순간이고 아래로 사미와 원민까지 이른다.

'처음 죄'는 세 번의 충고를 기다리지 않는 것이다.

'승가'는 여덟 가지의 바라이를 말하고, '바시사'는 이 죄는 승가에 남아서 갈마로써 다스리는 까닭이므로, 역시 승가바시사라고 이름한다. 다시 다음으로 이러한 일은 승가의 가운데에서 드러내고 허물을 참회하는 까닭이므로, 역시 승가바시사라고 이름한다.

만약 비구니가 왕가의 단사인에게 이르러 서로에게 말한다면 승가바시사를 범하고, 길에서 말하였다면 투란차죄를 범하고, 만약 우바새의 집이거나, 신심 있는 집이거나, 길에서 말한다면 월비니죄를 범하고, 마음으로

---

6) 산스크리트어 jaṭila의 음사로서 머리카락을 묶고 고행하는 결발행자(結髮行者)를 가리킨다.

싫어한 자는 월비니죄를 마음으로 참회해야 한다. 만약 비구니가 왕가에 가서 서로에게 말한다면 월비니죄를 범하고, 싫어하여 말하는 자는 월비니죄를 마음으로 참회해야 한다.

이러한 까닭으로 세존께서 설하셨노라.

세존께서는 사위성에 머무르셨다.

그때 뇌타 비구니의 여동생이 다른 취락에 시집갔는데 병을 얻었고 서신을 보내어 뇌타를 부르면서 부탁하여 말하였다.

"내가 죽기 전에 일찍 와서 나를 본다면 서로가 볼 수 있어요."

곧바로 가서 보았으나 이르기 전에 여동생은 목숨을 마쳤다. 이르렀는데 동생의 남편이 뇌타에게 부탁하여 말하였다.

"그대의 동생이 목숨을 마쳤으니, 마땅히 누가 요리하고 집안의 아이들을 돌보겠습니까? 원하건대 뇌타여. 나를 위하여 요리하고 동생의 자리를 대신하여 주십시오."

뇌타 비구니는 곧 이렇게 생각을 지었다.

'이 사람이 악한 소리를 이렇게 말하니, 혹은 능히 강제로 침략(侵掠)하겠구나.'

곧 두려움을 품었고 거짓으로 꾸미고 밖으로 나왔고, 곧 사위성에 돌아왔으며, 여러 비구니들에게 말하였다.

"이상합니다. 그가 마땅히 나의 범행을 무너뜨릴 것입니다."

여러 비구니들이 물어 말하였다.

"무슨 일의 까닭입니까?"

뇌타가 앞의 일을 갖추어 말하였고, 여러 비구니들이 말을 듣고서 대애도에게 말하였다. 대애도는 곧 이 일로써 세존께 갖추어 아뢰었고, 세존께서는 말씀하셨다.

"뇌타 비구니를 불러오라."

왔으므로, 물어 말씀하셨다.

"그대가 진실로 그러하였는가?"

대답하여 말하였다.

"진실로 그렇습니다. 세존이시여."

세존께서 말씀하셨다.

"그대는 어찌하여 도로를 혼자서 다녔는가? 오늘부터는 혼자 다니는 것을 허락하지 않겠노라."

다시 다음으로 여러 비구니들이 도로를 다녔다.

한 젊은 비구니가 길을 내려가서 소변을 보았는데, 뒤에 여러 상인들이 오다가 이 비구니의 단정함을 보고 곧바로 막고서 물었다.

"그대는 나이가 젊고 단정하게 생겼으니 곧 마땅히 음욕을 받을 것인데, 어찌하여 출가하였는지 그 까닭을 말하도록 청합니다."

비구니가 말하였다.

"나는 출가하였는데 물어도 무슨 소용이겠습니까?"

다시 말하였다.

"그렇지 않습니다. 마땅히 만날 뜻이 있다면 나에게 말하시오."

역시 처음과 같이 대답하였고, 이와 같이 희롱하고서 잠시 뒤에 놓아주어서 떠나갔다. 취락에 이르렀으나 마음에 의혹이 생겨나서 대애도에게 말하였고, 대애도는 곧 이 일로써 세존께 갖추어 아뢰었다. 세존께서는 말씀하셨다.

"음욕이 없었다면 무죄입니다."

다시 다음으로 여러 비구니들이 함께 도로를 다녔다.

비구니가 병이 있어서 반려를 따라잡지 못하고 혼자 뒤에 있었고, 마음에 의혹이 생겨나서 대애도에게 말하였다. 대애도는 곧 이 일로써 세존께 갖추어 아뢰었다. 세존께서는 말씀하셨다.

"병이 있다면 무죄입니다."

세존께서 대애도에게 말씀하셨다.

"사위성을 의지하여 머무르는 비구니들을 모두 모이게 하십시오. 나아가 이미 들었던 자들도 마땅히 거듭하여 들을지니라. 만약 비구니가 반려가 없이 다닌다면 나머지 때를 제외하고서 취락의 경계를 떠나갈 수 없느니라. 나머지의 때는 욕망의 병이 아니라면, 이것을 나머지 때라고 이름한다. 이러한 법은 처음부터 죄이고 승가바시사의 죄를 범하느니라."

'비구니'는 앞의 설명과 같다.

'비구니가 반려가 없다.'는 혼자 한 사람이 길을 가는 것이고, 앞에서 자세히 설한 것과 같다.

'나머지 때를 제외하다.'는 욕망의 병이 아니라면, 세존께서 무죄라고 말씀하셨다.

'승가바시사'는 앞의 설명과 같다.

만약 비구니가 도로를 다니는 때에 경계의 밖을 떠나가지 않았다면 무죄이다. 만약 취락이나 성읍의 경계에 이른 때라면 마땅히 서로의 거리가 손을 펼치는 안에 있어야 한다. 만약 서로가 손을 펼치는 밖에 있거나, 한 발이 지나갔다면 투란차죄를 범하고, 두 발이 지나갔다면 승가바시사를 범하며, 한 사람이 경계의 가운데에 머물렀다면 투란차죄를 범한다. 이와 같아서 나머지의 사람이 지나갔다면 투란차죄를 범한다.

이러한 까닭으로 세존께서 말씀하셨느니라.

세존께서는 왕사성에 머무르셨다.

왕사성 안에 어느 사람은 갈모자(羯暮子)라고 이름하였고, 갈모의 여자를 얻어서 취하였고 아내로 삼았는데, 단정함이 비교할 수 없었으며, 음식을 가지고 남편에게 주었다. 세존께서 때에 이르자 취락에 들어가는 옷을 입으시고 발우를 지니시고 성안에 들어가서 차례로 걸식하면서 그의 집에 이르렀다. 이때 아내는 이렇게 생각을 지었다.

'만약 나의 남편이 세존을 본다면 반드시 마땅히 일어나서 보는 것을 방해할 것이다.'

음식을 치우고서 문을 마주하고 서 있었다. 세존과 인연이 있었으므로 세존께서는 곧 광명을 놓으시어 집안을 비추었다. 그의 남편이 세존을 보고서 아내에게 말하였다.

"그대는 아주 선하지 못하구려. 다만 나의 체면을 깎는구려."

그의 아내가 말하였다.

"나는 서로 체면을 깎으려는 것이 아니고, 내가 세존을 본다면 방해하는 것이 두려워서 이미 음식을 치웠습니다."

그녀의 남편이 성내면서 말하였다.

"여인들은 마음은 천박하구려. 조금 요익하려고 적지 않은 것을 잃는구려."

아내가 남편에게 말하였다.

"대가(大家)인 낭군이여. 나의 출가를 허락하십시오."

남편이 아내에게 말하였다.

"어느 도에 출가하려고 하는가?"

아내가 말하였다.

"불법에 출가하려고 합니다."

"허락하겠소."

곧 우발라(優鉢羅) 비구니의 처소로 가서 출가하기를 구하였고, 제도하여 출가시키고 구족계를 받게 하였다. 초야와 후야에 정근하면 게으르지 않아서 8일째에 이르러 유루(有漏)를 마쳤다. 스스로가 3명(三明)과 6통(六通)을 지은 것을 알았고, 마음이 자재함을 얻었으므로 나무 아래를 의지하여 앉았다. 이때 석제환인(釋提桓因)이 그녀의 처소에 이르러 곧 게송을 설하여 말하였다.

  제석이 천영(天營)을 따라서
  내려와서 발에 머리를 숙였고
  이 갈모(竭暮)의 여인을 보건대
  출가하고서 처음의 8일에

  우발선 비구니의 제도로

번뇌를 없애고 육통을 증득하여
지을 것을 이미 이루었고 갖추었으니
덕이 힘이 있고 마음이 자재하다네.

여러 마음의 근을 절복하고서
눈을 감고 나무 아래에 앉았으니
이러한 까닭으로 지금 머리를 숙이고
세간의 선량한 복전이라네.

이 비구니는 좋고 맑은 음성이 있어서 능히 찬패(讚唄)를 잘하였으므로, 어느 우바새가 청하며 떠나갔고, 찬패를 들었다면 마음으로 크게 환희하면서 곧 크고 좋은 모직물을 보시하였다. 이때 허공 가운데에서 여러 천신들이 게송을 설하여 말하였다.

지금 그대는 선한 이익을 얻었고
복덕이 매우 높고 높으며
일체의 염착을 없앴으니
청정하게 받들어 옷을 보시한다네.

지금 왕사성의 안에서
청정한 믿음의 여러 남녀들이
미묘하고 선한 법음(法音)을
어찌하여 와서 권청(勸請)하지 않으리오?

친근하면 능히 괴로움을 벗어나고
청하지 않는다면 설하지 않으므로
듣고서 같게 수습한다면
곧 수승하고 묘한 곳에 이른다네.

이때 여러 사람들이 여러 집에서 창패를 청하였고 듣는다면 환희하였으며 크게 이양(利養)을 얻었는데, 여러 비구니들은 각자 질투하는 마음이 생겨나서 곧 이렇게 말을 지었다.

"이 요염(妖艶)한 가송(歌頌)은 대중의 마음을 미혹시키고 어지럽힌다."

여러 비구니들이 이 인연으로써 가서 세존께 아뢰었고, 세존께서는 말씀하셨다.

"이 비구니를 불러오라."

왔으므로, 물어 말씀하셨다.

"그대가 진실로 세간의 가송을 지어서 불렀는가?"

대답하여 말하였다.

"저는 세간의 가송은 알지 못합니다."

세존께서 말씀하셨다.

"이 비구니의 창패는 세간의 가송이 아니니라. 과거 세상의 때에 바라나성(波羅奈城)이 있었고, 왕은 길리(吉利)라고 이름하였다. 7명의 딸이 있었는데, 첫째는 사문(沙門)이라고 이름하였고, 둘째는 사문우(沙門友)라고 이름하였으며, 셋째는 비구니(比丘尼)라고 이름하였고, 넷째는 비구니비(比丘尼婢)라고 이름하였으며, 다섯째는 달마지(達摩支)라고 이름하였고, 여섯째는 수달마(須達摩)라고 이름하였으며, 일곱째는 승비(僧婢)라고 이름하였느니라. 가섭불(迦葉佛)의 앞에 발원하였으며, [『칠녀경(七女經)』의 가운데 자세히 말한 것과 같다.]

이때 비구니를 사람들이 다시 데리고 떠나갔고, 대중을 벗어나서 혼자 묵었다. 어느 비구니가 대애도에게 말하였고, 대애도는 곧 이 일로써 가서 세존께 아뢰었다. 세존께서는 말씀하셨다.

"이 비구니를 불러오라."

왔으므로, 물어 말씀하셨다.

"그대가 진실로 대중을 떠나서 혼자서 묵었는가?"

대답하여 말하였다.

"진실로 그렇습니다. 세존이시여."

세존께서 말씀하셨다.

"오늘부터는 대중을 벗어나서 혼자 묵는 것을 허락하지 않겠노라."

다시 다음으로 유리왕(流離王)이 가유라위국을 벌한 것은 마땅히 자세히 말하였다.

그때 여러 비구니들이 성 밖에서 혼자서 묵었으며, 나아가 왕난(王難)은 제외하였다.

다시 다음으로 그때 여러 비구니들이 도로를 다녔는데, 늙고 병들어서 반려를 쫓아갈 수 없어서 혼자서 묵었으며, 마음에 의혹이 생겨나서 대애도에게 물었다. 대애도가 곧 이 일로써 가서 세존께 아뢰었고, 세존께서는 말씀하셨다.

"음욕의 마음이 아니라면 무죄입니다."

세존께서 대애도 구담미에게 말씀하셨다.

"사위성을 의지하여 머무르는 비구니들을 모두 모이게 하십시오. 나아가 이미 들었던 자들도 마땅히 거듭하여 들을지니라. 만약 비구니가 비구니들을 떠나서 하룻밤을 묵는 것을 나머지 때를 제외하고 허락하지 않겠노라. 나머지의 때는 만약 병이 있는 때이거나, 도둑의 환란으로 성이 포위된 때이니, 이것을 나머지의 때라고 이름한다. 이러한 법은 처음부터 죄이니라."

'비구니'는 앞의 설명과 같다.

'하룻밤을 묵다.'는 해가 저물지 않은 때부터 밝은 모습이 나타나는 것에 이른 것이다.

'나머지의 때를 제외하다.'는 대중을 벗어나서 묵으려고 하지 않았으나, 늙었고 병들었으며 도둑의 환란으로 성안이 포위되었으므로, 만약 성안에서는 나올 수 없고 성밖에서 들어갈 수 없다면 이것을 나머지의 때라고 이름한다. 이러한 법은 처음부터 죄이고 승가바시사를 범한다.

'승가바시사'는 앞의 설명과 같다.

만약 비구니가 비구니들을 벗어나서 해가 저물지 않은 때부터 모습이 밝게 나타나는 때에 이르렀다면 승가바시사를 범하고, 해가 저물고 벗어나서 모습이 밝게 나타나는 때에 이르렀다면 투란차죄를 범한다. 만약 비구니 승가람의 가운데에서 함께 방사에서 묵었다면 마땅히 서로가 한 번의 손을 펼치게 떨어져야 하고, 하룻밤의 가운데에서 마땅히 세 번의 손을 펼쳐서 서로 찾아보고 살펴보아야 한다. 일시에 세 번을 펼칠 수 없고, 마땅히 초야에 한 번을 펼치고, 중야에 한 번을 펼치며, 후야에 한 번을 펼쳐야 한다.

초야에 찾아보고 살펴보지 않는다면 월비니죄를 범하고, 중야에 찾아보고 살펴보지 않는다면 역시 월비니죄를 범하며, 후야에 찾아보고 살펴보지 않는다면 역시 월비니죄를 범하고, 일체의 때에 찾아보고 살펴보았다면 무죄이다. 만약 누각에 올라가고 누각을 내려가며 별도로 묵는 자는 하룻밤에 마땅히 세 번을 지나가야 한다. 이와 같이 승가람의 가운데에서 묵지 않는다면7) 투란차죄를 범한다.

이러한 까닭으로 세존께서 말씀하셨느니라.

세존께서는 사위성에 머무르셨다.

왕사성 안에 어느 장자는 수제나(須提那)라고 이름하였고, 아내가 있었는데 나이가 젊고 단정하였다. 그녀의 남편이 죽었고 아내는 남자를 즐거워하지 않았으나 시숙이 대신하여 취하고자 하였으므로, 다른 부인에게 말하였다.

"나는 남자를 즐거워하지 않는데 시숙이 나를 취하여 아내로 삼고자 합니다."

부인이 말하였다.

"그대는 벗어나고 싶은가?"

대답하여 말하였다.

---

7) '不'의 글자가 결락되었다고 추정되어 보충하여 번역하였다.

"나는 벗어나고 싶습니다."
곧 말하였다.
"그대는 사위성의 가리(迦梨) 비구니의 처소에 나아간다면 마땅히 그대를 제도하여 출가시킬 것이오."
이 부인이 밖으로 다니는 것처럼 속이고서 곧 사위성에 나아가서 사람들에게 물어 말하였다.
"어느 곳이 비구니의 승가람입니까?"
곧 가르쳐 주었으므로 들어와서 물어 말하였다.
"어느 곳이 가리 비구니의 방사입니까?"
곧 방사를 곧 가르쳐 주었으므로 들어와서 물어 말하였다.
"아리야여. 가리입니까?"
대답하여 말하였다.
"그렇습니다. 무슨 까닭으로 묻습니까?"
대답하여 말하였다.
"나는 출가하고자 합니다."
곧 그녀를 제도하여 출가시켰고 구족계를 받게 하였다. 시숙이 뒤에 찾았으나 처소를 알지 못하였다. 어느 사람이 말하였다.
"사위성의 가리 비구니가 이미 제도하여 출가시켰습니다."
곧 사위성으로 가서 사람들에게 물어 말하였다.
"어느 곳이 비구니의 승가람입니까?"
곧 가르쳐 주었으므로 들어와서 물어 말하였다.
"어느 곳이 가리 비구니의 방사입니까?"
곧 방사를 곧 가르쳐 주었으므로 들어와서 물어 말하였다.
"아리야여. 가리입니까?"
대답하여 말하였다.
"그렇습니다. 무슨 까닭으로 묻습니까?"
곧 말하였다.
"내가 아내를 풀어주지 않았는데, 무슨 까닭으로 나의 아내를 제도하여 출가시켰습니까?"

비구니가 말하였다.

"장수여. 그대가 어느 곳에서 왔습니까?"

대답하여 말하였다.

"왕사성에서 왔습니다."

비구니가 욕하면서 말하였다.

"단수(短壽)인 물건이여. 그대는 도둑이다. 왕사성의 사람들은 항상 와서는 세작(細作)을 짓고 기뻐하면서 나라의 장점과 단점을 엿본다."

곧 제자들에게 말하였다.

"나의 승가리를 취하여 오라. 이 단수인 물건을 결박하여 감옥에 가두어야겠다."

그 사람은 두려워서 곧 이렇게 생각을 지었다.

'이 사람의 눈이 두렵구나. 혹은 능히 반드시 그러하겠다.'

눈을 두리번거리면서 점점 달아났고 문밖에서 성내면서 말하였다.

"이 비구니가 나의 아내를 훔쳐서 제도하고서 반대로 나를 결박하려고 한다."

여러 비구니들이 이 말을 듣고서 대애도에게 말하였고, 대애도는 곧 이 일로써 가서 세존께 아뢰었다. 세존께서는 말씀하셨다.

"가리 비구니를 불러오라."

왔으므로, 물어 말씀하셨다.

"그대가 진실로 그러하였는가?"

대답하여 말하였다.

"진실로 그렇습니다. 세존이시여."

세존께서 가리에게 알리셨다.

"이것은 악한 일이니라. 그대는 어찌하여 주인이 허락하지 않았는데 여인을 제도하였는가? 오늘부터는 주인이 풀어주지 않았다면 제도하여 출가시키는 것을 허락하지 않겠노라."

곧 대애도에게 말씀하셨다.

"사위성을 의지하여 머무르는 비구니들을 모두 모이게 하십시오. 나아가 이미 들었던 자들도 마땅히 거듭하여 들을지니라. 만약 비구니가 그의 주인이 허락하지 않았는데 제도하였다면 이러한 법은 처음부터 죄이고 승가바시사를 범하느니라."

'비구니'는 앞의 설명과 같다.

'허락하지 않다.'는 시집가지 않은 여인은 마땅히 부모에게 물어야 하고, 이미 시집간 여자는 마땅히 남편이거나, 시어머니이거나, 시아버지이거나, 시숙에게 물어야 한다. 허락하지 않는 자를 제도하여 출가시켜서 구족계를 받게 하는 자는 승가바시사를 범한다.

'승가바시사'는 앞의 설명과 같다.

이러한 법은 처음부터 죄이다. 만약 비구니가 주인이 허락하지 않았는데 제도하는 자는 월비니죄를 범하고, 학계를 주는 자는 투란차죄를 범하며, 구족계를 받게 하는 자는 승가바시사를 범한다.

이러한 까닭으로 세존께서 말씀하셨느니라.

세존께서는 사위성에 머무르셨다.

그때 아마라읍(阿摩羅邑)에서 역사(力士)의 아내는 나이가 젊고 단정하였으나, 다른 남자와 사통(私通)하였으므로 그녀의 남편이 말하였다.

"그대는 다시 짓지 말라. 만약 짓는다면 내가 마땅히 이와 같고 이와 같이 그대를 다스리겠다."

아내는 고의로 사통하면서 멈추지 않았으므로 그의 남편이 곧 엿보았고 상대 남자와 같이 잡았으며, 곧 단사관에게 보내면서 말하였다.

"나의 아내가 이 사람과 사통하였으니 원하건대 관청에서 나에게 여법하게 죄를 다스려 주십시오."

여법하게 다스리는 자가 말하였다.

"만약 여인이 다른 사람과 사통하는 자는 마땅히 7일을 두 집안의 앞에 모아두는 것이고, 집회(集會)가 7일이 지났다면, 두 집안의 앞에서 몸을 찢는 것입니다."

관청에서 곧 부인에게 말하였다.

"그대는 잠시 다시 집에 돌아가라. 만약 집이 넉넉하다면 가서 보시할 음식을 준비하여 갖출 것이고, 만약 집이 넉넉하지 못하면 뜻을 따르시오. 7일을 채웠다면 두 집안의 앞에서 그대의 몸을 찢을 것이오."

곧바로 집으로 돌아와서 음식을 준비하여 두 집안에게 베풀었고 가려진 곳에서 울었다. 여러 어머니들이 물어 말하였다.

"그대가 무슨 까닭으로 우는가?"

대답하여 말하였다.

"내가 어찌하여 울지 않겠습니까? 7일을 채운다면 마땅히 두 집안의 앞에서 몸이 찢길 것입니다."

어머니들이 말하였다.

"그대가 살고 싶은가?"

대답하여 말하였다.

"그렇습니다."

곧 말하였다.

"그대는 사위성의 가라 비구니의 처소로 가서 출가하기를 구한다면 목숨을 살릴 것이네."

대중의 사람들은 술에 취하였고, 이 여인은 잠시 나가는 것처럼 속이고서 곧 사위성으로 나아가서 사람들에게 물어 말하였다.

"어느 곳이 비구니의 승가람입니까?"

곧 가르쳐 주었으므로 들어와서 물어 말하였다.

"어느 곳이 가리 비구니의 방사입니까?"

곧 방사를 가르쳐 주었으므로 그녀의 처소로 들어와서 알려 말하였다.

"아리야여. 나는 출가하고자 합니다."

물어 말하였다.

"그대의 주인이 출가를 허락하였는가?"

대답하여 말하였다.

"무엇을 허락한다고 말합니까?"

비구니가 말하였다.

"아직 시집가지 않았다면 부모가 허락하여야 하고, 시집갔다면 시어머니이거나, 시아버지이거나, 남편이거나, 시숙이 허락해야 하오. 이것이 곧 허락하는 것이오."

대답하여 말하였다.

"만약 그렇다면 이미 스스로가 허락한 것입니다. 여러 종친들이 모두 내 몸을 찢어서 버리고자 합니다."

비구니가 말하였다.

"만약 그렇다면 이미 그대를 좋게 놓아준 것이오."

곧 제도하여 출가시켜서 구족계를 받게 하였다. 그 사람들이 찾아 죄를 다스리고자 하였으나 보이지 않았고, 사위성의 비구니가 이미 제도하여 출가시켰다고 들었다. 곧 사위성에 나아가서 사람들에게 물어 말하였다.

"어느 곳이 비구니의 승가람입니까?"

곧 가르쳐 주면서 말하였다.

"이곳입니다."

들어와서 물어 말하였다.

"어느 곳이 가리 비구니의 방사입니까?"

곧 가르쳐 주면서 말하였다.

"이곳입니다."

들어와서 물어 말하였다.

"아리야여. 가리입니까?"

대답하여 말하였다.

"그렇습니다. 무슨 까닭으로 묻습니까?"

그가 말하였다.

"내가 아내를 풀어주지 않았는데, 무슨 까닭으로 나의 아내를 제도하여 출가시켰습니까?"

"장수여. 그대의 집은 어느 곳에 있습니까?"

대답하여 말하였다.

"아마륵읍에 있습니다."

곧 말하였다.

"단수(短壽)여. 그대는 도둑이다. 그대는 알지 못하는가? 아마륵의 사람들이 항상 기쁘게 이곳에 와서 엿보면서 나라를 구하고자 곧 세작을 짓고자 한다."

곧 제자들에게 말하였다.

"내 옷을 취하여 오라. 내가 마땅히 왕에게 알려서 이 단수를 결박해야겠다."

그 사람은 듣고서 생각하며 말하였다.

'이 비구니의 눈이 네모지게 찢어졌으니, 혹은 능히 악을 짓겠구나.'

점점 달아났고 밖으로 나와서 성내고 꾸짖으면서 말하였다.

"이 사문니(沙門尼)가 나의 아내를 훔쳐서 제도하고서 반대로 나를 결박하려고 한다."

여러 비구니들이 이 말을 듣고서 대애도에게 말하였고, 대애도는 곧 이 일로써 가서 세존께 아뢰었다. 세존께서는 말씀하셨다.

"가리 비구니를 불러오라."

왔으므로, 세존께서 말씀하셨다.

"가리여. 이것은 악한 일이니라. 그대는 어찌하여 사람이 죄를 범하여 대중의 친족들이 죄를 다스리려는 것을 알고서도 제도하여 출가시켰는가? 이는 법이 아니고 율도 아니며 세존의 가르침도 아니니라. 오늘부터는 죄를 범한 여인을 대중들이 죄를 다스리고자 하였다면 제도하여 출가시키는 것을 허락하지 않겠노라."

다시 다음으로 석가건제읍(釋迦揵提邑)에 여자가 있었고 앞의 설명과 같다. 나아가 비구니에게 말하였다.

"나를 제도하여 출가시켜 주십시오."

비구니가 말하였다.

"먼저 이러한 일이 있었소. 이렇게 죄를 범하였다면 출가를 허락하지 않습니다."

다시 다른 비구니를 향하여 구하였으나, 모두 제도하는 자가 없었다. 곧 외도를 향하여 출가를 구하였다. 그녀의 남편이 취하여 죄를 다스리고자 하였으나 처소를 알지 못하였는데, 사위성에 있는 외도가 이미 제도하여 출가시켰다고 듣고서 그 남편은 생각하며 말하였다.

"이 아내는 본래 우바새의 아내였으나, 지금은 외도의 삿된 견해에 떨어졌으니, 곧 이것이 죄를 다스린 것이다."

곧 다시 찾으면서 구하지 않았다. 여러 외도의 법은 쌀뜨물과 가마솥 씻은 물을 마시면서 나형이어도 부끄러움이 없었고, 다시 아내를 빼앗으면서 법도가 없었다. 그 아내는 싫어하고 근심하면서 말하였다.

"이것은 출가의 법이 아니다."

곧 버리고서 비구니의 정사로 향하였고 알려 말하였다.

"제가 깊은 구덩이와 무너지는 언덕에 떨어졌으므로 마땅히 니리에 떨어질 것입니다. 오직 원하건대 저를 이끌어서 출가시켜 주십시오."

여러 비구니들이 감히 제도하는 자가 없었고, 곧 대애도에게 나아가서 알려 말하였다.

"아리야여. 이 여인은 우리의 친족인 석가녀로서 지금 깊은 구덩이에 떨어졌습니다. 원하건대 내가 제도하여 출가시키겠습니다."

대애도가 곧 이 일로써 가서 세존께 아뢰었고, 세존께서는 말씀하셨다.

"할 수 있습니다. 만약 먼저 외도들이 제도하였다면 뒤에는 출가하는 것을 허락하겠습니다."

세존께서 대애도에게 알리셨다.

"사위성을 의지하여 머무르는 비구니들을 모두 모이게 하십시오. 나아가 이미 들었던 자들도 마땅히 거듭하여 들을지니라. 만약 비구니가 죄를 범한 여인을 대중의 친족들이 죄를 다스리려는 것을 알고서도 제도하였다면 나머지의 때는 제외하겠노라. '나머지의 때'는 먼저 외도가 제도하였다면 이것을 나머지의 때라고 이름한다. 이러한 법은 처음부터 죄이니라.”

'비구니'는 앞의 설명과 같다.

'알다.'는 만약 스스로 알았거나, 만약 다른 사람에게 들어서 아는 것이다.

'대중'은 두 대중이 모이는 것이니, 부모의 대중과 남편 집안의 대중이다.

'친족'은 바라문의 종성(宗姓)이거나, 찰리의 종성이거나, 비사의 종성이거나, 수다라의 종성이다.

'죄를 다스리다.'는 혹은 얇게 감싸서 불태우거나, 혹은 모래주머니로 목을 붙잡아 매달거나, 물속에 가라앉히거나, 혹은 불로 머리를 태우거나, 혹은 귀를 자르거나, 코를 자르거나, 혹은 불태워진 뜨거운 철로 소변의 길을 지지거나, 혹은 그녀의 몸을 찢는 것 등이고, 이와 같은 나라들의 법은 여러 종류이고 같지 않다. 먼저 외도에게 출가하였던 자를 제외시키는 것은 세존께서 무죄라고 말씀하셨다.

'외도'는 니건제리단지가(尼揵帝梨檀遲伽)와 같은 외도의 도이고 이러한 법은 처음부터 죄이다.

'승가바시사'는 앞의 설명과 같다.

만약 비구니가 죄를 범한 여인을 마땅히 다스리려는 것을 알고서도 제도하여 출가시켰다면 월비니죄를 범하고, 학법(學法)을 주는 자는 투란차를 범하며, 구족계를 받게 하는 자는 승가바시사를 범한다.

이러한 까닭으로 세존께서 말씀하셨느니라.

세존께서는 사위성에 머무르셨다.

그때 대중의 많은 여인들이 아기라하(阿耆羅河)[8]의 저쪽에 있었고, 이쪽의 언덕에는 비구니 승가가 모였다. 이때 투란난타 비구니가 옷을 벗어서 땅에 놓아두고 흐름을 거슬러 헤엄쳐 건너갔으므로, 여러 여인들이 함께 서로가 의논하여 말하였다.

---

8) 산스크리트어로 Ajiravati이고, 갠지스강 지류의 이름이다.

"이 투란난타 비구니를 보십시오. 헤엄쳐 건너옵니다."
왔으며 노지(露地)에 앉았다가 잠깐 사이에 다시 헤엄쳐서 돌아왔으므로 여러 여인들이 비난하여 말하였다.
"어찌하여 이 투란난타 비구니는 흉악한 사람처럼 건너갔다가 다시 돌아오는가?"
여러 비구니들이 이 말을 듣고서 대애도에게 말하였고, 대애도는 곧 이 일로써 가서 세존께 아뢰었다. 세존께서는 말씀하셨다.
"투란난타 비구니를 불러오라."
왔으므로, 세존께서 말씀하셨다.
"이것은 악한 일이니라. 그대는 어찌하여 배로 건너가는 곳을 혼자 헤엄쳐서 건너가는가? 오늘부터는 배로 건너가는 곳을 혼자 헤엄쳐서 건너가는 것을 허락하지 않겠노라."
세존께서 대애도에게 알리셨다.
"사위성을 의지하여 머무르는 비구니들을 모두 모이게 하십시오. 나아가 이미 들었던 자들도 마땅히 거듭하여 들을지니라. 만약 비구니가 배로 건너가는 곳을 혼자서 헤엄쳐서 건너갔다면 이러한 법은 처음부터 죄이고 승가바시사이니라."
'비구니'는 앞의 설명과 같다.
'혼자 건너가다.'는 경계 밖을 나가서 저 언덕에 이르는 것이니, 승가바시사를 범한다.

세존께서는 사위성에 머무르셨다.
그때 가리 비구니가 취락의 가운데에서 유행하였는데, 떠나간 뒤에 의지제자를 승가에서 거갈마를 지어서 주었다. 스승이 돌아오니, 제자가 알려 말하였다.
"승가에서 저에게 거갈마를 지어서 주었고 법식과 미식을 함께 하지 않습니다."
곧 성내면서 말하였다.

"그대는 오직 묵연하고, 다만 승가를 모이게 하라."
곧바로 승가를 모았으므로 여러 비구니들은 각자 이렇게 생각을 지었다.
'이 비구니가 유행에서 돌아와서 승가를 모은다면 항상 기쁘게 베푸는 물건이 있었다. 우리들은 오늘 마땅히 무슨 물건을 얻겠는가?'
모두 기뻐하면서 빨리 모였다. 모였으므로 곧 이렇게 창언하였다.
"아리야 승가께서는 허락하십시오. 누구 비구니에게 승가께서는 거갈마를 지어서 주었습니다. 만약 승가께서 때에 이르렀으면 승가께서는 누구 비구니에게 거갈마를 버려 주십시오. 이와 같이 아룁니다.'
'아리야 승가께서는 허락하십시오. 누구 비구니에게 거갈마를 지어서 주셨으니, 승가께서는 지금 누구 비구니에게 거갈마를 버려 주십시오. 아리야 승가께서 누구 비구니에게 거갈마를 버리는 것을 인정하신다면 묵연하시고 만약 인정하지 않으신다면 곧 말씀하십시오.'"
이것이 첫 번째의 갈마이었고, 이와 같이 세 번을 갈마하였으나, 여러 비구니들이 이 비구니의 눈빛이 두려웠으므로 감히 막는 자가 없었다. 여러 비구니들이 전전하여 서로가 의논하여 말하였다.
"이것이 무슨 말입니까?"
모두가 말하였다.
"나도 역시 이 말을 알지 못합니다."
여러 비구니들이 대애도에게 알렸고, 대애도가 이 인연으로써 가서 세존께 아뢰었다. 세존께서는 말씀하셨다.
"가리 비구니를 불러오라."
왔으므로, 세존께서 물으셨다.
"그대가 진실로 그러하였는가?"
대답하여 말하였다.
"진실로 그렇습니다."
세존께서 말씀하셨다.
"이것은 악한 일이니라. 그대는 어찌하여 비구니 승가가 여법하게 거갈마를 지은 것을 알고서도 수순하여 행하지 않고, 여법하게 먼저 승가에게 말을 짓지 않았는데, 스스로가 갈마를 버렸는가? 오늘부터는 허락하지 않겠노라."

세존께서 대애도에게 알리셨다.

"사위성을 의지하여 머무르는 비구니들을 모두 모이게 하십시오. 나아가 이미 들었던 자들도 마땅히 거듭하여 들을지니라. 만약 비구니가 비구니 승가가 화합하여 여법하게 거갈마를 지은 것을 알고서도, 여법하게 먼저 승가에게 말을 짓지 않고서 스스로가 갈마를 버렸다면 이러한 법은 처음부터 죄이고 승가바시사이니라."

'비구니'는 앞의 설명과 같다.

'알다.'는 만약 스스로 알았거나, 만약 다른 사람에게 들어서 아는 것이다.

'화합'은 별중(別衆)이 아니다.

'여법한 비니'는 죄를 보지 못하였고 짓지 않았다고 세 번을 물어도 버리지 않는 것이다.

'거갈마'는 함께 머무르지 않는 것이다.

'여법하게 짓지 않다.'는 수순하여 행하지 않아서 마음이 조복되지 않은 것이다.

'승가가 버리는 갈마를 주지 않았고 먼저 말하지 않다.'는 승가의 가운데에서 구청갈마를 짓지 않았으나, 스스로가 승가의 가운데에서 버리는 갈마를 짓는 것이니, 이러한 법은 처음부터 죄이고 승가바시사를 범한다.

'승가바시사'는 앞의 설명과 같다.

만약 제자에게 승가가 화합하여 거갈마를 지었고, 만약 화상인 비구니이거나, 아사리인 비구니는 마땅히 장로 비구니의 처소에 이르러 이와 같이 말을 지어야 한다.

"누구나 우치(愚癡)해서 항상 허물이 없을 수 없습니다. 지혜의 마음이 항상 있어도 알지 못하는 까닭으로 그렇습니다. 다시는 거듭 짓지 않을 것입니다."

이와 같이 여러 사람에게 두루 말하여 마음이 유연하게 하고서 그러한 뒤에 승가의 가운데에서 구청갈마를 지으면서 마땅히 이렇게 말을 지어야 한다.

"'아리야 승가께서는 허락하십시오. 누구 비구니에게 이러한 일이 있었던 까닭으로 승가에서는 거갈마를 지었습니다. 그녀는 수순하여 행하였고 마음이 유연해졌습니다. 만약 승가께서 때가 이르렀다면 승가께 누구는 승가를 쫓아서 거갈마를 버리도록 애원하고자 합니다.'

'아리야 승가께서는 허락하십시오. 누구에게 승가를 쫓아서 거갈마를 버리도록 애원하게 하겠습니다. 승가께서 인정하신 것은 묵연하였던 까닭입니다. 이 일을 이와 같이 지니겠습니다.'"

그러한 뒤에 마땅히 애원해야 하고, 만약 어느 사람이 막았다면 화상은 마땅히 유연한 말로 멈추게 해야 한다. 만약 비구니가 승가가 화합하여 여법하고 율과 같이 거갈마를 지었다고 알고서도 스스로 갈마를 버리는 자는 월비니죄를 얻는다.

세존께서는 왕사성에 머무르셨다.

그때 어느 한 장자가 음욕의 마음으로 수제(樹提) 비구니를 청하여 옷·발우·음식·질병(疾病)의 탕약을 주고서 이렇게 말을 지었다.

"아리야여. 내가 무슨 까닭으로 주었는가를 아십니까?"

비구니가 말하였다.

"알고 있습니다."

다시 물었다.

"무엇을 아십니까?"

대답하여 말하였다.

"복덕의 까닭입니다."

다시 말하였다.

"이와 같습니다. 그러한 뒤에 겸하여 음욕을 위한 까닭입니다."

이때에 수제 비구니는 음욕을 벗어났으므로 그의 이러한 말을 듣고도 마음이 유연하여서 가지고 지내면서 마음에 품지도 않았고, 역시 막지도 않았다. 여러 비구니들이 이 일로써 대애도에게 말하였고, 대애도는 곧 이 인연으로써 가서 세존께 아뢰었다. 세존께서는 말씀하셨다.

"가리 비구니를 불러오라."

왔으므로, 앞의 일을 갖추어 물으셨다.

"그대가 진실로 그러하였는가?"

대답하여 말하였다.

"진실로 그렇습니다."

세존께서 말씀하셨다.

"이것은 악한 일이니라. 그대는 후세의 사람들을 위하여 궤칙(軌則)을 짓지 않는가? 이것은 비법이고, 계율이 아니며, 세존의 가르침이 아니니라. 이것으로써 선법을 크게 장양하지 못하느니라."

세존께서 대애도에게 말씀하셨다.

"사위성을 의지하여 머무르는 비구니들을 모두 모이게 하십시오. 나아가 이미 들었던 자들도 마땅히 거듭하여 들을지니라. 만약 비구니가 무루(無漏)의 마음이었거나, 유루(有漏)의 마음이었거나, 남자의 주변에서 옷·발우·음식·질병의 탕약을 취하였다면 이러한 법은 처음부터 죄이고 승가바시사이니라."

'비구니'는 수제 비구니와 같은 자이다.

'무루의 마음'은 음욕의 마음이 없는 것이다.

'발우'는 상·중·하이다.

'옷'은 승가리·울다라승·안타회·승기지·우욕의이다.

'음식'은 거타니의 음식과 포사니의 음식이다.

'약'은 꿀·석밀·생소·기름이다.

이러한 법은 처음부터 죄이다.

만약 사람이 비구니에게 옷·발우·음식·질병의 탕약을 주면서 "내가 이것을 위한 까닭으로 주었습니다."라고 이렇게 말을 지었다면 마땅히 받을 수 없고, 마땅히 "나는 필요 없습니다."라고 말하고서 다른 집에서 스스로가 얻어야 한다. 만약 받는 자는 승가바시사를 범한다. 만약 말하지 않았어도 손과 발을 움직이고 눈을 깜박거리며 손을 흔들고 손가락을 튕기며 땅을 그어서 글자를 짓는 등의 이와 같은 모습인 자는 나에게 음욕의 마음이 있다고 알아야 하고 이것은 마땅히 받을 수 없다. 받는 자는 투란차죄를 범한다.

만약 신심이 청정하였으므로 여러 마음을 자세히 살피고서 받는 자는 무죄이다. 만약 여인이 음욕의 마음으로 비구에게 주었거나, 손과 발을 움직이고 눈을 깜박거리면서 주는 자는 마땅히 음욕의 마음이 있다고 알아야 하고 이것은 마땅히 받을 수 없다. 받는 자는 월비니죄를 범한다. 만약 신심이 청정하였으므로 여러 근을 자세히 살피고서 받는 자는 무죄이다.

이러한 까닭으로 세존께서 말씀하셨느니라.

마하승기율 제37권

동진 천축삼장 불타발타라·법현 공역
석보운 번역

2) 19승잔법을 밝히다 ②

세존께서는 왕사성에 머무르셨다.
그때 세존께서는 계율을 제정하시어 음욕의 마음인 남자의 주변에서 옷·발우·음식·질병의 탕약을 취하는 것을 허락하지 않으셨다. 이때 수제 비구니가 장자가 베푸는 옷을 취하지 않았는데, 이때 투란난타 비구니가 수제에게 말하였다.
"어찌하여 이 남자가 베푸는 것을 취하지 않습니까? 남자가 음욕의 마음이거나, 음욕의 마음이 아니거나 무엇이 사람의 일과 관련되겠습니까? 다만 그대가 음욕이 없는 마음으로 취하여 인연을 따라서 사용하십시오."
여러 비구니들이 이 비구니에게 충고하였다.
"이러한 말을 짓지 마십시오. '남자가 음욕의 마음이거나, 음욕의 마음이 아니거나 무엇이 사람의 일과 관련되겠습니까? 다만 그대가 음욕이 없는 마음으로 취하여 인연을 따라서 사용하십시오.'"
이와 같이 두·세 번째에도 충고하였으나 멈추지 않았다. 여러 비구니들이 이 일로써 대애도에게 말하였고, 대애도는 곧 이 인연으로써 가서 세존께 아뢰었다. 세존께서는 말씀하셨다.
"투란난타 비구니를 불러오라."
왔으므로, 세존께서 물으셨다.

"그대가 진실로 그러하였는가?"
대답하여 말하였다.
"진실로 그렇습니다."
세존께서 말씀하셨다.
"이것은 악한 일이니라. 그대는 어찌하여 그녀를 권유하여 음욕의 마음인 사람의 보시를 취하게 하는가? 이것은 비법이고, 계율이 아니며, 세존의 가르침이 아니니라. 이것으로써 선법을 크게 장양하지 못하느니라."
세존께서 대애도에게 말씀하셨다.
"왕사성을 의지하여 머무르는 비구니들을 모두 모이게 하십시오. 나아가 이미 들었던 자들도 마땅히 거듭하여 들을지니라. 만약 비구니가 비구니에게 말하면서 '이 남자의 보시를 받으세요. 남자가 음욕의 마음이거나, 음욕의 마음이 아니거나 무엇이 사람의 일과 관련되겠습니까? 다만 그대가 음욕이 없는 마음으로 취하여 인연을 따라서 사용하십시오.'라고 이렇게 말을 지었다면 여러 비구니들이 마땅히 이 비구니에게 '이러한 말을 짓지 마십시오. 〈남자가 음욕의 마음이거나, 음욕의 마음이 아니거나 무엇이 사람의 일과 관련되겠습니까? 다만 그대가 음욕이 없는 마음으로 보시를 취하고서 인연을 따라서 사용하십시오.〉라고 이렇게 말을 짓지 마십시오.'라고 말해야 한다. 이와 같이 마땅히 두·세 번째도 충고하여 이러한 일을 버린다면 좋으나, 만약 버리지 않는다면 이러한 법은 처음부터 죄이고 승가바시사를 범하느니라."
'비구니'는 투란난타 비구니와 같은 자이다.
'보시를 취하다.'는 수제 비구니와 같은 자이다.
여러 비구니들이 이 비구니에게 이러한 일을 버리게 충고하였어도, 만약 버리지 않는다면 이 법은 나아가 세 번을 충고하는 것이니, 승가바시사를 범한다.
이러한 까닭으로 세존께서 말씀하셨느니라.

세존께서는 왕사성에 머무르셨다.

파승사를 서로 도왔던 것은 비구의 가운데에서 자세하게 설명하였다. 이러한 까닭으로 세존께서는 말씀하셨다.

"만약 비구니가 화합하는 승가를 파괴하려는 까닭으로 부지런히 방편을 집지하고 파승사의 일로 서로가 투쟁하였다면, 여러 비구니들이 마땅히 이 비구니에게 말해야 한다.

'아리야여. 화합승가를 파괴하지 마십시오. 부지런히 방편을 집지하고 파승사의 일로 서로 투쟁하지 마시고, 마땅히 승가와 함께 일하십시오. 왜 그러한가? 승가는 화합하고 환희하며 투쟁하지 않으며 함께 한가지로 배우면서 물과 우유가 합쳐지는 것과 같이 여법하게 설하고 안락하고 머문다면 비구니입니다.'

여러 비구니들이 충고하는 때에 견고하게 지니고 버리지 않는다면 두·세 번째도 충고하여서 이러한 일을 버린다면 좋으나, 만약 버리지 않는다면 이 법은 나아가 세 번을 충고하는 것이니, 승가바시사를 범하느니라."

여러 비구니들은 같은 뜻으로 서로를 도와야 한다. 만약 한 명이거나, 만약 두 명이거나, 만약 많은 사람이어도 같이 말하고 같은 견해이어야 한다.

화합승가를 파괴하려고 하였으므로 이 비구니에게 여러 비구니들이 충고하는 때에 이렇게 같은 뜻의 비구니들이 "아리야여. 이 비구니의 좋고 나쁜 일을 말하지 마십시오. 왜 그러한가? 이 자는 법을 말하는 비구니이고 계율을 말하는 비구니이니, 이 비구니가 말한 것은 모두 우리들이 마음으로 하고자 하는 것입니다. 이 비구니가 보고 인가하려는 일은 우리들이 역시 인가하려는 일입니다. 이 비구니는 알고 말하는 것이고 알지 못하고 말하는 것이 아닙니다."라고 말하였다면, 여러 비구니들은 마땅히 이렇게 같은 뜻으로 비구니에게 충고해야 한다.

"아리야여. 이 자는 법을 말하는 비구니이고 계율을 말하는 비구니라고 말하지 마십시오. 왜 그러한가? 이 자는 법을 말하는 비구니가 아니고 계율을 말하는 비구니가 아닙니다. 아리야여. 파승사를 돕지 마시고 마땅히 즐겁게 화합승가를 도우십시오. 왜 그러한가? 승가는 화합하고 환희하며 투쟁하지 않으며 함께 한가지로 배우면서 물과 우유가 합쳐지는 것과 같이 여법하게 설하고 안락하고 머물러야 합니다.”
 이 비구니를 여러 비구니들이 충고하는 때에 견고하게 지니고서 버리지 않는다면 두 번·세 번째에 충고하여서 이러한 일을 버린다면 좋으나, 만약 버리지 않는다면 이 법은 나아가 세 번을 충고하는 것이니, 승가바시사를 범한다.

 세존께서는 사위성에 머무르셨다.
 그때 투란난타 비구니에게 투쟁하는 일이 있어서 승가는 여법하고 비니와 같게 갈마를 지어서 주었다. 갈마를 마쳤는데 투란난타 비구니가 성내면서 이치가 아니라고 승기를 비방하였다.
 “아리야의 승가는 애욕을 따르고 성냄을 따르며 두려움을 따르고 어리석음을 따르는구나. 승가는 애욕을 의지하고 성냄을 의지하며 두려움을 의지하고 어리석음을 의지한다. 이러한 까닭으로 비법으로 일을 판결하고 꾸짖었구나.”
 이 비구니에게 여러 비구니들이 충고하여 말하였다.
 “아리야여. 이치가 아니라고 승가에 비방을 짓지 마십시오. 승가는 애욕을 따르지 않았고 성냄을 따르지 않으며 두려움 따르지 않았고 어리석음을 따르지 않았습니다. 승가는 애욕과 성냄과 두려움과 어리석음에 의지하여 비법으로 일을 판결하지 않습니다.”
 이와 같이 두 번·세 번째에도 충고하였으나 멈추지 않았다. 여러 비구니들이 이 인연으로써 대애도에게 말하였고, 대애도는 곧 이 일로써 가서 세존께 아뢰었다. 세존께서는 말씀하셨다.
 “그대가 가서 마땅히 가려진 곳에서 세 번을 충고하고, 많은 사람들의 가운데에서 세 번을 충고하며, 승가의 가운데에서 세 번을 충고하여 이러한 일을 버리게 하십시오.”
 ‘가려진 곳에서 충고하다.’는 가려진 곳에서 마땅히 “그대가 진실로 성내면서 이치가 아니라고 승가를 비방하였는가? 승가는 애욕을 따르고 성냄을 따르며 두려움을 따르고 어리석음을 따르며, 승가는 애욕을 의지하고 성냄을 의지하며 두려움을 의지하고 어리석음을 의지하는가?"라고 마땅히 물어야 하고, "진실로 그렇습니다."라고 대답하여 말한다면, 가려진 곳에서 마땅히 충고하여 말하십시오.

"그대는 성내면서 이치가 아니라고 승가를 비방하지 마십시오. 승가는 애욕을 따르지 않고 성냄을 따르지 않으며 두려움을 따르지 않고 어리석음을 따르지 않습니다. 승가는 애욕·성냄·두려움·어리석음을 의지하여 이치가 아니게 일을 판결하지 않습니다. 내가 지금 자비로운 마음으로 그대에게 충고하나니, 그대를 요익하게 하려는 까닭입니다. 한 번의 충고는 이미 지나갔고 두 번의 충고가 남아있습니다. 이러한 일을 버리겠습니까?"

"버리지 않겠습니다."라고 대답하여 말하였다면, 이와 같이 두·세 번째도 충고하고, 많은 사람 가운데서도 역시 이와 같으며, 승가의 가운데에서 마땅히 구청갈마를 지으십시오.

"아리야 승가께서는 허락하십시오. 투란난타 비구니가 성내면서 '애욕을 따르고 성냄을 따르며 두려움을 따르고 어리석음을 따른다. 승가는 애욕·성냄·두려움·어리석음을 의지한다.'라고 이치가 아니게 승가를 비방하였습니다. 이미 가려진 곳에서 세 번을 충고하였고, 많은 사람의 가운데에서 세 번을 충고하여 이러한 일을 버리게 하였으나 버리지 않았습니다. 만약 승가께서 때가 이르렀다면 승가는 지금 역시 마땅하게 세 번을 충고하겠습니다."

승가의 가운데에서 마땅히 물으십시오.

"그대가 진실로 성내면서 '승가는 애욕을 따르고 성냄을 따르며 두려움을 따르고 어리석음을 따르며, 나아가 이치가 아니게 일을 판결한다고 승가를 비방하였습니까? 이미 가려진 곳에서 세 번을 충고하였고, 많은 사람의 가운데에서 세 번을 충고하여 이러한 일을 버리게 하였으나 버리지 않았습니까?"

"진실로 그렇습니다."라고 대답하여 말하였다면, 승가의 가운데에서 마땅히 충고하여 말하십시오.

"그대는 성내면서 이치가 아니라고 승가를 비방하지 마십시오. 승가는 애욕을 따르지 않고 성냄을 따르지 않으며 두려움을 따르지 않고 어리석음을 따르지 않으며, 나아가 이치가 아니게 일을 판결하지 않습니다. 승가는 지금 자비로운 마음으로 그대에게 충고하나니, 그대를 요익하게 하려는 까닭입니다. 마땅히 승가의 말을 취하십시오. 한 번의 충고는 이미 지나갔고 두 번의 충고가 남아있습니다. 이러한 일을 버리겠습니까?"

대답하여 말하였다.

"버리지 않겠습니다."

이와 같이 두 번·세 번째도 충고하였으나 오히려 버리지 않았으므로, 여러 비구니들이 이 인연으로써 가서 세존께 아뢰었다. 세존께서는 말씀하셨다.

"투란난타 비구니를 불러오라."

왔으므로, 세존께서는 앞의 일을 갖추어 물으셨다.

"그대가 진실로 그러하였는가?"

대답하여 말하였다.

"진실로 그렇습니다."

세존께서 말씀하셨다.

"투란난타여. 이것은 악한 일이니라. 그대는 항상 내가 무량한 방편으로 모질고 괴팍함을 꾸짖고 유연한 말을 칭찬하는 것을 듣지 않았는가? 그대가 어찌하여 모질고 괴팍한가? 이것은 비법이고, 계율이 아니며, 세존의 가르침이 아니니라. 이것으로써 선법을 크게 장양하지 못하느니라."

세존께서 대애도에게 알리셨다.

"왕사성을 의지하여 머무르는 비구니들을 모두 모이게 하십시오. 나아가 이미 들었던 자들도 마땅히 거듭하여 들을지니라. 만약 비구니가 성내고 이치가 아니게 승가를 비방하면서 '애욕을 따르고 성냄을 따르며 두려움을 따르고 어리석음을 따른다. 승가는 애욕·성냄·두려움·어리석음을 의지하는 이러한 까닭으로 꾸짖는다.'라고 이렇게 말을 지었다면, 이 비구니를 여러 비구니들이 마땅히 충고하면서 '아리야여 이렇게 말을 짓지 마십시오. 〈승가는 애욕을 따르고 성냄을 따르며 두려움을 따르고 어리석음을 따른다. 승가는 애욕·성냄·두려움·어리석음을 의지한다.〉'라고 이렇게 말을 지어야 한다.

왜 그러한가? '승가는 애욕을 따르지 않고 성냄을 따르지 않으며 두려움을 따르지 않고 어리석음을 따르지 않습니다. 그대가 성내면서 이치가 아니게 승가를 비방하지 마십시오.'라고 이렇게 말을 지어야 한다. 이 비구니가 여러 비구니들이 충고하는 때에 견고하게 지니고 버리지 않는다면 두·세 번째도 충고하여서 이러한 일을 버린다면 좋으나, 만약 버리지 않는다면 이 법은 나아가 세 번을 충고하는 것이니, 승가바시사를 범하느니라."

'비구니'는 투란난타 비구니와 같은 자이다.

성내면서 이치가 아니게 승가를 비방하였고, 가려진 곳에서 세 번을 충고하여도 버리지 않는 자는 충고하는 것마다 월비니죄를 범한다. 많은 사람들의 가운데에서 충고하는 것도 역시 그와 같다. 승가의 가운데에서 처음으로 충고하는 때에는 월비니죄를 범하고, 충고를 마쳤다면 투란차죄를 범한다. 두 번째에도 처음으로 충고하는 때에도 역시 월비니죄를 범하고, 충고를 마쳤다면 투란차죄를 범한다. 세 번째에도 처음으로 충고하는 때에는 투란차죄를 범하고, 충고를 마쳤다면 승가바시사를 범한다.

승가바시사가 이미 이루어졌다면 가려진 곳이거나, 많은 사람의 가운데이거나, 일체의 승가 가운데에서 월비니죄를 범한다. 투란차죄는 여덟 가지의 승가를 비방하는 투란차죄를 제외하고서 나머지의 일체를 합하여 하나의 승가바시사가 이루어지면 다스릴 것이나, 만약 중간에서 멈추었다면 멈춘 것을 따라서 죄를 다스린다.

이러한 까닭으로 세존께서 말씀하셨느니라.

세존께서는 구섬미에 머무르셨다.

천타의 어머니인 비구니는 여러 비구니들을 공법(共法)의 가운데에서 여법하고 비니와 같게 가르쳤고, 마땅히 배웠다면 범하지 않을 것이며, 스스로가 몸으로 지었다면 함께 말할 수 없다고 하였는데, [『천타려어(闡陀戾語)』의 가운데에서 자세하게 설하였다.] 나아가 만약 비구니가 스스로 거스르는 말을 사용하였다면 여러 비구니들이 공법의 가운데에서 여법하고 비니와 같게 가르쳐야 한다고 말하였으나, 곧 스스로가 뜻을 사용하면서 이렇게 말을 지었다.

"그대들은 나의 좋고 나쁜 것을 말하지 마시오. 나도 역시 그대들의 좋고 나쁜 것을 말하지 않겠소."

여러 비구니들이 마땅히 충고하면서 그 비구니에게 말하였다.

"아리야여. 여러 비구니들이 공법의 가운데에서 여법하고 비니와 같이 가르치려면 스스로가 마음대로 사용하지 마십시오. 여러 비구니들이 그대를 가르친다면 그대는 마땅히 믿음으로 받아야 하고, 그대도 역시 마땅히 여법하고 율과 같이 여러 비구니들을 가르쳐야 합니다. 왜 그러한가? 여래의 제자들 가운데에서 전전하여 서로를 가르치고 전전하여 서로를 충고하면서 공죄(共罪)의 가운데에서 벗어나는 까닭이고, 선법의 증장을 얻는 까닭입니다."

이러한 비구니가 여러 비구니들이 충고하는 때에 견고하게 지니고 버리지 않는다면 마땅히 두 번·세 번째도 충고하여야 한다. 이러한 일을 버린다면 좋으나, 만약 버리지 않는다면 이 법은 나아가 세 번을 충고하는 것이니, 승가바시사를 범하고, 비구계의 가운데에서 자세하게 설한 것과 같다.

이러한 까닭으로 세존께서 말씀하셨느니라.

세존께서는 사위성에 머무르셨다.

그때 두 비구니가 있었는데, 첫째는 진단(眞檀)이라고 이름하고 석가녀였으며, 둘째는 울다라(鬱多羅)라고 이름하였다. 몸으로 가깝게 익히면서 머물렀고, 입으로 가깝게 익히면서 머물렀으며, 몸과 입으로 가깝게 익히면서 머물렀고 번갈아서 서로 허물을 감싸주었다.

'몸으로 가깝게 익히면서 머무르다.'는 함께 평상에서 잠잤고, 함께 평상에 앉았으며 같은 그릇으로 먹었고 서로가 옷을 바꾸어 입었고 함께 나갔고 함께 들어오는 것이다.

'입으로 가깝게 익히면서 머무르다.'는 염오된 마음으로 말을 하고, 번갈아서 서로 죄를 덮으면서 이 자가 범하면 그 자가 덮어주고 그 자가 범하면 이 자가 덮어주는 것이다.

'몸과 입으로 가깝게 익히면서 머무르다.'는 두 가지의 일을 함께 짓는 것이다.

비구니들이 충고하여 말하였다.

"아리야여. 몸으로 가깝게 익히면서 머무르지 말고, 입으로 가깝게 익히면서 머무르지 말며, 몸과 입으로 가깝게 익히면서 머무르지 말고, 번갈아서 서로가 허물을 감싸주지 마십시오. 왜 그러한가? 선법이 생겨나지 않는 까닭입니다."

한 번을 충고하였고 두 번을 충고하였으며 세 번을 충고하여도 멈추지 않았다. 여러 비구니들이 대애도에게 말하였고, 대애도는 곧 이 인연으로써 가서 세존께 아뢰었다. 세존께서는 말씀하셨다.

"이 비구니를 불러오라."

왔으므로, 세존께서는 물으셨다.

"그대들이 진실로 그러하였는가?"

대답하여 말하였다.

"진실로 그렇습니다."

세존께서 말씀하셨다.

"이것은 악한 일이니라. 그대들은 어찌하여 몸과 입으로 가깝게 익히면서 머물렀고 번갈아서 서로의 허물을 덮었는가? 이것은 비법이고, 계율이 아니며, 세존의 가르침이 아니니라. 이것으로써 선법을 크게 장양하지 못하느니라."

세존께서는 대애도에게 알리셨다.

"왕사성을 의지하여 머무르는 비구니들을 모두 모이게 하십시오. 나아가 이미 들었던 자들도 마땅히 거듭하여 들을지니라. 만약 두 비구니가 가깝게 익히면서 머물렀고 번갈아서 서로의 허물을 덮었다면 여러 비구니들이 마땅히 충고하면서 이 비구니들에게 말해야 한다.

'아리야여. 가깝게 익히고 머무르며 번갈아서 서로의 허물을 덮어주지 마십시오. 가깝게 익히고 머무르면 선법을 생겨나지 않습니다.'

이 비구니들이 여러 비구니가 충고하는 때에 견고하게 지니고 버리지 않는다면 마땅히 두·세 번째도 충고하여야 한다. 이러한 일을 버린다면 좋으나, 만약 버리지 않는다면 이 법은 나아가 세 번을 충고하는 것이니, 승가바시사를 범하느니라."

세존께서는 사위성에 머무르셨다.

그때 세존께서 계율을 제정하시어 가깝게 익히고 머무르는 것을 허락하지 않으셨다. 이때 진단 석가녀와 울다라 비구니가 각자 별도로 머물렀다. 투란난타 비구니가 말하였다.

"아리야여. 다만 가깝게 익히고 머무르면서 서로 허물을 덮어주고 서로가 멀리 머무르지 마시오. 선법이 생겨나면서 방해되지 않습니다. 나머지의 사람들도 이와 같이 서로가 가까이 머물러도 승가는 능히 막지 않습니다. 그대들을 업신여기고 쉬운 까닭으로 함께 서로가 금지하고 제지하는 것이오."

여러 비구니들이 이 비구니에게 충고하였다.

"아리야여. 이렇게 말을 짓지 마십시오. '다만 가깝게 익히고 머무르면서 서로 허물을 덮어주고 서로가 멀리 머무르지 마시오. 선법이 생겨나면서 방해되지 않습니다. 나아가 그대들을 업신여기고 쉬운 까닭으로 함께 서로가 금지하고 제지하는 것이오.'"

이와 같이 한 번을 충고하였고 두 번을 충고하였으며 세 번을 충고하여도 멈추지 않았다. 여러 비구니들이 대애도에게 말하였고, 대애도는 곧 이 인연으로써 가서 세존께 아뢰었다. 세존께서는 말씀하셨다.

"이 진단 석가녀와 울다라 비구니는 서로 멀리 머무르게 하라. 투란난타 비구니는 '가깝게 익히고 함께 머물러도 선법이 생겨나면서 방해되지 않는다.'라고 권유하였으니, 마땅히 가려진 곳에서 세 번을 충고하고, 많은 사람들의 가운데에서 세 번을 충고하며, 승가의 가운데에서 세 번을 충고하여 이러한 일을 버리게 하라. 가려진 곳에서 충고하는 자는 마땅히 '투란난타여. 그대가 진실로 진단 비구니와 울다라 비구니에게 〈다만 가깝게 익히고 머무르면서 서로 허물을 덮어주고 서로가 멀리 머무르지 마시오. 선법이 생겨나면서 방해되지 않습니다. 나아가 그대들을 업신여기고 쉬운 까닭으로 함께 서로가 금지하고 제지하는 것이오.〉라고 이렇게 말을 지었습니까?'라고 말을 지어야 한다.

'진실로 그렇습니다.'라고 대답하여 말하였다면, 마땅히 충고하여 말해야 한다.

'그대는 이러한 말을 짓지 마십시오. 〈다만 가깝게 익히고 머무르면서 서로 허물을 덮어주고 서로가 멀리 머무르지 마시오. 선법이 생겨나면서 방해되지 않습니다. 나아가 그대들을 업신여기고 쉬운 까닭으로 함께 서로가 금지하고 제지하는 것이오.〉 우리들이 지금 자비한 마음으로 그대를 요익하게 하려는 까닭으로 그대에게 충고합니다. 한 번의 충고는 이미 지나갔고 두 번의 충고가 남아있습니다. 이러한 일을 버리겠습니까?'"

"버리지 않겠습니다."라고 대답하여 말하였다면 이와 같이 두·세 번째도 충고하고, 많은 사람들의 가운데에서도 충고해야 한다. 만약 버리지 않는다면 승가는 마땅히 구청갈마를 지으면서 창언해야 한다.

"아리야 승가께서는 허락하십시오. 투란난타 비구니가 진단 석가녀와 울다라 비구니에게 '서로 가깝게 익히고 머무르면서 서로 허물을 덮어주고 서로가 멀리 머무르지 마시오. 선법이 생겨나면서 방해되지 않습니다.'라고 권유하였으므로, 이미 가려진 곳에서 세 번을 충고하였고, 많은 사람들의 가운데에서 세 번을 충고하였어도 멈추지 않았습니다. 만약 승가께서 때가 이르렀다면 승가는 지금 역시 세 번을 충고하여 이러한 일을 버리게 하겠습니다."

승가의 가운데에서 마땅히 투란난타에게 물어야 한다.

"그대가 진실로 서로가 가깝게 익히고 머무르면서, 나아가 승가는 지금 자비한 마음으로 그대에게 충고하나니, 이익되게 하려는 까닭입니다. 한 번의 충고는 이미 지나갔고 두 번의 충고가 남아있습니다. 이러한 일을 버리겠습니까?"

'버리지 않겠습니다.'라고 대답하여 말하였고, 이와 같이 두·세 번째도 충고하였으나, 고의로 버리지 않았다. 여러 비구니들이 이 인연으로써 가서 세존께 아뢰었다. 세존께서는 말씀하셨다.

"이 비구니를 불러오라."

왔으므로, 세존께서는 물어 말씀하셨다.

"그대가 진실로 그러하였는가?"

대답하여 말하였다.

"진실로 그렇습니다."

세존께서 말씀하셨다.

"이것은 악한 일이니라."

나아가 세존께서는 대애도에게 알리셨다.

"왕사성을 의지하여 머무르는 비구니들을 모두 모이게 하십시오. 나아가 이미 들었던 자들도 마땅히 거듭하여 들을지니라. 만약 비구니가 서로 멀리 머무르는 것을 보고 곧 권유하면서 '마땅히 가깝게 익히고 머무르면서 서로 허물을 덮어주고 서로가 멀리 머무르지 마시오. 선법이 생겨나면서 방해되지 않습니다. 나머지의 사람들도 이와 같이 서로가 가까이 머물러도 승가는 능히 막지 않습니다. 그대들을 업신여기고 쉬운 까닭으로 함께 서로가 금지하고 제지하는 것이오.'라고 이렇게 말을 지었다면, 여러 비구니들은 마땅히 충고하면서 이 비구니에게 이렇게 말을 지어야 한다.

'아리야여. 누구와 누구는 서로 멀리 머물러야 합니다. 〈가깝게 익히고 머무르면서 서로 허물을 덮어주고 서로가 멀리 머무르지 마시오. 선법이 생겨나면서 방해되지 않습니다.〉라고 권유하지 마십시오. 〈나머지의 사람들도 이와 같이 서로가 가까이 머물러도 승가는 능히 막지 않습니다. 그대들을 업신여기고 쉬운 까닭으로 함께 서로가 금지하고 제지하는 것이오.〉라고 이렇게 말을 짓지 마십시오.'

이 비구니에게 여러 비구니들이 충고하는 때에 견고하게 지니고 버리지 않는다면 마땅히 두 번·세 번째도 충고하여야 한다. 이러한 일을 버린다면 좋으나, 만약 버리지 않는다면 이 법은 나아가 세 번을 충고하는 것이니, 승가바시사를 범하느니라."

'서로 멀리 머무르다.'는 진단 석가녀와 울다라 비구니와 같은 것이다.

'권유하다.'는 투란난타 비구니와 같은 것이다.

'가깝게 익히면서 머무르다.'는 몸으로 서로 가깝게 익히면서 머무르고, 입으로 서로 가깝게 익히면서 머무르며, 몸과 입으로 가깝게 익히면서 머무르는 것이다.

'덮어주다.'는 몸과 입의 허물이니, 이 자의 몸과 입의 허물을 그 자가 덮어주고 그 자의 몸과 입의 허물을 이 자가 덮어주는 것이다.

'이 비구니'는 투란난타 비구니와 같은 것이다.

'여러 비구니'는 승가이거나, 많은 사람이거나, 한 사람인 것이다.

'세 번을 충고하다.'는 가려진 곳에서 세 번을 충고하고, 많은 사람들의 가운데에서 세 번을 충고하며, 승가의 가운데에서 세 번을 충고하는 것이다.

'가려진 곳에서 충고하다.'는 가려진 곳에서 마땅히 "그대가 진실로 누구와 누구 비구니에게 '서로 멀리 떨어져서 머무르지 말라.'고 권유하였는가?"라고 물어야 하고, 나아가 "진실로 그렇습니다."라고 대답하여 말하였다면, 가려진 곳에서 마땅히 충고하면서 이렇게 말을 지어야 한다.

"그렇게 말하지 마십시오. 아리야여. 누구와 누구는 서로 멀리 머물러야 합니다. '서로 가깝게 익히고 머무시오.'라고 가르쳐서 말하지 마십시오."

나아가 한 번을 충고하여도 멈추지 않았고, 두 번·세 번째의 충고에도 멈추지 않았으며, 많은 사람의 가운데에서도 역시 그와 같고, 승가의 가운데에서 세 번을 충고하여도 멈추지 않았다면 이 법은 나아가 세 번을 충고하는 것이니, 버리지 않는다면 승가바시사를 범하느니라."
'승가바시사'는 앞의 설명과 같다.
만약 비구니에게 가려진 곳에서 세 번을 충고한다면 충고하는 것마다 월비니죄를 범하고, 많은 사람의 가운데에서 세 번을 충고한다면 충고하는 것마다 월비니죄를 범하며, 승가의 가운데에서 처음으로 충고하는 때에는 월비니죄를 범하고, 충고를 마쳤다면 투란차죄를 범한다. 두 번째에도 처음으로 충고하는 때에도 역시 월비니죄를 범하고, 충고를 마쳤다면 투란차죄를 범한다. 세 번째에도 처음으로 충고하는 때에는 투란차죄를 범하고, 충고를 마쳤다면 승가바시사를 범한다.
승가바시사가 이미 성립되었다면 가려진 곳이거나, 많은 사람의 가운데이거나, 승가의 가운데에서 일체가 월비니죄를 범한다. 투란차죄는 합하여 하나의 승가바시사가 성립되면 다스릴 것이고, 만약 중간에서 멈추었다면 멈춘 것을 따라서 죄를 다스린다.
이러한 까닭으로 세존께서 말씀하셨느니라.

세존께서는 가유라위국의 니구율수 석씨정사에 머무르셨다.
이때 석종녀의 어머니와 자식이 출가하였는데, 어머니는 외도 가운데에 있으면서 출가하였으며, 딸에게 말하였다.
"우리는 어머니와 자식인데 어찌하여 이별한 것이 살겠는가? 그대가 이곳에 와서 함께 머무르게."
그 딸이 알려 말하였다.
"저는 까닭이 없다면 오지 못합니다. 마땅히 인연이 있는 것을 기다려서 오겠습니다."
이 딸이 돌아와서 비구니와 함께 싸우고 성내면서 말하였다.
"나는 지금 세존을 버리고, 법을 버리며, 승가를 버리고, 말씀(說)을 버리며, 함께 머무는 것을 버리고, 함께 먹는 것을 버리며, 경론을 버리겠습니다. 나는 비구니가 아니고, 석종이 아닙니다. 여러 외도에도 역시 수승한 법이 있고 범행을 닦을 곳도 있습니다. 내가 이러한 사문니이고 석종이어도 소용이 있겠는가! 나는 마땅히 그곳에서 범행을 닦겠습니다."

여러 비구니들이 이 비구니에게 충고하여 말하였다.

"아리야여. 세존을 버리지 말고, 법을 버리지 말며, 승가를 버리지 말고, 나아가 석종을 버리지 마십시오. 세존을 버리는 자는 선하지 않고, 나아가 석종을 버리는 것도 선하지 않습니다."

이와 같이 한 번을 충고하였어도 멈추지 않았고, 두 번을 충고하였어도 멈추지 않았으며, 세 번을 충고하여도 역시 멈추지 않았다. 여러 비구니들이 대애도에게 말하였고, 대애도는 곧 이 인연으로써 가서 세존께 아뢰었다. 세존께서는 말씀하셨다.

"그대가 가서 먼저 가려진 곳에서 세 번을 충고하고, 많은 사람들 가운데에서 세 번을 충고하며, 승가의 가운데에서 세 번을 충고하여 이러한 일을 버리게 하십시오."

'가려진 곳에서 충고하다.'는 가려진 곳에서 마땅히 "그대가 진실로 성내면서 '나는 계율을 버리고, 나는 세존을 버리며, 나아가 사문니이고 석종이더라도 무엇하겠는가? 마땅히 다른 수승한 곳에서 범행을 닦겠다.'라고 말하였는가?"라고 마땅히 물어야 하고, "진실로 그렇습니다."라고 대답하여 말한다면, 가려진 곳에서 마땅히 충고하십시오.

"그대는 계율을 버리지 말고, 세존을 버리지 말며, 법을 버리지 말고, 승가를 버리지 마시오. 나아가 사문니와 석종을 버리지 마시오. 세존을 버리는 자는 선하지 않고, 나아가 사문니와 석종을 버리는 것도 선하지 않습니다. 내가 지금 자비한 마음으로 그대를 이익되게 하려는 까닭으로 그대에게 충고합니다. 한 번의 충고는 이미 지나갔고 두 번의 충고가 남아있습니다. 이러한 일을 버리겠습니까?'"

"버리지 않겠습니다."라고 대답하여 말하였다면 두·세 번째도 역시 이와 같이 충고하고, 많은 사람들의 가운데에서도 세 번을 충고하면서 역시 그와 같다. 만약 버리지 않는다면 승가는 마땅히 구청갈마를 지어서 물어야 한다. 마땅히 가려진 곳에서 물었어도 멈추지 않았다. 여러 비구니들이 이 인연으로써 가서 세존께 아뢰었고, 세존께서는 말씀하셨다.
"이 비구니를 불러오라."
왔으므로, 세존께서는 앞의 일을 갖추어 물으셨다.
'그대가 진실로 그러하였는가?'
대답하여 말하였다.
"진실로 그렇습니다."
세존께서 말씀하셨다.
"이것은 악한 일이니라. 이것은 비법이고, 계율이 아니며, 세존의 가르침이 아니니라. 이것으로써 선법을 크게 장양하지 못하느니라."
세존께서는 대애도에게 알리셨다.
"가유라위를 의지하여 머무르는 비구니들을 모두 모이게 하십시오. 나아가 이미 들었던 자들도 마땅히 거듭하여 들을지니라. 만약 비구니가 성내면서 계율을 버리려고 하면서 '나는 세존을 버리고, 법을 버리며, 승가를 버리고, 말씀을 버리며, 함께 머무는 것을 버리고, 함께 먹는 것을 버리며, 경론을 버리고, 사문니와 석종을 버리겠습니다. 이 사문니와 석종이 소용이 있겠는가? 다른 곳에도 다시 수승한 곳이 있으니, 나는 그 가운데에서 범행을 닦겠습니다.'라고 이렇게 말을 지었다면, 여러 비구니들이 마땅히 이 비구니에게 충고하여 말하여야 한다. '아리야여. 성내고 계율을 버리면서 〈나는 세존을 버리고, 나아가 사문니와 석종을 버리겠습니다.〉라고 이렇게 말을 짓지 마십시오. 세존을 버리는 자는 선하지 않습니다.'"

여러 비구니들이 이와 같이 충고하는 때에 견고하게 지니고 버리지 않는다면 마땅히 두 번·세 번째에도 충고하여야 한다. 이러한 일을 버린다면 좋으나, 만약 버리지 않는다면 이 법은 나아가 세 번을 충고하는 것이니, 승가바시사를 범하느니라."

'비구니'는 것은 석종녀가 계율을 버리고 세존을 버리며, 나아가 사문니를 버리려는 것과 같은 것이다.

'여러 비구니'는 만약 승가이거나, 많은 사람이거나, 한 사람이다.

'세 번을 충고하다.'는 가려진 곳에서 세 번을 충고하고, 많은 사람의 가운데에서 세 번을 충고하며, 승가의 가운데에서 세 번을 충고하여 버린다면 좋으나, 만약 버리지 않았다면 이 법은 나아가 세 번을 충고하는 것이니, 승가바시사를 범하느니라."

'승가바시사'는 앞의 설명과 같다.

가려진 곳에서 세 번을 충고하는 때에 버린다면 좋으나, 만약 버리지 않는다면 충고하는 것마다 월비니죄를 범하고, 많은 사람의 가운데에서 세 번을 충고하여도 역시 같으며, 승가의 가운데에서 처음으로 충고하는 때에는 월비니죄를 범하고, 충고를 마쳤다면 투란차죄를 범한다. 두 번째에도 처음으로 충고하는 때에도 역시 월비니죄를 범하고, 충고를 마쳤다면 투란차죄를 범한다. 세 번째에도 처음으로 충고하는 때에는 투란차죄를 범하고, 충고를 마쳤다면 승가바시사를 범한다.

승가바시사죄가 이미 일어났다면 가려진 곳이거나, 많은 사람의 가운데이거나, 승가의 가운데에서 하나의 무거운 죄가 성립되므로 승가바시사를 지어서 다스릴 것이고, 만약 중간에서 멈추었다면 멈춘 것을 따라서 죄를 다스린다.

이러한 까닭으로 세존께서 설하셨노라.

"아리야 승가께서는 허락하십시오. 이미 19승가바시사법을 설하였습니다. 열두 가지는 처음부터 죄이고, 일곱 가지는 나아가 세 번을 충고하는 죄입니다. 만약 비구니가 하나·하나의 죄를 범하였다면 보름마다 2부의 가운데에서 마나타(摩那埵)를 행하고, 다음으로 아부가나(阿浮呵那)에 이르러야 합니다.

20명 승가의 2중에서 마땅히 출죄(出罪)를 해야 하고, 대중 사람들의 뜻이 일치해야 하며, 20명에서 만약 한 사람이 적었다면 이 비구니는 출죄하였다고 말할 수 없고, 여러 비구들과 비구니가 마땅히 꾸짖어야 하나니, 이것을 때(時)라고 이름합니다.

'이 가운데에서 청정합니까?' 두·세 번째에도 역시 물어야 합니다.

'이 가운데에서 청정합니까?' 이 가운데에서 청정한 것은 묵연하였던 까닭입니다. 이 일을 이와 같이 지니겠습니다."

사행(使行)과 두 가지의 근거가 없는 것과
서로 말하는 것과 혼자 다니면서 묵는 것과
죄를 범한 여인은 허락하지 않는 것과
강을 건너는 것과 아울러 스스로 갈마하여 버리는 것과

음욕의 마음인 사람의 보시를 받는 것과
그녀를 권유하여 보시를 취하게 하는 것과
열두 가지의 처음부터 죄인 것과
파승사와 아울러 서로 돕는 것과

성내면서 승가를 비방하는 것과
거스르는 말과 익히면서 가까이 머무는 것과
머무르게 권유하는 것과
성내면서 환계하는 것이 있다.

[제2편(篇)을 설하여 마친다.]

3. 30사(事)를 밝히다

10일을 옷을 벗어나서 묵는 것과
때가 아닌 때에 금과 은을 잡는 것과
사고 팔며 아울러 옷을 구걸하는 것과
구걸을 허락하는 것과 두 가지를 취하여 얻는 것과
옷을 준비하는 것과 두 거사와

왕의 신하와 차례 등의 10가지가 있다.
[비구계의 가운데에서 자세히 설한 것과 같다.]

[첫 번째의 발거를 마친다.]

세존께서는 사위성에 머무르셨다.
그때 투란난타 비구니가 취락의 가운데에 머무르면서 승가를 위하여 평상과 요를 구하려고 권화(勸化)하면서 부인에게 말하였다.
"우바이여. 그대는 마땅히 승가에게 평상·요·베개·구집(拘執)을 보시하십시오."
이때 부인은 신심으로 환희하였고 곧 평상·요·베개·구집의 값을 주었다. 얻었으므로 가지고 옷·발우·음식·탕약 등을 샀다. 이때 비구니가 차례로 걸식을 행하면서 그녀의 집에 이르렀고, 여러 부인이 물어 말하였다.
"아리야여. 우리들이 투란난타 비구니에게 평상·요·베개·구집의 값을 주었는데, 아직 준비하지 않았습니까?"
비구니가 말하였다.
"전혀 준비하지 않았습니다. 다만 스스로가 옷·발우·음식·탕약 등을 샀습니다."
여러 비구니들이 듣고서 대애도에게 말하였고, 대애도는 곧 이 일로써 가서 세존께 아뢰었다. 세존께서는 말씀하셨다.
"투란난타 비구니를 불러오라."
왔으므로, 세존께서는 물어 말씀하셨다.
"그대가 진실로 평상·요·베개·구집의 값을 받고서 다른 것을 지으면서 사용하였는가?"
대답하여 말하였다.
"진실로 그렇습니다."
세존께서 말씀하셨다.

"이것은 나쁜 일이니라. 그대는 항상 내가 무량한 방편으로 욕심이 많다면 꾸짖고, 욕심이 적다면 칭찬하는 것을 듣지 못하였는가? 그대는 어찌하여 악하고 선하지 않는 법을 지었는가? 이것은 비법이고, 계율이 아니며, 세존의 가르침이 아니니라. 이것으로써 선법을 크게 장양하지 못하느니라. 오늘부터는 평상과 요를 위하여 구걸하고 되돌려서 다른 용도로 짓는 것을 허락하지 않겠노라."

세존께서는 대애도에게 알리셨다.

"사위성을 의지하여 머무르는 비구니들을 모두 모이게 하십시오. 나아가 이미 들었던 자들도 마땅히 거듭하여 들을지니라. 만약 비구니가 평상과 요를 위하여 구걸하였으나, 스스로가 옷·발우·음식·탕약 등을 짓는 자는 니살기바야제를 범하느니라."

'비구니'는 앞의 설명과 같다.

'평상·요·베개·구집'은 앞에서 비구의 가운데에서 자세히 설한 것과 같다.

'구걸하다.'는 권화하고 구하면서 찾는 것이다. 뒤에 스스로가 옷·발우·음식·탕약 등을 짓고자 사용하는 자는 니살기바야제를 범한다.

'니살기바야제'는 이 물건을 마땅히 승가의 가운데에서 버려야 한다.

'바야제의 허물을 참회하다.'는 물건을 버리지 않고서 참회한다면 월비니죄를 범한다.

'바야제'는 비구의 계목에서 자세히 설한 것과 같다.

만약 비구니가 평상과 요를 위하여 구걸하고서 스스로가 옷·발우·음식·탕약 등을 짓고자 사용하는 때에는 니살기바야제를 범한다. 만약 이것을 위하여 구하였으면, 저것을 짓기 위하여 사용할 수 없고, 만약 평상을 위하여 구하고서 요를 지었거나, 요를 위하여 구하고서 베개를 지었거나, 베개를 위하여 구하고서 구집을 지었다면, 월비니죄를 범한다.

만약 권화하고 구걸하여 평상과 요와 베개 등의 값을 많이 얻었다면, 마땅히 하나·하나를 사람에게 보여주면서 이것은 평상의 값이고, 이것은 요의 값이며, 이것은 베개의 값이고, 이것은 구집의 값이라고 기록하고서 알려야 한다. 만약 그와 같지 않다면 하나·하나가 월비니죄를 범한다. 대체하여 방사와 가마솥 등을 수리하면서 사용할 수 있으나 여법하게 대체하여 사용해야 한다. 만약 비구가 평상과 요를 위하여 구걸하고서 다르게 사용하면 월비니죄를 범하지만, 여법하게 대체하여 사용하였다면 무죄이다.

이러한 까닭으로 설하였노라.

세존께서는 사위성에 머무르셨다.
그때 투란난타 비구니가 기름때가 묻고 구멍이 뚫려서 찢어진 옷을 입고 걸식을 행하였고, 부인들이 보고서 말하였다.
"아리야여. 내가 옷값을 보시하겠으니, 옷을 알아서 사세요."
다시 어느 사람이 말하였다.
"내가 발우값을 보시하겠으니, 발우를 알아서 사세요."
얻고서 다만 음식 짓는 비용으로 모두 사용하고 옷과 발우는 사지 않았다. 어느 비구니가 걸식하였으므로 부인이 물어 말하였다.
"투란난타 비구니에게 옷값과 발우값을 주었는데, 아직 사지 않았습니까?"
알려 말하였다.
"다만 음식을 샀는데, 어떻게 옷과 발우를 샀겠습니까?"
여러 비구니들이 듣고서 대애도에게 말하였고, 대애도는 곧 이 일로써 가서 세존께 아뢰었다. 세존께서는 말씀하셨다.
"이 비구니를 불러오라."
왔으므로, 세존께서는 물어 말씀하셨다.
"그대가 진실로 그러하였는가?"
대답하여 말하였다.
"진실로 그렇습니다. 세존이시여."
세존께서 말씀하셨다.
"이것은 나쁜 일이니라. 그대는 항상 내가 무량한 방편으로 욕심이 많은 것을 꾸짖고, 욕심이 적은 것을 칭찬하는 것을 듣지 못하였는가? 그대는 어찌하여 옷값을 얻고서 다른 것을 지으면서 사용하였는가? 오늘부터는 허락하지 않겠노라."

세존께서는 대애도에게 알리셨다.

"사위성을 의지하여 머무르는 비구니들을 모두 모이게 하십시오. 나아가 이미 들었던 자들도 마땅히 거듭하여 들을지니라. 만약 비구니가 사람이 이것을 짓기 위하여 주었는데, 그것을 지으면서 사용하는 자는 니살기바야제를 범하느니라."

'비구니'는 앞의 설명과 같다.

'이것을 위하여 주다.'는 옷을 위하여, 발우를 위하여 값을 준 것이다.

'다르게 지으면서 사용하다.'는 음식과 탕약의 값으로 짓는 것이니, 니살기바야제를 범한다. 이 물건들은 승가의 가운데에서 버려야 하고 바야제의 허물을 참회해야 한다.

만약 비구니에게 어떤 사람이 옷의 값을 주었거나, 발우의 값을 주었거나, 소(酥)의 값을 주었거나, 기름(油)의 값을 주었다면, 옷값으로 마땅히 옷을 사야 하고, 발우의 값으로는 마땅히 발우를 사야 하며, 소의 값으로는 마땅히 소를 사야 하고, 기름의 값으로는 마땅히 기름을 사야 한다. 만약 다른 것을 지으면서 사용하는 자는 니살기바야제를 범한다. 만약 단월이 "뜻을 따라서 사용하십시오."라고 말하였다면 무죄이고, 만약 마땅한 것이 없었고 따라서 짓는 것은 무죄이다.

만약 비구에게 어떤 사람이 옷의 값을 주었거나, 발우의 값을 주었거나, 소의 값을 주었거나, 기름의 값을 주었다면, 옷값으로 마땅히 옷을 사야 하고, 나아가 소의 값으로는 마땅히 소를 사야 한다. 만약 다른 것을 지으면서 사용하는 자는 니살기바야제를 범한다. 만약 "뜻을 따라서 사용하십시오."라고 말하였다면 무죄이고, 만약 마땅한 것이 없었고 따라서 짓는 것은 무죄이다.

이러한 까닭으로 세존께서 설하셨노라.

세존께서는 사위성에 머무르셨다.

그때 투란난타 비구니가 권화하여 음식을 짓게 하면서 부인에게 말하였다.

"우바이여. 내가 승가께 음식을 지어서 주고자 합니다."

여러 우바이들은 신심으로 환희하여 음식값을 주면서 이렇게 말을 지었다.

"아리야여. 음식을 짓는 날에 이르면 우리에게 말씀하십시오. 우리들이 마땅히 와서 음식을 돌리겠습니다."

비구니는 얻고서 스스로가 지을 음식과 옷과 발우를 샀으며 나머지의 값으로 거친 음식을 지었다. 그 날짜에 이르러 스스로가 왔으며 음식을 돌렸는데, 보고서 물어 말하였다.

"아리야여. 우리들이 이전에 많은 음식값을 주었는데, 무슨 까닭으로 거친 음식이고 오히려 그와 같습니까?"

여러 비구니들이 말하였다.

"어느 곳에서 좋은 음식을 얻겠는가? 다만 그 비구니 스스로가 옷과 발우와 음식을 먹는 것에 사용하였습니다."

여러 비구니들이 듣고서 대애도에게 말하였고, 대애도는 곧 이 일로써 가서 세존께 아뢰었다. 세존께서는 말씀하셨다.

"이 비구니를 불러오라."

왔으므로, 세존께서는 물어 말씀하셨다.

"그대가 진실로 그러하였는가?"

대답하여 말하였다.

"진실로 그렇습니다. 세존이시여."

세존께서 말씀하셨다.

"이것은 나쁜 일이니라."

나아가 세존께서는 대애도에게 알리셨다.

"사위성을 의지하여 머무르는 비구니들을 모두 모이게 하십시오. 나아가 이미 들었던 자들도 마땅히 거듭하여 들을지니라. 만약 비구니가

음식을 위하여 구걸하고서 옷과 발우와 음식과 탕약을 지으면서 수용하는 자는 니살기바야제를 범하느니라."

'비구니'는 앞의 설명과 같다.

'음식을 위하다.'는 승가를 위하여 음식을 짓는 것이다.

'구걸하다.'는 권화하면서 구하고 찾는 것이다.

'다른 곳에 사용하다.'는 옷과 발우와 음식을 짓는 것이니, 니살기바야제를 범한다.

'니살기바야제'는 앞의 설명과 같다.

만약 비구니가 승가를 위하여 음식을 짓고자 구하고서 스스로가 옷과 발우와 음식을 사는 자는 니살기바야제를 범한다.

'본래 지으려는 것을 따라서 마땅히 지으면서 사용하다.'는 만약 전식을 되돌려서 후식을 지었거나, 후식을 되돌려서 전식을 짓는 자는 월비니죄를 범한다. 만약 음식값을 되돌려서 평상과 요를 지었거나, 만약 봄·여름·겨울옷의 몫을 되돌려서 만약 음식의 몫으로 지으면서 따라서 이전의 것으로 향하면서 마땅히 사용하여 시주(施主)가 본래의 마음으로 주었던 것과 알맞지 않았다면 월비니죄를 범한다.

만약 비구니가 승가를 위하여 권화하여서 음식값을 얻었다면 마땅히 모두 음식을 지어야 하고, 만약 여분의 음식과 소와 기름이 있다면 마땅히 단월에게 보여주어야 하며, 단월이 만약 가지고 떠나가더라도 마땅히 묵연하여야 한다. 만약 "내가 아리야께 주겠습니다."라고 말하였거나, 마땅히 "승가께 주겠습니다."라고 말하였거나, 다시 "내가 스스로 승가께 주었으므로, 이것은 아리야에게 주겠습니다."라고 말하였고, 이와 같다면 취하여도 무죄이다.

이러한 까닭으로 설하였노라.

세존께서는 사위성에 머무르셨다.

그때 어느 객비구니가 왔고 차례로 마땅히 방을 얻었는데, 먼저 머무르던 하좌의 비구니가 말하였다.

"아리야여. 내가 발우를 옮기겠으니 기다려 주십시오."

나아가 다음날에 물어 말하였다.

"발우를 옮겼습니까?"

대답하여 말하였다.

"나는 아직 발우를 옮기지 못하였습니다."

객비구니가 말하였다.

"그대는 이 발우를 가지고서 기왓장 가게에서 기거하려고 합니까? 그렇게 많은 발우가 소용이 있습니까?"

여러 비구니들이 듣고서 대애도에게 말하였고, 대애도는 곧 이 일로써 가서 세존께 아뢰었다. 세존께서는 말씀하셨다.

"이 비구니를 불러오라."

왔으므로, 세존께서는 물어 말씀하셨다.

"그대가 진실로 그러하였는가?"

대답하여 말하였다.

"진실로 그렇습니다. 세존이시여."

세존께서 말씀하셨다.

"그대는 어찌하여 여분의 발우를 저축하였는가? 오늘부터는 여분의 발우를 저축하는 것을 허락하지 않겠노라."

세존께서는 대애도 구담미에게 알리셨다.

"사위성을 의지하여 머무르는 비구니들을 모두 모이게 하십시오. 나아가 이미 들었던 자들도 마땅히 거듭하여 들을지니라. 만약 비구니가 여분의 발우를 저축하는 자는 니살기바야제를 범하느니라."

'비구니'는 앞의 설명과 같다.

'여분의 발우를 저축하다.'는 발우는 숭파(嵩婆) 발우·오파숭파(烏婆嵩婆) 발우·우구타야(愚鳩吒夜) 발우·파기야(婆耆夜) 발우이니, 이와 같은 철이나 토기 등을 발우라고 이름한다. 발우는 상·중·하가 있으니, 과발(過鉢)·감발(減鉢)·수발(隨鉢)이다. 저축하는 자는 니살기바야제를 범한다.

비구니는 16개(枚)의 발우를 저축할 수 있으니, 하나는 수지(受持)하고,

세 개는 정시(淨施)를 지어야 하며, 네 개는 과발이고, 네 개는 감발이며, 네 개는 수발이다. 만약 (기한을) 넘겨서 저축하는 자는 니살기바야제를 범한다.

'니살기바야제'는 앞의 설명과 같다.

비구니가 여분의 발우를 저축하였다면 제한이 있으나, 비구가 많이 저축하고 정시로 사용하였다면 무죄이다.

이러한 까닭으로 세존께서 설하셨노라.

세존께서는 사위성에 머무르셨으며, 자세한 설명은 앞에서와 같다. 나아가 말씀하셨다.

"그대는 옷가게에서 기거하고자 하는가?"

여러 비구니들이 듣고서 대애도에게 말하였고, 대애도는 곧 이 일로써 가서 세존께 아뢰었다. 세존께서는 말씀하셨다.

"이 비구니를 불러오라."

왔으므로, 세존께서는 물어 말씀하셨다.

"그대가 진실로 그러하였는가?"

대답하여 말하였다.

"진실로 그렇습니다. 세존이시여."

세존께서 말씀하셨다.

"그대는 어찌하여 여분의 옷을 저축하였는가? 오늘부터는 여분의 옷을 저축하는 것을 허락하지 않겠노라."

세존께서는 대애도 구담미에게 알리셨다.

"사위성을 의지하여 머무르는 비구니들을 모두 모이게 하십시오. 나아가 이미 들었던 자들도 마땅히 거듭하여 들을지니라. 만약 비구니가 여분의 옷을 저축하는 자는 니살기바야제를 범하느니라."

'비구니'는 앞의 설명과 같다.

'옷'은 흠바라의·첩의·교사야의·추마의·사나의·마의·구모제의 등이다.

'저축하다.'는 기한을 넘겨서 저축하면 니살기바야제를 범한다.
'니살기바야제'는 앞의 설명과 같다.
비구니가 20종류의 옷을 축적하는 것을 허락하겠나니, 다섯 종류의 옷은 수지하고, 열다섯 종류의 옷은 정시하여 수용하는 것이다. 만약 넘겨서 이것을 저축하면 니살기바야제를 범하고, 비구는 제한이 없나니, 정시하고서 수용하였다면 무죄이다.
이러한 까닭으로 세존께서 설하셨노라.

세존께서는 사위성에 머무르셨다.
그때 투란난타 비구니는 승가리가 찢어졌으나 세탁하고 물들여서 수선하지 않고 담장의 아래에 던지면서 이렇게 말을 지었다.
"만약 취하려고 하는 자는 곧 취하시오."
이때 수제(樹提) 비구니는 찢어진 옷을 입고 있었으므로, 다른 비구들이 말하였다.
"아리야여. 이 옷을 취하여 가져다가 세탁하고 물들이며 수선하여 수용하십시오."
곧 취하여 수선하고서 세탁하고 물들여서 입었는데, 투란난타 비구가 말하였다.
"내 옷을 돌려주시오."
여러 비구니에게 말하였다.
"이상한 일이오. 시험 삼아 보건대 이 옷과 물건은 모두 땅에 버리지 않았소. 잠깐을 버리고 떠나갔는데, 그대의 방안을 채워야겠소?"
승가리를 빼앗아서 취하였다. 여러 비구니들이 듣고서 대애도에게 말하였고, 대애도는 곧 이 일로써 가서 세존께 아뢰었다. 세존께서는 말씀하셨다.
"이 비구니를 불러오라."
왔으므로, 세존께서는 물어 말씀하셨다.
"그대가 진실로 그러하였는가?"

대답하여 말하였다.
"진실로 그렇습니다. 세존이시여."
세존께서 말씀하셨다.
"이것은 악한 일이니라."
세존께서는 대애도 구담미에게 알리셨다.
"사위성을 의지하여 머무르는 비구니들을 모두 모이게 하십시오. 나아가 이미 들었던 자들도 마땅히 거듭하여 들을지니라. 만약 비구니가 주처(住處)에서 승가리를 버렸던 까닭으로 '취하려는 자가 있다면 취하시오.'라고 창언하고서 뒤에 다시 빼앗는 자는 니살기바야제를 범하느니라."
'비구니'는 앞의 설명과 같다.
'주처'는 정사의 안이다.
'버리다.'는 땅에 버리고 놓아두는 것이니, 사람이 취하였는데 뒤에 다시 빼앗는 자는 니살기바야제를 범한다.
'니살기바야제'는 앞의 설명과 같다.
만약 비구니가 물건을 이미 버렸고, 어느 사람이 취하여 사용하였다면 다시 빼앗을 수 없다. 만약 취한 사람이 없었고, 뒤에 다시 사용하고자 취하는 자는 무죄이다. 만약 비구니의 정사 안에서 옷과 발우와 가죽신과 나머지의 작고 작은 물건들을 버렸고, 사람들이 이미 취하였는데 뒤에 다시 빼앗는 자는 월비니죄를 범한다. 만약 취한 사람이 없었고, 뒤에 다시 취하는 자는 무죄이다.
이러한 까닭으로 세존께서 설하셨노라.

세존께서는 사위성에 머무르셨다.
그때 어느 비구니가 때로 더럽혀진 승가리가 있었으므로 두드려서 세탁하여 햇볕의 가운데에 말렸는데 바람이 일어나서 날려갔다. 여러 비구니들이 듣고서 대애도에게 말하였고, 대애도는 곧 이 일로써 가서 세존께 아뢰었다. 세존께서는 말씀하셨다.
"이 비구니를 불러오라."

왔으므로, 세존께서는 물어 말씀하셨다.

"그대가 진실로 그러하였는가?"

대답하여 말하였다.

"진실로 그렇습니다. 세존이시여."

세존께서 말씀하셨다.

"그대는 어찌하여 낡은 승가리를 두드려서 스스로 꿰매지 않고 사람을 시켜서 꿰매지도 않았는가? 오늘부터는 옷을 두드려서 세탁하는 것을 허락하지 않겠노라."

다시 다음으로 그때 어느 석종녀는 마라(摩羅)라는 여인이었고, 본래 음악인이었다. 승가리를 세탁하였는데 승가리가 두껍고 무거워서 세탁하는 것이 어려워서 대애도에게 말하였고, 대애도는 세존께 가서 아뢰었다. 세존께서는 말씀하셨다.

"오늘부터는 승가리를 세탁하면서 5·6일에 이르는 것을 허락하겠노라."

세존께서는 대애도 구담미에게 알리셨다.

"사위성을 의지하여 머무르는 비구니들을 모두 모이게 하십시오. 나아가 이미 들었던 자들도 마땅히 거듭하여 들을지니라. 만약 비구니가 낡은 승가리를 만약 스스로가 두드려서 세탁하거나, 만약 사람을 시켜서 두드려서 세탁하면서 5·6일이 지났어도 스스로가 꿰매지 않고 사람을 시켜서도 꿰매지 않았다면 병자를 제외하고는 니살기바야제를 범하느니라."

'비구니'는 앞의 설명과 같다.

'낡은 승가리'는 세탁하려고 하면서 만약 스스로가 두드리거나, 만약 사람을 시켜서 두드리는 것이다.

'5·6일'은 한계가 6일인 것이다.

다시 스스로 꿰매지 않고 사람을 시켜서 꿰매지 않는다면 니살기바야제를 범한다.

'니살기바야제'는 앞의 설명과 같다.

만약 비구니가 낡은 승가리를 세탁하면서 가볍고 얇다면 두드리는 것을 허락하지 않고, 만약 두껍고 무겁다면 두드리는 것을 허락한다. 이미 두드렸다면 마땅히 세탁해야 하고, 세탁하였다면 마땅히 펼쳐서 발(箔)의 위에 놓아두거나, 만약 자리의 위에 놓아두고서 돌로써 네 모서리를 눌러야 한다. 말렸다면 마땅히 공행제자와 의지제자, 같은 화상과 같은 아사리, 여러 지식인 비구니를 불러서 빠르게 함께 걷어야 한다. 만약 늙고 병들었으며 도와주는 사람이 없다면 무죄이다.
　이러한 까닭으로 세존께서 설하셨노라.

　세존께서는 사위성에 머무르셨다.
　그때 학계니(學戒尼)[1]가 투란난타에게 말하였다.
　"아리야여. 내가 구족계를 받게 하여 주십시오."
　투란난타가 말하였다.
　"그대가 나에게 옷을 준다면 마땅히 그대가 구족계를 받게 하여 주겠네."
　곧바로 옷을 주었으나, 뒤에 구족계를 주지 않았으므로 학계니가 말하였다.
　"내가 구족계를 받게 하여 주십시오."
　이와 같이 오래 지났으므로 여러 비구니들이 듣고서 대애도에게 말하였고, 대애도는 곧 이 일로써 가서 세존께 아뢰었다. 세존께서는 말씀하셨다.
　"이 비구니를 불러오라."
　왔으므로, 세존께서는 물어 말씀하셨다.
　"그대가 진실로 그러하였는가?"
　대답하여 말하였다.
　"진실로 그렇습니다. 세존이시여."
　세존께서 말씀하셨다.
　"이것은 악한 일이니라."

---

1) '식차마나'를 다르게 부르는 말이다.

세존께서는 대애도 구담미에게 알리셨다.

"사위성을 의지하여 머무르는 비구니들을 모두 모이게 하십시오. 나아가 이미 들었던 자들도 마땅히 거듭하여 들을지니라. 만약 비구니가 식차마니에게 '그대가 나에게 옷을 준다면 마땅히 그대에게 구족계를 받게 하여 주겠다.'라고 말하였고, 옷을 이미 취하였으나 뒤에 구족계를 받게 하여 주지 않는 자는 니살기바야제를 범하느니라."

'비구니'는 앞의 설명과 같다.

'식차마니'는 학계를 받은 자이다.

'옷'은 일곱 종류의 옷이니, 앞의 설명과 같다. 다시 옷이 있으니, 승가리부터 우욕의까지 옷이라고 이름한다.

구족계를 받게 허락한 자가 뒤에 스스로가 주지 않고, 사람을 시켜서 받게 하지도 않은 자는 니살기바야제를 범한다.

'니살기바야제'는 앞의 설명과 같다.

만약 비구니가 식차마니의 옷을 취하고서 구족계를 받게 하여 주겠다고 허락하였다면, 뒤에 마땅히 받게 하여 주어야 한다. 만약 늙고 병들어서 힘이 없었고 능히 구족계를 받게 할 수 없다면 마땅히 다른 사람에게 "그대가 이 옷을 취하고 구족계를 받게 주십시오."라고 말해야 하고, 만약 앞의 사람이 구족계를 받으려고 하지 않으면서 다시 옷을 찾았다면 마땅히 돌려주어야 한다. 만약 비구가 사미에게 구족계를 허락하고서 구족계를 받게 주지 않는다면 월비니죄를 범한다.

이러한 까닭으로 세존께서 설하셨노라.

세존께서는 비사리에 머무르셨다.

그때 북방의 어느 상인이 귀중하고 비싸며 좋은 흠바라를 가지고 다니면서 그것을 팔고자 하였다. 사람이 물었다.

"이 흠바라는 얼마입니까?"

대답하여 말하였다.

"10만(萬)입니다."

이때 국왕과 왕자와 대신과 다른 대상인들도 모두 비싸다고 싫어하면서 사지 않았으므로, 상점 위에 있으면서 걱정하며 앉아 있었다. 사람들이 물었다.

"그대가 무슨 까닭으로 근심하는 빛깔이 있습니까?"

대답하여 말하였다.

"나는 이 흠바라를 팔아야 합니다. 큰 가치가 있고, 바칠 세금도 역시 많습니다. 그러나 지금 팔고자 하여도 팔 수 없고, 이러한 까닭으로 즐겁지 않습니다."

사람이 말하였다.

"그대가 팔고자 합니까?"

대답하여 말하였다.

"팔고자 합니다."

곧 말하였다.

"그대가 가지고 발타라(跋陀羅) 사문니의 처소에 나아가면, 그녀가 마땅히 그것을 살 것입니다."

곧 가지고 가서 사람들에게 물어 말하였다.

"어느 곳이 비구니의 정사입니까?"

사람들이 처소를 알려주었고, 정사에 이르러 물어 말하였다.

"어느 곳이 발타라 비구니의 방사입니까?"

사람들이 처소를 알려주었고, 방사에 이르러 물어 말하였다.

"누가 발타라 비구니입니까?"

대답하여 말하였다.

"무슨 까닭으로 묻습니까?"

대답하여 말하였다.

"이 흠바라를 사지 않겠습니까?"

물어 말하였다.

"값이 얼마입니까?"

"값이 십만이고, 역시 그보다 높거나 낮게 주지 못합니다."

곧 제자에게 말하였다.

"그대가 가서 바로혜(婆路醯) 상점에 말하여 십만을 취하여 주어라."

어느 사람이 물어 말하였다.

"그대가 흠바라를 팔았습니까?"

대답하여 말하였다.

"이미 팔았습니다."

물어 말하였다.

"누가 취하였습니까?"

대답하여 말하였다.

"사문니 발타라입니다."

그 사람이 곧 혐오하여 말하였다.

"출가인이 이것에 애호(愛好)하는 욕망이 있는가?"

여러 비구니들이 듣고서 대애도에게 말하였고, 대애도는 곧 이 일로써 가서 세존께 아뢰었다. 세존께서는 말씀하셨다.

"이 비구니를 불러오라."

왔으므로, 세존께서는 물어 말씀하셨다.

"그대가 진실로 그러하였는가?"

대답하여 말하였다.

"진실로 그렇습니다. 세존이시여."

세존께서 비구니에게 알리셨다.

"그대는 후세의 사람들을 위하여 궤칙(軌則)을 지어야 하지 않겠는가? 오늘부터는 4갈리사반(羯利沙槃)을 넘는 무거운 옷을 사는 것을 허락하지 않겠노라."

세존께서는 대애도 구담미에게 알리셨다.

"사위성을 의지하여 머무르는 비구니들을 모두 모이게 하십시오. 나아가 이미 들었던 자들도 마땅히 거듭하여 들을지니라. 만약 비구니가 4갈리사반을 넘는 무거운 옷을 산다면 니살기바야제를 범하느니라."

'비구니'는 앞의 설명과 같다.

'4갈리사반'은 49의 옛날 금전의 4배이다.

'산다.'는 알고서 취하는 것이다. 만약 19의 옛날 금전을 넘겨서 취하는 자는 니살기바야제를 범한다.

'니살기바야제'는 앞의 설명과 같다.

만약 비구니가 19의 옛날 금전을 넘지 않는 무거운 옷을 샀거나, 만약 구걸하지 않고 스스로 주었다면 비록 귀하고 비싸더라도 무죄이다. 비구니는 한계가 있으나, 비구는 한계가 없어서 비록 귀하고 비싼 것을 알고서 취하여 수용하더라도 무죄이다.

이러한 까닭으로 세존께서 설하셨노라.

세존께서는 비사리에 머무르셨다.

그때 남방의 어느 상인이 미세한 거위 모습의 무늬인 모직물을 가지고 왔다. 어느 사람이 물어 말하였다.

"이 옷은 얼마입니까?"

대답하여 말하였다.

"10만입니다."

비싸고 귀중하였던 까닭으로써 왕가와 여러 대신들과 다른 대상인들도 모두 사지 않았고 팔지 못하였던 까닭으로 상점 위에서 걱정하며 앉아 있었다. 어느 사람이 물었다.

"그대가 무슨 까닭으로 근심하는 빛깔이 있습니까?"

대답하여 말하였다.

"나는 이 귀중한 옷을 팔아야 하고, 바칠 세금도 역시 많습니다. 그러나 지금 팔고자 하여도 팔 수 없고, 이러한 까닭으로 즐겁지 않습니다."

물어 말하였다.

"그대가 팔고자 합니까?"

대답하여 말하였다.

"팔고자 합니다."

말하였다.

"그대가 가지고 발타라 사문니의 처소에 나아가면, 마땅히 그대에게 살 것입니다."
곧 가서 사람들에게 물었다.
"어느 곳이 비구니의 주처입니까?"
이미 알았으므로 들어가서 물었다.
"어느 곳이 발타라 비구니의 방사입니까?"
사람들이 곧 알려주었고, 이르러 말하였다.
"화남합니다. 아리야여. 발타라입니까?"
대답하여 말하였다.
"무슨 까닭으로 묻습니까?"
대답하여 말하였다.
"저에게 이 거위 모습의 무늬 모직물이 있습니다. 능히 사겠습니까?"
물어 말하였다.
"값이 얼마입니까?"
대답하여 말하였다.
"저는 10만을 받고자 합니다."
비구니도 역시 깎아서 구하지 않았고 곧 제자에게 말하였다.
"그대가 가서 바로혜 상점에 말하여 10만을 취하여 주어라."
어느 사람이 물어 말하였다.
"그대는 팔았습니까?"
대답하여 말하였다.
"이미 팔았습니다."
물어 말하였다.
"누가 취하였습니까?"
대답하여 말하였다.
"사문니 발타라가 취하였습니다."
어느 사람이 비난하여 말하였다.
"출가인이 어찌하여 이와 같이 애호하는가?"

여러 비구니들이 듣고서 대애도에게 말하였고, 나아가 세존께서는 발타라 비구니에게 말씀하셨다.

"그대는 후세의 사람들을 위하여 궤칙을 지어야 하지 않겠는가? 오늘부터는 2갈리사반의 절반을 넘는 세밀하고 가벼운 옷을 사는 것을 허락하지 않겠노라."

세존께서는 대애도 구담미에게 알리셨다.

"사위성을 의지하여 머무르는 비구니들을 모두 모이게 하십시오. 나아가 이미 들었던 자들도 마땅히 거듭하여 들을지니라. 만약 비구니가 2갈리사반의 절반을 넘는 세밀하고 가벼운 옷을 사는 자는 니살기바야제를 범하느니라."

'비구니'는 앞의 설명과 같다.

'2갈리사반의 절반'은 46의 옛날 금전이다.

'산다.'는 알고서 취하는 것이다. 만약 2갈리사반의 절반의 옛날 금전을 넘겨서 취하는 자는 니살기바야제를 범한다.

'니살기바야제'는 앞의 설명과 같다.

만약 비구니가 세밀하고 가벼운 옷을 사는 자는 마땅히 2갈리사반의 절반을 알고서 취해야 하고, 넘는다면 살 수 없다. 만약 구걸하지 않고 스스로 주었다면 설사 귀하고 비싼 세밀하고 가벼운 옷을 수용하더라도 무죄이다. 비구가 귀하고 비싼 옷을 수용하더라도 무죄이다.

이러한 까닭으로 세존께서 설하셨노라.

　평상과 요를 구걸하여 스스로가 사용하는 것과
　옷과 발우의 값을 다른 곳에 사용하는 것과
　대중을 위한 것을 줄이고 스스로가 사용하는 것과
　발우를 저축하고 아울러 옷을 저축하는 것과

　옷을 버리고서 뒤에 다시 취하는 것과
　옷을 두드려서 세탁하는 것과

구족계를 받게 하는 것과
무거운 옷과 세밀하고 가벼운 옷이 있다.

[두 번째의 발거를 마친다.]

세존께서는 사위성에 머무르셨다.
그때 어느 땔나무를 수레에 실은 사람이 상점 앞을 지나갔다. 상인이 물어 말하였다.
"이것을 얼마에 팔겠습니까?"
대답하여 말하였다.
"1갈리사반입니다."
상인이 말하였다.
"그대가 이 땔나무를 실어다가 우리 집에 내려주고 이곳을 다시 지나간다면 마땅히 그대에게 값을 주겠습니다."
나무를 파는 사람이 곧 수레에 싣고서 비구니의 정사 앞을 지나가는 때에 투란난타 비구니가 물어 말하였다.
"장수여. 그대의 땔나무는 주인이 있어서 팔았습니까?"
물어 말하였다.
"이미 팔았습니다."
"얼마에 팔았습니까?"
물어 말하였다.
"1갈리사반입니다."
곧 말하였다.
"내가 그대에게 2갈리사반을 주겠습니다."
나무꾼은 이익을 탐냈던 까닭으로 곧 나무를 주었다. 그 사람이 땔나무를 내려놓고 돌아와서 상점 앞을 지나갔으므로 상인이 말하였다.
"그대가 값을 가지고 떠나시오."
대답하여 말하였다.

"내가 이미 팔아서 다른 사람에게 주었습니다."
물어 말하였다.
"얼마에 팔았습니까?"
대답하여 말하였다.
"2갈리사반을 받았습니다."
물어 말하였다.
"누가 취하였습니까?"
대답하여 말하였다.
"투란난타 비구니입니다."
상인이 싫어하고 비난하며 말하였다.
"이 사문니는 어찌하여 이와 같이 금전이 넘치는가?"
여러 비구니들이 듣고서 대애도에게 말하였고, 대애도는 곧 이 일로써 가서 세존께 아뢰었다. 세존께서는 말씀하셨다.
"이 비구니를 불러오라."
왔으므로, 물어 말씀하셨다.
"그대가 진실로 다른 사람이 산 것을 알고서도 값을 더하여 취하였는가?"
대답하여 말하였다.
"진실로 그렇습니다. 세존이시여."
세존께서 말씀하셨다.
"이것은 악한 일이니라. 그대는 어찌하여 다른 사람이 샀다는 것을 알고서도 빼앗아 샀는가? 이것은 비법이고, 계율이 아니며, 세존의 가르침이 아니니라. 이것으로써 선법을 크게 장양하지 못하느니라."
세존께서는 대애도 구담미에게 알리셨다.
"사위성을 의지하여 머무르는 비구니들을 모두 모이게 하십시오. 나아가 이미 들었던 자들도 마땅히 거듭하여 들을지니라. 만약 비구니가 다른 사람이 샀다는 것을 알고서도 빼앗아 사는 자는 니살기바야제를 범하느니라."

'비구니'는 앞의 설명과 같다.

'알다.'는 만약 스스로가 알았거나, 만약 다른 사람에게 들어서 아는 것이다.

'샀다.'는 점포 위에 상인과 같은 자이다.

만약 비구니가 물건을 사려고 하면서 다른 사람이 이미 샀다고 알았다면 가로채고 빼앗아 살 수 없다. 마땅히 앞의 사람을 기다려서 취하지 않는다면 취할 수 있다. 역시 마땅히 앞사람에게 "그대가 고의로 취하지 않았습니까?"라고 물었는데, 만약 "취하려는 까닭으로 그것을 굳게 하고자 합니다."라고 말한다면 이는 마땅히 취할 수 없고, 만약 "다시 취하지 않겠습니다."라고 말하였으며, 취하였다면 무죄이다.

만약 비구니가 옷과 발우를 팔았는데, 다시 스스로가 서로에게 빼앗아서 샀다면 월비니죄를 범한다. 만약 승가의 가운데에서 최상의 값으로 취하였다면, 화상과 아사리를 제외하고는 무죄이다. 만약 비구가 물건을 사면서 다른 사람에게 빼앗아 샀다면 월비니죄를 범한다.

이러한 까닭으로 설하셨노라.

여분의 발우와 다섯 번을 꿰매는 것과
7일과 성내면서 옷을 뺏는 것과
금을 파는 것과 아울러 실을 구걸하는 것과
치밀하게 짜는 것과 급하게 보시하는 것과
빼앗아서 사는 것과 승가의 물건으로 회향하는 것이 있다.

[세 번째의 발거를 마친다.]

비구니에게 옷을 취하는 것, 세탁하고 물들이는 것, 순수한 흑색[淳黑], 3부분을 하얗게 하는 것(三分白), 교사야(憍舍耶), 6년(年), 3유순(由旬), 쪼갠 양털(擘羊毛), 우욕의(雨浴衣), 아련야처(阿練若處)의 이러한 11사(事)는 마땅히 단락(段落)을 설하지 않았다.

다시 11사가 있으니, 마땅히 내전(內䐈) 발거의 나머지는 처음의 발거를 따르는데, 처음 발거의 가운데 단락이고, 비구니에게 옷을 취하는 것과 금은(金銀)을 잡는 것은 보충하는 단락이며, 낡은 옷을 세탁하는 것은 팔고 사는 것으로써 보충하였다. 뒤의 발거 가운데의 단락인 우욕의는 금을 파는 단락에서 보충하였고, 아련야처는 빼앗아 샀던 것으로써 보충하였다. 첫 번째와 두 번째의 발거의 숫자는 줄어들지 않았다. 니살기는 세존께서 설하셨느니라.

[비구니의 30사를 마친다.]

4. 141바야제법(波夜提法)을 밝히다

1) 141바야제법(波夜提法)을 밝히다 ①

망어하는 것과 여러 종류와
양설(兩舌)과 다시 일으키는 것과
목숨을 빼앗는 것과 구법(句法)을 설하는 것과
스스로 과인법이라고 말하는 것과
만족하지 못하는 것과 추한 죄를 설하는 것과
막는 것과 계율을 업신여기고 꾸짖는 것이 있다.

[첫 번째의 발거를 마친다.]

종자를 죽이는 것과 다른 말(異語)로 번뇌시키는 것과
비난하며 꾸짖는 것과 노지에 펼치는 것과
덮어진 곳과 억지로 끌어내는 것과
먼저 펼치는 것과 뾰족한 다리의 평상과

벌레 있는 물을 풀과 진흙에 뿌리는 것과
의심하여 즐겁지 않게 하는 것이 있다.

[두 번째의 발거를 마친다.]

한 번 먹는 것과 여러 곳에서 먹는 것과
옷을 주는 것과 버리지 않고 사용하는 것과
잔식법을 짓지 않고서 권유하는 것과
때가 아닌 음식을 받지 않는 것과
머무르며 먹는 것과 두·세 발우와
물건을 감추는 것과 별중식이 있다.

[세 번째의 발거를 마친다.]

불을 피우는 것과 3일밤을 넘겨서 묵는 것과
욕을 주고서 뒤의 성내는 것과
취락에 들어가서 돌려보내는 것과
도에 장애하는 견해를 버리지 않는 것과
사미와 세 가지의 괴색(壞色)과
보물을 취하는 것과 다른 사람을 두렵게 하는 것이 있다.

[네 번째의 발거를 마친다.]

벌레가 있는 물을 마시는 것과 외도와
음행하는 곳에 앉는 것과 가려진 곳과
군대를 보는 것과 3일을 넘겨서 묵는 것과
아기(牙旗)와 서로를 때리는 것과
손바닥의 칼과 물속에서 희롱하는 것이 있다.

[다섯 번째의 발거를 마친다.]

손가락으로 서로를 가리키는 것과 도둑과 반려인 것과
땅을 파는 것과 4월에 청하는 것과
쫓아서 배우지 않는 것과 술을 마시는 것과
다른 사람을 업신여기는 것과 묵연히 듣는 것과
일을 판결하는 것과 섭수하지 않는 것이 있다.

[여섯 번째의 발거를 마친다.]

벗어나서 함께 먹는 것과 왕궁과
바늘통과 여덟 손가락을 넘기는 것과
도라(兜羅)와 좌구와
부창의와 여래를 본받는 것과
승잔(僧殘)으로 비방하는 것과 회향하는 것이 있다.

[일곱 번째의 발거를 마친다.]

[비구계의 가운데에서 자세하게 설한 것과 같다.]

세존께서는 비사리에 머무르셨다.
그때 발타라가비(跋陀羅伽毘) 비구니가 의지제자에게 말하지 않고서 곧 제자의 승가리를 입고 취락에 들어갔는데, 어느 비구니가 의지제자를 불러 말하였다.
"누구여. 걸식하고자 떠나갔다가 돌아오겠습니까?"
대답하여 말하였다.
"아리야여. 내가 승가리를 취하겠으니 기다리세요."

곧 옷을 찾았으나 보이지 않았고, 바로 스승의 옷이 보였으므로 이렇게 생각을 지었다.

'스승이 반드시 내 옷을 입고 떠나가셨을 것이다.'

곧 생각하였다.

'스승은 내 옷을 입으셨어도 나는 스승의 옷을 입을 수 없다.'

말하였다.

"그대는 떠나가십시오. 저는 떠나갈 수가 없습니다."

"무슨 까닭입니까?"

대답하여 말하였다.

"내 옷이 없습니다."

곧 말하였다.

"스승의 옷을 입고 갑시다."

말하였다.

"내가 존중하므로 감히 입을 수 없습니다. 그대는 가십시오. 나는 하루의 음식을 잃었습니다."

여러 비구니들이 듣고서 대애도에게 말하였고, 대애도는 곧 이 일로써 가서 세존께 아뢰었다. 세존께서는 말씀하셨다.

"이 비구니를 불러오라."

왔으므로, 물어 말씀하셨다.

"그대가 진실로 그러하였는가?"

대답하여 말하였다.

"진실로 그렇습니다. 세존이시여."

세존께서 말씀하셨다.

"이것은 악한 일이니라. 그대는 어찌하여 말하지 않고서 다른 사람의 옷을 입었는가? 오늘부터는 허락하지 않겠노라."

세존께서는 대애도에게 알리셨다.

"사위성을 의지하여 머무르는 비구니들을 모두 모이게 하십시오. 나아가 이미 들었던 자들도 마땅히 거듭하여 들을지니라. 만약 비구니가

주인에게 말하지 않고 다른 사람의 옷을 입는 자는 니살기바야제를 범하느니라."

'비구니'는 앞의 설명과 같다.

다른 사람에게 말하지 않고 제자의 승가리 입는 것을 허락하지 않는다. 만약 입고자 하는 때에는 마땅히 "내가 그대의 옷을 입겠으니, 그대가 만약 다닌다면 나의 승가리를 입게."라고 말해야 한다. 이와 같이 일체의 옷을, 만약 옷을 세탁하고 염색하며 꿰매려는 일의 인연이 있어서 제자의 옷을 입고자 하였던 자는 마땅히 "그대는 마땅히 머무르게. 마땅히 그대의 음식을 가져와서 주겠네."라고 말해야 한다. 만약 비구가 다른 사람의 옷을 입고서 말하지 않는 자는 월비니의 죄를 범한다.

이러한 까닭으로 세존께서 설하셨노라.

마하승기율 제38권

동진 천축삼장 불타발타라·법현 공역
석보운 번역

2) 141바야제법을 밝히다 ②

세존께서는 사위성에 머무르셨다.

그때 어느 사람은 갈주(竭住)라고 이름하였는데, 외도의 가운데에 있으면서 출가하였고, 부모는 불법의 가운데에 있으면서 출가하였다. 이때 갈주는 매우 추운 때에 옷이 없었으므로 어머니의 처소에서 금수(禽獸)처럼 머물렀고, 어머니는 곧 자비롭게 생각하여 새로 세탁하여 염색하여 지은 깨끗한 울다라승이 있었으므로 곧 벗어서 주었다. 얻고서 곧 입었으며 곧 주점(酒店)의 가운데에 들어가서 앉았으므로 세상 사람들에게 비난받았다.

"이 삿된 견해로 말하고 술의 지게미를 먹는 나귀와 같은 자가 성인의 표식을 입었는가?"

여러 비구니들이 듣고서 대애도에게 말하였고, 대애도는 곧 이 일로써 가서 세존께 아뢰었다. 세존께서는 말씀하셨다.

"이 비구니를 불러오라."

왔으므로, 물어 말씀하셨다.

"그대가 진실로 그러하였는가?"

대답하여 말하였다.

"진실로 그렇습니다. 세존이시여."

세존께서 말씀하셨다.

"이것은 악한 일이니라. 그대는 어찌하여 옷을 가지고 출가한 외도에게 주었는가? 지금 이후로는 스스로가 손으로 외도에게 옷을 주는 것을 허락하지 않겠노라."

세존께서는 대애도에게 알리셨다.

"사위성을 의지하여 머무르는 비구니들을 모두 모이게 하십시오. 나아가 이미 들었던 자들도 마땅히 거듭하여 들을지니라. 만약 비구니가 스스로가 손으로 세속 사람이나 외도에게 사문의 옷을 주었다면 바야제를 범하느니라."

'비구니'는 앞의 설명과 같다.

'세속 사람'은 재가인이다.

'외도'는 외도에 출가한 자이다.

'스스로가 손으로 주다.'는 손으로 주고 손으로 받는 것이다.

'사문의 옷'은 현성의 표식이다.

'바야제'는 앞의 설명과 같다.

스스로가 손으로 세속의 사람이나 외도에게 사문의 옷을 줄 수 없다. 만약 비구니가 계율과 덕이 있었고, 부녀자와 아이들이 찢어진 옷조각을 구걸하였고 재앙을 물리치려는 까닭이었더라도 스스로가 손으로 줄 수 없고, 마땅히 여인의 정인을 보내어 주어야 한다. 만약 비구가 스스로가 손으로 세속의 사람이나 외도에게 사문의 옷을 주는 자는 월비니죄를 범한다. 만약 비구가 계율과 덕이 있었고, 사람들이 찢어진 가사의 조각을 구하여 재앙을 물리치려는 까닭이었다면 마땅히 정인을 시켜 주어야 하고, 큰 조각을 줄 수 없으며, 마땅히 작은 조각을 주어야 한다.

이러한 까닭으로 세존께서 설하셨노라.

세존께서는 사위성에 머무르셨다.

그때 어느 비구니가 세속 여인과 같은 옷을 입었으므로 세상 사람들에게 비난받았다.

"어찌하여 비구니가 긴 옷을 입고 누더기를 끌면서 다니는데, 세간의 여인과 같은가? 이렇게 무너지고 패배한 사람에게 무슨 도가 있겠는가?"

여러 비구니들이 듣고서 대애도에게 말하였고, 대애도는 곧 이 일로써 가서 세존께 아뢰었다. 세존께서는 말씀하셨다.

"이 비구니를 불러오라."

왔으므로, 물어 말씀하셨다.

"그대가 진실로 그러하였는가?"

대답하여 말하였다.

"진실로 그렇습니다."

세존께서 말씀하셨다.

"지금 이후로는 누더기를 합하여 옷을 짓는 것을 허락하지 않겠노라. 마땅히 양(量)에 맞추어 지어야 하느니라."

세존께서는 대애도에게 알리셨다.

"사위성을 의지하여 머무르는 비구니들을 모두 모이게 하십시오. 나아가 이미 들었던 자들도 마땅히 거듭하여 들을지니라. 만약 비구니가 안타회를 짓는다면 마땅히 양에 맞게 지어야 하나니, 길이는 수가타(修伽陀)의 4걸수(搩手)이고, 너비는 2걸수이다. 만약 넘겨서 지었다면 잘라내야 하고 바야제의 허물을 참회해야 하느니라."

'비구니'는 앞의 설명과 같다.

'안타회'는 세존께서 허락하신 것이다.

'짓다.'는 만약 스스로 짓거나, 다른 사람을 시켜서 짓는 것이다.

'양에 맞추다.'는 길이가 수가타 4걸수이고, 너비가 2걸수이다.

'수가타'는 것은 선서이시다. 만약 넘겨서 지었다면 잘라내야 하고 바야제를 마음으로 참회해야 한다.

'바야제'는 앞의 설명과 같다.

만약 비구니가 길이는 양에 맞았으나 너비는 양을 넘겨서 지었다면 바야제가 성립되고, 수용하였으면 월비니죄를 범한다. 이와 같이 너비는 양에 맞았으나 길이가 양을 넘겼거나, 이와 같이 끝자락(邊)은 양에 맞았으나 중간은 양을 넘겼거나, 중간은 양에 맞았으나 끝자락이 양을 넘겼거나, 이와 같이 굽은 양과 주름의 양과 물에 적시고 말리는 양을 길고 넓게 하려는 것은 바야제를 범하고, 수용하였으면 월비니죄를 범한다.

이러한 까닭으로 세존께서 설하셨노라.

세존께서는 사위성에 머무르셨다.

그때 어느 비구니가 나이가 젊고 단정하였는데, 옷을 입고 도로를 다니는 때에 두 유방이 드러났으므로 남자들이 보고서 웃었다. 여러 비구니들이 듣고서 대애도에게 말하였고, 대애도는 곧 이 일로써 가서 세존께 아뢰었다. 세존께서는 말씀하셨다.

"지금 이후로는 비구니는 마땅히 승기지를 지어야 하느니라."

다시 다음으로 그때 어느 비구니가 옷감을 남겨두고 승기지(僧祇支)를 길고 넓게 지었으므로, 나아가 세존께서는 말씀하셨다.

"오늘부터는 옷감을 잘라서 양에 맞게 지어야 하느니라."

세존께서는 대애도에게 알리셨다.

"사위성을 의지하여 머무르는 비구니들을 모두 모이게 하십시오. 나아가 이미 들었던 자들도 마땅히 거듭하여 들을지니라. 만약 비구니가 승기지를 짓는다면 마땅히 양에 맞게 지어야 하나니, 길이는 수가타의 4걸수이고, 너비는 2걸수이다. 만약 넘겨서 지었다면 잘라내야 하고 바야제를 범하느니라."

'비구니'는 앞의 설명과 같다.

'바야제'는 앞의 안타회의 가운데에서 자세하게 설한 것과 같다.

세존께서는 사위성에 머무르셨다.

그때 발타라 비구니가 소하(蘇河)에서 목욕하였다. 그때 5명의 리차 동자들이 소하의 위에서 보았고 음욕의 마음이 생겨났다. 비구니가 말하였다.
"장수여. 그대들은 떠나가시오."
대답하여 말하였다.
"우리는 떠나가지 않겠습니다. 아리야의 형체를 보고자 합니다."
비구니가 말하였다.
"그대들이 이 냄새나고 문드러질 몸의 아홉 구멍의 문을 보아도 소용있겠는가?"
다시 말하였다.
"그렇지 않습니다. 우리가 몹시 보고 싶습니다."
오래도록 떠나가지 않았고, 비구니는 이렇게 생각을 지었다.
'이 범부들은 어리석고 천박하다.'
곧 손으로 앞과 뒤를 가리고서 나왔고, 그 사람들은 보고서 혼절하여 땅에 넘어졌으며 입에서 피가 흘러나왔다. 여러 비구니들이 대애도에게 말하였고 대애도는 곧 이 일로써 가서 세존께 아뢰었다. 나아가 여러 비구니들이 세존께 물었다.
"어찌하여 5명의 리차 동자들이 음욕의 마음이 있었고, 혼절하여 땅에 넘어졌으며, 도리어 그와 같았습니까?"
세존께서 말씀하셨다.
"다만 오늘에 음욕의 마음이 있었던 것이 아니고, 과거 세상의 때에서도 이미 일찍이 이와 같았느니라."
여러 비구니들이 세존께 아뢰어 말하였다.
"원하건대 그것을 듣고자 합니다."
세존께서 말씀하셨다.
"과거에 아주 먼 그때 한 천녀(天女)가 있었는데 단정하고 매우 특별하였다. 이때 5명의 천자가 있었으니, 첫째는 석가라(釋迦羅)였고, 둘째는 마다리(摩多梨)였으며, 셋째는 승사야제(僧闍耶帝)였고, 넷째는 비사야제(鞞闍耶帝)였고, 다섯째는 마타(摩吒)였는데, 천녀를 보고서 각자 음욕의 마음이 생겨나서 곧 이렇게 생각을 지었다.
 '이 여인은 공동의 물건이 아니므로 음욕의 마음이 무거운 자에게 마땅히 그녀를 주어야 한다.'
 각자 그렇다고 말하였고, 석가라가 게송을 설하여 말하였다.

 나의 기억으로는 음욕의 때는
 앉고 누워도 스스로 편안하지 않으며
 나아가 잠드는 때에
 음욕이 물러가서 처음으로 편안하다네.

 마다리가 다시 게송을 설하여 말하였다.

 석가라여. 그대가 잠자는 때에
 오히려 처음으로 잠깐 편안할지라도
 나의 기억으로는 음욕의 때에는
 전쟁터의 북소리와 같다네.

 승사야제가 다시 게송을 설하여 말하였다.

 마다리가 북소리에 비유하였으나
 이전과 같아서 오히려 틈새가 있으니
 나의 마음이 음욕에 물든 때에는
 급류에 떠내려가는 나무와 같다네.

 비사야제가 다시 게송을 설하여 말하였다.

 그대가 비유한 떠내려가는 나무는
 혹은 때에 머무를 수 있겠으나

나의 기억으로는 음욕의 때에는
등에가 눈을 깜박이지 않는 것과 같다네.

마타가 다시 게송을 설하여 말하였다.

그대들이 여러 자지를 말하였으나
완전히 안락한 생각이라네.
내가 음욕을 탐하는 때에는
죽고 사는 것을 깨닫지 못한다네.

이에 여러 천자들이 말하였다.
"그대에게 가장 중요한 자라면 곧 아울러 그녀를 함께 주겠네.""
세존께서는 여러 비구니에게 알리셨다.
"그때의 5명의 천자는 지금의 5명의 리차이니라."
여러 비구니들이 세존께 아뢰어 말하였다.
"이 비구니는 무슨 업을 행하여서 이와 같이 단정하고, 큰 성씨의 집안에 태어났으며, 믿음으로써 출가하여 무루(無漏)를 증득하였습니까?"
세존께서는 여러 비구니에게 알리셨다.
"과거 세상의 때에 성이 있었고 바라나라고 이름하였느니라. 어느 장자의 집이 처음으로 신부를 취하였는데, 항상 한 사람이 있어서 머리를 빗겨주었고 음식을 공급하였다. 이때 벽지불이 있어서 의치(宜絺)라고 이름하였고 그녀 집의 문으로 나아가서 걸식하였다. 그 부인이 그를 보았는데, 몹시 단엄(端嚴)하지 않았으므로 공경하는 마음이 없어서 음식을 주지 않았고, 다시 떠나가라고 말하지도 않았다. 머리를 빗기는 사람이 보고서 신부에게 말하였다.
"음식을 베풀어 주십시오."
대답하여 말하였다.

"추루하고 좋지 않아서 내가 능히 주지 않았소."
곧 말하였다.
"나의 음식의 몫을 주십시오. 내가 그에게 주고자 합니다."
대답하여 말하였다.
"뜻대로 하시오. 역시 물속에 버릴 수 있소."
그 사람이 음식을 얻고서 곧 벽지불에게 베풀었고, 이 음식을 받고서 허공을 타고서 떠나갔다. 그 벽지불이 날아오르는 것을 보고서 마음으로 크게 환희하여 곧 발원하여 말하였다.
"원하건대 나는 뒤의 몸이 큰 족성의 집안에 태어나고 신체가 단정하며 세존을 보고 법을 듣고서 유루(有漏)를 없애게 하십시오."
목숨이 마치고서 곧 천상에 태어나서 백천 명의 천녀들에서 다섯 가지의 일에 가장 수승하였는데, 수명·색깔·힘·명칭(名稱)·변재 등이었다. 천상에서 목숨을 마치고서 바라나의 바라문 집안에 태어났는데, 가섭불께서 출세하셨던 때에 부모가 유람하고자 밖으로 나갔다. 이때 여인은 집에 있었고 가섭불께서 성안에 들어오시어 차례로 걸식하다가 그녀의 집에 이르렀는데, 일찍이 덕을 심었던 까닭으로 보고서 크게 환희하며 구리 그릇을 깨끗이 씻고서 여러 종류의 좋은 음식과 교사야의(憍舍耶衣)를 담아서 세존께 봉상(奉上)하면서 곧 게송을 설하여 말하였다.

지금 음식과 옷을 받들었는데
여러 보시의 가운데에서 가장 수승하고
지금 번뇌와 습기를 없애시고 정각을 증득하신
모니존(牟尼尊)께 공양하나니
원하건대 나도 역시 다시 그와 같이
이와 같은 번뇌를 없애고 증득하게 하십시오.

이 여인은 뒤에 바라문의 집에 시집갔는데 시어머니가 엄하고 악하여 섬기기 어려웠으며, 나아가 '내가 이렇게 살아서 소용있겠는가? 스스로 죽는 것보다 못하다.'라고 생각하였다. 곧 영락과 몸에 바르는 향과 아울러 목매는 노끈을 가지고서 자살하려고 하였는데, 가섭불의 탑을 보고서 곧 몸을 장엄하였던 기구를 가지고서 불탑에 공양하고서 그러한 뒤에 스스로 목매어 죽었고 목숨을 마치고서 곧 바라문의 집에 태어났으며, 나아가 스스로가 게송을 설하여 말하였다.

　　영락과 옷과 향과 꽃으로
　　신심으로 가섭불의 탑에 공양하였고
　　이 복의 과보를 인연하였던 까닭으로
　　지금 세존의 발에 예배합니다."

　　세존께서 말씀하셨다.
　　"오늘부터는 마땅히 욕의(浴衣)를 지어야 한다. 나아가 이미 들었던 자들도 마땅히 거듭하여 들을지니라. 만약 비구니가 우욕의를 짓는다면 마땅히 양에 맞게 지어야 하나니, 길이는 수가타의 4걸수이고, 너비는 2걸수이다. 만약 넘겨서 지었다면 잘라내야 하고 바야제를 범하느니라."
　　나아가 앞의 승기지 가운데에서 자세하게 설한 것과 같다.

　　세존께서는 사위성에 머무르셨다.
　　그때 비구니들이 투란난타에게 말하였다.
　　"그대가 승가를 위하여 가치나의(迦絺那衣)를 구걸하겠습니까?"
　　대답하여 말하였다.
　　"능히 하겠습니다."
　　곧 믿음이 없는 집에 가서 말하였다.
　　"큰 복덕이여. 그대가 능히 승가에게 가치나의를 보시하겠습니까?"
　　대답하여 말하였다.
　　"능히 하겠습니다."

승가는 자자(自恣)를 마치고서 투란난타에게 말하였다.

"가치나의를 얻었습니까?"

대답하여 말하였다.

"내가 알아서 하겠습니다."

곧 그 집에 이르러 말하였다.

"장수여. 가치나의를 준비하였습니까?"

대답하여 말하였다.

"내가 알아서 하겠습니다."

뒤에 다시 가서 구하였는데, 비구니는 다시 말하였다.

"내가 알아서 하겠습니다."

이와 같이 옷의 때는 이미 지나갔다. 여러 비구니들이 듣고서 대애도에게 말하였고, 대애도는 곧 이 일로써 가서 세존께 아뢰었다. 세존께서는 말씀하셨다.

"이 비구니를 불러오라."

왔으므로, 물어 말씀하셨다.

"그대가 진실로 그러하였는가?"

대답하여 말하였다.

"진실로 그렇습니다."

세존께서 말씀하셨다.

"그대는 어찌하여 능히 옷을 준비할 수 없는 집에 이르러 승가를 위하여 가치나의를 구하였는가? 지금 이후로는 허락하지 않겠노라."

세존께서는 대애도에게 알리셨다.

"사위성을 의지하여 머무르는 비구니들을 모두 모이게 하십시오. 나아가 이미 들었던 자들도 마땅히 거듭하여 들을지니라. 만약 비구니가 능히 옷을 준비할 수 없는 집에 나아가서 승가를 위하여 가치나의를 구걸하였다면 바야제를 범하느니라."

'비구니'는 앞의 설명과 같다.

'불신'은 힘과 희망이 없는 약한 처소이다.

'옷'은 흠바라의와 첩의와 구모제의 등이다.

'구걸하다.'는 승가를 위하여 가치나의를 구걸하는 것이다. 옷의 때가 지나갔어도 얻지 못하는 자는 바야제를 범한다.

'바야제'는 앞의 설명과 같다.

만약 비구니가 승가를 위하여 가치나의를 구하는 자는 마땅히 잘 입겠다는 생각으로 구해야 하고, 불신하는 집에 가서 구할 수 없다. 마땅히 신심이 있는 권속이 많은 집에 가서 구해야 한다. 만약 앞의 사람이 "내가 알아서 하겠습니다."라고 말하였다면, 마땅히 다시 "그대가 반드시 주겠습니까?"라고 말하여서 옷의 때를 지나가지 않도록 해야 한다. 역시 마땅히 서로가 바라보아서 반드시 능히 준비하지 못하는 자이면 마땅히 다시 다른 곳에 가서 구해야 한다. 역시 마땅히 스스로가 헤아려서 마땅히 능히 준비하지 못하는 자이더라도 마땅히 승가와 함께 구할 수 없고, 만약 이미 승가에서 옷을 구하라고 허락하였는데 스스로가 부지런히 구하지 않았거나, 스스로가 부지런히 사람을 시켜서 구하지 않았거나, 역시 스스로가 승가에 말하지 않아서 옷의 때가 지나간 자는 바야제를 범한다.

'바야제'는 앞의 설명과 같다.

비구가 불신하는 집에 나아가서 승가를 위하여 가치나의를 구하는 자는 월비니죄를 범한다.

이러한 까닭으로 세존께서 설하셨노라.

세존께서는 사위성에 머무르셨다.

그때 비구니가 위·아래의 옷을 입고 와서 세존의 발에 예경하였는데, 뒤에 실화(失火)로 옷을 태웠다. 여러 비구니들이 듣고서 대애도에게 말하였고, 대애도는 곧 이 일로써 가서 세존께 아뢰었다. 세존께서는 말씀하셨다.

"이 비구니를 불러오라."

왔으므로, 물어 말씀하셨다.

"그대가 진실로 그러하였는가?"

대답하여 말하였다.

"진실로 그렇습니다."

세존께서 말씀하셨다.

"그대는 어찌하여 몸을 따라서 옷을 수지하지 않았는가? 오늘부터는 몸을 따라서 옷을 수지하지 않는 것을 허락하지 않겠노라."

다시 다음으로 그때에 어느 비구니는 석종녀인 마라녀(摩羅女)이었다. 이전에 음악인이었는데 출가하고서 승가리가 무거웠으므로 능히 이기지 못하였고, 매우 괴로웠던 까닭으로, 나아가 세존께서는 말씀하셨다.

"오늘부터는 병든 때에는 승가리를 수지하지 않는 것을 허락하겠노라."[1]

세존께서는 대애도에게 알리셨다.

"사위성을 의지하여 머무르는 비구니들을 모두 모이게 하십시오. 나아가 이미 들었던 자들도 마땅히 거듭하여 들을지니라. 만약 비구니가 병이 없는데 몸을 따라서 옷을 수지하지 않는 자는 바야제를 범하느니라."

'비구니'는 앞의 설명과 같다.

'수지하는 옷'은 승가리·울다라승·안타회·승기지·우욕의 등이다. 병자는 세존께서 무죄라고 말씀하셨다. 몸을 따라서 수지하지 않는다면 바야제이다.

'바야제'라고 하는 것은 앞에서 이미 말하였다.

만약 비구니가 병이 없는데 수지하는 옷을 수지하지 않는 자는 바야제를 범한다. 만약 탑에 예경하거나, 만약 경행하거나, 만약 낮에 좌선하는 처소의 경계 안이라면 무죄이다.

이러한 까닭으로 세존께서 설하셨노라.

---

[1] 승가리부터 이하의 문장은 원문에서 결락되었으나 보충하여 번역하였다.

세존께서는 비사리에 머무르셨다.

그때 발타라 비구니에게 집안에서 항상 음식을 보내주었고, 음식을 얻었다면 다시 끓이고 볶아서 조리하였다. 그녀의 형제와 백부와 숙부가 와서 보고서 말하였다.

"우리들도 먹고자 합니다."

대답하여 말하였다.

"그렇게 하세요."

곧 취하여 먹고서 맛이 평소와 달랐으므로 물어 말하였다.

"어느 곳에서 이렇게 좋은 음식을 얻었습니까?"

대답하여 말하였다.

"이전에 집에서 보내준 것입니다."

곧 성내면서 말하였다.

"우리 집에서는 지금까지 음식을 준비하면서 헛되게 금전을 버렸고, 처음부터 좋은 음식을 얻지 못하였다."

곧 집에 돌아와서 채찍으로 노비들을 때리면서 말하였다.

"헛되게 금전과 물건을 버렸고 먹을 수가 없구나."

그 하인(使人)들도 성내면서 말하였다.

"앉은 이 비구니가 이와 같은 괴로움을 얻게 하는구나."

여러 비구니들이 듣고서 대애도에게 말하였고, 대애도는 곧 이 일로써 가서 세존께 아뢰었다. 세존께서는 말씀하셨다.

"발타라 비구니를 불러오라."

왔으므로, 물어 말씀하셨다.

"그대가 진실로 그러하였는가?"

대답하여 말하였다.

"진실로 그렇습니다."

세존께서 말씀하셨다.

"이것은 악한 일이니라. 오늘부터는 스스로가 끓이고 볶는 것을 허락하지 않겠노라."

다시 다음으로 세존께서는 사위성에 머무르셨다.

그때 어느 비구니는 석종녀인 마라녀이었다. 걸식하여 묵은 밥과 묵은 국과 묵은 나물을 먹고서 토하고 구역질하였다. 여러 비구니들이 대애도에게 말하였고, 대애도는 가서 세존께 아뢰었다.

"저희들이 따뜻하게 먹을 수 있습니까?"

세존께서 말씀하셨다.

"먹을 수 있습니다."

세존께서는 대애도에게 알리셨다.

"사위성을 의지하여 머무르는 비구니들을 모두 모이게 하십시오. 나아가 이미 들었던 자들도 마땅히 거듭하여 들을지니라. 만약 비구니가 거타니식(佉陀尼食)과 포사니식(蒲闍尼食)을 얻고서 다시 끓이거나 사람을 시켜서 끓이거나, 다시 볶거나, 사람을 시켜서 볶거나, 다시 삶거나, 사람을 시켜서 삶고서 병이 없는 비구니가 먹었다면 바야제를 범하느니라."

'거타니식'은 다섯 가지의 거타니식이다.

'포사니식'은 다섯 가지의 포사니식이다.

'끓이다.'는 만약 스스로 끓이거나, 만약 사람을 시켜서 끓이는 것이다.

'볶다.'는 만약 스스로 볶거나, 만약 사람을 시켜서 볶는 것이다.

'삶다.'는 만약 스스로 삶거나, 만약 사람을 시켜서 삶는 것이다. 병든 자는 세존께서 무죄라고 말씀하셨다.

무엇을 병이라고 말하는가? 늙고 병들어 여위고 수척하며, 차가운 것을 먹으면 토하고 구역질하면서 몸이 즐겁지 않은 것이다. 병이 없는 비구니가 음식을 끓여서 먹는 자는 바야제를 범한다.

'바야제'는 앞의 설명과 같다.

맛있게 먹으려는 까닭으로 다시 볶고 다시 끓이는 것을 허락하지 않는다. 만약 차가운 것을 데우더라도 냄비나 가마솥에 끓이는 것은 허락하지 않는다. 만약 구리 발우이거나, 만약 구발(拘鉢)[2]이거나, 만약 건자(鍵鎡)[3]의 가운데에서 데워야 한다. 만약 비구가 맛있게 먹으려는 까닭으로 스스로 다시 끓이거나, 다시 볶고 다시 삶았다면 월비니죄를 범한다. 만약 정인을 시켜 알아서 처리하게 하는 것은 무죄이다. 만약 걸식하는 때 음식이 차가워서 다시 데웠다면 무죄이다.

이러한 까닭으로 세존께서 설하셨노라.

세존께서는 사위성에 머무르셨다.

그때 어느 부부인 두 사람이 석종(釋種)의 가운데에 출가하였다. 이때 남편이었던 마하라가 음식을 먹었고, 비구니가 옆에 있으면서 물을 주었으며 부채로써 부채질을 하였는데, 마하라가 지나간 때의 일을 말하였다. 비구니는 성내면서 물로써 얼굴에 뿌렸고 부채로 머리를 때리면서 꾸짖어 말하였다.

"그대는 은혜와 의리를 알지 못하고 지나간 때의 일을 말하였는데, 마땅히 말할 수 없는 것을 곧 말하였소."

비구니들이 보고서 말하였다.

"아리야여. 이분은 상좌로 존중해야 하고, 이와 같이 할 수 없습니다."

다시 말하였다.

"이 마하라는 선하지 않아서 은혜와 의리를 알지 못하고 마땅히 말할 수 없는 것을 지금 말하였습니다."

여러 비구니들이 듣고서 대애도에게 말하였고, 대애도는 곧 이 일로써 가서 세존께 아뢰었다. 세존께서는 말씀하셨다.

"이 비구니를 불러오라."

왔으므로, 물어 말씀하셨다.

"그대가 진실로 그러하였는가?"

---

2) 산스크리트어로 Kupātra이다. 온전한 음은 구발타라(拘跋陀羅)로 소발우(小鉢盂)를 말한다. 발다라(拘多羅)나 구발(拘鉢, 鉤鉢) 등으로 음역된다.
3) 산스크리트어로 Kaṃsa이다. 얇은 철제 그릇으로 3개의 소발우 중 가장 작은 것이다. 한역은 건자(建鎡, 揵茨, 㨖茨), 건저(揵柢), 건지(健支), 첩자(捷茨)로 음역 되고 천발(淺鉢)이나 철발(鐵鉢) 등으로 의역된다.

대답하여 말하였다.

"진실로 그렇습니다."

세존께서 말씀하셨다.

"이것은 악한 일이니라. 그대는 어찌하여 비구가 먹는 때에 물을 주었고 부채질을 하였는가? 이것은 비법이고, 계율이 아니며, 세존의 가르침이 아니니라. 이것으로써 선법을 크게 장양하지 못하느니라. 지금 이후로는 허락하지 않겠노라."

세존께서는 대애도에게 알리셨다.

"사위성을 의지하여 머무르는 비구니들을 모두 모이게 하십시오. 나아가 이미 들었던 자들도 마땅히 거듭하여 들을지니라. 만약 비구니가 비구가 음식을 먹는 때에 물과 부채를 공급하는 자는 바야제를 범하느니라."

'비구니'는 앞의 설명과 같다.

'비구가 음식을 먹다.'는 다섯 가지의 정식과 다섯 가지의 잡정식(雜正食) 등이다.

'물과 부채'는 물병을 가지고 물을 주거나 부채로 부채질하는 것이니, 바야제를 범한다.

'바야제'는 앞의 설명과 같다.

만약 비구니가 물을 주었고 부채를 지니지 않았다면 월비니죄를 범하고, 부채를 지녔어도 물을 주지 않았어도 역시 월비니죄를 범하고, 두 가지를 함께 지닌 자는 바야제를 범하고, 두 가지를 함께 지니지 않은 자는 무죄이다. 이 죄는 한 비구와 한 비구니에게 성립되고 만약 대중의 많은 비구에게 물을 주거나 부채질하였다면 무죄이다. 만약 대중의 가운데에 부모와 오빠가 있어서 부채로 부채질하였다면 무죄이다.

이러한 까닭으로 세존께서 설하셨노라.

세존께서는 사위성에 머무르셨다.

그때 중년의 어느 마을 상인이 비구니 승가를 청하여 마을을 주었다.

이때 육군비구니들이 마늘밭으로 나가서 마늘을 먹으면서 어지럽게 짓밟았다. 이때 상인이 어지럽게 흩어져 있는 것을 보고 원민에게 물었다.

"무슨 까닭으로 오히려 그러한가?"

"전에 비구니를 청하여 마늘을 주셨으므로 혹은 여기에 와서 먹었고, 혹은 가져가면서 이와 같이 어지럽혔습니다."

상인이 비난하여 말하였다.

"내가 청하여 마늘을 주었다면 다만 먹을 것이지 무슨 까닭으로 가져가면서 이와 같이 짓밟았는가?"

여러 비구니들이 듣고서 대애도에게 말하였고, 대애도는 곧 이 일로써 가서 세존께 아뢰었다. 나아가 대답하여 말하였다.

"진실로 그렇습니다."

세존께서 말씀하셨다.

"이것은 악한 일이니라. 지금 이후로는 마늘을 먹는 것을 허락하지 않겠노라. 나아가 마땅히 거듭하여 들을지니라. 만약 비구니가 마늘을 먹는 자는 바야제를 범하느니라."

'비구니'는 앞의 설명과 같다.

'마늘'은 심는 마늘과 야생의 마늘이다. 이와 같은 일체의 마늘을 먹는 것을 허락하지 않는다. 익힌 것도 허락하지 않고, 역시 날 것도 허락하지 않는다. 다시 삶은 것도 역시 허락하지 않고, 구워서 재로 짓는 것도 역시 허락하지 않는다. 만약 몸에 부스럼이 있었다면 바르는 것을 허락하겠으나, 바르고서 마땅히 가려진 곳에 있어야 하고, 부스럼이 나았다면 깨끗이 씻고 들어가는 것을 허락한다.

이러한 까닭으로 세존께서 설하셨노라.

다른 사람의 옷과 외도의 옷과
승기지와 안타회와
우욕의와 가치나의와
몸에 따라서 옷을 지니지 않는 것과

다시 끓이는 것과 물과 부채를 잡는 것과
마늘을 먹는 것 등이 있다.

[여덟 번째의 발거를 마친다.]

세존께서는 사위성에 머무르셨다.
그때 뇌타파라(賴吒波羅) 비구니의 동생이 죽었고, 뇌타파라는 여러 종류의 음식을 구걸하여서 동생의 아들에게 주었으므로 세상 사람들에게 비난받았다.
"어찌하여 사문니가 다른 사람의 신심있는 보시를 받아서 세속 사람에게 주는가?"
여러 비구니들이 듣고서 대애도에게 말하였고, 대애도는 곧 이 일로써 가서 세존께 아뢰었다. 세존께서는 말씀하셨다.
"이 비구니를 불러오라."
왔으므로, 물어 말씀하셨다.
"그대가 진실로 그러하였는가?"
대답하여 말하였다.
"진실로 그렇습니다."
세존께서 말씀하셨다.
"지금 이후로는 스스로가 손으로 세속 사람에게 음식을 주는 것을 허락하지 않겠노라."

다시 다음으로 세존께서는 사위성에 머무르셨다.
그때 갈주(竭住)라는 외도가 비구니인 어머니의 주변에 이르렀다. 그의 어머니는 오는 것을 보고서 여러 종류의 음식을 발우에 가득 담아서 주었다. 그녀의 아들은 이것을 얻고서 가지고 술집에 이르러 자기도 먹고 다시 사람에게 주면서 먹게 하였다.
어느 사람이 물어 말하였다.

"그대는 어느 곳에서 이렇게 좋은 음식을 얻었습니까?"
말하였다.
"그대는 묵연하시오. 세상 사람들은 사문니로서 복전(福田)으로 삼고, 사문니는 나를 복전으로 삼습니다."
세상 사람들에게 비난받았다.
"어찌하여 사문니가 사람의 신심있는 보시를 사용하여 복이 증장하지 않는 곳에 주는가?"
여러 비구니들이 듣고서 대애도에게 말하였고, 대애도는 곧 이 일로써 가서 세존께 아뢰었다. 세존께서는 말씀하셨다.
"이 비구니를 불러오라."
왔으므로, 물어 말씀하셨다.
"그대가 진실로 그러하였는가?"
대답하여 말하였다.
"진실로 그렇습니다."
세존께서 말씀하셨다.
"이것은 악한 일이니라. 그대는 어찌하여 스스로가 손으로 외도에게 음식을 주었는가? 지금 이후로는 스스로가 손으로 외도에게 음식을 주는 것을 허락하지 않겠노라."
세존께서는 대애도에게 알리셨다.
"사위성을 의지하여 머무르는 비구니들을 모두 모이게 하십시오. 나아가 이미 들었던 자들도 마땅히 거듭하여 들을지니라. 만약 비구니가 스스로가 손으로 외도에게 음식을 주는 자는 바야제를 범하느니라."
'비구니'는 앞의 설명과 같다.
'세속 사람'은 재가인이다.
'외도'는 출가한 외도이다.
'스스로의 손'은 손으로 주고 손으로 받거나, 그릇으로 주고 그릇으로 받는 것이다.
'먹다.'는 거타니식과 포사니식 등이다.

'바야제'는 앞의 설명과 같다.

만약 비구니에게 어느 친척이 왔으며 음식을 주는 자는 스스로가 손으로 주는 것은 허락하지 않는다. 마땅히 정인의 여인을 시켜서 주어야 한다. 만약 정인의 여인이 없으면 마땅히 말하여 이 가운데에서 스스로가 음식을 취하게 하며, 만약 많이 취하는 것이 두려운 자는 마땅히 얼마만큼을 취하라고 말해야 하고 남은 것은 놓아두어야 한다. 받아서 얻었다면 땅에 내려놓아서 스스로가 취하게 하고, 만약 외도가 왔다면 스스로가 손으로 주는 것을 허락하지 않고, 마땅히 정인의 여인을 시켜서 주어야 한다. 만약 정인의 여인이 없다면 마땅히 "이 가운데에서 스스로가 음식을 취하시오."라고 말해야 한다.

만약 많이 취하는 것이 두려운 자는 마땅히 얼마만큼을 취하라고 말해야 하고 남았다면 들어서 놓아두어야 하고, 손에 있는 것은 땅에 놓아두고서 주어야 한다. 만약 친족이 싫어하고 원한을 품고서 "그대는 전다라(旃陀羅)와 서로가 만났는가?"라고 말한다면, 마땅히 "그대는 출가한 곳이 좋지 않습니까? 세존께서 계율을 제정하시어서 주지 못하도록 하셨습니다."라고 말해야 한다. 외도가 지었던 음식을 얻었다면 "그대가 나에게 주었으니 나머지는 스스로 먹으십시오."라고 말해야 한다.

이러한 까닭으로 세존께서 설하셨노라.

세존께서는 구섬미에 머무르셨다.

그때 천타의 어머니인 비구니는 병을 치료하는 것을 잘 알았으므로 뿌리의 약과 잎의 약과 열매의 약을 가지고 왕가나, 대신의 집이나, 거사의 집에 들어가서 여러 어머니의 태(胎) 병과 눈의 병을 치료하였고 토하게 하였으며, 목구멍을 훈증하고 코에 약물을 넣었으며, 침과 칼을 사용한 뒤에 이러한 여러 약을 발라 주었다. 병을 치료하였던 까닭으로 크게 공양을 얻었으므로, 여러 비구니들이 꾸짖어 말하였다.

"이것은 출가의 법이 아니고, 이것은 의사이다."

여러 비구니들이 듣고서 대애도에게 말하였고, 대애도는 곧 이 일로써 가서 세존께 아뢰었다. 세존께서는 말씀하셨다.
"이 비구니를 불러오라."
왔으므로, 물어 말씀하셨다.
"그대가 진실로 그러하였는가?"
대답하여 말하였다.
"진실로 그렇습니다."
세존께서 말씀하셨다.
"이것은 악한 일이니라. 지금 이후로는 의사가 되어서 목숨을 살리는 것을 허락하지 않겠노라."
세존께서는 대애도 구담미에게 알리셨다.
"사위성을 의지하여 머무르는 비구니들을 모두 모이게 하십시오. 나아가 이미 들었던 자들도 마땅히 거듭하여 들을지니라. 만약 비구니가 의사가 되어서 목숨을 살리는 자는 바야제를 범하느니라."
'비구니'는 앞의 설명과 같다.
'의사'는 뿌리의 약과 잎의 약과 열매의 약을 가지고 병을 치료하는 자이다. 다시 의사가 있으니, 주문으로 독기를 없애고, 주문으로 뱀을 조복하며, 나아가 주문으로 불을 끄고, 주문으로 별과 해와 달을 조복하는 것이다. 이렇게 목숨을 살리는 천타의 어머니와 같은 자는 바야제를 범한다.
'바야제'는 앞의 설명과 같다.
비구니는 의사가 되어 목숨을 살릴 수 없다. 만약 병자가 있으면 치료하는 법을 가르칠 수 있다. 비구가 의사가 되어 목숨을 살리는 자는 월비니죄를 범한다.
이러한 까닭으로 세존께서 설하셨노라.

세존께서는 구섬미에 머무르셨다.
그때 세존께서 계율을 제정하시어 의사가 되어 목숨을 살리지 못하도록 하셨다. 어느 사람이 천타의 어머니를 불러서 병을 치료하게 하였으므로 비구니가 말하였다.

"세존께서 계율을 제정하시어서 허락하지 않으셨습니다."

다시 말하였다.

"만약 허락하지 않으셨다면 나에게 처방을 주십시오."

곧 세속 사람이나 외도에게 처방을 가르쳐 주었다. 여러 비구니들이 말하였다.

"다만 처방을 독송하였어도 이것은 출가의 법이 아닙니다."

여러 비구니들이 듣고서 대애도에게 말하였고, 대애도는 곧 이 일로써 가서 세존께 아뢰었다. 세존께서는 말씀하셨다.

"이 비구니를 불러오라."

왔으므로, 물어 말씀하셨다.

"그대가 진실로 그러하였는가?"

대답하여 말하였다.

"진실로 그렇습니다."

세존께서 말씀하셨다.

"지금 이후로는 세속 사람이나 외도들에게 처방법을 가르쳐 주는 것을 허락하지 않겠노라."

세존께서는 대애도 구담미에게 알리셨다.

"사위성을 의지하여 머무르는 비구니들을 모두 모이게 하십시오. 나아가 이미 들었던 자들도 마땅히 거듭하여 들을지니라. 만약 비구니가 세속 사람이나 외도들에게 처방법을 가르쳐 주는 자는 바야제를 범하느니라."

'비구니'는 앞의 설명과 같다.

'세속 사람'은 재가인이다.

'외도'는 출가한 외도이다.

'처방을 가르쳐 주다.'는 주문으로 뱀을 조복하고, 주문으로 독기를 없애며, 나아가 주문으로 불을 끄고, 주문으로 별과 해와 달을 조복하는 것 등이니, 바야제를 범한다.

'바야제'는 앞의 설명과 같다.

비구니는 세속 사람이나 외도들에게 처방을 가르쳐 줄 수 없고, 가르쳐 말할 수 없다. 만약 비구니가 세속 사람이나 외도들에게 처방을 가르쳐 주었다면 월비니죄를 범한다.

이러한 까닭으로 세존께서 설하셨노라.

세존께서는 사위성에 머무르셨다.

그때 비사거녹모(比舍佉鹿母)가 2부승가를 청하였다. 그때 비구니들은 새벽에 갔고 그녀의 집에 이르러 우바이에게 말하였다.

"그대가 오늘 2부승가를 청하였는데, 우리들이 무엇으로써 그것을 보답하겠습니까?"

녹모가 말하였다.

"아리야여. 다만 경전을 독송하고 도를 행하면 곧 은혜에 보답하는 것입니다."

대답하여 말하였다.

"진실로 그렇습니다. 그러나 다시 다른 일로써 작더라도 보답하겠습니다."

곧 함께 누각에 올라갔고 그 겁패(劫貝)를 취하여 가운데를 쪼개는 자도 있었고, 뒤섞었으며, 가운데에서 실을 뽑는 자가 있었고, 실뭉치를 완성하고 주면서 말하였다.

"내가 보답하려는 것을 지금 지어서 마쳤습니다."

우바이가 말하였다.

"이러한 일은 보답이 아닙니다. 보답하고자 하시면 음식을 먹고서 좌선하고 경을 수지하며 독송한다면 이것이 비로소 보답입니다."

여러 비구니들이 듣고서 대애도에게 말하였고, 대애도는 곧 이 일로써 가서 세존께 아뢰었다. 세존께서는 말씀하셨다.

"이 비구니들을 불러오라."

왔으므로, 물어 말씀하셨다.

"그대들이 진실로 그러하였는가?"

대답하여 말하였다.

"진실로 그렇습니다."

세존께서 말씀하셨다.

"이것은 악한 일이니라. 오늘부터는 백의의 집에서 세속의 일을 짓는 것을 허락하지 않겠노라."

세존께서는 대애도 구담미에게 알리셨다.

"사위성을 의지하여 머무르는 비구니들을 모두 모이게 하십시오. 나아가 이미 들었던 자들도 마땅히 거듭하여 들을지니라. 만약 비구니가 세속 사람을 위하여 짓는 자는 바야제를 범하느니라."

'비구니'는 앞의 설명과 같다.

'세속 사람'은 백의의 집이다.

'세속 사람의 일을 짓다.'는 겁패를 쪼개거나, 겁패를 뒤섞거나, 실을 뽑는 것이다. 만약 절구질하였거나, 맷돌로 갈았거나, 옷을 세탁하였거나, 이와 같이 세속 사람들의 집에서 짓는 자는 바야제를 범한다.

'바야제'는 앞의 설명과 같다.

비구니가 세속 사람들을 위하여 일을 지을 수 없다. 만약 단월이 세존께 공양하려는 까닭으로 "아리야여. 제가 공양구를 짓는 것을 도와주세요."라고 말하였고, 그때 꽃다발을 묶는 일을 돕거나, 향을 가는 일을 도울 수 있다. 만약 비구가 세속 사람들을 도와서 일을 짓는 자는 월비니죄를 범한다.

이러한 까닭으로 세존께서 설하셨노라.

세존께서는 사위성에 머무르셨다.

그때 어느 부부 두 사람이 한낮에 자기의 집안에 사람이 없다고 생각한 곳에서 음행하려고 하였다. 그때 투란난타 비구니가 먼저 말하지 않고 갑자기 그 집에 들어갔으므로 그 집의 남편이 보고 분노하고 성내면서 "우리의 음행을 방해하였다."라고 하였는데 몸의 생지(生支)가 오히려 일어나서 누그러지지 않았다. 곧 쫓아와서 비구니를 붙잡고자 하였고, 비구니는 그가 두려워서 빠르게 달려서 주처에 돌아와서 여러 비구니에게 말하였다.

"오늘 나의 범행이 무너지려고 하여서 위험하였소."

여러 비구니들이 듣고서 대애도에게 말하였고, 대애도는 곧 이 일로써 가서 세존께 아뢰었다. 세존께서는 말씀하셨다.

"이 비구니를 불러오라."

왔으므로, 세존께서 물어 말씀하셨다.

"그대가 진실로 그러하였는가?"

대답하여 말하였다.

"진실로 그렇습니다."

세존께서 말씀하셨다.

"이것은 악한 일이니라. 그대는 어찌하여 식가(食家)를 알고서도 먼저 말하지 않고 들어갔는가? 지금 이후로는 허락하지 않겠노라."

세존께서는 대애도 구담미에게 알리셨다.

"사위성을 의지하여 머무르는 비구니들을 모두 모이게 하십시오. 나아가 이미 들었던 자들도 마땅히 거듭하여 들을지니라. 만약 비구니가 식가를 알고서도 먼저 말하지 않고 들어가는 자는 바야제를 범하느니라."

'비구니'는 앞의 설명과 같다.

'세속 사람'은 백의 집이다.

'알다.'는 만약 스스로가 알았거나, 만약 다른 사람에게 들어서 아는 것이다.

'음식'은 여인은 장부(丈夫)의 음식이고, 장부는 여인의 음식이다.

'집'은 찰리(刹利)의 집·바라문의 집·비사(毗舍)의 집·수다라(首陁羅)의 집 등과 같은 것이다.

'먼저 말하지 않다.'는 먼저 말하지 않고 들어가는 것이니, 바야제를 범한다.

'바야제'는 앞의 설명과 같다.

만약 비구니가 먼저 말하지 않았다면 들어갈 수 없고, 만약 들어가고자 하였다면 마땅히 수문자(守門者)에게 "내가 들어가고자 합니다."라고 말하고서, 만약 수문자가 주인에게 알리고서 들어오라고 말한다면 들어가야 한다. 만약 수문자가 돌아오지 않았다면 들어갈 수 없다. 만약 방안에서 말소리가 들리면 마땅히 손가락을 튕기고 발을 움직여서 소리를 지어야 하고, 만약 그들이 묵연하였다면 들어갈 수 없으며, 만약 나와서 맞이한다면 들어갈 수 있다. 만약 비구가 먼저 말하지 않고 들어가는 자는 월비니죄를 범한다.

이러한 까닭으로 세존께서 설하셨노라.

세존께서는 사위성에 머무르셨다.

그때 가리(迦梨) 비구니가 리차(梨車)의 셋째 딸을 제도하여 출가시켰는데, 세속 사람과 외도들과 항상 가까이에 머물렀다. 여러 비구니들이 듣고서 대애도에게 말하였고, 대애도는 곧 이 일로써 가서 세존께 아뢰었다. 세존께서는 말씀하셨다.

"이 비구니를 불러오라."

왔으므로, 세존께서 비구니에게 물으셨다.

"그대가 진실로 그러하였는가?"

대답하여 말하였다.

"진실로 그렇습니다. 세존이시여."

세존께서 말씀하셨다.

"이것은 악한 일이니라. 오늘부터는 항상 가까이에 머무는 것을 허락하지 않겠노라."

세존께서는 대애도 구담미에게 알리셨다.

"사위성을 의지하여 머무르는 비구니들을 모두 모이게 하십시오. 나아가 이미 들었던 자들도 마땅히 거듭하여 들을지니라. 만약 비구니가 세속 사람이나 외도들과 항상 가까이 머물면서, 만약 하루이거나, 만약 잠깐이거나, 아래로 원민과 사미에게 이르기까지 항상 가까이 머무는 자는 바야제를 범하느니라."
'비구니'는 앞의 설명과 같다.
'세속 사람'은 재가인이다.
'외도'는 출가한 외도이다.
'낮'은 해가 질 때까지이고, 나아가 '잠깐'은 잠깐 사이이다.
'항상 가까이 머무르다.'는 몸으로 항상 가까이 머무르고, 입으로 항상 가까이 머무르며, 몸과 입으로 항상 가까이 머무르는 것이니, 아래로 원민과 사미에 이르기까지 바야제죄를 범한다.
'바야제'는 앞의 설명과 같다.
만약 비구니가 항상 가까이 머무른다면 바야제의 죄를 범한다. 만약 비구니가 항상 가까이 머무르고 전전하여 서로 즐겁게 머문다면 화상니와 아사리니가 마땅히 벗어나게 별도로 보내어 다른 지방에 머무르게 해야 한다. 만약 비구가 항상 가까이 머무른다면 월비니죄를 범한다.
이러한 까닭으로 세존께서 설하셨노라.

세존께서는 사위성에 머무르셨다.
그때 투란난타 비구니가 다른 비구니와 함께 투쟁하고서 곧 서로를 주문으로 맹세하며 말하였다.
"나무불(南無佛)"
세존을 가리키며 맹세하였고, 아사리를 가리켜 맹세하였으며, 가사에 주변에서 맹세하였다.
"만약 내가 이것을 짓는다면 나는 가사의 가운데에서 죽지 못할 것이고, 괴로움을 끊지 못할 것이며, 부모를 죽인 죄를 얻을 것이고, 은혜를 배반한 죄를 얻을 것이며, 현자와 성인(賢聖)을 비방한 죄를 얻을 것이고, 니리에 들어갈 것이며, 아귀에 떨어지고 축생에 태어날 것입니다. 내가 만약 그러하다면 마땅히 이러한 여러 취(趣)에 들어갈 것이고, 그대가 만약 그러하다면 역시 마땅히 이러한 여러 세계에 들어갈 것입니다."
여러 비구니들이 듣고서 대애도에게 말하였고, 대애도는 곧 이 일로써 가서 세존께 아뢰었다. 세존께서는 말씀하셨다.

"이 비구니를 불러오라."

왔으므로, 물어 말씀하셨다.

"그대가 진실로 그러하였는가?"

대답하여 말하였다.

"진실로 그렇습니다."

세존께서 말씀하셨다.

"이것은 악한 일이니라. 그대는 어찌하여 출가인으로서 이러한 주문으로 맹세하였는가? 이것은 비법이고, 계율이 아니며, 세존의 가르침이 아니니라. 이것으로써 선법을 크게 장양하지 못하느니라. 나아가 이미 들었던 자들도 마땅히 거듭하여 들을지니라. 만약 비구니가 스스로가 주문으로 맹세하고 다른 사람을 주문으로 맹세하는 자는 바야제를 범하느니라."

'비구니'는 앞의 설명과 같다.

'스스로가 주문으로 맹세하다.'는 '나무불'이라고 부르면서 세존을 가리키며 맹세하고, 아사리를 가리키며 맹세하면서 "내가 만약 그러하다면 마땅히 제바달다(提婆達多)와 같은 많은 죄보를 얻을 것이고, 망어의 죄를 얻을 것이며, 은혜를 배반한 죄를 얻을 것이고, 양설의 죄를 얻을 것입니다. 만약 내가 그러하다면 범행이 성취되지 않을 것이고, 가사의 가운데에서 죽지 못할 것이며, 니리에 들어갈 것이고, 축생과 아귀에 태어날 것입니다. 만약 그대가 나를 비방하여도 역시 마땅히 이러한 죄를 받을 것이오."라고 말하는 것이다. 이러한 맹세를 짓는 자는 바야제를 범한다. 만약 비구가 이러한 맹세를 짓는다면 월비니죄를 범한다.

이러한 까닭으로 세존께서 설하셨노라.

세존께서는 사위성에 머무르셨다.

그때 투란난타 비구니가 여러 비구니들과 함께 투쟁하고서 성내면서 스스로 때렸고, 스스로 할퀴었으며, 크게 울면서 눈물을 흘렸다. 여러 비구니들이 듣고서 대애도에게 말하였고, 대애도는 곧 이 일로써 가서 세존께 아뢰었다. 세존께서는 말씀하셨다.

"이 비구니를 불러오라."

왔으므로, 물어 말씀하셨다.

"그대가 진실로 그러하였는가?"

대답하여 말하였다.

"진실로 그렇습니다."

세존께서 말씀하셨다.

"그대는 어찌하여 성내면서 스스로 때리고, 크게 울면서 눈물을 흘렸는가? 이것은 비법이고, 계율이 아니며, 세존의 가르침이 아니니라. 이것으로써 선법을 크게 장양하지 못하느니라."

세존께서는 대애도 구담미에게 알리셨다.

"사위성을 의지하여 머무르는 비구니들을 모두 모이게 하십시오. 나아가 이미 들었던 자들도 마땅히 거듭하여 들을지니라. 만약 비구니가 스스로 때리고, 크게 울면서 눈물을 흘리는 자는 바야제를 범하느니라."

'비구니'는 앞의 설명과 같다.

'스스로 때리다.'는 만약 손으로 때리거나, 만약 주먹으로 때리거나, 만약 막대기로 때리거나, 흙덩이로 때리거나, 채찍으로 때리는 것이다. 이와 같이 비구니가 스스로 때리면서 우는 자는 바야제를 범한다.

'바야제'는 앞의 설명과 같다.

만약 비구니가 스스로 때리고서 울지 않았다면 월비니죄를 범하고, 울고서 때리지 않았어도 역시 월비니죄를 범하며, 스스로 때리고 울었다면 바야제를 범하고, 스스로 때리지도 않았고 울지도 않았다면 무죄이다. 만약 비구가 스스로 때리고 울었다면 월비니죄를 범한다.

이러한 까닭으로 세존께서 설하셨노라.

세존께서는 사위성에 머무르셨다.

그때 투란난타 비구니가 속인의 집에 이르러 수제(樹提) 비구니를 칭찬하여 말하였다.
 "어질고 착하며 지계이고 정진하며, 나아가 위의가 질서가 있고 왼쪽으로 돌아보고 오른쪽으로 돌아보며 가사를 입고 발우를 지니면서 자세하게 살피고 말하면서 안상(安詳)하게 살피므로 천인(天人)들이 공양합니다."
 단월들이 보고서 공경하는 마음이 생겨나서 옷과 발우를 베풀었고 음식과 질병의 탕약을 공급하였다. 투란난타는 위의가 구족하지 못하였고 뚫어지고 찢어졌으며 때가 묻은 옷을 입었고 큰 배에 유방과 갈비가 드러났으며 거동이 졸렬하고 사나웠으며 말이 많아서 공경하는 마음이 생겨나지 않아서 옷·발우·음식·질병의 탕약을 청하여도 주지 않았으므로, 곧 이렇게 말을 지었다.
 "내가 단월의 집에 이르면 수제 비구니를 칭찬하였던 까닭으로 이러한 공양을 받았으나, 수제 비구니는 다만 나의 좋지 않은 일을 말하는 까닭으로 내가 공양을 얻지 못한다."
 수제가 말하였다.
 "아리야여. 나는 말하지 않았는데 무슨 까닭으로 그대는 악한 일을 말합니까?"
 여러 비구니들이 듣고서 대애도에게 말하였고, 대애도는 곧 이 일로써 가서 세존께 아뢰었다. 세존께서는 말씀하셨다.
 "이 비구니를 불러오라."
 왔으므로, 물어 말씀하셨다.
 "그대가 진실로 그러하였는가?"
 대답하여 말하였다.
 "진실로 그렇습니다."
 세존께서 말씀하셨다.
 "이것은 악한 일이니라. 그대는 어찌하여 자세히 살펴보지 않고 곧 비난하며 꾸짖었는가? 이것은 비법이고, 계율이 아니며, 세존의 가르침이 아니니라. 이것으로써 선법을 크게 장양하지 못하느니라."
 세존께서는 대애도 구담미에게 알리셨다.

"사위성을 의지하여 머무르는 비구니들을 모두 모이게 하십시오. 나아가 이미 들었던 자들도 마땅히 거듭하여 들을지니라. 만약 비구니가 비구니에게 '아리야여. 함께 누구의 집에 갑시다. 그녀가 뒤에 누구 비구니에게 인욕하지 못하는 일을 하였습니까?'라고 이렇게 말을 짓고서, 인연이 없으나 자세히 살펴보지 않고서 꾸짖는 자는 바야제를 범하느니라."

'비구니'는 투란난타 비구니와 같은 자이다.

'집'은 찰리의 집·바라문의 집·비사의 집·수다라의 집이다.

'뒤에 인욕하지 못하다.'는 수제 비구니와 같은 자이다.

'인욕하지 못하는 일'은 아홉 가지의 번뇌와 때가 아닌 곳에서 성내는 열 번째이다.

'인연이 없다.'는 자세히 살펴보지 않고서 들은 뒤에 비난하며 꾸짖는 것이니, 바야제를 범한다.

'바야제'는 앞의 설명과 같다.

만약 비구니가 자세히 살펴보지 않고서 듣고서 꾸짖는 자는 바야제를 범한다. 만약 비구가 자세히 살펴보지 않고서 듣고서 꾸짖는 자는 월비니죄를 범한다.

이러한 까닭으로 세존께서 설하셨노라.

세존께서는 사위성에 머무르셨다.

그때 투란난타 비구니는 때에 이르자 옷을 입고 발우를 지니고 대가의 집으로 나아가서 문 앞에 서 있었다. 어느 비구가 와서 걸식하면 이와 같이 말을 지었다.

"상좌이고 존중받는 대중이여. 이 집에 들어가십시오. 존자를 위하여 음식을 지었습니다."

음식을 비구에게 주고서 그러한 뒤에 스스로가 먹었다. 만약 비구니가 왔다면 다시 말하였다.

"아리야여. 들어가십시오. 단월이 그대를 위하여 음식을 지었습니다."

음식을 비구니에게 베풀고서 그러한 뒤에 스스로가 먹었으며, 혹은 말하였다.

"다른 집에도 역시 음식이 있는데, 어찌하여 이 집에만 함께 있겠습니까?"

이와 같이 일체의 외도들이 걸식하여도 모두 이와 같이 아끼고 질투하는 마음으로 다른 집을 보호하였다. 여러 비구니들이 이 말을 듣고 대애도에게 말하였고, 나아가 대답하여 말하였다.

"진실로 그렇습니다."

세존께서 말씀하셨다.

"이것은 악한 일이니라. 그대는 어찌하여 아끼고 질투하는 마음으로 다른 사람의 집을 보호하였는가? 오늘부터는 허락하지 않겠노라."

세존께서는 대애도 구담미에게 알리셨다.

"사위성을 의지하여 머무르는 비구니들을 모두 모이게 하십시오. 나아가 이미 들었던 자들도 마땅히 거듭하여 들을지니라. 만약 비구니가 아끼고 질투하는 마음으로 다른 사람의 집을 보호하는 자는 바야제를 범하느니라."

'비구니'는 앞의 설명과 같다.

'집'은 4종성(種姓)의 집이다.

'질투하다.'는 투란난타 비구니와 같은 자이다.

'바야제'는 앞의 설명과 같다.

비구니가 아끼고 질투하는 마음으로 다른 사람의 집을 보호할 수 없다. 만약 비구와 비구니에게 물었다면 마땅히 사실을 말해야 한다. 만약 외도가 묻는 때에는 만약 외도의 삿된 견해에 염착하는 것이 두려워서 꾸짖는 자는 무죄이다. 만약 비구가 아끼고 질투하는 마음으로 다른 사람의 집을 아까워한다면 월비니죄를 범한다.

이러한 까닭으로 세존께서 설하셨노라.

손으로 음식을 주는 것과 의사가 되는 것과
처방을 가르치는 것과 세속 사람을 도와서 짓는 것과

말하지 않고 들어가는 것과 항상 가까이 머무는 것과
스스로 주문으로 맹세하는 것과 스스로 때리며 우는 것과
꾸짖는 것과 다른 사람의 집을 보호하는 것이 있다.

[아홉 번째의 발거를 마친다.]

 세존께서는 사위성에 머무르셨다.
 그때 어느 부부가 출가하였다. 이때 남편이었던 마하라가 왔으므로 음식을 주고서 옆에 서 있었는데, 남편이었던 마하라가 이전의 때에 부인의 악한 일을 말하였다. 듣고서 기쁘지 않아서 이렇게 말을 지었다.
 "단수의 마하라여. 은혜와 의리를 알지 못하고 말하지 않아야 할 것을 말하네요."
 여러 비구니들이 꾸짖어 말하였다.
 "아리야여. 이분은 상존(上尊)의 대중이므로 이렇게 꾸짖을 수 없습니다."
 곧 비구니에게 말하였다.
 "단수의 마하라이거나, 은혜와 의리를 알지 못한다거나, 말하지 않아야 할 것을 말한다.'라고 말하지 마세요."
 여러 비구니들이 듣고서 대애도에게 말하였고, 대애도는 곧 이 일로써 가서 세존께 아뢰었다. 세존께서는 말씀하셨다.
 "이 비구니를 불러오라."
 왔으므로, 물어 말씀하셨다.
 "그대가 진실로 그러하였는가?"
 대답하여 말하였다.
 "진실로 그렇습니다."
 세존께서 말씀하셨다.
 "이것은 악한 일이니라. 오늘부터는 비구니가 얼굴을 마주하고 비구를 꾸짖는 것을 허락하지 않겠노라."

세존께서는 대애도 구담미에게 알리셨다.

"사위성을 의지하여 머무르는 비구니들을 모두 모이게 하십시오. 나아가 이미 들었던 자들도 마땅히 거듭하여 들을지니라. 만약 비구니가 얼굴을 마주하고 비구를 꾸짖는 자는 바야제를 범하느니라."

'비구니'는 앞의 설명과 같다.

'얼굴을 마주하다.'는 네 개의 눈이 서로 마주하는 것이다.

'꾸짖다.'는 단수의 마하라이거나, 은혜와 의리를 알지 못한다고 말하는 것이니, 바야제를 범한다.

'바야제'는 앞의 설명과 같다.

비구니가 얼굴을 마주하고서 비구를 꾸짖을 수 없다. 만약 오빠와 동생과 친족이 출가하였고, 그 사람들이 지계를 행하지 못하더라도 역시 꾸짖을 수 없고, 마땅히 부드러운 말로 가르쳐야 한다. 만약 나이가 적은 자라면 마땅히 사로혜다(沙路醯多)[4]에게 말하여 이러한 일을 짓지 못하도록 해야 한다.

"그대들이 지금 배우지 않으면 어느 때에 배우겠는가? 그대들 이후의 제자들도 역시 그대에게 배울 것인데, 그대가 선하지 않을 일을 지으면서, 만약 늙는다면 마땅히 '사로혜다'라고 말할 것이오. 그대가 지금 배우지 않는다면 늙어서 죽을 때를 기다려서 배우겠습니까?"

비구도 역시 얼굴을 마주하고 비구니를 꾸짖으면서 "머리 깎은 부녀자. 음욕이 많은 부녀자."라고 말할 수 없고, 나아가 "마가리(摩呵梨)[5]여. 그대는 선하지 못하고 은혜와 의리를 알지 못한다."라고 말할 수 없으며, 부드러운 말로 앞에서와 같이 가르쳐야 한다. 만약 비구가 얼굴을 마주하고서 비구니를 꾸짖는 자는 월비니죄를 범한다.

이러한 까닭으로 세존께서 설하셨노라.

---

4) 산스크리트어로 Sālohita이며 팔리어로는 Sālohita이다. 남자의 친족들을 가리킨다. 사로혜다(沙路醯多, 娑路醯多), 사로혜(娑路醯), 파로혜(婆路醯) 등으로 음사되고 권속(眷屬), 친리(親里)라고 의역된다.

5) 산스크리트어로 Mahalla이고, 거세된 남자인 환관을 가리킨다.

세존께서는 사위성에 머무르셨다.

그때 비구니가 법랍이 1년이거나, 2년이거나, 3년에 곧 제자를 양육하였는데, 교계(敎誡)를 알지 못하여서 천상의 양(羊)과 같았고, 천상의 소(牛)와 같으며, 스스로 방자하여 청정한 계율을 구족하지 못하였고, 위의를 구족하지 못하였으며, 화상니와 아사리니를 공경하여 받드는 것을 알지 못하였고, 장로 비구니를 공양하여 받드는 것을 알지 못하였으며, 취락에 들어가는 법과 아련야의 법을 알지 못하였고, 승가의 가운데에 들어가는 법을 알지 못하였으며, 가사를 입고 발우를 지니는 법을 알지 못하였다.

여러 비구니들이 이 인연으로써 가서 세존께 아뢰었고, 세존께서는 말씀하셨다.

"이 비구니들을 불러오라."

왔으므로, 물어 말씀하셨다.

"그대들이 진실로 그러하였는가?"

대답하여 말하였다.

"진실로 그렇습니다."

세존께서 말씀하셨다.

"지금 이후로는 12년의 우기보다 적다면 제자를 양육하는 것을 허락하지 않겠노라."

세존께서는 대애도 구담미에게 알리셨다.

"사위성을 의지하여 머무르는 비구니들을 모두 모이게 하십시오. 나아가 이미 들었던 자들도 마땅히 거듭하여 들을지니라. 만약 비구니가 12년의 우기보다 적었는데 제자를 양육하는 자는 바야제를 범하느니라."

'비구니'는 앞의 설명과 같다.

'12년의 우기보다 적다.'는 12년보다 적은 것이니, 12년의 우기보다 적다고 이름한다.

'비구니가 12년의 우기보다 적다.'는 12년을 채웠어도 역시 12년의 우기보다 적다고 이름한다.

만약 비구니가 겨울의 때에 구족계를 받았으면 숫자가 겨울에 12년이었어도 자자(自恣)가 지나지 않았다면 이것을 12년보다 적다고 이름하고, 만약 봄의 때에 구족계를 받았다면 숫자가 봄에 12년이었어도 자자가 지나지 않았다면 이것은 12년의 우기보다 적다고 이름하며, 처음의 안거 때에 구족계를 받고서 처음의 안거 때를 지나지 않고 자자를 받았다면 이것을 12년보다 적다고 이름하고, 후안거 때에 구족계를 받고서 후안거가 지나지 않고 자자를 받았으면 이것을 12년보다 적다고 이름한다.

비구니가 12년의 우기를 채웠고 12년보다 적더라도 이것은 12년의 우기를 채웠다고 이름하고, 비구니가 12년의 우기를 채웠고 12년을 채웠다면 이와 같이 12년을 넘겼으므로 12년의 우기를 채웠다고 이름하고, 비구니가 겨울의 때에 구족계를 받았고 안거를 마치고서 자자를 받으면 이를 12년을 채웠다고 이름한다. 만약 봄의 때에 구족계를 받았고 안거를 마치고서 자자를 받았거나, 이와 같이 처음의 안거에서 구족계를 받았고 안거를 마치고서 자자를 받았거나, 후안거에 구족계를 받았고 후안거를 마치고서 자자를 받았다면, 이것은 12년의 우기를 채웠다고 이름한다.

12년을 채우지 않은[6] 비구니가 제자를 양육하여 구족계를 받게 하는 자는 바야제의 죄를 범한다.

'바야제'는 앞의 설명과 같다.

만약 비구니가 12년의 우기보다 적었는데 사람을 제도하는 자는 월비니죄를 범하고, 구족계를 받게 하는 자는 바야제를 범한다. 만약 비구가 12년의 우기보다 적었는데 사람을 제도하여 구족계를 받게 하는 자는 월비니죄를 범한다.

이러한 까닭으로 세존께서 설하셨노라.

세존께서는 사위성에 머무르셨다.

그때 세존께서 계율을 제정하시어 12년의 우기보다 적다면 제자를 양육하지 못하도록 하셨다. 그때 육군비구니들과 다른 비구니들이 12년

---

[6] '12년을 채우지 않은'의 문장은 원문에서 결락되었으나 보충하여 번역하였다.

의 우기를 채웠으나 10법(法)을 구족하지 않았고, 제자를 양육하면서 교계하지 않았으므로, 천상의 소와 염소와 같았고, 나아가 가사를 입고 발우를 지니는 법을 알지 못하였다.

여러 비구니들이 이 인연으로써 대애도에게 말하였고, 나아가 대답하여 말하였다.

"진실로 그렇습니다."

세존께서 말씀하셨다.

"지금 이후로는 10법을 구족하지 않았다면 제자를 양육하는 것을 허락하지 않겠노라."

세존께서는 대애도 구담미에게 알리셨다.

"사위성을 의지하여 머무르는 비구니들을 모두 모이게 하십시오. 나아가 이미 들었던 자들도 마땅히 거듭하여 들을지니라. 만약 비구니가 12년의 우기를 채웠어도 10법을 구족하지 않고서 제자를 양육하는 자는 바야제를 범하느니라."

'비구니'는 앞의 설명과 같다.

'12년을 채우다.'는 앞의 설명과 같다.

'10법을 구족하지 않다.'는 열 가지의 법이 성취되지 않은 것이다. 무엇이 열 가지인가? 첫째는 지계이고, 둘째는 아비담을 많이 들은 것이며, 셋째는 비니를 많이 들은 것이고, 넷째는 계율을 배우는 것이며, 다섯째는 선정(定)을 배우는 것이고, 여섯째는 지혜를 배우는 것이며, 일곱째는 능히 스스로 죄에서 벗어나고 능히 다른 사람을 죄에서 벗어나게 하는 것이고, 여덟째는 제자와 친족이 도를 깨뜨리고자 하였다면 능히 스스로가 보내거나, 만약 사람을 시켜서 보내어 다른 지방에 이르게 하는 것이며, 아홉째는 능히 제자를 간병하거나, 만약 사람을 시켜서 간병하게 하는 것이고, 열째는 12년의 우기를 채웠거나, 만약 넘긴 것이다. 이것을 열 가지의 법이라고 이름한다.

만약 10법을 채우지 않고 제자를 제도하였다면 월비니죄를 범하고, 구족계를 받게 하였다면 바야제를 범한다. 만약 비구가 10법을 구족하지 않고서 사람을 제도하였다면 월비니죄를 범한다.
 이러한 까닭으로 세존께서 설하셨노라.

 세존께서는 사위성에 머무르셨다.
 그때 세존께서 계율을 제정하시어 12년의 우기를 채웠고 10법을 구족해야 제자를 양육하도록 하셨다. 그때 비구니들이 12년의 우기를 채웠고 10법을 구족해야 제자를 양육하였으므로, 여러 비구니들이 싫어하여 말하였다.
 "그대가 12년의 우기를 채웠고 10법을 구족하였더라도 누가 능히 그대를 알겠는가?"
 여러 비구니들이 듣고서 대애도에게 말하였고, 대애도는 곧 이 일로써 가서 세존께 아뢰었다. 나아가 대답하여 말하였다.
 "진실로 그렇습니다."
 세존께서 말씀하셨다.
 "오늘부터는 제자를 양육한다면 마땅히 구청갈마를 짓고서, 그러한 뒤에 제자를 양육하는 갈마를 애원해야 하느니라."
 갈마자는 마땅히 이렇게 말을 지어야 한다.
 "아리야 승가께서는 허락하십시오. 누구 비구니가 10법을 성취하였습니다. 만약 승가께서 때가 이르렀다면 승가께 누구 비구니가 승가를 쫓아서 제자를 양육하는 갈마를 애원하고자 합니다. 아리야 승가께서는 허락하십시오. 누구 비구니가 10법을 성취하였고 승가를 쫓아서 제자를 양육하는 갈마를 애원하였으며, 승가께서 인정하신 것은 묵연하였던 까닭입니다. 이 일을 이와 같이 지니겠습니다."
 이 비구니가 마땅히 승가를 쫓아서 애원하면서 호궤 합장하고 이렇게 말을 지어야 한다.
 "아리야 승가께서는 허락하십시오. 나 누구는 12년의 우기를 채웠고 10법을 성취하였습니다. 지금 승가를 쫓아서 제자를 양육하는 갈마를 애원합니다. 오직 원하건대 승가께서는 저에게 제자를 양육하는 갈마를 주십시오.”
 이와 같이 세 번을 애원해야 한다. 갈마자는 마땅히 이렇게 말을 지어야 한다.
 "아리야 승가께서는 허락하십시오. 누구 비구니는 12년의 우기를 채웠고 10법을 성취하였으며, 승가를 쫓아서 제자를 양육하는 갈마를 애원하였습니다. 만약 승가께서 때가 이르렀다면 승가께 누구 비구니가 10법을 성취하였으므로 제자를 양육하는 갈마를 주십시오. 이와 같이 아룁니다.'
 '아리야 승가께서는 허락하십시오. 누구 비구니는 12년의 우기를 채웠고 10법을 성취하였으며, 이미 승가를 쫓아서 제자를 양육하는 갈마를 애원하였습니다. 승가는 지금 누구 비구니에게 제자를 양육하는 갈마를 주겠습니다. 아리야 승가께서 누구 비구니에게 제자를 양육하는 갈마를 인정하신다면 묵연하시고 만약 인정하지 않으신다면 곧 말씀하십시오.'"
 이것이 첫 번째의 갈마이다. 두 번·세 번째의 갈마도 역시 이와 같이 말한다.
 "승가시여. 누구 비구니가 제자를 양육하는 갈마를 지어서 마쳤습니다. 승가께서 인정하신 것은 묵연하였던 까닭입니다. 이 일을 이와 같이 지니겠습니다.”
 세존께서는 대애도 구담미에게 알리셨다.
 "사위성을 의지하여 머무르는 비구니들을 모두 모이게 하십시오. 나아가 이미 들었던 자들도 마땅히 거듭하여 들을지니라. 만약 비구니가 10법을 구족하였더라도 갈마하지 않고서 제자를 양육하는 자는 바야제를 범하느니라."
 '비구니'는 앞의 설명과 같다.
 '10법을 구족하다.'는 앞의 설명과 같다.
 '갈마하지 않다.'는 승가의 가운데에서 갈마를 짓지 않았다면 갈마하지 않았다고 이름하고, 10법이 구족되지 않았어도 역시 갈마하지 않았다고 이름하며, 비록 갈마를 지었어도 아뢰는 것(白)이 성취되지 못하였고 대중이 성취되지 못하였으며 갈마가 성취되지 못하였다면 역시 갈마하지 않았다고 이름한다. 제자를 양육하는 자가 구족계를 받게 하면서 갈마하지 않고서 구족계를 받게 하는 자는 바야제를 범한다.
　이러한 까닭으로 세존께서 설하셨노라.

　세존께서는 비사리에 머무르셨다.
　그때 가리 비구니가 리차의 셋째 딸을 제도하여 학법(學法)을 주어서 받게 하였다. 문고리를 잡고서 다른 사람의 방문을 열고서 세속 사람과 외도와 함께 머물렀으므로 비구니들이 싫어하여 꾸짖었다.
　"이 사람은 계율을 범하였고 문고리를 잡고 다른 사람의 방문을 열고서 남자와 함께 머무는구나. 어찌하여 구족계를 주어서 받게 하였는가?"
　여러 비구니들이 대애도에게 말하였고, 대애도는 곧 이 일로써 가서 세존께 아뢰었다. 세존께서는 말씀하셨다.
　"가리 비구니를 불러오라."
　왔으므로 물으셨다.
　"그대가 진실로 그러하였는가?"
　대답하여 말하였다.
　"진실로 그렇습니다."
　세존께서 말씀하셨다.
　"이것은 악한 일이니라. 그대는 어찌하여 계율을 범하였고 문고리를 잡고 다른 사람의 방문을 열고서 외도와 함께 머물렀는데, 구족계를 주어서 받게 하였는가? 지금 이후로는 계율을 범한 자에게 구족계를 주는 것을 허락하지 않겠노라."
　세존께서는 대애도 구담미에게 알리셨다.
　"사위성을 의지하여 머무르는 비구니들을 모두 모이게 하십시오. 나아가 이미 들었던 자들도 마땅히 거듭하여 들을지니라. 만약 비구니가 다른 사람이 계율을 범하였고 문고리를 잡고서 다른 사람의 방문을 열고서 남자와 함께 머물렀는데, 구족계를 주어서 받게 하는 자는 바야제를 범하느니라."

'비구니'는 앞의 설명과 같다.

'계율을 범하다.'는 계율을 구족하지 못하였거나, 계율을 벗어난 자이다.

'문고리를 잡고서 방을 열다.'는 다른 사람의 방문을 여는 것이다.

'남자'는 세속 사람이거나, 만약 외도에 출가한 사람이다.

'함께 머무르다.'는 친해서 항상 가깝게 머무르는 것이다. 구족계를 주어 받게 하는 자는 바야제를 범하는 것이다.

'바야제'는 앞의 설명과 같다.

만약 세속 사람이나 외도와 항상 가깝게 머무르는 자에게 구족계를 주어 받게 하는 것을 허락하지 않는다. 만약 능히 이 사람에게 범행을 완전하게 하려면 마땅히 먼저 따로 떨어지게 하고서 그러한 뒤에 구족계를 주어서 받게 해야 한다. 만약 비구가 사미가 계율을 범하고 여인과 함께 항상 가깝게 머무르는 것을 알고서도 다시 출가시켜 구족계를 주어서 받게 하는 자는 월비니죄를 범한다.

이러한 까닭으로 세존께서 설하셨노라.

세존께서는 사위성에 머무르셨다.

그때 비구니가 10세와 12세가 된 동녀(童女)를 제도하여 출가시켰고 구족계를 주어 받게 하였다. 이때 동녀가 연약하여 고된 일을 견딜 수 없어서 청정함이 구족되지 않았고, 위의가 구족되지 않았으며, 화상니와 아사리니를 공경하여 받드는 것을 알지 못하였고, 장로 비구니를 공양하여 받드는 것을 알지 못하였으며, 취락에 들어가는 법과 아련야의 법을 알지 못하였고, 승가의 가운데에 들어가는 법을 알지 못하였으며, 가사를 입고 발우를 지니는 법을 알지 못하였다.

여러 비구니들이 대애도에게 말하였고, 대애도는 나아가 세존께 아뢰었으며, 세존께서는 말씀하셨다.

"이 비구니를 불러오라."

왔으므로 물으셨다.

"그대가 진실로 그러하였는가?"

대답하여 말하였다.

"진실로 그렇습니다."

세존께서 말씀하셨다.

"오늘부터는 20세를 채우지 않은 동녀에게 구족계를 주어 받게 하는 것을 허락하지 않겠노라."

세존께서는 대애도 구담미에게 알리셨다.

"사위성을 의지하여 머무르는 비구니들을 모두 모이게 하십시오. 나아가 이미 들었던 자들도 마땅히 거듭하여 들을지니라. 만약 비구니가 20년의 우기보다 적은 동녀에게 구족계를 주어서 받게 하는 자는 바야제를 범하느니라."

'비구니'는 앞의 설명과 같다.

'20년의 우기보다 적다.'는 20년보다 적은 것이니, 20년의 우기보다 적다고 이름한다. 동녀가 20년의 우기보다 적다면 역시 20년의 우기보다 적다고 이름한다. 동녀가 20년의 우기보다 적으나 20세를 벗어났어도 역시 20년의 우기보다 적다고 이름한다. 겨울의 때에 태어나서 년수가 20세를 지났어도 자자를 마치지 않았다면, 이것은 20년의 우기보다 적다고 이름한다. 동녀가 봄의 때에 태어났어도 역시 그와 같다.

전안거의 때에 태어나서 년수가 전안거의 20세를 지났어도 자자를 마치지 않았거나, 후안거의 때에 태어나서 숫자가 후안거의 20세를 지났어도 자자를 마치지 않았다면, 이것은 20년의 우기보다 적다고 이름한다. 만약 동녀가 20년의 우기보다 적다면 동녀의 일체를 20년보다는 적다는 생각을 지었으나 구족계를 주어서 받게 하였다면 일체가 바야제를 범하고, 이 사람은 구족계를 받았다고 이름하지 않는다.

만약 20년의 우기보다 적었는데 절반이 적다고 생각하였거나, 절반을 채웠다고 생각하고서 구족계를 주어서 받게 하면서 적다고 생각하는 자는 바야제를 범하고, 채웠다고 생각하는 자는 무죄이며, 이 사람은 구족계를 받았다고 이름한다. 20년의 우기를 채웠던 동녀를 일체를 채우지 않았다고 생각하고서 구족계를 주어서 받게 하였다면 일체가 바야제를 범하고, 이 사람은 구족계를 받았다고 이름하지 않으며, 일체를 채웠다고 생각하고서 구족계를 주어 받게 하였다면 일체가 무죄이고, 이것은 구족계를 받았다고 이름한다.

20년의 우기를 채웠으나 20세보다 적다면 이것은 20년의 우기를 채웠다고 이름하고, 동녀가 20년의 우기를 채웠고 20년을 채웠거나, 20년의 우기를 채웠고 20년이 지났다면 이것은 20년의 우기를 채웠다고 이름한다. 동녀가 겨울의 때에 태어나서 안거와 자자를 마치고서 20년을 채웠다면 구족계를 주어서 받게 할 수 있고, 봄의 때에도 역시 이와 같다.

전안거의 때에 태어나서 전안거를 마치고 자자를 하였거나, 후안거의 때에 태어나서 후안거를 마치고 자자를 하였으며, 20년의 우기를 채웠던 동녀를 절반이 부족하다고 생각하였거나, 절반을 채웠다고 생각하였거나, 적다고 생각하였던 자는 월비니죄를 범하고, 채웠다고 생각하는 자는 무죄이니, 이 사람은 구족계를 받았다고 이름한다. 20년의 우기를 채웠던 동녀를 일체가 채워지지 않았다고 생각하고서 구족계를 주어서 받게 하였다면 일체가 월비니죄를 얻고, 이 사람은 구족계를 받았다고 이름할 수 없으며, 일체를 채웠다고 생각하였다면 일체가 무죄이니, 이 사람은 구족계를 잘 받았다고 이름한다.

동녀인 자가 범행을 파괴하지 않았어도 구족계를 주어서 받게 하는 자는 바야제를 범한다. 만약 동녀가 여래 법의 가운데에서 구족계를 받으려고 하는 자라면 마땅히 "그대는 어느 때에 태어났는가?"라고 물어야 하고, 만약 알지 못하는 자는 마땅히 생년(生年)의 명패(板)를 보아야 하며, 만약 없다면 마땅히 부모나 친족에게 물어야 하고, 만약 다시 알지 못한다면 마땅히 "어느 왕의 때에 태어났는가? 큰 풍년의 때인가? 큰 흉년의 때인가?"라고 물어야 하며, 만약 다시 알지 못하였고 형상으로 알 수 없다면, 만약 음악을 하는 집의 딸인가를 보아야 하고, 나이는 적은데 형체가 크다면 마땅히 그의 손과 발과 뼈마디를 보아야 한다.

이러한 까닭으로 세존께서 설하셨노라.

세존께서는 사위성에 머무르셨다.

그때 세존께서 계율을 제정하시어 20년의 우기보다 적은 동녀에게 구족계를 주는 것을 허락하지 않으셨다. 이때 여러 비구니들이 20년의 우기를 채웠던 동녀에게 구족계를 주었는데, 여러 비구니들이 싫어하여 말하였다.

"그대가 20년의 우기를 채웠는가? 20년의 우기를 채우지 않았는가를 누가 알겠는가?"

여러 비구니들이 대애도에게 말하였고, 대애도는 곧 이 일로써 가서 세존께 아뢰었다.

"나아가 18세의 동녀가 여래의 법 가운데에서 구족계를 받으려고 하는 자는 마땅히 승가를 쫓아서 2년학계를 애원하면서 먼저 구청갈마를 짓고서 그러한 뒤에 구족계를 애원해야 하느니라."

갈마자는 마땅히 이렇게 말을 지어야 한다.

"아리야 승가께서는 허락하십시오. 누구 18세인 동녀가 여래 법의 가운데에서 구족계를 받고자 합니다. 만약 승가께서 때가 이르렀다면 승가께 누구가 승가를 쫓아서 2년의 학계를 애원하게 하십시오. 아리야 승가께서는 허락하십시오. 누구 18세인 동녀가 승가를 쫓아서 2년학계를 애원하였으며, 승가께서 인정하신 것은 묵연하였던 까닭입니다. 이 일을 이와 같이 지니겠습니다."

이 여인은 마땅히 승가를 쫓아서 이렇게 말을 지어야 한다.

"아리야 승가께서는 허락하십시오. 나 누구 18세인 동녀는 여래 법의 가운데에서 구족계를 받고자 합니다. 지금 승가를 쫓아서 2년학계를 애원합니다. 오직 원하건대 승가께서는 애민하게 생각하시는 까닭으로 나에게 2년학계를 주십시오."

이와 같이 세 번에 이른다면 갈마인은 이렇게 말을 지어야 한다.

"'아리야 승가께서는 허락하십시오. 누구 18세인 동녀는 여래의 법 가운데에서 구족계를 받고자 합니다. 이미 승가를 쫓아서 2년학계를 애원하였습니다. 만약 승가께서 때가 이르렀다면 승가께서는 누구에게

2년학계갈마를 주십시오. 이와 같이 아룁니다.'

'아리야 승가께서는 허락하십시오. 누구 18세인 동녀는 여래의 법 가운데에서 구족계를 받고자 합니다. 이미 승가를 쫓아서 2년학계를 애원하였습니다. 승가시여. 지금 누구에게 2년학계를 주겠습니다. 아리야 승가시여. 승가께서 누구에게 2년학계를 주는 것을 인정하신다면 묵연하시고, 인정하지 않으신다면 곧 말씀하십시오."

이것이 첫 번째의 갈마이다. 두 번·세 번째의 갈마도 역시 이와 같이 말한다.

"승가시여. 이미 누구에게 2년학계를 주어서 마쳤습니다. 승가께서 인정하신 것은 묵연하였던 까닭입니다. 이 일을 이와 같이 지니겠습니다."

세존께서는 대애도 구담미에게 알리셨다.

"사위성을 의지하여 머무르는 비구니들을 모두 모이게 하십시오. 나아가 이미 들었던 자들도 마땅히 거듭하여 들을지니라. 만약 비구니가 20세를 채웠던 동녀에게 학계를 주지 않고 구족계를 주는 자는 바야제를 범하느니라."

'비구니'는 앞의 설명과 같다.

'20세를 채웠다.'는 20년의 우기를 채운 것이다. 20년의 우기를 채웠다면 20세보다 적더라도 역시 20년을 채웠다고 이름한다. 나아가 후안거 때에 태어나서 후안거의 자자를 받았고 년수가 20세를 채웠다면 이것을 채웠다고 이름한다.

'학계를 주지 않다.'는 갈마를 주지 않고 학계를 주는 것이니, 이것은 주지 않는다고 이름한다. 10법을 구족하지 않았다면 역시 학계를 주지 않았다고 이름한다. 비록 갈마하였어도 대중이 성취되지 않았고 아뢰는 것이 성취되지 않았다면 갈마가 성취되지 않는 것이니, 만약 하나·하나가 성취되지 않았는데 구족계를 주어서 받게 하는 자는 바야제를 범한다.

이러한 까닭으로 세존께서 설하셨노라.

세존께서는 사위성에 머무르셨다.

그때 비구니가 학계를 주어서 받게 하였고 학계를 채우지 않았는데 구족계를 주어서 받게 하였다.

"나아가 이미 들었던 자들도 마땅히 거듭하여 들을지니라. 만약 비구니가 학계를 받고서 학계를 채우지 않았는데 구족계를 주는 자는 바야제를 범하느니라."

'학계를 받다.'는 학계를 주어서 받게 하고 10법을 채웠으며, 대중이 성취되고, 아뢰는 것이 성취되며, 갈마가 성취되었고, 만약 하나·하나가 성취되었다면, 이것을 학계를 주어서 받았다고 이름한다.

'학계를 채우지 않았다.'는 학계를 주어서 받았다면, 2년을 마땅히 수순해서 18사(事)를 배워야 한다. 무엇이 열여덟 가지인가? 일체 비구니의 아래이고 일체 사미니의 위에서 마시고 먹어야 하며, 그녀가 부정하여도 비구니에게는 청정해야 하고, 비구니에게 부정하면 그녀에게도 부정해야 하며, 비구니와 함께 같은 방에서 3일밤을 묵어야 하고, 사미니와 함께 역시 3일밤을 묵어야 하며, 비구니와 함께 음식을 주어야 하고, 다섯 가지의 생종(生種)을 화정(火淨)하는 것을 제외하고, 사미니로부터 음식을 향하면서 그들을 향하여 바라제목차를 설하지 못하며, 바라이부터 월비니죄까지 죄를 말할 수 없고, 음행할 수 없으며, 훔칠 수 없고, 살인할 수 없는 이와 같은 것들을 가르쳐야 하며, 포살과 자자를 들을 수 없고, 포살과 자자의 날에 이르면 상좌 앞에 이르러 머리 숙여 승가의 발에 예배하고 이렇게 말을 지어야 한다.

"나 누구가 청정한 것을 억념하여 지니십시오."

이와 같이 세 번을 말하였다면 곧 떠나가야 한다. 뒤에 4바라이에서 만약 하나·하나를 범한 자는 곧 그날에 마땅히 다시 학계를 받아야 한다. 19승가바시사의 이하인 일체는 돌길라(突吉羅)로 참회해야 한다. 만약 5계를 파괴하였다면, 무엇이 다섯 가지인가? 때가 아닌 때에 먹는 것·정식(停食)을 먹는 것·금과 은 및 금전을 받는 것·술을 마시는 것·향과 꽃을 몸에 붙이는 것이니, 그 범하는 날을 따라서 처음부터 학계를 따라야 한다.

'채운 것이 적다.'는 2년 우기의 학계보다 적다면, 이것은 학계를 채웠다고 이름하지 않는다. 학계를 채우지 않았는데 구족계를 주어서 받게 하는 자는 바야제의 죄를 범한다.

이러한 까닭으로 세존께서 설하셨노라.

세존께서는 사위성에 머무르셨다.

그때 세존께서는 계율을 제정하시어 학계를 채우지 않았다면 구족계를 주어서 받게 하는 것을 허락하지 않으셨다. 그때 비구니가 18년 우기의 동녀가 학계를 채웠고 20년의 우기를 채웠으므로 구족계를 주어서 받게 하였다. 여러 비구니들이 싫어하여 말하였다.

"그대가 학계를 채웠는가? 학계를 채우지 않았는가를 누가 알겠는가?"

여러 비구니들이 이 인연으로써 대애도에게 말하였고, 나아가 세존께서 말씀하셨다.

"지금 이후로 학계를 채웠던 20년 우기의 동녀가 여래 법의 가운데에서 구족계를 받아서 비구니를 짓고자 하는 자는 먼저 구청갈마를 짓고서 마땅히 그러한 뒤에 승가를 쫓아서 학계를 채우고서 구족계를 받는 갈마를 애원해야 한다."

갈마자는 마땅히 이렇게 말을 지어야 한다.

"아리야 승가께서는 허락하십시오. 누구 20세인 동녀가 학계를 채웠고 여래 법의 가운데에서 구족계를 받으려고 합니다. 만약 승가께서 때가 이르렀다면 승가께 누구가 승가를 쫓아서 구족계를 애원하게 하십시오. 아리야 승가께서는 허락하십시오. 누구 20세인 동녀가 학계를 채웠고 승가를 쫓아서 학계를 채웠고 구족계를 애원하였으며, 승가께서 인정하신 것은 묵연하였던 까닭입니다. 이 일을 이와 같이 지니겠습니다."

마땅히 승가를 쫓아서 호궤 합장하고서 이렇게 말을 지어야 한다.

"아리야 승가께서는 허락하십시오. 나 누구 20세인 동녀가 학계를 채웠고 여래 법의 가운데에서 구족계를 받고자 합니다. 지금 승가를 쫓아서 학계를 채웠고 구족계를 애원합니다. 오직 원하건대 승가께서는 애민하게 생각하시는 까닭으로 내가 학계를 채웠으니 구족계를 주십시오."

이와 같이 세 번을 애원해야 한다. 갈마자는 이렇게 말을 지어야 한다.

"아리야 승가께서는 허락하십시오. 누구는 20년의 우기인 동녀가 학계를 채웠고 여래 법의 가운데에서 구족계를 받아서 비구니를 짓고자 하였으며, 이미 승가를 쫓아서 학계를 채웠고 구족계를 애원하고 있습니다. 승가시여. 지금 누구가 학계를 채웠으므로 구족계를 주겠습니다. 아리야 승가시여. 승가께서 누구에게 학계를 채웠으므로 구족계를 주는 것을 인정하신다면 묵연하시고 인정하지 않으신다면 곧 말씀하십시오."

이것이 첫 번째의 갈마이다. 두 번·세 번째의 갈마도 역시 이와 같이 말한다.

"승가시여. 이미 누구에게 학계를 채웠던 갈마를 주어서 마쳤습니다. 승가께서 인정하신 것은 묵연하였던 까닭입니다. 이 일을 이와 같이 지니겠습니다."

세존께서는 대애도 구담미에게 알리셨다.

"사위성을 의지하여 머무르는 비구니들을 모두 모이게 하십시오. 나아가 이미 들었던 자들도 마땅히 거듭하여 들을지니라. 만약 비구니가 학계를 채웠으나 갈마하지 않고서 구족계를 주는 자는 바야제를 범하느니라."

'학계를 채웠다.'는 2년 우기의 가운데에서 수순하여 열여덟 가지의 일을 행한 것이다.

'갈마하지 않다.'는 갈마를 짓지 않은 것이니, 구족계를 주어서 받게 하는 자는 바야제를 범한다.

'바야제'는 앞의 설명과 같다.

이러한 까닭으로 세존께서 설하셨노라.

마하승기율 제39권

동진 천축삼장 불타발타라·법현 공역
석보운 번역

3) 141바야제법을 밝히다 ③

세존께서는 사위성에 머무르셨다.
그때 석종녀인 구리(拘梨)의 딸과 마라녀인 리차의 딸이 먼저 시집갔으나 출가하였고 일찍이 고된 일을 맡았어도 총명한 지혜가 있었다. 대애도 구담미가 세존께 물었다.
"세존이시여. 이미 시집갔던 여자는 20년의 우기가 적더라도 구족계를 받을 수 있습니까?"
세존께서 말씀하셨다.
"그렇습니다."
그때 비구니들이 일찍이 시집갔던 8세와 9세의 여인에게 구족계를 주었는데, 너무 작고 연약하여 고된 일을 감당하지 못하였다. 여러 비구니들이 대애도에게 말하였고, 대애도는 곧 이 일로써 가서 세존께 아뢰었다.
"나아가 이미 들었던 자들도 마땅히 거듭하여 들을지니라. 만약 비구니가 다른 사람에 시집갔던 부인이 12년의 우기보다 적은데 구족계를 주는 자는 바야제를 범하느니라."
'12년의 우기보다 적다.'는 20년의 우기보다 적다는 가운데에서 자세히 설명하였다. 다른 사람에게 시집간 부인이 범행을 무너뜨렸는데 구족계를 주어서 받게 하는 자는 바야제를 범한다.

'바야제'는 앞의 설명과 같다.

만약 다른 사람에게 시집갔던 부인이 여래 법의 가운데에서 구족계를 받고자 하였다면, 마땅히 먼저 물어야 하고, 나아가 손발과 뼈마디를 보아야 한다.

이러한 까닭으로 세존께서 설하셨노라.

세존께서는 사위성에 머무르셨다.

그때 세존께서는 계율을 제정하시어서 12년의 우기보다 적은 다른 사람에게 시집갔던 부인이 구족계를 받는 것을 허락하지 않으셨다. 그때 비구들이 다른 사람에게 시집갔던 부인에게 12년의 우기보다 적었는데 구족계를 주어서 받았으므로 여러 비구니들이 싫어하여 말하였다.

"그대는 12년의 우기를 채우고서 다른 사람에게 시집갔는가? 채웠는가? 채우지 않았는가를 누가 알겠는가?"

여러 비구니들이 대애도에게 말하였고, 대애도는 곧 이 일로써 가서 세존께 아뢰었다.

"지금 이후로는 12년의 우기를 채우고서 다른 사람에게 시집갔던 부인에게 마땅히 2년학계를 주어야 하느니라."

세존께서는 대애도 구담미에게 알리셨다.

"사위성을 의지하여 머무르는 비구니들을 모두 모이게 하십시오. 나아가 이미 들었던 자들도 마땅히 거듭하여 들을지니라. 만약 비구니가 다른 사람에게 시집갔었고 12년의 우기를 채웠어도 2년학계를 주지 않고서 구족계를 받게 하는 자는 바야제를 범하느니라."

앞의 동녀에게 학계를 주지 않은 가운데에서 설한 것과 같다.

얼굴을 마주하고 꾸짖는 것과
채우지 않았어도 제도하는 것과
10법을 구족하지 못한 것과
갈마하지 않고 대중을 양육하는 것과

계율을 범한 자와 20세보다 적은 자와
배우지 않은 자와 학계를 채우지 않은 자와
학계를 채웠어도 갈마하지 않은 자와
12세보다 적고 배우지 않은 자가 있다.

[열 번째의 발거를 마친다.]

세존께서는 사위성에 머무르셨다.

그때 가리 비구니가 왕의 신하인 수제나(須提那)의 아내를 출가시키고 학계를 주어서 받게 하였다. 본래 세속의 집에 있었던 때에 임신하였는데 전전하여 배가 불러왔고, 여러 비구니들이 싫어하여 말하였다.

"이미 학계를 받았는데 임신한 몸으로 있으니 마땅히 쫓아내야 합니다."

대답하여 말하였다.

"나는 출가한 이래로 이러한 법을 알지 못합니다."

여러 비구니들이 대애도에게 말하였고, 대애도는 이 인연으로써 가서 세존께 아뢰었다. 세존께서는 말씀하셨다.

"이 사람이 출가한 이래로 이러한 법을 알지 못하였어도 세속의 집에 있었던 때에 만약 이와 같은 일이 있었다면 마땅히 구족계를 주어 받게 할 수 없고, 해산을 기다려야 하느니라. 만약 딸을 낳고 풀의 요에서 나왔다면 구족계를 주어서 받게 하고, 만약 아들을 낳았는데, 아이가 능히 젖을 벗어났다면 그러한 뒤에 구족계를 주어서 받게 해야 한다. 만약 친족이나 자매들이 '이 어린애를 취하여 오십시오. 내가 스스로 기르겠습니다.'라고 말하였다면 이와 같은 자는 마땅히 구족계를 주어서 받게 해야 하느니라."

세존께서는 대애도 구담미에게 알리셨다.

"사위성을 의지하여 머무르는 비구니들을 모두 모이게 하십시오. 나아가 이미 들었던 자들도 마땅히 거듭하여 들을지니라. 만약 비구니가 다른 사람에게 시집갔고 학계를 받았어도 학계를 채우지 않았는데 구족계를 주어서 받게 하는 자는 바야제를 범하느니라."
앞의 동녀가 학계를 채우지 않은 가운데에서 자세히 설한 것과 같다.

세존께서는 사위성에 머무르셨다.
그때 세존께서는 계율을 제정하시어 12년의 우기를 채웠던 다른 사람에게 시집갔던 부인이 2년학계를 채우지 않았다면 구족계를 주어서 받게 하는 것을 허락하지 않으셨다. 그때 비구들이 다른 사람에게 시집갔던 부인이 2년학계를 채워서 구족계를 주어서 받게 하였는데, 여러 비구니들이 싫어하여 말하였다.
"그대가 학계를 채웠는가? 채우지 않았는가를 누가 알겠는가?"
여러 비구니들이 대애도에게 말하였고, 대애도는 이 인연으로써 가서 세존께 아뢰었다. 나아가 세존께서는 대애도 구담미에게 알리셨다.
"사위성을 의지하여 머무르는 비구니들을 모두 모이게 하십시오. 나아가 이미 들었던 자들도 마땅히 거듭하여 들을지니라. 만약 비구니가 다른 사람에게 시집갔었고 학계를 채웠어도 갈마하지 않고서 구족계를 주어서 받게 하는 자는 바야제를 범하느니라."
앞의 동녀가 갈마하지 않은 가운데에서 자세히 설한 것과 같다.

세존께서는 사위성에 머무르셨다.
그때 비구니가 제자를 많이 양육하였는데 교계하지 않아서 천상의 양과 같았고, 천상의 소와 같아서 청정함을 구족하지 못하였고, 위의를 구족하지 못하였으며, 화상니와 아사리니를 받드는 일을 알지 못하였고, 장로 비구니를 받드는 일을 알지 못하였으며, 취락에 들어가는 법과 아련야법을 알지 못하였고, 승가의 가운데에 들어가는 법을 알지 못하였으며, 가사를 입고 발우를 지니는 법을 알지 못하였다.
여러 비구니들이 대애도에게 말하였고 대애도는 이 인연으로써 가서 세존께 아뢰었다. 세존께서는 말씀하셨다.
"이 비구니를 불러오라."

왔으므로, 물어 말씀하셨다.

"그대가 진실로 그러하였는가?"

대답하여 말하였다.

"진실로 그렇습니다. 세존이시여."

세존께서 말씀하셨다.

"이것은 악한 일이니라. 그대는 어찌하여 사람을 제도하고서 교계하지 않았는가? 지금 이후로는 마땅히 2년을 교계해야 하느니라."

세존께서는 대애도 구담미에게 알리셨다.

"사위성을 의지하여 머무르는 비구니들을 모두 모이게 하십시오. 나아가 이미 들었던 자들도 마땅히 거듭하여 들을지니라. 만약 비구니가 제자에게 구족계를 주었다면 마땅히 2년을 교계해야 한다. 만약 교계하지 않는 자는 바야제를 범하느니라."

'제자'는 공주(共住)제자이다.

'2년'은 2년 우기의 때이다.

'교계하다.'는 아비담이나 비니이다.

'아비담'은 9부(部)의 수다라이다.

'비니'는 바라제목차이다.

위의(威儀)는 마땅히 가르쳐야 하고, 위의가 아니라면 마땅히 막아야 한다. 만약 교계하지 않는 자는 바야제를 범한다. 만약 제자를 가르칠 수 없고 배우려고 하지 않는 자는 마땅히 쫓아내야 한다. 만약 비구가 공주제자를 가르치지 않는다면 월비니죄를 범한다.

이러한 까닭으로 세존께서 설하셨노라.

세존께서는 사위성에 머무르셨다.

그때 비구니가 제자를 제도하였는데, 제자가 구족계를 받고 버리고서 다른 곳으로 떠나갔다. 이때 화상니가 싫어하여 말하였다.

"세존께서 계율을 제정하시어 마땅히 제자를 교계하도록 하셨다. 제자가 나를 버리고 떠나갔는데, 나는 마땅히 누구를 교계해야 하는가?"

여러 비구니들이 대애도에게 말하였고 대애도는 이 인연으로써 가서 세존께 아뢰었다. 세존께서는 말씀하셨다.

"이 비구니를 불러오라."

왔으므로, 물어 말씀하셨다.

"그대가 진실로 그러하였는가?"

대답하여 말하였다.

"진실로 그렇습니다."

세존께서 말씀하셨다.

"이것은 악한 일이니라. 그대는 어찌하여 구족계를 받고 다른 곳으로 떠나갔는가?"

세존께서는 대애도 구담미에게 알리셨다.

"사위성을 의지하여 머무르는 비구니들을 모두 모이게 하십시오. 나아가 이미 들었던 자들도 마땅히 거듭하여 들을지니라. 만약 비구니가 구족계를 받았다면 마땅히 2년을 공급하면서 화상니를 따라야 한다. 만약 공급하면서 따르지 않았다면 바야제를 범하느니라."

'구족계를 받은 자는 공주제자이다.

'2년'은 2년 우기의 때이다.

'공급하다.'는 화상니에게 공급하는 것이다.

'마땅히 따르다.'는 멀리 떨어지지 않은 것이다.

공급하면서 따르지 않는 자는 바야제의 죄를 범한다. 만약 화상니가 지계를 잘 행하지 않아서 배우려고 하지 않았으며 제자가 '나의 화상니는 다만 위의가 없는 곳을 다니고 있으므로 내가 만약 따른다면 혹은 나의 범행이 손상될 것이다.'라고 이렇게 생각을 짓고서 완전하게 범행(梵行)하려는 까닭으로 버리고 떠나갔다면 무죄이다. 만약 비구가 화상에게 공급하면서 따르지 않았다면 월비니죄를 범한다.

이러한 까닭으로 세존께서 설하셨노라.

세존께서는 사위성에 머무르셨다.

그때 비구니가 해마다 제자를 제도하여 구족계를 받게 하였으나 마음에 의혹이 생겨났다.
'할 수 있는가? 할 수 없는가?'
곧 대애도에게 물었고 대애도는 세존께 가서 아뢰었다. 세존께서는 말씀하셨다.
"이 비구니를 불러오라."
왔으므로, 물어 말씀하셨다.
"그대가 진실로 그러하였는가?"
대답하여 말하였다.
"진실로 그렇습니다."
세존께서 말씀하셨다.
"오늘부터는 해마다 사람을 제도하여 구족계를 받게 하는 것을 허락하지 않겠노라. 마땅히 틈새를 지어야 하느니라."
세존께서는 대애도 구담미에게 알리셨다.
"사위성을 의지하여 머무르는 비구니들을 모두 모이게 하십시오. 나아가 이미 들었던 자들도 마땅히 거듭하여 들을지니라. 만약 비구니가 해마다 제자를 양육하였다면 바야제를 범하느니라."
'구족계를 받은 자는 공주제자이다.
'해마다'는 것은 우기와 우기의 때이다.
'제자를 양육하다.'는 구족계를 받게 하는 것이다.
'바야제'는 앞의 설명과 같다.
'해마다 제자를 양육하는 것을 허락하지 않다.'는 마땅히 하나의 우기에 시간을 짓는 것이다. 만약 비구니가 복덕이 있다면 1년은 제자에게 학계를 주고, 2년에 구족계를 받게 하였다면 비록 해마다 양육하여도 무죄이다.
이러한 까닭으로 세존께서 설하셨노라.

세존께서는 왕사성에 머무르셨다.
그때 수제(樹提) 비구니가 제자에게 구족계를 주어서 받게 하려고 투란난타 비구니에게 말하였다.

"아리야여. 나를 위하여 승가를 청하여 제자가 구족계를 받게 하여 주십시오."

뒤에 비구니가 승가에게 구족계를 받고자 하였으므로 투란난타 비구니가 육군비구들을 청하였다. 수제 비구니가 물어 말하였다.

"나를 위하여 승가를 청하였습니까?"

대답하여 말하였다.

"이미 청하였습니다."

"누구를 청하였습니까?"

대답하여 말하였다.

"육군비구를 청하였습니다."

"나는 수용하지 않겠습니다."

다음날에 이르러 다시 선한 비구를 청하여 구족계를 받게 하였다. 여러 비구니들이 대애도에게 말하였고 대애도는 이 인연으로써 가서 세존께 아뢰었다. 세존께서는 말씀하셨다.

"이 비구니를 불러오라."

왔으므로, 물어 말씀하셨다.

"그대가 진실로 그러하였는가?"

대답하여 말하였다.

"진실로 그렇습니다."

세존께서 말씀하셨다.

"수제여. 이것은 악한 일이니라. 그대는 어찌하여 하나의 대중이 청정하였어도 하룻밤을 묵고서 구족계를 받게 하고서 다시 대중을 가볍게 생각하였는가? 오늘부터는 하나의 대중이 청정하였어도 하룻밤을 묵고서 구족계를 받게 하는 것을 허락하지 않겠고, 역시 대중을 가볍게 생각하는 것도 허락하지 않겠노라."

세존께서는 대애도 구담미에게 알리셨다.

"왕사성을 의지하여 머무르는 비구니들을 모두 모이게 하십시오. 나아가 이미 들었던 자들도 마땅히 거듭하여 들을지니라. 만약 비구니가 하나의 대중이 청정하였어도 하룻밤을 묵고서 구족계를 받게 하였다면 바야제를 범하느니라."

'비구니'는 앞의 설명과 같다.

'하나의 대중이 청정하다.'는 비구니 대중의 가운데에서 구족계를 받는 것이다.

'하룻밤을 묵다.'는 다음날에 이르러 비구 대중의 가운데에서 구족계를 받는 것이고 바야제를 범한다.

'바야제'는 앞의 설명과 같다.

하나의 대중이 청정하였어도 하룻밤을 묵고서 구족계를 받는 것을 허락하지 않으며, 다시 대중을 가볍게 생각하는 것도 허락하지 않는다. 다시 악한 비구를 청하여 대중에게 구족계를 받게 할 수 없다. 마땅히 먼저 선한 비구를 구해야 하고, 만약 구할 수 없다면 마땅히 절반이라도 구해야 하며, 만약 절반을 넘겼다면 마땅히 갈마를 지어야 한다. 만약 왕의 난이거나, 도둑의 난이라면 하룻밤을 묵어도 무죄이다. 비구도 역시 대중을 가볍게 생각할 수 없고 마땅히 절반이라도 구해야 하며, 만약 절반을 넘겼다면 마땅히 갈마를 지어야 한다. 대중을 가볍게 생각하는 자는 월비니죄를 범한다.

이러한 까닭으로 세존께서 설하셨노라.

세존께서는 비사리에 머무르셨다.

그때 가리 비구니가 리차의 셋째 딸을 제도하여 출가시켰는데, 세속 사람이나 외도들과 함께 항상 가깝게 머물렀다. 여러 비구니들이 가리 비구니에게 말하였다.

"그대는 이 제자가 세속 사람이나 외도들과 함께 항상 가깝게 머문다고 알았는데, 그대는 무슨 까닭으로 별도로 다른 지방으로 떠나보내지 않는가?"

여러 비구니들이 대애도에게 말하였고 대애도는 이 인연으로써 가서 세존께 아뢰었다. 세존께서는 말씀하셨다.
"이 비구니를 불러오라."
왔으므로, 물어 말씀하셨다.
"그대가 진실로 그러하였는가?"
대답하여 말하였다.
"진실로 그렇습니다."
세존께서 말씀하셨다.
"이것은 악한 일이니라. 그대는 어찌하여 제자가 세속 사람이나 외도들과 함께 항상 가깝게 머문다고 알았는데, 별도로 떨어져 머무르게 하지 않는가? 지금 이후로는 허락하지 않겠노라."
세존께서는 대애도 구담미에게 알리셨다.
"비사리를 의지하여 머무르는 비구니들을 모두 모이게 하십시오. 나아가 이미 들었던 자들도 마땅히 거듭하여 들을지니라. 만약 비구니가 제자를 제도하였는데 일이 있어도 스스로 보내지 않았고, 다른 사람을 시켜서 보내지 않았으며, 아래로 이르러 5·6유순이었다면 바야제를 범하느니라."

'비구니'는 앞의 설명과 같다.

'사람을 제도하다.'는 화상니이다.

'제자'는 공행제자이다.

'일이 있다.'는 제자가 도(道)를 깨트렸거나, 만약 부모와 친족이 도를 깨트리고자 하였거나, 만약 사위이거나, 만약 시숙이 도를 깨트리고자 하는 것이다.

'보내지 않다.'는 만약 스스로 보내지 않았거나, 만약 다른 사람을 시켜서 보내지 않은 것이다.

'아래로 이르러 5·6유순이다.'는 최고의 한계가 6유순이다.

만약 제자가 항상 가깝게 머물렀다면 마땅히 유행을 보내야 하고, 만약 몸이 늙고 병들어서 능히 떠나가지 못하면 마땅히 사람에게 부촉하여 교계하면서 "그대가 지방을 유행한다면 많은 공덕이 있을 것이고, 여러 탑과 사찰을 예배하고 좋은 도중(徒衆)을 본다면 보고 듣는 것이 많을 것입니다. 내가 만약 늙지 않았다면 역시 떠나가고자 합니다."라고 말해야 한다.

만약 비구가 공주제자에게 일이 있었어도 스스로가 보내지 않았고 다른 사람을 시켜서 보내지 않는 자는 월비니죄를 범한다.

이러한 까닭으로 세존께서 설하셨노라.

세존께서는 사위성에 머무르셨다.

그때 투란난타 비구니는 10법을 채우지 못하고서 제자를 제도하였으나 교계하지 않아서 천상의 소와 천상의 양과 같았으며, 나아가 비구니들이 말하였다.

"아리야여. 그대는 10법을 구족하지 못하고서 제자를 제도하였는데, 어찌하여 교계하여 여법하게 시키지 않는가?"

투란난타가 말하였다.

"그대는 내가 제자를 제도하는 것을 질투하고 꾸짖으면서 나를 세고 있구려."

여러 비구니들이 대애도에게 말하였고, 대애도는 이 인연으로써 가서 세존께 아뢰었다. 세존께서는 말씀하셨다.

"이 비구니를 불러오라."

왔으므로, 물어 말씀하셨다.

"그대가 진실로 그러하였는가?"

대답하여 말하였다.

"진실로 그렇습니다."

세존께서 말씀하셨다.

"이것은 악한 일이니라. 나아가 그대는 어찌하여 10법을 구족하지 못하였고, 제자를 제도하고 어찌하여 교계하지 않고서 다른 사람을 싫어하며 꾸짖었는가? 지금 이후로는 다른 사람을 싫어하는 것을 허락하지 않겠노라."

세존께서는 대애도 구담미에게 알리셨다.

"사위성을 의지하여 머무르는 비구니들을 모두 모이게 하십시오. 나아가 이미 들었던 자들도 마땅히 거듭하여 들을지니라. 만약 비구니가 '아리야여. 10법을 구족하지 못하였어도 제자를 제도하면 마땅히 교계해야 한다.'라고 이렇게 말을 지었는데, 반대로 싫어하면서 꾸짖는 자는 바야제를 범하느니라."

'비구니'는 만약 승가이거나, 만약 대중의 많은 사람이거나, 만약 한 사람이다.

'이 비구니'는 투란난타 비구니와 같은 자이다.

'10법을 구족하지 못하다.'는 10법을 성취하지 못한 것이다.

'제자를 제도하다.'는 구족계를 받게 하는 것이다. 이러한 충고를 짓는 때에 싫어하면서 꾸짖는 자는 바야제를 범한다.

'바야제'는 앞의 설명과 같다. 비구가 이와 같은 자는 월비니죄를 범한다.

이러한 까닭으로 세존께서 설하셨노라.

세존께서는 사위성에 머무르셨다.

그때 어느 학계니가 투란난타에게 말하였다.

"아리야여. 저는 학계를 채웠습니다. 저에게 구족계를 주십시오."

대답하여 말하였다.

"그렇게 하겠네."

뒤에 학계니가 말하였다.

"아리야여. 저는 학계를 채웠습니다. 저에게 구족계를 주십시오."

이 말을 들었으나 스스로가 주어서 받게 하지 않았고, 다른 사람을 시켜서 받게 하지 않았으며, 또한 놓아주어 보내지도 않았다. 여러 비구니들이 투란난타에게 말하였다.

"그대가 이전에 구족계를 주어서 받게 하겠다고 허락하고서 무슨 까닭으로 주지 않습니까?"

이러한 말을 들었어도 오히려 고의로 주지 않았다.

여러 비구니들이 대애도에게 말하였고, 대애도는 이 인연으로써 가서 세존께 아뢰었다. 세존께서는 말씀하셨다.
"이 비구니를 불러오라."
왔으므로, 물어 말씀하셨다.
"그대가 진실로 그러하였는가?"
대답하여 말하였다.
"진실로 그렇습니다."
세존께서 말씀하셨다.
"이것은 악한 일이니라. 그대는 어찌하여 다른 사람이 구족계를 받는 것을 허락하고서 주어서 받게 하지 않았는가? 지금 이후로는 허락하지 않겠노라."
세존께서는 대애도 구담미에게 알리셨다.
"사위성을 의지하여 머무르는 비구니들을 모두 모이게 하십시오. 나아가 이미 들었던 자들도 마땅히 거듭하여 들을지니라. 만약 비구니가 식차마니에게 '학계를 채운다면 마땅히 그대에게 구족계를 주어서 받게 하겠다.'라고 말하고서 뒤에 주어서 받게 하지 않고, 사람을 시켜서 받게 하지도 않으며, 또한 떠나가게 보내주지도 않는 자는 바야제를 범하느니라."
'비구니'는 앞의 설명과 같다.
'식차마니'는 수순하여 18사를 행하고 2년을 배우는 자이다.
'이렇게 말하다.'는 투란난타 비구니와 같이 구족계를 주어 받게 하겠다고 허락하고서, 뒤에 주어서 받게 하지 않고, 사람을 시켜 받게 하지도 않는다면 바야제를 범한다.
'바야제'는 앞의 설명과 같다.
만약 비구니가 식차마니에게 '마땅히 그대에게 구족계를 주어서 받게 하겠다.'라고 말하였는데, 만약 뒤에 힘이 없는 자는 마땅히 다른 사람을 시켜서 주어야 한다. 만약 스스로가 주어서 받게 하지 않고, 사람을 시켜 받게 하지도 않는 자는 마땅히 말하여 떠나가서 다시 다른 곳에서 구족계를 받게 해야 한다. 만약 비구니가 식차마니에게 구족계를 주어서 받게 하겠다고 허락하고서 뒤에 주어서 받게 하지 않는 자는 바야제를 범한다. 만약 비구가 사미에게 구족계를 주어서 받게 하겠다고 허락하고서 뒤에 주어서 받게 하지 않는 자는 월비니죄를 얻는다.
 이러한 까닭으로 세존께서 설하셨노라.

 세존께서는 비사리에 머무르셨다.
 그때 발타라가비리(跋陀羅伽毘梨) 비구니가 아주 좋은 수레를 타고서 친족의 집에 이르렀는데, 세상 사람들에게 비난받았다.
 "어찌하여 사문니로 출가하고서도 이전의 세속 사람과 같이 아주 좋은 수레를 타면서 욕심이 많아서 이와 같은가?"
 여러 비구니들이 대애도에게 말하였고 대애도는 이 인연으로써 가서 세존께 아뢰었다. 세존께서는 말씀하셨다.
 "이 비구니를 불러오라."
 왔으므로, 물어 말씀하셨다.
 "그대가 진실로 그러하였는가?"
 대답하여 말하였다.
 "진실로 그렇습니다."
 세존께서 말씀하셨다.
 "이것은 악한 일이니라. 지금 이후로는 허락하지 않겠노라."

 다시 다음으로 그때 석종녀인 비구니가 도로를 다니면서 늙고 병들어서 반려를 따라가지 못하다가 도둑에게 겁탈을 당하였다. 나아가 세존께서 대애도에게 알리셨다.
 "사위성을 의지하여 머무르는 비구니들을 모두 모이게 하십시오. 나아가 이미 들었던 자들도 마땅히 거듭하여 들을지니라. 만약 비구니가 병이 없으나 수레를 타는 자는 바야제를 범하느니라."
 '비구니'는 앞의 설명과 같다.

'병'은 만약 늙고 여위어서 병들었거나, 만약 음악인이 능히 다니지 못한다면 세존께서는 무죄라고 말씀하셨다.

'수레'는 여덟 종류가 있으니, 나아가 배를 타는 것까지이며, 이것을 여덟 가지라고 이름한다. 타는 자는 바야제를 범한다. 병이 없는 비구니가 수레를 타는 것은 허락하지 않는다. 병이라면 황소의 수레는 타지 못하고 암소의 수레와 암컷의 말과 낙타의 수레에 탈 수 있다. 만약 병으로 암수를 구별하지 못하는 자는 무죄이다. 만약 배를 타고 곧바로 건너간다면 무죄이다. 만약 물을 올라갔거나, 만약 물을 내려갔어도 인연을 지었다면 받아서 가지고 떠나갈 수 있다. 만약 비구가 병이 없는데도 수레를 타는 자는 월비니죄를 범한다.

이러한 까닭으로 세존께서 설하셨노라.

채우지 않는 것과 갈마하지 않는 것과
화상이 교계하지 않는 것과
제자가 따르지 않는 것과
해마다 제자를 양육하는 것과
하룻밤을 묵고 구족계를 받게 하는 것과
일이 있어도 보내지 않는 것과
싫어하여 꾸짖는 것과 구족계를 허락하는 것과
수레를 타는 것과 가장 뒤에 있는 것이 있다.

[열한 번째의 발거를 마친다.]

세존께서는 비사리에 머무르셨다.
그때 발타라가비리 비구니가 일산을 지니고 가죽신을 신고서 친족의 집에 갔으므로, 세상 사람들에게 비난받았다.
"어찌하여 사문니가 세속 사람과 같아서 이와 같이 욕심이 많은가?"
여러 비구니들이 대애도에게 말하였고 대애도는 이 인연으로써 가서 세존께 아뢰었다. 세존께서는 말씀하셨다.
"이 비구니를 불러오라."
왔으므로, 물어 말씀하셨다.
"그대가 진실로 그러하였는가?"
대답하여 말하였다.
"진실로 그렇습니다."
세존께서 말씀하셨다.
"이것은 악한 일이니라. 지금 이후로는 일산을 지니고 가죽신을 신는 것을 허락하지 않겠노라."

다시 다음으로 세존께서는 사위성에 머무르셨다.
석종녀인 마라(摩羅)는 이전에 음악인이었는데 출가하여 도로를 다녔다. 그때 몹시 더워서 크게 피곤하고 괴로웠다. 여러 비구니들이 이를 대애도에게 말하였고, 대애도는 이 인연으로써 가서 세존께 아뢰었다. 세존께서는 말씀하셨다.
"오늘부터는 병든 때라면 허락하겠노라."
세존께서 대애도에게 알리셨다.
"사위성을 의지하여 머무르는 비구니들을 모두 모이게 하십시오. 나아가 이미 들었던 자들도 마땅히 거듭하여 들을지니라. 만약 비구니가 병이 없으나 일산을 지니고 가죽신을 신는 자는 바야제를 범하느니라."
'비구니'는 앞의 설명과 같다.
'병'은 만약 늙고 여위어서 병들었거나, 만약 음악인이 능히 다니지 못한다면 세존께서는 무죄라고 말씀하셨다.
'일산'은 나무껍질의 일산이거나, 다리(多梨)의 일산이거나, 대나무의 일산이거나, 마루(摩樓)의 일산이거나, 나뭇잎의 일산이거나, 모직물의 이와 같은 나머지의 일산 등이다.
'가죽신'은 한 겹이거나, 두 겹의 신발이다.
'지니다'는 수용하는 것이니 바야제를 범한다.

'바야제'는 앞의 설명과 같다.

일산을 지니고서 가죽신을 지니지 않았다면 월비니죄를 범하고, 가죽신을 지니고서 일산을 지니지 않았어도 월비니죄를 범하며, 두 가지를 함께 지닌 자는 바야제를 범하고, 두 가지를 함께 지니지 않았다면 무죄이다. 만약 비구가 장엄한 일산과 두 겹의 가죽신을 지닌 자는 월비니죄를 범한다.

이러한 까닭으로 세존께서 설하셨노라.

세존께서는 비사리에 머무르셨다.

그때 발타라가비리 비구니가 친족의 집으로 가서 이르렀고 높은 발의 거조라(佉嚩羅)[1] 평상에 요를 두·세 겹으로 펼치고 위에 올라갔으므로 세상 사람과 외도들에게 비난받았다.

"어찌하여 사문니로 출가하고서 오히려 세속 사람과 같아서 이와 같이 욕심이 많은가?"

여러 비구니들이 대애도에게 말하였고, 대애도는 이 인연으로써 가서 세존께 아뢰었다. 세존께서는 말씀하셨다.

"이 비구니를 불러오라."

왔으므로, 물어 말씀하셨다.

"그대가 진실로 그러하였는가?"

대답하여 말하였다.

"진실로 그렇습니다."

세존께서 말씀하셨다.

"그대는 어찌하여 양을 넘겼던 거조라의 평상 위에 앉았는가? 지금 이후로는 허락하지 않겠노라."

세존께서 대애도에게 알리셨다.

"비사리를 의지하여 머무르는 비구니들을 모두 모이게 하십시오. 나아

---

[1] 산스크리트어 Kaṭvā의 음사로서 좁고 긴 평상을 뜻한다.

가 이미 들었던 자들도 마땅히 거듭하여 들을지니라. 만약 비구니가 양을 넘겼던 거조라 평상 위에서 만약 앉았거나, 만약 누웠다면 바야제를 범하느니라."

'비구니'는 앞의 설명과 같다.

'양을 넘기다.'는 여덟 손가락을 넘긴 것이다.

'거조라의 평상과 요'는 거조라는 열네 종류가 있고, 나아가 붕구라(崩求羅)와 거조붕구라(佉啁崩求羅)의 평상에 만약 앉았거나, 만약 누웠다면 바야제를 범한다.

'바야제'는 앞의 설명과 같다.

만약 하루를 앉았다면 하나의 바야제이고, 만약 일어나고서 다시 앉는다면 앉는 것을 따라서 바야제를 범한다. 만약 양을 넘겼던 평상이라면 다리를 묻고서 앉을 수 있다. 만약 비구가 양을 넘겼던 거조라 평상 위에 앉았다면 월비니죄를 범한다.

이러한 까닭으로 세존께서 설하셨노라.

세존께서는 사위성에 머무르셨다.

그때 육군비구니들이 함께 하나의 평상에서 하나의 요를 펼치고서 잠을 잤으므로 베개와 요가 찢어졌고 평상은 다시 부러지고 파손되었다. 여러 비구니들이 이 인연으로써 대애도에게 말하였고, 나아가 세존께서 말씀하셨다.

"이 비구니들을 불러오라."

왔으므로, 물어 말씀하셨다.

"그대들이 진실로 그러하였는가?"

대답하여 말하였다.

"진실로 그렇습니다."

세존께서 말씀하셨다.

"이것은 악한 일이니라."

세존께서 대애도에게 알리셨다.

"비사리를 의지하여 머무르는 비구니들을 모두 모이게 하십시오. 나아가 이미 들었던 자들도 마땅히 거듭하여 들을지니라. 만약 비구니가 같이 평상과 요를 펼치고서 누웠다면 바야제를 범하느니라."

'펼치다.'는 같이 하나를 펼치고 하나를 덮으며 하나의 평상인 것이다.

'평상'은 열네 종류가 있고, 나아가 지란상(脂蘭牀)이니, 바야제를 범한다.

'바야제'는 앞의 설명과 같다.

같이 평상에 누울 수 없고, 하나의 평상이라면 한 사람이 누워야 하며, 세 명의 좌상(座床)이라면 두 사람이 누울 수 있으나, 다리를 펴서 무릎을 지나갈 수 없다. 네모난 요이거나, 세 사람의 요라면 두 사람이 누울 수 있으나 다리를 펴서 무릎을 지나갈 수 없다. 만약 땅에 펼친다면 요를 많이 취할 수 없고 땅은 마땅히 서로의 거리가 하나의 손을 펼칠 수 없어야 한다. 스스로 좌구를 깔고서 누울 수 있고, 만약 추운 때라면 위를 통하여 아래 사람과 덮을 수 있다. 각자 별도로 덮었다면 무죄이다. 만약 비구가 함께 평상에 누웠다면 월비니죄를 범한다.

이러한 까닭으로 세존께서 설하셨노라.

세존께서는 사위성에 머무르셨다.

그때 가리 비구니가 승방을 수용하고서 문을 닫고서 떠나갔다. 뒤에 객비구니의 상좌가 왔으므로 차례로 방을 주면서 문이 닫힌 것을 보았고 곧 싫어하며 말하였다.

"이 승방은 어찌하여 문을 닫고서 떠나갔는가?"

여러 비구니들이 대애도에게 말하였고, 나아가 세존께서 말씀하셨다.

"이 비구니들을 불러오라."

왔으므로, 물어 말씀하셨다.

"그대들이 진실로 그러하였는가?"

대답하여 말하였다.

"진실로 그렇습니다."

세존께서 말씀하셨다.

"이것은 악한 일이니라. 나아가 그대는 어찌하여 승가 방사의 문을 열어서 남겨두지 않고서 떠나갔는가? 지금 이후로는 허락하지 않겠노라."

세존께서 대애도에게 알리셨다.

"비사리를 의지하여 머무르는 비구니들을 모두 모이게 하십시오. 나아가 이미 들었던 자들도 마땅히 거듭하여 들을지니라. 만약 비구니가 승가 방사의 평상과 요를 버려두고서 떠나가지 않았다면 바야제를 범하느니라."

'비구니'는 앞의 설명과 같다.

'승가의 평상과 요'는 좌상·와상·베개·요·구집 등이다.

'버려두지 않다.'는 돌려주지 않고 알리지 않으며 다른 곳으로 떠나가는 것이고, 바야제를 범한다.

'바야제'는 앞의 설명과 같다.

만약 비구니가 떠나가고자 하였다면 마땅히 평상과 요를 버려두거나, 평상과 요의 지사인에게 주고서 떠나가야 한다. 만약 버려두고서 떠나가지 않는 자는 바야제를 범한다. 만약 방사를 비우지 않았는데 사람이 머무르고 있는가를 물었다면 월비니죄를 범한다.

이러한 까닭으로 세존께서 설하셨노라.

세존께서는 사위성에 머무르셨다.

그때 갈주의 어머니인 비구니가 먼저 말하지 않고 갑자기 갈주 아버지였던 비구의 방사에 들어가서 그의 등을 어루만졌으므로 그가 돌아보았다. 돌아보고서 말하였다.

"쯧쯧. 나에게서 멀리 떨어지시오."

비구니가 말하였다.

"내가 이전에는 항상 씻기고 목욕시켜 주었는데 지금 등을 만지면서 접촉하여도 무엇이 괴롭습니까?"

말하였다.

"본래는 세속 사람이었고 오늘은 출가하였는데 이전과 같겠소?"
 여러 비구니들이 대애도에게 말하였고, 대애도는 이 인연으로써 세존께 가서 아뢰었다. 세존께서는 말씀하셨다.
 "이 비구니를 불러오라."
 왔으므로, 물어 말씀하셨다.
 "그대들이 진실로 그러하였는가?"
 대답하여 말하였다.
 "진실로 그렇습니다."
 세존께서 말씀하셨다.
 "이것은 악한 일이니라. 나아가 그대는 어찌하여 먼저 알리지 않고 비구의 정사에 들어갔는가? 지금 이후로는 허락하지 않겠노라."
 "나아가 이미 들었던 자들도 마땅히 거듭하여 들을지니라. 만약 비구니가 먼저 알리지 않고 비구의 승가람에 들어가는 자는 바야제를 범하느니라."
 '비구니'는 앞의 설명과 같다.
 '비구의 승가람'은 적어도 한 비구의 주처이다.
 '먼저 알리지 않다.'는 먼저 말하지 않고 부르지 않는 것이다.
 '들어가다.'는 갈주의 어머니인 비구니와 같나니, 바야제를 범한다.
 '바야제'는 앞의 설명과 같다.
 만약 비구니가 비구의 주처에 들어가고자 하였다면 마땅히 문앞에 이르러서 마땅히 먼저 "화남합니다. 알리고서 들어가고자 하오니, 원하건대 허락하십시오."라고 알려야 하고, 비구는 마땅히 헤아려서 비구니가 어질고 선하며 스스로가 일이 없이 의복을 입었다면, 들어오는 것을 허락하고, 만약 일이 있거나, 혹은 진흙이 묻었거나, 혹은 나형(裸露)이라면 마땅히 "누이여. 잠시 기다리십시오."라고 말하고서, "여러 장로들이여. 비구니가 들어오려고 합니다. 각자 옷을 입으십시오."라고 창언하여 말해야 한다.
 만약 비구니가 착하지 않고 위의가 없는 자이면 마땅히 "들어가지 마십시오. 일이 있습니다."라고 말해야 한다. 만약 먼저 말하지 않고 최초로 들어가는 자는 바야제를 범하고 뒤에 오는 자는 무죄이다. 알리지 않고 들어가는 자가 만약 한 발을 들여놓으면 월비니죄를 범하고, 두 발을 들여놓으면 바야제를 범하며, 만약 다시 돌아서 떠나간다면 월비니죄를 범한다. 만약 비구가 먼저 말하지 않고 비구니의 주처에 들어가면 월비니죄를 범하나니, 마땅히 문앞에 머무르며 정인인 여인을 보내어 말해야 한다.

이러한 까닭으로 세존께서 설하셨노라.

세존께서는 사위성에 머무르셨다.
그때 비구니가 도로를 다니면서 날이 저물어 취락의 가운데에 이르렀고 묵을 곳을 구하고자 한 집에 이르러 부인에게 말하였다.
"나에게 묵을 곳을 빌려주십시오."
부인이 말하였다.
"제 남편이 길을 떠났는데 저물녘이면 혹은 능히 돌아올 것입니다."
그 비구니가 다시 거듭하여 빌리면서 말하였다.
"먼저 마땅히 오지 않는다면 하룻밤만 묵겠습니다."
곧 묵을 곳을 빌려주었다. 남편은 저물녘에 돌아왔고 욕망에 얽혀서 아내와 함께 음욕의 일을 행하였다. 비구니는 아직 음욕을 벗어나지 못하였으므로 소리를 듣고 마음이 즐겁지 않았다. 돌아와서 여러 비구니들에게 말하였고, 비구니들은 대애도에게 말하였으며, 나아가 세존께서는 말씀하셨다.
"이 비구니를 불러오라."
왔으므로, 물어 말씀하셨다.
"그대들이 진실로 그러하였는가?"
대답하여 말하였다.
"진실로 그렇습니다."
세존께서 말씀하셨다.

"그대는 식가(食家)가 음욕하는 곳이라고 알고서도 묵었는가? 지금 이후로는 허락하지 않겠노라."

다시 다음으로 세존께서는 사위성에 머무르셨다.
그때 여러 비구니들이 도로를 다니면서 날이 저물어 취락의 가운데에 이르렀고 남자가 없는 집을 두루 찾았으나 능히 구하지 못하였으므로 골목의 주변에 있으면서 묵었다. 밤에 폭풍우가 일어났고, 어느 여러 젊은이들이 왔으며 서로가 침범하면서 접촉하여 범행(梵行)을 깨뜨렸다. 여러 비구니들이 이 인연으로써 대애도에게 말하였고, 나아가 세존께서는 말씀하셨다.
"오늘부터는 다른 때는 제외하겠노라. 나아가 이미 들었던 자들도 마땅히 거듭하여 들을지니라. 만약 비구니가 식가는 음욕하는 곳이라고 알고서도 묵었다면 다른 때를 제외하고는 바야제를 범하느니라. '다른 때'는 바람의 때이거나, 비의 때거나, 목숨을 빼앗기는 때거나, 범행을 깨뜨리는 때이니, 이것을 다른 때라고 이름하느니라."
'비구니'는 앞의 설명과 같다.
'알다.'는 만약 스스로 알았거나, 만약 다른 사람에게 들어서 아는 것이다.
'음식'은 여인은 장부의 음식이고, 장부는 여인의 음식이다.
'집'은 네 종성의 집이다.
'음욕하는 곳'은 부부가 묵는 곳이니, 다른 때를 제외하고는 바야제를 범한다. 다른 때에는 세존께서 무죄라고 말씀하셨나니, 바람의 때이거나, 비의 때거나, 목숨을 빼앗기는 때거나, 범행을 깨뜨리는 때이니, 이것을 다른 때라고 이름한다. 식가의 음욕하는 곳이라고 알았다면 묵을 수 없다. 만약 이 취락의 가운데에 방탕(放蕩)한 남자가 있다고 의심하고 두려워하면서 묵는 자는 무죄이다.
이러한 까닭으로 세존께서 설하셨노라.

세존께서는 사위성에 머무르셨다.

그때 비사리의 비구니들이 안거를 마치고 사위성을 향하여 세존께 예경하고자 하였으므로 비구의 정사에 이르러 말하였다.

"화남합니다. 우리들은 존자들께서 사위성에 나아가서 세존께 예경하려고 한다고 들었습니다. 진실로 그렇습니까?"

대답하여 말하였다.

"무슨 까닭으로 묻습니까?"

"우리들은 따라서 떠나가고자 합니다."

비구가 말하였다.

"세존께서 계율을 제정하시어 비구니와 함께 도로를 다니지 못하도록 하셨습니다."

또한 물었다.

"어느 때에 마땅히 출발하십니까?"

대답하여 말하였다.

"어느 날입니다."

곧 그 날짜를 기록하여 적고서 옷과 발우를 미리 준비하여 도로의 옆에서 기다렸다. 비구들이 그날에 이르러 음식을 먹고서 떠나갔고 비구니들을 보고서 서로가 의논하여 말하였다.

"이 비구니가 우리들을 따라오려고 합니다. 마땅히 빠르게 갑시다."

여러 나이 젊은 비구니들은 달려서 쫓아왔으나 늙고 병들었으며 음악인들은 능히 쫓아오지 못하였고 뒤에 도둑들에게 옷을 빼앗겼다. 여러 비구니들이 대애도에게 말하였고, 대애도는 이 인연으로써 세존께 가서 아뢰었다. 세존께서는 말씀하셨다.

"이 비구니들을 불러오라."

왔으므로, 물어 말씀하셨다.

"그대들이 진실로 그러하였는가?"

대답하여 말하였다.

"진실로 그렇습니다."

세존께서 말씀하셨다.

"그대들은 어찌하여 상인과 같은 반려가 없이 공허하고 먼 곳에서 다른 나라를 향하여 다녔는가? 지금 이후로는 허락하지 않겠노라."

세존께서 대애도에게 알리셨다.

"비사리를 의지하여 머무르는 비구니들을 모두 모이게 하십시오. 나아가 이미 들었던 자들도 마땅히 거듭하여 들을지니라. 만약 비구니가 상인과 같은 반려가 없이 다른 나라를 향하여 가는 자는 바야제를 범하느니라."

'비구니'는 앞의 설명과 같다.

'반려가 없다.'는 상인의 반려가 없는 것이다.

'다른 나라'는 다른 왕의 경계이니, 떠나가는 자는 바야제를 범한다. 만약 비구니가 떠나가려는 때에는 마땅히 먼저 상인의 반려를 구해야 한다. 만약 앞의 사람이 "아리야여. 다만 오십시오. 내가 마땅히 요리하여서 떠나가게 하겠습니다."라고 말하였다면 마땅히 서로가 그 사람을 살펴보고서 크게 좋다고 말할 것이고, 살펴봐서 좋지 않다면 마땅히 따라갈 수 없고, 다시 선한 사람으로 부녀를 데리고 가는 사람을 구해서 함께 떠나가야 한다.

만약 떠나가는 때가 갑작스러워 잘 살피지 못하였는데 먼 곳에 이르러 비로소 깨달은 자는 곧 버리고 떠나갈 수 없고, 마땅히 취락의 가까운 곳을 기다려서 방편으로 버리고 떠나가야 한다. 만약 "어디로 가고자 합니까?"라고 물어 말하였다면 마땅히 "내가 걸식하고자 합니다."라고 말해야 한다. 만약 비구니가 상인의 반려가 없이 다니는 자는 월비니죄를 범한다.

이러한 까닭으로 세존께서 설하셨노라.

세존께서는 사위성에 머무르셨다.

그때 비구니가 여인들과 함께 원림의 연못에 이르렀고, 여러 여인들이 있었던 물가에서 음식을 먹었으며, 비구니는 옛날의 촌사(村舍)의 가운데에 가서 보고 있었다. 이때 여러 젊은이들이 숲속에서 나왔고 비구니들을 어지럽게 하였다. 여러 비구니들이 대애도에게 말하였고, "나아가 이미 들었던 자들도 마땅히 거듭하여 들을지니라. 만약 비구니가 스스로 경계 안에서 원림과 옛터를 구경하였다면 바야제를 범하느니라."

'비구니'는 앞의 설명과 같다.

'경계의 안'은 스스로 왕의 경계 안이다.

'원'은 암바라원(菴婆羅園)과 나아가 아제목다원(阿提目多園)이다.

'숲'은 여러 종류의 숲과 나무이다.

'옛터'는 비어있는 집의 가운데이다. 보고자 떠나가는 자는 바야제를 범한다.

'바야제'는 앞의 설명과 같다.

만약 비구니가 원림과 빈집의 안에 가서 구경하고자 떠나가는 때에는 월비니죄를 범하고, 그곳에 이르렀으면 바야제를 범한다. 만약 단월의 부인들이 청하여 함께 떠나가는 자는 무죄이다. 만약 비구가 언덕(丘墟)과 원림에 가서 살펴보면서 즐거워하는 자는 월비니죄를 범한다.

이러한 까닭으로 세존께서 설하셨노라.

세존께서는 비사리에 머무르셨다.

그때 수사제(須闍提) 비구니는 우타이의 본래 아내이었는데, 우타이에게 말하였다.

"존자여. 내가 내일은 방을 지키므로 와서 보세요."

이때 비구니들이 모두 취락에 들어가서 걸식하였다. 이때 우타이는 옷을 입고 발우를 지니고 비구니의 정사에 들어왔고, 두 사람은 함께 방의 뒤에 있으면서 각자 몸을 드러내고 쭈그리고 앉아서 서로를 향하여 음욕의 마음으로 서로를 바라보았다. 이때 늙고 병든 비구니가 나와서 소변을 보고자 하였는데, 보고서 부끄러웠으므로 물러나서 떠나갔으며, 이 인연으로써 대애도에게 말하였고, 나아가 세존께서 말씀하셨다.

"이 비구니를 불러오라."

왔으므로, 세존께서는 말씀하셨다.

"이것은 악한 일이니라. 나아가 이미 들었던 자들도 마땅히 거듭하여 들을지니라. 만약 비구니가 한 명의 비구와 함께 비어있고 한적한 곳에 앉아 있었다면 바야제를 범하느니라."

'비구니'는 앞의 설명과 같다.

'한 명'은 한 비구와 함께 있었고 다시 다른 사람이 없는 것이다. 설사 사람이 있더라도 잠자거나, 취하였거나, 미쳤거나, 어리석거나, 마음이 어지럽고 고통스러웠거나, 어린아이와 비인과 축생이라면, 본래 하나라고 이름한다.

'비어있고 고요한 곳'은 구석진 모퉁이와 사람이 없는 곳이다.

'앉다.'는 함께 앉는 것이니, 바야제를 범한다.

바야제'는 앞의 설명과 같다.

만약 비구니가 비구와 함께 하루를 앉아 있다면 하나의 바야제를 범하고, 만약 중간에 일어났다가 다시 앉았다면 앉은 것을 따라서 하나·하나의 바야제를 범한다. 만약 비구니가 혼자서 방 가운데에 앉아 있었는데 갑자기 어느 비구가 들어와서 앉았다면 비구니는 마땅히 빠르게 일어나야 한다. 일어나고자 하는 때에 마땅히 먼저 말하여 비구가 괴이하게 생각하지 않도록 해야 한다. 만약 "무슨 까닭으로 일어납니까?"라고 말한다면, 마땅히 "세존께서 계율을 제정하셨으므로 나는 비구와 함께 혼자 앉을 수 없습니다."라고 말해야 한다. 만약 7세보다 적은 남자여도 역시 죄를 범한다.

얼마의 시간을 앉는다고 이름하는가? 출가한 사람이 잠시 걸식하면서 음식을 취하는 것과 같다. 만약 어느 정인이 일을 짓고자 다니면서 나가고 들어오는 것이 끊어지지 않는다면 무죄이고, 만약 방문이 도로를 향하였으며 다니는 사람이 끊어지지 않는다면 무죄이며, 다니는 사람이 끊어졌다면 바야제를 범한다. 만약 정인이 잠자는 때에는 마땅히 손가락을 튕겨서 깨어나게 해야 하고, 만약 누각의 위에 있어서 내려가는 사람이 보았거나, 누각의 아래에 있어서 올라가는 사람이 보았거나, 세 사람이 전전하여 서로가 보았다면 무죄이다.

혹은 보았으나 듣지 못하였고, 혹은 들었으나 보지 못하였으며, 혹은 역시 보았고 역시 들었으며, 혹은 보지도 못하였고 듣지도 못한 것이 있다. '보았으나 듣지 않았다.'는 멀리서 비구와 비구니가 앉은 것을 보았으나 말하는 소리는 듣지 못한 것이다. '들었으나 보지 못하다.'는 말소리는 들었으나 보지 못한 것이다. 이와 같이 자세히 말씀하셨다. 혹은 보았으나 듣지 못하였다면 월비니죄를 범하고, 들었으나 보지 못하였어도 역시 월비니죄를 범한다. 보고 들었다면 무죄이지만, 보지도 못하였고 듣지도 못하였다면 바야제를 범한다.

이러한 죄는 역시 취락에서도 그와 같고 역시 아련야에서도 그와 같으며, 낮에도 그와 같고 밤에도 그와 같으며, 때에도 그와 같고 때가 아닌 때에도 그와 같다. 이것은 덮어진 처소이고 드러난 처소가 아니며, 한 사람이고 대중이 많지 않으며, 이것은 가까운 처소이고 먼 처소가 아니다.

이러한 까닭으로 세존께서 설하셨노라.

세존께서는 사위성에 머무르셨다.

그때 발타라 비구니가 친족의 집에 이르러 오빠·남동생·언니·누이들의 아이들과 함께 가려진 곳에 앉았는데 비구니들이 싫어하며 말하였다.

"어찌하여 출가인이 세속 사람들과 함께 가려진 곳에 앉아서 오히려 세속 사람들과 같은가?"

이 인연으로써 대애도에게 말하였고, 나아가 세존께서 말씀하셨다.

"지금 이후로는 남자와 함께 가려진 곳에 앉는 것을 허락하지 않겠노라."

"나아가 이미 들었던 자들도 마땅히 거듭하여 들을지니라. 만약 비구니가 장부와 함께 가려진 곳에 앉았다면 바야제를 범하느니라."

'바야제'는 앞의 비구의 가운데에서 자세히 설한 것과 같다.

이러한 까닭으로 세존께서 설하셨노라.

일산을 지니는 것과 거조라 평상과
함께 평상을 펼치는 것과 버리지 않는 것과
알리지 않는 것과 음욕하는 곳에서 묵는 것과
반려가 없는 것과 옛터를 구경하는 것과
비구와 고요한 곳에 앉는 것과
남자와 역시 다시 그러한 것 등이 있다.

[열두 번째의 발거를 마친다.]

세존께서는 비사리에 머무르셨다.
그때 발타라 비구니가 친족의 집에 이르러 오빠·남동생·언니·누이들의 아이들과 함께 손을 펼치는 거리 안에 있으면서 귓속말을 하였으므로 노비들이 싫어하며 말하였다.
"출가인이 귓속말을 하는데, 곧 마땅히 우리들의 허물을 말하는 것이다."
여러 비구니들이 듣고서 대애도 구담미에게 말하였고, 나아가 세존께서 말씀하셨다.
"지금 이후로는 남자와 함께 가려진 곳에 앉는 것을 허락하지 않겠노라. 나아가 이미 들었던 자들도 마땅히 거듭하여 들을지니라. 만약 비구니가 남자와 함께 손을 펼치는 거리 안에 있으면서, 만약 귓속말하는 자는 바야제를 범하느니라."
'비구니'는 앞의 설명과 같다.
'손을 펼치는 거리 안'은 함께 손을 펼치는 거리 안에서 있는 것이다.
'귓속말'은 귓가에 함께 말하는 것이니, 바야제를 범한다.
비구니가 남자와 함께 손을 펼치는 거리 안에 있으면서 함께 말하거나, 귓속말을 할 수 없다. 만약 함께 말하고자 하는 자는 마땅히 손을 펼치는 거리 밖에 있어야 한다. 만약 은밀한 일을 의논하고자 하면서 마땅히 울타리의 사이거나, 벽의 사이거나, 나무의 사이거나, 장막의 사이였다면 비구니는 바야제를 범한다. 비구가 여인과 함께 손을 펼치는 거리 안에 있으면서 함께 귓속말하는 자는 월비니죄를 범한다.
　이러한 까닭으로 세존께서 설하셨노라.

　세존께서는 비사리에 머무르셨다.
　그때 발타라 비구니가 친족의 집에 이르러 오빠·남동생·언니·누이들의 아이들과 함께 등불이 없는 어두운 곳에 있었는데, 먼저 말하지 않고 갑자기 들어갔고, 그때 친족들이 부끄러워하였다. 여러 비구니들이 듣고서 대애도 구담미에게 말하였고, 나아가 대답하여 말하였다.
　"진실로 그렇습니다."
　세존께서 말씀하셨다.
　"그대는 어찌하여 남자가 어두운 가운데에 앉아 있는 것을 알고서도 등불도 없이 들어갔는가? 지금 이후로는 허락하지 않겠노라. 나아가 이미 들었던 자들도 마땅히 거듭하여 들을지니라. 만약 비구니가 남자가 어두운 가운데에 앉아 있는 것을 알고서도 등불도 없이 들어갔다면 바야제를 범하느니라."
　'비구니'는 앞의 설명과 같다.
　'남자가 앉아 있다.'는 항상 잠자면서 눕는 곳이다.
　'어두운 곳'은 서로 보지 못하는 곳이다.
　'등불이 없다.'는 기름 등불과 그 나머지 여러 종류 등불이 없는 것이니, 들어가는 자는 바야제를 범한다.
　'바야제'는 앞의 설명과 같다.
　어두운 곳에 남자가 앉아 있다면 들어갈 수 없다. 만약 인연이 있어서 반드시 들어가야 하는 자는 안에 있는 사람이 들리도록 높은 소리와 큰 소리를 짓고서 마땅히 들어가야 한다. 만약 말하는 것이 들리지 않는다면 마땅히 먼저 사람을 보내어 말하거나, 만약 손가락을 튕기거나, 만약 등불을 밝혀서 나타나는 모습을 지어야 하며, 어느 사람이 들어오라고 부르면 마땅히 들어가야 한다. 만약 말하지도 않고 손가락을 튕기지도 않으며 등불을 밝히지도 않고 들어가는 자는 바야제를 범한다. 만약 비구가 말하지 않고 들어가는 자는 월비니죄를 범한다.
　이러한 까닭으로 세존께서 설하셨노라.

　세존께서는 왕사성에 머무르셨다.
　그때 육군비구니들이 먼저 기악(伎樂)하는 곳에 이르러서 돌아보며 앉을 곳을 차지하고서 기악하는 아이들이 희롱하는 때에 높은 소리로 크게 웃었으므로 대중의 사람들이 따라서 웃었다. 사람들이 웃는 때는 곧 묵연하면서 마치 좌선하는 사람과 같았으나, 웃음이 그치면 다시 손뼉을 치며 크게 웃었으므로 이 대중의 사람들이 기악하는 아이들을 버리고 이 비구니들을 바라보았다. 이때 기악하는 아이들이 놀이의 값을 얻지 못하였으므로 성내고 싫어하면서 꾸짖었다.
　"이 사문니들이 앉아서 우리들 기악의 값을 잃게 하는구나."
　여러 비구니들이 듣고서 대애도 구담미에게 말하였고, 나아가 대답하여 말하였다.
　"진실로 그렇습니다."
　세존께서 말씀하셨다.
　"이것은 악한 일이니라. 그대들은 어찌하여 기악을 보았는가? 지금 이후로는 허락하지 않겠노라. 나아가 이미 들었던 자들도 마땅히 거듭하여 들을지니라. 만약 비구니가 기악을 보고자 갔다면 바야제를 범하느니라."
　'비구니'는 앞의 설명과 같다.
　'기악'은 춤추는 기예이거나, 노래하는 기예이거나, 징을 치고 쟁반을 돌리며 북을 치는 것과 같은 것부터 적어도 네 명이 함께 희롱하는 것이니, 보는 자는 바야제를 범한다.
　'바야제'는 앞의 설명과 같다.
　기악을 보아서는 아니된다. 만약 비구니가 걸식하면서 왕이나 왕의 부인들을 만났거나, 만약 천상(天像)에서 나오는 기악이 있어서 우연히 보는 자는 무죄이다. 만약 낮은 곳에서 올라가려는 마음을 지어서 바라보거나, 쫓아가며 보았다면 바야제를 범한다. 만약 단월이 세존께 공양하고자 하여 여러 기악을 연주하며 향으로 화만을 묶으면서 "아리야여. 내가 공양구들을 안치하며 보시하게 도와주십시오."라고 비구니에게 말하였고, 그때 도와서 지었는데, 만약 그 사이에 음악을 들으면서 욕심과 집착이 있으면 마땅히 버리고 가야 한다. 만약 비구가 기악을 관람하는 자는 월비니죄를 범한다.

이러한 까닭으로 세존께서 설하셨노라.

세존께서는 사위성에 머무르셨다.

그때 비구니들이 싸우고 논쟁하며 화합하지 못하고 머물렀다. 이때 대애도 구담미가 비구니 대중의 상수(上首)였는데, 승가에서 싸우고 논쟁하는 일이 일어났어도 능히 없애지 못했고 아직 일어나지 않은 일을 능히 일어나지 못하도록 하지 못하였다. 여러 비구니들이 이 인연으로써 세존께 가서 아뢰었고, 세존께서는 말씀하셨다.

"대애도 구담미를 불러오라."

왔으므로, 물어 말씀하셨다.

"그대가 진실로 그러하였습니까?"

대답하여 말하였다.

"진실로 그렇습니다."

세존께서 말씀하셨다.

"그대들은 어찌하여 싸우고 논쟁하며 일어났어도 끊어서 없애지 못하였고 아직 일어나지 못한 투쟁을 능히 방편으로써 일어나지 않게 하지 못하였습니까? 오늘부터는 싸우고 논쟁하는 일이 일어나면 마땅히 끊어서 없애야 합니다."

세존께서 대애도에게 알리셨다.

"사위성을 의지하여 머무르는 비구니들을 모두 모이게 하십시오. 나아가 이미 들었던 자들도 마땅히 거듭하여 들을지니라. 만약 비구니가

싸우고 논쟁하며 화합하지 못하면서 머물렀으나 대중의 상수가 요리하여 끊어서 없애지 못하는 자는 바야제를 범하느니라."

'비구니'는 앞의 설명과 같다.

'논쟁하다.'는 입으로 다투는 것이다.

'싸우다.'는 전전하여 승리를 취하려고 화합하지 못하면서 머무는 것이다. 이것은 법이고 비법이며, 이것은 비니이고 비니가 아니며, 이것은 죄이고 죄가 아니며, 이것은 가벼운 죄이고 이것은 무거운 죄이며, 이것은 다스릴 수 있고 이것은 다스릴 수 없으며, 이것은 유잔이고 무잔이며, 이것은 여법한 갈마이고 비법의 갈마이며, 이것은 화합한 갈마이고 화합한 갈마가 아니며, 마땅히 갈마이고 마땅한 갈마가 아니며, 이것은 갈마의 처소이고 갈마의 처소가 아닌 것 등이다.

'대중의 상수'는 대중의 대표이고 원한다면 스스로 뜻을 따를 수 있는 자이다.

'요리하여 끊어서 없애지 못하다.'는 스스로가 없애지도 못하고 다른 사람을 시켜서 없애지도 못하는 것이니, 바야제를 범한다.

'바야제'는 앞의 설명과 같다.

만약 비구니가 싸우고 논쟁하며 화합하지 못하면서 머무른다면 보고서 놓아둘 수 없고 마땅히 요리하여 끊어서 없애고 전전하여 허물을 참회하게 하여야 한다. 만약 다시 일이 멈추지 않는다면 반드시 갈마하는 자는 대중을 모으고서 요리해야 하고, 만약 스스로 능히 요리하지 못한다면 마땅히 다른 대중의 덕이 있는 비구니를 청하여 없애야 한다.

만약 비구이거나, 만약 우바새와 우바이에게 없애게 하거나, 만약 논쟁하는 일이 판결하기가 어렵다면 마땅히 '중생들의 업행(業行)은 때를 기다리고 성숙하기를 기다리면서 스스로가 마땅히 없앨 것이다.'라고 이렇게 생각을 짓는 자는 무죄이다. 만약 비구가 싸우고 논쟁하였는데 비구의 상수가 요리하여 없애지 못하는 자는 월비니죄를 범한다.

이러한 까닭으로 세존께서 설하셨노라.

세존께서는 비사리에 머무르셨다.

그때 발타라 비구니가 친족 집에 이르러 목욕하는 것을 보았는데, 여러 부인들이 말하였다.

"우리들이 아리야의 신체를 닦아서 우리들이 공덕을 얻게 하십시오."

이 비구니는 몸이 단정하였고, 여러 여인들이 그녀의 신체를 보려고 하였던 까닭으로 곧 몸을 어루만지고자 청하였고 여러 종류의 향유를 사용하여 몸에 발랐다. 여러 비구니들이 싫어하며 말하였다.

"출가한 사람이 옛날처럼 욕심이 많구나."

여러 비구니들이 대애도에게 말하였고, 나아가 대답하여 말하였다.

"진실로 그렇습니다."

세존께서 말씀하셨다.

"그대는 어찌하여 세속 사람들의 집에서 부녀들이 신체를 닦고 어루만지게 하였는가? 오늘부터는 그러한 짓을 허락하지 않는다. 지금 이후로는 허락하지 않겠노라. 나아가 이미 들었던 자들도 마땅히 거듭하여 들을지니라. 만약 비구니가 세속 사람들인 부녀에게 향유를 바르고 몸을 닦고 어루만지며 목욕을 시켰다면 병든 때를 제외하고는 바야제를 범하느니라."

'비구니'는 앞의 설명과 같다.

'세속 사람의 부녀'는 네 종류인 가문의 여인들이다.

'닦고 어루만지며 목욕시키다.'고 하는 것은 여러 종류의 향유로 닦고 어루만지며 목욕시키는 것이다. 늙고 병들었다면 무죄이다. 만약 병들지 않았는데 닦고 어루만지며 목욕시켰다면 바야제를 범한다.

'바야제'는 앞의 설명과 같다.

신체에 창개(瘡疥)가 있다면 약을 가지고 닦고 어루만지며 목욕할 수 있다. 만약 열병(熱病)이라면 마야파(摩耶披)의 가루를 발라야 하고, 만약 풍병이라면 밀가루를 얻어서 발라야 하며, 만약 잡병(雜病)이라면 잡약(雜藥)의 가루를 발라야 하나니, 무죄이다. 약을 바르고서 대중 사람들의 가운데에 있으면서 머무를 수 없고 마땅히 끝자락의 방에 있어야 하며, 병이 나으면 씻고서 마땅히 들어가야 한다. 세속 사람들을 시켜서 닦고 어루만졌다면 월비니죄를 범한다.

이러한 까닭으로 세존께서 설하셨노라.

세존께서는 비사리에 머무르셨다.

그때 세존께서 계율을 제정하시어 세속 사람인 부녀들이 비구니의 몸을 닦고 어루만지며 목욕시키는 것을 허락하지 않으셨다. 이때 발타라 비구니가 비구니를 시켜서 닦고 어루만지게 하였다. 여러 비구니들이 이 인연을 세존께 가서 아뢰었고, 세존께서는 말씀하셨다.

"나아가 이미 들었던 자들도 마땅히 거듭하여 들을지니라. 만약 비구니가 병들지 않았는데 비구니를 시켜서 닦고 어루만지며 목욕하게 하는 자는 바야제를 범하느니라."

만약 닦고서 어루만지지 않으면 월비니죄를 범하고, 어루만지고 닦지 않았어도 역시 월비니죄를 범하며, 두 가지를 함께 하는 자는 바야제를 범한다. 만약 비구가 병이 없는데도 비구를 시켜서 닦고 어루만지게 하는 자는 월비니죄를 범한다.

이러한 까닭으로 세존께서 설하셨노라.

사미니도 역시 이와 같다.

"나아가 이미 들었던 자들도 마땅히 거듭하여 들을지니라. 만약 비구니가 병들지 않았는데 사미니를 시켜서 닦고 어루만지며 목욕하게 하는 자는 바야제를 범하느니라."

'사미니'는 세존을 따라서 출가하고 10계를 받은 자이다. 그녀들을 시켜서 닦고 어루만지게 하는 자는 비구니의 가운데에서 설한 것과 같다.

식차마니도 역시 이와 같다.

"나아가 이미 들었던 자들도 마땅히 거듭하여 들을지니라. 만약 비구니가 병들지 않았는데 식차마니를 시켜서 닦고 어루만지며 목욕하게 하는 자는 바야제를 범하느니라."

'식차마니'는 수순하여 18사를 행하는 2년학계인 자이다. 그녀들을 시켜서 닦고 어루만지게 하는 자는 비구니의 가운데에서 설한 것과 같다.

세속 사람인 부녀들도 역시 이와 같다.
"나아가 이미 들었던 자들도 마땅히 거듭하여 들을지니라. 만약 비구니가 병들지 않았는데 세속 사람인 부녀들을 시켜서 닦고 어루만지며 목욕하게 하는 자는 바야제를 범하느니라."
'세속 사람인 부녀'는 것은 네 가지의 종성 집안의 여인이고, 닦고 어루만지게 하는 자는 비구니의 가운데에서 설한 것과 같다.

세존께서는 왕사성에 머무르셨다.
그때 비구니 승가는 모여서 포살갈마를 짓고자 하였다. 이때 수제 비구니가 오지 않았고 승가는 사자를 보내어 부르면서 말하였다.
"아리야여. 비구니 승가가 모여서 포살을 짓고자 하니 오십시오."
수제가 말하였다.
"세존께서 계율을 제정하시어 세간을 청정하게 하시고자 포살을 짓게 하셨습니다. 나는 곧 청정하니 능히 가지 않겠습니다."
대애도가 이 인연으로써 세존께 자세히 아뢰었고, 나아가 대답하여 말하였다.
"진실로 그렇습니다."
세존께서 말씀하셨다.
"이것은 악한 일이니라. 그대가 포살을 공경하지 않는다면 누가 마땅히 공경하겠는가? 나아가 이미 들었던 자들도 마땅히 거듭하여 들을지니라. 만약 비구니라면 보름마다 청정하게 포살해야 하느니라. 포살을 공경하지 않는 자는 바야제를 범하느니라."
'청정하게 포살하다.'는 14일과 15일에 포살하는 것이다. 병이 없는 비구니가 와서 포살을 공경하지 않는 자는 바야제를 범한다.

'병'은 늙고 여위고 병들어서 약을 복용하거나, 머리를 찔러서 피를 흐르게 하거나, 소(酥)를 복용하는 자라면 마땅히 청정한 욕(欲)을 주어야 하고, 만약 병이 없는데 오지 않거나, 설사 병이 있었어도 청정한 욕을 주지 않은 자는 바야제를 범한다.

만약 비구니가 포살을 오지 않거나, 병이었어도 청정한 욕을 주지 않으면 바야제를 범한다. 만약 비구니가 포살을 오지 않거나, 병이었어도 청정한 욕을 주지 않으면 월비니죄를 범한다.

이러한 까닭으로 세존께서 설하셨노라.

손을 펼치는 거리의 안과 등불이 없는 것과
기악을 보는 것과 상수로서 다툼을 없애지 못하는 것과
비구니와 사미니와 식차마니와 세속의 부인들에게
향유를 바르게 하는 것과 포살하지 않는 것 등이 있다.

[열세 번째의 발거를 마친다.]

세존께서는 사위성에 머무르셨다.
그때 장로 비구들이 비구니를 교계하였다. 그때 육군비구들이 교계를 얻지 못하였으므로 다음에 곧 이렇게 말을 지었다.
"우리들은 비구니를 교계하러 가세."
또한 말하였다.
"세존께서 계율을 제정하시어 뽑히지 않았다면 교계하는 것을 허락하지 않으셨으니, 우리들은 마땅히 경계의 밖에 나가서 전전하여 서로에게 예배하고 가면 되오."
곧 경계 밖으로 나가서 전전하여 서로에게 예배하고서 이른 아침에 옷을 입고 비구니들의 주처에 이르렀고 비구니들에게 말하였다.
"자매들이여. 모두 모이시오. 우리들이 마땅히 교계하겠소."
그때 육군비구니들은 곧바로 빠르게 모였으나 선한 비구니들은 오지 않고서 이렇게 말을 지었다.
"우리들은 능히 비니가 아닌 사람의 주변에서 교계를 받을 수 없습니다."
그때 육군비구들이 육군비구니들과 함께 세속의 말을 짓고서 잠깐 사이에 떠나갔다. 그때 장로 난타가 가사를 입고 발우를 지니고 정사에 와서 이르렀으며 말하였다.
"자매들은 모이십시오. 비구니 승가를 나는 교계하고자 합니다."
선한 비구니들은 모두 모였으나 육군비구니들은 오지 않았다. 장로 난타가 물어 말하였다.
"비구니 승가는 모였습니까?"
대답하여 말하였다.
"모이지 않았습니다."
"누가 모이지 않았습니까?"
대답하여 말하였다.
"육군비구니들이 모이지 않았습니다."
곧 사자를 보내어 불렀다.
"자매들은 오십시오. 내가 교계하고자 합니다."
대답하여 말하였다.
"우리들은 가지 않겠습니다. 이미 육군 아사리의 주변에서 교계를 받아서 마쳤습니다."
그때 장로 난타가 말하였다.
"비구니 승가는 화합하지 않는구려."
곧 일어나서 떠나갔다. 세존께서는 아시면서도 일부러 물으셨다.
"그대의 교계는 무슨 까닭으로 빨리 끝났는가?"
대답하여 말하였다.
"세존이시여. 제가 때에 이르러 옷을 입고 가서 교계하고자 하였으나 선한 비구니들은 모두 모였으나 오직 육군비구니들이 오지 않았습니다. 비구니 승가가 화합하지 않아서 교계할 수 없었습니다."
세존께서 말씀하셨다.

"육군비구니들을 불러오라."
왔으므로, 물어 말씀하셨다.
"그대들이 진실로 그러하였는가?"
대답하여 말하였다.
"진실로 그렇습니다."
세존께서 말씀하셨다.
"나아가 이미 들었던 자들도 마땅히 거듭하여 들을지니라. 만약 비구니가 보름에 승가에서 교계하는데 공경하지 않고 오지 않는 자는 바야제를 범하느니라."
'비구니'는 앞의 설명과 같다.
'보름'은 매월 14일이나 15일이다.
'승가에서 교계하다.'는 비구니를 교계하는 것이고, 공경하지 않고 오지 않는 자는 바야제를 범한다.
'바야제'는 앞의 설명과 같다.
만약 늙고 여위고 병들어서 약을 복용하거나, 머리를 찔러서 피를 흐르게 하거나, 소(酥)를 복용하는 자라면 마땅히 욕(欲)을 주면서 이렇게 말을 지어야 한다.
"나 누구는 교계의 욕을 주겠습니다."
이와 같이 세 번을 말해야 한다. 만약 병이 없는데 가지 않거나, 병이 있는데 욕을 주지 않았다면 바야제를 범한다. 포살일에 이르면 마땅히 비구니를 뽑아서 욕을 가지고 승가에 나아가서 이렇게 말을 지어야 한다.
"비구니 승가는 화합하였고 머리 숙여 비구 승가께 예배하고 포살을 물으면서 교계를 청합니다."
이와 같이 세 번을 말해야 한다. 비구 승가의 가운데에서 비구니를 교계할 자가 있다면 마땅히 말해야 한다.
"자매여. 마땅히 머무르십시오."
만약 비구가 12법을 성취한 사람이 있다면 마땅히 갈마하고 교계해야 하고, 만약 없다면 마땅히 말해야 한다.

"비구니 승가를 교계할 사람이 없으니, 방일하지 마십시오."
이러한 까닭으로 세존께서 설하셨노라.

세존께서는 왕사성에 머무르셨다.
그때 수제(樹提) 비구니가 은밀한 곳에 옹창(癰瘡)이 생겨났다. 여러 비구니들은 취락에 들어가서 걸식하였고, 뒤에 종기를 치료하는 의사가 왔으므로 비구니가 말하였다.
"장수여. 내 옹창을 터트려 주십시오."
대답하여 말하였다.
"그렇게 하겠습니다."
곧 옹창을 터트렸고 약을 발라주고서 떠나갔다. 여러 비구니들이 걸식을 마치고 돌아와서 보니 땅에 피고름이 있었으므로 물어 말하였다.
"이것이 무슨 피고름입니까?"
대답하여 말하였다.
"나의 옹창을 터트린 것입니다."
여러 비구니들이 싫어하며 말하였다.
"그대는 어찌하여 은밀한 곳에 옹창이 생겼는데, 선한 비구니에게 알리지 않고 터트렸는가?"
여러 비구니들이 대애도에게 말하였고, 나아가 대답하여 말하였다.
"진실로 그렇습니다."
세존께서 말씀하셨다.
"그대는 어찌하여 무릎 위와 어깨 아래에 옹창이 있었는데 먼저 알려서 허락받지 않고 옹창을 터트렸는가? 지금 이후로는 허락하지 않겠노라. 나아가 이미 들었던 자들도 마땅히 거듭하여 들을지니라. 만약 비구니가 무릎 위와 어깨 아래의 은밀한 곳에 옹창이 생겼으나 먼저 알려서 허락받지 않고 남자가 터트리고 씻게 허락한 자는 바야제를 범하느니라."
'비구니'는 앞의 설명과 같다.
'무릎의 위'는 넓적다리뼈의 위이다.

'어깨의 아래'는 유방의 아래이다.

'먼저 말하지 않다.'는 선한 비구니에게 말하지 않은 것이다.

'허락하다.'는 승가의 가운데에서 구청갈마를 짓지 않은 것이다. 은밀한 곳에 옹창이 있어서 옹창을 터트리고자 하였다면 마땅히 먼저 승가의 가운데에서 구청갈마를 지어야 한다. 갈마자는 마땅히 이렇게 말을 지어야 한다.

"아리야 승가께서는 허락하십시오. 누구 비구니는 은밀한 곳에 옹창이 있습니다. 만약 승가께서 때가 이르렀다면 누구 비구니가 승가를 쫓아서 옹창을 터트리는 갈마를 애원하게 하십시오.'

'아리야 승가께서는 허락하십시오. 누구 비구니는 승가를 쫓아서 옹창을 터트리는 갈마를 애원하였습니다. 승가께서 인정하신 것은 묵연하였던 까닭입니다. 이 일을 이와 같이 지니겠습니다.'"

만약 은밀한 곳에 옹창이 있는 자는 마땅히 믿을 수 있는 사람인 만약 의지제자이거나, 만약 화상과 아사리에게 시켜서 송곳이나 만약 손톱으로써 그것을 터트리고 약으로써 발라야 한다. 만약 남자를 시켜서 옹창을 터트렸다면 바야제를 범한다.

'바야제'는 앞의 설명과 같다.

만약 어깨의 위나 무릎의 아래에 옹창이 있거나, 만약 머리를 찔러서 피를 흐르게 하거나, 만약 팔을 찌르려고 하였다면 마땅히 부녀자들을 시켜야 한다. 급하여 남자를 데려다가 터트렸다면 무죄이다.

이러한 까닭으로 세존께서 설하셨노라.

마하승기율 제40권

동진 천축삼장 불타발타라·법현 공역
석보운 번역

4) 141바야제법을 밝히다 ④

세존께서는 사위성에 머무르셨다.
그때 가리(迦梨) 비구니가 안거 중에 승가의 평상과 요를 받았으나, 버리고서 유행하였다. 여러 비구니들이 이 인연으로써 대애도 구담미에게 말하였고, 나아가 대답하여 말하였다.
"진실로 그렇습니다."
세존께서 말씀하셨다.
"그대는 어찌하여 안거하는 중에 유행하였는가? 지금 이후로는 허락하지 않겠노라. 나아가 이미 들었던 자들도 마땅히 거듭하여 들을지니라. 만약 비구니가 안거하는 중에 유행하는 자는 바야제를 범하느니라."
'안거'는 전안거와 후안거이다.
'유행하다.'는 아래에 이르러 취락에서 묵는 것이고, 바야제를 범한다.
'바야제'는 앞의 설명과 같다.
만약 비구니가 안거하는 중에 경계를 벗어나서 하룻밤을 묵었다면 바야제를 범한다. 만약 왕의 난(難)이거나, 다른 지방의 도둑들이 왔고, 만약 목숨을 잃는 것이 두려웠거나, 만약 범행을 잃을 것이 두려워서 경계를 떠나가는 자는 무죄이다. 비구니는 안거하는 중에는 구청갈마를 하는 법이 없으나, 탑과 승사를 위하여 유행할 수 있다.

이러한 까닭으로 세존께서 설하셨노라.

세존께서는 사위성에 머무르셨다.
그때 비구니들이 사위성에서 안거를 마치고 비사리로 와서 나아갔으며, 발타라(跋陀羅) 비구니 친족의 집에 가서 이르렀다. 그 집안의 사람들이 물었다.
"어느 곳에서 안거하였습니까?"
대답하여 말하였다.
"사위성입니다."
물었다.
"사위성은 어느 곳과 비슷하고 좋습니까?"
비구니들이 말하였다.
"기원정사는 나무와 숲과 꽃과 과일이 무성하고 연못의 물이 맑고 시원합니다. 기원정사가 이와 같고, 세존께서 주처도 이와 같으며, 존자 사리불과 존자 대목련의 주처도 이와 같고, 수달(須達) 거사의 주처도 이와 같습니다."
단월이 말하였다.
"이것이 진실한 출가입니다. 지금 우리의 발타라 비구니는 이곳에서 태어나고 이곳에서 자랐으며, 손과 발이 없는 사람 같아서 처음부터 나가는 것을 좋아하지 않았습니다."
여러 비구니들이 이 인연으로써 세존께 가서 아뢰었으며, 나아가 대답하여 말하였다.
"진실로 그렇습니다."
세존께서 말씀하셨다.
"그대는 어찌하여 안거를 마치고서 유행하지 않았는가? 지금 이후로는 허락하지 않겠노라. 나아가 이미 들었던 자들도 마땅히 거듭하여 들을지니라. 만약 비구니가 안거를 마치고서 유행하지 않는 자는 바야제를 범하느니라."

'비구니'는 앞의 설명과 같다.

'안거를 마치다.'는 3개월을 마친 것이다.

'유행하지 않다.'는 나아가 취락의 밖으로 나가지 않는 것이니, 바야제를 범한다.

'바야제'는 앞의 설명과 같다.

안거를 마치고서 나아가 경계를 벗어나서 하룻밤을 묵지 않는다면 바야제를 범한다. 만약 여위고 늙었으며 병들어서 능히 다니지 못한다면 무죄이다.

이러한 까닭으로 세존께서 설하셨노라.

세존께서는 사위성에 머무르셨다.

그때 투란난타 비구니가 수제 비구니에게 말하였다.

"이곳에서 안거하시지요."

곧 단월의 집으로 가서 수제 비구니를 칭찬하였다.

"어질고 착하며 지계이니, 그대들이 마땅히 공양하십시오."

이 수제 비구니는 위의는 질서가 있고 거동과 바라보는 것이 위의법을 잃지 않았으므로 보고서 환희심이 생겨났으나, 나아가 뒤에 싫어하여 비난하고 괴롭혔다. 여러 비구니들이 이 인연으로써 세존께 가서 아뢰었으며, 나아가 대답하여 말하였다.

"진실로 그렇습니다."

세존께서 말씀하셨다.

"이것은 악한 일이니라. 나아가 이미 들었던 자들도 마땅히 거듭하여 들을지니라. 만약 비구니가 비구니에게 '아리야여. 이곳에서 안거하시지요.'라고 이렇게 말을 지었고, 뒤에 싫어하여 비난하고 괴롭혔다면 바야제를 범하느니라."

'비구니'는 앞의 설명과 같다.

비구니가 "이곳에서 안거하시지요."라고 말하였다면, 안거하는 중에 괴롭힐 수 없다.

'괴롭히다.'는 만약 스스로가 몸과 입이거나, 만약 다른 사람을 시켜서 몸과 입으로 괴롭히는 것이니, 바야제를 범한다. 만약 앞의 사람이 지계가 아니어서 비법을 짓는 것이 두려워서 강제로 쫓아냈다면 무죄이다. 만약 식차마니와 사미니를 괴롭혔다면 월비니죄를 범하고, 나아가 세속 사람을 괴롭혔다면 월비니죄를 마음으로 참회해야 한다.

이러한 까닭으로 세존께서 설하셨노라.

세존께서는 사위성에 머무르셨다.

그때 가리 비구니가 안거 때에 이르러 다른 곳으로 갔고, 안거하고서 돌아왔으며, 방사를 이미 나누었으나, 비로소 와서 방사를 찾으면서 말하였다.

"이것은 나의 방사이니 나에게 돌려주시오."

머무르는 자가 말하였다.

"나는 이미 받았으니 돌려줄 수 없습니다."

이것으로 싸우고 언쟁하였다. 어느 선한 비구니가 부르면서 말하였다.

"아리야여. 이 방에 와서 머무르세요."

들어와서 거마(巨摩)와 땔나무를 방안에 쌓아두었다. 먼저 머물던 비구니가 말하였다.

"아리야여. 이것은 소용없는 물건입니다. 쌓아놓을 필요가 없습니다."

곧 말하였다.

"현선(賢善)이여. 그대가 이 방사를 샀습니까?"

대답하여 말하였다.

"나는 마땅히 차례로 이 승방을 얻었습니다."

"이것이 승방이라면 내가 어찌하여 안거하지 못하겠소?"

몸과 입으로써 요란하였다. 여러 비구니들이 이 인연으로써 세존께 가서 아뢰었으며, 나아가 대답하여 말하였다.

"진실로 그렇습니다."

세존께서 말씀하셨다.

"이것은 악한 일이니라. 그대는 어찌하여 다른 비구니가 먼저 안거하였다고 알고서도 뒤에 와서 요란시켰는가? 지금 이후로는 허락하지 않겠노라. 나아가 이미 들었던 자들도 마땅히 거듭하여 들을지니라. 만약 비구니가 다른 비구니가 먼저 안거하였다고 알고서도 뒤에 와서 스스로가 요란시키거나, 만약 사람을 시켜서 요란시킨다면 바야제를 범하느니라."

'먼저 안거한 것을 알다.'는 전안거와 후안거이다.

'요란시키다.'는 만약 스스로가 몸과 입이거나, 만약 다른 사람을 시켜서 몸과 입으로 요란시키는 것이니, 바야제를 범한다. 비구니를 요란시켰다면 바야제를 범하고, 식차마나나 사미니를 요란시켰다면 월비니죄를 범하며, 나아가 세속 사람을 요란시켰다면 월비니죄를 마음으로 참회해야 한다.

이러한 까닭으로 세존께서 설하셨노라.

세존께서는 사위성에 머무르셨다.

그때 어느 비구니가 먼저 담장 밖을 쳐다보지 않고 대소변을 버렸다. 이때 어느 바라문은 새로 목욕하고 새롭게 깨끗한 옷을 입고서 골목을 지나갔는데 대·소변이 바로 머리 위에 쏟아졌다. 그 바라문은 성내면서 꾸짖어 말하였다.

"대중의 많은 사람이 있는데, 사문니가 나를 이와 같이 더럽히는가?"

여러 비구니들이 이 인연으로써 세존께 가서 아뢰었으며, 나아가 대답하여 말하였다.

"진실로 그렇습니다."

세존께서 말씀하셨다.

"이것은 악한 일이니라. 그대는 어찌하여 자세히 살펴보지 않고 부정(不淨)한 것을 버렸는가? 지금 이후로는 허락하지 않겠노라. 나아가 이미 들었던 자들도 마땅히 거듭하여 들을지니라. 만약 비구니가 담장 밖을 살펴보지 않고 부정한 것을 버린다면 바야제를 범하느니라."

'담장'은 울타리와 담으로 막힌 곳이다.

'부정한 것을 버리다.'는 대소변·콧물·침·분뇨를 청소한 것·손발을 씻은 물·머리카락·손톱·발톱 등이다.

'살펴보지 않다.'는 먼저 살펴보지 않고서 부정한 것을 던지는 것이다.

만약 버리는 물건을 던지고자 하는 때에는 마땅히 먼저 살펴보아야 한다. 만약 많은 사람이 다녔다면 마땅히 끝나는 것을 기다려서 버려야 하고 행인이 드물더라도 마땅히 손가락을 튕기고서 던져야 한다. 만약 살펴보지 않거나, 손가락을 튕기지 않고 던지는 자는 바야제를 범한다. 만약 비구가 살펴보지 않고서 던지는 자는 월비니죄를 범한다.

이러한 까닭으로 세존께서 설하셨노라.

세존께서는 사위성에 머무르셨다.

그때 파사닉왕의 동쪽 원지(園池)는 비구와 비구니들이 들어오는 것을 금지하지 않았다. 그때 육군비구니들이 그 동산에 가서 세속의 이야기를 지었고, 풀 위에 대·소변을 보고 콧물과 가래침을 뱉었으며, 다시 연잎으로 부정을 싸매서 연못에 버렸다. 다음날 아침에 파사닉왕이 후궁의 부인들과 함께 원지에 나아가서 유람하였다.

그때 후궁들은 깊은 궁중에 갇혀서 오랫동안 나오지 못하였으나, 처음으로 한 번 나와서 유희하였으므로 기뻐하면서 서로가 경쟁하여 각자 살아있는 풀을 차지하여 돌아보면서 "이것은 내 것이다."라고 하면서 가서 그것을 붙잡았는데 그녀들의 손을 더럽혔고 물에 나아가서 씻으려고 하면서 다시 물 위에 싸놓은 것을 보고서 곧 이렇게 생각을 지었다.

'여러 젊은 사람들이 우리들이 외출한다는 말을 듣고 반드시 여러 향을 싸매서 우리들을 기다리는 것이다.'

곧 가서 붙잡고 취하면서 그녀들의 손을 더럽혔다. 곧 왕에게 가서 아뢰었다.

"이것은 무슨 물건이고 부정하여 이와 같습니까?"

왕은 동산을 지키는 사람을 불렀다.

"누가 이 동산을 더럽혔는가?"

아뢰어 말하였다.

"다른 사람은 없었고 어제 육군비구니들이 가운데에 있으면서 음욕하는 사람들의 말을 짓고 희롱하고서 떠나갔습니다."

여러 비구니들이 이 인연으로써 세존께 가서 아뢰었으며, 나아가 세존께서 말씀하셨다.

"이것은 악한 일이니라. 나아가 이미 들었던 자들도 마땅히 거듭하여 들을지니라. 만약 비구니가 살아있는 풀 위에 대·소변을 보았다면 바야제를 범하고, 만약 비구니가 물의 가운데에 대·소변을 보았다면 바야제를 범하느니라."

'비구니'는 앞의 설명과 같다.

'풀'은 일체의 풀이다.

대·소변·콧물·침을 뱉었다면 바야제를 범한다. 만약 비가 오는 때에 살아있는 풀이 땅을 덮었다면 마땅히 풀이 없는 곳으로 다녀야 하고, 만약 빈 땅이 없다면 마땅히 기와·벽돌·마른 풀·나무 위·소와 말의 똥의 위·사람이 다니는 곳으로 다녀야 하며, 만약 다시 없다면 적어도 나뭇가지 하나를 떨어트리고서 뒤에 풀 위에 떨어지게 해야 한다. 만약 경행하는 곳에 풀이 있다면 마땅히 경행하는 첫머리에 침통을 놓아두어야 한다.

이러한 까닭으로 세존께서 말씀하셨다.

'비구니'는 앞의 설명과 같다.

'물'은 열 종류가 있으니, 앞의 설명과 같다.

만약 물의 가운데에서 대·소변을 보거나 콧물과 침을 뱉는 자는 바야제를 범한다. 만약 비가 오는 때에 물이 넘쳤다면 마땅히 높은 곳에서 대·소변을 보아야 하고, 만약 이러한 곳이 없다면 마땅히 기와·돌과 마른 풀·나무 위·소와 말의 똥 위에서 보아야 하며, 만약 다시 없다면 마땅히 풀이나 나뭇가지를 받쳐서 먼저 나뭇가지에 떨어뜨리고 뒤에 물에 떨어지게 해야 한다.

만약 측간을 파면서 아래에서 물이 나왔다면 먼저 그 가운데에서 대·소변을 볼 수 없고, 먼저 정인을 시켜서 행하게 하고, 그러한 뒤에 비구니가 행해야 한다. 만약 측간 아래에 흐르는 물이 있다면 마땅히 판자를 놓아두고서 대·소변이 먼저 판자 위에 떨어지고서 뒤에 물에 떨어지게 해야 한다. 만약 배 위에서 다니는 때에 측간이 있다면 마땅히 판자를 받쳐서 판자 위에 떨어지고서 뒤에 물에 떨어지게 해야 하고, 만약 판자가 없다면 나뭇가지로 받쳐서 먼저 나뭇가지 위에 떨어지고서 뒤에 물에 떨어지게 해야 한다.

이러한 까닭으로 세존께서 설하셨노라.

세존께서는 사위성에 머무르셨다.

그때 육군비구니들이 유행하면서 권화하여 여러 여인들에게 말하였다.

"우리에게 물건을 주시오. 여러 비구들을 위하여 음식을 짓고자 합니다."

여인들이 주면서 이렇게 말을 지었다.

"음식을 짓는 날에 이르면 우리들에게 말하세요. 우리들이 마땅히 음식을 돌리겠습니다."

그때 존자 사리불·대목련·이파다(離波多)·겁빈나(劫賓那)·라후라를 청하였고, 다시 육군비구들을 청하였다. 양쪽으로 자리를 펼치고서 한쪽은 장로 비구들에게 주었고, 한쪽은 육군비구들에게 주었다.

그때 장로 비구들은 때에 이르자 옷을 입고 발우를 지니고 그 집에 이르러서 차례로 앉았다. 존자 사리불에게는 흰 쌀밥과 몽거(蒙巨) 국과 소(酥)와 유락(乳酪)을 주었고, 이와 같이 점차로 거친 음식을 주었으며, 존자 목련에게는 거친 쌀밥과 마사(摩沙) 국과 기름과 우유를 주었고, 나머지의 비구에게는 붉은 쌀밥과 마사의 국을 주었는데, 혹은 밥을 얻었으나 국을 얻지 못하였고, 혹은 국을 얻었으나 밥을 얻지 못하였으며, 나아가 존자 라후라도 붉은 쌀밥과 깻묵과 야채국을 얻었다.

이때 여러 여인들이 다시 여러 종류의 좋은 음식을 가져와서 육군비구니에게 물어 말하였다.

"누구에게 줄까요?"

비구니들이 곧 몸으로써 장로 비구들을 막았고 육군비구들을 보여주면서 흰 쌀밥과 좋은 국과 소와 유락을 주게 하였으며, 스스로가 마음대로 여러 비구들에게 음식을 주고서 떠나갔다. 세존께서는 아시면서도 일부러 물으셨다.

"사리불이여. 좋은 음식을 만족하게 얻었는가?"

대답하여 말하였다.

"이미 먹었습니다. 세존이시여."

이와 같이 세 번을 물으셨으나 대답은 역시 이와 같았다. 이와 같이 한 명·한 명의 여러 장로 비구들에게 물으셨고, 대답이 이와 같았으며, 나아가 라후라에게 물었다.

"무슨 까닭으로 얼굴빛과 힘이 부족한가? 좋은 음식을 배부르게 얻지 못하였는가?"

대답하여 말하였다.

"세존이시여. 기름을 먹으면 힘을 얻고 소를 먹으면 얼굴빛이 있습니다. 깻묵과 야채국을 먹어서 얼굴빛이 없고 힘이 없습니다."

육군비구에게 물으셨다.

"좋은 음식을 얻었는가?"

대답하여 말하였다.

"세존이시여. 저희들은 흰 쌀밥과 좋은 국과 소와 유락 등 여러 종류의 좋은 음식을 얻었습니다. 이것은 모두 자매들의 신심과 은혜의 힘입니다."

세존께서는 말씀하셨다.

"상좌는 누구였는가?"

대답하여 말하였다.

"존자 사리불입니다."

세존께서는 사리불에게 물으셨다.

"그대가 진실로 그러하였는가?"

대답하여 말하였다.

"진실로 그렇습니다. 세존이시여."

세존께서는 말씀하셨다.

"이것은 법식이 아니니라. 그대는 어찌하여 이렇게 비구승가를 요란시키는 것을 보고서도 사심(捨心)에 들어갔는가?"

사리불 말하였다.

"세존의 말씀과 같이 법식이 아닙니다. 만약 1겁(劫)이거나, 만약 1겁이 지나더라도 소화시킬 수 없습니다."

곧 새의 날개를 취하여 목구멍을 긁었고 그 음식들을 토하였다. 세존께서는 말씀하셨다.

"육군비구니들을 불러오라."

왔으므로, 물어 말씀하셨다.

"그대들이 진실로 그러하였는가?"

대답하여 말하였다.

"진실로 그렇습니다."

세존께서는 말씀하셨다.

"이것은 악한 일이니라. 그대는 어찌하여 대중의 이익을 알면서도 한 대중에게 되돌려서 주었는가? 지금 이후로는 허락하지 않겠노라. 나아가 이미 들었던 자들도 마땅히 거듭하여 들을지니라. 만약 비구니가 대중의 이익을 알면서도 한 대중에게만 되돌려서 주었다면 바야제를 범하느니라."

'비구니'는 앞의 설명과 같다.

'알다.'는 만약 스스로 알았거나, 만약 다른 사람에게 들어서 아는 것이다.

'대중'은 비구의 대중과 비구니의 대중이다.

'이익'은 여덟 종류이니, 시약(時藥)·야분약(夜分藥)·칠일약(七日藥)·종신약(終身藥)·수신물(隨身物)·중물(重物)·부정물(不淨物)·정부정물(淨不淨物) 등이다.

'되돌리다.'는 물건을 선택하여 장소를 향하는 것이니, 이미 정해졌으나 되돌려서 다른 대중에게 주는 것이며, 바야제를 범한다.

'바야제'는 앞의 설명과 같다.

만약 사람이 와서 "나는 보시하고자 합니다. 마땅히 어느 곳에 보시해야 합니까?"라고 물었다면, 마땅히 "그대의 마음이 즐거운 곳을 따라서 보시하십시오."라고 말해야 하고, 만약 "어느 곳이 공덕이 큽니까?"라고 말하였다면, 마땅히 "승가께 보시하십시오."라고 말해야 한다. 만약 "어느 곳에 좋은 지계의 승가가 있습니까?"라고 물었다면, 마땅히 "모두 범계의 승가는 없습니다."라고 말해야 하고, 만약 "어느 처소에 비구와 비구니가 스스로 작은 일도 지키고 좌선하며 송경하고 크게 유행하지 않아서 항상 우리들에게 이러한 물건을 보여주겠습니까?"라고 말한다면, "누구에게 주십시오."라고 말해야 한다.

만약 비구니가 물건이 승가를 향하는 것을 알고서도 되돌려서 자기에게 향하게 하였다면 니살기바야제를 범하고, 되돌려서 다른 사람에게 향하게 하였다면 바야제를 범한다. 대중을 되돌려서 다른 대중에게 향하게 하였다면 바야제를 범하고, 권속의 것을 되돌려서 다른 권속에게 향하게 하였다면 역시 바야제를 범하고, 한 사람의 물건을 되돌려서 다른 한 사람에게 향하게 하였다면 월비니죄를 범한다. 비구가 대중의 물건을 되돌려서 다른 대중에게 주게 하였다면 월비니죄를 범한다.

이러한 까닭으로 세존께서 설하셨노라.

교계하는 것과 은밀한 곳의 옹창과
벗어나서 묵는 것과 유행하지 않는 것과
안거한 뒤에 싫어하며 비난하는 것과
안거를 마치고 뒤에 오는 것과
담장 너머로 부정한 것을 버리는 것과
수초(水草)를 승가에게 회향하는 것이 있다.

[열네 번째의 발거를 마친다.]

[비구와 같은 계율의 70계목와 같지 않은 계율의 71계목을 합쳐서 141계목의 바야제의 수다라(修多羅)를 설하여 마친다.]

5. 8제사니법(提舍尼法)을 밝히다

세존께서는 사위성에 머무르셨다.

그때 세존께서는 대애도에게 알리셨다.

"여래가 한때 사위성에 머물렀습니다. 이때 육군비구니들이 소(酥)의 시장에서는 소를 구걸하였고, 기름의 시장에서는 기름을 구걸하였으며, 꿀의 시장에서는 꿀을 구걸하였고, 석밀의 시장에서는 석밀을 구걸하였으며, 고기의 시장에서는 고기를 구걸하였고, 생선의 시장에서는 생선을 구걸하였으며, 우유의 시장에서는 우유를 구걸하였고, 낙(酪)의 시장에서는 낙을 구걸하여 먹었으므로 세상 사람들에게 비난받았습니다.

'어찌하여 사문 구담(瞿曇)은 욕심 적은 것을 칭찬하였고 욕심 많은 것을 비난하였는가?'

[비구의 인연의 가운데에서 자세히 설한 것과 같다.]

구담미여. 비구니도 역시 마땅히 이와 같이 배워야 합니다. 구담미여. 나는 한때에 가유라위국 석씨정사에 머무르면서 병든 비구니가 좋은 음식을 찾는 것을 허락하였습니다."

세존께서는 대애도 구담미에게 알리셨다.

"사위성을 의지하여 머무르는 비구니들을 모두 모이게 하십시오. 나아가 이미 들었던 자들도 마땅히 거듭하여 들을지니라. 만약 비구니가 병이 없으나 몸을 위하여 백의의 집에서 소(酥)를 걸식하였거나, 만약 사람을 시켜서 걸식하여 만약 먹었다면 이 비구니는 마땅히 다른 비구니를 향하여 허물을 참회하면서 '아리야여. 나는 꾸짖는 법에 떨어졌습니다. 이 법으로 허물을 참회합니다.'라고 이와 같이 말해야 하느니라. 이것이 바라제제사니법이니라."

둘째인 기름, 셋째인 꿀, 넷째인 석밀, 다섯째인 우유, 여섯째인 유락(乳酪), 일곱째인 생선, 여덟째인 고기(肉)도 이와 같다.

'몸을 위하다.'는 스스로 몸을 위해 향하는 것이다. 병자는 세존께서 무죄라고 말씀하셨다. 병은 무엇인가? 늙고 여위고 병이며 토하고 설사하는 약을 복용하고 머리를 찔러서 피를 흘리는 것 등이니, 이와 같다면 병이라고 한다.

'집'은 네 종성의 집이다.

'소(酥)'는 소의 소와 물소의 소와 양의 소 등이다.

'구걸하다.'는 만약 스스로가 구걸하거나, 만약 다른 사람을 시켜서 구걸하는 것이다. 만약 씹었거나 먹었다면 이 비구니는 마땅히 다른 비구니를 향하여 허물을 참회하며 말해야 한다.

"아리야여. 나는 꾸짖음을 당하는 법에 떨어졌습니다. 이 법으로 허물을 참회합니다."

앞사람은 마땅히 물어야 한다.

"그대는 이러한 죄를 보았습니까?"

대답하여 말한다.

"보았습니다."

"그대는 다시는 짓지 마십시오."

"나는 정대하여 지니겠습니다."

바라제제사니인 이 죄는 마땅히 드러내야 하나니, 이것을 허물을 참회한다고 이름한다.

만약 비구니가 열병이 있어서 소(酥)가 필요한 자는 구걸하여 얻을 수 있으나, 신심이 없는 집에 가서 구걸할 수 없고, 마땅히 신심이 있는 집에 이르러야 한다. 만약 구걸하는 때에는 소의 양을 헤아려서 사람에게 "장수여. 무병하십시오."라고 말해야 하고, "아리야여. 무슨 물건을 얻고자 합니까?"라고 대답하여 말하였다면, "걸식하고 있습니다."라고 대답하여 말해야 한다. 집주인이 "나는 음식은 없고 바로 소가 있습니다. 소가 필요하다면 주겠습니다."라고 말하였다면, 발우를 채워서 취하여 얻을 수 있고, 역시 다른 사람들에게 권하여 얻을 수 있다.

기름을 헤아려도 역시 이와 같다. 만약 풍병이 일어났다면, 역시 기름도 걸식하여 얻을 수 있으나, 기름을 짜는 집을 쫓아서 구할 수 없고 마땅히 신심이 있는 집을 쫓아서 구해야 한다. 만약 걸식하면서 기름을 보았다면 헤아리고서 사람에게 "장수여. 무병하십시오."라고 말해야 하고, "아리야여. 무슨 물건을 얻고자 합니까?"라고 대답하여 말하였다면, "걸식하고 있습니다."라고 대답하여 말해야 한다. "나는 음식은 없고 바로 기름이 있습니다. 기름이 필요하다면 주겠습니다."라고 말하였다면, 발우를 채워서 취하여 얻더라도 무죄이고, 이때 역시 권하여 반려에게 주어서 얻게 할 수 있다.

꿀도 이와 같아서 만약 수병(水病)의 때라면 꿀을 걸식하여 얻을 수 있으나, 석밀의 집에 이르러 구할 수 없고, 마땅히 신심이 있는 집에 이르러 구걸해야 한다. 나아가 권하여 반려에게 주어서 얻게 할 수 있다.

석밀도 이와 같아서 만약 병으로 의사가 "마땅히 석밀을 복용하십시오."라고 말하였다면, 석밀을 구걸할 수 있으나 석밀의 집에서 구할 수 없고, 마땅히 신심이 있는 집에 이르러 구걸해야 한다. 만약 구걸하는 때라면 석밀의 사람을 보고서 칭찬해야 하고, 나아가 권하여 반려에게 주어서 얻게 할 수 있다.

만약 병으로 의사가 "마땅히 우유를 복용하십시오."라고 말하였다면, 우유를 구걸할 수 있다. 만약 걸식하는 때에 방목하는 집에서 우유를 짜는 것을 보았다면 마땅히 "장수여. 무병하십시오."라고 말해야 하고, "아리야여. 무슨 물건을 얻고자 합니까?"라고 말하였다면, "나는 걸식하고 있습니다."라고 말해야 한다. "나는 음식은 없고 바로 우유가 있습니다. 우유가 필요하다면 취하십시오."라고 말하였고, 필요한 자는 취할 수 있다.

만약 낙(酪)과 장(漿)을 구하였는데 낙과 장은 없고 우유가 있다고 말한다면 취할 수 있다. 만약 병으로 의사가 "마땅히 낙이 필요합니다."라고 말한다면 낙을 걸식할 수 있다. 걸식하는 때에 보았다면 양을 헤아리고서 사람에게 "장수여. 무병하십시오."라고 말해야 하고, "아리야여. 무슨 물건을 얻고자 합니까?"라고 말하였다면, "나는 걸식하고 있습니다."라고 말해야 한다. "나는 음식은 없고 바로 낙이 있습니다. 낙이 필요하다면 취하십시오."라고 말하였다면 취할 수 있고, 나아가 권하여 반려에게 주어서 얻게 할 수 있다. 만약 낙을 구걸하였다면 맑은 즙(汁)을 내려서 주었어도 낙으로 취할 수 있다.

만약 비구니가 토하여서 설사하는 약을 복용하였는데 의사가 "마땅히 생선 즙이 필요합니다."라고 말한다면 생선 즙을 구걸할 수 있다. 만약 구걸하는 때에 낙과 장을 구걸하였는데 생선을 얻었다면 취할 수 있다.

만약 머리를 찔러서 피를 흘렸는데 의사가 "고기(肉)가 필요합니다."라고 말한다면 걸식할 수 있으나, 백정의 집에 이르러 얻을 수 없고, 마땅히 신심이 있는 집에 나아가서 구걸해야 한다. 만약 걸식하는 때에 나물국을 걸식하였는데, 만약 "나물국은 없고 바로 고깃국이 있습니다."라고 말하였고, 필요한 자는 취할 수 있다.

만약 스스로가 '나 누구는 때에 항상 병이 일어난다.'라고 알았고, 그때 약을 반드시 얻기 어려우므로 미리 걸식하였다면 무죄이다. 만약 병이 없는 때에 구걸하여 병이 있는 때에 먹었다면 월비니죄를 범하고, 병이 있는 때에 구걸하여 병이 없는 때에 먹었다면 무죄이다. 병이 있는 때에 구걸하여 병이 있는 때에 먹었다면 무죄이지만, 병이 없는 때에 구걸하여 병이 없는 때에 먹었다면 바라제제사니를 범한다.

병을 따르지 않고 익히고 병에 따라서 먹었다면 무죄이지만, 병을 따라서 익히고 병을 따르지 않고 먹었다면 월비니죄를 범하고, 병을 따라서 익히고 병에 따라서 먹었다면 무죄이며, 병을 따르지 않고 익히고 병을 따르지 않고 먹었다면 출가인은 다른 사람의 목숨을 살리고자 의지하므로 무죄이다.

이러한 까닭으로 세존께서 설하셨노라.

[소와 기름과 꿀과 석밀과 우유와 낙과 고기와 생선을 여덟이라고 한다. 비구니의 바라제제사니의 법을 마친다.]

6. 중학법(衆學法)을 밝히다

'중학법(衆學法)'은 비구의 계목 가운데에서 자세히 설한 것과 같다. 오직 육군비구니들이 살아있는 풀 위와 물의 가운데서 대소변을 행한 것을 제외하고서 나머지는 모두 같다.

7. 7멸쟁법(滅諍法)을 밝히다

'7멸쟁법은 현전비니(現前比尼)·억념비니(憶念比尼)·불치비니(不癡比尼)·자언비니(自言比尼)·멱죄상비니(覓罪相比尼)·다멱비니(多覓比尼)·포초비니(布草比尼) 등이다.

'법을 수순하는 법'은 앞의 비구의 가운데에서 자세히 설한 것과 같다.

[비구니의 바라제목차를 분별하여 마치겠노라.]

8. 잡발거(雜跋渠)를 밝히다

1) 잡발거(雜跋渠)를 밝히다.

(1) 앉는 법
세존께서는 사위성에 머무르셨다.

그때 비구니들이 초야와 후야에 가부좌하고 앉아 있었다. 이때 뱀이 와서 창문(瘡門)[1]의 가운데에 들어갔고, 여러 비구니들이 대애도에게

---

1) 여성의 소변도를 가리키는 말이다.

말하였으며, 대애도는 이 인연으로써 세존께 가서 아뢰었다. 세존께서는 말씀하셨다.

"마땅히 어느 비구니에게 약을 주도록 하라. 뱀이 죽지 않고 다시 나올 것이다."

곧 약을 주었고 나왔으므로, 세존께서는 말씀하셨다.

"그대는 어찌하여 가부좌로 앉아 있었는가? 지금 이후로는 허락하지 않겠노라. '앉는 법'은 마땅히 하나의 다리를 굽히고서 하나의 다리 뒤꿈치로써 창문을 막아야 하느니라. 만약 비구니가 가부좌로 앉는다면 월비니죄를 범하느니라."

(2) 대나무 자리(簟席)의 법

세존께서는 사위성에 머무르셨다.

그때 비구니가 대나무 자리를 펼치고 앉아서 옷을 꿰매면서 대나무 가시가 소변도(小便道)를 상하게 하여서 피가 흘러나왔다. 여러 비구니들이 이 인연으로써 세존께 가서 아뢰었고, 세존께서는 말씀하셨다.

"오늘부터는 비구니가 대나무 자리에 앉는 것을 허락하지 않겠노라."

만약 옷을 꿰매는 때이거나, 만약 강당이나 온실에 있다면 쇠똥을 땅에 바르고서 옷을 꿰매야 한다. 만약 쇠똥이 없다면 마땅히 꿰매는 것을 평상의 위이거나, 만약 무릎 위에서 꿰매야 한다. 만약 비구니가 대나무 자리에 앉았다면 월비니죄를 범한다.

이것을 자리의 법이라고 이름한다.

(3) 허리띠

세존께서는 사위성에 머무르셨다.

그때 투란난타 비구니가 대중의 많은 여인들과 함께 아기라하(阿耆羅河)에 이르러 옷을 벗고 목욕하였고, 비구니가 먼저 물에서 나와서 여인들이 허리를 장엄하였던 물건을 취하여 허리에 두르고서 여인들에게 말하였다.

"보건대, 나에게 어울립니까?"

여러 여인들이 말하였다.

"우리들은 음식을 먹는 사람으로 허리에 두르고 가늘게 하여 남편에게 애념시키고자 합니다. 아리야에게 이것이 소용이 있겠습니까?"

여러 비구니들이 듣고서 이 일을 갖추어 대애도에게 알렸고, 나아가 대답하여 말하였다.

"진실로 그렇습니다."

세존께서 말씀하셨다.

"이것은 악한 일이니라. 지금 이후로는 허리를 두르는 것을 허락하지 않겠노라."

만약 여인들이 사용하는 허리에 두르는 물건을 허리에 두른다면 월비니죄를 범한다. 만약 옹창이 있어서 허리에 두른다면 무죄이다.

(4) 발의(襪衣)

세존께서는 사위성에 머무르셨다.

그때 투란난타 비구니가 대중의 많은 여인들과 함께 아기라하의 주변에 이르러 옷을 벗어서 한쪽에 놓아두고 물에 들어가서 목욕하였고, 먼저 언덕 위로 나와서 여인들의 발의를 입고서 여러 여인에게 말하였다.

"보건대, 나에게 어울립니까?"

여인들이 말하였다.

"우리들은 세속의 사람이고 이러한 옷을 입고서 남편에게 애념시키고자 합니다. 그대가 이것을 입어도 소용이 있겠습니까?"

여러 비구니들이 듣고서 이 일을 갖추어 대애도에게 알렸고, 나아가 대답하여 말하였다.

"진실로 그렇습니다."

세존께서 말씀하셨다.

"지금 이후로는 발의를 입는 것을 허락하지 않겠노라."

'발의'는 가패(珂貝)·유리·진주·옥(玉)·금·은·마니(摩尼) 등으로 이와 같이 음의(陰衣)[2]를 장엄한 것이니, 입는 것을 허락하지 않는다. 이외에

실로 꿰매어 음의의 모양을 지은 것도 월비니죄를 범한다. 만약 음부의 위에 옹창이 있어서 싸매는 자는 무죄이다.

이것을 발의의 법이라고 이름한다.

(5) 장엄한 옷

세존께서는 사위성에 머무르셨다.

나아가 목욕하였고 먼저 나와서 여인들의 장엄한 옷을 입었다.

여러 비구니들이 이 인연으로써 세존께 가서 아뢰었고, 나아가 대답하여 말하였다.

"진실로 그렇습니다."

세존께서 말씀하셨다.

"지금 이후로는 여인의 장엄한 옷을 입는 것을 허락하지 않겠노라."

'여인들의 복식(服飾)'은 머리 위에 빛나는 장신구와 얼굴의 귀걸이·방울·영락·반지·팔찌·발찌 등이고, 이와 같은 일체로 여인들이 옷을 장엄하는 것이다. 착용하는 것을 허락하지 않겠나니, 만약 착용하는 자는 월비니죄를 범한다. 만약 몸에 옹창이 있어서 약을 바르고 싸매는 자는 무죄이다.

이것을 여인들이 장엄한 옷이라고 이름한다.

세존께서는 사위성에 머무르셨다.

그때 비구니가 석종녀·마라녀·리차녀·큰 부유한 집안의 여인들을 제도하였는데, 장엄한 복식과 합쳐서 제도하고 출가시켰다. 이때 여러 가난한 집의 여인들이 있어서 문을 나가면서 절일(節日)을 다니고자 왔고 모두가 옷을 빌려주고 빌려 입었으므로 세상 사람들에게 비난받았다.

"이렇게 옷을 빌려주는 것은 출가인의 법이 아니다."

여러 비구니들이 이 인연으로써 세존께 가서 아뢰었고, 나아가 대답하여 말하였다.

---

2) 여성의 음부를 가리는 속옷을 가리킨다.

"진실로 그렇습니다."
세존께서 말씀하셨다.
"지금 이후로는 여인의 장엄한 복식과 합쳐서 제도하고 출가시키는 것을 허락하지 않겠노라. 마땅히 버린다면 제도해야 한다."
'버리다.'는 만약 여인이 출가하고자 왔다면 마땅히 세속 사람들이 몸을 장엄하는 장엄구를 버려야 한다. 만약 '어느 때는 혹은 곡식이 귀하여 걸식하여도 얻기가 어렵거나, 혹은 늙고 병들면 마땅히 탕약이 필요할 것이다. 여인은 능히 물건을 적게 얻는다.'라고 이렇게 생각을 지었다면 마땅히 출가를 내려놓아야 한다. 만약 여인이 세속의 장엄한 복식을 가지고 왔는데, 합쳐서 제도하여 출가시키는 자는 월비니죄를 범한다.
이를 장엄하게 꾸민 복식과 함께 출가한다고 한다.

(6) 음녀의 법

세존께서는 사위성에 머무르셨다.
그때 석종녀·마라녀·리차녀·큰 부유한 집안의 여인들이 하인(使人)을 데리고 출가하였다. 사인들이 단정하여 밖의 사람들과 교통하게 하는 것으로써 스스로가 목숨을 이어갔으므로 세상 사람들에게 비난받았다.
"이 여자는 출가인이 아니고, 이 여자는 음녀이구나."
여러 비구니들이 이 인연으로써 세존께 가서 아뢰었고, 나아가 대답하여 말하였다.
"진실로 그렇습니다."
세존께서 말씀하셨다.
"그대들은 어찌하여 음녀를 저축하여 스스로가 목숨을 이어갔는가? 오늘부터는 음녀를 저축하여 스스로가 목숨을 이어가는 것을 허락하지 않겠노라. 만약 양육하는 자는 월비니의 죄를 범하느니라."
이것을 음녀의 법이라고 이름한다.

(7) 원민의 여인

세존께서는 사위성에 머무르셨다.

그때 세존께서 계율을 제정하시어 음녀를 저축하는 것을 허락하지 않으셨다. 그때 비구니들이 곧 개인적으로 원민의 여인을 저축하여 밖의 사람과 음탕(淫蕩)한 것으로써 스스로가 목숨을 이어갔으므로 세상 사람들에게 비난받았다.

"이것은 출가법이 아니고, 이것은 음녀이구나."

여러 비구니들이 이 인연으로써 세존께 가서 아뢰었고, 나아가 대답하여 말하였다.

"진실로 그렇습니다."

세존께서 말씀하셨다.

"오늘부터는 원민의 여인이거나, 하인의 여인들을 저축하여 스스로가 목숨을 이어가는 것을 허락하지 않겠노라. 만약 저축하는 자는 월비니의 죄를 범하느니라."

이것을 원민의 여인이라고 이름한다.

(8) 승기지의 법

세존께서는 사위성에 머무르셨다.

그때 어느 나이가 젊은 비구니는 단정하였는데, 유방(乳房)이 나왔으므로 사람들이 보고서 모두가 웃었다. 여러 비구니들이 이 인연으로써 세존께 가서 아뢰었고, 나아가 대답하여 말하였다.

"진실로 그렇습니다."

세존께서 말씀하셨다.

"오늘부터는 마땅히 승기지(僧祇支)를 지어야 하느니라."

짓는 법은 앞에서 설한 것과 같다. 마땅히 먼저 유방을 덮는 옷을 입고서 그러한 뒤에 다른 옷을 입어야 한다. 만약 승기지를 저축하지 않는 자는 월비니죄를 범하고, 있었으나 입지 않는 자도 역시 월비니죄를 범한다.

이것을 승기지의 법이라고 이름한다.

(9) 욕의(浴衣)의 법
세존께서는 비사리에 머무르셨다.
[발타라 비구니의 계목 가운데에서 자세히 설한 것과 같다.]
세존께서는 말씀하셨다.
"나형으로 목욕하는 것을 허락하지 않겠노라. 마땅히 욕의를 사용해야 한다."
나형으로 강물에 들어가는 것을 허락하지 않고, 만약 연못 물에서 목욕하는 때에는 마땅히 비옷을 입어야 하고, 만약 나체로 목욕하면 월비니죄를 범한다. 만약 피해서 숨어있는 곳이거나, 사람이 없는 곳에서 벌거벗고 목욕하였다면 무죄이다.
이것을 욕의의 법이라고 이름한다.

앉는 법과 아울러 대나무 자리와
허리띠와 발의로 덮는 것과
세속의 장엄구를 착용하는 것과
장엄구와 합쳐서 제도하는 것과
사인과 원민의 여인과
승기지와 욕의 등이 있다.

[첫 번째의 잡발거를 마친다.]

(10) 손으로 두드리는 것
세존께서는 사위성에 머무르셨다.
그때 비구니가 주처는 세속 사람들과 벽으로 막혔는데, 비구니들이 음욕의 마음이 일어나면 스스로가 손으로 음부(陰部)를 두드렸다. 이때 장부들이 듣고서 곧 자기 아내에게 말하였다.

"이것이 무슨 소리인가?"

대답하여 말하였다.

"무슨 까닭으로 이러한 소리를 짓는가를 알 수 없습니다."

그 장부가 말하였다.

"이것은 출가인이 범행을 닦으면서 음욕의 마음이 일어나면 능히 스스로가 자제하지 못하고 음부를 두드리는 소리이네."

여러 비구니들이 듣고서 이 인연으로써 세존께 가서 아뢰었고, 나아가 대답하여 말하였다.

"진실로 그렇습니다."

세존께서 말씀하셨다.

"지금 이후로는 음부를 두드리는 것을 허락하지 않겠노라."

'두드리다.'는 손으로 두드리거나, 구발(拘鉢)로 두드리거나, 건자(鍵鎡)로 두드려서 음욕의 마음을 해소하는 것이니, 월비니죄를 범한다.

이것을 손으로 두드린다고 이름한다.

(11) 호교의 모양

세존께서는 사위성에 머무르셨다.

그때 비구니들이 음욕의 마음이 일어나자 호교(胡膠)[3]로 몸의 생지를 지어서 평상 다리에 묶어 두었는데 뒤에 불이 나자 평상과 요를 태우는 것이 두려웠던 까닭으로 그것을 밖으로 꺼냈다. 이때 세속 사람들이 불이 일어났으므로 어느 곳이 불에 탔고 어느 곳은 불에 타지 않았는가를 보았는데, 이것을 보고 싫어하며 꾸짖어 말하였다.

"어찌하여 출가인이 이렇게 악한 일을 지었는가?"

여러 비구니들이 이 인연으로써 세존께 가서 아뢰었고, 나아가 대답하여 말하였다.

"진실로 그렇습니다."

---

3) 아교를 다르게 부르는 말이다.

세존께서 말씀하셨다.

"지금 이후로는 호교로 모양을 짓는 것을 허락하지 않겠노라."

'호교의 모양은 만약 호교로 지었거나, 만약 구리나 아연이나 주석이나 백랍이거나, 만약 상아이거나, 만약 밀납이거나, 이와 같은 것으로 생지를 짓는 것이니, 음욕의 마음을 없애고자 사용하는 자는 투란차죄를 범한다.

이것을 호교의 모양이라고 이름한다.

(12) 씻는 법

세존께서는 사위성에 머무르셨다.

그때 대애도가 세존의 처소로 가서 머리 숙여 발에 예경하고 물러나서 한쪽으로 머물렀다. 이때 대애도가 세존께 아뢰어 말하였다.

"세존이시여. 여인의 음부에서는 냄새가 납니다. 씻는 것을 허락하시겠습니까?"

세존께서 말씀하셨다.

"씻을 수 있습니다."

이때 비구니들이 음부 밖을 씻었으나 음부 안은 오히려 이전처럼 냄새가 났고, 이 인연을 세존께 가서 아뢰었으며, 나아가 말하였다.

세존께서 말씀하셨다.

"씻을 수 있습니다."

'씻는 법'은 손가락 한 마디와 가지런해야 하고 넘길 수 없다. 만약 한마디를 넘겨서 음욕의 마음을 없애고자 하는 자는 투란차죄를 범한다.

이것을 씻는 법이라고 이름한다.

(13) 월기(月期) 옷의 법

세존께서는 사위성에 머무르셨다.

그때 비구니들이 월기가 있어서 평상과 요를 더럽혔다. 대애도가 세존의 처소에 가서 아뢰어 말하였다.

"세존이시여. 월기를 얻었다면 부정한 옷을 입을 수 있습니까?"

세존께서 말씀하셨다.
"입을 수 있습니다."
마땅히 낡은 옷감을 가지고 지어야 하고 단단한 물건으로 지을 수 없다. 또는 안에 깊게 지어서 음욕의 생각을 지을 수 없고, 마땅히 부드러운 물건으로 소변도를 막아야 한다. 만약 견고한 물건을 사용하여 안에 깊게 들어가게 하여서 음욕의 마음을 없애고자 하는 자는 투란차죄를 범한다.
이것을 월기 옷의 법이라고 이름한다.

(14) 월기 옷을 세탁하는 법

세존께서는 사위성에 머무르셨다.
그때 비구니들이 여인들이 목욕하는 곳으로 가서 월기의 옷을 세탁하였으므로 여인들이 비난하여 말하였다.
"이 사문니들이 이러한 물을 더럽혀서 붉은 것이 이와 같은가?"
여러 비구니들이 이 인연으로써 세존께 가서 아뢰었고, 나아가 세존께서 말씀하셨다.
"오늘부터는 여인들이 씻고 목욕하는 곳에서 월기의 옷을 세탁하는 것을 허락하지 않겠노라. 월경의 옷을 세탁하는 자는 월비니죄를 범하느니라."
이것 여인이 있는 곳에서 월기의 옷을 세탁하는 법이라고 이름한다.

(15) 남자의 법

세존께서는 사위성에 머무르셨다.
그때 세존께서 계율을 제정하시어 여인들이 씻는 곳에서 월기의 옷을 세탁하는 것을 허락하지 않으셨다. 곧 남자들이 씻는 곳으로 가서 월기의 옷을 세탁하였다.
"나아가 비구니가 남자들이 씻는 곳으로 가서 월기의 옷을 세탁하는 자는 월비니죄를 범하느니라."
이것을 남자의 법이라고 이름한다.

(16) 나그네의 옷을 세탁하는 곳

세존께서는 사위성에 머무르셨다.

그때 세존께서 계율을 제정하시어 남자들이 씻는 곳에서 월경의 옷을 세탁하는 것을 허락하지 않으셨다. 이때 비구니들은 나그네들이 옷을 세탁하는 곳에 이르러 월경의 옷을 세탁하였으며, 나아가 나그네의 옷을 세탁하는 곳에서 월경의 옷을 세탁하는 것을 허락하지 않으셨다.

마땅히 항아리나 다른 항아리의 가운데와 가려진 곳을 취하여야 하고, 세탁하는 때에는 물을 가지고 땅에 쏟을 수 없고, 마땅히 도랑의 가운데의 사람들이 보지 않는 곳으로 버려야 하며, 옷은 마땅히 햇볕에 말려야 하고, 뒤에 필요한 때에 마땅히 사용해야 한다. 만약 비구니가 옷을 세탁하는 곳에서 월기의 옷을 세탁하는 자는 월비니죄를 범한다.

이것을 나그네의 옷을 세탁하는 곳이라고 이름한다.

(17) 떨어뜨리는 물

세존께서는 사위성에 머무르셨다.

그때 비구니들이 음욕의 마음이 일어나서 소변도에 물을 차례로 멀리서 떨어트렸는데, 곧 부정(不淨)을 잃어버려서 마음에 의혹에 생겨났다. 여러 비구니들이 대애도에게 말하였고, 대애도는 세존께 가서 아뢰었다. 세존께서는 말씀하셨다.

"오늘부터는 소변도에 물을 차례로 멀리서 떨어트리는 것을 허락하지 않겠노라."

'멀리서 떨어뜨리다.'는 물이 위에서 아래로 쏟아지는 것이다. 만약 비구니가 떨어지는 물에서 목욕하는 때에는 마땅히 옷을 가지고 막아야 한다. 만약 소변도에 떨어지는 물이거나, 집의 처마에서 떨어지는 물로써 음욕의 마음을 없애고자 하였다면 투란차죄를 범한다. 만약 떨어지는 물이거나, 집의 처마에서 떨어지는 물로써 목욕하는 자는 몸을 물로 향할 수 없고, 마땅히 등에 떨어지게 해야 한다. 만약 몸으로써 물을 향하게 하면서 음욕의 마음을 없애는 자는 투란차죄를 범한다.

이것을 떨어뜨리는 물이라고 이름한다.

(18) 흐르는 물

세존께서는 사위성에 머무르셨다.

그때 비구니들이 빠르게 흐르는 물의 가운데서 목욕하면서 음욕의 마음이 생겨나서 물을 거슬러 다니면서 부정을 잃어버렸다. 여러 비구니들이 이 인연으로써 세존께 가서 아뢰었고, 나아가 세존께서는 말씀하셨다.

"오늘부터는 빠르게 흐르는 물에서 물을 거슬러서 소변도를 접촉하는 것을 허락하지 않겠노라."

'흐르는 물'은 만약 산의 물이거나, 만약 빠르게 흐르는 물이다.

흐르는 물을 향하거나 물을 거슬러서 음욕의 마음을 없애는 자는 투란차죄를 범한다. 만약 빠르게 흐르는 물에 씻는 때에는 흐르는 쪽으로 향할 수 없고 마땅히 등져야 한다. 만약 흐르는 쪽으로 향하는 자는 월비니죄를 범한다.

이것을 흐르는 물이라고 이름한다.

(19) 뿌리

세존께서는 사위성에 머무르셨다.

그때 비구니들이 여러 종류에 접촉하여 출정(出精)하였는데, 혹은 무우 뿌리나 파 뿌리 등이었고, 여러 종류 뿌리를 소변도의 가운데에 넣어서 출정하였다. 여러 비구니들이 이 인연으로써 세존께 가서 아뢰었고, 나아가 세존께서는 말씀하셨다.

"지금 이후로는 허락하지 않겠노라."

만약 비구니가 무우 뿌리나 파 뿌리를 소변도의 가운데에 넣어서 출정하고서 음욕의 마음을 없애려는 자는 투란차죄를 범한다.

이것을 뿌리라고 이름한다.

음부를 두드리는 것과 호교로 모양을 짓는 것과

절일과 가지런한 것과 월경의 옷과
여인들이 씻는 곳에서 세탁하는 것과
남자들이 씻는 곳에서도 역시 그러하며
나그네 옷을 세탁하는 곳에서 세탁하는 것과
떨어지는 물과 빠르게 흐르는 물과
여러 종류의 뿌리로 출정하는 것이 있다.

[두 번째의 발거를 마친다.]

(20) 갈마

세존께서는 사위성에 머무르셨다.

그때 여러 비구들이 모였는데 거갈마를 짓는 것을 알지 못하여 비구니에게 짓게 하였다. 비구니가 마음에 의혹이 생겨나서 대애도에게 말하였고, 대애도는 곧 이 일로써 세존께 가서 아뢰었다. 세존께서는 말씀하셨다.

"비구들은 상존의 대중인데, 그대는 어찌하여 거갈마를 지어서 주었는가? 지금 이후로는 비구에게 거갈마를 지어서 주는 것을 허락하지 않겠노라."

만약 비구들의 가운데에서 모두 능히 짓는 자가 없다면 계율을 주어서 독송하게 할 수 있다. 갈마를 짓는 때에 만약 얻지 못하여서 멀리서 주었다면 무죄이다. 만약 비구니가 비구에게 갈마를 지어서 주는 자는 월비니죄를 범한다. 만약 비구가 비구니와 함께 갈마를 지었다면 무죄이다.

이것을 갈마라고 이름한다.

(21) 교사야의

세존께서는 비사리에 머무르셨다.

그때 발타라 비구니가 교사야의(憍奢耶衣)를 입고서 친족의 집에 이르렀는데 도로에서 폭우를 만났으므로 수정을 보는 것과 같이 신체가 보였다. 여러 사람들이 둘러싸고 보고자 하였으므로 땅에 주저앉았고, 의지제자가 곁에 있으면서 막아주었다. 여러 비구니들이 이 인연으로써 세존께 가서 아뢰었고, 나아가 대답하여 말하였다.

"진실로 그렇습니다."

세존께서 말씀하셨다.

"오늘부터는 교사야의를 입는 것을 하락하지 않겠노라."

'교사야'는 두 종류가 있으니, 첫째는 생사(生絲)이고, 둘째는 작사(作絲)이다.

'생사'는 가느다란 실이고, '작사'는 옷감을 짰던 실이다.

가느다란 실의 교사야를 입으면 월비니죄를 범하고, 옷감을 짰던 실의 교사야를 입으면 월비니죄를 마음으로 참회해야 한다. 비구가 입었다면 무죄이다.

(22) 승기지

세존께서는 사위성에 머무르셨다.

그때 투란난타 비구니는 유방이 컸으나 하나의 승기지를 입고 누각 위에서 경행하였으므로 세속 사람들이 멀리서 보고 스스로가 서로에게 의논하며 말하였다.

"보건대 이것은 물 위에 떠 있는 박(瓠)과 같구려."

여러 비구니들이 이 인연으로써 세존께 가서 아뢰었고, 나아가 세존께서는 말씀하셨다.

"오늘부터는 마땅히 부견의(覆肩衣)를 지어야 한다."

'부견의'는 주름지게 겹치게 하고 잡아당겨서 어깨 위를 덮는 것이다.

만약 짓지 않고 입지 않으면 월비니죄를 범한다. 비구니가 높은 곳에서 한 겹의 승기지를 입고 경행하는 것을 허락하지 않는다. 만약 가려진 곳에서 한 겹의 승기지를 입었다면 무죄이다.

이것을 승기지라고 이름한다.

(23) 장엄하는 법

세존께서는 사위성에 머무르셨다.

그때 석종녀·마라녀·리차녀·귀하고 수승한 집안의 여인들이 출가하였는데, 잘 장엄하는 것을 알았다. 딸을 시집보내고 며느리를 얻는 자가 있다면 모두가 청하여 장엄하였으며, 좋은 음식을 얻었으므로 세상 사람들에게 비난받았다.
"이 여자는 출가인이 아니다. 이 여자는 나그네를 장엄하는 사람이다."
여러 비구니들이 이 인연으로써 세존께 가서 아뢰었고, 나아가 세존께서는 말씀하셨다.
"오늘부터는 여인을 장엄하는 것을 허락하지 않겠노라."
'장엄하다.'는 머리를 빗겨주고 눈을 꾸며주며 얼굴에 분을 칠하고 입술을 붉게 칠해 주며 장엄한 옷을 입혀 주는 것으로써 스스로가 목숨을 살리는 것이니, 월비니죄를 범한다. 만약 두통과 안통(眼痛)이 있어서 약을 바르고 붙였다면 무죄이다.
이것을 장엄하는 법이라고 이름한다.

(24) 우발라화(優鉢羅華)

세존께서는 사위성에 머무르셨다.
그때 석종녀와 마라녀와 큰 족성의 여인들이 출가하였는데, 우발라화를 심었고 취하여 팔았으므로 세상 사람들에게 비난받았다.
"이 여자는 출가인이 아니다. 이 여자는 꽃을 파는 여인이다."
여러 비구니들이 이 인연으로써 세존께 가서 아뢰었고, 나아가 대답하여 말하였다.
"진실로 그렇습니다."
세존께서 말씀하셨다.
"오늘부터는 꽃을 심고 팔아서 스스로가 생활하는 것을 허락하지 않겠노라."
만약 비구니가 우발라화를 심고 팔아서 목숨을 이어간다면 월비니죄를 범한다. 만약 탑을 위하고 세존께 공양하였다면 무죄이다.
이것을 우발라화라고 이름한다.

세존께서는 사위성에 머무르셨다.

그때 비구니들이 수만나화(須曼那華)를 심었고, 나아가 탑을 위하고 세존께 공양하였다면 무죄이다.

(25) 화만을 묶는 법

세존께서는 사위성에 머무르셨다.

그때 세존께서 계율을 제정하시어 꽃과 나무를 심는 것을 허락하지 않으셨다. 그때 석종녀와 마라녀들이 출가하였는데 화만(華鬘)을 묶어서 팔면서 스스로가 생활하였으므로 세상 사람들에게 비난받았다.

"이 여자는 출가인이 아니다. 이 여자는 화만을 파는 여인이다."

여러 비구니들이 이 인연으로써 세존께 가서 아뢰었고, 나아가 세존께서 말씀하셨다.

"오늘부터는 화만을 묶는 것을 허락하지 않겠노라."

'다발(鬘)'은 우발라화·마리화(摩梨華)·수만나화를 묶어서 짓는 것이니, 화만을 팔아서 생활하는 자는 월비니죄를 범한다. 만약 세존께서 탄생하신 때의 대회·보리(菩提)의 대회·전법륜의 대회·아난의 대회·라후라의 대회·5년의 대회에서 단월들이 "아리야여. 우리들이 화만을 묶는 것을 도와주세요."라고 말하였고, 그때 여러 종류의 화만을 묶었다면 무죄이다.

이것을 화만을 묶는 법이라고 이름한다.

(26) 옷감을 짜는 법

세존께서는 사위성에 머무르셨다.

그때 석종녀와 마라녀와 리차녀들이 출가하였는데 실을 뽑고 팔아서 생활하였으므로 세상 사람들에게 비난받았다.

"이 여자는 출가인이 아니다. 이 여자는 실을 뽑아서 파는 사람이다."

여러 비구니들이 이 인연으로써 세존께 가서 아뢰었고, 나아가 세존께서는 말씀하셨다.

"오늘부터는 실을 뽑는 것을 허락하지 않겠노라."

'실을 뽑다.'는 겁패(劫貝)의 실·추마(芻麻)의 실·교사야의 실·사나마(舍那麻)의 실이니, 옷감을 짜고 팔아서 목숨을 살리는 자는 월비니죄를 범한다. 만약 녹수낭과 허리띠를 짓고자 옷감을 짜는 자는 무죄이다.

이것을 옷감을 짜는 법이라고 이름한다.

(27) 위의를 무너뜨리는 것

세존께서는 사위성에 머무르셨다.

그때 수제나(須提那)가 죽고 아내가 출가하였는데 그의 시숙이 항상 도(道)를 깨뜨리고자 하였다. 이때 비구니가 취락에 들어가서 걸식하였는데 그 시숙이 우연히 그녀를 보고서 곧 붙잡아서 취하고자 하였으므로 곧 한 큰집의 안으로 달려 들어가서 부인에게 말하였다.

"이상한 일입니다. 어찌 나의 범행을 깨뜨리고자 합니다."

물었다.

"무슨 까닭입니까?"

대답하여 말하였다.

"시숙이 나의 도를 깨뜨리고자 합니다."

부인이 말하였다.

"두려워하지 마세요. 우리들이 마땅히 서로를 보호하겠습니다."

비구니가 말하였다.

"나는 화상의 곁으로 가고자 합니다."

부인이 말하였다.

"그대가 떠나고자 한다면 마땅히 세속 사람들의 옷을 입고 거짓으로 다른 모습을 보여야 비로소 벗어날 수 있습니다."

곧 팔찌와 귀걸이 등을 착용하였고 세속 사람들의 복색을 하였으며, 또한 4·5명의 시종을 데리고 떠나갔다. 그녀의 시숙이 밖에서 보고서 생각하며 말하였다.

"이 자는 비구니가 아니고 이 여자는 세속의 사람이다."

주처에 이르렀는데, 여러 비구니들이 꾸짖어 말하였다.

"그대는 무슨 까닭으로 이러한 옷을 입었는가?"

대답하여 말하였다.

"나의 시숙이 나를 취하고자 하였으므로 방편으로 스스로 보호하려는 까닭으로 이것을 거짓으로 입었습니다."

여러 비구니들이 대애도에게 말하였고, 대애도는 곧 이 일로써 세존께 갖추어 아뢰었다. 세존께서는 말씀하셨다.

"이 비구니를 불러오라."

왔으므로, 세존께서는 물으셨다.

"그대가 진실로 그러하였는가?"

대답하여 말하였다.

"진실로 그렇습니다."

세존께서 말씀하셨다.

"그대는 어찌하여 위의를 무너뜨렸는가? 지금 이후로는 위의를 무너뜨리는 일을 허락하지 않겠노라."

만약 결정하고 위의를 무너뜨리는 자는 비구니가 아니고, 만약 방편으로 스스로 보호하려는 까닭으로 위의를 무너뜨렸다면 월비니죄를 범하는 까닭으로 비구니라고 이름한다. 만약 비구니가 결정하고 위의를 무너뜨렸다면 투란차죄를 범하고, 방편으로 스스로가 보호하였다면 무죄이다.

갈마하는 것과 교사야와
승기지와 나그네로 장엄하는 것과
꽃과 수만나화를 심는 것과
화만을 묶는 것과 실을 뽑는 것과
위의를 무너뜨리는 것이 있다.

[세 번째의 발거를 마친다.]

(28) 발우의 일

세존께서는 사위성에 머무르셨다.

그때 투란난타 비구니가 걸식하면서 한 큰집으로 나아갔다. 그때 어느 부인이 태(胎)를 떨어뜨리고서 말하였다.

"나를 위하여 그것을 버려 주세요."

대답하여 말하였다.

"할 수 없소."

또한 청하였다.

"내가 마땅히 그것과 같은 물건을 생각하여 주겠습니다."

곧 발우로 취하였고 담아서 떠나갔다. 이때 대가섭은 걸식하면서 항상 이렇게 생각을 지었다.

'최초로 얻는 음식은 마땅히 비구나 비구니라도 베풀어 주겠다.'

이 비구니를 보고서 말하였다.

"발우를 취하여 오시오."

곧 숨기고 보여주지 않았고 또한 다시 불렀으나 또한 다시 보여주지 않았다. 대가섭은 성품이 위엄이 있었는데, 목소리를 가다듬어 불렀으므로 몸을 떨면서 발우를 보여주었다. 보고서 말하였다.

"쯧쯧. 그대는 무슨 까닭으로 이러한 악한 법을 지었는가?"

이때 대가섭이 여러 비구니들에게 말하였고, 여러 비구니들은 이 인연으로써 세존께 가서 아뢰었다. 나아가 대답하여 말하였다.

"진실로 그렇습니다."

세존께서 말씀하셨다.

"이것은 악한 일이고 법이 아니니라. 그대는 어찌하여 발우를 숨겼는가? 오늘부터는 발우를 숨기는 것을 허락하지 않겠으며, 다시 드러나게 잡는 것도 허락하지 않겠노라."

음식을 얻었다면 마땅히 숨겨야 하고, 비구를 보았던 때에는 마땅히 덮은 것을 들추어서 보여주어야 한다. 만약 드러나게 발우를 지니면 월비니죄를 범하고, 비구를 보고서도 발우를 보여주지 않는다면 역시 월비니죄를 범한다.

이것을 발우의 일이라고 이름한다.

(29) 발우를 덮어서 숨기는 법

세존께서는 사위성에 머무르셨다.

그때 어느 대신이 왕법을 범하였고, 그 집의 재물이 모두 마땅히 관청에 몰수되었으며, 왕이 곧 사람을 보내어 수호하였다. 이때 투란난타 비구니가 걸식하면서 차례로 그 집에 이르렀는데 부인이 말하였다.

"아리야여. 우리 집에 일이 있어서 왕법을 범하였으니 마땅히 죽음에 이를 것이고, 재물은 관청에 들어갈 것입니다. 나는 작은 보물의 장엄구를 부탁하고자 합니다. 만약 내가 벗어난다면 마땅히 서로에게 값으로 돌려주시고, 만약 내가 죽는다면 가지고 서로에게 보시하십시오."

이때 비구니는 곧 발우를 보물을 섞어서 채웠고 덮어서 감추고서 떠나갔다. 이때 수문인이 보고서 물어 말하였다.

"발우 안에 무슨 물건이 있어서 보여주지 않습니까?"

또한 다시 꾸짖으며 불렀고 두려워서 보여주었다. 여러 비구니들이 듣고서 세존께 가서 아뢰었으며, 나아가 대답하여 말하였다.

"진실로 그렇습니다."

세존께서 말씀하셨다.

"오늘부터는 발우에 보물을 숨기는 것을 허락하지 않겠노라."

만약 관사(官事)를 범한 일이 있었고 아직 몰수가 수록(收錄)되지 않았거나, 또한 그의 재산을 몰수하지 않았는데 그때 기탁하는 것은 취할 수 있다. 만약 왕이 섭수하였거나, 또는 재산을 몰수하였다면 "세존께서 계율을 제정하셨으므로 이것을 받을 수 없습니다."라고 마땅히 말해야 하고, 만약 "내가 탑에 주겠고 승가에 주겠으며 그대에게 보시하겠습니다."라고 말한다면 취할 수 있다.

얻었다면 위를 덮고서 떠나갈 수 없고 마땅히 드러내고서 가지고 떠나가야 한다. 만약 묻는 자가 마땅히 "탑의 물건이고 승가의 물건이며 나의 물건이다."라고 말해야 하고, 만약 허락하였다면 떠나가도 좋으나, 만약 허락하지 않았다면 마땅히 돌려주어야 한다.

이것을 발우를 덮어서 숨기는 법이라고 이름한다.

(30) 측간의 법

세존께서는 사위성에 머무르셨다.

그때 비구니들이 측간을 만들고 물건으로 위를 덮었는데, 여러 여인들이 죽은 태(胎)를 가지고 가운데에 버렸다. 뒤에 비천한 사람인 전다라가 측간을 치우면서 보고서 말하였다.

"이것은 사문니들이 스스로 태를 떨어뜨려서 가운데에 던진 것이다."

여러 비구니들이 이 인연으로써 세존께 아뢰었고, 나아가 세존께서는 말씀하셨다.

"오늘부터는 측간을 덮는 것을 허락하지 않겠노라."

마땅히 입구를 열어서 지어야 한다. 만약 입구를 막고 짓는 자는 월비니죄를 범한다.

이것을 측간의 법이라고 이름한다.

(31) 욕실의 법

세존께서는 사위성에 머무르셨다.

그때 석종녀와 마라녀들이 욕실의 가운데에서 목욕하였다. 이때 젊은 이들이 안에 들어가서 그녀들의 범행을 깨뜨렸다. 여러 비구니들이 대애도에게 말하였고, 나아가 세존께서는 말씀하셨다.

"오늘부터는 비구니가 욕실에 들어가서 목욕하는 것을 허락하지 않겠노라."

만약 병자라면 방안에서 불을 켜고서 기름을 바르고서 문지를 수 있다. 만약 비구니가 욕실에 들어가서 목욕한다면 월비니죄를 범한다.

이것을 욕실의 법이라고 이름한다.

(32) 아련야의 처소

세존께서는 사위성에 머무르셨다.

그때는 아직 계율을 제정하시지 않았으므로 비구니들이 아련야의 처소이거나, 취락의 가운데에 주처가 없었다. 그때 500명의 비구니들은 대애도가 상수였고 왕의 동산에서 머물렀다. 여러 석종녀와 마라녀들은 젊고 단정하였는데, 어느 여러 젊은이들이 초야에 엿보아서 비구니들을 붙잡고자 하였으나, 보고서 허공으로 올라갔으며, 중야에 다시 왔으나, 역시 이와 같았다.

후야에 다시 왔고 그 가운데 아둔한 근기는 때가 아닌데 선정에 들어갔거나, 잠잤던 자는 곧 떠나가지 못하여 침략(侵掠)을 당하였다. 대애도가 이 일로써 세존께 가서 아뢰었고, 세존께서는 말씀하셨다.

"오늘부터는 비구니들이 아련야의 처소에 머무는 것을 허락하지 않겠노라."

만약 사부대중이 모여서 밤새워 설법하는 자는 머무를 수 있으나, 그때에도 가려진 곳에 있을 수 없다. 만약 비구니가 아련야의 처소에 머무는 자는 월비니죄를 범한다.

이것을 아련야의 처소라고 이름한다.

비구가 가치나의를 받았다면 비구니는 받을 수 없고, 비구니가 가치나의를 받았다면 비구는 받을 수 없다. 비구가 가치나의를 버렸다면 비구니는 버릴 수 없고, 비구니가 가치나의를 버렸다면 비구는 버릴 수 없다. 비구가 아제가노아나제하노(阿提阿魯阿提訶魯)라면 비구니는 할 수 없고, 비구니가 아제가노아나제하노라면 비구는 할 수 없다.

발우를 덮는 것과 발우의 보배와
측간을 여는 것과 욕실에 들어가는 것과
아련야의 처소에 머무르는 것과
비구가 가치나의를 받았다면

비구니는 받을 수 없고
비구가 가치나의를 버린다면
비구니는 버릴 수 없는 것이 있다.

[네 번째의 발거를 마친다.]

(33) 음식

음식에서 비구에게는 부정하나 비구니에게는 청정하고, 비구니에게는 부정하나 비구에게는 청정한 것이 있다. 비구는 비구니를 시켜서 음식을 받을 수 있으나, 오직 금·은·금전·다섯 가지의 생종(生種)·화정(火淨)은 제외한다. 비구니는 비구에게서 음식을 받을 수 있으나, 오직 금·은·금전·화정·다섯 가지의 생종은 제외한다.

세 가지의 인연이 있으면 비구가 아니다. 무엇이 세 가지인가? 마음으로 결정하고 계율을 버리는 자와 사실의 일이 있어서 승가에서 쫓겨난 자와 형체가 여인으로 바뀐 자이다. 이것을 세 가지는 비구가 아니라고 이름한다. 마땅히 비구니의 정사로 보내더라도 비구니와 함께 복장(覆障)을 할 수 없고, 마땅히 별도로 머무르게 해야 한다. 만약 뒤에 다시 남근(男根)을 얻었으면 마땅히 비구의 승가로 돌아오는 까닭으로 구족이라고 이름한다.

역시 다시 본래의 세월(歲)에 세 가지의 인연이 있으면 비구니가 아니다. 무엇이 세 가지인가? 마음으로 결정하여 위의를 무너뜨리는 것과 사실의 일이 있어서 승가에서 쫓겨난 자와 형체가 바뀌어 남자가 되는 것이다. 비구 계목의 가운데에서 설한 것과 같다. 비구니는 잔식법(殘食法)을 짓는 것이 없나니, 한 번 앉았다면 스스로가 만족하게 먹어야 한다.

세존께서는 사위성에 머무르셨다.

그때 아기라하 저쪽 언덕에서 2부승가에게 음식을 청하였고, 비구와 비구니가 함께 건너고자 하였는데, 비구들이 말하였다.

"세존께서 계율을 제정하시어서 배에 함께 탈 수 없습니다."

비구들은 두·세 사람이 가벼운 배로 건너갔고 모두 건넜으므로 비구니들이 건너갔다. 모두 건너고서 시간을 물었는데 하루의 시간이 이미 지나갔다. 이때 대애도가 음식을 잃고 굶주리고 파리하여 세존의 처소에 이르러 머리 숙여 발에 예경하고 물러나서 한쪽에 머물렀다. 세존께서는 아시면서도 일부러 물으셨다.

"무슨 까닭으로 굶주린 얼굴빛입니까?"

곧 이 일로써 세존께 갖추어 아뢰었고, 세존께서는 말씀하셨다.

"오늘부터는 상좌 여덟 사람이 마땅히 차례로 여법할 것이고, 나머지 사람은 이르는 때를 따라서 앉아야 한다."

만약 5년의 대회에서 많은 사람이 모였다면 비구니 상좌의 여덟 사람은 마땅히 차례로 앉고 나머지 사람은 뜻을 따라서 앉아야 한다. 만약 여덟 사람이 차례를 따라서 앉지 않는다면 월비니죄를 범한다.

이러한 까닭으로 세존께서 말씀하셨느니라.

두 대중의 청정함이 같지 않은 것과
비구 승가가 아닌 세 가지와
비구니 승가가 아닌 세 가지와
잔식법이 없는 것과 8명의 상좌가 있다.

[다섯 번째의 발거를 마친다.]

비구의 잡발거 가운데에서 별주(別住)·마늘·일산·수레·칼로 수술하는 것·가죽신·평상에 함께 눕고 앉는 것·기악 등의 아홉 가지의 일은 마땅히 드러내었고, 나머지의 열세 번째의 발거에서 잔식과 비구니와 별주는 말하지 않았다. 다섯 가지의 잡발거 위의(威儀)의 가운데에서 아련야·욕실·측간·옷을 꿰매는 것·대나무 자리는 마땅히 드러내었고, 나머지는 말하지 않았다.

비구니의 2부(部) 수다라와 500계(戒)를 배우는 것은 세존께서 분별하여 말씀하셨고, 계서(戒序)·8바라이·19승가바시사·30니살기바야제·141바야제·8바라제제사니·64중학·7멸쟁법·법을 수순하는 법의 게송은 뒤에 있다.

[비구니의 계율을 마치겠노라]

마하승기율 사기(私記)

중천축(中天竺)에서 옛날의 때에 잠시 어느 악한 왕이 세상을 다스렸고, 여러 사문들이 그를 피하여 사방으로 달아났으므로 삼장(三藏) 비구들이 별처럼 떨어져 있었다. 악한 왕이 죽고서 다시 선한 왕이 있어서 여러 사문들을 돌아오라고 청하였고 나라에 돌아왔으므로 공양하였다.

이때 파련불읍(巴連弗邑)에 500의 승가가 있어서 일을 판결하고자 하였으나, 율사(律師)가 없었고 또한 율문(律文)이 없어서 안건을 이어갈 수 없었다. 곧 사람을 보내어 기원정사에 이르러 율본(律本)을 필사하여 얻었고 지금까지 전상(傳賞)하였는데, 법현(法顯)은 마갈제국 파련불읍 아육왕탑(阿育王塔) 남쪽의 천왕정사(天王精舍)에서 범본(梵本)을 필사하여 얻었고 양주(楊州)로 돌아와서 진(晉)나라 의희(義熙) 12년 병진(丙辰) 11월에 투장사(鬪場寺)에서 그것을 역출하여 14년 2월 말에 모두 마쳤다. 선사들과 함께 범본을 번역하여 진(秦)나라 것으로 삼았던 까닭으로 그것을 기록한다.

세존께서 니원하신 뒤에 대가섭이 율장(律藏)을 결집하였고 대사(大師)의 종지로 8만의 법장(法藏)을 갖추어 지녔으며, 대가섭이 입멸한 뒤에 다음으로 존자 아난이 역시 8만의 법장을 갖추어 지녔으며, 다음으로 존자 말전지(末田地)가 역시 8만의 법장을 갖추어 지녔고, 다음으로 존자 사나파사(舍那婆斯)가 역시 8만의 법장을 갖추어 지녔으며, 다음으로 존자 우파굴다(優波堀多)는 세존께서 무상불(無相佛)이라고 수기하셨는데, [『항마인연경(降魔因緣經)』 가운데에서 설한 것과 같다.] 역시 능히

8만의 법장을 갖추어 지녔다.

 이것은 마침내 5부(部)의 이름이 생겨났는데, 처음은 담마굴다(曇摩堀多)가 별도로 한 부를 삼았고, 다음으로 미사색(彌沙塞)이 별도로 한 부를 삼았으며, 다음으로 가섭유(迦葉維)가 다시 한 부를 삼았고, 다음은 살바다(薩婆多)이다.

 '살바다'는 진나라 말로 '설일체유(說一切有)'라고 말한다. '일체유'라고 이름하는 까닭은 스스로가 앞의 여러 부와 뜻과 종지가 각기 다르고, '살바다'는 과거와 미래와 현재의 가운데에서 중음(中陰)에게 각자 스스로 성품이 있다고 말하는 까닭으로 일체유라고 이름한다.

 이러한 5부가 병립하며 요란스럽게 경쟁이 일어났고 각자 스스로의 뜻이 옳다고 하였다. 이때 아육왕이 말하였다.

 "내가 지금 무슨 까닭으로써 옳고 그름을 헤아리겠습니까?"

 승가에게 물었다.

 "불법의 일을 어떻게 판결합니까?"

 모두가 말하였다.

 "법은 마땅히 많은 대중을 따릅니다."

 왕이 말하였다.

 "만약 그렇다면 마땅히 산가지를 행해야 어느 대중이 많은지 알겠습니다."

 이에 산가지를 행하였는데, 본래 대중의 산가지가 매우 많았다. 대중이 많았던 까닭으로 '마하승기'라고 이름하였다. '마하승기'는 대중의 이름이니라.